Meinrad Pichler

Nationalsozialismus in Vorarlberg

Opfer . Täter . Gegner

Nationalsozialismus in den
österreichischen Bundesländern

herausgegeben von Horst Schreiber
im Auftrag von _erinnern.at_
www.erinnern.at

Band 3

erinnern.at

Meinrad Pichler

Nationalsozialismus in Vorarlberg

Opfer . Täter . Gegner

StudienVerlag
Innsbruck
Wien
Bozen

Nationalfonds der Republik Österreich für Opfer des Nationalsozialismus

E-Mail: order@studienverlag.at, Internet: www.studienverlag.at

Gedruckt mit Unterstützung durch das Bundesministerium für Unterricht, Kunst und Kultur/Abteilung Politische Bildung, das Bundesministerium für Wissenschaft und Forschung in Wien, den Nationalfonds der Republik Österreich für Opfer des Nationalsozialismus, den Zukunftsfonds der Republik Österreich, das Amt der Vorarlberger Landesregierung/Abteilung Wissenschaft und Weiterbildung, die Grüne Bildungswerkstatt Vorarlberg, die Stadt Bregenz, die Stadt Bludenz, die Stadt Dornbirn und die Stadt Feldkirch sowie das Renner-Institut.

Fachlektorat: Kurt Greussing
Umschlag, Layout, Satz: Willi Winkler, neusehland.at
Umschlagbild: Appell der NSDAP auf dem Bregenzer Kornmarktplatz 1938, Stadtarchiv Bregenz
Registererstellung durch den Autor
Gedruckt auf umweltfreundlichem, chlor- und säurefrei gebleichtem Papier.

Bibliografische Information Der Deutschen Bibliothek
Die Deutsche Bibliothek verzeichnet diese Publikation in der Deutschen Nationalbibliografie; detaillierte bibliografische Daten sind im Internet über <http://dnb.ddb.de> abrufbar.

ISBN 978-3-7065-5030-7

Inhalt

Editorial

Vorwort

„Die Tendenz, sich und die eigenen Verhältnisse zu verklären und zu belobigen, ist der Vorarlberger Geschichtsschreibung nicht neu. Dass bei besonders negativen Erscheinungen eigene Schuld gerne an fremde Verursacher abgeschoben wird, dafür ist die Darstellung der nationalsozialistischen Zeit ein äußerst prägnantes Beispiel."

Meinrad Pichler schrieb diese Zeilen 1982 in seinem Beitrag zu dem von ihm herausgegebenen Sammelband „Nachträge zur neueren Vorarlberger Landesgeschichte". Nachzutragen war damals nicht weniger als die landesgeschichtliche Aufarbeitung der NS-Zeit. Dass in den dreißig Jahren seither viele Studien zum Nationalsozialismus publiziert wurden, ist ein ganz wesentliches Verdienst der Johann-August-Malin-Gesellschaft, eines historischen Vereins, der 1982 gegründet wurde und an dessen Forschungen und Publikationen Meinrad Pichler einen zentralen Anteil hatte. Er verband in seinen Arbeiten allgemeine historische Entwicklungen mit Geschichten von Menschen und veranschaulichte, wie sich Geschichte in Menschenleben niederschlägt und – was wohl noch bedeutsamer ist – wie Menschen unter den jeweiligen geschichtlichen Umständen handeln und leben.

Meinrad Pichler schreibt in diesem Buch über sehr unterschiedliche Männer und Frauen. Manche von ihnen trugen die nationalsozialistische Gewaltherrschaft mit, begingen Verbrechen und wurden zu Täterinnen und Tätern. Andere widersetzten sich und riskierten ihr Leben oder wurden in den Lagern und Gefängnissen ums Leben gebracht. Wieder andere wurden aus ihrem bisherigen Leben gerissen, eingesperrt, deportiert und umgebracht, weil sie aus rassistischen Gründen als nicht lebenswert galten oder weil die Nazis schon alleine ihre Existenz als Bedrohung empfanden.

Meinrad Pichler ist ein Autor, der sich nicht nur durch langjährige Forschungen und zahlreiche Publikationen für dieses Buch empfohlen hat, sondern der auch während vieler Jahre als Geschichtelehrer bleibendes Interesse bei Schülerinnen und Schüler zu wecken vermochte.

„Nationalsozialismus in Vorarlberg. Opfer. Täter. Gegner" wendet sich an ein jugendliches Lesepublikum, unterstützt LehrerInnen in ihrer Unterrichtsgestaltung, ist in der außerschulischen Jugendarbeit einsetzbar und richtet sich an Erwachsene, die sich für die Geschichte ihrer unmittelbaren Heimat interessieren. Es vermittelt einen raschen Überblick über die wesentlichen Themen des Nationalsozialismus auf dem neuestem Stand der Forschung – und dies in einer gut verständlichen Sprache.

Die Sachtexte behandeln die Vorgeschichte des Nationalsozialismus und die Ursachen für seine Anziehungskraft, die Rolle der katholischen Kirche, die Situation der Kinder und Jugendlichen, die Auswirkungen des Krieges auf die Vorarlberger Bevölkerung, Terror und Polizeistaat, Zwangsarbeit und Widerstand sowie die besondere Lage Vorarlbergs an der Grenze zur Schweiz. Besonderes Augenmerk wird verfolgten Gruppen wie der jüdischen Bevölkerung, Roma und Sinti, psychisch Kranken, Behinderten und Unangepassten geschenkt. Auch der Umgang mit dem Nationalsozialismus nach 1945 kommt zur Sprache.

Die einzelnen Kapitel sind durch Fragestellungen gegliedert, um das Lesen und Verstehen einfacher zu machen. Sie sind in sich geschlossen, müssen daher nicht der Reihenfolge nach gelesen werden; die Leserinnen und Leser können also je nach Interesse und Notwendigkeit quer ins Buch einsteigen.

43 Kurzbiografien und 310 Fotos veranschaulichen, wie Menschen Politik gemacht haben und wie sich die Politik auf das Leben Einzelner ausgewirkt hat; wie und aus welchen Gründen sie gehandelt, gelitten oder auch Verbrechen begangen haben.

Am Ende des Buches finden die LeserInnen Erläuterungen zu Sachbegriffen und Informationen zu Personen, die im Buch vorkommen.

Nach der Befreiung 1945 wurden zwar viele prominente Nationalsozialisten und zahllose MitläuferInnen wieder in die Gesellschaft integriert – nicht jedoch ihre Opfer. Von den als Jüdinnen und Juden Verfolgten und Vertriebenen kamen nur wenige Überlebende nach Österreich zurück und nur einzelne Menschen nach Vorarlberg. An die Frauen, Männer und Kinder, die dem beschönigend „Euthanasie" genannten Krankenmord zum Opfer fielen, vermochten sich die Familien kaum zu erinnern, noch schwerer tat sich bis vor wenigen Jahren die Öffentlichkeit. Und dass Wehrmachts-Deserteure als mutige Menschen mit eigenem Gewissen verstanden und nicht als Verräter verhöhnt werden, ist noch keineswegs ausgemacht. Für ihre Geschichten und Erinnerungen war kein Platz in der Nachkriegsgesellschaft.

erinnern.at hat den Auftrag, die Auseinandersetzung mit Nationalsozialismus und Holocaust im österreichischen Bildungswesen anzuregen und zu fördern. Dazu gehören sowohl die Geschichte als auch die Auswirkungen dieser Geschichte auf die Gegenwart.

erinnern.at macht es sich zur Aufgabe, diese lange verdrängten Erfahrungen, Erinnerungen und Erzählungen für den Schulunterricht aufzubereiten. Deshalb erarbeiten wir Lehr- und Lernmittel auf der Basis von Videointerviews mit Überlebenden, deshalb ist uns das vorliegende Buch über Vorarlberg ein großes Anliegen. Es ist der dritte Band der von _erinnern.at_ herausgegebenen Sachbuchreihe zum Nationalsozialismus in den österreichischen Bundesländern.

Wir wünschen dem Buch viele Leserinnen und Leser – und mögen die hier versammelten Geschichten und Erfahrungen Anlass für eigene Erkundungen in die Vergangenheit sein.

Werner Dreier
erinnern.at

Horst Schreiber
Reihenherausgeber

Einleitung

In den letzten Jahrzehnten sind etliche kritische, aber noch mehr reißerische Bücher und Dokumentationen zur NS-Zeit erschienen. Auch die Schulen haben sich in den vergangenen Jahren – im Gegensatz zu früher – verstärkt der Aufarbeitung dieser Epoche gewidmet. Diese Tatsachen könnten den Anschein erwecken, als ob zum Nationalsozialismus mittlerweile alles gesagt, geschrieben und gezeigt worden sei. Wozu also noch ein Buch? Weil es gerade für den regionalen Bereich keine zusammenschauende Darstellung gibt, weil etliche interessante Einzelstudien kaum zugänglich oder schwer lesbar sind und weil sich für jugendliche LeserInnen über die oft recht abstrakt und allgemein gehaltenen Schulbücher hinaus kaum erzählende Darstellungen der regionalen Ereignisse finden.

Die NS-Herrschaft in Vorarlberg war Teil des nationalsozialistischen Systems. Nicht mehr und nicht weniger. Und das nationalsozialistische Weltbild hat hier ebenso gewurzelt wie Zustimmung gefunden. Die Fundamente, auf denen die Attraktivität des Nationalsozialismus gründete und auf denen er dann seine Herrschaft aufbaute, waren auch hier ausgelegt: Rassismus, Antisemitismus, das Streben nach einem mächtigen Großdeutschland, die Revanche für die Niederlage im Ersten Weltkrieg, die Annahme, dass ein einziger Führer das Allgemeinwohl besser herstellen könne als eine parlamentarische Demokratie, die lange geschürte Angst vor dem Kommunismus und die Ablehnung aller Erscheinungen der städtischen Moderne. All diese Strömungen hat der Nationalsozialismus aufgegriffen, hetzerisch propagiert und in seiner Praxis radikal umgesetzt. Österreich hat aber nicht nur ideell zum Nationalsozialismus beigetragen; es hat den „Führer" geliefert und im Verhältnis zur Einwohnerzahl überdurchschnittlich viele NS-TäterInnen gestellt. All diese belastenden Tatsachen konnte man Jahrzehnte lang erfolgreich von sich weisen.

Bis herauf in die 1980er Jahre herrschte eine Art offizielle Übereinkunft, dass der Nationalsozialismus Österreich als Fremdherrschaft aufgezwungen worden sei. Österreich sei selbst ein Opfer Hitlerdeutschlands gewesen. Für die Folgen der nationalsozialistischen Gewaltherrschaft, besonders für den Holocaust, konnte man unter dieser Annahme alleine Deutschland verantwortlich machen. So war es möglich, die Mittäterschaft Österreichs erfolgreich zu verdrängen und lange zu leugnen. Auch in Vorarlberg wurden für alle negativen Erscheinungen und Gewaltmaßnahmen die deutschen Besatzer verantwortlich gemacht. Die heimischen TäterInnen und DenunziantInnen wurden so gut wie möglich verschwiegen – auch die Opfer. Und diejenigen, die keine aktiven AnhängerInnen der NSDAP waren, scheuten in der Regel eine öffentliche Diskussion, weil sie dann über ihre Hilflosigkeit und ihren Opportunismus hätten reden müssen.

Diese Mauer des Schweigens verhinderte die Auseinandersetzung mit dem NS-System, und eine streng gehandhabte Archivsperre bot den einheimischen Tätern amtlichen Schutz. Die Verheimlichung des eigenen Anteils an der politischen Katastrophe sollte der Stabilisierung des notdürftig hergestellten Nachkriegsfriedens dienen. Die großen demokratischen Parteien schielten in der Nachkriegszeit auf die Wählerstimmen der 540.000 ehemaligen österreichischen NSDAP-Mitglieder und deren Familienangehörigen und halfen deshalb mit, den Mantel des Schweigens über die Zeit des Nationalsozialismus zu breiten. Eine fundierte wissenschaftliche Aufarbeitung der nationalen und regionalen NS-Herrschaft war deshalb lange nicht gewünscht, sie wurde, wo immer es möglich war, erschwert. Auch in den Schulen umgingen die LehrerInnen das „heiße Thema", so weit sie konnten. Das Feld der jüngeren Geschichte wurde so den familiären Erzählungen überlassen, und die waren in der Regel geschönt und verharmlosend und nach Bedarf und Zuhörerschaft zurechtgebogen. Von den NS-Verbrechen wollte man nichts gewusst haben.

In und trotz dieser Situation begann eine junge Generation in den 1970er Jahren kritische Fragen an die Geschichte der Elterngeneration zu stellen. Auch in Vorarlberg wurden nun unterschiedliche Aspekte wie etwa die Situation und Haltung der Kirche, Widerstand und Verfolgung, der Antisemitismus, die so genannte Euthanasie, die wirtschaftlichen Verhältnisse, das Funktionieren des Regimes auf lokaler Ebene oder Anfang und Ende der nationalsozialistischen Herrschaft erforscht. Die Literaturliste am Ende dieses Bandes zeugt davon.

Auf den Ergebnissen dieser kritischen zeitgeschichtlichen Arbeiten fußt dieses Buch. Es versucht eine inhaltlich bündige, sprachlich verständliche und wissenschaftlich abgesicherte Zusammenschau der vorhandenen Forschungsresultate. Nur in einigen Einzelfragen wurden neue Quellen erschlossen. Dabei war das Vorarlberger Landesarchiv, das seit etlichen Jahren von seiner früheren Sperrpraxis abgerückt ist, sehr hilfreich. Auch zahlreiche Gespräche mit ZeitzeugInnen und HistorikerkollegInnen halfen, das historische Bild stellenweise zu konkretisieren und offene Fragen zu klären.

Meine Grundhaltung bei der Herangehensweise an den historischen Stoff bleibt dieselbe wie bei früheren Arbeiten: Der Historiker hat nicht Richter zu spielen, er ist Überbringer von quellenmäßig abgesicherten Botschaften; er hat sich in die Zeit und die handelnden Personen hineinzudenken, ohne ihnen zu erliegen und ohne mit ihnen abzurechnen. Die LeserInnen sollen sich anhand der Darstellung ein eigenes Urteil bilden können. Sichtbar werden sollte aber, dass der Nationalsozialismus kein zufälliger politischer Irrlauf war, sondern dass er eine Vorgeschichte hatte, auf verwurzelte Vorurteile baute und wirtschaftliche Interessen bediente. Etliche dieser Vorurteile haben die NS-Herrschaft überdauert. Der Nationalsozialismus ist laut auf die politische Bühne getreten und schleichend in das Alltagsbewusstsein der Menschen eingedrungen; er hat den Idealismus von Menschen genutzt und sie gleichzeitig dazu angehalten, Menschlichkeit und persönliche Verantwortlichkeit einer „großen Sache" zu opfern. Getragen war der Nationalsozialismus von einer rücksichtslosen Führungsschicht, von zahlreichen willigen und gehorsamen HelferInnen; und von erheblichen Teilen der Bevölkerung, die gleichgültig wegschauten oder von den anfänglichen Kriegserfolgen fasziniert waren. Und als vielen klar wurde, dass die nationalsozialistischen Machthaber mit dem demokratischen Staat auch die Grundrechte abschafften, auf den Krieg zusteuerten und ganze Bevölkerungsgruppen systematisch zu vernichten begannen, war ein Widerstand kaum mehr möglich, weil Verfolgung und Terror immer engmaschiger wurden. Diesen Weg in die totale Diktatur gilt es aus Gründen einer demokratiepolitischen Prävention besonders zu beachten.

Das Grundkonzept des Bandes folgt den Vorgaben der Herausgeberschaft von _erinnern.at_. Gleiche Arbeiten erscheinen nämlich für alle österreichischen Bundesländer. Dem Geschäftsführer von _erinnern.at_, Dr. Werner Dreier, dem Herausgeber, Dr. Horst Schreiber, und Mag.[a] Ruth Mayr vom Studienverlag habe ich nicht nur für die hilfreiche Begleitung des Projekts, sondern besonders für das Vertrauen, das sie mir vorgeschossen haben, zu danken. Dr. Kurt Greussing hat den Text einem kritischen Lektorat unterzogen und Mag.[a] Christine Breuss die letzten Unrichtigkeiten aufgespürt. Helga Platzgummer (Stadtarchiv Dornbirn), Mag. Thomas Klagian (Stadtarchiv Bregenz), Dr. Hanno Loewy (Jüdisches Museum Hohenems) haben bereitwillig die Fotobestände ihrer Einrichtungen und Willi Rupp sein Privatarchiv durchsucht und zugänglich gemacht. Eingeflossen sind auch Bilder der umfangreichen Sammlung der Johann-August-Malin-Gesellschaft. Dankbar bin ich auch den MitarbeiterInnen des Vorarlberger Landesarchivs, besonders dem Leiter Dr. Alois Niederstätter, für Hilfestellungen und die Atmosphäre des Willkommenseins in ihrer nützlichen Institution. Eine Hilfe waren mir auch die Schülerinnen und Schüler einer vierten und einer achten Klasse des Bundesgymnasiums Bregenz Gallusstraße mit ihren interessanten Fragen.

Für mich als Autor bedeutete dieses Buch einen hohen Arbeitsaufwand, und die Herausgeber und Subventionsgeber haben etliche finanzielle Mittel dafür aufgebracht. Deshalb hoffen wir alle, dass es möglichst vielen LeserInnen historische Einsichten vermittelt und aktuelle Bezüge erkennen lässt; dass es mithilft, die NS-Herrschaft nicht als etwas Fernes, sondern als auch im Bundesland Vorarlberg Gewachsenes zu begreifen. Der Nährboden dafür sollte sichtbar werden. Demokratie, Rechtsstaat, soziale Gerechtigkeit und Humanität sind ideelle Güter, die es ständig zu verteidigen und zu leben gilt. Die Versuche, sie auszuhöhlen, sind vielfältig. Mächtige Interessengruppen und inhumane Ideologien drängen immer wieder auf eine Konzentration von wirtschaftlicher und politischer Macht. Demokratie lebt aber von der Machtverteilung, vom Interessenausgleich, von der Rechtssicherheit und vom Engagement der BürgerInnen.

Den Aufrechten, die trotz Unterwerfungszwangs Haltung bewahrten, den Mutigen, die gegen das staatliche Unrecht aufbegehrten oder die Waffe verweigerten, den Vernünftigen, die den politischen Irrlauf erkannten und gegenzusteuern versuchten und allen, die der Barbarei Gesten der Menschlichkeit entgegenstellten: Ihnen ist dieses Buch gewidmet. Ihr Vorbild gibt Mut.

Meinrad Pichler

Nationalsozialismus in Vorarlberg

Zeitlicher Ablauf der wichtigsten Ereignisse

1914–1918	Erster Weltkrieg
1918 November	Ende Monarchie – Beginn der Republik in Österreich und Deutschland; Vorarlberg wird ein österreichisches Bundesland
1919 ff.	Mühseliger Aufbau demokratischer Verhältnisse, schwache und parteiische Justiz, tiefer ideologischer Graben zwischen den bürgerlichen (Christlichsoziale, Nationalliberale) und den Linksparteien (Sozialdemokraten, Kommunisten)
1929 ff.	Weltwirtschaftskrise
ab ca. 1930	Aufstieg der NSDAP in Deutschland und Österreich
1933	Machtergreifung durch Hitler/NSDAP in Deutschland
1933	Ausschaltung des Parlaments in Österreich, Verbot der NSDAP wegen Sprengstoffattentaten
1934	Bürgerkrieg in Österreich mit Niederlage der Sozialdemokratie, Errichtung eines Einparteienregimes („Ständestaat"), Ermordung von Kanzler Engelbert Dollfuß durch Nazis (Juli)
1936–1939	Bürgerkrieg in Spanien; Vorarlberg wird Transitland für „Spanienfreiwillige"
1938 März	„Anschluss" Österreichs an Deutschland, Übernahme der gesamten Macht durch Nationalsozialisten; Einmarsch deutscher Truppen; Vorarlberg wird Teil des Gaues Tirol; Verfolgung politischer Gegner, Beginn der Verfolgung und Vertreibung jüdischer ÖsterreicherInnen; Volksabstimmung über Anschluss (April)
1939 September	Beginn des Krieges mit deutschem Angriff auf Polen
1939/40	Ausdehnung der deutschen Eroberungen auf die Niederlande, Belgien, Dänemark, Norwegen, Frankreich
1941 April	Deutscher Überfall auf Jugoslawien und Griechenland
1941 August	Beginn des deutschen Angriffs auf die Sowjetunion, Krieg wird zum Weltkrieg

1941–April 1945	Kriegswirtschaft auch in Vorarlberg, Fortsetzung der Staudammbauten, Rüstungsproduktion, „Heimatfront“, Terror gegen Zivilbevölkerung, Einsatz ausländischer ZwangsarbeiterInnen, Deportation aller jüdischen VorarlbergerInnen
1945 Mai	Kriegsende in Vorarlberg, Besetzung des Landes durch französische Truppen, bis November Wiederherstellung demokratischer Verhältnisse, schrittweise Übergabe der Verwaltung an Vorarlberger Behörden
1955 Mai	Abschluss des Staatsvertrages mit den alliierten Mächten USA, Großbritannien, Sowjetunion und Frankreich; Wiederherstellung der staatlichen Unabhängigkeit und Neutralitätserklärung

Der Nationalsozialismus

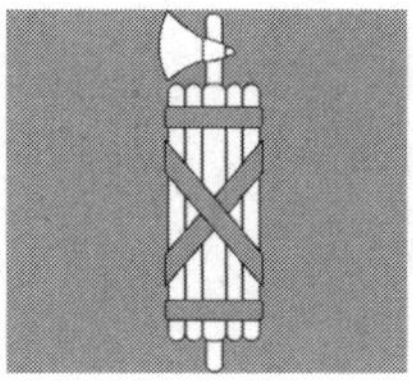

Was versteht man unter Faschismus?

Der Nationalsozialismus wird aus guten Gründen zu den faschistischen Bewegungen gezählt, die in den 1920er und 1930er Jahren in zahlreichen europäischen Ländern zu unterschiedlicher Stärke und Bedeutung gelangt sind. Faschismus ist die Selbstbezeichnung jener Weltanschauung, die vom Diktator Benito Mussolini in Italien nach dem Ersten Weltkrieg zu einem politischen System gemacht wird. Die Faschisten nennen ihren politischen Zusammenschluss „Bewegung", weil sie sich mit dieser Bezeichnung von den demokratischen Parteien abheben und sich als besonders dynamische politische Kraft präsentieren wollen. Ihr bevorzugter Ort der politischen Auseinandersetzung ist nicht ein Parlament, sondern die Straße: Hier demonstrieren die Faschisten ihre Stärke, versuchen mitzureißen statt zu überzeugen und die Gegner laut, uniformiert und mit demonstrativer Gewalt einzuschüchtern. Alle diese rechtsradikalen „Bewegungen" verfolgen ähnliche politische Ziele und benützen ähnliche Methoden zu deren Durchsetzung. Solche gemeinsamen weltanschauliche Merkmale – die jedoch von Land zu Land unterschiedlich stark ausgeprägt sein können – sind:

- Heftige Gegnerschaft zum demokratischen Sozialismus und zum bolschewistischen Kommunismus: Die Faschisten selbst sprechen vorzugsweise von Antibolschewismus, wobei sie „Bolschewismus" und „Judentum" meistens gleichsetzen.

↑ Die Aufopferung des Einzelnen für das Volksganze ist eine zentrale Forderung aller faschistischen Bewegungen. Das heldenhafteste Opfer vollbringt der im Kampf Gefallene.

↗ Die Militarisierung der Gesellschaft zeigt sich unter anderem daran, dass neben den Militärs auch die so genannten politischen Leiter Uniform tragen. Auf der Ehrentribüne beim Einmarsch der reichsdeutschen Truppen in Dornbirn dominieren Uniformträger der verschiedensten Formationen.

- Bekämpfung des Liberalismus und damit der parlamentarischen Demokratie: An die Stelle des demokratischen Interessenausgleichs tritt das so genannte Führerprinzip. Das heißt, politische und wirtschaftliche Entscheidungen werden nun auf allen Ebenen von „Führern" getroffen – in den staatlichen Einrichtungen, in den Parteiorganisationen, in den Betrieben und in Freizeit- und Jugendorganisationen. Dieser antidemokratische Glaube folgt der Vorstellung, dass der „Volkskörper" aus wenigen denkenden und lenkenden und vielen dienenden Mitgliedern bestehe. Das ist eine radikale Absage an das Prinzip der Gleichberechtigung.
- Besondere Betonung der „Volksgemeinschaft": Dadurch sollen soziale Unterschiede oder Klassengegensätze kleingeredet werden. Individuelle Bedürfnisse sind den Forderungen der Gemeinschaft unterzuordnen. Die besondere Hervorhebung der Qualitäten des eigenen Volkes beinhaltet zugleich eine Abwertung anderer. Der Einzelne gilt wenig oder nichts, seine Bedeutung erhält er ausschließlich als Teil des „Volksganzen".
- Gleichschaltung aller Lebensbereiche: So wie es in der Politik anstelle eines Mehrparteiensystems nur noch eine Einheitsorganisation (NSDAP in Deutschland, „Vaterländische Front" in Österreich 1934–1938) gibt, werden auch alle anderen Lebensbereiche wie Freizeit, Jugend, Sozialwesen und Arbeitswelt von staatlichen Einheitsorganisationen verwaltet.
- Hochschätzung militärischer Prinzipien: Befehl und Gehorsam sowie so genannte militärische Tugenden wie Männlichkeit, Disziplin, Kameradschaft und Gefolgschaftstreue gelten als vorbildliche Verhaltensweisen auch für das zivile Leben. Militär und Militärisches genießen höchstes Ansehen.

Wie stehen die Austrofaschisten zum Nationalsozialismus?

↖ Die obersten faschistischen Führer wie Benito Mussolini (li) und Adolf Hitler treten meist in Uniform auf.

↑ Krieg zur Lösung von Problemen und zur Machtausweitung ist Teil des faschistischen Denkens. Die Kriegerehrung – hier Kreisleiter Anton Plankensteiner und der Dornbirner NS-Bürgermeister Paul Waibel – soll den „gefallenen Helden" Ehre erweisen und ihr „Opfer" als nachahmenswert erscheinen lassen.

Im Gegensatz zum Nationalsozialismus ist für die faschistischen Regime in Italien, Spanien und Österreich die katholische Kirche eine wesentliche Stütze ihrer Herrschaft. Denn auch die Kirche bekämpft den Liberalismus, den Bolschewismus und die städtische Moderne. Gleichzeitig blicken manche – durchaus kirchentreue – Vertreter des österreichischen Faschismus (Austrofaschismus) mit einer gewissen Faszination ins nationalsozialistische Deutschland. Die alte bürgerliche Elite bewundert – und fürchtet zugleich – den antidemokratischen Schwung des Nationalsozialismus. Ein Stück weit könne er durchaus Vorbild sein, meint zum Beispiel der christlichsoziale Vorarlberger Landeshauptmann Dr. Ender auf einer Großkundgebung am 1. Mai 1933 in Rankweil: „Was gesund ist am Hitlertum, wollen wir aufgreifen und soweit auch verwirklichen, als es für unsere Vorarlberger und für unsere österreichischen Verhältnisse paßt. (…) Wenn heute endlich die Zeit gekommen ist, wo das Volk verdorbenen Parlamentarismus und leere Strohdrescherei satt hat, dann ist eben der Tag, um unseren Parlamentarismus umzubauen (...) Alles ruft heute nach Autorität, nach Führung. Das ist gut so. Liberalismus und Marxismus haben uns Autoritätslosigkeit genug beschert. Jetzt kommt die katholische Auffassung wieder zur Geltung, der das autoritäre Prinzip wesenseigen ist. (…) Eine nationale Erhebung geht durch Deutschland und alles erkennt ihren Wert. Dollfuß ruft Oesterreich zu nationalem Neubau unseres katholischen

Auch Bundeskanzler Engelbert Dollfuß tritt nach der Ausschaltung des Parlaments immer häufiger in der Uniform eines Oberleutnants der ehemaligen Kaiserschützen auf.

Oesterreich und wir wollen seinem Rufe folgen" („Vorarlberger Volksblatt" vom 2. Mai 1933).

Damit nimmt Ender Programm und Sprache der ab Februar 1934 errichteten Diktatur des Dollfuß-Regimes vorweg, nämlich die Abschaffung der parlamentarischen Demokratie, die Einführung einer „autoritären" Herrschaft (das Wort „diktatorisch" wollte man vermeiden) unter einem einzigen Führer, nämlich Engelbert Dollfuß. Die allgemeinen Richtlinien dieser Herrschaft will man der Soziallehre und dem Gesellschaftsbild der katholischen Kirche entnehmen und ihre Durchsetzung auf allen gesellschaftlichen Ebenen soll die Einheitsorganisation „Vaterländische Front" besorgen. Das ist die österreichische Spielart des Faschismus – der Austrofaschismus. Weil jedoch die deutschen Nationalsozialisten samt ihren österreichischen Gesinnungsfreunden auch in Österreich an die Macht drängen, sieht sich der katholische „autoritäre Ständestaat", wie ihn seine Schöpfer nennen, als faschistisches Konkurrenzunternehmen zum Nationalsozialismus. Er orientiert sich zunehmend am italienischen Faschismus Mussolinis; auch in der Hoffnung, im Kampf um den Erhalt der staatlichen Selbstständigkeit Österreichs unterstützt zu werden.

Wirklich die Massen mobilisieren kann dieser „autoritäre Ständestaat" aber nicht. Wenn schon eine radikale Lösung, dann gleich die große: Und die verspricht Hitler. Seine österreichischen Gefolgsleute werden nicht müde, den Weg „heim ins Reich" zu propagieren. Damit vertreten sie die so genannte großdeutsche Idee, nach der alle deutschsprachigen Gebiete eine politische Einheit, eine „Volksgemeinschaft" und einen starken Wirtschaftsraum bilden sollen. Diese für viele ÖsterreicherInnen attraktive Forderung ist nicht neu – sie wird bereits seit 1918, seit dem Zusammenbruch der österreichisch-ungarischen Monarchie, erhoben. Dem Großmachtstreben der deutschen und österreichischen Nationalsozialisten versucht der „Ständestaat" einen Österreich-Patriotismus entgegenzustellen („Rot-Weiß-Rot bis in den Tod").

Was kennzeichnet das Weltbild des Nationalsozialismus?

Die Merkmale, die den Faschismus kennzeichnen, treffen auch auf den deutschen Nationalsozialismus zu. In seiner Gewalttätigkeit und Radikalität, in seinem Totalitätsanspruch und Zerstörungswillen unterscheidet er sich aber grundsätzlich von den übrigen Faschismen. Der Nationalsozialismus bedient sich vorhandener Vorurteile und verschärft sie, schafft ab 1933 in Deutschland und ab 1938 in Österreich eine alle Lebensbereiche umklammernde Diktatur und kennt beim Terror gegen innere und äußere „Feinde" kaum Grenzen.

Zu verfolgungswürdigen Feinden werden den Nationalsozialisten alle, die ihrem politischen Allmachtsanspruch ablehnend oder kritisch gegenüberstehen; alle, die sich entgegen der staatlichen Barbarei menschlich verhalten wollen; alle, die sich dem wachsenden Arbeitsdruck in so genannten kriegswichtigen Wirtschaftsbereichen und der politischen Kontrolle ihres Alltagsverhaltens zu entziehen versuchen; und schließlich alle, die durch die rassistische Ideologie zu „Untermenschen" erklärt werden. Mit diesen Feindbildern ist der enge Horizont der nationalsozialistischen Weltsicht abgesteckt.

Es ist diese Radikalität, die den Nationalsozialismus von den traditionellen politischen Ideologien abhebt. Die Radikalität des Nationalsozialismus ängstigt viele Menschen, macht ihn für den größeren Teil der Bevölkerung aber erst einmal durchaus attraktiv. Die Nationalsozialisten versprechen „kurzen Prozess", die radikale Lösung und das Ende der oft mühsamen demokratischen Entscheidungsfindung. Auch im gezielten propagandistischen Einsatz der modernen Massenmedien und in der Verherrlichung des Körperkults unterscheidet sich der Nationalsozialismus von den antimodernen katholischen Faschismen. Im Bereich der Kultur aber lehnt der Nationalsozialismus die Moderne radikal ab, bezeichnet sie als „entartet" und beruft sich dabei auf das „gesunde Volksempfinden".

Die nationalsozialistischen Propagandisten verstehen es perfekt, öffentliche Anlässe mitreißend zu inszenieren. Das vermittelt verunsicherten und verängstigten Menschen das Gefühl, Teil einer großen und starken Gemeinschaft zu sein.

Was den Nationalsozialismus von Anfang an kennzeichnet und für viele Deutsche attraktiv macht, ist sein offener Revanchismus. Das heißt, die Nationalsozialisten treten dafür ein, für die Niederlage Deutschlands im Ersten Weltkrieg (1914–1918) „Revanche" zu nehmen und dessen Ergebnisse rückgängig zu machen. Der Friedensvertrag von Versailles (1919) gilt ihnen als ein von den Siegermächten aufgezwungener „Schandvertrag". Die Vertragsbestimmungen werden nicht nur als nationale Schmach verurteilt, sondern auch für die wirtschaftliche Krise der 1920er Jahre mitverantwort-

Der Nationalsozialismus

Wie alle Lebensbereiche wird auch die Arbeitswelt nach militärischem Vorbild ausgerichtet: Besonders die Jungen, wie hier die Lehrlinge von F. M. Hämmerle, werden laufend „vergattert" und zu Appellen und zur Fahnenhissung befohlen.

lich gemacht. Dass dieses europäische Vertragswerk nur durch einen neuerlichen großen Krieg rückgängig gemacht werden kann, nehmen die Nationalsozialisten in Kauf.

Mit Krieg kalkulieren die Nationalsozialisten aber nicht nur in Richtung der Westmächte (Frankreich und England), sondern vor allem gegen Polen, das sie sich schließlich mit dem sowjetischen Diktator Stalin aufteilen. Nachdem das Deutsche Reich im Zuge der kolonialen Ausbreitung im 19. Jahrhundert gegenüber England und Frankreich zu spät gekommen ist, konzentrieren die Nationalsozialisten ihre Forderung nach „mehr Raum" auf das östliche Nachbarland. Zu Beginn der 1920er Jahre hat ein Roman des deutsch-völkischen Autors Hans Grimm das Schlagwort vom „Volk ohne Raum" populär gemacht. In der Propagandasprache der Nationalsozialisten nimmt es bald einen prominenten Platz ein. Die Unterwerfung der slawischen Völker Osteuropas wird auch rassistisch argumentiert. Ein zentraler Punkt der nationalsozialistischen Weltanschauung ist nämlich ein zur wissenschaftlichen Lehre erhobener Rassenwahn, demzufolge es höher- und minderwertige Rassen gebe. Der höherwertigen „arischen Rasse" stehe die Versklavung der minderwertigen Völker gleichsam als Naturrecht zu.

Auch hinsichtlich der „Judenfrage" schließen sich die Nationalsozialisten jenen Antisemiten an, die behaupten, das Judentum in erster Linie aus „rassischen" Gründen zu bekämpfen. Sie berufen sich auf eine wissenschaftlich verbrämte „Rassenlehre" und nicht mehr – wie früher oft – auf religiöse und zum Teil auf wirtschaftliche Motive. Mehr als alle traditionellen Judengegner machen Adolf Hitler und seine Getreuen einen radikalen Antisemitismus zum Angelpunkt ihrer als Mission verstandenen

Körperliche Ertüchtigung ist für Hitler wichtiger als Bildung; das gilt auch für die Frauen. Die Kirche stößt sich vor allem an der knappen Kleidung.

politischen Gewaltherrschaft. Die Juden werden zu allgegenwärtigen Sündenböcken erklärt, sie werden für alle Krisenerscheinungen, Missstände und Ungerechtigkeiten verantwortlich gemacht. Komplizierte und undurchschaubare politische, soziale und wirtschaftliche Zusammenhänge werden dem angeblich ungehinderten Wirken eines allgegenwärtigen Feindes zugeschrieben, nämlich den Jüdinnen und Juden und denen, die zu solchen gemacht werden. Sie werden zu „Volksschädlingen" erklärt, die es nach Meinung der Nationalsozialisten ein für allemal auszurotten gilt. Dazu errichtet das nationalsozialistische Regime mit großem Aufwand Tötungsanlagen, in denen fabriksmäßig in effizienter Weise möglichst viele Menschen ausgelöscht werden. Eine solche planmäßige Ermordung von Menschen ist in der europäischen Geschichte – die nicht wenige Grausamkeiten aufzuweisen hat – einmalig.

Neben diesem völkischen Rassismus praktiziert der Nationalsozialismus auch einen sozialen: Alle unproduktiven, kranken und störenden Mitglieder sollen aus der „Volksgemeinschaft" ausgeschlossen und vernichtet werden. Dazu zählen psychisch kranke und behinderte Menschen ebenso wie Suchtkranke, so genannte „Asoziale" oder Homosexuelle.

Um die wirklichen und vermeintlichen GegnerInnen zu bestrafen oder zu vernichten, wird ein weitläufiges System so genannter Konzentrationslager geschaffen. In diesen Lagern werden die Internierten gedemütigt, geschunden, misshandelt und sehr oft auch getötet. Den Terror gegen Außenseiter, Gegner und Minderheiten bezeichnen die Nationalsozialisten als „Ordnung schaffen" und „aufräumen". Sie benutzen also Ausdrücke, die in der Alltagssprache durchaus positiv besetzt sind.

Der Nationalsozialismus

Die Weltanschauung des Nationalsozialismus basiert also auf eingewurzelten Vorurteilen gegen Minderheiten, entfesselten niederen Instinkten, menschenverachtenden Ideen rassischer Überlegenheit und der wissenschaftlich verbrämten Wahnvorstellung eines geschichtlichen Endkampfs zwischen den deutschen „arischen Herrenmenschen“ und anderen Völkern oder Rassen. Der Nationalsozialismus verwirft das Menschenbild der europäischen Aufklärung, das auf Gleichheit beruht; er propagiert die Ausgrenzung, die in der Vernichtung der aus der „Volksgemeinschaft“ Ausgeschlossenen gipfelt.

Adolf Hitler, seine Vordenker und Bürokraten, seine Straßenkämpfer und Offiziere, seine Propagandisten und seine zahllosen gehorsam-gläubigen HelferInnen errichten auf der Grundlage dieses ideologischen Konzentrats eine reale Herrschaft. Die Nationalsozialisten sehen darin einen geschichtlichen Auftrag; geworden ist es aber ein politischer Irrlauf und eine menschliche Katastrophe – eine Terrorherrschaft und ein Krieg, die etwa 50 Millionen Menschen das Leben gekostet haben.

Die Vorgeschichte der NS-Herrschaft in Österreich

Der Nationalsozialismus hat auch in Vorarlberg eine lange und eigenständige Vorgeschichte und ist nicht erst mit dem Einmarsch der hitlerdeutschen Truppen am 12. März 1938 eingetragen worden. Die politischen, wirtschaftlichen und geistigen Voraussetzungen sind hier kaum anders als im übrigen Österreich.

Als nach dem verlorenen Ersten Weltkrieg und dem Zusammenbruch der Habsburger Monarchie am 12. November 1918 die Republik Deutsch-Österreich ausgerufen wird, hat die politische Elite Vorarlbergs das Land neun Tage zuvor bereits als „selbstständiges Land", aber doch als Teil des neuen Österreich erklärt. Vorarlberg soll also ein vollberechtigtes Bundesland mit einer eigenen – von Tirol unabhängigen – Landesverwaltung werden. Das wird im März 1919 in einer neuen Landesverfassung festgeschrieben. Vorarlberg definiert sich hier in Artikel eins als „selbstständiges Bundesland der demokratischen Republik Österreich". Doch die bisherigen kaiserlichen Untertanen tun sich schwer mit den nunmehrigen demokratischen Gegebenheiten. Die freie Staatsform ist mehr verordnet als gewollt. Die einflussreichsten politischen Gruppierungen, nämlich die christlichsoziale Partei, den katholische Klerus und die liberale Unternehmerschaft, verbindet eine panische Angst vor der Sozialdemokratie, die in der Bundeshauptstadt Wien zur dominierenden politischen Kraft geworden ist. Und obwohl der Vorarlberger Jodok Fink Vizekanzler der ersten Bundesregierung ist, bleibt eine erhebliche Skepsis – oft auch eine ausgesprochene Abneigung – gegenüber dem neuen österreichischen Staat bestehen.

In Teilen der Bevölkerung wird überhaupt eine ganz andere politische Ausrichtung bevorzugt: nämlich ein Anschluss an die Schweiz. Dort, so argumentieren die Anschlusswerber, sei Vorarlberg kulturell, wirtschaftlich und politisch besser aufgehoben. Gegenüber der Schweiz betont man die alemannische Zusammengehörigkeit und die angeblich gemeinsamen basisdemokratischen Traditionen. Im Land selbst setzt man auf antisozialistische und antisemitische Propaganda und verweist auf die bessere Versorgungslage der Schweiz. Die Staatsregierung hat aber kein Interesse an einem Vorarlberger Sonderweg und spielt auf Zeitgewinn; und die Landesregierung unter Landeshauptmann Otto Ender will das Gesetz des politischen Handelns keineswegs den selbsternannten Schweizbefürwortern und dem Druck der Straße überlassen. So bleibt Vorarlberg auch auf Anordnung der alliierten Siegermächte des Ersten Weltkriegs ein österreichisches Bundesland.[1] Die Grundlinien der politischen Argumentation für die kommenden zwei Jahrzehnte sind aber vorgezeichnet: los vom „jüdischen" „roten" Wien. Das leistet dem Nationalsozialismus ideologischen und politischen Vorschub. Die materielle Not nach dem verlorenen Krieg und die Wirtschaftskrise ab 1929 sind zugleich der Nährboden für Angst und Enttäuschung. Sie beleben in einem erheblichen Teil der Bevölkerung die Hoffnung, dass ein großes und starkes Deutschland die herrschenden Probleme besser lösen könnte.

Wie sieht die Parteienlandschaft in der Ersten Republik aus?

Im April 1919 wird erstmals in freier, allgemeiner und geheimer Wahl der Landtag bestellt. Das Wahlergebnis ist für alle kommenden Wahlen bis 1932 zukunftsweisend. Auf die Christlichsoziale Partei (CSP) entfallen 64 % der Stimmen, auf die Sozialdemokratische Arbeiterpartei (SDAP) 19 %, auf die Deutsche Volkspartei etwa 10 % und auf die Unabhängige Bauernpartei 3,5 %. Ungefähr so werden die parteipolitischen Kräfteverhältnisse bis 1932 – den letzten Vorarlberger Landtagswahlen im demokratischen Österreich vor der austrofaschistischen und der nationalsozialistischen Diktatur – bleiben. Zu erwähnen ist, dass das deutschnationale Lager in den kommenden Wahlen unter verschiedenen Parteinamen und mit unterschiedlichen Gruppierungen (Großdeutsche Volkspartei, Landbund, Wirtschaftspartei) antritt. Dieses großdeutsche

Anhaltende deutsch-völkische Tradition: Das Motto, das der Bregenzer Knabenschule um 1910 über das Eingangstor geschrieben wurde, empfängt noch heute die SchülerInnen.

und wirtschaftsliberale Lager nähert sich in den 1930er Jahren immer deutlicher der Nationalsozialistischen Deutschen Arbeiterpartei (NSDAP) an und geht schließlich in ihr auf.[2] Die ehemals großdeutsche Zeitung „Vorarlberger Tagblatt" wird nach dem „Anschluss" im März 1938 die einzige in Vorarlberg noch zugelassene Tageszeitung sein. Das großdeutsche beziehungsweise deutschnationale Lager rekrutiert seine WählerInnen in den 1920er Jahren in erster Linie aus Studierten (Rechtsanwälte, Ärzte), aus Unternehmern, aus Gewerbetreibenden und aus Bauern mit in der Regel größeren Betrieben. Erst die aufkommende NSDAP bringt dem so genannten dritten Lager neues, junges und radikaleres Personal und übernimmt schließlich auch das Sagen. Mit der Machtübernahme Adolf Hitlers in Deutschland im Jänner 1933 erhält die NSDAP in Österreich mächtigen Aufwind. Auch hier übernimmt sie die in Deutschland erfolgreiche Methode, vor allem durch laute und provokative Aktionen in der Öffentlichkeit auf sich aufmerksam zu machen. Die NSDAP diffamiert die demokratischen Parteien und das parlamentarische System als alt und „morsch" und stellt sich demgegenüber als jung, dynamisch und entscheidungsfreudig dar. Die „Altparteien"– wie sie von den Nazis bezeichnet werden – arbeiten in den staatlichen Institutionen, die Nationalsozialisten versuchen die Straße zu beherrschen; sie nennen sich deshalb lieber „Bewegung" als Partei. Natürlich haben die wirtschaftliche Krise ab 1929 und die tiefe ideologische Kluft zwischen den beiden Großparteien – Christlichsoziale und Sozialdemokraten – den Aufstieg der NSDAP gefördert. Doch etliche Ursachen dieses Aufstiegs liegen tiefer.

Wer errichtet die erste Diktatur?

Die parlamentarische Demokratie hat sich in Österreich in den 1920er Jahren bei großen Teilen der Bevölkerung nie als anerkannte Staatsform durchgesetzt; die tiefgreifenden Auseinandersetzungen zwischen Konservativen und Sozialdemokraten machen den politischen Kompromiss immer schwieriger, und ein Teil der Christlichsozialen, allen voran die Heimwehr, rät immer offener zum Alleingang, das heißt zur Diktatur. Der christlichsoziale Bundeskanzler Engelbert Dollfuß nützt schließlich am 4. März 1933 eine Unstimmigkeit im Parlamentspräsidium zur Ausschaltung des Parlaments und zur schrittweisen Errichtung einer Diktatur nach dem Vorbild des italienischen Faschistenführers Benito Mussolini. Im Mai 1933 wird die Kommunistische Partei verboten, gleichzeitig wird die „Vaterländische Front“ (VF) als Sammelbecken für „alle vaterländisch und christlich denkenden Österreicher“ gegründet. Diese „Vaterländische Front“ wird dann als eine Art Einheitspartei nach dem Vorbild anderer faschistischer Bewegungen installiert.

Nach tödlichen Sprengstoffanschlägen durch die Nationalsozialisten wird auch deren Partei im Juni 1933 verboten. Ab Herbst 1933 beginnt die Regierung Dollfuß mit der Demontage des einzig verbliebenen demokratischen Mitbewerbers, der Sozialdemokratischen Arbeiterpartei: Zuerst werden deren Vorfeldorganisationen eingeschränkt oder verboten (Freidenker, Schutzbund) und im Februar 1934 die Partei

Zur Unterstützung der Sicherheitskräfte, besonders zur Grenzkontrolle gegenüber Deutschland entlang der Leiblach, wird 1933 das „Freiwillige Schutzkorps“ gegründet. Die zuvor meist arbeitslosen Männer erhalten 3,50 Schilling pro Tag.

mit Waffengewalt aufgelöst und einige sozialdemokratische Funktionäre hingerichtet. Mit der gewaltsamen Zerschlagung der „Sozialdemokratischen Arbeiterpartei“ wird schließlich der letzte politische Gegner ausgeschaltet und damit der noch verbliebene Rest an demokratischer Tradition abgeschafft. Bundeskanzler Engelbert Dollfuß nennt seine Einparteiendiktatur „Ständestaat“, weil das Staatsgebilde nun nach ständischen Prinzipien – wie sie angeblich im Mittelalter bestanden haben – geordnet werden soll. Die Verfassung dafür erstellt der Vorarlberger Landeshauptmann Otto Ender. Sie tritt im Mai 1934 in Kraft. Obwohl sich Ender stets als Demokrat und Föderalist bezeichnet hat, ist die neue Bundesverfassung antidemokratisch und zentralistisch. Sein jahrelanger Weggefährte und Finanzlandesrat Dr. Josef Mittelberger macht diesen politischen Schwenk nicht mit und verlässt die Vorarlberger Landesregierung, die nun nicht mehr gewählt, sondern bestellt wird. Das Recht geht jetzt nicht mehr vom Volke aus, es ist nur noch der Empfänger der Gesetze. Die grundlegende Verfassungsbestimmung in Artikel 1: „Österreich ist eine demokratische Republik. Ihr Recht geht vom Volk aus“, wird getilgt. Stattdessen heißt es: „Im Namen Gottes, des Allmächtigen, von dem alles Recht ausgeht, erhält das österreichische Volk für seinen christlichen, deutschen Bundesstaat auf ständischer Grundlage diese Verfassung.“ Mit dieser Präambel ist zudem die Kirche als wesentliche Säule des neuen Regimes festgeschrieben. Damit ist die Rückkehr zu einem breiteren politischen Konsens mit den Sozialdemokraten verbaut; gemeinsame Anstrengungen gegen den deutschen Druck auf Österreich sind kaum mehr möglich.

Am 6. Jänner 1934 verüben Nationalsozialisten einen Anschlag auf die Turnhalle in Thüringen; glücklicherweise funktionieren nicht alle gelegten Böller.

↑ Im Dezember 1933 ist das Dornbirner Rathaus Ziel eines nationalsozialistischen Sprengstoffanschlags. Die Regierenden sollen verunsichert werden.

← Zahlreiche Sprengstoffattentate des Frühjahrs 1934 zielen darauf ab, wichtige Infrastruktureinrichtungen lahmzulegen. Diese Trafostation der VKW in Bregenz wird im April 1934 von Sprengsätzen der Nazis beschädigt.

Welche Rolle spielt die österreichische NSDAP?

Nach zahlreichen internen Auseinandersetzungen und Abspaltungen hat sich auch im Österreich der späten 1920er Jahre die „NSDAP-Hitlerbewegung" als radikalste Kraft am rechten Rand des Parteienspektrums durchgesetzt. Bei der Nationalratswahl 1930 erreicht die Rechtspartei aber nur 3,6 % der Stimmen und verfehlt so den Einzug ins Parlament. Umso stärker wird aber die Agitation auf der Straße – etwa mit Aufmärschen der SA (Sturmabteilung) in Uniform, durch Störungen der Wahlveranstaltungen der politischen Gegner oder durch mutwillig angezettelte Schlägereien mit Kommunisten.

In Vorarlberg wird die erste NSDAP-Ortsgruppe im Jahre 1923 in Bregenz gegründet, weitere folgen in den nächsten Jahren. Bei den letzten demokratischen Landtagswahlen vom November 1932 erreicht die NSDAP 9 % der Wählerstimmen und zwei Mandate im Landtag. Der Listenführer der NSDAP, Anton Plankensteiner, verzichtet auf den Einzug in den Vorarlberger Landtag, da ihm sein Arbeitgeber, die Bank für Tirol und Vorarlberg, berufliche Konsequenzen androht. Die ersten Mandatsträger der Nationalsozialisten sind somit der Dornbirner Arbeiterfunktionär Meinrad Hämmerle und der Harder Gemeindesekretär Rudolf Gunz. Während letzterer nach dem deutschen Einmarsch 1938 Bürgermeister der Marktgemeinde Hard werden wird, lassen die Nazis Hämmerle im Sommer 1938 ins KZ Dachau deportieren. Ihm wird vorgeworfen, er habe während der Zeit des Verbots der NSDAP (nach Juni 1933) hinter dem Rücken der Partei mit der „Vaterländischen Front" zusammengearbeitet.

Die österreichische NSDAP existiert nach ihrem Verbot im Juni 1933 im Untergrund und mit hitlerdeutscher Unterstützung weiter. Sie wird deshalb ab dieser Zeit als „illegale NSDAP" bezeichnet. Ihre Kampfmittel sind – wie schon vor dem Verbot – Sprengstoffanschläge auf öffentliche Einrichtungen, Privathäuser und Strommasten, dazu spektakuläre Provokationen wie Höhenfeuer in Hakenkreuzform, das Aufmalen nationalsozialistischer Symbole auf Felsen und Straßen oder das Streuen von Flugblättern. Auch in Vorarlberg sind die illegalen Nationalsozialisten nach dem Verbot der NSDAP weiterhin äußerst aktiv, werfen Böller in Häuser von politischen Gegnern und sprengen in Dornbirn den Mast einer Hochspannungsleitung.[3]

Höhepunkt dieser verbotenen nationalsozialistischen Aktivitäten ist der Putschversuch vom 25. Juli 1934 in Wien. Dabei wird Bundeskanzler Engelbert Dollfuß von österreichischen Nationalsozialisten ermordet. Von nun an wird gegen die illegalen Nationalsozialisten schärfer vorgegangen. Im niederösterreichischen Wöllersdorf wird bereits 1933 ein so genanntes Anhaltelager errichtet, in das aktive Nationalsozialisten – aber auch Sozialdemokraten und Kommunisten – ohne Gerichtsbeschluss eingelie-

Das berühmte Schauspielerehepaar Paula Wessely und Attila Hörbiger besucht im Sommer 1936 Dornbirn, genauer gesagt den illegalen Chef der Vorarlberger NSDAP Anton Plankensteiner. Hörbiger und Plankensteiner waren Regimentskameraden im Ersten Weltkrieg.

Neben Sprengstoffanschlägen machen die illegalen Nationalsozialisten auch auf vielerlei andere Arten auf sich aufmerksam. Etwa durch dieses riesige Hakenkreuz im Dornbirner Firstgebiet.

Im Juni 1934, einen Monat vor seiner Ermordung, besuchte Bundeskanzler Engelbert Dollfuß Feldkirch. Vor dem Landesgericht wird ihm gehuldigt.

fert werden können. Auch aus Vorarlberg werden Attentäter und besonders auffällige NSDAP-Aktivisten nach Wöllersdorf verbracht. Unter ihnen ist der Dornbirner Bankbeamte Anton Plankensteiner, der sich ab etwa 1930 als Oberhaupt der Vorarlberger Nationalsozialisten durchgesetzt hat. Die Nazis selbst nennen die Zeit zwischen 1933 und 1938 ihre „Kampfzeit", und alle Verurteilten und Unterstützer erhalten nach dem „Anschluss" den Ehrentitel „Alter Kämpfer". Unterstützt werden die hiesigen Nazis von etlichen Dornbirner Textilfabrikanten, die zum Teil auch die Geldstrafen für verurteilte nationalsozialistische Aktivisten übernehmen. In Betrieben solcher Unternehmer wird selbst die Personalpolitik politisch ausgerichtet. Ein in Bregenz festgenommener SS-Mann bekennt im Verhör freimütig, dass die Stärke der illegalen NS-Bewegung unmittelbar auf der weitgehenden Unterstützung durch die Wirtschaft gründe. Jeder, der für die „Bewegung" eingesperrt worden sei, erhalte nach seiner Freilassung sofort einen Arbeitsplatz.[4]

Um polizeilicher Verfolgung oder gerichtlicher Verurteilung zu entkommen, flüchten – wie aus dem übrigen Österreich – auch aus Vorarlberg zahlreiche illegale Nationalsozialisten nach Deutschland. Hier werden die meisten in Lager der so genannten „Österreichischen Legion" aufgenommen, militärisch gedrillt und für einen Einmarsch in Österreich vorbereitet.

Adolf Hitler und seinen Propagandisten gelingt es, in ganz Österreich perspektivlose junge Männer und Frauen aus der Unterschicht ebenso zu begeistern wie einen erheblichen Teil der Eliten. Sie alle erwarten sich in einem starken Großdeutschland bessere materielle Möglichkeiten, persönliche Anerkennung und einen nationalen Aufbruch.

←← Der Austrofaschismus wird auch als Imitationsfaschismus bezeichnet, weil er Organisationsformen, Grußrituale und militärisches Gehabe von Mussolini und Hitler übernimmt und nachahmt. Ernst Rüdiger von Starhemberg, dem hier das uniformierte Jungvolk zugrüßt, ist der Führer der Heimwehr, des einflussreichen militärischen Arms des „Ständestaates“.

← Ebenfalls nach hitlerdeutschem Vorbild wird zu Beginn des Jahres 1934 ein „Freiwilliger Arbeitsdienst“ (FAD) eingerichtet. Die arbeitslosen jungen Männer arbeiten um Verpflegung und Taschengeld an öffentlichen Projekten wie hier an der Uferbefestigung der Bregenzerach.

Eine wesentliche Stütze des austrofaschistischen Regimes (1934–1938) ist die katholische Kirche. Anlässlich eines Besuches von Heimwehrführer Starhemberg im Jahre 1935 findet für die Heimwehrverbände eine Feldmesse auf dem Bregenzer Kornmarktplatz statt.

Es ist aber auch in Vorarlberg nicht so, dass nur Arbeitslose oder Geringverdiener der NSDAP zusprechen. Die NSDAP findet ihre Hauptunterstützung im gesamten bürgerlichen Lager – Großdeutsche und Evangelische (gerade sie waren im katholischen Österreich Benachteiligungen ausgesetzt) an vorderster Stelle.[5] Zwei wesentliche Komponenten dieser traditionellen großdeutschen Gesinnung – nämlich Antisemitismus und (papstfeindlichen) Antiklerikalismus – verdeutlicht ein Motto, das sich deutsch-völkische Studentenverbindungen schon um die Jahrhundertwende auf ihre Fahnen geheftet haben: „Ohne Juda, ohne Rom, bauen wir Alldeutschlands Dom!" Damit sind die Gegner markiert, und das nationalistische Ziel erscheint in religiösem Glanz.

Nicht alle machen mit. Immun gegen die Versprechungen der Nationalsozialisten erweisen sich vor allem viele tiefgläubige KatholikInnen, Teile des engagierten Kerns der früheren Sozialdemokratischen Partei sowie überzeugte KommunistInnen. Diese Gruppen sind denn auch nach 1938 besonders starker Verfolgung durch die Nationalsozialisten ausgesetzt, und aus ihnen wird dem NS-Regime auch der stärkste Widerstand erwachsen.

Wie kommt es zum Ende Österreichs?

Auch Kurt Schuschnigg – Kanzler nach der Ermordung Dollfuß' durch nationalsozialistische Putschisten im Juli 1934 – vertraut ganz auf die Schutzmacht Italien und wird mit dieser Politik dramatisch scheitern. Das Bemühen, mit Hilfe einer Mischung aus österreichischem Patriotismus und Bekenntnis zum Deutschtum breite Bevölkerungsschichten politisch zu mobilisieren und sich als ernsthafte Konkurrenz gegen das nationalsozialistische Modell in Stellung zu bringen, wirkt nur bei den eigenen christlichsozialen Gefolgsleuten. Die „Vaterländische Front" wird nie eine Massenbewegung. Die Versuche, mit sozialpolitischen Maßnahmen wie Wohnbau, Arbeitsdienst oder Winterhilfswerk die faschistischen Nachbarn Italien und Deutschland zu imitieren, verbreitern die Zustimmung zum Regime kaum. Auch fehlt dem autoritären und katholisch-konservativen „Ständestaat" jenes moderne Element, mit dem der Nationalsozialismus in Deutschland zusätzliche Bevölkerungsschichten anspricht: Das betrifft den freieren Umgang der Geschlechter miteinander ebenso wie die moderne Freizeitgestaltung mit Sport, Reisen, Kino und anderen weltlichen Vergnügungen. Das alles wird in Österreich von der Kirche skeptisch gesehen oder ganz abgelehnt. Dem nationalsozialistischen Deutschland gelingt es auch mit Hilfe moderner Propaganda und mit den neuen Medien Film und Rundfunk, sich als Staat im Aufbruch zu einer besseren Zukunft zu verkaufen, mit einem Führer, der mit kleinem politischen Hickhack aufräumt und sich vom Ausland nichts vorschreiben lässt. Mit solchen Perspektiven kann der „Ständestaat" nicht aufwarten. Nicht wenige seiner Funktionäre geben sich deshalb vordergründig loyal, schielen aber mit einem Auge nach Deutschland oder sind im Geheimen bereits illegale Parteimitglieder der NSDAP. Auch Vorarlberg kann mit solchen Gesinnungsakrobaten aufwarten.

Zudem steht der Großteil der sozialdemokratisch eingestellten BürgerInnen dem Schuschnigg-Regime fern, weil die Wunden aus der blutigen Niederschlagung der

Unter dem Slogan „Ein Toter führt uns an“ versucht der „Ständestaat“ den ermordeten Kanzler Engelbert Dollfuß politisch nutzbar zu machen. Delegationen aus ganz Österreich besuchen den „Seipel-Dollfuß-Gedächtnisbau“ in Wien. Hier eine Gruppe der jungen „Vaterländischen Front“ (VF) aus Vorarlberg (Juni 1937), geführt vom Jugendreferenten der VF Eugen Leissing (vorne ganz rechts).

Partei im Februar 1934 und die Erinnerung an die Hinrichtung sozialdemokratischer Februar-Kämpfer noch zu frisch sind. Und vor allem ist die austrofaschistische Diktatur selbst angesichts der Bedrohung durch die Nationalsozialisten nicht imstande, sich zu öffnen und den Sozialdemokraten Angebote einer wirklichen politischen Teilhabe zu machen.

Die Christlichsoziale Partei hat bei der letzten freien Nationalratswahl im Jahre 1930 nur gut 35 % der Stimmen errungen – und nicht viel breiter ist nun die Zustimmung zu ihrer Diktatur.

Dem Schuschnigg-Regime gelingt in den folgenden Jahren weder ein wirtschaftlicher Aufschwung noch eine überzeugende ideologische Gegenpositionierung zu Hitlerdeutschland. Auch die Vorarlberger Landesregierung setzt keine Impulse, die die Wirtschaft beleben, und die nationalsozialistischen Unternehmer des Landes haben wenig Interesse an einem österreichischen Aufschwung. Sie warten auf den „Anschluss“.

Mit dem Zusammengehen von Hitler und Mussolini im Jahre 1936 („Achse Berlin-Rom“) verliert das austrofaschistische Regime zudem seine Schutzmacht und steht jetzt außenpolitisch isoliert und hilflos da. Diese Schwächung stärkt die Nationalsozialisten. Als Hitler im März 1938 zum Sturm auf Österreich ansetzt, weiß er, dass er weder von Seiten der Bevölkerung, noch von der schwachen Regierung, noch vom Ausland mit wirklichem Widerstand zu rechnen hat. So kann am 12. März 1938 der ungehinderte Einmarsch als „Befreiung Österreichs“ gefeiert werden. Und im inszenierten Jubel gehen die ersten Gewaltmaßnahmen des neuen Regimes gegen österreichische BürgerInnen und Institutionen fast unter.

Die nationalsozialistische Machtübernahme[6]

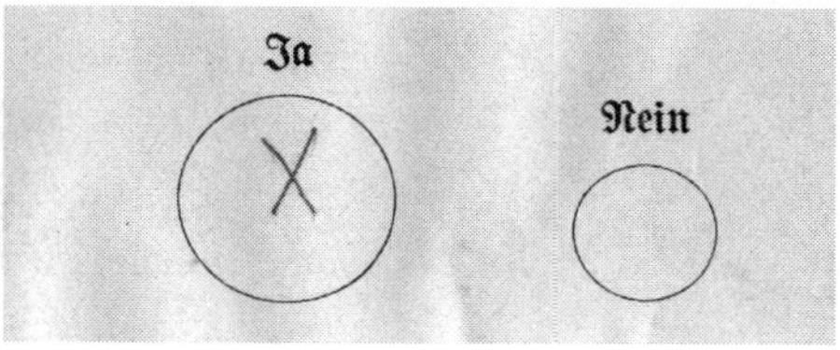

Was geschieht am 11./12. März 1938?

Bundeskanzler Kurt Schuschnigg sieht sich am 11. März 1938 in einer ausweglosen politischen Situation. Sein Versuch, mit Hilfe einer Volksabstimmung Österreichs Eigenständigkeit und damit sein eigenes autoritäres Regime zu retten, wird von Hitlerdeutschland mit einer sofortigen Einmarschdrohung beantwortet. Eine internationale Hilfe ist nicht zu erwarten. Die österreichische Außenpolitik der vorangegangenen Jahre hat keine Bündnisse mit anderen Staaten zusammengebracht, um dem deutschen Druck zu begegnen. So bleibt dem Kanzler nur noch ein dramatischer Abgang, den er an diesem 11. März um 19 Uhr 50 per Rundfunk verkündet. Gleichzeitig weist er das österreichische Bundesheer an, keinen Widerstand zu leisten. Eine halbe Stunde zuvor hat er das Amt der Bundeskanzlers an den Nationalsozialisten Arthur Seyß-Inquart übergeben.

↑ In der NS-Propaganda wird der „Anschluss“ als Erfüllung der Geschichte dargestellt, als Schlussstein bei der Überbrückung eines alten Gegensatzes.

↗ Am Vormittag des 12. März 1938 marschieren die ersten deutschen Truppenverbände in Bregenz ein. Die Menge, die sich zur Begrüßung eingefunden hat, ist noch recht überschaubar.

Alle wichtigen öffentlichen Einrichtungen wie das Bundeskanzleramt, die Ministerien, die Polizeizentrale und der Rundfunk werden noch in dieser Nacht von den österreichischen Nationalsozialisten besetzt. Kaum hat Schuschnigg sein „Gott schütze Österreich“ als die letzten Worte ins Mikrofon gesagt, werden in ganz Österreich schon die Hakenkreuzfahnen ausgerollt. Erst im Laufe des 12. März 1938, es ist ein Samstag, marschieren die deutschen Truppen in Österreich ein. Die Machtübernahme der Nationalsozialisten findet also bereits vor der militärischen Besetzung statt.

In den folgenden drei Tagen werden alle organisatorischen Maßnahmen getroffen, um Adolf Hitler einen grandiosen Empfang in Wien zu bereiten. So kann der „Führer“ am Nachmittag des 15. März 1938 vom Balkon der Wiener Hofburg den „Eintritt seiner Heimat in das deutsche Reich“ verkünden. Schon zuvor hat die Jagd auf Vertreter des alten Systems begonnen; die bis dahin illegalen Nationalsozialisten dürfen sich in diesen ersten Tagen an Gegnern und Juden vergehen.

Dann aber werden die wilden Ausschreitungen und die „Privatjustiz“ durch die alten und neuen Nazis eingestellt. Denn der aus dem deutschen Reich in die „Ostmark“ (so wird Österreich nun heißen) abkommandierte Reichsstatthalter Josef Bürckel samt deutschen Gestapo-Leuten installiert die neue Herrschaft. Und dies, obwohl Hitler dem österreichischen Kanzler Kurt Schuschnigg bei deren Berchtesgadener Zusammenkunft am 12. Februar 1938 angedroht hat, er werde die Rache von SA und Legion nicht verhindern können, wird den österreichischen Nazis die Eigenmächtigkeit der ersten Tage bald eingestellt. Am 13. Mai 1938 teilt der Reichsstatthalter den Landesregierungen auf dem Erlasswege mit, „daß bei Vorkommen der geringsten Ausschreitungen, Unruhestiftungen, Anpöbelungen von Volksgenossen und Nichtariern, nicht

Am Tag des „Einmarsches“ gibt es deutschen Eintopf für die endlich „vereinten“ ParteigängerInnen der NSDAP auf dem Bregenzer Kornmarktplatz.

nur die beteiligten SA-Männer, sondern in erster Linie der zuständige verantwortliche Führer mit der sofortigen Ablösung von seiner Dienststelle und mit dem Ausschluß aus der SA und Partei zu rechnen hat“[7]. Doch solche Drohungen hindern den entfesselten Mob nur teilweise an weiteren Ausschreitungen gegen Leib und Gut der „Feinde“. Deshalb greift der oberste Polizeichef Heinrich Himmler zu jener Verschwörungstheorie, die die Nationalsozialisten bereits bei ihrer Machtergreifung in Deutschland im Jahre 1933 mit Erfolg verbreitet haben: „Kommunistische Parteigänger versuchen unter Missbrauch der Parteiuniform die öffentliche Ruhe und Sicherheit zu gefährden, indem sie widerrechtlich beschlagnahmen, Hausdurchsuchungen und Festnahmen durchführen. Die Staatspolizei wird gegen ein solches verbrecherisches Treiben mit schärfsten Mitteln einschreiten.“[8] Damit wird nicht nur von den wirklichen Tätern abgelenkt, sondern bereits die nationalsozialistische Jagd auf die österreichischen Kommunisten propagandistisch vorbereitet.

Auch in den folgenden Monaten kommt es immer wieder zu Ausschreitungen und wilden Beschlagnahmungen durch SA und SS. So nimmt etwa der Bludenzer SA-Sturmführer Franz Vögel ohne Wissen der NSDAP-Kreisleitung mit einigen seiner Leute in Bürserberg die Jagdhütte des Schweizers Max Weil-Brüll in Besitz und macht daraus ein Wochenendhaus für seinen SA-Sturm.[9]

Die zahlreichen ÖsterreicherInnen, die sich nun bei den neuen Machthabern anbiedern, werden von den „richtigen“ Nazis abschätzig als „Märzveilchen“ bezeichnet. Auch parteiintern werden die „alten“ Parteimitglieder gegenüber den neuen kenntlich gemacht: Wer nach dem März 1938 um Aufnahme in die NSDAP ansucht und aufgenommen wird, erhält eine Mitgliedsnummer über der Sechs-Millionen-Grenze.

Am Dornbirner Marktplatz wird der Einmarsch pompöser inszeniert als in allen anderen Vorarlberger Städten.

Nach der relativ unproblematischen Eingliederung Österreichs in das Deutsche Reich konzentrieren die neuen Machthaber ihre gesamten Propagandaanstrengungen auf die Volksabstimmung vom 10. April 1938. Diese Abstimmung soll die „Freiwilligkeit", ja den Wunsch der ÖsterreicherInnen zum „Anschluss" vor aller Welt deutlich machen.

Wie vollzieht sich der Machtwechsel in Vorarlberg?

In Vorarlberg verwandelt sich das bange Warten der politisch Verantwortlichen auf Informationen aus Wien nach Schuschniggs Rücktrittsrede in lähmende Ratlosigkeit. Einen Alarmplan für den Fall einer nationalsozialistischen Machtübernahme gibt es nicht, und so warten die Vorarlberger Funktionäre des „Ständestaats" erst einmal auf Anordnungen aus Wien. Dorthin sind in den Jahren zuvor alle wichtigen sicherheitspolitischen Kompetenzen verlagert worden. Die „Führer" im Bundeskanzleramt, im Innen- und im Heeresministerium sind jedoch nicht erreichbar und bleiben stumm. Die regionalen Befehlsempfänger warten vergeblich – bis 20.45 Uhr. Dann begeben sich Landeshauptmann Dipl.-Ing. Ernst Winsauer, Landesstatthalter Dr. Alfons Troll, der Führer der „Vaterländischen Front" (VF) Eduard Ulmer und der Geschäftsführer der VF Dr. Erich Müller in die Privatwohnung des Landeshauptmanns und harren bei

einem Mokka der weiteren Dinge. Angesichts der Dramatik der nächsten Stunden und der einschneidenden Folgen eine groteske Situation.

Besser funktioniert die Kommunikation bei den Nationalsozialisten. Die Machtübernahme ist weitgehend vorbereitet. In Wien übernimmt der bisherige österreichische Innenminister Arthur Seyß-Inquart, der als Nationalsozialist unter dem Druck Deutschlands in die Regierung berufen worden ist, auf Anweisung Hermann Görings die Regierungsgeschäfte. In Vorarlberg fordert der illegale Gauleiter der NSDAP, Anton Plankensteiner, um 22 Uhr den Landeshauptmann Ernst Winsauer – die beiden sind Klassenkollegen in der Dornbirner Realschule gewesen – telefonisch auf, im Gebäude der Landesregierung die Amtsgeschäfte offiziell zu übergeben. Das Gebäude haben bereits die Führer von SA und SS besetzt. Als eine seiner ersten Maßnahmen ernennt der neue Landeshauptmann Anton Plankensteiner den Führer der Vorarlberger SS Alfons Mäser zum kommissarischen Sicherheitsdirektor. Als solcher wird Mäser in den kommenden Wochen nicht nur Plankensteiners Auftritte sichern, sondern auch das Vorgehen gegen die alten und vermeintlich neuen Gegner bestimmen. Mit der Übernahme der Sicherheitsdirektion in Bregenz bringen sich Mäser und seine Leute auch in den Besitz des Aktenmaterials, das die polizeiliche Überwachung politischer Gegner des „Ständestaats" dokumentiert. Und ihre Suche gilt von Anfang an den ehemaligen Informanten über die Aktivitäten der „Illegalen".

Auch die Büroräume der VF in der Bregenzer Montfortstraße sind zu diesem Zeitpunkt bereits von SA und HJ besetzt. Die Informationen, die die Gestapo in den folgenden Tagen aus dem nahezu unversehrten Aktenmaterial der VF bezieht, werden manchem engagierten „Vaterländischen" zum Verhängnis. Aber nicht nur diesen: Die

↖ Wie hier in Lustenau begeben sich noch am Tag des „Anschlusses" SA-Männer und selbsternannte Wachen an die Grenzübergänge, um eventuelle „Devisenflüchtlinge" festzunehmen.

↑ Auch die Geschäftswelt weiß sich auf die neue Zeit einzustellen: Hakenkreuzfahnen, NS-Abzeichen und Hitlerbilder haben Hochkonjunktur.

Die nationalsozialistische Machtübernahme

Der Dornbirner Fotoverlag Heim feiert die „Befreiung“ mit einer eigenen Postkarte.

VF hat auch ein „Verzeichnis des Kommunismus verdächtiger Personen“ angelegt. Darin scheint unter anderen der Bregenzer Maler Rudolf Wacker auf. Am 25. Mai 1938 nehmen zwei Gendarmen eine Hausdurchsuchung vor, und am 28. Mai wird Wacker von der Gestapo zur Einvernahme vorgeladen. Am Vorabend erleidet er einen ersten heftigen Herzanfall, von dem er sich nicht mehr erholt. Wacker stirbt am 19. April 1939, gerade 46 Jahre alt.

Mit der Machtübernahme sind die Nationalsozialisten am Ziel ihrer politischen Träume und feiern ihren Sieg noch in der Nacht mit Fackelzügen in Dornbirn und Bregenz. SS und Gendarmerie machen gemeinsam um 2 Uhr morgens Polizeistunde. Auch später wird dem politischen Taumel vom Staat immer wieder ein Ordnungsrahmen verpasst.

Bereits am Nachmittag dieses für Österreich so verhängnisvollen 11. März befindet sich ein deutscher Offizier in Zivilkleidung in Bregenz, um die Lage zu sondieren und die führenden Nationalsozialisten über den Ablauf des kommenden Tages zu informieren. Am 12. März um 4 Uhr früh besetzt eine deutsche Vorhut die österreichischen Zollhäuser bei Unter- und Oberhochsteg in Hörbranz. Auf die etwa stündlichen Telefonanrufe der Bregenzer Zollbehörde, ob deutsche Truppen in Sicht seien, antworten die deutschen Soldaten jeweils mit der beruhigenden Auskunft, es sei alles ruhig.

Um 6 Uhr früh, am 12. März, kommt der Kommandant der deutschen Einmarschtruppen persönlich bis zur Bregenzer Klause, um sich zu überzeugen, dass keine Gegenwehr zu erwarten ist. Um 8.20 Uhr fahren die ersten deutschen Soldaten in Bregenz ein, nachdem zuvor die Kaserne unter deutsches Kommando gestellt wurde. Nur Leutnant Wilhelm Waldsam vom Artillerie-Regiment Nr. 6 weigert sich anfänglich, die ihm

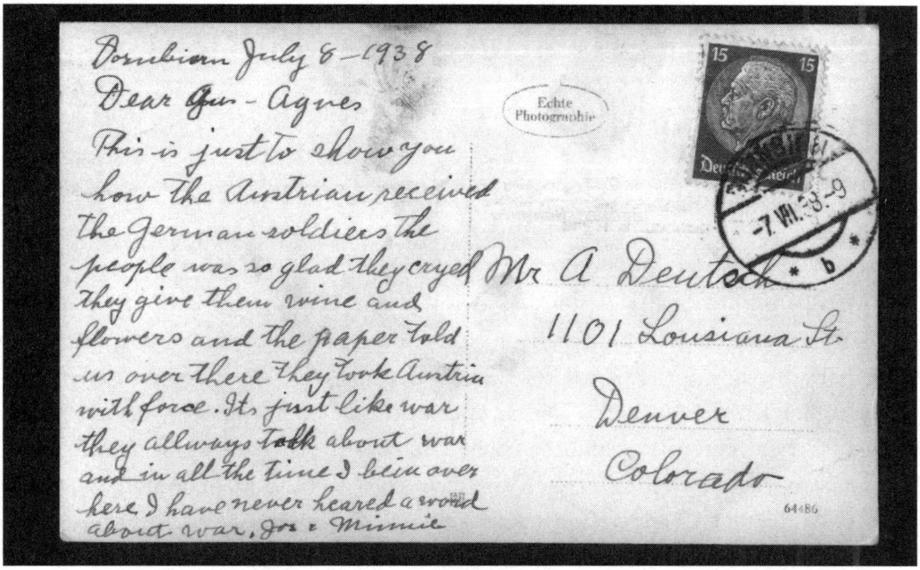

Dornbirn July 8–1938
Dear Gus - Agnes
This is just to show you
how the Austrian received
the German soldiers the
people was so glad they cryed
they give them wine and
flowers and the paper told
us over there they took Austria
with force. Its just like war
they allways talk about war
and in all the time I bein over
here I have never heared a word
about war, Jos + Minnie

Echte Photographie

15 Deutsches Reich 15

-7. VII. 38 -9

Mr A Deutsch
1101 Lousiana St
Denver
Colorado

64486

Die Menschen hätten geschrien vor Freude und den einmarschierenden deutschen Truppen Wein und Blumen gegeben, schreibt Josef Janner seinem Freund nach Amerika. Janner, 1884 von Dornbirn nach Amerika ausgewandert, befindet sich 1938 auf Besuch in der alten Heimat.

anvertrauten Geschütze zu übergeben. Erst in den Nachmittagsstunden marschiert der Großteil der deutschen Truppen in Bregenz ein. In den folgenden Tagen werden einzelne Verbände in die übrigen Vorarlberger Städte verlegt; nicht weil hier eine militärische Besetzung notwendig wäre, sondern um die neue Macht zu demonstrieren und Paraden abzuhalten. Auch die über Vorarlberg kreisenden deutschen Militärflugzeuge zeugen von der Stärke des eben geschaffenen „Großdeutschland".

Beim nachmittäglichen Vorbeimarsch der deutschen Besetzungstruppen auf dem Bregenzer Kornmarktplatz werden bereits auch Kompanien des österreichischen Heeres eingebaut. Am 15. März fährt eine Ehrenkompanie des Bregenzer Alpenjäger-Bataillons mit einem Schiff nach Lindau, um dort im Rahmen einer Parade zur „feierlichen Bekundung deutscher Einheit" beizutragen.

Auch ihre Hausdichter lassen die Nationalsozialisten bei den diversen „Anschluss"-Feierlichkeiten zu Wort kommen. Der Schöpfer des Kinderliedes „Müsle gang ga schlofe", der Dornbirner Nationalsozialist Walter Weinzierl, zeigt, dass er auch anders kann; er hat bereits ein „Hitlerlied" auf Lager, das bei den Feiern vorgetragen wird und mit folgender Drohung endet:[10]

„Hört den Schwur ihr andern Völker:
Hakenkreuz und Adolf Hitler
Von der Etsch, bis an den Belt! –
Herrlich seh ich Deutschland werden,
Wegbereiterin auf Erden
Wird es einer neuen Zeit!"

Wie verfahren die neuen „Herren" mit den Politikern und Funktionären des „Ständestaats"?

Im Gefolge der deutschen Truppen befinden sich jene, die die ersten sicherheitspolitischen und administrativen Zwangsmaßnehmen durchzuführen haben: Es sind über 300 Schutzpolizisten aus München und Gestapo-Beamte aus dem Bodenseeraum. Die einen werden sofort an die Schweizer Grenze beordert; die anderen machen sich unverzüglich daran, die wilden Verhaftungen durch einheimische SA und SS in die systematischen Bahnen des hitlerdeutschen Terrors zu lenken. Das Gewaltmonopol hat auch im okkupierten Österreich ein staatliches zu bleiben. Schon am 12. März 1938 stellt der neue Landeshauptmann Plankensteiner fest, dass „alle Übergriffe" strengstens geahndet würden. Er weiß, wovon er spricht: Bereits in der Nacht vom 11. auf den 12. März sind NS-Gegner von SA- und SS-Rotten aus ihren Wohnungen geholt, teilweise misshandelt und öffentlich verhöhnt worden. So wird beispielsweise der ehemalige Landesobmann der Katholischen Jugend, Toni Winkler, auf den Dornbirner Marktplatz geführt, wo er eine „Ehrenrunde" laufen muss, bei der er von den feiernden Nazis „beschimpft und angespuckt" wird. „Vor dem Rathaus forderte dann eine wütende Menge, dass ich an eine Laterne geknüpft werden sollte. Die Polizei, bereits mit Hakenkreuzbinden ausgestattet, kämpfte um mein Leben".[11] Auch in Lustenau zieht ein schreiender NS-Mob durch die Straßen und fordert Rache an den örtlichen Spitzen des „Ständestaats". Im „Vorarlberger Tagblatt", der einzigen zugelassenen Zeitung, ist allerdings von Ausschreitungen nie die Rede, im Gegenteil: Stets wird die „noble Haltung" der Nationalsozialisten gegenüber ihren Gegnern betont.

Die Kehrseite der „Anschluss-Freude" sind die Verhaftungen, die noch am Abend des 11. März 1938 einsetzen. Die Lustenauer Nationalsozialisten fordern die Festnahme der bekanntesten „Schwarzen". Der vormalige Landesrat Adolf Hämmerle (1881–1971) wird für zwei Jahre im KZ Buchenwald interniert.

Der öffentlichen Beschimpfung folgt in vielen Fällen die Inhaftierung. Nahezu die gesamte Führungsgarnitur von „Vaterländischer Front" und der „Frontmiliz" – Eduard und Toni Ulmer, Eugen Leissing, Dr. Erich Müller, Dr. Lorenz Konzett, Dr. Erich Fischer, Eugen Grabher – wird festgenommen; dazu kommen zahlreiche lokale Spitzenvertreter des alten Regimes, Beamte der Sicherheitsbehörden wie Dr. Paul Jäger, Dr. Emil Seeberger, Hugo Lunardon und Anton König, die bekanntesten österreichischen Legitimisten (Monarchisten), Funktionäre katholischer Organisationen und schließlich auch schon die ersten Kommunisten. Die genannten Personengruppen werden auch in der Folgezeit genau beobachtet, und immer wieder wird es aus diesen Kreisen Verhaftungen geben.

Sieben von den Verhafteten der ersten Tage werden bald darauf in das Konzentrationslager Dachau beziehungsweise in das KZ Buchenwald deportiert: Hugo Lunardon,

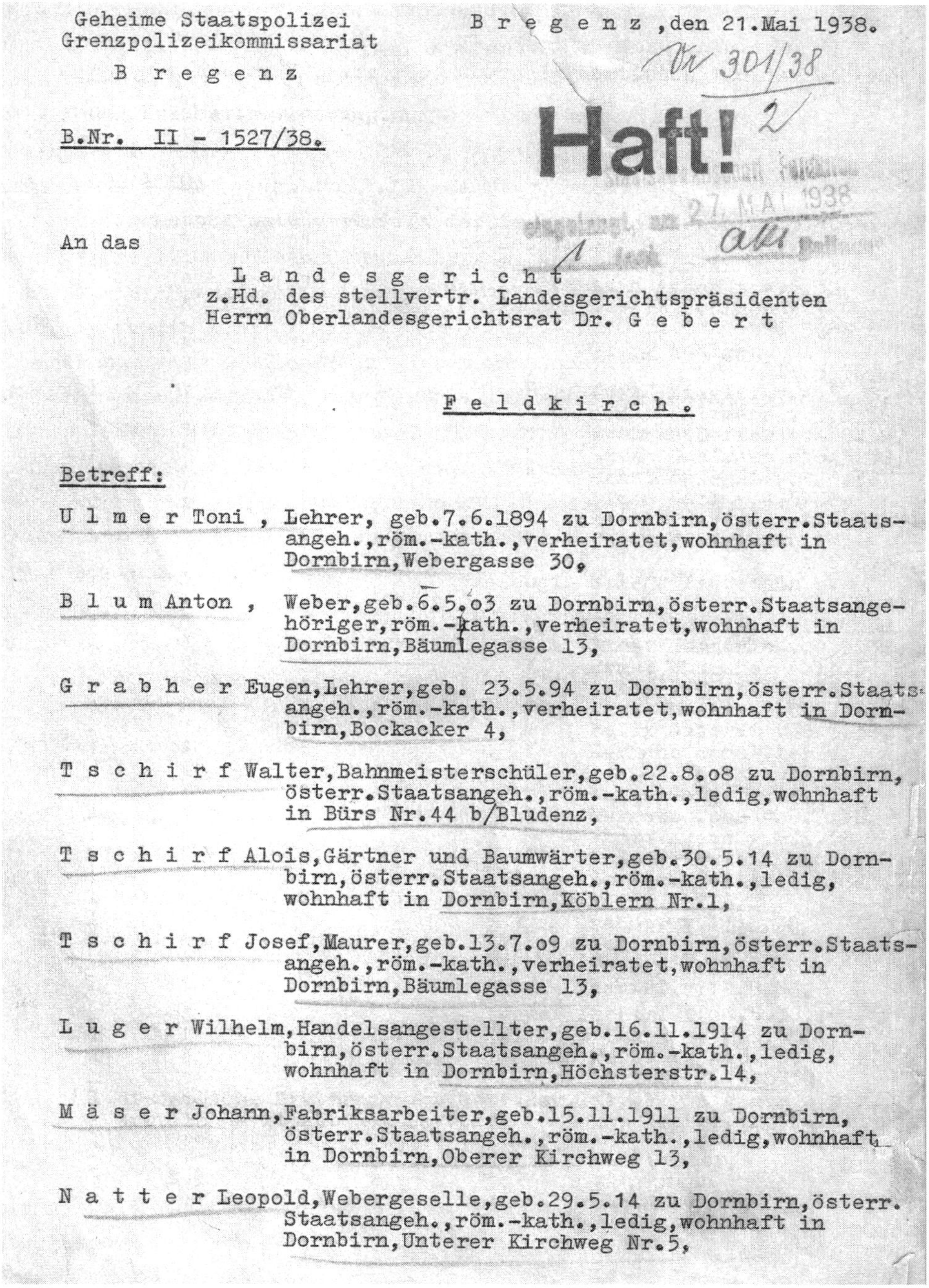

Geheime Staatspolizei
Grenzpolizeikommissariat
B r e g e n z

B r e g e n z ,den 21.Mai 1938.

Vr 301/38

Haft! 2

eingelangt am 27. MAI 1938

B.Nr. II - 1527/38.

An das

L a n d e s g e r i c h t
z.Hd. des stellvertr. Landesgerichtspräsidenten
Herrn Oberlandesgerichtsrat Dr. G e b e r t

F e l d k i r c h.

Betreff:

U l m e r Toni , Lehrer, geb.7.6.1894 zu Dornbirn,österr.Staatsangeh.,röm.-kath.,verheiratet,wohnhaft in Dornbirn,Webergasse 30,

B l u m Anton , Weber,geb.6.5.o3 zu Dornbirn,österr.Staatsangehöriger,röm.-kath.,verheiratet,wohnhaft in Dornbirn,Bäumlegasse 13,

G r a b h e r Eugen,Lehrer,geb. 23.5.94 zu Dornbirn,österr.Staatsangeh.,röm.-kath.,verheiratet,wohnhaft in Dornbirn,Bockacker 4,

T s c h i r f Walter,Bahnmeisterschüler,geb.22.8.o8 zu Dornbirn, österr.Staatsangeh.,röm.-kath.,ledig,wohnhaft in Bürs Nr.44 b/Bludenz,

T s c h i r f Alois,Gärtner und Baumwärter,geb.30.5.14 zu Dornbirn,österr.Staatsangeh.,röm.-kath.,ledig, wohnhaft in Dornbirn,Köblern Nr.1,

T s c h i r f Josef,Maurer,geb.13.7.o9 zu Dornbirn,österr.Staatsangeh.,röm.-kath.,verheiratet,wohnhaft in Dornbirn,Bäumlegasse 13,

L u g e r Wilhelm,Handelsangestellter,geb.16.11.1914 zu Dornbirn,österr.Staatsangeh.,röm.-kath.,ledig, wohnhaft in Dornbirn,Höchsterstr.14,

M ä s e r Johann,Fabriksarbeiter,geb.15.11.1911 zu Dornbirn, österr.Staatsangeh.,röm.-kath.,ledig,wohnhaft in Dornbirn,Oberer Kirchweg 13,

N a t t e r Leopold,Webergeselle,geb.29.5.14 zu Dornbirn,österr. Staatsangeh.,röm.-kath.,ledig,wohnhaft in Dornbirn,Unterer Kirchweg Nr.5,

SA-Leute und Gendarmerie verhaften noch am Abend des 11.3.1938 die führenden Heimwehrmänner Dornbirns. Gegen sie wird ein Schauprozess vorbereitet. Einem der Hauptangeklagten, Anton Blum, gelingt die Flucht in die Schweiz. Der gesamte Prozess wird dann stillschweigend eingestellt.

Mit Hämmerle wird auch der Bürgermeister von Lustenau, Josef Peintner, verhaftet und ins KZ Buchenwald deportiert.

der Gendarmeriepostenkommandant von Dornbirn, Dr. Paul Jäger, der Stellvertreter des Sicherheitsdirektors, Kaplan Georg Schelling, der Schriftleiter des „Vorarlberger Volksblattes", Alfons Kothbauer, ein ehemaliger Informant der Sicherheitsbehörden, Anton Blum, der Heimwehrkommandant von Dornbirn-Hatlerdorf, Emil Hercher, ein aus Deutschland zugezogener Kaufmann in Bregenz, und Anton Häfele, ein Kommunist aus Hard, der sich im Bregenzer Gefängnis mutig für seine Mithäftlinge einsetzt. Im Gegensatz zu den christlichsozialen Funktionären kennt er bereits aus leidvoller Erfahrung die Regeln des Gefängnisalltags. Lunardon und Häfele werden im Konzentrationslager Mauthausen beziehungsweise Dachau zu Tode gebracht, Schelling und Kothbauer bleiben bis zur Befreiung im Frühjahr 1945 interniert, Jäger und Hercher werden nach mehrjähriger Haft entlassen. Anton Blum soll wegen tätlicher Übergriffe gegen illegale Nationalsozialisten der Prozess gemacht werden; deshalb wird er aus Dachau nach Feldkirch zurückgebracht. Von hier gelingt ihm die Flucht in die Schweiz.

Die übrigen Inhaftierten werden unterschiedlich lange festgehalten und meist erst freigelassen, nachdem ihnen hohe Beträge für das NS-Winterhilfswerk abgepresst wurden. Manch einer von denen, die sich damals mit einer „Spende" die Freiheit erworben haben, sieht sich nach 1945 der vorwurfsvollen Frage ausgesetzt, warum gerade er den Nazis gegenüber so großzügig war. Einige verlieren nach ihrer Entlassung aus dem Gefängnis nicht nur ihre Anstellungen, sondern erhalten zudem „Gauverbot", müssen also Vorarlberg verlassen.

Die etwa 80 Festnahmen der ersten Tage und Wochen nach dem „Anschluss" sind als einschüchternde Machtdemonstration anzusehen. Sie bedienen zugleich die Erwartungen der NS-ParteigängerInnen auf Vergeltung und machen die Spitzenvertreter des alten Systems im Hinblick auf die Volksabstimmung am 10. April mundtot.

Was geschieht an den Grenzen?

Während an den Grenzübergängen nach Deutschland mit öffentlichkeitswirksamen Veranstaltungen die Schranken abgenommen und die Grenzpfähle entfernt werden, um die Vereinigung mit dem „Altreich" auch symbolisch deutlich zu machen, wird die Schweizer Grenze dicht gemacht. Neben der Jagd auf Gegner innerhalb des Landes gilt in den ersten Tagen nach dem „Anschluss" das Hauptaugenmerk der neuen Machthaber der Schweizer Grenze. Dort hofft man politische Flüchtlinge und Devisenschmuggler fassen zu können. „In rasender Fahrt ging es der Grenze zu", erinnert sich ein Feldkircher SA-Mann. „Keiner durfte Österreich verlassen. Die Lumpen, die das Volk in den letzten Jahren ausgeplündert hatten, mussten gefangen werden."[12] In Lustenau widmet sich eine Menge von Freiwilligen, die sich mittels Hakenkreuzarmbinden staatliche Macht anmaßen, der Grenzkontrolle und hofft auf große Fänge.

Überall werden die Zufahrtsstraßen zu den Grenzübergängen verstärkt überwacht – auch im Montafon. In Bings bei Bludenz wird ein Schlagbaum errichtet, um alle aus Richtung Arlberg Kommenden einer ersten Kontrolle zu unterziehen. Auf dem Bahnhof Feldkirch werden die internationalen Züge stundenlang angehalten und die Passagiere ebenso rüpelhaften wie peinlich genauen Kontrollen unterzogen. Überall mischen neben Polizisten und Zöllnern einheimische SA- und SS-Männer als selbsternannte Amtsorgane mit. Der Schriftsteller Carl Zuckmayer erlebt und beschreibt die Vorgänge in Feldkirch am 12. März 1938 als dramatisch. Ihm wird nach Stunden der Ungewissheit die Weiterfahrt in die Schweiz gestattet; andere Reisende werden festgenommenen. Für sie beginnt in Feldkirch ein Leidensweg, der in vielen Fällen mit dem Tod in einem KZ endet.

Bald aber übernehmen aber auch an den Grenzübergängen reguläre staatliche Organe das Sagen. Neben den bereits erwähnten Hundertschaften der Münchner Polizei werden ebenfalls bereits am 12. März „76 Probedienstleister der Zollwachkurse Salzburg und Innsbruck“ nach Vorarlberg abkommandiert.

Auch auf den Bergen intensivieren bisherige österreichische Zöllner und neu dazugekommene Grenzschützer die Kontrolle. In vorauseilendem Gehorsam werden alle Menschen festgehalten, die keine Einheimischen sind. So etwa der Wiener Dichter Jura Soyfer und sein Freund Hugo Ebner. Sie werden beim Versuch, von Gargellen aus auf Skiern in die Schweiz zu gelangen, kurz vor der rettenden Grenze festgenommen. Soyfer hat keinen Pass – der ist ihm bereits von den austrofaschistischen Behörden entzogen worden. Nach Inhaftierungen im Gemeindekotter von St. Gallenkirch, im Gefängnis von Bludenz und im Gefangenenhaus Feldkirch werden Jura Soyfer und Hugo Ebner an die Gestapoleitstelle Innsbruck überstellt. Hier sind sie einige Wochen zusammen mit Dr. Otto Ender, dem ehemaligen Vorarlberger Landeshauptmann, inhaftiert. Der Spitzenpolitiker der austrofaschistischen Diktatur und der linke Autor, der diese mit seiner Literatur zu bekämpfen versucht hat, sitzen nun gemeinsam im nationalsozialistischen Gefängnis. Während aber Ender im Juni 1938 entlassen und mit Gauverbot belegt wird, werden Soyfer und Ebner ins Konzentrationslager Dachau deportiert. Nach seiner Verlegung ins KZ Buchenwald im Herbst 1938 stirbt Jura Soyfer am 16. Februar 1939 an Unterernährung und Typhus.

Während also die Grenzen zur Schweiz dicht gemacht werden, sind jene nach Deutschland aufgehoben. Es kommt zu Verbrüderungsfeiern an der ehemaligen Grenze, vor allem aber zu einem Besucherandrang aus Süddeutschland. Und die, die offiziell gekommen sind, um die Armut der ostmärkischen VolksgenossInnen zu bedauern, kehren heim mit vollen Taschen. Im Deutschen Reich gibt es nämlich etliche Waren nicht mehr zu kaufen, die in der „Ostmark“ noch auf dem freien Markt erhältlich sind. Besonders auf weißes Mehl und Butter haben es die deutschen Hamster-KäuferInnen abgesehen.[13] Um vor der Volksbefragung keine negative Stimmung aufkommen zu lassen, überlegen sich die neuen Behörden, ein allgemeines Ausfuhrverbot für Lebensmittel zu erlassen. Kurz nach der spektakulären Aufhebung der Grenzbalken drohen also neuerlich Grenzkontrollen. Es kommt aber nach der Abstimmung nicht dazu.

Wie wird die Verwaltung umgebaut?

Der Umbau der öffentlichen Verwaltung Vorarlbergs ist von den Nationalsozialisten gut vorgeplant. Im Landesdienst gibt es Entlassungen, Kontinuitäten, Aufstiege und Versetzungen. Die höchsten Landesbeamten werden mit wenigen Ausnahmen ihres Amts enthoben. Neuer Regierungsdirektor ist nun Dr. Hans Lardscheider, von 1926 bis 1934 bereits Bezirkshauptmann von Bregenz, dann aber als Nazisympathisant in niederer Verwendung bei der BH Feldkirch. Sein Kollege Dr. Rudolf Kopf, ebenfalls hoher Landesbeamter im „Ständestaat“ und Mitglied einer katholischen Studentenverbindung, schafft den Aufstieg zum Landesstatthalter. Er gilt den gestandenen Nationalsozialisten zwar als „Herz-Jesu-Nazi“, für den neuen Landeshauptmann Anton Plankensteiner ist Kopf aber wichtig, weil er die Landesverwaltung kennt und eine Brücke zur ehemaligen politischen Elite bildet.

Die eben erst mit SS Hauptsturmführer Alfons Mäser besetzte Sicherheitsdirektion wird im April 1938 aufgelöst: Alle sicherheitspolizeilichen Angelegenheiten werden an die Geheime Staatspolizei (Gestapo) übertragen. Als Entschädigung erhält Mäser die Leitung des Personalamtes. Ihm obliegt nun die Entscheidung darüber, wer von den bisherigen Landesbediensteten weiterbeschäftigt und wer entlassen wird.

Bei der Gendarmerie wird eine Kommission unter Revierinspektor Franz Walch gebildet. Dieser hat als österreichischer Beamter bereits vor dem „Anschluss“ mit den Nationalsozialisten zusammengearbeitet und hat nun den „politischen Umbau“ innerhalb der Gendarmerie zu bewerkstelligen. Dabei kommt es zu Entlassungen, Pensionierungen und Versetzungen. Aber der weitaus größere Teil der Gendarmen leistet den Eid auf den „Führer“ und amtiert weiter. Nach der Befreiung im Mai 1945 wird die Gendarmerie für sich allerdings eine Reihe von Widerstandshandlungen reklamieren, die im Verborgenen geleistet worden seien.[14]

Auch die Justiz bewahrt weitgehende Kontinuität. Landesgerichtspräsident Dr. Martin Schreiber wird „beurlaubt“, ebenso sein Stellvertreter Dr. Franz Erne. An ihre Positionen rücken die bisherigen Stellvertreter. Wie relativ glatt gerade im Justizbereich der „Anschluss“ vollzogen wird, zeigen zwei Briefe aus dem Bezirksgericht Bezau: In einem pathetisch eingeleiteten Schreiben des Oberlandesgerichts Innsbruck – „Die Weltgeschichte hat sich weitergedreht. Wir arbeiten für unser deutsches Volk und für die Heimat in strenger Pflichterfüllung weiter“ – werden die Leiter der nachgeordneten Dienststellen ersucht, über die Ereignisse der letzten Tage und deren „Auswirkungen auf den Personalstand“ zu berichten. Die lakonische Antwort des Bezauer Gerichtsvorstehers: „Zu Ihrem Schreiben berichte ich, daß sich die Ereignisse der letzten Tage im hiesigen Sprengel sowohl in der Bevölkerung als auch im Personalstande vollkommen ruhig abgewickelt haben und daß keinerlei Verfügungen notwendig sind, weil die Arbeit nach wie vor klaglos verrichtet wird.“[15]

Die bisher Nazis gerichtet haben, verurteilen nun „in strenger Pflichterfüllung“ die Nazigegner. Mancher amtiert vermutlich mit schlechtem Gewissen, doch stärker wiegt, wie zu allen Zeiten, der Erhalt des Arbeitsplatzes und der gesellschaftlichen Stellung.

Am spürbarsten ist die Widersetzlichkeit im Bereich des öffentlichen Dienstes unter der Lehrerschaft. Lehrer haben das Hauptkontingent der VF-Funktionäre und der Heimwehrführung gestellt, zählten also zu den treuesten Trägern des Dollfuß/Schuschnigg-Regimes. Umso entwürdigender empfinden es etliche von ihnen, nun vom fanatischen Landesschulinspektor Oskar Baldauf abgekanzelt zu werden und sich mit ihren Äußerungen vor den Kindern aus nationalsozialistischen Elternhäusern ständig in Acht nehmen zu müssen. Der überwiegende Teil der LehrerInnen aber versucht sich anzupassen, nicht aufzufallen oder sich durch einen Parteieintritt keine Chancen zu verbauen.[16]

Wie verläuft die Volksabstimmung vom 10. April 1938?

Die Reichspost widmet dem „historischen Tag“ der Volksabstimmung eine Sondermarke.

Nach der Machtübernahme versuchen die Nationalsozialisten ihre bisherigen ParteigängerInnen bei Stimmung zu halten, die SkeptikerInnen von der Qualität ihrer politischen und sozialen Maßnahmen zu überzeugen und die Gegnerschaft einzuschüchtern.

Für die ParteigängerInnen gibt es festliche Umzüge, viel ideologisches Futter und pathetisches Eigenlob für das Durch- und Zusammenhalten in den vergangenen Jahren der Illegalität. Landeshauptmann Plankensteiner, aus einem tief katholischen Haus stammend, bemüht in seinen zahlreichen Reden zwischen dem 12. März und dem 10. April 1938 immer wieder eine religiös aufgeladene Rhetorik, so etwa, wenn er den bisherigen Durchhaltewillen begründet: „Adolf Hitler war unser tiefster Glaube, Deutschland unsere heiße Liebe und das ewige Volk unsere unzerstörbare Hoffnung.“[17]

Die wichtigste Zielgruppe der nationalsozialistischen Propaganda sind aber die Skeptischen, also diejenigen, die von den Segnungen der neuen Herrschaft (noch) nicht überzeugt sind. Ihnen gilt ein nie dagewesener Aufwand: Veranstaltungen in nahezu allen Orten des Landes, die Aufbietung von prominenten reichsdeutschen Politikern als Einpeitscher bei Großveranstaltungen, erste Deutschlandreisen der nationalsozialistischen Freizeitorganisation „Kraft durch Freude“ (KdF), der groß inszenierte

↑ Im Zuge der Volksabstimmung vom 10. April 1938 wird alles mobilisiert. Der Dornbirner Kameradschaftsbund marschiert militärisch mit den Regenschirmen als Gewehrersatz.

↗ Die meisten Wahllokale sind mit der Wahlparole „Ein Volk, ein Reich, ein Führer“ versehen und festlich bekränzt wie hier das Postamt von Altenstadt.

→ Im Vorfeld dieser „Abstimmung der Ehre“ wird nichts dem Zufall überlassen. Die Propagandamaschinerie läuft auf Hochtouren. Dornbirn wird in ein Flaggenmeer verwandelt.

↓ Der Propagandaaufwand soll begeistern und einschüchtern zugleich. In Lustenau bildet das festlich geschmückte Rathaus den würdigen Rahmen für die von den Nazis zur „Abstimmung der Ehre“ erklärte Stimmabgabe.

Spatenstich zum Start des Baus der Westautobahn, die Ankündigung des Ausbaus der Vorarlberger Wasserkraft, die Vorstellung eines 17-Punkte-Programms für Österreich, Wahlempfehlungen von berühmten Sportlern, Filmgrößen und ehemaligen Politikern wie etwa Karl Renner, die „Erklärung der österreichischen Bischöfe“ sowie allerlei Ergebenheitsadressen von Interessenverbänden. Der Vorsitzende des Vorarlberger Schriftstellerverbandes und spätere ÖVP-Landesgeschäftsführer Josef K. Naumann gestaltet seine Wahlempfehlung literarisch: „Einem Frühlingssturme gleich, der mit elementarer Kraft durch die Lande fegt und die letzten Reste eines schweren Winters von uns nimmt, ist die Stunde der volksdeutschen Einheit angebrochen.“[18]

Höhepunkt der Meinungsmache in Vorarlberg ist eine Großkundgebung auf der Dornbirner Birkenwiese mit dem Wiener Reichsstatthalter Josef Bürckel als Hauptredner. Laut „Vorarlberger Tagblatt“ nehmen daran 35.000 Menschen teil. Wenige Tage vor

Wenige Tage vor der Abstimmung vom 10. April 1938 findet auf der Dornbirner Birkenwiese eine Großkundgebung statt. Als Hauptredner tritt der Wiener Gauleiter Josef Bürckel auf.

der Abstimmung lässt der „Führer“ verkünden: „Ich werde mein Österreich in einen blühenden Garten verwandeln.“[19]

Die Überzeugungsoffensive ist stets auch mit versteckten und offenen Drohungen verbunden. Der Bregenzer Bürgermeister Carl Solhardt formuliert seine Erwartungen in Befehlsform: „Der 10. April kennt nur pflichtbewußte Deutsche oder Verbrecher an der Zukunft unserer Kinder!“[20] Die Einschüchterung geschieht auch durch gezielt in Umlauf gesetzte Gerüchte, wie etwa jenem, die Stimmzettel seien markiert und deshalb zuordenbar. Im Bezirk Bregenz fährt der fanatische Kreisärzteführer Dr. Ernst

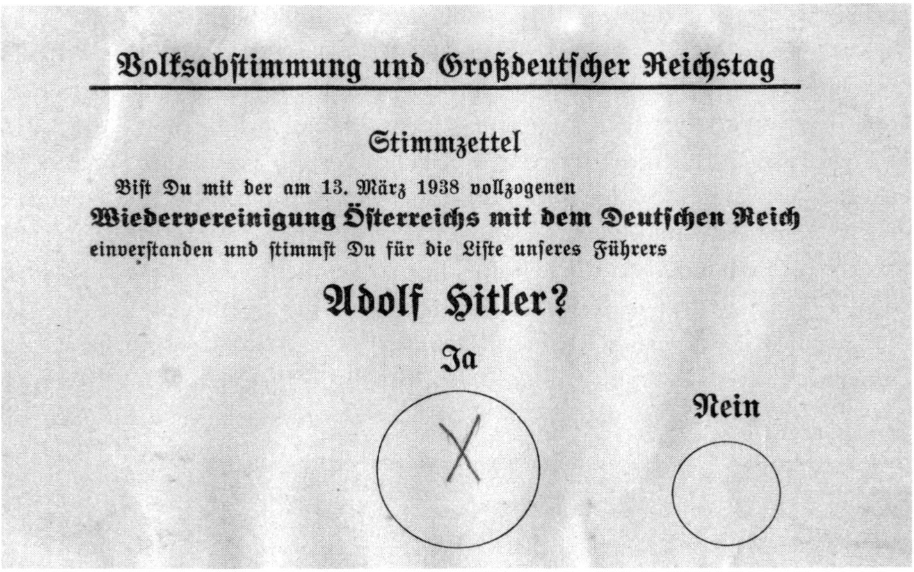
Volksabstimmung und Großdeutscher Reichstag

Stimmzettel

Bist Du mit der am 13. März 1938 vollzogenen
Wiedervereinigung Österreichs mit dem Deutschen Reich
einverstanden und stimmst Du für die Liste unseres Führers

Adolf Hitler?

Ja

Nein

Auf dem amtlichen Stimmzettel wird die Erwartungshaltung der neuen Machthaber deutlich. Die neuen „Volksgenossen“ aus der „Ostmark“ werden mit „Du“ angeredet.

Stolz einzelne Gemeinden ab und droht den ehemaligen und neuen Funktionären, dass die Gemeinde es zu spüren bekommen werde, wenn das Ergebnis der Abstimmung „schlecht“ ausfalle.[21]

Der enorme propagandistische Aufwand im Vorfeld dieser „Abstimmung der Ehre“ zeigt tatsächlich Wirkung. Die so erzeugte Woge der Begeisterung reißt auch bisherige Zweifler mit; die sicht- und spürbare Bewegung nach Zeiten der politischen und wirtschaftlichen Stagnation produziert viele MitläuferInnen. Trotzdem kann das Ergebnis der Abstimmung in Vorarlberg die einheimischen Nazi-Größen nicht wirklich zufriedenstellen: Die 98,1 % Ja-Stimmen sind das aus ihrer Sicht schlechteste Ergebnis aller ehemaligen österreichischen Bundesländer. Immerhin 1.274 von 93.690 WählerInnen verweigern mit ihrer mutigen Nein-Stimme das „Bekenntnis zu Großdeutschland“. In Oberösterreich sind es beispielsweise nur 640 von insgesamt 575.118 abgegebenen Stimmen. Landeshauptmann Anton Plankensteiner meint aber doch mit einiger Zufriedenheit feststellen zu können, „dass Liebe und Dankbarkeit in lodernden Flammen dem Führer aus ganz Vorarlberg entgegenschlugen“[22]. Für ihn selbst und seine engste Mannschaft werden nach geschlagener Wahlschlacht und der Euphorie der Machtergreifung Zeiten des Undanks folgen. Denn Vorarlberg und seine „alten Kämpfer“ spielen in den kommenden politischen Entscheidungen und personellen Planungen des NS-Regimes keine wesentliche Rolle mehr.

Feiern ohne Ende: Nach den Abstimmungsfeiern folgen die Inszenierungen zum 1. Mai 1938; mit Maibaum, der Kür einer Maienkönigin, Maitänzen und der Bildung von Hakenkreuzen aus HJ-Mitgliedern wie hier in Schruns.

Wie kommt es zum „Ende Vorarlbergs"?

Gaue in der Kleinheit Vorarlbergs sind im Großdeutschen Reich nicht vorgesehen. Als diese Tatsache immer deutlicher wird, forderen hochrangige Vorarlberger Nationalsozialisten eine Zusammenlegung mit dem Gau Schwaben. Diesen Zusammenschluss haben die Vorarlberger Großdeutschen schon im Jahre 1919 als Gegenmodell zum populären Schweiz-Anschluss favorisiert. Aber auch jetzt bleibt Schwaben nur ein Wunsch. Denn der Tiroler Gauleiter Franz Hofer verfügt über bessere Beziehungen nach Berlin als die Gruppe um Plankensteiner. Mit Erlass des Reichsinnenministeriums vom Dezember 1939 wird das Land Vorarlberg dem Gau Tirol zugeschlagen und bildet nun drei von zehn Kreisen des Gaus Tirol-Vorarlberg. Der bisherige Landeshauptmann Anton Plankensteiner wird zum Kreisleiter degradiert und lässt sich 1942 nach Neustadt an der Weinstraße/Pfalz versetzen. Dornbirn, das die illegalen Nationalsozialisten selbst als „braunes Nest" und Zentrum der „Bewegung" bezeichnet haben, wird bei der Neueinteilung nicht einmal Kreisstadt. Nur die Kreisleitung der NSDAP verbleibt dort. Die staatliche Verwaltung (das Landratsamt) erhält ihren Sitz in Feldkirch. Die beiden anderen Kreisstädte sind Bregenz und Bludenz. Dort befinden sich jeweils Parteileitung und Verwaltungsbehörde. Die Leitung der Landratsämter (vergleichbar den Bezirkshauptmannschaften) wird in der Folge an reichsdeutsche Verwaltungsjuristen übertragen.

Die nationalsozialistische Machtübernahme

Mit Beginn des Jahres 1940 ist der Innsbrucker Gauleiter Franz Hofer auch in Vorarlberg der nahezu unumschränkte Machthaber. Allerdings ist die nationalsozialistische Diktatur ein Staatsgefüge mit konkurrierenden Machtblöcken: Partei und Ministerien, Zentralbehörden und Gauverwaltungen, Wehrmacht und Polizei kämpfen neben- und gegeneinander um politischen Einfluss, um Finanzmittel und um die Gunst des „Führers". In diesem großräumigen Kompetenzgerangel finden regionale Sonderwünsche kaum Beachtung. Trotz dieser Enttäuschung lassen sich die eingefleischten NationalsozialistInnen ihren Glauben an den „Führer" nicht erschüttern. Als Deutschland im September 1939 den Krieg beginnt, befeuern die ersten Erfolge der Wehrmacht die Begeisterung aufs Neue.

Menschengeschichten

Hans Wilhelm Hammerbacher: Ein gläubiger Nationalsozialist

Der „Führer“ will gläubige Nationalsozialisten und braucht gleichzeitig praktische. Die Gläubigen sind seine bedingungslosen Bewunderer und pathetischen Prediger, die Praktischen besorgen das politische Tagesgeschäft auf der Basis der ideologischen Vorgaben. Hitlers Idealtyp ist der gläubige Praktiker, mit ihm lässt sich Staat machen.

Der Skipionier als Agitator

Dr. Hans Wilhelm Hammerbacher, 1903 in Nürnberg geboren, ist ein solcher gläubiger Nationalsozialist mit praktischer Verwendbarkeit und wird es bis zu seinem Tode im Jahre 1980 bleiben. Er ist ein Sohn aus gutem Hause, der Vater ist ein anerkannter Straßen- und Brückenbauingenieur. Hammerbachers Schwester Herta setzt die Ingenieurstradition fort und wird nach dem Krieg eine der bekanntesten Garten- und Landschaftsarchitektinnen Deutschlands. Auch in Bregenz hinterlässt sie Spuren: Sie ist für die gesamte Außengestaltung der großen Südtirolersiedlung an der Bregenzer Rheinstraße verantwortlich. Hans Wilhelm Hammerbacher schließt sein Studium der Staatswissenschaft 1927 in Freiburg mit dem Doktorat ab. Bereits ein Jahr später lässt sich der begeisterte Schifahrer in Lech nieder, kauft ein Bauernhaus in Oberlech und baut es zum Hotel „Goldener Berg“ um und aus. Der akademische Hotelier bringt internationale Gäste, darunter die Familie Karajan, in sein Haus und verfasst 1931 den ersten „Skiführer für Zürs – Warth – Lech und Hochkrumbach“. Im Frühjahr 1933 tritt er der NSDAP und anschließend der SA bei. Seine Bewunderung für den „Führer“ versucht er ab nun auch der Bevölkerung des Tannbergs und des Hinteren Bregenzerwaldes zu vermitteln – vor allem durch das Einschmuggeln von NS-Propagandamaterial. Deswegen wird er auch festgenommen und im Sommer 1934 mehrere Monate eingesperrt.[23]

1937 veröffentlicht Hammerbacher in München ein Buch mit dem Titel „Gottgläubig oder konfessionsgläubig?“ Die Arbeit zeigt sein tiefes Interesse für vorchristliche germanische Kulte, die er durch die christlichen Konfessionen beschädigt sieht. Gerade an diese heidnischen Traditionen soll aber der Nationalsozialismus wieder anschließen, den „christlichen Irrweg“ verlassen und so wieder wild und ursprünglich werden. Dieser Traum von einer urgermanischen und damit besseren Welt wird für Hammerbacher zu einer fixen Idee, von der ihn auch der Zusammenbruch des Nationalsozialismus nicht mehr abbringen wird.

Parteikarriere

Gleich nach dem „Anschluss“ wird Willy Hammerbacher, wie er in den Parteilisten genannt wird, zum NSDAP-Kreisleiter des vorläufigen Kreises Bludenz-

Feldkirch bestimmt. Daneben besteht anfänglich nur ein zweiter Kreis Dornbirn-Bregenz. Erst in der zweiten Jahreshälfte 1938 wird die Struktur der Partei jener des Staates angeglichen, das heißt, die Gliederung der Partei entspricht nun auch der Gau- und Kreiseinteilung. Der Kreis ist damit Verwaltungs- und Parteibezirk zugleich. Leiter der Verwaltung ist der Landrat, jener der Partei der Kreisleiter. Ihm unterstehen alle Parteiorganisationen und die zahlreichen Lebensbereiche, auf die die NSDAP nun direkten Einfluss ausübt. So wie auf Reichsebene konkurrieren staatliche Verwaltung, Partei, Wehrmacht und Gestapo auch auf Gau- und Kreisebene um die Ausweitung ihres jeweiligen Einflusses. Unmittelbar nach dem „Anschluss" ist die Macht der Partei und ihrer Formationen wie SS und SA besonders groß. Auf lokaler Ebene buhlen die Städte um die Amtssitze von Partei und Staat; besonders Dornbirn erhofft sich nach den Vorleistungen während der „illegalen" Zeit eine Aufwertung.

Nach der Verkleinerung seines Kreises Bludenz scheint Hammerbacher einen attraktiveren Posten gesucht zu haben. Jedenfalls wird ihm Ende 1938 die Kreisleitung in der ehemaligen Landeshauptstadt Bregenz überantwortet.

Im Rahmen der Propagandaschlacht für die Volkabstimmung vom 10. April 1938 ist Hammerbacher in verschiedenen Ortschaften als Redner unterwegs. In Lech erreicht er 100 % Ja-Stimmen. Jetzt werden die privaten Verhältnisse geordnet: Nach einer glanzvollen „Eheweihe"– so nennen die Nationalsozialisten eine nichtchristliche Hochzeit – mit der Adeligen Barbara von Schlichting in Schlesien im August 1938 tritt Hammerbacher das Parteiamt in Bregenz an. Im Juni 1939 bringt Frau Hammerbacher den Sohn Volker zur Welt. Ihm folgen weitere sechs Kinder mit immer noch mythischeren germanischen Namen: Sigrun (1940), Brunnhilde (1943), Eschtrud (1944), Aring (1951), Irmin (1954) und Hormut (1956). Die Geburten der drei Nachkriegskinder werden jeweils in rechtsradikalen Zeitschriften angezeigt.

Wie später auch residiert Hammerbacher während seiner Bregenzer Zeit nach Gutsherrenart, nämlich auf dem Gutshof Werner in Hörbranz. Hier ereignet sich auch die denkwürdige Begegnung mit Anna Guttenberger, einer armen Hausiererin. Von ihr fühlt sich der in seinen Kreisen als feiner und umgänglicher Herr bekannte Dr. Hammerbacher derart provoziert und hintergangen, dass er sie an den Galgen liefert.[24]

In den Landgemeinden, besonders jenen des Bregenzerwaldes, muss der begeisterte Kreisleiter erfahren, dass die Bevölkerung den neuen Machthabern und den angekündigten Neuerungen gegenüber sehr zurückhaltend ist. Anlässlich des Besuchs von Reichsjugendführer Baldur von Schirach im Juli 1939 in Bezau macht der Vorredner Hammerbacher aus seinen Schwierigkeiten bei der Durchsetzung der nationalsozialistischen Politik kein Hehl: „Noch gibt es hier manche Widerstände zu überwinden", ruft er in die versammelte Menge. „Aber auch das werden wir schaffen und uns hundertprozentig eingliedern in die große einheitliche Front des Nationalsozialismus."[25]

Die Nähe zu NS-Größen scheint ihm angenehmer als die Bekehrung von Menschen, die „herb wie ihre Berge" seien. Auch bietet der Bregenzer Außenposten dem tief überzeugten und ehrgeizigen Nationalsozialisten nicht die erwarteten Gestaltungsmöglichkeiten und Karrierechancen. Mit Beziehungen gelingt ihm der Wechsel in die von Martin Bormann geführte Partei-Kanzlei in München. Hier wird er Leiter der Abteilung für „Kultur, Feiergestaltung und Schriftgutfragen". An guten Verbindungen nach oben hat er schon in Bregenz gearbeitet: Im Juli 1939 lädt er alle 25 Blutordensträger aus München zu einem „Kameradschaftsabend" nach Bregenz ein und führt sie anschließend durch den Bregenzerwald an den Arlberg. Bei allen Stationen werden diese Parteihelden hofiert

Kreisleiter Wilhelm Hammerbacher um 1936 als Hotelier in Oberlech (ganz hinten stehend)

und gut verpflegt. Die meisten von ihnen sind in guten Positionen, weil sie bereits beim „Hitlerputsch" von 1923 aktive Mitkämpfer des „Führers" gewesen sind.

In seinem Münchner Parteiamt gehört Hammerbachers besonderes Interesse der Neuordnung der „deutschen Singkultur". Die sieht er weder in den Reichschorverbänden noch in den Kirchenchören in genehmen Händen. Die „Singarbeit" müsse eine Angelegenheit der NSDAP werden, sonst blieben die Kirchenchöre „die Hauptträger des kulturellen Lebens in den ländlichen Gegenden"[26].

Ab 1943, mitten im Krieg, wird allerdings die militärische Sicherung der besetzten Gebiete wichtiger als der deutsche Chorgesang: Hans Wilhelm Hammerbacher wird nun als Landrat ins besetzte Polen abkommandiert, und zwar in jene Stadt Wieluń in der Nähe von Łódź, in der mit einem deutschen Bombardement der Zweite Weltkrieg begonnen hat. Landrat Hammerbacher wohnt allerdings nicht in der zerstörten Stadt, sondern in einer beschlagnahmten Villa außerhalb. Von seiner Schwester lässt er sich hier einen herrschaftlichen Park anlegen. Er selbst beschäftigt sich intensiv mit der Eindeutschung polnischer Ortsnamen und der Ansiedlung deutscher Bauern. Platz geschaffen wird durch die Deportation von nahezu 20.000 polnischen und jüdischen EinwohnerInnen. Zum Zentrum der deutschen Siedler wird das Dorf Siemkowice gemacht und mit dem pathetischen Namen „Saatgrund" versehen. Herta Hammerbacher entwirft ein „Ehrenmal Saatgrund", das diese Pioniertat verewigen soll.[27]

Mit dem Herannahen der Roten Armee findet die deutsche Kolonisierung Polens ein jähes Ende, und die Familie des Landrates Hammerbacher flieht mit einem Pferdefuhrwerk Richtung Westen und sucht Unterschlupf im deutschen Kernland.

Für immer germanisch-gläubig

1945 wird Dr. Hammerbacher aufgegriffen und bis 1949 als „Schwerbelasteter" eingesperrt.

Nach seiner Freilassung zieht er sich auf den Grobenhof, ein Gut bei Wört im nordöstlichen

Württemberg, zurück. Das politische Fiasko und die menschliche Katastrophe, die der Nationalsozialismus hinterlassen hat, beeindrucken Hammerbacher nicht. Er bleibt ein völkischer Fanatiker und wähnt das Heil Deutschlands in einem abstrusen germanischen Götterglauben. Er sieht seine Mission darin, die Symbole germanischer Stärke wie die „Donareiche" oder die „Irminsul", die von den Christen zerstört worden seien, wieder erstehen zu lassen. Zu diesem Zwecke gründet er den „Heimatliebe-Verlag", in dem er bis zu seinem Tod im Jahre 1980 ein Buch nach dem anderen herausgibt. Seine Tochter Sigrun überbietet ihren Vater noch. Sie wird Mitbegründerin und Hohepriesterin des „Armanen-Ordens", der völkische und esoterische Vorstellungen zu einem heidnisch-rassistischen Glauben vermischt. Zudem leitet sie unter dem Namen „Freifrau von Schlichting" die „Arbeitsgemeinschaft naturreligiöser Stammesverbände Europas".[28]

Auch Hammerbacher selbst sieht sich zunehmend mehr als betender germanischer Bekenner denn als beschreibender Autor: „Heilige Irminsul, unsterbliches Bild unserer Seele, wir scharen uns um Dich wie einst in Schlichtheit und Treue, wir werfen Schmach und Schande von uns und einen uns in reinem Wollen als Freie zu höherer Gemeinsamkeit." So und so ähnlich klingt der völkische Kitsch, der den nationalsozialistischen Irrlauf mit religiöser Symbolik aufladen und damit vernebeln möchte. Von Einsicht oder gar Reue über die mitverursachten Gräuel keine Spur.

Dr. Hans Wilhelm Hammerbacher verbleibt sein Leben lang in seinem germanisch-religiösen Wahn. Den Untergang seines Helden Adolf Hitler erhöht er zum Martyrium, das seinen neuheidnischen Germanen-Glauben mehr bestärkt als erschüttert. Er versucht der Barbarei höhere Weihen zu verleihen. Alte Rechtsextreme und junge Neonazis erbauen sich bis heute an seinen verqueren Botschaften.

Alfons Mäser: Der Parteisoldat

Die nationalsozialistische Bewegung hat Menschen in politische Erregung gebracht, die davor und danach nicht auffällig gewesen sind. Der Dornbirner Schreinermeister ist einer, dessen Begeisterung in Hass und dessen politisches Engagement in Verbitterung umschlagen. Wie viele NationalsozialistInnen tritt er für soziale Verbesserungen ein, setzt dafür aber Zwangsmaßnahmen, die jeglichem Recht widersprechen; maßt sich Selbstjustiz an, wo seine Durchsetzungsmöglichkeiten an gesetzliche Grenzen stoßen. Während der austrofaschistischen Herrschaft jahrelang im Gefängnis, glaubt er mit der nationalsozialistischen Machtübernahme „Gerechtigkeit" herstellen zu müssen: als Ankläger, Richter und Bestrafender zugleich. Doch werden ihm bald Grenzen gezogen. Denn der totale NS-Staat verlagert die Macht in die Hände von steuerbaren Funktionären und Beamten, während die lokalen Nazigrößen im Wesentlichen nur mehr das uniformierte Aufmarschpersonal stellen dürfen. Sie werden mit bescheidenen Posten abgespeist und bleiben in der Mehrheit trotzdem in ihrer „Führergläubigkeit" ungebrochen. Der Dornbirner Schreinermeister Alfons Mäser ist einer von ihnen.

Jedenfalls nicht christlichsozial

In Dornbirn gibt es um 1900 eine Reihe von sozialdemokratischen Handwerksmeistern. Sie können sich mit der religiösen Weltgestaltung der Christlichsozialen nicht identifizieren und halten zugleich Distanz zur liberalen Fabrikantenpartei. In Sachfragen hie und da und in der Ablehnung des kirchlichen Einflusses auf alle Lebensbereiche immer, finden Liberale und Sozialdemokraten Gemeinsamkeiten. Der Küfermeister Johann Mäser ist einer dieser sozialdemokratischen Handwerker, und seine schwäbische Frau bringt das deutschnationale Element in die Familie ein. Ihr 1899 geborener Sohn Alfons Mäser kennt also soziales Engagement und großdeutsche Träume von Kindesbeinen an. Der Vater stirbt bereits 1912, und die Mutter heiratet im Jahr darauf den Wirt der „Krone" im Dornbirner Oberdorf. Dieses Gasthaus wird sich später als einer der Stützpunkte der Dornbirner NationalsozialistInnen erweisen.

Alfons Mäser wird 1917 noch zum Kriegsdienst eingezogen und begibt sich nach glücklicher Heimkehr auf berufliche Wanderschaft. Zu Beginn der 1920er Jahre vervollständigt er seine handwerklichen Kenntnisse an der Kunstgewerbeschule Hamburg. Zwei seiner Professoren, bei denen er mit Interesse lernt, werden später Opfer jener Weltanschauung, der sich Mäser verschreiben wird. Der Möbeldesigner Friedrich Adler wird wegen seiner jüdischen Herkunft in Auschwitz umgebracht; Hugo Meier-Thur, Professor für Entwurfzeichnen und Gebrauchsgrafik, wird als Mitglied einer Widerstandsgruppe von der Gestapo zu Tode gefoltert.

Weitere berufliche Aufenthalte führen Alfons Mäser nach Italien und in die Schweiz. 1925 kehrt er nach Dornbirn zurück, eröffnet eine eigene Schreinerei und heiratet.

Ein- und Aufstieg in der „Kampfzeit"

Nach der Machtübernahme durch Adolf Hitler in Deutschland im Jänner 1933 erfährt auch die österreichische NSDAP einen massiven Aufschwung. Viele, die bisher aus der Distanz sympathisieren, treten nun der „Bewegung" bei. In Vorarlberg ist es den Nationalsozialisten gelungen, die internen Streitereien und Richtungskämpfe zu beenden. Anton Plankensteiner geht als anerkannter lokaler „Führer" aus den Auseinandersetzungen hervor. Nach deutschem Vorbild versucht er nun, sich mit der SS eine eigene Parteimiliz aufzubauen und den Einfluss der weniger straff organisierten SA zurückzudrängen. In Alfons Mäser erkennt er offensichtlich den Mann, der diese Truppe aufbauen und organisieren soll. Mäser tritt im März 1933 der NSDAP bei und wird von Plankensteiner umgehend mit dem Aufbau einer schlagkräftigen SS-Mannschaft betraut. Sie soll der Heimwehr Paroli bieten. Kurz nach Mäsers „Amtsantritt" wird die NSDAP am 19. Juni 1933 verboten. Im Untergrund gewinnt die straff organisierte SS enorm an Bedeutung, weil sie es ist, die für das politische Aufsehen sorgt. Sie bezieht Propagandamaterial und Sprengstoff aus Lindau und organisiert die meisten Böllerattentate. Die SS unter Mäser ist der aktionistische Arm der Vorarlberger NSDAP.

Erst nach der Ermordung von Bundeskanzler Dollfuß im Juli 1934 machen die bisher nachsichtigen Behörden mit der Verfolgung des Naziterrors ernst. Dem Dornbirner Postenkommandanten Hugo Lunardon gelingt es zusammen mit der Sicherheitsdirektion, die illegale SS-Führung auszuforschen und festzunehmen. Im bis dahin umfangreichsten Prozess gegen nationalsozialistische Aktivisten wird der SS-Sturmbannführer Alfons Mäser als Kopf und Drahtzieher zahlreicher Attentate zu 15 Jahren Haft verurteilt. Das hohe Strafmaß erzeugt Aufsehen und sorgt bei den illegalen Nationalsozialisten für Empörung und Erleichterung zugleich, da vor der Urteilsverkündung auch die Todesstrafe für Mäser diskutiert wird. Der illegale SS-Chef wird in die Strafanstalt Garsten in Oberösterreich überstellt und bleibt hier bis Sommer 1937 in Haft. Nach dem so genannten Juli-Abkommen zwischen Österreich und dem Deutschen Reich von 1936 werden die inhaftier-

Am 5. April 1938, also im Vorfeld der „Abstimmung der Ehre", besucht Adolf Hitler Innsbruck. Vor der abendlichen Großkundgebung empfängt er im Landhaus die neuen Amtsträger aus Tirol und Vorarlberg. Ganz rechts Anton Plankensteiner, kurzzeitiger Vorarlberger Gauleiter, daneben sein Sicherheitsdirektor Alfons Mäser in schwarzer SS-Uniform.

ten Nationalsozialisten Schritt für Schritt amnestiert. Auch Alfons Mäser. Noch vor dem „Anschluss" sammelt er seine SS-Getreuen wieder und stellt am Tag vor dem „Anschluss" eine uniformierte Truppe von 185 Mann.

Zeit der Ernte

Am Abend des 11. März 1938 ruft der bis dahin illegale Gauleiter Anton Plankensteiner seinen SS-Chef an, erklärt ihn zum „Sicherheitsdirektor" und beordert ihn ins Bregenzer Landhaus, um die Machtübernahme vorzubereiten. Als Plankensteiner gegen 21 Uhr in Bregenz eintrifft, den bisherigen Landeshauptmann für abgesetzt und sich zum neuen Landeshauptmann erklärt, hat Mäser das Regierungsgelände bereits „gesichert".

Es folgen die großen Monate für Plankensteiner und seinen Sicherheitsdirektor. Dieser erlässt nun Haftbefehle in Serie und setzt nach der Verhaftung und Einschüchterung der Funktionsträger des früheren Regimes zu einem weiteren Schritt an. Flankiert von SS-Männern und in der Eindruck und Angst erweckenden Uniform eines SS-Sturmbannführers bezieht er in Rathäusern und Gemeindeämtern Stellung und lässt die ehemaligen Heimwehr- und VF-Funktionäre vorladen. Sie alle sollen nun für Projekte der NSDAP und der SS „Sühnebeiträge" leisten. Die bekannten Schuschnigg-Anhänger sollen in barer Münze den Schaden zahlen, den sie den illegalen Nationalsozialisten zugefügt hätten. Mäser selbst bestimmt jeweils die Höhe des erwarteten Betrages, der im Verhältnis zum jeweiligen Einkommen steht. Bei guten Argumenten der Vorgeladenen lässt er mit sich handeln und die festgesetzten Beträge in Ratenzahlungen umwandeln.

Ein besonderes Anliegen ist Mäser der Wohnbau. Zusammen mit dem Bauingenieur Alois Tschabrun, ebenfalls einem „Illegalen", begründet er die „Vorarlberger Wohn- und Siedlungsgesellschaft" (Vogewosi). Daneben organisiert er den Bau einer Siedlung für seine getreuen SS-Männer am Dornbirner Zanzenberg. Ein Teil des Baugrundes wird der Gattin des inhaftierten Dornbirner Arztes Dr. Rudolf Grabher für die Freilassung ihres Mannes abgepresst, ein Teil der erpressten „Sühnespenden" in den Siedlungsfonds

Mäsers erste Sorge gilt nach der Machtübernahme der Versorgung seiner Getreuen: Er veranlasst die Errichtung einer SS-Mustersiedlung am Dornbirner Zanzenberg. Das Geld dafür wird zum Teil ehemaligen Christlichsozialen als „Sühnespende" abgepresst.

geleitet. Der größere Teil dieser „Sühnespenden" fließt wie das Geld, das aufgehobenen Vereinen und Institutionen geraubt wird, in die Parteikasse. Der Pomp will bezahlt sein, und die gefüllte Handkasse eröffnet dem neuen Landeshauptmann Möglichkeiten zur Abgeltung von Leistungen für „Partei und Volk". So bleibt die Rollenverteilung für die nächsten Monate: Plankensteiner hält die schönen Reden, Mäser sichert ihm die Herrschaft durch Verhaftungen, Drohungen und Geldbeschaffung.

Da die Berliner Machthaber auch im besetzten Österreich das Sicherheitswesen der Gestapo überantworten, wird Mäser quasi arbeitslos und stattdessen von Landeshauptmann Plankensteiner zum „Leiter des Personalamtes der Landsmannschaft Vorarlberg" gemacht. Auch in dieser Funktion geht das inoffizielle Geldeintreiben weiter. Als sich der Schrunser Holzhändler Otto Juen bei Hitlers Wiener Statthalter Josef Bürckel über diese Erpressung beschwert, verlässt Mäser den bisherigen Weg der verbalen Einschüchterung. Er fährt mit zwei Helfern ins Montafon, lässt Juen von einem Gendarmen abholen und nimmt ihn bei Dunkelheit in seinem Auto bis St. Anton mit. Die SS-Männer steigen aus, zerren Juen aus dem Auto und schlagen ihn mit Gummiknüppeln zu Boden. Sie lassen den Verletzten liegen und begeben sich zurück nach Dornbirn.

Doch die Tage der nahezu uneingeschränkten Herrschaft sind für die heimischen NS-Größen bald vorbei. Spätestens Ende 1938 wird ihnen klar, dass sie in Hinkunft nur noch eine politische Nebenrolle spielen werden. Eine Delegation mit Plankensteiner, Mäser und anderen erhält zwar einen Termin bei Martin Bormann, dem Büroleiter von Hitlers Stellvertreter Rudolf Hess in München; doch Bormann und die Reichsminister, die kontaktiert werden, interessieren sich für Deutschlands Größe und nicht für den Vorarlberger Wunsch nach Kleinheit. Das Land wird dem Gau Tirol zugeschlagen; Gauleiter Franz Hofer übernimmt auch in Vorarlberg das Sagen. Weder der nationalsozialistische „Blutorden", den Mäser für seine „Verdienste" als Illegaler erhält, noch seine ehrenhalber vollzogene Beförderung zum SS-Obersturmbannführer retten seine eben erst in Schwung gekommene politische Karriere. Die lokale SS ist nur noch „Staffage", also Beiwerk und folglich nebensächlich, wird Mäser in seinem späteren Prozess aussagen.

Frustriert – wie andere „Alte Kämpfer" auch – meldet sich Alfons Mäser an die Front. Ob er als Wehrmachtssoldat oder in einem SS-Verband am Überfall auf Norwegen teilnimmt, ist nicht bekannt. Ab Ende 1940 lässt Gauleiter Hofer den SS-Chef des ehemaligen Vorarlberg vom Kriegseinsatz frei- und zugleich kaltstellen. Als Gnadenbrot erhält Mäser mit 1. Jänner 1941 die bezahlte Stelle eines Dornbirner Vizebürgermeisters. Als solcher bleibt er barsch, gefürchtet und führergläubig, besondere persönliche Gehässigkeiten werden ihm aber später kaum nachgesagt.

Als der Zusammenbruch des Regimes naht, verordnet der Vizebürgermeister „als Soldat" zwar noch die Anbringung von Verteidigungsanlagen, selber mag er aber nicht mehr in den Krieg ziehen. Er übernimmt zu seinen bisherigen Aufgaben zusätzlich das Versorgungsressort, mit dem automatisch eine uk-Stellung – also die Befreiung vom Wehrdienst – verbunden ist.

Ernüchterung

Am 14. Mai 1945 wird Alfons Mäser von den französischen Militärbehörden festgenommen und im Lager Brederis inhaftiert. Wie andere Parteigenossen auch, wird er ab 1946 im Kohlebergwerk Wirtatobel bei Bregenz eingesetzt. Später schreibt er, er sei nach dem Krieg im „KZ" gewesen. Dieser Code der gestandenen Nationalsozialisten zeigt deutlich, dass selbst nach der Katastrophe aufgerechnet und die mörderische Wirklichkeit der Konzentrationslager nicht zur Kenntnis genommen wird.

Nach ausführlichen Vorerhebungen wird Mäser vor dem Volksgericht beim Landesgericht Innsbruck angeklagt. Er wird nach dem Kriegsverbrechergesetz zu vier Jahren „schweren Kerker" verurteilt, die Lagerhaft wird angerechnet. Ein Gnadengesuch der Dornbirner SPÖ an Innenminister Oskar Helmer bleibt ohne Erfolg. Am 2. Mai 1949 kehrt Mäser nach Dornbirn und zu seiner Familie zurück. Er baut seine Schreinerei wieder auf und aus und enthält sich fortan jeglicher politischen oder auch nur öffentlichen Tätigkeit. Kein Vorarlberger Nationalsozialist hat für seinen politischen Irrlauf länger gebüßt als Alfons Mäser. Ob ihn die Haftjahre auch geläutert haben, bleibt eine offene Frage.

Quellen:
Landesgericht Innsbruck, 10 Vr 1443/48.
Vorarlberger Landesarchiv, Nachlass Naumann und Personalakt Alfons Mäser.
Ingrid Böhler, Alte Kämpfer und neue Häuser: Dornbirn als Fallbeispiel einer österreichischen Klein- und Mittelstadt im Nationalsozialismus, in: Dornbirner Schriften 2008, Nr. 34, S. 93–121.

Georg Schelling: Der unbeugsame Redakteur

Volksblattredakteur Kaplan Georg Schelling (1906–1981)

Nachdem die Nationalsozialisten am Abend des 11. März 1938 an die Macht gekommen sind, gilt ihre Rache den Vertretern des alten Systems. Besonders Sicherheitskräfte, die die illegalen Nationalsozialisten verfolgt, Heimwehrmänner, die sich in tätliche Auseinandersetzungen mit ihnen eingelassen, und Journalisten, die gegen den aufkommenden Nationalsozialismus angeschrieben haben, werden zu Zielscheiben für die „Abrechnung".

Das christlichsoziale „Vorarlberger Volksblatt" hat seit der Machtergreifung Adolf Hitlers in Deutschland 1933 immer wieder kritische Artikel über die dortigen Verhältnisse gebracht. Dafür wollen sich die Vorarlberger Nationalsozialisten am leitenden Redakteur Kaplan Georg Schelling jetzt rächen.

Der Zeitungsmann

Georg Schelling wird 1906 als Sohn einer Bauernfamilie in Buch geboren. Der gescheite Bub kommt nach dem Besuch der örtlichen Volksschule ins Privatgymnasium Mehrerau, wo er 1926 mit Auszeichnung maturiert. Sein Theologiestudium absolviert er in Brixen. Hier im Priesterseminar betreut er das Lesezimmer, wie er schon in der Mehrerau die Schulbibliothek geleitet hat. Im Sommer 1930 feiert der Jungpriester Georg Schelling in seinem Heimatort Primiz und wird dann in Hohenems als Kaplan eingesetzt. Schon früh bezeichnet er Heimatkunde und Zeitungswesen als seine Hobbys. Deshalb versorgt er bald das katholische „Vorarlberger Volksblatt" mit Ortsberichten aus Hohenems.

Im Sommer 1934 wird Schelling als Kaplan nach Bregenz versetzt und mit der Schriftleitung des „Vorarlberger Volksblatts" betraut. Der Posten war seit der Gründung des Blattes im Jahre 1866 immer von einem Priester besetzt. Schelling ist überzeugter Dollfuß-Anhänger und vertritt die politisierende österreichische Kirche seiner Zeit. Als politisch und religiös interessierter Zeitgenosse verfolgt er den totalen Zugriff des hitlerdeutschen Faschismus auf die Menschen und die Gesellschaft aufmerksam und mit Argwohn und kämpft für den Erhalt der österreichischen Selbstständigkeit. Um möglichst glaubwürdig berichten zu können, engagiert er einige Korrespondenten in Deutschland, die unter strengster Anonymität aus Hitlerdeutschland kritisch berichten. Auch fordert er als Chefredakteur mehrfach ein heftigeres Einschreiten gegen die illegalen Nationalsozialisten in Vorarlberg. Beides vergessen ihm die Nazis nicht.

Am Tag des „Anschlusses" besucht Schelling den Altlandesrat Josef Mittelberger und holt sich Rat für das weitere Vorgehen und Verhalten. Mit Mittelbergers Sohn geht er in die Redaktionsräume des „Volksblatts" und verbrennt alles Material, das andere – besonders die deutschen Korrespondenten

– belasten könnte. An der Rückseite des Redaktionsgebäudes in der Bregenzer Kaiserstraße befindet sich die Schulturnhalle, in der die Nationalsozialisten zur gleichen Zeit ihren Sieg feiern.

In den folgenden Tagen hält sich Schelling verborgen. Am 23. März, also nach den wilden Verhaftungen durch einheimische SS und SA, wird er von der Gestapo in seinem Elternhaus in Buch festgenommen. Zwei Monate wartet er im Bregenzer Gefängnis, unterbrochen durch mehrmalige Verhöre, auf eine Entscheidung. Sein Zellengenosse ist der Lustenauer Gendarm Ferdinand Bösch. Am 23. Mai findet Schellings Überstellung nach Innsbruck statt. In einem Transport von 48 Personen wird er am 31. Mai ins Lager Dachau verbracht, mit ihm die beiden Vorarlberger Hugo Lunardon und Alfons Kothbauer. Letzterer ist seit Anfang der 1930er Jahre Sympathisant der Nationalsozialisten gewesen, wird dann aber zum Informanten der Sicherheitsdirektion. Er ist also für die Nazis ein Verräter und wird deshalb auch gleich nach dem „Anschluss" verhaftet. Wie Schelling wird auch Kothbauer sieben lange Jahre, also bis zum Ende der NS-Herrschaft, in Konzentrationslagern gefangen gehalten. Beide überleben.

Der Lagerdekan

Nach einem ersten Verhör durch den KZ-Kommandanten persönlich wird Schelling in den Arrest gesperrt. Das ist eine unvorstellbare Verschärfung der ohnehin unmenschlichen Lagerbedingungen. 47 Tage wird er in dieser Isolierhaft gehalten. Diese Anfangserlebnisse im KZ hat Schelling schriftlich festgehalten: „Furchtbar waren die Schikanen, zermürbend aber auch die seelischen Torturen, die man hier mitzumachen hatte. Das war zum Beispiel die Ungewissheit, wie das Ende dieser Spezialhaft sein werde und wie lange sie überhaupt dauern werde, dann jeden Mittag und jeden Abend das Schreien und Stöhnen und Wimmern und Kettenklirren im Hof nebenan, wo die Strafexekutionen vollzogen wurden – die Prügelstrafe und die Baumstrafe. Und dabei fieberte jeder in atemloser Spannung, ob nicht die Türe aufgeht und er jetzt auch an die Reihe kommt. Lunardon musste diese unmenschliche Prügelstrafe, 25 Hiebe mit dem Ochsenziemer, über sich ergehen lassen."[29] Als das KZ Dachau bei Kriegsbeginn für eine Zeit lang geräumt wird, kommt Kaplan Schelling – in Gegensatz zu Lunardon, der nach Mauthausen verlegt wird, für etwa ein Jahr ins Konzentrationslager Buchenwald bei Weimar.

Nachdem immer mehr katholische Geistliche verhaftet und Tausende von polnischen Priestern nach Deutschland verschleppt worden sind, kommt es in Dachau 1941 zur Einrichtung ganzer Priesterblocks. Die deutschsprachigen sind in Block 26 untergebracht. Immer mehr reift hier der körperlich und psychisch stabile Georg Schelling zu einer Führungspersönlichkeit heran. Er hat Einzelhaft und Strafkompanie durchgestanden, hilft anderen, wo möglich, und bleibt auch in seiner priesterlichen Haltung stark. Er wird deshalb von den mitgefangenen Priestern zum Lagerkaplan bestimmt, der nun mit der Lagerführung um kleine Zugeständnisse, wie das Abhalten einer Sonntagsmesse und anderer religiöser Übungen, ringt. 1941 wird eine Priesterkapelle eingerichtet, in der regelmäßige Gottesdienste stattfinden.

Waren es in den ersten Lagerjahren die Schikanen und Strafen, der Hunger und die harte Arbeit, die vielen Häftlingen den Tod gebracht haben, so sind es ab 1943 die Überbelegung und der Mangel an allem. Es gibt jetzt weder Seife noch Desinfektionsmittel; Läuse und Krankheitserreger wuchern.

Am 1. Oktober 1944 wird Georg Schelling vom Münchner Erzbischof Michael Faulhaber zum Lagerdekan ernannt und von der Lagerleitung als solcher anerkannt. Nun ist er nur noch für die Mitpriester verantwortlich, muss nicht mehr täglich in einem Arbeitskommando ausrücken und kann sich im

Lager freier bewegen. Eine ähnliche Funktion gibt es in keinem anderen Konzentrationslager.

Ab dem 24. März 1945 beginnt die Lagerleitung plötzlich, eine Reihe von Priestern freizulassen. Georg Schelling ist am 10. April an der Reihe. Statt direkt nach Buch zu seinen Angehörigen fährt er zuerst nach Innsbruck zum Bischof. „Dieses Zeichen der Kirchentreue wirkt geradezu erschütternd, wenn man weiß, wie reserviert Bischof Paulus den KZ-Priestern gegenüber eingestellt war."[30] Diese kritische Feststellung von Pfarrer Jakob Fussenegger, Freund und Biograf Schellings, weist zugleich in die Zukunft: Keiner der katholischen Priester, die in einem KZ interniert gewesen sind, hat später in der kirchlichen Hierarchie der Diözese Innsbruck-Feldkirch Karriere gemacht.

Chronist des Kriegsendes

Am 1. Oktober 1945 tritt Georg Schelling als Kaplan in Altach wieder ein geistliches Amt an. Zuvor ist er aber wieder journalistisch tätig: Er erstellt in akribischer Arbeit anhand von Dokumenten und zahlreichen Gesprächen mit Betroffenen die bis heute gültige Chronik der letzten Kriegstage in Vorarlberg.[31] Einen Aufsatz, der leider Manuskript geblieben ist, widmet er Hugo Lunardon, seinem KZ-Kameraden aus der ersten Dachauer Zeit. Den überlebenden Mithäftlingen aus dem Priesterblock bleibt er ein Leben lang verbunden. Und auch den Zeitungen widmet er als interessierter Leser und zeitweiliger Korrespondent weiterhin Zeit und Interesse.

Im Dezember 1947 wird Georg Schelling zum Pfarrer von Nenzing eingesetzt. Er wirkt hier bis zu seinem Tod im Jahre 1981. Mit ihm stirbt eine kraftvolle Persönlichkeit, die die Schrecken des Konzentrationslagers überstanden und danach zu einem erfüllten Leben zurückgefunden hat. Dachau begleitete ihn dennoch ein Leben lang.

Quelle:
Jakob Fussenegger, KZ Lagerdekan Georg Schelling. 200 Briefe aus dem KZ, Dornbirn 1991.

Der nationalsozialistische Polizeistaat

Geschäftszahl 5

Im Namen des deutschen Volkes!

zelrichter des Land- gerichtes Feldkirch

Welche Rolle spielt die Justiz?

Obwohl die Nazi-Diktatur den Anschein von Rechtsstaatlichkeit aufrecht erhalten will, werden die Fundamente des Rechtsstaates ausgehöhlt, wenn nicht sogar abgeschafft. Das betrifft die Gewaltentrennung ebenso wie die Unabhängigkeit des Richteramtes, die Berufungsrechte sowie die Fairness im Verfahren. Die Justiz wird zum Instrument der Machtabsicherung, der Durchsetzung der Unterdrückungspolitik und der Einschüchterung der Gegnerschaft gemacht.

Eine der dafür wichtigsten Maßnahmen ist die Einrichtung so genannter Sondergerichte. Auch am damals so bezeichneten Landgericht Feldkirch wird für den Bereich Vorarlberg ein solches Sondergericht installiert. Neben der Einschränkung der Rechte der Angeklagten und der Verteidigung unterscheiden sich die Sondergerichte von normalen Strafgerichten dadurch, dass es für die Verurteilten keine Berufungsmöglichkeit gibt, dass also die Verfahren „kurz und bündig" durchgezogen werden sollen, auch wenn die Todesstrafe ausgesprochen wird. Neben dem so genannten „kurzen Prozess" spielen die Begriffe „gesundes Volksempfinden“ und „Schutz der Volksgemeinschaft“ bei den Urteilsfindungen eine bedeutende Rolle. Die weisungsgebundenen Staatsanwälte sind von Berlin aus angehalten, mit „äußerster Schärfe“ gegen jene vorzugehen, die der NS-Staat als „Volksschädlinge“ brandmarkt. Dazu zählt man nicht nur politisch Oppositionelle, sondern auch jene, die etwa unter „dem Schutz der Verdunkelung“ sich materielle Vorteile verschaffen oder Diebstähle begehen.

Mit fortschreitender Kriegsdauer wird das Rechtswesen immer mehr in ein fügsames Instrument zur Aufrechterhaltung der „Heimatfront“ umgestaltet und so dem militärischen Standrecht angenähert. In einer Dienstanweisung des Chefs des Volksgerichtshofs Roland Freisler aus dem Jahre 1941 heißt es etwa: „Der deutsche Soldat setzt draußen sein Leben ein. Die deutsche Strafrechtspflege muß unbedingt gewährleisten, daß unterdes lichtscheues Gesindel nicht Ruhe, Sicherheit und Arbeitsfrieden in seinem Rücken gefährden.“[32]

Um die NS-Diktatur aufrecht zu erhalten, werden immer neue Straftatbestände geschaffen und in Verordnungen publiziert; so etwa die „Rundfunkverordnung“, die „Kriegswirtschaftsverordnung“ oder die „Wehrkraftschutzverordnung“. Unter Anwendung der weitflächigen und dehnbaren Paragrafen „Zersetzung der Wehrkraft“ und „Heimtücke“ kann jedes oppositionelle Verhalten und jedes Abweichen von den Anordnungen des NS-Regimes ohne nähere Erklärungen abgestraft werden. In der Regel halten sich die Richter an die Bestrafungsvorschläge der Staatsanwälte, weil sie wissen, dass sie bei Abweichungen zu rechtfertigenden Erklärungen angehalten werden. Nicht umsonst ist Herbert Möller, der Staatsanwalt am Sondergericht Feldkirch, bei der Bevölkerung verhasster als die Richter. In den Befreiungstagen 1945 entgeht er nur knapp der Lynchjustiz durch eine aufgebrachte Menge.

Möllers gnadenlose Haltung zeigt sich beispielhaft bei seinem Auftritt im Prozess gegen die Bregenzerin Anna Guttenberger, die seit Jahren in der Bregenzer Oberstadt wohnt, aber von den NS-Behörden als „Zigeunerin“ geführt wird. Sie ist als Hausiererin im Haus eines NS-Funktionärs, des Bregenzer Kreisleiters Hans Wilhelm Hammerbacher, vorstellig geworden. Bevor sie ihre Waren anpreisen kann, fragt sie der Hausherr, ob sie für das NS-Winterhilfswerk sammle. Die arme Frau ergreift diese günstige Gelegenheit, indem sie die Frage bejaht, und sie erhält eine Wolldecke und ein paar alte Kleidungsstücke. Am nächsten Tag erkundigt sich der „Wohltäter“ bei der Sammelstelle, ob seine Sachen angekommen seien. Das ist nicht der Fall. So ermittelt die Gendarmerie in kürzester Zeit Anna Guttenberger und ihre Tochter Maria als Täterinnen. Wegen dieses Bagatelldelikts beantragt Möller in einem kurzen Prozess die Todesstrafe für Anna Guttenberger, ebenso für ihre noch minderjährige Tochter. Da dies aber von Gesetzes wegen nicht möglich ist, fordert er vom Gericht, das Mädchen wegen ihres „reifen Aussehens“ als volljährig zu behandeln. Das allerdings wird vom Gericht abgelehnt; Anna Guttenberger jedoch wird wegen der Einbehaltung einiger gebrauchter Kleidungsstücke zum Tode verurteilt und am 27. Februar 1942 in München-

Stadelheim hingerichtet. Die Tochter erhält eine langjährige Haftstrafe; ihr Mann wird ohne Angabe von Gründen von der Gestapo in „Schutzhaft“ genommen.[33]

Auch für die Jugendlichen Othmar Rathgeb und Erwin Kermer, die wegen eines Grenzübertritts in die Schweiz inhaftiert werden und sich dann an einem Ausbruch aus dem Gefängnis in Feldkirch beteiligen, fordert Staatsanwalt Möller eine Verurteilung als Erwachsene.[34]

Dr. Herbert Möller, gnadenloser Oberstaatsanwalt am Feldkircher NS-Sondergericht, macht im neuen Österreich wieder Karriere. Im Jahre 1967 geht er mit guter Pension und in hohem Ansehen als Richter des Obersten Gerichtshofs in Wien in Pension.[35]

Was ist und tut die Geheime Staatspolizei?

Die Schaffung der Geheimen Staatspolizei (Gestapo) bedeutet die einschneidendste Abkehr von den Prinzipien eines Rechtsstaates. Denn der Gestapo – als Teil der Exekutive – werden umfassende und nahezu unkontrollierte Befugnisse bei der gewaltsamen Durchsetzung des totalen Machtanspruches der NSDAP zugeteilt. „Die politische Polizei des nationalsozialistischen Staates ist das zentrale, von der SS ausgebildete staatliche Kampfinstrument, das den Schutz von Volk, Partei und Staat und deren politischer und weltanschaulicher Entwicklung dadurch gewährleistet, dass es auf politischem und weltanschaulichem Gebiet die Widerstände staatsgefährlicher Kräfte bricht, die sich ihrem Entwicklungsgang entgegenstellen“ – so sieht die nationalsozialistische Rechtslehre die Funktion der Gestapo.[36]

Mit diesem politischen Auftrag kann die Gestapo Menschen nach eigenem Gutdünken und ohne jegliches Gerichtsverfahren in „Schutzhaft“ nehmen und in Konzentrationslager einweisen. Nicht Gesetze bilden die Grundlage ihres Handelns, sondern der „Führerwille“. Die politische Polizei behält sich selbst bei gerichtlich Verurteilten das Recht vor, diese nach Verbüßung einer Gefängnisstrafe „zur Verfügung der Gestapo“ in Haft zu halten oder in ein KZ zu verbringen. Die Staatspolizeistelle Innsbruck, der die Vorarlberger Gestapo unterstellt ist, entscheidet auch darüber, in welches KZ ein „Schutzhäftling“ eingeliefert wird. Es gibt eine amtsinterne dreistufige Skala der Barbarei: Stufe I (z. B. Dachau) ist für Menschen vorgesehen, die am Leben gelassen werden sollen, Stufe II (etwa Buchenwald) steht für verschärfte Arbeits- und Lebensbedingungen, und in Stufe III (z. B. Mauthausen) sollten die Häftlinge nicht überleben. Die Herrschaft über die Konzentrationslager hat die SS (Schutzstaffel). Heinrich Himmler, Leiter des Reichssicherheitshauptamtes (RSHA), ist oberster Polizeichef und

Die nationalsozialistische Polizeistaat

„Reichsführer SS“ in einer Person. Durch diese personelle und funktionsmäßige Verschränkung werden selbst die Restbestände bürgerlicher Rechtsstaatlichkeit von der diktatorischen Willkür ausgehöhlt.

Die Gestapo-Zentrale von Vorarlberg befindet sich in der Bregenzer Römerstraße 7 und ist der Polizeileitstelle Innsbruck unterstellt. Offiziell heißt die Außenstelle des staatlichen Verfolgungsapparates „Grenzpolizeikommissariat Bregenz“, weil ein erheblicher Teil der polizeilichen Arbeit der Abdichtung der Schweizer Grenze gilt. Vorarlberg ist nach der Eroberung Frankreichs und dem deutschen Überfall auf Jugoslawien

Geheime Staatspolizei
Staatspolizeistelle Innsbruck
Grenzpolizei-Kommissariat Bregenz

Nr 432/40

Bregenz, den 2. Oktober 1940
Römerstraße 7

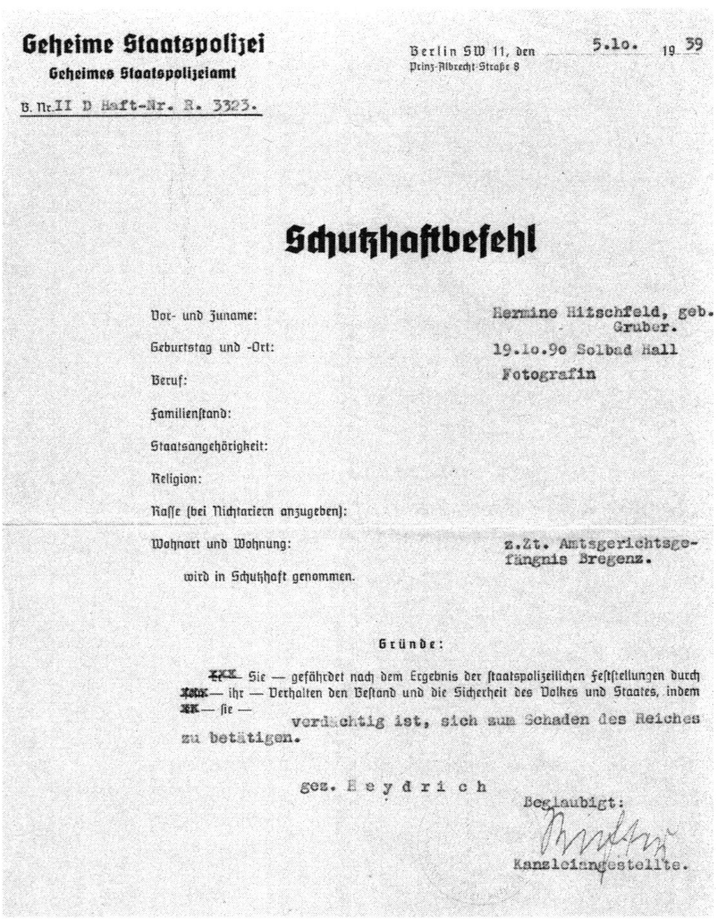

Geheime Staatspolizei
Geheimes Staatspolizeiamt

Berlin SW 11, den 5.10. 1939
Prinz-Albrecht-Straße 8

B. Nr. II D Haft-Nr. R. 3323.

Schutzhaftbefehl

Vor- und Zuname: Hermine Hitschfeld, geb. Gruber.
Geburtstag und -Ort: 19.10.90 Solbad Hall
Beruf: Fotografin
Familienstand:
Staatsangehörigkeit:
Religion:
Rasse (bei Nichtariern anzugeben):
Wohnort und Wohnung: z.Zt. Amtsgerichtsgefängnis Bregenz.

wird in Schutzhaft genommen.

Gründe:

Sie — gefährdet nach dem Ergebnis der staatspolizeilichen Feststellungen durch ihr — Verhalten den Bestand und die Sicherheit des Volkes und Staates, indem sie — verdächtig ist, sich zum Schaden des Reiches zu betätigen.

gez. Heydrich

Beglaubigt:
Kanzleiangestellte.

↑ Wie der Briefkopf zeigt, ist die Bregenzer Gestapo – wie die politischen Behörden ab 1939 auch – Innsbruck unterstellt.

← Die „Schutzhaftbefehle“, die von den lokalen Gestapostellen ausgestellt werden, bedürfen jeweils einer Genehmigung durch das Reichssicherheitshauptamt. Die Berliner Zentrale hat auch bei Verhaftungen das letzte Wort.

↓ Das „Grenzpolizeikommissariat Bregenz“ ist die Gestapo-Zentrale für Vorarlberg. Sie ist in der Bregenzer Römerstraße bei einer Versicherungsgesellschaft in Miete.

eines der wenigen Fenster in ein freies Land. Menschen aus allen Teilen des Deutschen Reichs, besonders Soldaten und aus rassistischen und politischen Gründen Verfolgte, versuchen über Vorarlberg in die freie Schweiz zu gelangen. Es ist eine der wesentlichsten Aufgaben der hiesigen Gestapo, mögliche Fluchten zu vereiteln. So kommt es auch immer wieder zu inoffiziellen Kooperationen zwischen der Bregenzer Gestapo und der St. Galler Polizei: einerseits im Zusammenhang von geduldeten Fluchten von österreichischen Jüdinnen und Juden in die Schweiz und andererseits bei der Übernahme von Personen, die von der Schweiz über die Grenze zurückgestellt werden. Der St. Galler Polizeikommandant Paul Grüninger hat sich jedenfalls mehrmals persönlich mit dem Leiter des Grenzpolizeikommandos Bregenz, Joseph Schreieder, getroffen, um gemeinsame Grenzangelegenheiten zu besprechen.

Der Polizeioffizier Schreieder ist gleich nach dem „Anschluss" von München nach Bregenz versetzt worden, um hier die Grenzsicherung zu organisieren und ein Gestapo-Kommissariat aufzubauen. Schon ab Sommer 1940 wartet auf den bayerischen SS-Sturmbannführer (entspricht beim Militär dem Majorsrang) und Kriminaldirektor ein erheblicher Aufstieg. Er wird Abwehrchef in den besetzten Niederlanden und damit zuständig für die Bekämpfung des holländischen Widerstandes. Nach Schreieder wechseln die Leiter und Kommissare der Bregenzer Gestapostelle laufend, weil für die eroberten Gebiete immer wieder zusätzliche Gestapoleute gebraucht werden. Durchgängig scheint in Bregenz nur der SS-Mann und ehemalige Legionär Anton Schrattenecker amtiert zu haben. Er ist gelernter Schlosser und bringt es bei der Gestapo Bregenz vom „Kriminalangestellten" zum „Kriminalkommissar". Die deutschen Herren lassen ihn bei „verschärften Verhören" mit seinen kräftigen Handwerkerhänden gerne zugreifen.

Als Leiter der Gestapo-Außenstelle Feldkirch (Grenzpolizeistelle) ist die ganzen Jahre der NS-Herrschaft hindurch Karl Kriener tätig. Er hat sich Ende 1944 zusammen mit dem damaligen Bregenzer Gestapo-Chef Gottlob Wandel durch Verhandlungen mit jüdischen Organisationen und ausländischen Geheimdiensten zwecks Durchschleusung ungarischer Jüdinnen und Juden in die Schweiz für die Nachkriegszeit eine günstige Position zu sichern sucht.

Die Gestapo Bregenz erledigt auch die Agenden des „Sicherheitsdienstes" (SD), der ebenfalls dem obersten Polizeichef Heinrich Himmler unterstellt ist. Zentrale Aufgabe des SD ist es, aus allen Bereichen des öffentlichen Lebens Berichte über die Wirkung der von Partei und Regierung verfügten Maßnahmen auf die Bevölkerung zu sammeln. Zur Bespitzelung der Bevölkerung setzt der SD unter anderem auch die Blockwarte der NSDAP ein, die wirkungsvolle Dienste beim Beobachten und Aushorchen der EinwohnerInnen in den ihnen unterstellten Wohngebieten leisten. Weiterhin stehen dem SD unentgeltlich in nahezu allen Berufsgruppen ParteianhängerInnen sowie bezahlte Agenten und sogenannte V-Leute (Vertrauensleute) als Spitzel zur Verfügung. Die von den SD-Stellen verfassten Stimmungsberichte sind für die Berliner Machthaber eine der Grundlagen ihrer jeweiligen Entscheidungen.

Das Gefängnis in der Bregenzer Oberstadt ist ausgelastet wie nie zuvor. Mindestens 6.000 Personen werden hier von den Verfolgungsbehörden im Laufe der NS-Herrschaft gefangen gehalten.

Mit Kriegsbeginn 1939 wachsen der Gestapo immer weitere Aufgaben zu: War ihre Hauptfunktion anfänglich die „Gegnerbekämpfung“, so hat sie nun auch an der „Endlösung der Judenfrage“ mitzuwirken, ist sowohl für Deportationen als auch für Vermögensbeschlagnahmungen zuständig. Ab 1940 gehört es in den Aufgabenbereich der Gestapo, auch die zur Zwangsarbeit eingeschleppten Menschen zu disziplinieren. Für die so genannten Ostarbeiter wird der Gestapo ein „Sonderstrafrecht“ zur Hand gegeben, das unter anderem für Beischlaf mit deutschen Frauen die Todesstrafe vorsieht.

Welche Rolle spielt die Gendarmerie?

Amtliche Unterstützung erhält die Gestapo von der Gendarmerie, die der deutschen „Schutzpolizei“ einverleibt wird. Die ehemalige österreichische Bundesgendarmerie wird nach dem „Anschluss“ 1938 „gesäubert“, das heißt, alle Gendarmen, die zwischen 1933 und 1938 illegale Nationalsozialisten verhaftet oder den Strafbehörden zugeführt haben, werden nun entlassen, pensioniert, abgestuft oder versetzt. Der Mehrzahl allerdings gelingt es, im Amt zu bleiben. Einige, wie etwa der stellvertretende Dornbirner Postenkommandant Franz Walch, arbeiten schon vor dem Anschluss verdeckt mit den Nationalsozialisten zusammen und werden nach der Machtübernahme mit entsprechenden Posten belohnt.

Am meisten verhasst sind den Vorarlberger Nationalsozialisten der Dornbirner Postenkommandant Hugo Lunardon und der politische Referent in der ehemaligen Vorarlberger Sicherheitsdirektion Dr. Paul Jäger: Beide haben die Ausforschung und

Das Landesgericht Feldkirch, 1905 errichtet, heißt während der NS-Zeit „Landgericht“ und hat einen Sondersenat für politische „Delikte“. Mindestens elf Todesurteile werden hier gefällt.

Bestrafung der an verbotenen NS-Aktionen Beteiligten ernst genommen und werden deshalb sofort nach der Machtergreifung der Nationalsozialisten im März 1938 verhaftet und in das Konzentrationslager Dachau deportiert. Jäger wird später wieder entlassen, Lunardon dagegen im September 1939 nach Mauthausen verlegt, wo er so brutal behandelt wird, dass er am 14. März 1940 stirbt.[37]

Die so genannten Blitzkrieg-Siege über Polen und Frankreich 1939 und 1940 führen zu einer mächtigen Aufwertung des Ansehens der Wehrmacht. Die oberste Polizeiführung fühlt sich nun ganz im Schatten der Militärs und versucht durch tatkräftige Mitwirkung bei der Eroberungspolitik ihre Position zu verbessern. Nur zu gerne lässt sie sich deshalb in den eroberten Gebieten zu „Ordnungsdiensten“ einsetzen, was besonders im Osten nichts anderes bedeutet, als Terror gegen die dortige Zivilbevölkerung auszuüben, an Massenerschießungen mitzuwirken und die Deportation der jüdischen Bevölkerung zu organisieren.

Auch Vorarlberger lassen sich zur Ordnungs- bzw. Sicherheitspolizei in den Osten versetzen. So etwa Viktor Holzknecht, vor 1938 und nach 1945 Kriminalpolizist in Feldkirch. Sein Bruder besucht ihn 1942 an seinem weißrussischen Dienstort und schreibt der Mutter nach Vorarlberg: „Viktor ist beim Sicherheitsdienst und trägt die Felduniform der SS. Er liegt in Gomel. Die dortige Polizeistation ist gut untergebracht und sehr gut verpflegt. Der Dienst ist allerdings grässlich, sodass schon einige Leute Nervenzusammenbruch bekamen. Nähere Einzelheiten mag ich dir gar nicht mitteilen.“[38]

So „grässlich“ wie in Russland wütet die Polizei in Vorarlberg nicht. Sie hat aber auch hier die Zulieferarbeit für die Gestapo und die Sonder- und Militärgerichte zu leisten. Die Gestapo selbst ist ein recht zurückgezogen agierender Apparat. Die eines Vergehens gegen den NS-Staat Beschuldigten und Verdächtigten werden in der

Urteil rechtskräftig [1])
Urteil nicht rechtskräftig [1]), [2])
wegen Berufung des
gegen

Geschäftszahl 5 E Vr 23/40

Strafvollzugsanordnung.[3])

1.	Zu- und Vorname [4])	Karoline [redacted]
2.	Ruf- oder Hausname	
3.	Vorname der Eltern (Zunamen nur anführen, wenn er von dem unter 1 angeführten abweicht)	Karl und Maria
4.	Tag, Monat, Jahr der Geburt	6. 8. 1920
5.	Ort, pol. Bezirk, Land der Geburt	Hohenems, Bez. Feldkirch
6.	**Heimatsgemeinde** (pol. Bezirk, Land)	Hohenems
7.	Staatsangehörigkeit	
8.	Glaubensbekenntnis (Abkürzen: rk., eAB., kfl., u. s. w.)	kath.
9.	Familienstand (Abkürzen: l., vh., vw., gesch., getr.)	ledig
10.	Beruf, Stellung im Beruf	Weberin
11.	Letzter Wohnort (Aufenthaltsort) Straße, Hausnummer	Hohenems, Bahnhofstrasse 19.
12.	Tag der Entscheidung letzter Instanz	26. 2. 1940
13.	Jahr der (letzten) Tat	1940
14.	Strafbare Handlungen (Angaben der Gesetzesstellen)	Vergehen nach §. 1 zur Sicherung des Kräftebedarfes
15.	Benennung der strafbaren Handlungen mit Angabe ihrer besonderen Merkmale	do.
16.	Strafe	2 Monate Gefängnis
17.	Nebenstrafen u. Sicherungsmaßnahmen (z. B. „Arbeitshaus, § 1, Abs. 2, AHG.)	
18.	Bei Aufschub der Unterbringung im Arbeitshaus für eine Probezeit: deren Dauer und Endtag	
19.	Anrechenbare Untersuchungs- (Verw.-) Haft vom / bis	5. 1. 1940 17 Uhr / Uhr 20

20. Die Strafe ist am 26. 2. 1940 um 16 Uhr angetreten worden. [1])

bis zum und in bei anzutreten. [1]) zu vollziehen. [5])

21. Angeschlossen sind: [6])

Landgericht Feldkirch, Abtlg. V. am 28. 2. 1940.

Kürzere Gefängnisstrafen werden über Einweisung des Gerichts im Gefängnis des Landgerichts abgesessen. Wegen zahlreicher Personen in Untersuchungshaft und Einweisungen durch Gestapo und Grenzbehörden ist das Feldkircher Gefängnis stets überbelegt.

Regel von der örtlichen Gendarmerie verhaftet und der Gestapo zugeführt. Auch die Gefangenentransporte sind – von Ausnahmen abgesehen – Aufgabe der Gendarmerie.

Viele Vorarlberger Gendarmen, deren aktive Berufszeit in die Jahre zwischen 1920 und 1960 fällt, haben also zwei Republiken und zwei Diktaturen gedient, einige wenige auch noch der Monarchie. Beamte mit solcher Kontinuität gibt es aber nicht nur bei der Exekutive; auch in anderen Bereichen des Staatsdienstes, etwa in der Verwaltung oder im Gerichts- und Schulwesen. Überall finden sich mehr und weniger angepasste Durchdiener.

Im Gegensatz zur Gendarmerie hat die Gestapo in den letzten Kriegstagen alle ihre schriftlichen Unterlagen im Innenhof ihres Amtsgebäudes in Bregenz verbrannt. So werden die Spuren der polizeilichen Willkür zu verwischen versucht. Wie viele Leben die politische Polizei vernichtet und wie viele Existenzen sie ruiniert hat, wird erst im Laufe der folgenden Jahrzehnte durch die zeitgeschichtliche Forschung einigermaßen sichtbar. Allein im Bregenzer Gefängnis sind während der NS-Zeit mehr als 6.000 Personen über Tage oder Wochen inhaftiert gewesen, je nachdem, wie schnell die Gestapo über sie entschieden hat. Das bedeutet, dass im Schnitt jeden Tag etwa drei Personen verhaftet worden sind. So etwas hat es vor und nach der NS-Zeit nie gegeben.

Woher kommen die Informationen und Anzeigen?

Die vielleicht wichtigsten Helfer für Gestapo und SD sind DenunziantInnen, die aus politischer Überzeugung oder aus ganz persönlichen Gründen oppositionelle oder eben missliebige MitbürgerInnen zur Anzeige bringen.

Ein Lustenauer beispielsweise zeigt seine Wohnungsnachbarn wegen „Abhörens von Feindsendern“ an, weil er auf deren größere Wohnung hofft.

Die Denunziantinnen der im November 1944 hingerichteten Bregenzerin Karoline Redler sind fanatische Nationalsozialistinnen, die überzeugt sind, Staat und Führer helfen zu müssen.

Der im Mai 1944 in München hingerichtete Schlosser Johann Seewald nennt in seinem Abschiedsbrief an die Arbeitskollegen am Silvrettastaudamm seine Denunzianten: „Kalb und Berger werden jetzt wohl zufrieden sein. So scheide ich von euch und rufe euch ein letztes Lebewohl zu.“ Die beiden Genannten haben Seewald angezeigt, weil er in den Hochgebirgsbaracken der Illwerke-Baustelle den Krieg als verloren und Hitler als Verursacher des Desasters bezeichnet hat.[39]

Die nationalsozialistische Polizeistaat

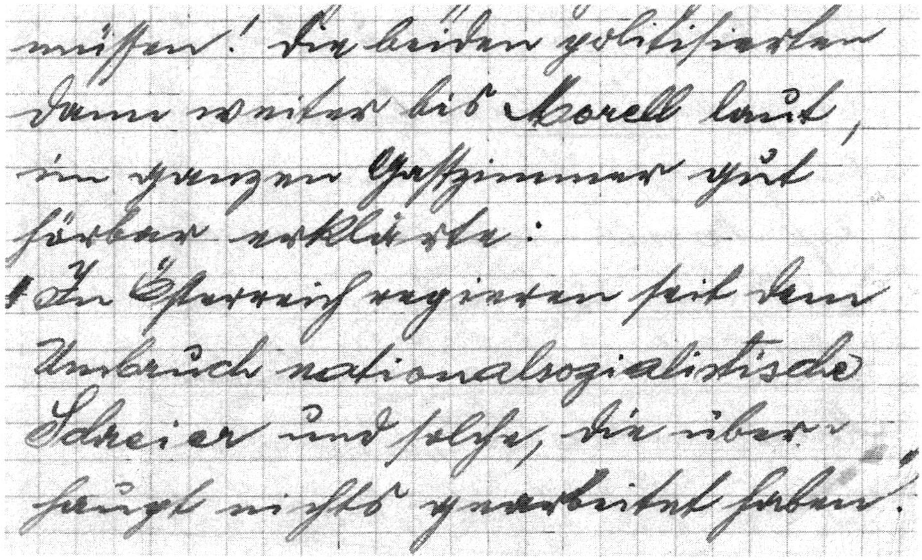
müssen! Die beiden politischen
Damen weiter bis Morell laut,
im ganzen Gastzimmer gut
hörbar erklärte:
In Österreich regieren seit dem
Umbruch nationalsozialistische
Schreier und solche, die über-
haupt nichts gearbeitet haben.

Eifrige ParteigenossInnen helfen durch Denunziationen den Verfolgungsbehörden. Ein Götzner SS-Mann erstattet mit Brief vom 6. Juni 1938 Anzeige gegen Dr. Fritz Morell aus Altach, weil sich dieser negativ über die Nationalsozialisten geäußert habe.

Die Krankenschwester Pauline Wittwer, die kranken Kriegsgefangenen und Fremdarbeitern Essen und Kleidung zukommen lässt, wird von einer anderen Krankenhausangestellten angezeigt und wegen ihrer Hilfeleistung ins KZ Ravensbrück deportiert.[40]

Zum Teil sind solche DenunziantInnen in ihrer boshaften Verblendung selbst von vernünftigeren Funktionären nicht zu bremsen. Die Altacherin Frau S. beharrt auf ihrer Anzeige gegen den Soldaten Albert Heinzle, obwohl ihr der Bürgermeister und der Ortsgendarm davon abraten. Heinzle hatte ihr gegenüber geäußert: „Wir hätten keinen Krieg gebraucht (...) und wir gewinnen den Krieg doch eh nicht." Wegen dieser Aussage wird Heinzle vom Kriegsgericht zu einem Jahr Zuchthaus verurteilt.[41]

Eine Lochauer Firma beklagt sich bei der Bregenzer Kreisleitung der NSDAP, dass ein Bregenzer Konkurrenzbetrieb zum Teil in jüdischem Besitz sei und deshalb geschlossen werden sollte. Wenn das nicht möglich sei, sollten die Stadtwerke der Firma das Gas abdrehen, also keine Energie mehr liefern. Die Behörden prüfen die Anschuldigungen, können aber keinen „jüdischen Besitz" feststellen.

Solche und ähnliche Beispiele menschlicher Niedertracht und politischer Verblendung ließen sich beliebig fortsetzen.

Tatsache ist: Nahezu alle VorarlbergerInnen, die wegen regimekritischer Äußerungen oder verbotener Hilfeleistungen angezeigt und verurteilt werden, sind zuvor von MitbürgerInnen angezeigt worden. Nur die allerwenigsten von den zahlreichen Verurteilten haben ihrem Unmut direkt gegenüber Funktionären oder Parteifanatikern Luft gemacht. Oft sind es Äußerungen oder Handlungen im familiären oder nachbarschaftlichen Bereich, die angezeigt werden. Die Zwangsherrschaft des Nationalsozialismus funktioniert also nur durch tätige Mithilfe aus der Bevölkerung. Niemand, der in offener oder innerer Opposition zum Nazi-Regime steht, zeigt jemand anderen aus politischen Gründen an. Natürlich hat die dauernde Propaganda der NSDAP das Denunziantentum gefördert. Die zahlreichen Aufrufe zur Unterstützung der „Volksgemeinschaft gegen die Feinde" zeigen Wirkung. Die Nationalsozialisten, die stets von der Gemeinschaft schwärmen, säen das Gift der Zwietracht in die Bevölkerung, um sie überwachen und disziplinieren zu können. Die NS-Herrschaft beruht auf allgegenwärtiger und gegenseitiger Angst, auf ständigen Drohungen und unverhältnismäßigen Strafen.

Bei der Beschaffung von Informationen bedient sich die Gestapo so genannter „verschärfter Vernehmungen" – oder sie droht damit. Sie hat die offizielle Erlaubnis zu foltern. Gerade bei der Bekämpfung und Vernichtung von Widerstandsgruppen und gegenüber OstarbeiterInnen sind brutale Verhörmethoden an der Tagesordnung. Die Bregenzer Gestapo hat dafür einen schalldichten Kellerraum. Die Gestapostelle Feldkirch verfügt im Gefangenenhaus des Landgerichts über einen eigens eigerichteten Verhörraum. Der Gefangenenaufseher wird nach der NS-Zeit zu Protokoll geben, dass von dort öfters Schreie und Wehklagen der Verhörten zu vernehmen waren.[42]

Menschengeschichten

Hugo Lunardon: Ein aufrechter Staatsdiener

Die Hauptbeschäftigung der Vorarlberger Sicherheitsbehörden in den Jahren zwischen 1933 und 1938 besteht darin, die Aktivitäten der verbotenen NSDAP einzudämmen. Gerade in Dornbirn, wo die illegalen Nationalsozialisten mit Unterstützung der großen Textilunternehmen und eines erheblichen Teils der Bevölkerung besonders dreist und militant auftreten, ist die Gendarmerie gefordert. Aber ausgerechnet hier geht die Exekutive nur sehr zögerlich gegen die politischen Unruhestifter vor. Christlichsoziale Partei- und Gewerkschaftsfunktionäre beschweren sich immer wieder über das laxe Verhalten der Gendarmerie. Erst mit der Versetzung des Gendarmen Hugo Lunardon von Hohenems nach Dornbirn beginnen sich die Verhältnisse zu ändern.

Neubeginn nach langer Gefangenschaft

Hugo Lunardon wird am 2. November 1893 als Sohn einer italienischsprachigen Familie in Hard geboren. Der Vater ist ein armer Flickschuster und ermöglicht dem Sohn eine Ausbildung zum Textilgraveur. Gleich zu Beginn des Ersten Weltkriegs muss Lunardon einrücken und kommt sofort an die Front. Er wird zweimal verwundet und gerät in russische Kriegsgefangenschaft. 43 Monate verbringt er in verschiedenen sibirischen Lagern, und als er endlich zurückkehren kann, sind die wenigen Stellen für Graveure besetzt. Die wirtschaftliche Krise nach dem Ersten Weltkrieg betrifft auch die Textilindustrie.

So meldet sich der Kriegsheimkehrer zur Gendarmerie. In Innsbruck absolviert er seine Grundausbildung und wird nach erfolgreich bestandener Abschlussprüfung dem Landesgendarmeriekommando für Vorarlberg zugeteilt. Da er wesentlich älter ist als die meisten neueingestellten Gendarmen, bemüht er sich besonders und macht sich bald durch seinen dienstlichen Eifer einen Namen als guter Gendarm.

Im März 1931 heiratet Hugo Lunardon die Bregenzer Bäckerstochter Olga Frick. 1933 und 1935 werden seine beiden Töchter Olga und Gertrud geboren. Sein Leben scheint sich so zu entwickeln, wie er es sich in den langen Monaten der Kriegsgefangenschaft kaum zu erträumen gewagt hat.

Durchgriff gegen den braunen Terror

Doch Lunardons Wirken als Gendarm fällt in eine politisch äußerst schwierige Zeit. Die nationalsozialistische Bewegung provoziert allerorts den Konflikt mit der Exekutive. Für Hugo Lunardon ist die Bekämpfung der NSDAP selbstverständliche Dienstpflicht, bedroht diese Partei doch jenen Staat,

Gendarmeriepostenkommandant
Hugo Lunardon (1893–1940)

der ihm seinen gesellschaftlichen Aufstieg ermöglicht hat und dem er als überzeugter Katholik und durch seinen Beamteneid verbunden ist.

Die fehlende Rechtmäßigkeit des vaterländischen Regimes und die hemmungslose Dynamik der nationalsozialistischen Bewegung stellen vor allem die Vertreter dieses Staates an der Basis – die Exekutivorgane – vor schwere Probleme. Gerade im berüchtigten Zentrum der Nationalsozialisten in Vorarlberg, im „braunen Nest" Dornbirn, ist eine durchschlagskräftige Gendarmerie vonnöten. Als sich die politische Situation in der zweiten Jahreshälfte 1933 dramatisch zuspitzt, befördert man nicht zufällig Hugo Lunardon zum Postenkommandanten der Stadt. Und im Jänner 1934 greifen die Behörden erstmals fühlbar zu: Nach zahlreichen Sprengstoffattentaten werden einige Fabrikanten und der „Gauleiter" der illegalen NSDAP Anton Plankensteiner festgenommen. Daraufhin verstärken die Nazis die Terrorakte, werfen nicht nur Böller in „schwarze" Häuser, sondern verüben Sprengstoffanschläge auf volkswirtschaftlich bedeutende Infrastruktureinrichtungen wie die Stromversorgung.

Als Lunardon bewusst wird, dass sein Stellvertreter Franz Walch ihn hintergeht und die Nationalsozialisten vor Hausdurchsuchungen warnt, beginnt er verdeckt zu planen und zu handeln. Im Juni 1934 holt er zum großen Schlag aus. Lunardon gelingt es, den Anführer der Vorarlberger SS und Organisator des Terrors Alfons Mäser samt 70 seiner Mitstreiter zu überführen und mit Hilfe innerösterreichischer Gendarmen festzunehmen. Mäser wird zu 15 Jahren Haft verurteilt, etliche seiner Gefolgsleute ebenfalls zu mehrjährigen Gefängnisstrafen. Lunardon wird für „die Aufdeckung dieser Sprengstoffverbrechen" von Bundespräsident Wilhelm Miklas im Jänner 1935 die „Österreichische Große Silberne Verdienstmedaille" verliehen. Die Nationalsozialisten jedoch werden den kraftvollen Zugriff nicht vergessen.

Der „Schutzhäftling" Lunardon

Als sich Anfang März 1938 das Ende der austrofaschistischen Herrschaft abzuzeichnen beginnt, raten besorgte Freunde der Familie Lunardon zur Flucht in die Schweiz. Hugo Lunardon lehnt „ein Weglaufen" aber strikt ab. Vor seinem Dienstantritt am Abend des 11. März verlässt er seine Frau mit der Vorahnung: „Es wird eine schwere Nacht werden!" Es sollten die letzten Worte sein, die die Gattin aus seinem Munde hört. Noch am Abend des 11. März wird er von seinem bisherigen Untergebenen Johann Eder verhaftet, nachdem Eder während der Sitzung der Nazi-Größen ins Gasthaus „Weißes Kreuz" gekommen ist und gebeten hat, Lunardon verhaften zu dürfen. Daraufhin wird der Postenkommandant in die Markthalle gezerrt, wo er unter Spott und Gelächter der anwesenden Nationalsozialisten in einem Heuhaufen nach Heimwehrwaffen suchen muss.[43] Anschließend wird er zu „seinem Schutz" nach Bregenz gebracht, wo jene Herren, die er vor Jahren hatte verhaften lassen, bereits das Sagen haben: Anton Plankensteiner als selbsternannter Landeshauptmann und Alfons Mäser als sein Sicherheitsdirektor.

Neuer Kommandant des Postens Dornbirn wird Lunardons ehemaliger Stellvertreter Franz Walch, der gleich auch die Wohnung seines Amtsvorgängers in Beschlag nimmt und die Frau samt ihren zwei Töchtern auf die Straße setzen lässt. Zudem werden Frau Lunardon die Haftkosten für ihren Mann in Rechnung gestellt.

Da das Belastungsmaterial für einen Schauprozess gegen den ehemaligen Postenkommandanten nicht ausreicht, wird Lunardon nach Innsbruck verbracht. Hier ist bereits die Gestapozentrale für die ehemaligen Bundesländer Tirol und Vorarlberg eingerichtet. Mit Lunardon wird auch der ehemalige Chefredakteur des christlichsozialen „Vorarlberger Volksblatts", Kaplan Georg Schelling, nach Innsbruck und dann am 31. Mai 1938 weiter nach Dachau verbracht.

Die Misshandlungen beginnen bereits bei der Ankunft im Konzentrationslager, wie Kaplan Schelling später berichtet: „Auch Lunardon wurde gefragt, was er ‚ausgefressen' habe, das heißt, warum er verhaftet worden sei. Lunardon antwortete kühn und mit frischer Stimme ‚Weil ich meine Pflicht getan habe'. Und schon hatte er einen Hieb. Später wurde er noch einmal gefragt. Lunardon blieb dabei, etwas gereizt antwortete er: ‚Ich habe nur meine Pflicht getan'. Jetzt gab es erst recht Funken."[44] Die Pflichterfüllung, mit der sich Lunardon verantwortet, ist für die SS-Schergen im Jahre 1938 noch ein Grund zur Misshandlung von Menschen. Nach 1945 wird dieser Begriff die Standardformel der Nationalsozialisten zu ihrer Entlastung und zur Abwälzung persönlicher Verantwortung sein.

Die Dornbirner Nationalsozialisten schicken ihren Hass auf Lunardon per Brief an den Lagerkommandanten mit ins KZ: Der ehemalige Postenkommandant wird deshalb monatelang in Einzelhaft gehalten und am 29. Juni 1938 vor den anderen Häftlingen mit 25 Hieben ausgepeitscht. Zu Hause brüstet sich der neue NS-Landeshauptmann Anton Plankensteiner vor seinem Anhang: „Die Frau ist schon fünfmal gekommen zu klagen und zu winseln. Aber es tut ihm (Lunardon, M.P.) gar nichts, wenn er ein paar Wochen da drinnen sitzt."[45] Aus den verharmlosenden „paar Wochen" werden zwei lange Jahre einer unvorstellbaren Tortur.

Frau Lunardon spart sich und den Kindern Geld vom Munde ab, um durch kleine Geldsendungen dem Gatten die Lagerbedingungen erträglicher zu machen. Zu Weihnachten 1938 schickt sie ein Paket, das Lunardon gezeigt, aber nicht ausgehändigt wird. Die Schikanen sind unvorstellbar. Doch die Unmenschlichkeit lässt sich im kommenden Jahr noch steigern.

Endstation Mauthausen

Im Sommer 1939 schreibt Hugo Lunardon ein letztes Mal und recht zuversichtlich an Frau und Kinder. Mit Kriegsbeginn wird das KZ Dachau im September 1939 für einige Zeit geräumt. Die Insassen kommen in die Konzentrationslager Buchenwald, Flossenbürg und Mauthausen. Mauthausen ist davon das tödlichste, und dorthin wird Lunardon zugeteilt. Die Arbeit im Steinbruch dieses KZ ist barbarisch, der Winter 1939/40 eisig, die Kleidung der Häftlinge dürftig; die Essensrationen sind minimal, und das SS-Aufsichtspersonal kennt gegenüber den Inhaftierten keine menschliche Regung. Die Haut der Schuftenden bleibt vor Kälte in Fetzen an den Werkzeugen kleben.

Den Winter übersteht Hugo Lunardon noch. Dann sind seine Kräfte am Ende. Völlig erschöpft, ausgehungert und ohne Hoffnung stirbt er am 14. März 1940 im Steinbruch von Mauthausen; an „Herzmuskelschwäche", wird der Gattin von der örtlichen Gendarmerie mitgeteilt.

Lunardons Gefangenenummer 14.363 wird umgehend wiederverwendet und einem neu eingetroffenen polnischen Staatsbürger zugeteilt. Niemand soll aufgrund der Häftlingsnummern erkennen können, wie viele „Schutzhäftlinge" im Konzentrationslager im Laufe der Jahre inhaftiert und zu Tode gebracht werden.

Hugo Lunardon muss sterben, weil er seinen Dienst als Gendarmeriekommandant ernst genommen hat – im Gegensatz zu etlichen seiner Kollegen, die zwar im Schuschnigg-Regime ihr Geld verdient, aber mit mindestens einem Auge schon zu den Nationalsozialisten geschielt haben. Diese Wendigen haben auch nach der Befreiung im Mai 1945 in der Regel wenig Probleme mit ihrer Weiterbeschäftigung als Exekutivbeamte. Die Erinnerung an Hugo Lunardon, den Aufrechten, der sich mit dem „braunen Dornbirn" nicht abfinden und schon gar nicht arrangieren will, wird nach der NS-Zeit innerhalb der Vorarlberger Gendarmerie lange Zeit verdrängt. Er bleibt also wie zu Lebzeiten auch nach seinem Tod auf verlorenem Posten. Erst in den 1990er Jahren wird bei der Ausbildung junger Vorarlberger Gendarmen an diesen mutigen Postenkommandanten erinnert. Seit jüngerer Zeit erinnern auch ein Straßenname in Bregenz und eine Gedenktafel im Landespolizeikommando an Hugo Lunardon.

Quelle:
Harald Walser, Der Tod eines Staatsdieners. Hugo Lunardon und der Nationalsozialismus in Dornbirn, in: Werner Bundschuh/Harald Walser (Hg.), Dornbirner Statt-Geschichten. Kritische Anmerkungen zu 100 Jahren politischer und gesellschaftlicher Entwicklung, Bregenz 1987, S. 210–242.

Joseph Schreieder: Eine nationalsozialistische Polizeikarriere

Als die hitlerdeutschen Truppen am 12. März 1938 in Vorarlberg einmarschieren, sind die wichtigsten personellen Besetzungen bereits vorgenommen. Die Verwaltung des Landes wird vorerst den einheimischen Nationalsozialisten unter Gauleiter Anton Plankensteiner überlassen. Die dem Deutschen Reich aber viel wichtigeren Bereiche werden sofort von deutschen Beamten besetzt. Das gilt in erster Linie für die Absicherung der Schweizer Grenze. Einen möglichen Flüchtlingsstrom nach der Okkupation Österreichs wollen die deutschen Besatzer auf jeden Fall selbst kontrollieren.

Außenposten Bregenz

So wird bereits im Jänner 1938 ein hoher Münchner Polizeibeamter nach Lindau versetzt, damit er sich schon im Vorfeld mit den Verhältnissen am Bodensee vertraut machen kann. Der für diese Aufgabe Auserwählte ist Joseph Schreieder, geboren 1904 in München und seit 1922 im höheren Polizeidienst tätig. Nach der Machtübernahme durch Adolf Hitler im Jahre 1933 wird er dem stellvertretenden Führer der bayerischen Polizei, Reinhard Heydrich, zugeteilt. Zusammen mit diesem späteren Hauptorganisator des Holocausts profiliert sich Schreieder durch ein Gutachten, das eine Inhaftierung und Enteignung des Schriftstellers Thomas Mann rechtfertigen soll.

Im Jahre 1934 tritt Schreieder der SS bei und kurz danach auch der NSDAP. Damit steht einer Karriere innerhalb des nationalsozialistischen Polizeiapparates nichts mehr im Wege.

Nach der Akklimatisierung in Lindau wird Schreieder Ende März 1938 nach Bregenz beordert, um hier eine Dienststelle der Gestapo aufzubauen. Zwecks Sicherung der Grenze zur Schweiz wird ihm zugleich eine Abteilung der Münchner Schutzpolizei beigestellt. Im Haus Römerstraße 7 in Bregenz, das einer Versicherungsgesellschaft gehört, eröffnet Schreieder nun das so genannte „Grenzpolizeikommissariat". Dieser Name verweist zwar auf eine der Haupttätigkeiten der neuen Dienststelle, verschweigt aber, dass hier zugleich der Vorarlberger Hauptsitz von Gestapo und Sicherheitsdienst (SD) eingerichtet ist.

Joseph Schreieder fungiert nun für die kommenden zwei Jahre als Gestapo-Chef von Vorarlberg. Er hat die ungehinderte Macht, über missliebige Personen die „Schutzhaft" zu verhängen, die „Anwendung verschärfter Vernehmungsmethoden" (Folter) anzuordnen und Einweisungen in Konzentrationslager zu veranlassen. Von all dem macht Schreieder in den folgenden Monaten ausführlich Gebrauch, wenn auch nicht immer nach den Wünschen der einheimischen Nazi-Größen. Auch in einer anderen Angelegenheit muss er den Elan besonders fanatischer Nationalsozialisten enttäuschen. Schreieder ist es nämlich, der auf Wunsch Berlins der liechtensteinischen Regierung garantiert, dass von Vorarlberg aus kein Einmarsch ins Fürstentum stattfinden werde. Und das hat er auch jenen Vorarlberger Parteigenossen beizubringen, die dort für das Frühjahr 1939

Joseph Schreieder, erster Gestapo-Chef für Vorarlberg, auf der Rotterdamer Anklagebank 1946

zusammen mit NS-begeisterten Liechtensteinern einen Putsch geplant haben.

Außenpolitisch wird Schreieder auch gegenüber der Schweiz tätig. Denn das Deutsche Reich fördert bis 1939 zum Leidwesen der Schweizer Behörden die Ausreise von jüdischen BürgerInnen, nachdem diesen ihr Vermögen abgenommen worden ist. In diesem Zusammenhang kommt es zu mehreren Treffen Schreieders mit dem St. Galler Polizeihauptmann Paul Grüninger, der schließlich von den Schweizer Behörden wegen seiner menschlichen Haltung gegenüber den Flüchtlingen als Polizeichef entlassen wird.

Wie andere willige Helfer des NS-Terrors wird auch Schreieder als privat höflicher und korrekter Mensch beschrieben, der aber gegenüber wirklichen und vermuteten RegimegegnerInnen keine Gnade kennt.

Der Aufstieg

Als Hitlers Wehrmacht im Mai 1940 die neutralen Niederlande überrannt hat, wird hier ein deutsches Besatzungsregime unter der Führung des einstigen österreichischen Ministers Arthur Seyß-Inquart errichtet. Zahlreiche niederländische PatriotInnen gehen in den Widerstand, etliche folgen der Exilregierung nach England. Von hier aus versuchen zu Fallschirmspringern ausgebildete Widerstandskämpfer, die holländischen NazigegnerInnen zu unterstützen. Das wollen die hitlerdeutschen Besatzer verhindern. Bereits im Sommer 1940 wird in Rotterdam eine Gestapo-Zentrale unter der Führung des Münchner Polizei- und SS-Offiziers Wilhelm Harster errichtet. Zum Abteilungsleiter für Spionageangelegenheiten bestimmt Harster seinen alten Kollegen Joseph Schreieder, den er auf dem Bregenzer Außenposten unterfordert sieht. Und tatsächlich gelingt es Schreieder, den holländischen Widerstand zu unterwandern und dessen Informationssystem so zu manipulieren, dass 54 holländisch-englische Agenten nach ihrer Landung festgenommen werden können. 47 von ihnen werden ins KZ Mauthausen verbracht und wenige Tage nach ihrer Ankunft erschossen.

Ungebrochene Karriere

Nach der Befreiung der Niederlande wird Schreieder in Rotterdam festgenommen und interniert. In zwei folgenden Prozessen wird er freigesprochen und im März 1949 nach Deutschland abgeschoben. Hier findet er sofort wieder Aufnahme in den bayerischen Staatsdienst. Er verfasst ein Buch über das so genannte „Englandspiel" – sein Spionagemeisterstück –, das ihm den Weg zum neugegründeten Bundesnachrichtendienst (BND) ebnet. Damit aber nicht genug: Im so genannten Kalten Krieg – der sich nach dem Ende des Zweiten Weltkrieges zwischen den Westmächten einerseits und der Sowjetunion und ihren „Bruderländern" andererseits entwickelt – finden die Kenntnisse und Fähigkeiten ehemaliger Nazifunktionäre nützliche Verwendung. So wird Schreieder auch Mitarbeiter bei „Radio Free Europe", jenem Sender also, der von der Bundesrepublik Deutschland aus den Menschen in Osteuropa die Segnungen des Westens verkündet. In den Redaktionsräumen dieses Senders trifft Schreieder auf einen Mitarbeiter, den er Jahre zuvor noch gerne zu Tode gebracht hätte: nämlich auf den Kopf des holländischen Widerstandes Hazelhoff Roelfzema.

In etlichen Kriegsverbrecherprozessen tritt Schreieder als Entlastungszeuge der Angeklagten auf – nunmehr als Oberregierungsrat Joseph Schreieder. Seine einstmals stolz getragenen Ränge eines SS-Sturmbannführers und Kriminaldirektors der Gestapo kennen nur noch die alten Weggefährten und ein paar neue Eingeweihte.

Quellen:

Hans Schafranek, Unternehmen „Nordpol". Das „Englandspiel" der deutschen militärischen Abwehr in den Jahren 1942–1944, in: Hans Schafranek/Johannes Tuchel (Hg.), Krieg im Äther. Widerstand und Spionage im Zweiten Weltkrieg, Wien 2004, S. 247–291.
Harald Fühner, Nachspiel. Die niederländische Politik und die Verfolgung von Kollaborateuren und NS-Verbrechern, 1945–1989, Münster 2005.

Die Kirche in der nationalsozialistischen Diktatur

Wie reagiert die katholische Kirche auf den NS-Staat?

Die katholische Kirche sowohl in Deutschland als auch in Österreich geht von der Vorstellung aus, dass ein Auskommen mit dem Nationalsozialismus möglich sei, sofern die unterschiedlichen Aufgabenfelder säuberlich getrennt werden. Es sei Aufgabe des Staates, meinen etwa die deutschen Bischöfe, für das irdische Wohl zu sorgen, die Kirche habe die himmlischen und ewigen Güter zu beschaffen. Bürgerliche und politische Dinge seien deshalb allein der Staatsautorität unterstellt, all das hingegen, was auf das Seelenheil Bezug habe, falle in die Zuständigkeit der Kirche. Jene Angelegenheiten schließlich, die zu beiden Rechtsbereichen gehörten, die so genannten „res mixtae" wie Ehe und Erziehung, seien am besten durch Konkordate (das heißt gegenseitige Verträge) zu regeln.[46]

1936 wird Franz Tschann (2. v. l.) zum Generalvikar für Vorarlberg bestellt. Neben Erzbischof Sigismund Waitz (4. v. l.) sind auch Landeshauptmann Ernst Winsauer (3. v. r.) und Dr. Carl Lampert (2. v. r.) beim Festakt in Innsbruck anwesend.

Mit dieser Trennung der Interessensphären arrangieren sich auch weite Teile der katholischen Bevölkerung: So verzeichnet Vorarlberg im Bundesländervergleich den prozentuell geringsten Anteil an Kirchenaustritten bei gleichzeitig höchster Dichte an NSDAP-Mitgliedern.

Die „Feierliche Erklärung" der österreichischen Bischöfe vom 27. März 1938, eine Ergebenheitsadresse vor der „Anschluss"-Abstimmung am 10. April, fußt ebenfalls auf der Annahme, ein Zusammenleben von Kirche und Nationalsozialismus sei unter Respektierung der unterschiedlichen Aufgaben möglich. Bei der genannten Volksabstimmung soll die deutsche Besetzung Österreichs im Nachhinein legitimiert werden. Dafür mobilisieren die neuen Machthaber nicht nur ihre eigenen AnhängerInnen, sondern auch jene Bevölkerungsgruppen und Institutionen, die dem Nationalsozialismus mit Skepsis gegenüberstehen. Die Bischöfe glauben, mit einer öffentlichen Geste politischer Unterwerfung ihre religiöse Position und ihre Besitzstände halten zu können. Noch Jahre zuvor ist man allerdings politisch nicht so abstinent gewesen: Im Jahre 1925 etwa beschließt die österreichische Bischofskonferenz, „eine Kommission zum Kampf gegen die Sozialdemokraten" einzurichten.[47] Auch bei der Abschaffung der Demokratie durch Engelbert Dollfuß steht die Kirche unterstützend an der Seite der christlichsozialen Antidemokraten. Ihre Ausnahmestellung lässt sie sich in der austrofaschistischen Maiverfassung von 1934 festschreiben.

Der Weihbischof von Feldkirch Franz Tschann ist der einzige Bischof in Österreich, der die „Feierliche Erklärung" als zu weit gehend bezeichnet – wahrscheinlich weil er ahnt, dass die Nationalsozialisten die Haltung der Kirche als Schwäche und weniger als Angebot auslegen werden. Er selbst versucht in einer „Mischung von devoter Ergebenheit und zäher Aufsässigkeit"[48], die Interessen seiner Kirche in Vorarlberg zu verteidigen. Damit ist zugleich die Position der Kirche umrissen: Es geht ihr in den Jahren der nationalsozialistischen Herrschaft weniger um die Rettung von Menschen oder um das Eintreten für Menschenrechte, sondern um den Erhalt der Seelsorgemöglichkeiten, also um ein ungestörtes religiöses Leben zumindest innerhalb der Kirchenmauern. Und weil die Kirche in autoritären Strukturen lebt und denkt, ist ihr Gehorsam wichtig und widersetzliches Verhalten fremd. Das müssen auch jene Wenigen schmerzhaft erfahren, die aus christlicher Überzeugung den Wehrdienst in der Hitler-Armee verweigern. Sie haben von ihrer Kirche keine Unterstützung zu erwarten.

Welche Maßnahmen ergreifen die Nationalsozialisten gegen Kirche und Klerus?

Die Nationalsozialisten erheben einen totalen Herrschaftsanspruch und dulden somit keine Organisation neben sich, die in irgendeiner Form Einfluss auf die Menschen hat oder nimmt. Da aber der Katholizismus gerade in Österreich so tief verankert ist, dass bei einem Religionsverbot mit Widerstand zu rechnen wäre, verlegen sich die Nazis auf einen Kleinkrieg mit der Kirche. Mit ständigen Schikanen soll das Selbstverständnis der Kirchenleitung untergraben, die gesellschaftliche Stellung der Kirche verringert und der Klerus eingeschüchtert werden.

In der Zeit vor dem „Anschluss" ist der Einfluss der Kirche auf die Schule und das gesamte öffentliche und private Leben enorm gewesen. Nun werden Gottesdienste eingeschränkt, Prozessionen zum Teil verboten, der Religionsunterricht wird zur freiwilligen Sache erklärt, im Zeugnis von der ersten an die letzte Stelle verschoben und dann ganz weggelassen. Die katholischen Vereine und Jugendorganisationen werden verboten und ihr Vermögen wird dem Staat beziehungsweise der Hitlerjugend zugeschlagen, Klöster und katholische Schulen werden aufgelöst, Geistliche aus ihren Pfarreien oder Klöstern vertrieben und Geschichten von angeblichen moralischen Verfehlungen von Kirchenmännern in Umlauf gesetzt.

↑ Bereits bei den Aufmärschen anlässlich des „Anschlusses“ im März 1938 verwenden die Dornbirner Nationalsozialisten die Pfarrkirche St. Martin als Kulisse für die großen politischen Inszenierungen.

↗ Einige Nazifunktionäre und Gestapo-Leute lassen sich im aufgehobenen Bregenzer Kloster Gallusstift in Priestergewändern fotografieren. Als Andenken an ihre antikirchlichen „Späße“ entwenden sie kirchliche Gegenstände.

Nach der Verhaftung und Vertreibung der Mönche des Bregenzer Gallusstifts posieren Parteifunktionäre und eine Frau in Priestergewändern in verfänglichen Stellungen. Ein anwesender Gestapo-Beamter macht Fotos davon. Verbreitet werden diese Bilder dann aber doch nicht.[49]

Eifrige freiwillige Aufpasser aus der Bevölkerung machen Mitschriften von Predigten und tragen diese den Parteistellen zu. Zahlreiche Geistliche werden deshalb von Parteifunktionären bedroht oder gleich bei der Gestapo angezeigt. In Vorarlberg werden 28 Priester von der Gestapo in unterschiedlich lange „Schutzhaft“ genommen (das war der zynische Ausdruck für eine Inhaftierung aus politischen Gründen, gleichsam um das Volk vor gefährlichen Menschen zu schützen). Vier (Georg Schelling, Alois Knecht, Josef Plangger, Othmar Gächter) werden in Konzentrationslager verschleppt und drei (Alois Grimm, Dr. Carl Lampert, Franz Reinisch) umgebracht.[50] Sie alle haben aus christlicher Überzeugung und aus persönlichem Engagement gehandelt, nicht auf Anweisung der Kirchenleitung.

Welche KatholikInnen leisten Widerstand?

Die katholischen Geistlichen und Laien, die das Unrecht des Hitlerregimes erkennen und deshalb Widerstand leisten, tun dies aus persönlichem Antrieb. Leider bleiben diese „Gerechten“ – wie sie von der Historikerin Erika Weinzierl später bezeichnet werden – in der Minderzahl. Es herrscht eine Atmosphäre der Angst, der Bedrohung und anerzogener Obrigkeitshörigkeit. Auch die österreichischen Bischöfe schweigen, zumindest öffentlich. Allein der Innsbrucker Provikar (Stellvertreter des Bischofs) Carl Lampert wagt es, dem Tiroler Gauleiter Franz Hofer zu widersprechen, das Unrecht beim Namen zu nennen und bedrohte Kirchenleute in Schutz zu nehmen. Er wird deshalb ins KZ Dachau deportiert, dann mit Gauverbot belegt und schließlich am 13. November 1944 in Halle hingerichtet. Zuvor lässt Gauleiter Hofer im fernen Stettin einen Spitzel auf den Unbequemen ansetzen, der Material für eine Verurteilung sammeln soll. Dr. Carl Lampert stammt aus Göfis in Vorarlberg, ist in den 1920er Jahren beliebter Kaplan in Dornbirn und erhält nach einem Studium in Rom eine führende Stellung in der Kirche von Tirol und Vorarlberg.[51]

Provikar Dr. Carl Lampert aus Göfis, der engagiert für die verfolgte Kirche gegen Gauleiter Franz Hofer eintritt, wird 1944 hingerichtet. 2011 wird Lampert in Dornbirn, wo er in den 1920er Jahren als Kaplan wirkte, selig gesprochen.

Die Kirchenleitung in Innsbruck schweigt schließlich auch nach der Befreiung im Jahre 1945, jedenfalls dann, wenn es um die katholischen Blutzeugen gegen die NS-Oberen im Gau Tirol-Vorarlberg geht. Erst eine neue Generation von KatholikInnen nimmt die Erinnerungsarbeit an Carl Lampert auf. Die offizielle Kirche zieht erst 2011 mit der Seligsprechung nach.

Gerade die Verbote von kirchlichen Vereinen und Zusammenkünften werden für etliche Jugendliche zum Anreiz dafür, an verbotenen Bibelstunden, geheimen Jugendtreffen oder gemeinsamen Ausflügen in die Berge teilzunehmen. Die Gestapo hat deshalb ein scharfes Auge auf bekannte Jugendseelsorger und hebt auch mehrere katholische Jugendgruppen aus.

Neben den wenigen widerständigen Geistlichen sind es vor allem katholische Laien, die aus christlicher Überzeugung und Nächstenliebe menschenverachtende Anordnungen ablehnen, das Unrecht benennen oder mitmenschlich handeln. Ein Beispiel sei genannt:

Die freiwillige Rot-Kreuz-Helferin Pauline Wittwer (1898–1971) sammelt Kleidung und Lebensmittel für französische Kriegsgefangene in Feldkirch, weil sie deren Not nicht mitansehen kann. Sie wird dafür von zwei Feldkircherinnen angezeigt und von der Gestapo verhaftet. Bei der Gerichtsverhandlung am Landgericht Feldkirch tritt sie so mutig auf wie wenige: „Ich sehe nur den kranken Menschen, dem ich helfen muss. Für mich ist es gleich, ob es ein Deutscher oder ein Ausländer ist.“[52] Für diese unerschrockene Aussage, die ganz im Widerspruch zur nationalsozialistischen

Diskriminierungspolitik steht, wird Wittwer zu acht Wochen Gefängnis verurteilt. Der Gestapo ist diese Bestrafung zu mild und sie lässt Pauline Wittwer im April 1941 ins Konzentrationslager Ravensbrück verbringen. Schwer erkrankt wird sie nach einem Jahr entlassen. Das besonders Bedrückende an dieser und ähnlichen Geschichten ist, dass es zu fast jedem und jeder Gerechten in der Regel zwei DenunziantInnen gibt. Viele stellen die Pflichterfüllung gegenüber dem Unrechtssystem über die Menschlichkeit. Der Feldkircher Jesuitenpater Alois Grimm wird denunziert und schließlich hingerichtet, weil ihm „Barmherzigkeit und Mitleid wichtiger sind als Ehre".[53]

Keinem der Priester, die dem Nationalsozialismus Widerstand geleistet und dafür Gefängnis- oder KZ-Haft zu erleiden gehabt haben, gelingt in der Kirchenhierarchie nach der Befreiung 1945 ein Aufstieg. Ihr Einsatz bleibt weitgehend ohne Anerkennung. Nicht besser ergeht es den aufrechten Laien, die von den Nationalsozialisten für ihr christlich-humanes Engagement bestraft worden sind. Auch an sie und ihr mutiges Handeln wird man sich erst sehr spät erinnern.

Menschengeschichten

Alois Knecht: Ein kämpferischer Prediger für den Frieden

Es sind in der Regel nicht die angepassten, die „ghörigen“ und taktisch abwägenden BürgerInnen, die dem Nationalsozialismus Widerstand leisten. Die sich den Anordnungen der Diktatur widersetzen, sind oft Außenseiter und Querköpfe oder Menschen mit ganz fester weltanschaulicher beziehungsweise religiöser Überzeugung. Der Pfarrer Alois Knecht hat von allem etwas und lässt sich deshalb auch von den Zwängen der NS-Herrschaft nicht verbiegen.

Schrecken des Krieges

Geboren wird Alois Knecht 1894 in Rankweil. Nach der Volksschule besucht er das Privatgymnasium Stella Matutina in Feldkirch. Einer seiner Klassenkollegen ist Kurt Schuschnigg, der spätere Bundeskanzler des autoritären „Ständestaates“. Knecht wird ihm ein Leben lang in Verehrung verbunden bleiben. Nach der Matura beginnt er ein Medizinstudium in Innsbruck, ist sich aber nicht sicher, ob er nicht einer Berufung zum Priester folgen soll. Das Einrücken in den Ersten Weltkrieg schiebt die grundsätzliche Entscheidung vorläufig auf. Weil er in einem Brief seinem Vater vom Kauf weiterer Kriegsanleihen abrät, weil der Krieg ohnehin verloren sei, kommt er vor einen Militärrichter, dem Gnade und kämpfende Soldaten wichtiger sind als eingesperrte. Nach ersten Einsätzen in Südtirol wird Knechts Bataillon Ende Oktober 1917 in die heftigen Gefechte am Isonzo geworfen. Hier erlebt er, wie die Soldaten der Monarchie sinnlos und unter Androhung von Gewalt in die italienischen Linien getrieben werden. Er erfährt den Horror des Krieges am eigenen Leib, muss mitansehen, wie die Kameraden dahinsterben, und schwört sich, in Zukunft für den Frieden einzutreten.

Nach der Rückkehr aus der italienischen Kriegsgefangenschaft beginnt Alois Knecht im Herbst 1919 mit dem Theologiestudium in Brixen und wird im Sommer 1923 zum Priester geweiht. Nach einigen Stellen als Kaplan wird er Mitte der 1930er Jahre zum Pfarrer von Meiningen bestellt.

Die Friedenspredigt

Alois Knecht ist 1938 deprimiert über das Ende Österreichs und den ruhmlosen Untergang seines Schulkollegen Schuschnigg. Aber er enthält sich öffentlicher Stellungnahmen, versucht sich wie seine Kirchenleitung mit den neuen Machthabern irgendwie und ohne zu große Selbstaufgabe zu arrangieren. Doch der von Hitler befohlene Angriff auf Polen und der damit beginnende große Krieg lässt Pfarrer Knecht nicht mehr schweigen. Am Sonntag, dem 17. September 1939, hält er eine Predigt, die mit Bibelzitaten die politische Realität geißelt. Zum roten Faden wählt der Pfarrer den Psalm 67/13: „Herr, zerstreue die Völker, welche Kriege wollen.“ Er verurteilt mit Hilfe päpstlicher Aussagen diejenigen, die stets vom Frieden reden, aber zum Krieg rüsten. Unter den gegebenen Umständen kann man die herrschende Politik kaum deutlicher kritisieren. Den nationalsozialistischen Heldenverehrern versetzt er noch einen weiteren Hieb, indem er – Papst Benedikt XV. zitierend – den Ersten Weltkrieg als „ehrlose Menschenschlächterei" bezeichnet.

Die Predigt hinterlässt bei den Messbesuchern tiefen Eindruck und bei einigen mithörenden Nationalsozialisten helle Empörung. Der Denunziant meint in seiner Anzeige, man solle dem „Apostel das Maul stopfen". Kreisleiter Anton Plankensteiner persönlich leitet die Anzeige an die Gestapo weiter mit der handschriftlich beigefügten Empfehlung: „Verhaftung und Belangung nach dem Heimtückegesetz"[54]. Drei Wochen später stehen drei Gestapoleute im Pfarrhof: Sie durchsuchen die Pfarrkanzlei und nehmen Pfarrer Knecht mit ins Bregenzer Gefängnis. Mehrmals wird er in die Gestapozentrale in der Bregenzer Römerstraße geholt, verhört und beschimpft. Am 3. Jänner 1940 wird er nach Innsbruck verbracht. Mit der Begründung, „er gefährde den Wehrwillen des deutschen Volkes", wird Knecht ins Konzentrationslager Sachsenhausen deportiert. In Innsbruck erhält er noch einen tröstlichen Besuch von Provikar Carl Lampert.

Alois Knecht, Pfarrer von Meiningen, wird wegen einer kritischen Predigt im Oktober 1939 verhaftet und bis 1945 in den Konzentrationslagern Sachsenhausen und Dachau eingesperrt und misshandelt.

In den Lagern

Der zehn Tage dauernde Transport nach Brandenburg vermittelt bereits eine Vorahnung auf das, was folgen wird: Drohungen, Schläge, Beschimpfungen, Schikanen, Demütigungen, Hunger. Die 60 Männer, die mit Pfarrer Knecht am 27. Jänner 1940 in Sachsenhausen ankommen, müssen sich in einer Reihe aufstellen und die Gründe für ihre Einlieferung melden. Knechts Erklärung befriedigt den fragenden SS-Mann nicht und er antwortet mit einem Faustschlag ins Gesicht des Neuankömmlings. Der Kommandant eröffnet ihnen, dass sie hier zu „rechtschaffenen Menschen" erzogen würden. Dann heißt es: „Juden heraustreten!" Diese müssen sich auf den Boden werfen, auf allen Vieren kriechen, schnüffeln und bellen, weil sie Hunde seien. Das sind die „Erziehungsgrundsätze" der SS.

Im Dezember 1940 werden die katholischen Priester, die im KZ Sachsenhausen interniert sind, nach Dachau verlegt. Neben Alois Knecht ist auch Dr. Carl Lampert auf diesem Transport. Er ist im Sommer 1940 nach Sachsenhausen verbracht und gleich in die Strafkompanie verlegt worden. Die Strafkompanie ist gewissermaßen ein KZ im KZ. Wer einer solchen Kompanie zugeteilt wird, soll bald zu Tode geschunden werden.

Im Konzentrationslager Dachau werden 1940 aus allen Lagern die in „Schutzhaft" genommenen katholischen Geistlichen zusammengezogen. Es werden im Laufe der Naziherrschaft mehr als 2.500 Personen sein. Mehr als die Hälfte davon stammt aus Polen. Ab 1941 gestattet der SS-Chef Heinrich Himmler in diesem Bereich die Abhaltung einer täglichen Messe. Vielen niederrangigen SS-Leuten sind die kleinen Vergünstigungen in den drei Priesterblöcken ein Dorn im Auge und ein Grund für Schikanen. Ab März 1943 ist der Vorarlberger Kaplan Georg Schelling der anerkannte „Lagerkaplan", ab Oktober 1944 wird er vom Münchner Kardinal zum „Lagerdekan" ernannt. Er ist damit der Sprecher und interne Organisator seiner priesterlichen Leidensgenossen.

Pfarrer Knecht hat nach einem ganz schwierigen ersten Jahr in Dachau das relative Glück, in der so genannten Plantage beschäftigt zu sein. Das ist ein von der SS unterhaltener großer Kräutergarten, in welchem Ersatzgewürze, Heilkräuter und Vitaminpflanzen angebaut und verarbeitet werden. Auf den Etiketten der im ganzen Reich vertriebenen Produkte steht: „Der Dachauer Kräutergarten garantiert Reinheit, Echtheit und Sauberkeit der Ware." Von den Lebensbedingungen der Arbeitssklaven steht nichts auf den Etiketten.

Im Nachkrieg

Ende März 1945 wird Pfarrer Alois Knecht nach über fünfjähriger Haft entlassen. Er kehrt nach Vorarlberg zurück und wird nach Kriegsende wieder als Pfarrer eingesetzt: zuerst in Warth, anschließend auf der Fluh bei Bregenz und dann bis zu seiner Pensionierung in Hohenweiler. Diese Verwendung auf seelsorglichen Außenposten verweist darauf, dass Knecht nach seiner Rückkehr, wie früher schon, sich nicht anpasst. Er kann sich nur schwer abfinden mit dem öffentlichen Schweigen: Er will reden über Konzentrationslager, Widerstand, Anpassung und Mitläufertum. Es schmerzt ihn zutiefst, dass er aus kirchlichen Kreisen hören muss, seine fehlende Klugheit habe ihn ins KZ gebracht. Er will über das Erfahrene reden, doch die Nachkriegsgesellschaft will es nicht hören. „Den einen wird die Wahrheit über die Todesmühle der Kazetts zur schweren Anklage, den anderen wird ihr Verbrechen nachgewiesen, das sie in einer Zeit begingen, als sie vom Wahne verblendet waren, dass Hitlers Macht nicht mehr gebrochen werden könne."[55]

Solche Töne stören die neue Harmonie, und Pfarrer Knecht wird in den Folgejahren nicht müde, seine kritische Stimme zu erheben: gegen Maßnahmen des Bischofs, gegen die Dorfgrößen in seiner Pfarre Hohenweiler, gegen ehemalige Nationalsozialisten, die wieder das Sagen haben, ohne Bedauern oder gar Reue zu zeigen. Das Unrecht der Lagererfahrung prägt den Blick des streitbaren Pfarrers auf seine Umgebung, und die anscheinende Sinnlosigkeit seines Martyriums macht ihn verbittert.

Pfarrer Alois Knecht stirbt fast hundertjährig im Altersheim seiner Heimatgemeinde Rankweil. Die Demütigung durch die Folter begleitet ihn bis an sein Lebensende. „Wer der Folter erlag, kann nicht mehr heimisch werden in der Welt. Die Schmach der Vernichtung lässt sich nicht austilgen. Das in der Tortur eingestürzte Weltvertrauen wird nicht wiedergewonnen. Dass der Mitmensch als Gegenmensch erfahren wurde, bleibt als gestauter Schrecken im Gefolterten liegen."[56] So beschreibt Jean Améry, dessen Vorfahren aus dem jüdischen Hohenems stammen, die Nachwirkungen des nationalsozialistischen Konzentrationslagers. Sie decken sich mit der Erfahrung des Dachau-Häftlings Alois Knecht.

Quelle:
Alois Knecht, Heimatliebe, Friedensliebe und ein „allmächtiger" Staat. Erlebnisse aus zwei Weltkriegen, Feldkirch 1988.

Von der Aufbruchstimmung in den Kriegsalltag

Auffälligstes Wesensmerkmal der sieben Jahre dauernden nationalsozialistischen Herrschaft ist ihr lauter Beginn und ihr leises Ende. Dem Beginn mit begeisternden Kundgebungen, strammen Paraden und fahnenreichen Inszenierungen folgt die Ankündigung großer Zukunftsprojekte. Mit fortschreitendem Krieg werden aber alle Kräfte und Ressourcen auf das Militär konzentriert. Den Menschen im Hinterland, in der nationalsozialistischen Diktion der „Heimatfront", werden zunehmend größere Opfer abverlangt. Ab 1944 wartet ein Großteil der Menschen im Deutschen Reich auf das Ende der Hitlerherrschaft, nur die Fanatiker rufen und zwingen zum Durchhalten. Erst der militärische Zusammenbruch bringt das Ende der nationalsozialistischen Gewaltherrschaft.

Von der Aufbruchstimmung in den Kriegsalltag

→ Die anfängliche Begeisterung reicht bis in den Hinteren Bregenzerwald: Aufmarsch der Nationalsozialsozialisten in Au 1938.

→→ Auch in Schruns soll mit dem Aufgehen der „NS-Sonne“ alles neu und besser werden.

→ Nach Aufhebung der „1000-Mark-Sperre“ werden ab 1936 gezielt deutsche UrlauberInnen von der NS-Freizeitorganisation „Kraft durch Freude“ nach Bregenz gebracht. Sie sollen zeigen, wie gut es der arbeitenden Bevölkerung unter der NS-Herrschaft in Deutschland geht.

Der neue Sitzungssaal im Dornbirner Rathaus wird wie eine Kirche eingerichtet.

Welche Versprechen werden eingelöst?

Ein erheblicher Teil der österreichischen Bevölkerung ist von der alten politischen Führung enttäuscht, ersehnt sich einen wirtschaftlichen Aufschwung und ein stärkeres nationales Selbstwertgefühl. Die Nationalsozialisten versprechen beides und gleich auch große Bau- und Entwicklungsprogramme für die einzelnen Städte und Gemeinden.

Bregenz beispielsweise soll an das Reichsautobahnnetz angeschlossen werden und gar einen Flugplatz erhalten. Zusätzlich gibt es Pläne, das leerstehende Kornhaus zu einem Fest- und Theatersaal umzubauen. Erst in der Nachkriegszeit wird diese Absicht dann verwirklicht. Zunächst einmal werden Lochau, Eichenberg, die Fluh und Kennelbach nach Bregenz eingemeindet. Stallehr wird Bludenz, Reuthe Bezau und Bolgenach Hittisau zugeschlagen. Die Rheindeltagemeinden Fußach, Höchst und Gaißau werden zur Gemeinde Rheinau zusammengelegt.

Für Dornbirn haben die dortigen Nationalsozialisten ebenfalls große Pläne: Der Friedhof soll einem „Gauforum“ mit Festhalle weichen und das Rathaus zu einem würdigen Gebäude für Kreisleitung und Bürgermeisteramt umgebaut werden. Dieses zweite Projekt wird immerhin teilweise umgesetzt.[57] Auch die Lustenauer Nazis wollen

← Eines der wenigen realisierten Projekte ist der Ausbau der Flexenstraße, die nun bei der Alpe Rauz in die Arlberg Passstraße mündet.

↓ Die Reichspost nimmt jeden Anlass zur Herausgabe von Sondermarken wahr. Der Verkaufserlös soll dem NS-Winterhilfswerk dienen.

Von der Aufbruchstimmung in den Kriegsalltag

Der Stadtteil Hatlerdorf empfängt Kurzzeit-Gauleiter Anton Plankensteiner 1938 mit einem Triumphbogen.

Gauleiter Franz Hofer, der sich im Machtkampf gegen Plankensteiner durchgesetzt hat, bereist 1940 Vorarlberg. Die so genannten politischen Leiter und die NS-Formationen marschieren auf. Noch blüht die Hoffnung.

Das „Nationalsozialistische Kraftfahrerkorps" (NSKK) 1940 in Bludenz. Das NSKK ist eine Parteiformation, die sich ursprünglich um die Kraftfahrerausbildung kümmert. Während des Krieges werden Mitglieder als eine Art Verkehrspolizei in den besetzten Ostgebieten und als Hilfsmannschaft beim Transport von jüdischen Vernichtungsopfern eingesetzt.

Im Gebäude der aufgehobenen katholischen Privatschule „Stella Matutina" in Feldkirch wird eine Reichsfinanzschule eingerichtet.

den Friedhof aus dem Kirchdorf verlegen und dort einen Aufmarschplatz anlegen. Zusätzlich schwebt den sportbegeisterten NS-Größen der Marktgemeinde der Bau eines Landesstadions vor. Im Bregenzer Kloster Riedenburg soll ein „Museum der Talschaften" eingerichtet werden, in Wirklichkeit wird das Haus zum Lazarett.

Auch in anderen Städten und Gemeinden verfolgen die neuen Herren hochfliegende Pläne. Verwirklicht wird kaum etwas davon. „Wir sind berufen, die Weltanschauung unseres Führers Adolf Hitler in die beglückenden Taten umzusetzen", tönt der Feldkircher Bürgermeister Erwin Hefel in seiner Antrittsrede.[58] Den inszenierten Feierstunden folgt ein mühsamer und widersprüchlicher Umsetzungsalltag. Auch vom lauten Jubeln und den ständigen Appellen haben viele bald genug. Die Kundgebungen und Versammlungen sind „anfänglich gut besucht", später erreichen die nationalsozialistischen Veranstalter einen zufriedenstellenden Besuch nur noch „unter Anwendung von Zwangsmaßnahmen"[59], so ein nationalsozialistischer Bürgermeister. Bei vielen „Volksgenossen", wie die Bürgerinnen und Bürger nunmehr heißen, folgt auf die erhitzte Hochstimmung schon bald eine merkliche Abkühlung. Die vollmundigen Versprechungen der Festredner werden in der Realität nicht eingelöst. Und dort, wo Neues verwirklicht wird, macht die konservative Bevölkerung oft nicht mit. In Bezau wird beispielsweise ab Herbst 1938 ein Kindergarten eingeführt, der aber vom Großteil der Eltern boykottiert wird. Am attraktivsten finden die Bewohner der Landgemeinden die Einführung von Filmabenden. So berichtet der NSDAP-Ortsgruppenleiter von Doren im Sommer 1939 an die Bregenzer Kreisleitung, dass zu einer „Tonfilmvorführung" 121 Volksgenossen erschienen seien, zur neu eingeführten Sonnwendfeier aber nur 26.[60]

Wie gestaltet sich die Situation der Bauern?

Die Bauern sind nun der „Reichsnährstand"; sie werden von der Propaganda gepriesen, aber durch eine zunehmende Abgabepflicht gedrückt.

Ähnlich die Situation der Bauern: Ihnen wird Entschuldung versprochen, doch die politische Wirklichkeit kann die Hoffnungen nur teilweise erfüllen. Die Entschuldungsaktion ist bürokratisch aufwändig und von politischen Gutachten und wirtschaftlichen Kontrollen abhängig. So muss von der Kreisbauernschaft die Entschuldungswürdigkeit des Antragstellers und von einer weiteren Kommission seine Entschuldungsbedürftigkeit und Entschuldungsfähigkeit festgestellt werden. Und als vielen Bauern dann auch klar wird, dass die Aktion eher eine langfristige Umschuldung und keine wirkliche Entschuldung darstellt, ziehen etliche ihre Anträge zurück. Die ursprüngliche Anzahl von etwa 2.600 Anträgen, davon allein 1.130 von Schuldnern der Vorarlberger Hypothekenbank, verdeutlicht allerdings das Ausmaß der bäuerlichen Verschuldung. Die

← Mit der Schaffung der Großmolkerei Dornbirn (1942) soll die Milchwirtschaft rationalisiert und planbarer gemacht werden.

↙ Der Mechanisierung der Landwirtschaft wird großes Augenmerk geschenkt: Sie soll die Produktivität steigern und Männer für den Krieg freisetzen.

Bank rechnet mit einem Verlust von 50-60.000 Reichsmark bei Erfüllung aller Entschuldungsanträge.[61] So kommt es dann aber nicht.

Um die landwirtschaftliche Produktion zentral plan- und lenkbar zu machen und die Bauern zur Kontrolle ihres Mitteleinsatzes und Betriebsergebnisses (Saatgut, Dünger, Maschinen- und Personalkosten) anzuhalten, wird die so genannte Hofkarte – eine Art bäuerliche Buchführung – eingeführt.

Eine wesentliche Maßnahme zur Verbesserung der Lage der Bauern bedeutet die amtliche Festlegung der Pachtpreise auf ein niedrigeres Niveau als die bisher üblichen Marktpreise. Die Regelung, die von der Kreisbauernschaft Vorarlberg eingeführt wird, übernehmen schließlich auch andere Gebiete. Als weniger zielführend

↑ „Arbeitsmaiden“ 1940 im Einsatz bei der Flachsernte in Rankweil. Frauen absolvieren ihren „Reichsarbeitsdienst“ oft in der Landwirtschaft als Erntehelferinnen.

→ Damit die Frauen ungestört die Ernte einbringen können, werden, wie hier in Schwarzenberg, Erntekindergärten eingerichtet.

erweist sich die Festsetzung der Holzpreise. Sie führt alsbald zu einem Engpass in der Brennholzversorgung, da die Waldbesitzer bei den niedrigen Preisen das Holz lieber stehen lassen.[62]

Zwangsversteigerungen landwirtschaftlicher Betriebe werden und bleiben verboten. Das hat vor allem ideologische Gründe: Der Bauernstand, jetzt als „Reichsnährstand“ bezeichnet, steht symbolisch für die Gebundenheit an den „Boden“ und gilt als „Blutquell des Volkes“. Der hohen ideologischen Wertschätzung von bäuerlicher Tradition, von Brauchtum und Trachtenwesen steht die mächtig vorangetriebene Modernisie-

Gauleiter Franz Hofer zeigt sich gerne mit Tracht tragenden ländlichen Frauen. Die Verbundenheit mit der bodenständigen Bevölkerung und seiner Tradition soll demonstriert werden.

rung und Mechanisierung entgegen, mit der die deutsche Landwirtschaft produktiver gemacht werden soll.

Bald nach Kriegsbeginn drücken viele Bäuerinnen und Bauern aber andere Sorgen: Da die Männer immer zahlreicher zum Militär eingezogen werden, fehlen die Arbeitskräfte. Zum Arbeitsdienst verpflichtete Mädchen und dann vor allem ZwangsarbeiterInnen aus den eroberten Ostgebieten ersetzen in der Folge die fehlenden Männer. Auch viele StädterInnen bieten sich mit fortschreitender Lebensmittelknappheit bei Bäuerinnen und Bauern als HelferInnen an – gegen Naturalien, versteht sich.

Die Zwangsbewirtschaftung der Hauptprodukte Milch, Getreide und Fleisch bedeutet für die Bauern Ärger und das Ende ihrer wirtschaftlichen Selbstbestimmung. Um die „Verbrauchslenkung" der anfallenden Milch besser und großräumiger durchführen zu können, werden in Dornbirn eine Großmolkerei und in Feldkirch und Bludenz so genannte Milchhöfe errichtet. Schon zuvor wird die bedeutendste Privatkäserei des Landes dem Besitzer Josef Rupp von der Kreisbauernschaft abgepresst und der genossenschaftlichen Firma Alma zugeschlagen. Auch die demokratisch gewählte Vorarlberger Landesregierung nach 1945 will diese Fusion der beiden Schmelzkäsefirmen nicht mehr rückgängig machen. Es bedarf großer juristischer Anstrengungen und eines Urteils des österreichischen Höchstgerichts, bis Josef Rupp sein Schmelzwerk 1949 wieder rückgestellt erhält.[63]

Besonders die „Ablieferungspflicht" für Schlachttiere führt bei Bauern und KonsumentInnen immer wieder zu Übertretungen der staatlichen Vorgaben. So genanntes

Schwarzschlachten fällt deshalb in den Kompetenzbereich der Gestapo und wird in erwiesenen Fällen mit Gefängnisstrafen geahndet. In Nüziders wird ein Betriebsführer und hoher Parteifunktionär zu einer einjährigen Gefängnisstrafe samt Parteiausschluss verurteilt, weil er sich „schwarz" Fleisch besorgt hat. Andere reagieren auf die Rationierung und die staatliche Bewirtschaftung der Lebensmittel mit Sarkasmus. Auf die Frage nach Fleisch macht hinter vorgehaltener Hand die Antwort die Runde: „Die Ochsen sind im Krieg, die Schweine in der Partei und die Kälber in der Hitlerjugend."[64] Auf solche und ähnliche Witze reagieren die Nationalsozialisten allerdings mehr als humorlos.

Wie wird die Arbeitslosigkeit beseitigt?

Auch was die versprochene Schaffung von Arbeitsplätzen anlangt, schaut die neue Wirklichkeit anders aus, als es sich viele vorgestellt haben: Die Arbeitsämter erhalten tiefgreifende Kompetenzen zur Lenkung des Arbeitsmarktes. Die Zuweisungen, die von diesen Ämtern vorgenommen werden, entsprechen nur zum Teil den Wünschen der Arbeitssuchenden. Politisch „Unzuverlässige", Langzeitarbeitslose und solche, die ihren Arbeitsplatz in den Vorjahren mehrfach gewechselt haben oder auf Druck der „Vaterländischen Front" eingestellt worden sind, werden bereits im Jahre 1938 an die Montafoner Baustellen der Illwerke verpflichtet. Dort herrscht der größte Bedarf an Arbeitskräften, weil in den Ausbau der Wasserkraft von Anfang an am massivsten investiert wird. Wer aber nicht dorthin geschickt werden will, dem wird nicht nur vom Arbeitsamt gedroht. In einem Gedicht, abgedruckt im „Feldkircher Anzeiger", glaubt ein anonymer Reimer dem Volk aus der Seele zu sprechen. In den beiden ersten Strophen wird die Beseitigung der Arbeitslosigkeit gepriesen und in der dritten kommt der NS-Klartext:[65]

> „Und der, dem Arbat Greuel ischt,
> Der g'wöhnt ischt z'tacheniera,
> Der hat i Dachau Gleagaheit,
> An Kurs zum absolviera."

Die Textilindustrie, der bedeutendste Arbeitgeber des Landes, erlebt einen Aufschwung und stellt zusätzliche Arbeitskräfte ein. F.M. Rhomberg in Dornbirn beispielsweise erhöht die Zahl seiner „Gefolgschaftsmitglieder" (so der neue Ausdruck für die ArbeitnehmerInnen) zwischen März und Dezember 1938 von 680 auf 1.003. So gibt es im Herbst 1938 praktisch keine Arbeitslosigkeit mehr. Doch den Textilindustriellen stellen sich neue Probleme. Da reichsdeutsche Betriebe mit höheren Löhnen um Arbeits-

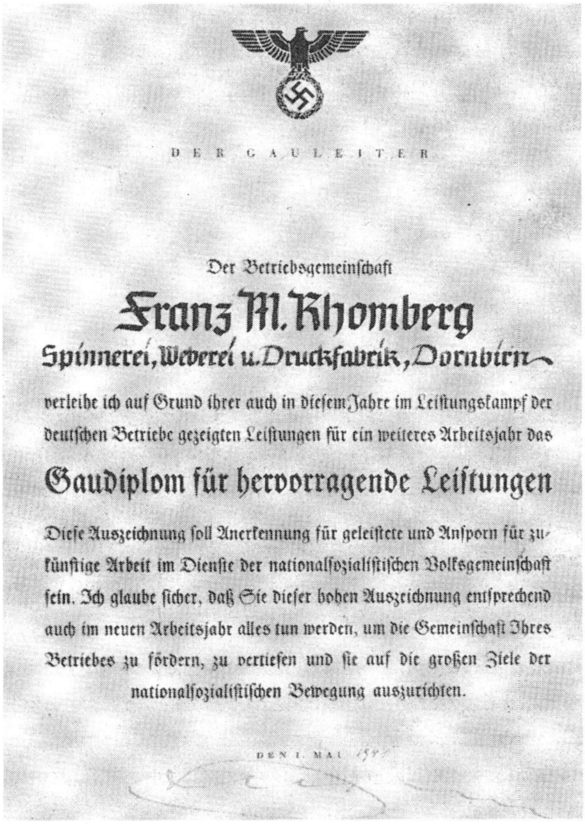
DER GAULEITER

Der Betriebsgemeinschaft

Franz M. Rhomberg

Spinnerei, Weberei u. Druckfabrik, Dornbirn

verleihe ich auf Grund ihrer auch in diesem Jahre im Leistungskampf der deutschen Betriebe gezeigten Leistungen für ein weiteres Arbeitsjahr das

Gaudiplom für hervorragende Leistungen

Diese Auszeichnung soll Anerkennung für geleistete und Ansporn für zukünftige Arbeit im Dienste der nationalsozialistischen Volksgemeinschaft sein. Ich glaube sicher, daß Sie dieser hohen Auszeichnung entsprechend auch im neuen Arbeitsjahr alles tun werden, um die Gemeinschaft Ihres Betriebes zu fördern, zu vertiefen und sie auf die großen Ziele der nationalsozialistischen Bewegung auszurichten.

DEN 1. MAI

← Statt der angekündigten sozialen Verbesserungen gibt es bald nur noch „Ehrendiplome“ für die Fabriksherren und „ihre“ Gefolgschaft.

↓ In den Betrieben werden die ArbeiterInnen mit gereimtem „Führer-Kitsch“, guten Ratschlägen und Drohungen zu Fleiß und Wohlverhalten aufgerufen. Dieses „Mahnwort“ war im Eingangsbereich der Firma F. M. Rhomberg in Dornbirn-Schwefel angebracht.

Ein Mahnwort.

Grüß nicht „Heil Hitler“ so wie „Guten Morgen“,
Gedankenlos, wie es so mancher sagt!
Denk an den Führer, denk an seine Sorgen
Und daß er nie nach Rast und Ruhe fragt!
Sprich's wie ein Dankgebet und denk im stillen,
Wie dieser Gruß in Wirklichkeit gemeint!
Denk an des Führers eisenharten Willen,
Der uns befreit und Deutschland hat geeint!

kräfte in Österreich werben, müssen auch die Dornbirner Unternehmen die Löhne um etwa 20 % erhöhen.

Aber bald nach dem anfänglichen Boom erleidet die Textilwirtschaft einen schweren Einbruch. Denn mit Kriegsbeginn und der damit entstehenden Isolierung Deutschlands kommt es zu einer Verknappung der Rohstoffzufuhr, vor allem der Baumwolle. Zudem produzieren die meisten Vorarlberger Betriebe im Jahre 1939 noch keine kriegswichtigen Produkte – später wird das für viele Betriebe ein Kerngeschäft sein. Doch jetzt, Ende 1939, gibt es erst einmal Entlassungen und Kurzarbeit. Was folgt, sind wiederum verstärkte Dienstverpflichtungen, besonders in reichsdeutsche Rüstungsbetriebe. Dem anfänglichen Angebot an zusätzlichen Arbeitsplätzen folgen schon bald heftige Klagen über die Zwangszuweisungen und das Verhalten der Arbeitsvermittler, die „ständig mit den Leuten schreien und überhaupt nur in einem Befehlston verkehren“[66].

Mit Kriegsbeginn 1939 sind besonders – zuerst junge, dann alle – Frauen von der „Dienstverpflichtung“ betroffen. Diese Zwangsmaßnahme widerspricht nicht nur der NS-Ideologie, die die Frau als „Hüterin von Heim und Herd“ preist, sie erzeugt in der

Bevölkerung auch viel Unmut. Einerseits weil man eine Schonung jener Frauen erkennen kann, die der Partei näher stehen oder sonstige Beziehungen haben, andererseits weil die „Dienstpflicht“ immer wieder als politisches Erpressungsmittel eingesetzt wird.

Wie werden die Arbeitsverhältnisse und der Betriebsalltag geregelt?

Die Arbeiterschaft wird vom Nationalsozialismus besonders umworben. Ihr wird als Gegenmodell zum Sozialismus marxistischer Prägung ein „nationaler Sozialismus“ angeboten. Mit der Zerschlagung unabhängiger Arbeitnehmerorganisationen hat der Austrofaschismus bereits willkommene Vorarbeit geleistet. So vollzieht sich die Umstellung auf die hitlerdeutschen Gegebenheiten recht problemlos.

Das Zentrum der Arbeitswelt ist nun die „Betriebsgemeinschaft“. Sie soll den angeblich „nur künstlich geschaffenen Gegensatz zwischen dem Arbeiter der Faust und dem Arbeiter der Stirn, zwischen dem Angestellten und dem Unternehmer für immer verschwinden“ lassen.[67] Trotz strenger Hierarchie und Befehlskette soll es nur noch „Arbeitskameraden“ geben. Und so „wie der Betriebsführer für das Wohl der Gefolgschaft zu sorgen hat, so haben diese dem Betriebsführer die in der Betriebsgemeinschaft begründete Treue zu halten. Die tief in den deutschen Menschen verankerte Führer- und Gefolgschaftstreue hat damit endlich auch im Arbeitsleben ihren Niederschlag gefunden.“[68]

Für allgemeine Fragen der Arbeitswelt und des Freizeitbereichs ist nun die „Deutsche Arbeitsfront“ (DAF) zuständig. Nur noch der „Schlaf ist Privatsache“, erklärt Robert Ley, der oberste Chef der DAF, den Wunsch der NSDAP nach einem totalen Zugriff auf die arbeitenden Menschen. Mit einem nie dagewesenen Aktionismus wird die Arbeitnehmerschaft auf ideologischem Trab gehalten: Appelle, politische Schulungen, gemeinsame Freizeitgestaltung, Urlaubsfahrten und Sportveranstaltungen, Luftschutzübungen, Schießabende und Flickstunden stehen auf dem Programm. Nach dem Abklingen der ersten Begeisterung verweigern immer mehr Menschen die fremdbestimmte Betriebsamkeit und müssen durch Drohungen und Strafen zur Teilnahme gezwungen werden. In etlichen Betrieben wird zur Aufrechterhaltung der „Arbeitsdisziplin“ bereits 1939 nach der Gestapo gerufen. Als der Arbeiter Peter Tomaselli die Ankündigung von Kurzarbeit bei der Firma Suchard in Bludenz mit der lapidaren Feststellung „Das verdanken wir dem Führer“ kommentiert, wird er nicht nur auf der Stelle entlassen, sondern auch bei der Gestapo angezeigt.[69] Bei den Lorünser Zementwerken wird einem Arbeiter, der vom Arzt krank geschrieben wurde, mit der Gestapo gedroht,

Betriebssport statt Lohnerhöhung: So stellen sich die Nationalsozialisten tüchtige „Arbeitskameradinnen“ vor. Sie halten sich gemeinsam für die Arbeit fit wie hier die Arbeiterinnen der Firma Schöller in Bregenz. Mit der Ausweitung der Arbeitszeit hört sich das Turnen auf.

Bei wichtigen nationalen Anlässen erfolgt eine Arbeitsunterbrechung: Hier werden die Arbeiterinnen der Bregenzer Textilfabrik Schöller über Lautsprecher vom Sieg über Frankreich im Juni 1940 informiert.

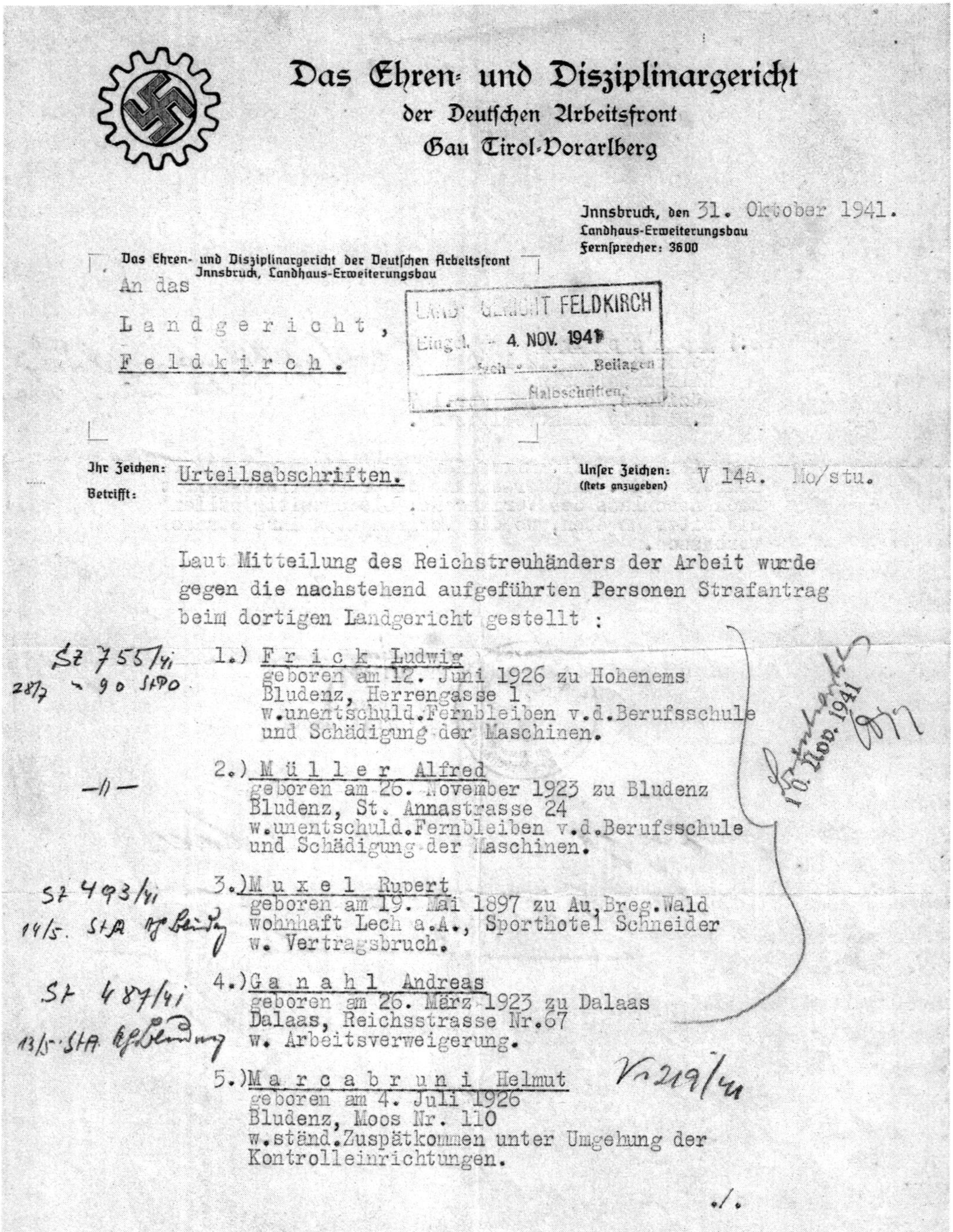

Das Ehren- und Disziplinargericht
der Deutschen Arbeitsfront
Gau Tirol-Vorarlberg

Innsbruck, den 31. Oktober 1941.
Landhaus-Erweiterungsbau
Fernsprecher: 3600

Das Ehren- und Disziplinargericht der Deutschen Arbeitsfront
Innsbruck, Landhaus-Erweiterungsbau

An das
L a n d g e r i c h t ,
F e l d k i r c h .

LAND GERICHT FELDKIRCH
Eing. 4. NOV. 1941
Fach ... Beilagen
... Halbschriften

Ihr Zeichen:
Betrifft: Urteilsabschriften.

Unser Zeichen: (stets anzugeben) V 14a. Mo/stu.

Laut Mitteilung des Reichstreuhänders der Arbeit wurde gegen die nachstehend aufgeführten Personen Strafantrag beim dortigen Landgericht gestellt :

St 755/41
28/7 – 90 StPO
1.) F r i c k Ludwig
geboren am 12. Juni 1926 zu Hohenems
Bludenz, Herrengasse 1
w.unentschuld.Fernbleiben v.d.Berufsschule
und Schädigung der Maschinen.

–//–
2.) M ü l l e r Alfred
geboren am 26. November 1923 zu Bludenz
Bludenz, St. Annastrasse 24
w.unentschuld.Fernbleiben v.d.Berufsschule
und Schädigung der Maschinen.

St 493/41
3.) M u x e l Rupert
geboren am 19. Mai 1897 zu Au,Breg.Wald
wohnhaft Lech a.A., Sporthotel Schneider
w. Vertragsbruch.

St 487/41
4.) G a n a h l Andreas
geboren am 26. März 1923 zu Dalaas
Dalaas, Reichsstrasse Nr.67
w. Arbeitsverweigerung.

Vr 219/41
5.) M a r c a b r u n i Helmut
geboren am 4. Juli 1926
Bludenz, Moos Nr. 110
w.ständ.Zuspätkommen unter Umgehung der
Kontrolleinrichtungen.

Eingelangt 10. Nov. 1941

./.

Wo Lob und Tadel nicht fruchten, folgt die Bestrafung. Die Arbeitsdisziplin für die Kriegswirtschaft wird mit Gefängnisstrafen herzustellen versucht.

wenn er nicht trotzdem zur Arbeit erscheine. In der Innsbrucker Reichenau wird ein „Arbeitserziehungslager“ eingerichtet, das von der SS geführt wird. Unbotmäßige oder „bummelnde“ Arbeiter können von der Gestapo ohne Gerichtsbeschluss in dieses Lager eingewiesen werden.

Das als besondere Errungenschaft gleich nach dem „Anschluss“ eingeführte Urlaubsgeld wird nach Kriegsbeginn durch einen mit der Lohnsteuer eingehobenen Zwangsbeitrag für das „Winterhilfswerk“ wieder aufgefressen. Eine weitere drastische Verschlechterung für die Arbeiterschaft stellt die mehrmalige Erhöhung der Arbeitszeit, natürlich ohne Lohnausgleich, dar. Ab 1940 geht es nicht mehr um Verbesserungen, sondern nur noch um höhere Leistung. Die Arbeitswelt wird ein wichtiger Teil der „Heimatfront“, die Steigerung der Produktion zur „Erzeugungsschlacht“ und die Arbeiter heißen nun „Soldaten der Arbeit“. Die Militarisierung der Sprache verdeutlicht die Unterordnung aller Lebensbereiche unter das Diktat der allumfassenden Kriegswirtschaft. „Der nationalsozialistische Sozialstaat ist die Krönung des tausendjährigen Ringens des deutschen Volkes um seinen Lebensstil.“[70] Dieses vollmundige Versprechen des aus Feldkirch stammenden Dr. Theodor Bühler, Hauptabteilungsleiter in der Berliner DAF-Zentrale, wirkt schon 1940 bei Erscheinen seines Buches lächerlich.

Wie steht es um die angekündigte Wohnraumbeschaffung?

Für den Wohnbau sind umfangreiche Initiativen angekündigt, weil die Wohnungsnot auch in Vorarlberg ein lange aufgeschobenes Problem darstellt. Der noch im Jahre 1938 gestartete Bau von Einfamilienhäusern für SS-Mitglieder am Dornbirner Zanzenberg soll zur Mustersiedlung für weitere Wohnvorhaben werden. Der Baugrund für die Anlage wird vom SS-Chef Alfons Mäser einer christlichsozialen Familie als „Sühnespende“ abgepresst.

Kurz nach dem „Anschluss“ kehrt Alois Tschabrun aus Deutschland zurück. Der aus Nenzing stammende Bauingenieur ist 1935 nach Verbüßung einer einjährigen Haftstrafe wegen illegaler Betätigung für die verbotene NSDAP ins „Altreich“ geflohen. Hier erwirbt sich der dynamische Baumanager durch die Organisierung von Siedlungsbauten im Selbsthilfeverfahren die notwendigen Kenntnisse zur zügigen Errichtung von Wohnbauten. Mit finanzieller Unterstützung der neuen Landesregierung und etlicher Dornbirner Industrieller gründet er eine gemeinnützige Wohnbau- und Siedlungsgesellschaft (Vogewosi), die mit einem ehrgeizigen Wohnbauprogramm in Selbsthilfebauweise startet. Bis Ende 1939 werden insgesamt 100 Siedlungshäuser in

Nenzing, Schlins, Schwarzach, Lauterach und Hard errichtet, von denen aber wegen Finanzierungsproblemen und der Einberufung etlicher Siedler zum Militär vorläufig nicht alle fertiggestellt werden können. Mit Kriegsbeginn ist Schluss mit Individualbauten und die Vogewosi praktisch bankrott. Die bislang ideologisch propagierten Einfamilienhäuser müssen nun neuen politischen Notwendigkeiten weichen.

Warum werden Südtiroler Familien umgesiedelt?

Am 21. Oktober 1939 einigen sich die beiden Diktatoren Adolf Hitler und Benito Mussolini über die strittige Südtirolfrage. Der national eingestellte Teil der deutschsprachigen Bevölkerung Südtirols erhofft sich nach dem „Anschluss" Österreichs ebenfalls eine „Heimholung" ins Deutsche Reich. Mit Kriegsbeginn kann Hitler aber keine problematischen Nebenschauplätze brauchen und einigt sich mit Mussolini auf die Anerkennung der Brenner-Grenze. Im Gegenzug werden alle auswanderungswilligen SüdtirolerInnen von Deutschland aufgenommen. Diese Entscheidungsmöglichkeit für Deutschland oder für ein Verbleiben in Italien nennt man „Option". Nahezu 90 % der Südtiroler Bevölkerung „optieren" für das Deutsche Reich, aber nur rund 75.000 deutsch- oder ladinischsprachige SüdtirolerInnen wandern bis 1943 tatsächlich aus. Es sind in erster Linie unselbstständig Erwerbstätige ohne oder mit wenig Haus- und Grundbesitz, Menschen also, die sich in Deutschland bessere Lebensbedingungen und Arbeitsmöglichkeiten erwarten. Der größte Teil der SüdtirolerInnen wird in den Gauen der „Ostmark" angesiedelt, fast die Hälfte im Gau Tirol-Vorarlberg.

Der Tiroler Gauleiter Franz Hofer wird von Hitler mit der Wohnraumbeschaffung für die „Optanten" beauftragt. 65 % der Errichtungskosten übernehmen die Berliner Zentralstellen, damit für „rassisch und erbbiologisch gesunde Familien" Wohnungen geschaffen werden können. Die Vogewosi erhält den Auftrag zur Erstellung von 400 Wohnungen. Im Frühjahr 1940 sind die Vorarlberger Wohneinheiten fertig. Die Tiroler Baugesellschaft „Neue Heimat" ist aber immer noch mit Grundablösungen und Bauvorbereitung beschäftigt. So werden Tschabrun und seiner Vogewosi weitere 1.600 Wohneinheiten zum Bau zugeteilt. Die Errichtung von Wohnraum für die Südtiroler UmsiedlerInnen erhält den Rang einer kriegswirtschaftlichen Notwendigkeit. Die Vorarlberger Unternehmer, denen durch das Militär immer mehr Arbeitskräfte entzogen werden, unterstützen das forcierte Ansiedlungsprogramm.

Als die Südtiroler Siedlungen von Lochau, Bregenz, Hard, Dornbirn, Götzis, Rankweil und Feldkirch fertiggestellt sind, macht Gauleiter Hofer Schluss mit der Vogewosi und ihrem eigenmächtigen Geschäftsführer: Die Baufirma wird in die Tiroler „Neue

Der Bau der Südtiroler-siedlungen (hier Bregenz-Vorkloster) erhält aus propagandistischen Gründen kriegswirtschaftliche Bedeutung. Innerhalb von gut zwei Jahren werden 2.000 Wohnungen errichtet.

Heimat“ eingegliedert und Alois Tschabrun entlassen.[71] Auch mit den Südtiroler ZuwandererInnen sind die Parteispitzen nicht zufrieden. Denn in den neuen Wohnungen hängen weit mehr Heiligen- als Hitlerbilder.[72]

Ganz ähnlich verläuft die Geschichte mit anderen Initiativen des ersten Jahres der NS-Herrschaft, die alle mit begeistertem Elan und mit lauter Propaganda gestartet worden sind. Fast alle werden mit dem Beginn des Krieges gegen Polen am 1. September 1939 den Kriegsnotwendigkeiten untergeordnet. Mit der Dauer des Krieges und der Kriegsproduktion lässt der Elan der ehemals begeisterten kleineren Funktionäre im Alltagstrott immer mehr nach: In einem „streng vertraulichen“ Rundschreiben empört sich der Dornbirner Kreisleiter, dass zum Parteiaufmarsch anlässlich der Eröffnung der Großmolkerei mit Gauleiter Hofer im Mai 1942 von insgesamt „10 Ortsgruppen-, 23 Zellen- und 146 Blockleitern“ nur 45 erschienen sind. Ebenso schlecht sei die „Disziplin“ bei der Teilnahme an Schulungsabenden.[73] Nicht nur die MitläuferInnen werden nach dreijähriger ideologischer Überfütterung allmählich satt; immer mehr Menschen spüren, wie hohl die großspurigen Phrasen angesichts der Kriegswirklichkeit tönen. Die Aufbruchstimmung des Jahres 1938 ist verflogen.

Menschengeschichten

Eugen Elsensohn: Vom nationalsozialistischen Hoffnungsträger zum Problemfall

In einer Dienstanweisung an alle Gemeinden vom April 1938 ordnet der neue NS-Landeshauptmann Anton Plankensteiner an, dass es „Ehrenpflicht des Staates ist, die verdienten Träger des Kampfes und die Opfer der Bewegung an geeigneten Arbeitsplätzen unterzubringen“[74]. Der Versuch, die „illegalen“ Nationalsozialisten nach dem „Anschluss“ mit öffentlichen Ämtern zu versorgen, erweist sich bald als schwieriges Unterfangen. Denn viele sind den neuen Aufgaben wegen mangelnder Qualifikation oder menschlicher Schwächen nicht gewachsen. Der „alte Kämpfer“ Eugen Elsensohn ist einer dieser Problemfälle.

Frühe NS-Begeisterung

Es ist die Hoffnung auf bessere Erwerbsmöglichkeiten, die den Sattlermeister Franz Josef Elsensohn um 1900 dazu bewegt, von Götzis nach Dornbirn zu übersiedeln. Zudem bieten sich hier bessere Ausbildungsmöglichkeiten für seine drei Söhne. Alle werden sie in die Realschule geschickt, aber nur der mittlere, namens Hugo, legt die Matura ab. Der jüngste, Eugen, geboren am 25. Mai 1900, kapituliert bereits nach zwei Jahren, nachdem er die erste Klasse wiederholen muss.

Ab dem Jahre 1923 arbeitet er auf dem Arbeitsamt Dornbirn, bis er im Jahre 1934 die Stelle wegen seines nationalsozialistischen Engagements verliert. Eugen Elsensohn hat sich nämlich wie seine Brüder schon früh den Nationalsozialisten angeschlossen. Sein Bruder Hugo ist Schulkollege, Freund und politischer Wegbegleiter des späteren NS-Landeshauptmanns Toni Plankensteiner. Die Elsensohns gehören also zum engsten Kreis der frühen Dornbirner Nazis.

Als diese Anfang November 1933 die Stromversorgung von Dornbirn lahmlegen und im Schutze der Dunkelheit auf dem Marktplatz das „Horst-Wessel-Lied“ – die geheime Hymne der NS-Bewegung – brüllen, werden einige prominente Nationalsozialisten verhaftet und ins niederösterreichische Anhaltelager Wöllersdorf verbracht. Unter ihnen befinden sich auch Hugo und Eugen Elsensohn.

Nach seiner Entlassung aus der Haft und der Rückkehr im Jahre 1934 gründet Eugen Elsensohn eine Handelsagentur und wartet mit seinen Gesinnungsgenossen auf den großen Tag des „Anschlusses“. Als dieser im März 1938 Realität wird, stehen die Elsensohns für höhere Aufgaben bereit. Hugo Elsensohn, der mit den Einmarschtruppen aus Deutschland zurückkehrt, macht als einziger Dornbirner Altnazi Karriere im Gauamt in Innsbruck. Er wird zum Gauhauptamtsleiter für das Wohlfahrtswesen ernannt. Ernst, der älteste der drei Brüder, wird zum Leiter des Dornbirner Schlachthauses bestellt, und eine Nichte wird bei der Bregenzer Gestapo als Sekretärin untergebracht.

Endlich am Ziel

Eugen Elsensohn erhält als so genannter „alter Kämpfer“ gleich nach dem „Anschluss“ die Stelle als Leiter des Arbeitsamtes. Als aber den neuen Machthabern bald klar wird, dass er – so wie viele andere plötzlich aufgestiegene Altnazis – mit der neuen Position überfordert ist, schafft man ihm eine Stelle, die weniger Verantwortung und Fähigkeiten benötigt und mehr seinen Interessen entspricht. Er wird ins Landesarchiv in Bregenz transferiert, hier mit Wohnung und Büro ausgestattet und zum Leiter des neu geschaffenen Sippenamtes erhoben. Dieses hat Stammbäume zu erstellen, eventuelle jüdische Vorfahren aufzuspüren, Erbkrankheiten in Familien ausfindig zu machen und bei der Beibringung von „Ariernachweisen“ behilflich zu sein. Die zentrale

Die stark eingerahmten Teile nicht ausfül

Gesundheitsamt Feldkirch

Sippenfragebogen für die Familie:

in Koblach 122

(Genaue Anschrift)

Der Unterzeichnete versichert hiermit ausdrücklich, daß e
Wissen ausgefüllt und keine Fragen wissentlich falsch oder unvollst

Das Sippenamt unter Eugen Elsensohn stellt Stammbäume („Ariernachweise“), rassekundliche Gutachten und Sippenfragebogen für die Gesundheitsämter aus.

Aufgabe der nationalsozialistischen Sippenämter besteht darin, im Sinne der nationalsozialistischen Rassenideologie den „Volkskörper“ gesund zu erhalten, indem „Krankes“ und „Blutfremdes“ ausgeschieden werden soll. Im Falle des Vorarlberger Landesarchivs ist es zudem Elsensohns Aufgabe, die dort verbliebenen christlichsozialen Historiker im Sinne der Partei zu kontrollieren.

Trotz Eugen Elsensohns Begeisterung für den „Führer“ und die nationalsozialistische Politik bringt ihn seine Veranlagung in schwersten Widerspruch zu den Forderungen seiner Partei. Lange drücken allerdings die Parteibosse bei einem so verdienten Parteigenossen der ersten Stunde, der auch noch den Schutz seines mächtigen Bruders genießt, die Augen zu. Viele wissen von Elsensohns pädophilen Neigungen, aber niemand will einschreiten, obwohl Elsensohn schon im Siegesrausch des März 1938 mit etlichen Buben die Kirche im Bregenzer Gallusstift geschändet, sexuelle „Spiele“ (was immer darunter zu verstehen war) durchgeführt und sakrale Gegenstände entwendet haben soll. In den Kriegsjahren lockt er immer wieder Buben mit Schokolade und anderen, kaum mehr erhältlichen Leckerbissen in seine Dienstwohnung im Landesarchiv.

Im Herbst 1944 kommt es schließlich zu einer Anzeige, weil er sich für einen armen Buben zusätzliche Lebensmittelkarten erschlichen hat, um sich diesen gefügig zu machen. Was heute als sexueller Missbrauch bezeichnet wird, heißt in der damaligen Juristensprache „Notzucht“, und darauf steht nach NS-Rechtsprechung die Todesstrafe. Für dieses Verbrechen wird Elsensohn nun der Prozess gemacht.

Abgetaucht

Seiner Verhaftung kommt Elsensohn allerdings zuvor, indem er kurz vor Weihnachten 1944 aus dem Bregenzer Hafen ein Schulungsboot der HJ entwendet und sich bei Nacht und Nebel in Richtung Schweiz davonmacht. Dort ist er allerdings nie angekommen. In der damaligen Nazi-Version habe er Selbstmord begangen, er könnte aber ebenso aus dem Boot gekippt worden sein.

Nach seinem Verschwinden kommt es noch zu einer heftigen Auseinandersetzung um seine Hinterlassenschaft. Auf briefliche Veranlassung des Dr. Elmar Grabherr von der Gauamtsaußenstelle in Bozen versuchen die Angestellten des Archivs, an die in Elsensohns Dienstwohnung eingelagerten Siegel, Dokumente und Bücher heranzukommen. Dagegen wehren sich die Brüder des Verschwundenen. Bis zum Mai 1945 bleibt die Angelegenheit unentschieden.

Nach der Befreiung im Mai verfügt Grabherr, der nun hochrangiger Vorarlberger Landesbeamter ist, sofort die Beschlagnahme der historisch relevanten Hinterlassenschaft Elsensohns für das Landesarchiv. Er betreibt diese Rückgabe besonders deswegen, weil sich das älteste Grabherr-Familiensiegel aus dem 16. Jahrhundert im Nachlass befindet. Man könnte meinen, dass es im Mai 1945 wichtigere Probleme zu lösen gegeben hat.

Nachdem diese Gegenstände wieder in öffentlichen Besitz gelangt sind, wird es still um Eugen Elsensohn. Niemand will ihn je gekannt oder gar als Parteigenossen gefördert haben. Dabei ist er ein nationalsozialistischer „Kämpfer" der ersten Stunde, ist für die „Bewegung" inhaftiert gewesen und hat den Nazis einst als hoffnungsvolle einheimische Personalreserve gegolten. Doch wie andere „alte Kämpfer" auch, kann Elsensohn die in ihn gesetzten Erwartungen nicht nur nicht erfüllen, im Gegenteil, er beschädigt das Ansehen der Partei, die sich immer als besonders „sauber" verkaufen will. Die Realität kann hier – wie auf anderen Gebieten auch – den lauten Ankündigungen und veröffentlichten Ansprüchen nicht standhalten. Im Falle Elsensohn verschwindet dieser Widerspruch zwischen Ideologie und Wirklichkeit in einem tiefen Schweigen.

Quellen:
Interview mit Walter Fink (†), Bregenz, 23.11.1983.
Interview mit Luise Thaler, Bregenz, 7.5.2008.
VLA, Sippenamt.

Aloisia Huber und Paul Holzner: Zwei Optantenkinder

Nach dem Abkommen zwischen den Diktatoren Benito Mussolini und Adolf Hitler vom 21. Oktober 1939 soll Südtirol bei Italien bleiben, seine deutschsprachigen BewohnerInnen aber können sich für eine Ansiedlung im Deutschen Reich entscheiden (d.h. „optieren"). Die deutschen Werber machen den Menschen die Umsiedlung schmackhaft, versprechen Arbeit und Wohnungen und nach dem „Endsieg" Bauernhöfe in den eroberten Ostgebieten. Fast 200.000 „optieren" für Deutschland, aber nur etwa 75.000 können sich zu einer Umsiedlung entschließen.

Herkunft aus drückenden Verhältnissen

Paul Holzner wird 1928 in Prissian in der Nähe von Meran als einundzwanzigstes von 24 Kindern geboren. Die materiellen Verhältnisse der Familie sind drückend. Während die Kinderzahl jährlich wächst, nimmt der Grundbesitz ab. Der Vater sitzt lieber im Gasthaus als in der von Kinderlärm erfüllten Stube. So müssen die Kinder so bald wie möglich in fremde Dienste treten. Zur Not kommt die politische Situation, die die Kinder vor allem in der Schule zu spüren bekommen: Mussolini und seine nationalistischen HandlangerInnen in den Schulen „italianisieren" mit Lesebuch und Rohrstock. 1938 stirbt Pauls Vater und hinterlässt eine kranke, vom harten Leben gezeichnete Frau mit acht Kindern, die noch zu Hause sind.

Aloisia (Luise) Huber kommt am 31. Oktober 1931 in Reischach im Pustertal zur Welt. Bald nach ihrer Geburt verlieren die Eltern im Zuge einer Bürgschaft ihren Bauernhof. Der Vater hat fünf Kinder aus einer ersten Ehe mitgebracht, weitere fünf folgen in der zweiten. Nach dem Verlust des eigenen Hofs pachtet die Familie ein kleines Anwesen in St. Lorenzen bei Bruneck. Auch hier müssen die Kinder, sobald sie dazu einigermaßen fähig sind, bei fremden Bauern arbeiten.

Umsiedlung

Bei der Familie Holzner in Prissian erscheinen bereits zu Beginn des Jahres 1940 die deutschen Werber in Uniform und Hakenkreuzbinde. Sie beschreiben die Verhältnisse und Möglichkeiten in Deutschland in den schönsten Farben und versprechen der gichtgeplagten Mutter eine heilende Kur – eine Wohltat, die sich die Frau selber niemals leisten könnte. Auch die Möbel können mitgenommen werden. So entschließt sich Frau Holzner mit acht Kindern zur Auswanderung. Die erwachsenen Kinder aus erster Ehe von Vater Holzner bleiben.

Am 25. November 1940 reist die Familie nach Innsbruck. Bereits 14 Tage nach der Ankunft wird der älteste Bruder in die Wehrmacht eingezogen, drei weitere Brüder werden folgen. Die jüngeren Kinder kommen sofort in ein Heim: Die kranke Mutter erhält tatsächlich einen Kuraufenthalt. Etwa einen Monat danach wird die ganze Familie nach Buch in Vorarlberg verschickt und hier im Gasthof Adler untergebracht. Später erhält sie eine kleine Wohnung in Lauterach zugewiesen. Die ersten Erfahrungen mit der Schule sind dank eines verständnisvollen Lehrers recht gut. Als dieser aber einrücken muss, kommt ein Pädagoge, der für die Zuwandererkinder weder Geduld noch ein Herz hat. In der Schule erfahren die Südtiroler Kinder die erste Ablehnung. Sie wird sie an vielen Stellen und bei unterschiedlichen Gelegenheiten auch in Hinkunft begleiten.

Paul ist an die landwirtschaftliche Arbeit von klein auf gewöhnt und gewinnt kurz vor seiner Ausschulung im Jahre 1942 einen vom „Reichsnährstand" ausgerichteten Melkwettbewerb. Kurz darauf bekommt er eine Lehrstelle als Werkzeugmacher bei den Bregenzer Michelwerken, einem Rüstungsbetrieb. Als er sie im Herbst 1942 antreten will, erhält er vom Arbeitsamt eine „Dienstverpflichtung" zu einem Bauern in Hohenweiler, weil er sich durch den Melkwettbewerb als landwirtschaftstauglich erwiesen hat.

Auch die Eltern der Familie Huber in St. Lorenzen erhoffen sich nach dem Besuch einiger Werbeveranstaltungen von einer Umsiedlung bessere Perspektiven. Aber nicht alle Familienmitglieder sehen das so: Die älteren Kinder sind schon auf fremden Stellen und bleiben dort, der 15-jährige Engelbert versteckt sich bei der Abreise, er will nicht ins gelobte Deutsche Reich. Nach der Registrierung in Innsbruck wird die siebenköpfige Familie im Herbst 1941 nach Hittisau im Bregenzerwald weitergeschickt. Die ersten Monate wird sie privat, dann im örtlichen Versorgungsheim untergebracht. Durch das „Euthanasie-Programm" ist hier Platz geschaffen worden.

Im Herbst 1942 sind die Gebäude der Südtirolersiedlung in Lochau notdürftig bezugsfertig, und die Familie Huber wird hier einquartiert. In Hittisau verstehen einander die Südtiroler und die einheimischen Kinder sprachlich kaum, in Lochau bleiben die beiden Gruppen ebenfalls weitgehend unter sich. Auch hier sieht die Schule eine Förderung der Integration nicht als ihre Aufgabe.

Sofort nach der Ankunft der Südtiroler Familie Holzner in Buch muss Sohn Paul in die Hitlerjugend.

So bald wie möglich müssen die Kinder auch in der neuen Heimat in fremde Dienste treten. Die finanzielle Situation der Familie hat sich nicht verbessert, im Gegenteil: Die Versorgungslage verschlechtert sich mit der Fortdauer des Krieges.

Angekommen

Im November 1942 wird der inzwischen 18-jährige Paul Holzner zum Reichsarbeitsdienst eingezogen. Bald darauf werden die jungen Rekruten an die Wehrmacht übergeben und nach kurzer militärischer Ausbildung an die Ostfront abkommandiert. Holzner wird mitgeteilt, er sei für einen weiteren Kurs in Saalfelden ausgewählt. Der ihn vor dem Fronteinsatz und damit möglicherweise vor dem Tod bewahrt, ist ein Unteroffizier, der – wie Holzner später erfährt – aus seinem Südtiroler Heimatdorf stammt.

Unter glücklicher Fügung wird Paul Holzner im März 1945 nach Vorarlberg geschickt und kann sich in den letzten Kriegstagen bei einem Bauern in Schlins verstecken. Nach der Ankunft der marokka-

Die Familie Huber kommt mit den fünf jüngeren Kindern aus dem Pustertal nach Vorarlberg, die älteren bleiben daheim. Ganz links Aloisia Huber.

nischen Truppen der französischen Armee ist ihm erstmals sein damals eingebläutes Italienisch von Nutzen. Er kann sich mit einigen Soldaten unterhalten und dem hilfreichen Bauern zu einigen Vergünstigungen verhelfen. Mitte Mai 1945 kehrt Paul Holzner unversehrt zu seiner Mutter nach Lauterach zurück.

Die Entscheidung, in Vorarlberg zu bleiben, ist zu dieser Zeit endgültig gefallen. Die beruflichen Perspektiven sind allerdings weniger rosig, nachdem eine Lehrausbildung von den nationalsozialistischen Bedarfsplanern verhindert worden ist. Aber Paul Holzner stellt sich mit beiden Beinen in den Vorarlberger Nachkriegsalltag, gründet eine Familie und baut ein Haus. Sein Herz hängt aber weiter an Südtirol.

Aloisia Huber folgt nach Beendigung der Schule ihrer Schwester nach Riefensberg. Sie arbeitet hier ein Jahr lang auf einem Bauernhof für ein Paar gebrauchte Schuhe und ein Stück Stoff. Dann wechselt sie in einen Haushalt. So ist sie für Haus- und Landwirtschaft gerüstet, als sie 1958 den Lochauer Landwirt Josef Forster heiratet. Die Bäuerin Luise Forster wird eine anerkannte und engagierte Persönlichkeit der Dorfgemeinschaft, kennt ihr zur Heimat gewordenes Lochau genauer als viele hier Geborene. Ihre Herzlichkeit, die sie aus dem Pustertal mitgebracht hat, strahlt auch in ihrer zweiten Heimat.

Quelle:
Interview mit Luise Forster und Paul Holzner, Lochau, 17.1.2012.

Jugend und Schule

Was wird LehrerInnen und Jugendlichen versprochen?

Es ist durchgehendes Merkmal nationalsozialistischer Politik, dass anfänglich versucht wird, die Menschen durch einige materielle Verbesserungen zu gewinnen und durch pompöse Inszenierungen zu begeistern. Mit zunehmender Kriegsdauer, wachsender Nervosität und Ressourcenknappheit wird der Ton allerdings immer barscher, werden die Drohungen häufiger und die Zwangsmaßnahmen alltäglich. So ist es auch im Bereich von Jugend und Schule.

Sowohl LehrerInnen und Eltern als auch die SchülerInnen sollen mit allerlei groß angekündigten Angeboten für den Nationalsozialismus gewonnen werden. Viele LehrerInnen sind durch die Schulpolitik des „Ständestaates", und im Besonderen die der Vorarlberger Landesregierung, in der Zeit zwischen 1934 und 1938 sehr verstimmt. Die Löhne der LehrerInnen sind gekürzt und die Klassen auf bis zu 60 SchülerInnen vergrößert worden. Durch letztere Maßnahme werden zahlreiche Lehrerposten eingespart. Zum Zeitpunkt des „Anschlusses" im März 1938 gibt es in Vorarlberg insgesamt 70 arbeitslose LehrerInnen, die sich alle von der neuen Regierung eine Stelle erwarten.

Zudem werden in der katholischen Ständestaatsdiktatur die Lehrpersonen verpflichtet, die SchülerInnen bei Gottesdiensten zu beaufsichtigen; und in der kargen Freizeit sollen sie im Rahmen des „Österreichischen Jungvolks" – das ist die Jugendorganisation der „Vaterländischen Front", der politischen Einheitsorganisation des Dollfuß-Schuschnigg-Regimes – so genannte Führungsdienste leisten.[75] Im Gegensatz zu den Nationalsozialisten, die den Jugendorganisationen zumindest eine teilweise Eigenverantwortlichkeit zugestehen, liegt die Leitung der Jugend im „Ständestaat" ausschließlich in den Händen von Erwachsenen, hauptsächlich von Lehrern.

Die Nationalsozialisten versprechen hier grundsätzliche Verbesserungen und gewinnen somit zahlreiche LehrerInnen für sich. Gemeinsam mit vielen Eltern sind Lehrpersonen oft auch darüber erfreut, dass die Nationalsozialisten für mehr Zucht und Ordnung eintreten und den ErzieherInnen schärfere pädagogische Machtmittel versprechen. Auch die bildungsfeindliche Haltung, die Adolf Hitler bereits 1925 in seinem Buch „Mein Kampf" formuliert hat, findet in breiten Bevölkerungskreisen Zustimmung: „Der völkische Staat muss von der Voraussetzung ausgehen, dass ein zwar wissenschaftlich wenig, aber körperlich gesunder Mensch mit gutem, festem Charakter für die Volksgemeinschaft wertvoller ist als ein geistreicher Schwächling."[76] Solche Versprechungen begeistern eine sportliche, bewegungs- und erlebnishungrige Jugend. Dem hat der altbackene, konservativ-katholische, körperfeindliche Austrofaschismus wenig entgegenzusetzen.

Wie wird das Schulwesen umgestaltet?

Gleich nach dem „Anschluss" gehen die neuen Machthaber daran, das Schulwesen im Sinne der nationalsozialistischen Weltanschauung umzugestalten. Das beginnt mit dem Verdrängen der Kirche aus dem gesamten Erziehungsbereich: Katholische Privatschulen werden aufgelöst, verpflichtende Gottesdienste abgeschafft und der Religionsunterricht wird eingeschränkt. In den Zeugnissen wird die Religionsnote (soweit sie noch vorhanden ist) von der ehemals ersten an die letzte Stelle gesetzt.

Den ersten Rang erhält nun die Leibeserziehung. Die „Körperertüchtigung" ist Voraussetzung für kräftige Soldaten. Fechten, Schwimmen und Boxen werden bevorzugte und geförderte Sportarten. Neben der körperlichen Stählung dient der Sport auch der Disziplinierung. Das beginnt schon in der Volksschule: „Das freie Spiel der Straße wird zum geordneten Mannschaftsspiel der Schule", heißt es beispielsweise im Lehrplan für „Leibesübungen in der Volksschule". So wie das freie kindliche Spiel sollen auch alle übrigen Interessen und Betätigungen der Buben auf das spätere Soldatentum ausge-

DAS BUCH DER KINDHEIT

I.

Urkunden. Amtliche Eintragungen.
Der Abstammungsnachweis

Verlag für Standesamtswesen G. m. b. H.
in Berlin SW 61, Gitschiner Straße 109

über das erste Halbjahr des Schuljahres 1944/45

Führung und Haltung: sehr gut

Leistungen:

Leibeserziehung gut a) Spiele / b) Leichtathletik / c) Schwimmen / d) Turnen /

Deutsch befriedigend Rechnen und Raumlehre ausr.

Geschichte mangelhaft Zeichnen ausreichend

Erdkunde ausreichend Handarbeit befriedigend

Musik befriedigend Hauswerk /

Lebenskunde befriedigend Kurzschrift /

Naturlehre befriedigend Engl. Sprache befriedig.

Bemerkungen:

Zahl der versäumten Schultage: entschuldigt 15, nicht entschuldigt 1.

Steyr 10. Februar 1945

Die HAUPTSCHULREKTORIN D. KLASSENLEHRER

Unterschrift des Vaters oder seines Stellvertreters

←← Die staatliche Erfassung des Kindes beginnt im Säuglingsalter mit der Anlegung des Kindheitsbuches. Einige örtliche Standesämter führen die „Kindheitsbücher" nach 1945 weiter; aus praktischen Gründen und aus Sparsamkeit.

← Die Leibeserziehung rückt nicht nur im Zeugnis an die erste Stelle, sondern erhält auch im schulischen Leben eine enorme Aufwertung. Der Begriff Leibeserzieher ersetzt den Ausdruck Sportlehrer.

richtet werden. Bei der Erziehung der Mädchen stehen Mutterschaft und Hauswirtschaft im Zentrum der erzieherischen Bemühungen.

Auch die einzelnen Schulfächer haben weitestgehend den staatlichen Ansprüchen zu dienen. Sie sollen die NS-Ideologie von verschiedenen Seiten an die SchülerInnen herantragen. In einem Erlass zum Geschichtsunterricht wird beispielsweise verfügt: „Die Geschichte hat die Bedeutung der Rassen für das Werden und Vergehen der Völker und ihre Leistungen aufzuzeigen, die Erkenntnisse auf unser Volk anzuwenden und in Gesinnung umzusetzen." Auch die übrigen Fächer werden, soweit es möglich ist, in die staatliche Pflicht genommen.

Wichtigstes pädagogisches Ziel ist es, die jungen Menschen auf keinen Fall zu kritischen und selbstbestimmten Bürgern, sondern zu gläubigen und kämpferischen NationalsozialistInnen zu erziehen. Deshalb gilt es, Gefühle der „völkischen" Zusammengehörigkeit und der „rassischen" Überlegenheit und die Bereitschaft des Einzelnen zur kritiklosen Unterordnung zu fördern. „Erziehe dich zur Selbstlosigkeit! Wer gelernt hat, zuletzt an sich zu denken, ist der beste Bürger des neuen Reiches", fordert der Reichsjugendführer Baldur von Schirach von „seinen" Hitlerjungen.[77]

Ein- und unterordnen heißt jetzt die Devise. Abwägende Vernunft, persönliche Entscheidungsfähigkeit oder individuelle Lebensentwürfe sind nicht gefragt und schon gar nicht gewünscht. Der Nationalsozialismus will nicht Bildung, sondern Führer-Glauben. „Die Allgemeinbildung", meint der Schulabbrecher Adolf Hitler, „ist das zersetzendste Gift, das der Liberalismus zu seiner eigenen Zerstörung erfunden hat. Und so werden wir auch konsequent sein und der breiten Masse des untersten Standes die Wohltat des Analphabetismus zuteil werden lassen."[78]

Jugend und Schule

→ Die weltanschauliche Erziehung (nationalsozialistische Indoktrinierung) beginnt bereits mit dem Lesen- und Schreibenlernen. Jeder neue Buchstabe in der Fibel wird ideologisch im Sinne des Nationalsozialismus besetzt.

→→ Selbst mit dem Rechenbuch wird auf das Militär vorbereitet.

Die Buben aus dem Bregenzer Vorkloster imitieren die Soldatenübungen, die sie nicht nur auf dem Umschlag ihres Rechenbuches sehen.

Es verwundert also nicht, dass in Vorarlberg während der NS-Zeit etliche Schulen eingestellt und nur eine – die Oberschule für Jungen in Bludenz – neu gegründet wird. In Kreis und Stadt Bregenz, wo etliche Volksschulen besonders desolat sind, werden bis Kriegsbeginn erhebliche Mittel in die Renovierung und den Ausbau dieser Schulen investiert.[79]

↖ Die Hitlerjugend ruft zum Abenteuer, aber zunehmend zur Vorbereitung auf das Soldatentum.

↑ Gauleiter Hofer wünscht sich wie der „Führer" eine begeisterte Jugend. Auf eine solche trifft er offensichtlich in Bezau bei seinem Besuch 1940.

Um die weltanschauliche Gleichschaltung besonders der höheren Schulen durchzusetzen, werden bis auf den Leiter der Dornbirner Stickereifachschule alle DirektorInnen der allgemein- und berufsbildenden Mittleren und Höheren Schulen Vorarlbergs ausgetauscht. Die neuen Schulleiter erhalten mehr Kompetenzen, damit sie den nationalsozialistischen Geist auch in den LehrerInnenkollegien durchsetzen können.[80]

Wie wird die Jugend begeistert?

Ein Mittel zur Emotionalisierung der Kinder und Jugendlichen sind Schulfeiern, die mit strengen Ritualen – Gedichte, Reden, Gesang, Aufmarsch mit Fahnen usw. – an so genannten nationalen Feiertagen abgehalten werden. Zu solchen Feiertagen zählt der „Geburtstag des Führers" ebenso wie der 9. November, der Gedenktag für die „Gefallenen" des Hitlerputsches von 1923. Auch der Personenkult um Adolf Hitler soll die Zuneigung und die Opferbereitschaft der jungen Menschen politisch nutzbar machen. Das „Vorarlberger Tagblatt" vom 24. Juli 1939 berichtet beispielsweise, wie ein Bub aus Frastanz dem Führer in München persönlich Alpenrosen überreicht, nachdem ihm der Chef der SS Heinrich Himmler den Weg gebahnt hat. Im Namen der Vorarlberger Jugendlichen bittet der Blumenüberbringer sein Idol, „einmal nach Vorarlberg zu kommen. Mit einem freundlichen Klaps entließ der Führer den glückstrahlenden Jungen,

↑ Körperertüchtigung wird wichtiger als Bildung. Der männlichen Jugend werden besonders Kampfsportarten zur Stählung des Körpers und Entwicklung von Härte empfohlen. Für eine Jugendzeitschrift hat hier der Fotograf einen Ringkampf inszeniert. Als imposante Kulisse wählt er eine Wiese oberhalb von Lochau mit Blick auf den Bodensee.

→ Ebenso pathetisch wird ein Hitlerjunge mit Fahne – diesmal in Richtung Lindau – in Szene gesetzt.

↓ Seit den 1920er Jahren sind selbstorganisierte Wanderausflüge mit Übernachtung im Zelt und mit Lagerfeuer (Lagerromantik) besonders bei städtischen Jugendlichen sehr populär. Die HJ schließt an diese Tradition an.

↘ Auf dem „Jungmädellager“ im Dornbirner Oberdorf wird das Vertrauen in die Gruppe geübt.

Wie in den Liedern spielt die Fahne (Standarte) auch bei allen öffentlichen Auftritten der HJ eine wichtige Rolle. Die Passanten in der Dornbirner Schulgasse begegnen der Hakenkreuzfahne mit dem Hitlergruß.

nicht ohne ihm vorher noch als Geschenk eine Bonbonniere gegeben zu haben." Mit solchen und ähnlichen Geschichten sollen die Herzen der Kinder und Jugendlichen für Adolf Hitler eingenommen werden. Er lässt sich als strengen, aber gütigen „Übervater" inszenieren.

Auch erlebnispädagogische Ansätze wie vormilitärische Spiele im Freien, Geländeübungen, Lehrwanderungen und Volkstänze sollen die Kinder für das neue System begeistern.

Zum auffälligsten Beitrag der Hitlerjugend (HJ) bei allen politischen Feiern werden die Fanfarenzüge, die den Jugendlichen nicht nur den Marsch blasen, sondern mit ihren dröhnenden Landsknechtstrommeln den Einheitstakt vorgeben. Nicht umsonst heißt die 1936 in Dornbirn erschienene illegale HJ-Zeitschrift „Die Fanfare".

Auch das Motto der Hitlerjugend „Jugend führt Jugend" verspricht eine bisher ungekannte Selbstbestimmung, die dann aber durch vielerlei Bestimmungen eingeschränkt wird. Wo die HJ-Führer zu Aufsichtsdiensten eingeteilt werden, ist es mit dem Prinzip der Selbstorganisation rasch vorbei. Bregenzer Jugendliche schreiten im Herbst 1942 zur Selbsthilfe, indem sie einem HJ-Führer, der beim Kinoeingang die Ausweise kontrolliert, in der Dunkelheit einen Sack über den Kopf ziehen und ihn verprügeln.[81]

Die neuen Freiheiten werden also mit Regulierungen und Vorgaben nach den Vorstellungen der Partei gelenkt. So sind beispielsweise die Lager der Organisation „Kinderlandverschickung" (KLV-Lager) für SchülerInnen eine willkommene Möglichkeit,

↑ Fanfaren und Landsknechttrommeln begleiten das Ausrücken der HJ wie hier in Dornbirn 1940 und geben beim Marschieren den Takt vor.

↗ Innerhalb der nationalsozialistischen Festkultur nehmen die Spielmannszüge der HJ eine wichtige Rolle ein. Abmarsch in der Bregenzer Oberstadt, Sommer 1941.

in die Ferien zu fahren, sie werden aber mit „Richtblättern für die Dienstgestaltung" und „Richtlinien zur Heimatabendgestaltung" ihrer Unbeschwertheit beraubt. In Vorarlberg befindet sich eine ganze Reihe solcher KLV-Lager für reichsdeutsche Schulen: im Bregenzerwald, am Arlberg und auch im Rheintal.

Die LehrerInnen werden bei Appellen auf die neuen Anforderungen getrimmt. Doch mehr als die nunmehrigen Lehrinhalte macht vielen die Tatsache zu schaffen, dass das Erziehungsmonopol von Eltern und Schule durch das selbstbewusste Auftreten der HJ untergraben wird. Der Dienst in der HJ ist so wichtig wie die Schule. Der totale Zugriff der Diktatur auf die Jugend ist nur möglich, wenn der Einfluss von Eltern und Schule auf die Kinder zurückgedrängt wird. Vielen Jugendlichen gefällt diese Aushöhlung des elterlichen und schulischen Machtanspruches. Versäumte Schulstunden können nun mit dem Dienst in der HJ gerechtfertigt, ungeliebte LehrerInnen politisch diffamiert und neue Freiräume erkämpft werden. Die neuen Freiheiten werden aber bald teuer bezahlt, da der NS-Staat die jungen Menschen zur Gänze für seine ideologischen Ziele und die Angriffskriege beansprucht. „Wer auf die Fahne des Führers schwört, hat nichts mehr, was ihm selbst gehört", heißt es im Fahnenspruch der Hitlerjugend. Was als kämpferisches Abenteuer beginnt, endet im Kampf an der Front.

Was geschieht mit den bisherigen Jugendorganisationen?

Sofort nach ihrer Machtübernahme in Deutschland im Jahre 1933 beginnen die Nationalsozialisten, die nichtfaschistischen Jugendverbände auszuschalten und an deren Stelle eine von der NSDAP kontrollierte Einheitsorganisation zu errichten. Sie wird

1935 zur „Staatsjugend“ erklärt. Schon zuvor ist der „Führer der Hitlerjugend“, Baldur von Schirach, zum „Reichsjugendführer“ aufgestiegen.

Als die Nazis 1938 auch Österreich unterwerfen, ist das Modell einer einheitlich geführten Staatsjugend, die neben sich keine anderen Verbände oder konfessionelle Gruppierungen duldet, bereits durchgesetzt und erprobt. In Österreich treffen die neuen Machthaber auf eine Jugendverbändelandschaft, deren frühere Vielfalt schon vom Austrofaschismus wesentlich verringert worden ist. Dem Schuschnigg-Regime ist es freilich nicht gelungen, das „Jungvolk“, eine Vorfeldorganisation der „Vaterländischen Front“, als Einheitsorganisation für Jugendliche durchzusetzen. Gerade in Vorarlberg lassen sich der konservativ-katholische Reichsbund, katholische und evangelische Jugendgruppen und die einer internationalen Tradition verpflichteten Pfadfinder nicht ohne weiteres dem staatlichen Alleinvertretungsanspruch unterordnen.

Daneben bestehen unterschiedlich aktive Jugendgruppen, die jedoch nur in der Illegalität arbeiten können. Dazu gehören sozialistische und kommunistische Gruppen, die neben gemeinsamer Freizeitgestaltung auch politischen Widerstand organisieren. Wesentlich wirkungsvoller und offener agiert die ebenfalls verbotene „Hitlerjugend“. Sie kann in den 1930er Jahren unter dem Schutz der illegalen NSDAP und mit finanzieller Unterstützung aus Deutschland in Vorarlberg eine recht umfangreiche Organisation aufbauen. Kristallisationspunkte bilden „HJ-Kameradschaften“ am Bregenzer Gymnasium, an der Dornbirner Realschule und beim Alpenverein. Aber auch andere „Standorte“, wie Lustenau, Götzis, Hohenems, Feldkirch und Bludenz, werden den Behörden bekannt. Zweimal, nämlich im Februar 1936 und im Juni 1937, werden jeweils circa 70 HJ-Mitglieder verhaftet und zum Teil zu erheblichen Gefängnisstrafen verurteilt. Im Jahre 1936 muss sogar ein Lager des von der Regierung betriebenen „freiwilligen Arbeitsdienstes“ in Lauterach aufgelöst werden, weil es als Zelle von Aktivitäten der verbotenen Hitlerjugend gilt. Der Arbeitsdienst ist nach deutschem Vorbild eingerichtet worden und soll junge Arbeitslose zu einer gesellschaftlich nützlichen Arbeit

↖ Nicht nur für die Buben aus Feldkirch gehört der Segelflug-Modellbau zu den attraktivsten Aktivitäten in der HJ. Die Kampfflieger der deutschen Luftwaffe gelten vielen als große Vorbilder.

↑ Die größeren Burschen melden sich gerne zur Motor-HJ, weil man hier den Führerschein machen kann. Diese Bregenzer HJ-Jungen interessieren sich auch für die Technik des „Krad“ (Kraftrad).

→ Die „Lagergefolgschaft 7“ der Dornbirner HJ marschiert 1938 bereits in militärischer Kolonne durch Bregenz.

↑ In Andelsbuch wird eine HJ-Gebietsführerschule eingerichtet. Die Dorfbewohner beobachten die neue Institution mit mehr Argwohn als Freude. Sie haben Angst um die Mädchen des Dorfes.

(Straßenbau, Flussregulierungen, Errichtung öffentlicher Einrichtungen) bei geringer Bezahlung anhalten.

Obwohl die HJ in Vorarlberg in der Zeit unmittelbar vor dem „Anschluss“ relativ lahmgelegt ist, stehen bei der Machtübernahme die Kader schon bereit. Als am 12. März 1938 zusammen mit den deutschen Einmarschtruppen auch die einheimischen NS-Formationen durch die Bregenzer Bahnhofstraße paradieren, besitzen schon Hunderte von Jugendlichen eine vollständige HJ-Uniform. Jetzt übernehmen die ehemals illegalen HJ-Burschen und BDM-(Bund Deutscher Mädel-)Aktivistinnen die offizielle Jugendarbeit. Der Gründer der Vorarlberger HJ, Otto Weber, avanciert sogar im Range eines Oberbannführers zum HJ-Führer des Gaues Tirol-Vorarlberg. Bald nach dem „Anschluss“ wird in Andelsbuch im Bregenzerwald eine HJ-Führerschule eingerichtet, in der die kommenden örtlichen Führer der HJ und die Leiterinnen des BDM ausgebildet werden.

Wie wird der staatliche Zugriff auf die Jugend durchgesetzt?[82]

„Die Hitlerjugend übernimmt das Kind“, hat Adolf Hitler angekündigt und auch wahr gemacht.

Mit einem Federstrich werden nach dem März 1938 mit Ausnahme der Alpenvereinsjugend alle noch bestehenden Jugendorganisationen liquidiert, ihr Vermögen wird beschlagnahmt, Vereinslokale, Berghütten und dergleichen werden in den Besitz der Hitlerjugend überführt. Nicht in allen Gemeinden sind die HJ-Führer mit den vorge-

↖ Leibesertüchtigung und Volkstanzvorführungen stehen beim BDM hoch im Kurs. Eine Feldkircher Mädchengruppe übt für eine Aufführung.

↑ Auch für die BDM (Bund deutscher Mädel)-Mädchen heißt es stramm stehen und Fahnen schwingen: Dornbirn Marktplatz 1938.

← Die Lustenauer BDM-Mädchen marschieren singend; ironischerweise gerade vor dem Gasthof „Austria". Diesen Namen dürfte es 1939 gar nicht mehr geben. Aber auch die NS-Funktionäre denken nicht an alles.

fundenen Räumlichkeiten, die attraktiv und dem neuen Pathos angemessen sein sollen, zufrieden. Etliche kleinere Gemeinden, zum Beispiel Fluh, Schröcken, Sibratsgfäll und Hohenweiler, in denen es keine Vereinshäuser zu beschlagnahmen gibt, sehen sich außerstande, der HJ ein Heim anzubieten. In einem Erlass „Zur Errichtung von HJ-Heimen" vom 28. Mai 1938 verpflichtet Landeshauptmann Anton Plankensteiner die Bürgermeister zur Raumbeschaffung: „Es ist mir in hohem Maße daran gelegen", schreibt er, „dass die HJ in allen Gemeinden des Landes würdige Heime beziehen kann. Die Heime der HJ sollen sonnig, geräumig und sauber sein."[83]

Trotz des persönlichen Engagements von Plankensteiner drücken sich etliche Bürgermeister davor, für HJ-Bauten Geld auszugeben. So hat beispielsweise der Bregenzer Bürgermeister Carl Solhardt an der offiziellen Übernahme und Umbenennung des

Auch bei seinem Besuch in Bludenz im Jahre 1941 lässt sich Gauleiter Franz Hofer mit Kindern ablichten. Solche Bilder sollen zeigen, dass der NS-Bewegung nicht nur die Gegenwart, sondern auch die Zukunft gehört.

ehemals der katholischen Jugend gehörenden Austriahauses durch die HJ teilgenommen – zur Übernahme finanzieller Verpflichtungen ist er allerdings nicht bereit. Als sein ehemaliger „Kampfgefährte" Otto Weber, seines Zeichens HJ-Führer für Tirol und Vorarlberg, den Bürgermeister um 4.000 Reichsmark (RM) zur „Umgestaltung des HJ-Heimes" ersucht, lehnt dieser glattweg ab. Da nützt es auch nichts, dass die HJ mit der Umbenennung des Heimes ganz auf der offiziellen Linie der Bregenzer NSDAP liegt. Denn die Regierenden in Bregenz müssen fürchten, dass der Status als Kreisstadt an Dornbirn verloren gehen könnte, weil dort die aktiveren illegalen Nazis gewesen sind. Das ehemalige und heutige Austriahaus wird deshalb in „Dr.-Artur-Seeber-Heim" umbenannt: Damit soll der aus Bregenz stammende, am Klagenfurter Landesspital tätige Dr. Seeber geehrt werden. Er ist im Zuge des Naziputsches im Juli 1934 als illegaler SS-Mann bei Kampfhandlungen im Gebiet von St. Veit/Kärnten erschossen worden. Mit ihm hat Bregenz einen nationalsozialistischen Helden und Märtyrer vorzuweisen. Auch das von offizieller Seite viel gelobte Beispiel der Gemeinde Schlins, die als erstes Dorf der gesamten „Ostmark" einen „Bauschein" für ein NS-Heim erworben hat, macht kaum Schule. Ein solcher Bauschein bedeutet, dass die Reichsjugendführung einen Großteil der Materialkosten übernimmt, wenn die „Gemeinde bereit ist, in selbstloser Zusammenarbeit aller Gemeindemitglieder ihrer Jugend ein würdiges Heim zu errichten". Reichsjugendführer Baldur von Schirach ist persönlich zur Grundsteinlegung erschienen, um dieser Walgauer „Pioniertat" die entsprechende öffentliche Bedeutung zu verleihen. Dem Schlinser Musterheim ergeht es allerdings bald so wie vielen anderen nationalsozialistischen Einrichtungen. Unter dem Druck der selbst verursachten

Kriegsnot wird es in ein „Landdienstlager“ umfunktioniert, in welchem Burschen untergebracht werden, die zu landwirtschaftlicher Arbeit verpflichtet sind.

Auch die NS-Begeisterung eines Feldkircher Tierarztes, der ein Grundstück am Ardetzenberg zum Bau eines HJ-Heimes gestiftet hat, wird enttäuscht. Denn mit Kriegsbeginn im Herbst 1939 hat die Errichtung von Barackenlagern für den Reichsarbeitsdienst (RAD) Vorrang: Dort werden den jungen „Arbeitsrekruten Disziplin und Kameradschaft, Handhabung von Spaten und Schaufel, Waffenausbildung, peinliche Sauberkeit und körperliche Ertüchtigung vor Übernahme in die Wehrmacht“ beigebracht.

Auch mit ihrem inhaltlichen Programm verlieren HJ und BDM mit der Fortdauer des Krieges an Attraktivität. Haben die Abenteuerromantik, die positive Einstellung zur Körperlichkeit, die teilweise Befreiung von elterlichen und schulischen Autoritäten und der oft gepriesene Gemeinschaftsgeist anfangs viele Jugendliche fasziniert, so werden gerade diese Aspekte nun immer rigoroser eingeschränkt. Die lästigen Verpflichtungen nehmen zu, die früher attraktiven Programme werden laufend abgebaut. Deshalb versuchen immer mehr Jugendliche, sich der HJ und ihren Ansprüchen zu entziehen.

Nach der Zeit in der HJ folgt die Verpflichtung zum Reichsarbeitsdienst (RAD), zu den „Soldaten mit dem Spaten“. Öffentlich – wie hier in Höchst – wird der Stand der militärischen Erziehung vorgeführt.

↑ In einigen Gemeinden des Landes werden RAD-Lager angelegt. In Hohenems wird ab 1939 gedrillt.

↗ Das größte RAD-Lager entsteht in Dornbirn Haselstauden.

→ Auch die jungen Frauen werden zum Arbeitsdienst verpflichtet. Nach einer hauswirtschaftlichen und weltanschaulichen Belehrung haben sie in der Landwirtschaft, in Haushalten, aber auch in Fabriken Hilfsdienste zu leisten. Hier die „Kameradschaft I" des RAD-Lagers Rankweil 1943.

Ab 1943, also nach der Niederlage von Stalingrad, legt der NS-Staat beim Zugriff auf die Jugend alle Hemmungen ab, die ihm früher die eigene Familienideologie noch auferlegt hat: „Mit zehn Jahren übernimmt die Hitlerjugend das Kind aus den Händen von Vater und Mutter. (...) Das Elternhaus legt die Keime, die später durch die körperliche, weltanschauliche und berufliche Ertüchtigung in Hitlerjugend, Schule und Betrieb aufgehen sollen."[84]

Damit wird die Ablieferungspflicht, die für viele materielle Güter gilt, auch auf die Kinder ausgedehnt. Wenn Kreisleiter Klaus Mahnert auf einem großen „Jugendappell" der Dornbirner Jugend mahnend zuruft: „Jugend verpflichtet" – nämlich zur Teilnahme am „totalen Krieg" –, dann kommt man der Beschreibung der Realität weit näher mit der Formulierung: Jugend wird verpflichtet, und zwar zu immer mehr, immer härter, immer noch früher.

1943 stellt die Vorarlberger HJ das Lager- und Fahrtenwesen zugunsten der „Wehrertüchtigung" weitgehend ein. Zugleich sollen mit dieser Einschränkung die „Abnutzung des Schuhwerks" und die „Belastung des öffentlichen Verkehrs" vermieden werden. Zur gleichen Zeit wird die sogenannte „Ausbildungslaufkarte der HJ" eingeführt, auf der bei der späteren Musterung abzulesen ist, welche Formen der „Wehrertüchtigung" und vormilitärischen Ausbildung der Jugendliche schon mitgemacht hat und welche praktischen Fertigkeiten und Sportarten er beherrscht. Das erleichtert die Zuteilung zu den unterschiedlichen Truppenteilen. Um der männlichen Jugend das erstrebenswerte Heldentum eines Kriegseinsatzes in den leuchtendsten Farben auszumalen, werden so genannte Kriegshelden (z. B. Ritterkreuzträger) zu Vorträgen in die Schulen und zu HJ-Abenden eingeladen.

Auch beim Bund Deutscher Mädel (BDM) sind mit Beginn des Jahres 1943 die unbeschwerten Zeiten der Ausflüge und „frohen Heimstunden" vorbei. Bei allen möglichen Sammlungen und Sozialaktionen sind nun Hilfsdienste zu leisten. Die Heimabende werden zu verordneten „Sockenstopfabenden". Reisen führen nicht mehr zu Sommerlagern, sondern immer häufiger an Orte der deutschen Rüstungsindustrie, wohin die älteren Mädchen und jungen Frauen „dienstverpflichtet" werden. Natürlich nicht alle: Auch während der Nazizeit spielen Beziehungen eine Rolle. Dass augenscheinlich vielen „besseren Töchtern" der Einsatz in der Rüstungsindustrie erspart bleibt, erregt heftigen Widerspruch in der Bevölkerung. So werden die Mädchen eines Transports im Jänner 1940 vom Arbeitsamt Bregenz extra „größtenteils aus besser situierten Kreisen rekrutiert, um dem Gerücht von ihrer Bevorzugung entgegenzuwirken".[85] Die herrschende Missstimmung ist damit jedoch keineswegs beseitigt.

Natürlich haben auch die Kleinen in der Hitlerjugend, die sogenannten „Pimpfe" und „Jungmädel", ihren Beitrag zum „Endsieg" zu leisten. Für die Buben und Mädchen besteht dieser im Sommer 1944 beispielsweise darin, dass sie – streng nach Geschlechtern getrennt – in Auwäldern Sanddornbeeren zu sammeln haben. Sanddorn enthält Vitamin C und wird deshalb dem Tee beigemischt. Mit ihren Sammelergebnissen, so wird den Kindern erklärt, leisten sie einen Beitrag zur Stärkung der Frontsoldaten.

Mit einem Misston hat in Bregenz schon die erste große „Altmetallsammlung" im Frühjahr 1940 geendet. Da beschwert sich anschließend der Bürgermeister bei den verantwortlichen LehrerInnen und verpflichteten SchülerInnen darüber, dass die Organisation mangelhaft gewesen sei, einige Stadtgebiete nicht abgesammelt und arge Verschmutzungen zurückgeblieben seien.

Das Sammeln wird mit der Zeit zum Leistungssport gemacht. So wird aus den in der Zeitung veröffentlichten Ergebnissen sichtbar, dass die Schulen in Feldkirch und Dornbirn weit mehr Knochen, Lumpen, Papier und Eisen zusammengetragen haben als die in Bregenz. In den siegreichen Schulen haben die LehrerInnen die SchülerInnen von den Hausübungen befreit, um den Sammeleifer anzuspornen.

Gegen Ende des Krieges gibt es allerdings auch für die eifrigsten Kinder außer Beeren nicht mehr viel zu sammeln. Alles was die Menschen noch entbehren können, benötigen sie für den Tauschhandel.

Neben der Hitlerjugend versucht sich auch die NS-Frauenschaft der Kinder zu bemächtigen. Zuständig für den Aufbau nationalsozialistischer Kindergruppen im Innsbrucker Gauamt ist die Vorarlberger Dichterin Natalie Beer. Sie hat klare Vorstellungen, wozu diese Gruppen dienen sollen: „In der Kindergruppe lernen die Kinder deutsch sein, klar sein und fröhlich sein, sie lernen die erste Kameradschaft und das erste Verpflichtetsein."[86] Neben der ideologischen Beeinflussung hat die Gründung von Kindergruppen auch praktische Ursachen: Immer mehr Mütter werden zu außerhäuslicher Arbeit verpflichtet.

Gibt es bei den Jugendlichen auch Protest und Verweigerung?

Der „Opferwille" auch der Vorarlberger Jugend hat durchaus Grenzen. Die Machthaber stoßen immer wieder auf aus- und abweichendes Verhalten von Jugendlichen, das sie auch mit der Androhung harter Strafen, durch die Ausweitung der Polizeibefugnisse und durch die Intensivierung des HJ-Streifendienstes nicht unterbinden können.

Bereits im März 1940 wird eine „Polizeiverordnung zum Schutz der Jugend" erlassen. Im Juni 1943 wird sie erweitert und verschärft. Sie befasst sich unter anderem „mit dem Umhertreiben von Kindern und Jugendlichen in der Dunkelheit, mit dem Besuch von Gaststätten, Lichtspielvorführungen und Tanzlustbarkeiten sowie mit Alkoholgenuss und Rauchen in der Öffentlichkeit". In der einleitenden Erläuterung begründet der Chef der Deutschen Polizei, Heinrich Himmler, die Notwendigkeit der Verord-

Polizeiverordnung zum Schutze der Jugend!

Der Reichsminister des Innern hat wegen der durch den Krieg bedingten veränderten Lebensverhältnisse nachstehende Polizeiverordnung vom 9. März 1940, RGBl. I, S. 499 zum Schutze der Jugend erlassen:

1. Jugendliche unter 18 Jahren dürfen sich auf öffentlichen Straßen und Plätzen oder sonstigen öffentlichen Orten während der Dunkelheit (das ist während der jeweils angeordneten Verdunkelungszeit) nicht herumtreiben.
2. Der Aufenthalt in Gaststätten aller Art ist Jugendlichen unter 18 Jahren, die sich nicht in Begleitung des Erziehungsberechtigten oder einer von ihm beauftragten volljährigen Person befinden, nach 21 Uhr verboten.

Weil die Väter im Krieg sind und so die Strenge in der Erziehung fehle, setzen die Nationalsozialisten auf verschärfte Jugendgesetze.

nung: „Die Abwesenheit zahlreicher, unter Waffen stehender Väter und Erzieher, die vereinzelt notwendig gewordene Einschränkung des Dienstes in der HJ sowie für den Luftschutz notwendige nächtliche Verdunkelung bringen für die Entwicklung unserer Jugend besondere Gefahren mit sich."

Damit beschreibt Himmler einen Zustand, der sich für viele Jugendliche gerade gegenteilig darstellt. Der „totale Krieg" bringt nämlich jenen, die nicht schon in der Wehrmacht sind, durch die weitgehende Abwesenheit der Eltern und weniger werdende HJ-Aufpasser mehr Möglichkeiten, sich zu absentieren, eigenen Interessen nachzugehen und Erwachsenenhaltungen auszuprobieren.

Die nationalsozialistischen Machthaber meinen, Jugendliche, die sich abweichend verhalten, in drei Gruppen einteilen zu können, gegen die unterschiedlich hart vorgegangen wird: „Kriminelle, Gegner und Gefährdete".

Zu Letzteren zählen beispielsweise jene, die trotz des Krieges nicht zum Verzicht auf Unterhaltung bereit sind. Im Oktober 1943 werden Kinobesitzer landesweit angehalten, „Jugendfilmstunden", bestehend aus Wochenschaubeiträgen, Kurzfilmen oder jugendfreien Spielfilmen, durchzuführen. Damit sollen die Jugendlichen vom Kino der Erwachsenen fern gehalten werden, in das sie mit Macht drängen. In den Berichten der Stadtpolizei Bregenz gibt es kaum eine Woche, in der es nicht zu Beanstandungen von Jugendlichen im Zusammenhang mit unerlaubtem Kinobesuch kommt. Im Laufe des Jahres 1942 werden in Bregenz sechs Jugendliche festgenommen, die, um sich ins Kino

Vor allem soll die Jugend von den Einflüssen „fremder Unkulturen undeutschen Geistes" ferngehalten werden. Der Jazz wird als „entartet" verteufelt und verboten.

zu schmuggeln, sogar das Geburtsdatum auf ihren HJ-Ausweisen gefälscht haben. Andere Bregenzer Burschen verprügeln eines Nachts den Führer der HJ-Streife, der sie zuvor aus dem Kino gewiesen hat.

Natürlich steht von vielen erfolgreichen Tricks, in ein Kino zu gelangen, nichts in den offiziellen Berichten. Auch werden die trotz des Verbotes abgehaltenen Musik- und Tanzveranstaltungen nicht erwähnt, die oft unter wissender Duldung der Partei stattfinden.

Wenn allerdings Bregenzer Jugendliche im Tanzcafé Löffler einen Tanzabend mit amerikanischer Swing-Musik veranstalten, ist dies für den HJ-Bannführer nicht mehr tragbar. Er kennt im Gegensatz zu den Jugendlichen jenen Himmler-Erlass, mit dem der Staatsapparat der sogenannten „Swing-Jugend“ beizukommen versucht. In einem Rundschreiben des Reichsführers-SS und Polizeichefs Himmler vom 26. Jänner 1942, das mit Bestimmtheit auch der Vorarlberger Gestapo bekannt wird, heißt es:

„Alle Rädelsführer, und zwar die Rädelsführer männlicher und weiblicher Art, unter den Lehrern diejenigen, die feindlich eingestellt sind und die Swing-Jugend unterstützen, sind in ein Konzentrationslager einzuweisen. Dort muss die Jugend zunächst einmal Prügel bekommen und dann in schärfster Form exerziert und zur Arbeit angehalten werden. Irgendein Arbeitslager oder Jugendlager halte ich bei diesen Burschen und diesen nichtsnutzigen Mädchen für verfehlt.“[87]

Nicht nur vom „Amerikanismus“ angesteckte Jugendliche werden schonungslos verfolgt. Auch auf sogenannte „Schlurfe“, deren zu langes Haar angesichts der von der Wehrmacht vorgegebenen Frisurnormen als Provokation angesehen wird, macht die HJ-Führung Jagd. Ihnen schneidet man unter Gewaltanwendung die Haare, und sie können damit rechnen, bei erster Gelegenheit zum Militär eingezogen zu werden.

Militärdienst ist auch die häufigste Strafe für „Delikte“ von Jugendlichen, denen die Behörden ein politisches Motiv unterstellen. So verfährt man beispielsweise mit jenem Bregenzer Gymnasiasten, der von der Ölberggruppe der Galluskirche die Judas-Statue entwendet und sie dem Gymnasialdirektor Seger des Nachts vor die Haustüre stellt. Auch die führenden Mitglieder einer jugendlichen Widerstandsgruppe aus dem Raum Kennelbach-Wolfurt werden aus dem Grazer Jugendgefängnis direkt zur „Frontbewährung“ abkommandiert. Angehörige dieser aus unterschiedlichen politischen Lagern stammenden Gruppe haben 1941 in Bregenz ein Kruckenkreuz auf die Kennelbacherstraße gemalt, einige Schaufenster der Innenstadt mit kommunistischen Parolen bemalt, einen Anschlagkasten des BDM zertrümmert und das Bregenzer Kriegerdenkmal mit der Parole „Freiheit, Friede und Brot“ versehen. Damit treffen sie die Hoffnung all jener, die nicht von der großdeutschen Eroberungseuphorie verblendet sind.

Anders wird mit drei Schülern am Gymnasium Feldkirch verfahren: Sie haben im Herbst 1943 im Pausenhof Flugblätter gefunden, die von alliierten Fliegern abgeworfen worden sind. Statt die Zettel sofort abzugeben, reichen sie diese in der Klasse herum. Anschließend erscheint ein hoher Parteifunktionär und tobt mit den Schülern. Auch wegen ihrer lässigen, zu wenig strammen Haltung während der Belehrung werden alle drei am Tag darauf aus der Schule ausgeschlossen, mit Studienverbot belegt und für „wehrunwürdig" erklärt.

An diesen Beispielen wird ersichtlich, dass sich zahlreiche Jugendliche auf unterschiedliche Weise den Ansprüchen des NS-Systems entzogen oder widersetzt haben – nicht erst unter den verschärften Bedingungen des Krieges, sondern bereits am Beginn der nationalsozialistischen Herrschaft. Nach dem deutschen Einmarsch sind es in der Hauptsache frühere Pfadfinder, die, wann immer Schule und Beruf es zulassen, sich in die Bergwelt zurückziehen, um dort vor den Ansprüchen der Partei verschont zu sein und offen miteinander sprechen zu können. Auch Mitglieder etlicher Pfarrjugendkreise finden sich bald nach ihrer offiziellen Zerschlagung im Untergrund wieder zusammen, um sich in ihrer oppositionellen Haltung gegenseitig zu bestärken. Natürlich sind die Gruppen kleiner als früher. Denn jede Bildung von Gruppen Jugendlicher außerhalb der HJ wird von den Nazis schärfstens bekämpft und als „Cliquen- und Bandenbildung" diffamiert und bestraft.

Die „Gegner" finden sich in erster Linie im katholischen und im linken Lager. In einer Analyse der Reichsjugendführung vom September 1942 zur „Cliquen- und Bandenbildung" wird das Verhalten dieser Gruppen ausführlich beschrieben, werden mögliche Maßnahmen gegen sie diskutiert und schließlich die Gruppen auf Grund von Berichten des Sicherheitsdienstes lokalisiert. Dabei fällt auf, dass neben deutschen Großstädten als einzige österreichische Stadt Bregenz genannt wird, in der es erwähnenswerte „Gegnergruppen" gibt. Dieser Bregenzer „Jugendverband", so wird berichtet, sei von drei Jugendlichen mit dem Ziel gegründet worden, „u.a. Sabotageakte zu verüben". Wahrscheinlich handelt es sich dabei um jene oben erwähnte Gruppe, deren Malaktionen genau in den beschriebenen Zeitraum des Jahres 1941 fallen.

Mit diesen Beispielen sind nur einige Formen von Widersetzlichkeit und Widerstand von Jugendlichen in Vorarlberg erwähnt. Etliche weitere sind aus den Akten bekannt.

Offenbar ist es Jugendlichen in diesen – und in vielen anderen unbekannt gebliebenen – Fällen gelungen, sich mit Mut und Schläue dem diktatorischen System zu entziehen oder zu widersetzen.

Wie wird die Jugend in den „totalen Krieg" einbezogen?

Die Nationalsozialisten, die zuerst mit dem Ruf nach „mehr Raum" fürs eigene Volk ganz Europa überfallen haben, schreien nur wenige Jahre später: „Deutschland braucht Menschen", sozusagen um den gestohlenen Raum zu verteidigen. Mit diesem Aufruf vom 19. August 1944 beabsichtigt das „Vorarlberger Tagblatt", die Vorarlberger Jugendlichen „zur Frühehe“ anzuhalten, um dem „Führer“ noch möglichst viel Kanonenfutter zu produzieren. Der „totale Krieg“, den Propagandaminister Joseph Goebbels 1943 ausgerufen hat, liefert die Rechtfertigung für den totalen Missbrauch der Jugendlichen und ihrer Ideale. Dem Gewaltsystem ist jetzt alles recht, was den Machtverlust hinauszuzögern hilft. Die vordem als „sauber“ gepriesene deutsche Jugend wird nun in einem schmutzigen Krieg verheizt.

Wie ungeniert die nationalsozialistischen Machthaber zur Aufrechterhaltung ihrer Herrschaft junge Menschen dem Tode preisgeben, zeigt sich ab 1944: Jetzt werden auch die Sechzehnjährigen in die Schlacht geworfen. Manche der Jugendlichen sind darüber keineswegs unglücklich. Soldatsein ist ihnen ja in HJ und Schule als höchste männliche Weihe und Bewährungsprobe verheißen worden. Die schreckliche Kriegswirklichkeit belehrt aber die meisten bald eines anderen. Nicht wenige versuchen deshalb nach einem Urlaub, sich durch Krankschreibungen, Selbstbeschädigung oder Verstecken einem neuerlichen Einrücken zu entziehen.

In den letzten Kriegsmonaten, als die Alliierten an allen Frontabschnitten näherrücken, werden schließlich vierzehnjährige Mädchen und Buben als Flak- (Fliegerabwehr-)HelferInnen verpflichtet und noch jüngere mit allen möglichen halbmilitärischen Aufgaben beauftragt.

Den diesbezüglichen Schlusspunkt setzen in Vorarlberg der Kreisleiter Reiter von Dornbirn und sein HJ-Führer. Sie karren am 1. Mai 1945 eine Gruppe von Hitlerjungen nach Lochau. Diese sollen mit Panzerfäusten den französischen Vormarsch aufhalten. Ein französischer Panzer wird wirklich angeschossen, dann aber laufen die HJ-Krieger davon.[88] Doch auch solche Irrsinnstaten unter der Leitung von nationalsozialistischen Fanatikern, die sich bisher als Vorbilder und Erzieher ausgegeben haben, können das Ende der NS-Herrschaft nicht abwenden. Die Verführer allerdings verschwinden bei erstbester Gelegenheit. Zurück bleibt eine Jugend, die, von der offiziellen Propaganda zu Gewalttätigkeit und Intoleranz erzogen, nun zum Träger einer demokratisch-humanen Ordnung werden soll. Viele schaffen den Übergang allerdings leichter als jene Erwachsenen, die den Einsturz ihres ideologischen Überbaus nicht wahrhaben wollen.

Menschengeschichten

Herbert Albrecht: Ins Kriegselend für „Großdeutschland“

Die „Panzerdivision Großdeutschland“ ist eine so genannte Eliteeinheit der deutschen Wehrmacht. In den ersten Kriegsjahren wird sie an unterschiedlichen Schauplätzen der hitlerdeutschen Angriffskriege eingesetzt, ab 1942 nur noch an verschiedenen Abschnitten der Ostfront. Und zwar überall dort, wo nach schweren Verlusten Lücken an der Front aufgetreten sind. Die Einheit besteht ursprünglich aus Freiwilligen, wird aber ab 1943 immer häufiger mit jungen Soldaten aufgefüllt, die strafweise eingezogen worden sind.

Strafweise an die Front

Die Ausbildungskaserne für diese Sondereinheit befindet sich nahe der ostdeutschen Stadt Cottbus.

Hier landet im Herbst 1944 auch der 17-jährige Bregenzerwälder Herbert Albrecht. Er hat im Herbst 1941 nach acht Jahren in der zweiklassigen Volksschule von Au-Rehmen den Wechsel an die staatliche Kunstgewerbeschule in Innsbruck gewagt und findet dort bald Anschluss an eine lose Gruppe katholischer Burschen. In der Innsbrucker Servitenkirche trifft man sich wöchentlich und mit verschwörerischer Vorsicht zu Bibelstunden, die aber weit mehr sind als nur gegenseitige religiöse Bestärkung. Die Treffen mit Gleichgesinnten dienen dem Informationsaustausch und bestärken die Hoffnung auf eine bessere Zukunft. Obwohl die Mitglieder einander nur mit dem Vornamen kennen, fliegt die Gruppe im Frühjahr 1943 auf. Einer von ihnen hat eine Verbindung zur Münchner Widerstandsgruppe um die Geschwister Scholl; im Zuge der intensiven Nachforschungen nach deren möglichen Sympathisanten stößt die Innsbrucker Gestapo auf die Mitglieder der Serviten-Gruppe.

Albrecht wird zum Direktor der Gewerbeschule befohlen, der ihm mitteilt, er könne den auf ihn zukommenden Schwierigkeiten nur durch eine freiwillige Meldung zur Wehrmacht entgehen. Da er aber für eine Einrückung noch zu jung ist, wird Albrecht in den folgenden Schulferien mehrfach in deutsche Wehrertüchtigungslager einberufen. Wegen der Anzeige und weil sein Haarschnitt und Backenbart als unmilitärisch und „schlurfartig“ angesehen werden, erhält er zuerst einmal einen „Schleifernachmittag“ durch örtliche HJ-Führer verpasst.

Im Mai 1944 wird Herbert Albrecht zum Reichsarbeitsdienst (RAD) ins schlesische Schweidnitz (heute Świdnica/Polen) beordert. Im Gegensatz zur offiziellen Darstellung, dass beim RAD nur mit dem Spaten exerziert werde, findet hier bereits eine Ausbildung an der Waffe statt. In den letzten Wochen ihres Dienstes werden die jungen Rekruten auch zu Wachdiensten in der Festung Glatz (heute Kłodzko) eingesetzt.

Nach einem kurzen Heimaturlaub im Bregenzerwald beginnt für den jungen Herbert Albrecht im Herbst 1944 mit dem Dienst in der Wehrmacht das schrecklichste Jahr seines Lebens. Alles, was jetzt kommt, hat weniger mit dem angekündigten soldatischen Heldentum als vielmehr mit Entmenschlichung und nacktem Überlebenskampf zu tun.

Den kurzen Wochen einer mangelhaften Ausbildung zum Funker folgt bereits im Dezember der Abtransport an die polnische Front zu den Restbeständen der „Division Großdeutschland". Zu dieser Zeit ist ihr großspuriger Name bereits eine Karikatur der militärischen Lage.

Der Funker Albrecht wird hier einem Panzer zugeteilt, dessen Kettenräder bald von der anrückenden Roten Armee zerschossen werden. Nun gilt es, den Rückzug ungeschützt fortzusetzen. Mit Glück und List gelingt es dem jungen Soldaten, aus dem eingeschlossenen Ort Kunersdorf auszubrechen und auf die Westseite der Oder zu gelangen. Am 7. Februar 1945, an seinem 18. Geburtstag, erreicht Albrecht die Stadt Frankfurt an der Oder und glaubt, der Krieg sei damit für ihn zu Ende, er könne nun nach Hause aufbrechen. Doch ganz im Gegenteil: Die fanatischen Durchhalter fangen die versprengten Soldaten ab, drohen ihnen bei Ungehorsam mit sofortiger Exekution und teilen sie neuen Truppenverbänden zu.

Herbert Albrecht 1944 beim RAD in Schlesien

Ein mühsamer Heimweg

Nach einer neuerlichen Verlegung Albrechts ans Ostufer der Oder weicht ein riesiger Treck von ZivilistInnen und Soldaten vor den anrückenden sowjetischen Truppen in Richtung Berlin zurück. Im Ort Halbe, etwa 60 km südlich von Berlin, kommt Albrechts Einheit kurz zum Stehen. Im allgemeinen Chaos schnappt er sich mit einigen Kollegen einen Spaten, flieht in einen Wald mit Sandboden und niederen Föhren und gräbt sich hier ein. Als nach einigen Tagen des bangen Wartens der Waffendonner und das aufgeregte Lärmen der Menschen abgeklungen sind, wissen sie, dass sie nun hinter der Frontlinie und in trügerischer Sicherheit sind. Hungrig, verängstigt, ohne Ortskenntnisse, aber mit dem Mute der Verzweiflung versuchen sich die drei jungen Männer nun nach Südwesten, Richtung Heimat, durchzuschlagen.

Das nächste große Hindernis auf diesem Fluchtweg bildet die Elbe. Die Brücken sind zerstört. In seiner Verzweiflung versucht Albrecht, sich an ein Stück Holz klammernd den Hochwasser führenden eiskalten Fluss zu durchschwimmen. Er wird aber hilflos abgetrieben. Da nähert sich ein Boot, und eine Frau zieht den Untergehenden aus der Flut. Die Fischerin hat es sich zur Aufgabe gemacht, schwimmende Soldaten zu retten.

Im thüringischen Sondershausen findet der strapaziöse und gefahrvolle Nachhauseweg ein jähes Ende. Der flüchtende Exsoldat gerät in US-amerikanische Gefangenschaft. Bei einer Aufteilung des Lagers in eine russische und eine amerikanische Verwaltungseinheit hat er in seinem Unglück das Glück, in der amerikanischen Hälfte zu bleiben. Aber auch hier sind wegen der Vielzahl der Internierten die Verpflegungsrationen knappest und die sanitären Verhältnisse katastrophal. Und diese Situation wird mit der Verlegung ins französische Lager Siershahn im Westerwald nicht besser. Nur die Offiziere, die bis zum Schluss die jungen Männer sinn- und gewissenlos ins Feuer befohlen haben, genießen eine Vorzugsbehandlung, schlafen in Zelten und bekommen bessere Essensrationen. Die militärische Klassengesellschaft findet in der Kriegsgefangenschaft ihre Fortsetzung.

Als Herbert Albrecht im September entlassen wird, ist er so geschwächt, dass er das Lager nicht alleine verlassen kann. Gerne nehmen ihn einige Leidensgenossen mit, da sie mit einem, der so erbärmlich aussieht, Mitleid erregen und erfolgreicher um Essen betteln können.

In Bregenz angekommen, glaubt der verschmutzte, verlauste und an Leib und Seele verwahrloste Heimkehrer, sich wenigstens die Haare schneiden lassen zu müssen, um so vielleicht einen ersten Schritt in eine zivile Existenz zu setzen. Da hat er aber die Rechnung ohne den Frisör gemacht, der mehr Angst vor Läusen als Mitleid mit einem Elenden hat.

Im Elternhaus in Au sitzt der gebrochen Zurückgekehrte wochenlang apathisch und schweigend im Schopf (so nennt man im Bregenzerwald den halboffenen Vorraum des Hauses). Erst gegen Weihnachten beginnt er sich zu erholen. Hinter ihm liegen Erlebnisse, die er sein Leben lang nicht vergessen wird, mit denen zu leben er aber lernen muss. Sie machen ihn für alle Zukunft allergisch gegen alles Militärische und für alles Schöne noch empfänglicher.

Zurück ins Leben

Im Sommersemester 1946 beendet Herbert Albrecht die Kunstgewerbeschule in Innsbruck, arbeitet dann drei Jahre im Bildhaueratelier seines Onkels Kaspar Albrecht und sieht sich 1949 so gereift, dass er den Schritt an die Wiener Kunstakademie wagt. Hier eröffnet ihm der aus dem Schweizer Exil zurückgekehrte Professor Fritz Wotruba eine ästhetische Welt, die ihm von der engstirnigen ständestaatlichen Diktatur vorenthalten und von den Nationalsozialisten als „entartete Kunst" verteufelt und verboten worden ist. Im Gegensatz zu vielen Zeit- und Leidensgenossen ist Herbert Albrecht offen für die Moderne. Er, der – wie er selbst einmal meint – „vertiert" aus dem menschenverachtenden Krieg herausgekommen ist, beginnt sein gesamtes künstlerisches Schaffen dem Humanen zu widmen: Aus rohem Stein schlägt er den Menschen in immer neuen Varianten heraus, formt und macht frei, bildet und kultiviert. Mit Hammer und Meißel versucht er als Bildhauer unablässig zum Kern des Menschlichen vorzudringen, dessen schreckliche Beschädigung durch Diktatur und Krieg sich ihm unauslöschlich eingeprägt hat.

Quelle:
Interview mit Herbert Albrecht, Wolfurt, 14.10.2011.

Albert Bohle: Von der Schulbank in die Wehrmacht

Albert Bohle als junger Rekrut 1944 in Landeck

Der Überfall der hitlerdeutschen Truppen auf die Sowjetunion im Sommer 1941 lässt sich erfolgreich an, entwickelt sich aber zu einem Desaster, das schließlich den Untergang des großspurig ausgerufenen „Tausendjährigen Reiches" beschleunigen wird. Dieser sich über Jahre hinziehende Krieg im Osten wird aber nicht nur 20 Millionen russische ZivilistInnen das Leben kosten, es sterben in diesen vier Jahren des Vernichtungskrieges gegen die Sowjetunion auch Millionen russischer und deutscher Soldaten. Die durch Tod, Verwundungen und Gefangennahmen ausgedünnten Kompanien müssen wieder mit neuem Menschenmaterial aufgefüllt werden. So werden immer jüngere und immer ältere Männer, die bisher von der Wehrpflicht verschont waren, zur Wehrmacht eingezogen.

Letzte Reserven

Der Dornbirner Oberschüler Albert Bohle, am 14. September 1927 geboren, ist noch keine 17 Jahre alt, als seine Schulzeit im Mai 1944 für beendet erklärt wird. Er ist im Herbst 1937 als begabtes Kind in die Dornbirner Bundesrealschule eingetreten, die im Jahre 1940 nach deutschem Vorbild zur „Oberschule für Jungen" umfunktioniert wird. Als 1943 von der Reichsregierung und von der Wehrmacht bestimmt wird, dass mit Beginn des Jahres 1944 die Burschen des Geburtsjahrganges 1927 zum Militär eingezogen werden, kommt bereits im Jänner 1944 eine SS-Delegation an die Schule, um die zukünftigen Soldaten für die Waffen-SS anzuwerben. Doch keiner aus der 7. Klasse der Dornbirner Schule erliegt dem in schönsten Farben ausgemalten Angebot. Alle entgegnen den SS-Werbern, sie gingen zu den Gebirgsjägern, das sei Familientradition. Und dorthin müssen tatsächlich alle bald einrücken.

Zuerst aber erhalten die militärtauglichen Schüler des Jahrgangs 1927 am 15. Mai 1944 das Ende ihrer Schulzeit per „Reifevermerk" bestätigt. Diese Art Abgangszeugnis soll den zukünftigen Soldaten nach dem Ende des Krieges einen Universitätszugang ohne Reifeprüfung ermöglichen. Nicht wenige Burschen freuen sich über diese „Matura", über das verfrühte Ende ihrer Schulzeit und das kommende Kriegsabenteuer. Die Realität wird sie aber bald eines anderen belehren – sie werden sich nach der Geborgenheit der Schulstube zurücksehnen.

Bereits Anfang Juni 1944 müssen die jungen Burschen zum Reichsarbeitsdienst (RAD) ins salzburgische Saalfelden einrücken. Hier erhalten sie einen ersten militärischen Drill und eine „politische Schulung" von einem besonders fanatischen Oberstfeldmeister; und bereits im Juli 1944 wird die ganze Gruppe nach Südpolen verbracht. Dort haben die jungen Männer beim Errichten des so genannten

Ostwalls zu helfen. Diese Verteidigungsanlage besteht aus Schützengräben, Stellungen und Stacheldrahthindernissen und soll das Vordringen der sowjetischen Armee aufhalten.

Auf diesen Baustellen macht der junge Rekrut Albert Bohle auch seine ersten erschütternden und ärgerlichen Erfahrungen, wie deutsche „Herrenmenschen" mit der einheimischen slawischen Bevölkerung umgehen oder umgehen zu müssen glauben. Mit ihren Gewehrkolben traktieren 14-jährige HJ-Flegel polnische Frauen, die zum Stellungsbau gezwungen werden und deren Arbeitstempo den jungen Aufsehern zu langsam erscheint.

Krankenbett statt Krieg

Nach diesem Vorgeschmack auf den militärischen Alltag und auf den unmenschlichen Umgang mit der Bevölkerung in den besetzten Gebieten werden die ehemaligen Realschüler und RAD-Rekruten im Oktober 1944 zur Wehrmacht nach Landeck eingezogen. Nach Absolvierung einer kurzen militärischen Grundausbildung werden die insgesamt etwa 800 jungen Landecker Rekruten im Dezember 1944 an die Ostfront geworfen. Der größere Teil dieser jungen Männer wird hier verwundet, kommt ums Leben oder bleibt vermisst.

Albert Bohle bleibt dieses Schicksal zwar erspart, es trifft ihn aber ein ebenso schlimmes: Im November 1944 erkrankt er in der Landecker Kaserne an einer Hirnhautentzündung, die spät erkannt und ungenügend behandelt wird. Mit schweren Lähmungserscheinungen an beiden Beinen wird er im Jänner 1945 ins Lazarett Lochau verlegt. Die Lähmung kann auch hier nicht mehr wirklich geheilt werden, sie wird für Bohle eine bleibende Behinderung sein. Die Lazarette in und bei Bregenz sind in den letzten Kriegsmonaten nicht nur mit Verwundeten überfüllt, die von unterschiedlichen Frontabschnitten ins rettende Hinterland gebracht werden, es mangelt auch an Personal und medizinischer Ausrüstung. Die Versorgung ist nur noch auf das Notwendigste ausgelegt.

Die letzten Tage vor der Ankunft der französischen Befreiungstruppen hat Albert Bohle besonders dramatisch in Erinnerung. In ihrer Untergangsstimmung und Angst vor den Franzosen betrinken sich viele der Lazarettpatienten, nachdem sie im Keller der ehemaligen Kaserne Weinvorräte ausfindig gemacht haben. Zu den Verschmutzungen durch die Betrunkenen kommt noch ein Ausfall der Wasserversorgung. Viele Soldaten liegen in ihren eigenen Ausscheidungen, als die französischen Truppen am 2. Mai 1945 das Lazarett betreten. Ihnen bietet sich ein schlimmer Anblick der Auflösung sozialen Verhaltens und kultureller Formen. Bohle wird nach diesem erschütternden Erlebnis nie mehr einen Alkohol anrühren.

Nachhaltige Lehre

Ende Mai 1945 wird Albert Bohle von der französischen Kommandantur entlassen. Auf zwei Krücken humpelnd und mit einem Körpergewicht von 40 kg gelingt es ihm nach Umwegen und mit verwandtschaftlicher Hilfe, sein Elternhaus in Dornbirn zu erreichen. Er ist damit der erste von drei in die Wehrmacht befohlenen Söhnen der Familie Bohle, der lebend nach Hause kommt.

Albert Bohle war in der Realschule vor seinem Kriegseinsatz ein ausgezeichneter, aber auch aufmüpfiger Schüler. Er hat nun nichts anderes im Sinn, als möglichst bald ein Studium zu beginnen. Bereits im Herbst 1945 versucht er sich als Student der Germanistik und Geschichte in Innsbruck. Doch das Trauma des Erlebten und die Hungerrationen an Lebensmitteln zwingen ihn nach einem Semester zur Rückkehr nach Hause. Bis zum Herbst 1946 arbeitet er im Landesinvalidenamt in Bregenz. Ab dem Wintersemester 1946 fühlt er sich körperlich und mental reif für das Studium, das er innerhalb von dreieinhalb Jahren mit Lehramtsprüfung und Doktorat abschließt.

Eine neue geistige Heimat findet Albert Bohle in dieser Zeit in der katholischen Hochschuljugend, deren Idealen er Zeit seines Lebens tief verbunden bleibt. Das auch deshalb, da er nach dem Probejahr als Lehrer in Dornbirn ans Feldkircher Jesuitengymnasium Stella Matutina wechselt und dort wieder jenes katholisch-intellektuelle Klima vorfindet, das ihn bereits in Innsbruck heilsam begeistert hat.

Albert Bohle hat einschneidende Erfahrungen einer abrupt abgebrochenen Jugendzeit, des politischen Missbrauchs jugendlicher Abenteuerlust und einer schwierigen Rückkehr in den Alltag gemacht. Davon wird der spätere Direktor Dr. Albert Bohle Generationen von SchülerInnen erzählen – immer mit der Absicht und Lehre, dass nicht vordergründig be- und verurteilt, sondern dass ernsthaft nach Ursachen für den zivilisatorischen Bruch, den der Nationalsozialismus bewirkt hat, gesucht werde.

Quelle:
Gespräch mit Dr. Albert Bohle, Dornbirn am 4.11.2011.

Albert Lingenhöle: Die österreichische Stimme

Viele Jugendliche lassen sich durch die nationalsozialistische Erziehung von ihrer distanzierten oder oppositionellen Haltung nicht abbringen. Mit Mut und Übermut entziehen sie sich oder begegnen sie den Ansprüchen des totalitären Systems. Die politische Haltung wird in der Regel im Elternhaus geprägt. Die Kinder aus tiefschwarzen Häusern sind vor dem „Anschluss" meist in katholische Vereine oder kirchliche Aufgaben eingebunden.

Prägendes Elternhaus

Auch Albert Lingenhöle aus Bregenz ist durch sein katholisch-monarchistisches Elternhaus gegen die neue nationalsozialistische „Heilslehre" ziemlich gut immunisiert. 1922 geboren, besucht er nach der Unterstufe am Gymnasium Bregenz die nach dem „Anschluss" neu geschaffene Wirtschaftsoberschule in der Mehrerau. Bisher hat es in Vorarlberg nur in Lustenau eine Handelsschule gegeben; diese wird ins aufgelöste Kloster Mehrerau verlegt und zu einer Schule mit Matura ausgebaut.

Lingenhöle startet mit einer Reihe anderer SchülerInnen aus ganz Vorarlberg in diese neue Schule. Nach drei Jahren, also im Sommer 1941, erhalten die Burschen des Jahrgangs 1922 die so genannte Abgangsklausel (Kriegsmatura) und zugleich den Einberufungsbefehl in die Wehrmacht. In den drei Jahren in der Wirtschaftsschule loten Lingenhöle und seine Freunde mehrmals die Grenzen der politischen Toleranz der Lehrerschaft und Schulleitung aus. Meistens werden die Streiche und Aktionen – wie etwa das Anzünden eines Hakenkreuz-Wimpels – mit Schulhaft bestraft. Die Schülerin Irmgard Kolb, die unter der Bank das Neue Testament liest, während sich der Deutschlehrer über völkische Literatur ereifert, wird allerdings der Schule verwiesen. Der Lehrer, überzeugter Nationalsozialist und Gauredner, fühlt sich zutiefst provoziert.

Militär statt Matura

Mit Einberufungsbefehl vom 1. Juli 1941 wird Albert Lingenhöle zum Gebirgsjäger-Regiment 139 in Klagenfurt eingezogen. Bis Weihnachten erhalten die Rekruten ihre Ausbildung und über die Feiertage einen dreitägigen Urlaub, bevor es an die Ostfront geht. Die wenigen Vorarlberger in der Kärntner Einheit dürfen aber nicht heimfahren; sie könnten womöglich den Termin des Ausrückens verpassen. So entscheidet sich Lingenhöle, ein passionierter Schifahrer, für zwei Schitage in den Karawanken. Dabei erleidet er einen schweren Unfall mit einem komplizierten Bruch des rechten Unterschenkels. Für die notwendige Operation wird er nach Vorarlberg, zuerst ins Lazarett Riedenburg, dann ins Mehrerauer Spital verlegt. Seine Kompanie wird an die Eismeerfront befohlen und bereits in den ersten Kämpfen nahezu aufgerieben.

Im Sommer 1942 ist Albert Lingenhöle soweit hergestellt, dass er wieder einrücken kann. Sofort wird er seiner Einheit nach Finnland nachgeschickt. Hier in seinem ersten Gefecht sieht er einen Kameraden neben sich sterben. Im Februar 1943 wird die Einheit ins russische Murmansk befohlen. Der 700 km lange Marsch dorthin dauert einen ganzen Monat.

Im Sommer 1943 erhalten die Maturanten das Angebot zu einer Offiziersausbildung. So entkommt Lingenhöle der Eismeerfront und landet beim militärischen Lehrgang im polnischen Posen. Mit Sommerbeginn 1944 wird der junge Offizier zu seiner Stammeinheit nach Klagenfurt beordert. Hier soll er als Ausbildner für jene jungen Burschen und alten Männer dienen, die die Nationalsozialisten noch in die letzte Schlacht werfen wollen. Mit dieser Truppe kommt Lingenhöle nach Lothringen; hier soll der US-amerikanische Vormarsch aufgehalten werden. Der Soldat Albert Lingenhöle hat kein Verlangen nach einem sinnlosen „Heldentum", geht den Amerikanern entgegen und lässt sich in Gefangenschaft abführen. Dramatische Minuten gehen dieser vernünftigen Entscheidung voraus. Zuerst kommen die Gefangenen ins Stadion von Nancy, dann ins Lager Voves im französischen Nordwesten. Dieses Lager ist von den Nationalsozialisten als Sammellager angelegt worden. Von hier aus sind französische Jüdinnen und Juden, ebenso KommunistInnen in deutsche Vernichtungslager weitertransportiert worden.

Albert Lingenhöle während seines Lazarettaufenthaltes in Klagenfurt 1941

„Hört auf!"-Zurufe aus England

Im Lager wird Albert Lingenhöle von einer US-amerikanische Militärkommission einvernommen. Dabei betont er seine antinazistische und proösterreichische Haltung. Wenige Wochen nach diesem Verhör wird er nach Paris gebracht und mit einer Gruppe von hohen deutschen Offizieren nach London ausgeflogen. Nach kurzem Aufenthalt in der britischen Hauptstadt erhält er einen Platz in einem Lager bei Ascot zugewiesen, wo ausschließlich Nazigegner untergebracht sind. Hier lernt der mittlerweile gut Zweiundzwanzigjährige konservative, sozialdemokratische und kommunistische Österreicher kennen. Mit etlichen von ihnen wird er ein Leben lang verbunden bleiben. Gegen Ende des Jahres 1944 erhält Lingenhöle das Angebot, für den Auslandssender von BBC zu arbeiten. Nachdem ihm absolute Anonymität zugesichert worden ist, spricht er alle 14 Tage in einer Sendung gezielt junge Menschen in Österreich an. Seine Unkenntlichkeit ist deshalb ganz wichtig, weil sonst die Familie in Bregenz schlimmste Folgen zu erwarten gehabt hätte. Denn noch haben die Nazis das Sagen. In den Sendungen werden die ÖsterreicherInnen ermuntert, den Nationalsozialisten den Gehorsam aufzukündigen und zu helfen, den Krieg zu beenden. Auch die von den Nazis geschürte Angst vor Racheakten der alliierten Truppen soll der österreichischen Bevölkerung genommen werden.

Ein Textausschnitt aus einer solchen BBC-Sendung – ausgestrahlt nach der Befreiung im Mai 1945, jetzt mit Namen des Sprechers – ist erhalten. Er zeigt Ton und Anliegen des Aufrufs; Lingenhöle blickt zurück und schaut nach vorn:

„Diese Anfangszeit war schwer. Man konnte fast zu niemandem mehr Vertrauen haben. Aber umso entschlossener waren die wenigen, die noch übrig blieben. Dann kam der Krieg. Wir wurden Soldaten in der deutschen Wehrmacht. In dieser Umgebung war es natürlich noch schwerer als früher, denn wir waren hauptsächlich unter Pifkes. Aber wo ein Wille ist, da gibt es auch immer einen Weg. So war es mir, als Jung-Katholiken aus Vorarlberg ohne weiteres möglich, in Klagenfurt mit der dortigen Pfarrjugend in Verbindung zu kommen. Aber die Arbeit in der Illegalität hat nun Gott sei Dank ihr Ende gefunden. Wir sind wieder freie Menschen und können wieder offen für unser Vaterland arbeiten. Aber wir dürfen nicht übersehen, dass das eine wesentliche Umstellung bedeutet, eine Umstellung vom Misstrauen zum Vertrauen, von der Verschleierung zur Offenheit."[89]

Im April 1946 kehrt der politisch aktive Kriegsgefangene Albert Lingenhöle nach Bregenz zurück. Wenige Wochen zuvor ist sein Vater Theo Lingenhöle nach einem Unfall in Wien verstorben. Dieser ist in Bregenz eine bekannte Persönlichkeit und kurzzeitig Vizebürgermeister gewesen. Als solcher hat er in Vertretung von Bürgermeister Julius Wachter den ersten gesamtösterreichischen Städtetag in der Bundeshauptstadt besucht. Unmittelbar vor dem Parlament ist er unabsichtlich von der Plattform einer Straßenbahn gestoßen worden. Als engagierter Bürger und Vater zweier ehemaliger Soldaten hat er sich besonders um die Kriegsheimkehrer gekümmert und verdient gemacht; in Bregenz ist er als „Heimkehrervater" bezeichnet worden.

Albert Lingenhöle tritt in die beruflichen Fußstapfen seines Vaters und wird Versicherungsdirektor. Die Zwänge der NS-Zeit, die Schnippchen, die er den Nazis geschlagen hat, und die leidvollen Erfahrungen des Soldatenlebens werden ihn als lebhafte und lebenslange Erinnerungen begleiten. Die englische Kriegsgefangenschaft bleibt für ihn eine Phase der aktiven und allmählichen Rückkehr in einen demokratischen Alltag; ganz ohne die Verlierer-Bitternis, die viele andere ehemalige Soldaten jahrelang verstimmt.

Quelle:
Gespräch mit Albert Lingenhöle, Bregenz, 27.4.2012.
Walter Lingenhöle, Die Fehldeutung eines dunklen Jahres, in: Montfort 1983, Heft 1, S. 35–53.

Karl Leichtfried: Gescheiterte Anpassung

Professor Karl Leichtfried

Dass selbst Anpassung und vorsichtiges Mitmachen nicht immer Schutz vor Zugriffen des nationalsozialistischen Machtapparates bieten, zeigt das Schicksal des Bregenzer Professors Dr. Karl Leichtfried. Er gehört zu jenen bedauernswerten Jahrgängen, die beide Weltkriege aktiv als Soldaten mitmachen müssen. Und zu jenen, die sich mehrfach neuen politischen Gegebenheiten anzupassen versuchen, um sich und ihre Existenz nicht zu gefährden.

Aus dem Kloster in den Schuldienst

Leichtfried wird 1898 als Sohn eines Eisenbahnbediensteten in der oberösterreichischen Stadt Steyr geboren, besucht ein katholisches Gymnasium in Linz und wird gleich nach der Matura im Sommer 1916 zum Kriegsdienst eingezogen. Nach glücklicher Rückkehr aus dem Krieg beginnt er 1918 ein Theologiestudium in Graz und tritt 1919 im steirischen Kloster Admont in den Benediktinerorden ein.

Aus welchen Gründen auch immer verlässt Pater Othmar – so sein Klostername – 1931 Kloster und Orden und beginnt an der Wiener Universität ein Studium der alten Sprachen (Latein/Griechisch), das er 1935 mit der Promotion zum Doktor erfolgreich abschließt. Fern seiner ehemaligen Wirkungsstätten beginnt er seinen neuen Beruf im Herbst 1935 als Probelehrer in Feldkirch und wird im Jahr darauf an das Bregenzer Gymnasium versetzt. In den Dienstbeurteilungen wird er als ruhiger, sehr kompetenter und schülerfreundlicher Lehrer beschrieben.

Dr. Leichtfried ist von „schmächtiger Statur" – wie der Direktor in seiner Beschreibung feststellt – und ziemlich kurzsichtig. Deswegen, und weil es auch am Bregenzer Gymnasium wegen des Krieges zu wenige Lehrer gibt, wird Leichtfried im ersten Kriegsjahr „uk" (beruflich unabkömmlich) gestellt. Um vom Militärdienst weiterhin verschont zu bleiben, drängt ihn der von den Nationalsozialisten neu eingesetzte Direktor, ein Zeichen zu setzen, das sein Arrangement mit den neuen Machthabern sichtbar machen soll. So sucht Leichtfried 1940 um die Aufnahme in die NSDAP an und übernimmt die Aufgabe eines Blockwarts. Doch all dieses äußerliche Mitmachen kann die Skepsis der Nationalsozialisten nicht beseitigen. Sie wissen, dass Leichtfrieds innere Haltung katholisch und österreichisch geblieben ist.

Schwierige Verstellung

Gerade für einen Lehrer ist die Verstellung besonders schwierig, weil es im Schulalltag immer wieder politische Provokationen von Hitlerjungen gibt und weil jedes Wort, das ein Lehrer spricht, öffentlich ist und argwöhnisch registriert wird. Viele Nazigegner wissen, wem gegenüber und wo sie ihre oppositionel-

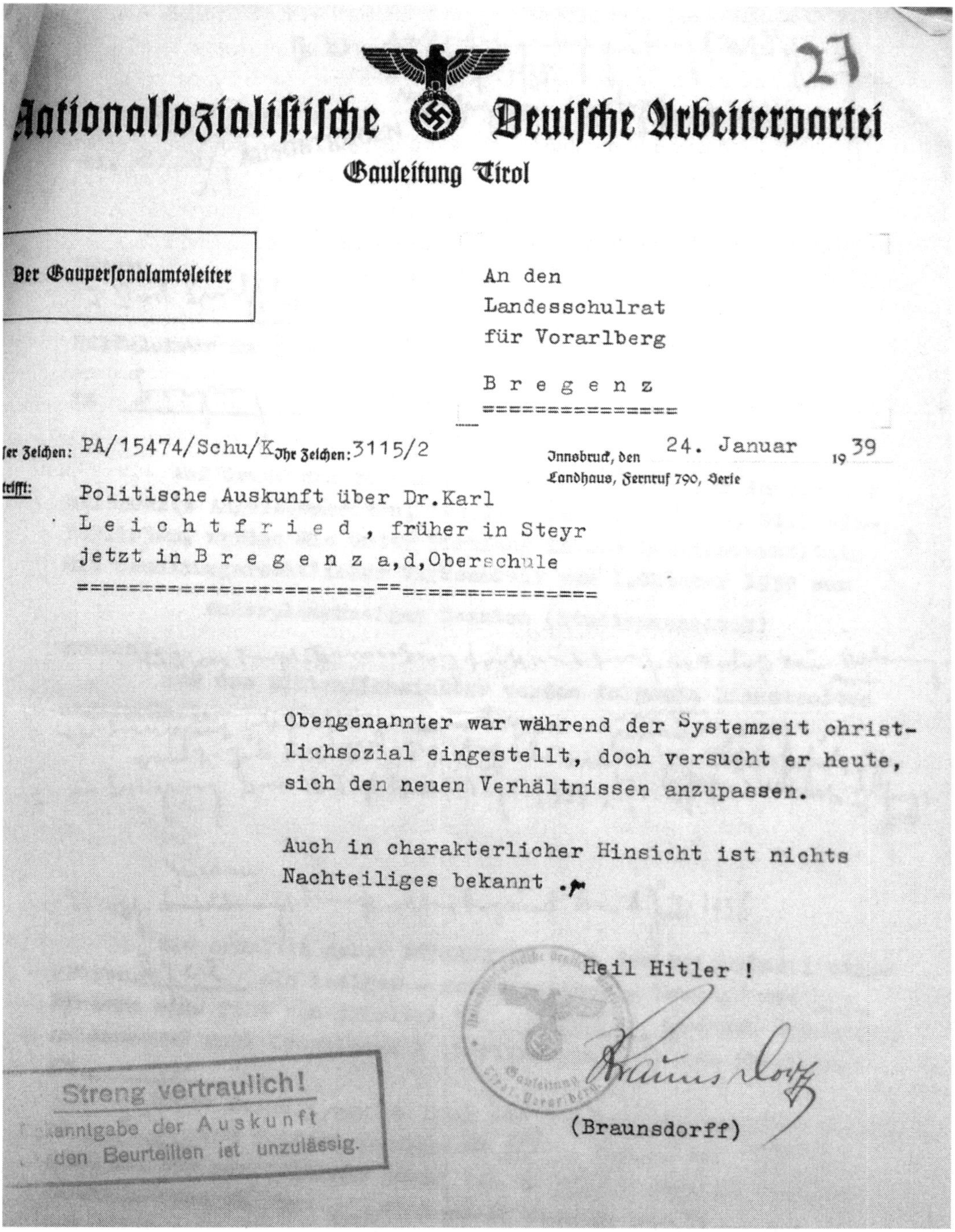

27

Nationalsozialistische Deutsche Arbeiterpartei

Gauleitung Tirol

Der Gaupersonalamtsleiter

An den
Landesschulrat
für Vorarlberg

B r e g e n z
===============

...er Zeichen: PA/15474/Schu/K Ihr Zeichen: 3115/2

Innsbruck, den 24. Januar 1939
Landhaus, Fernruf 790, Serie

...trifft: Politische Auskunft über Dr.Karl
L e i c h t f r i e d , früher in Steyr
jetzt in B r e g e n z a,d,Oberschule
======================================

Obengenannter war während der Systemzeit christlichsozial eingestellt, doch versucht er heute, sich den neuen Verhältnissen anzupassen.

Auch in charakterlicher Hinsicht ist nichts Nachteiliges bekannt.

Heil Hitler !

Braunsdorff

(Braunsdorff)

Streng vertraulich!
...kanntgabe der Auskunft
...den Beurteilten ist unzulässig.

Wie alle Lehrenden erhält auch Dr. Leichtfried eine „politische Beurteilung“ durch die NSDAP. Sein politisches Verhalten fällt im Jahre 1939 noch nicht zur Zufriedenheit der Partei aus.

le Haltung aussprechen können, ohne dafür angezeigt zu werden. Ein Lehrer dagegen kann nur erahnen, wie nationalsozialistisch, gleichgültig oder gegnerisch eingestellt die Jugendlichen einer Klasse sind. Lehrer sind also in diesem System der gegenseitigen Bespitzelung der Gefahr einer Denunziation besonders ausgesetzt.

Für eine erste regimekritische Bemerkung wird Leichtfried noch schulintern gemaßregelt. Nach zwei weiteren wird der Lateinprofessor vor Schulbeginn im Herbst 1944 seiner Stelle als Blockwart enthoben und sofort an die Kriegsfront beordert. Der Hauptgrund für diese Strafmaßnahme ist ein einziger Satz, der aber seine ganze Verachtung für das militaristische System ausdrückt und der von den Nazis auch so empfunden wird. Leichtfried hat einen Schüler, der zu spät, dafür aber in HJ-Uniform zum Unterricht erscheint, gefragt, ob er sich noch maskieren habe müssen. Eine HJ-Uniform als Maskerade zu bezeichnen, geht den Nazifunktionären denn doch zu weit.

Professor Leichtfried bezahlt diese spontane – und aus heutiger Sicht nicht unoriginelle – Bemerkung schließlich mit seinem Leben. Er stirbt am 6. Oktober 1945 im jugoslawischen Kriegsgefangenenlager Vršac an allgemeiner Entkräftung. So wie Dr. Karl Leichtfried sind viele Männer wegen so genannter „politischer Delikte“ in die Wehrmacht eingezogen und dort meist schikanös behandelt worden. Jedem Soldaten wird nämlich von der Ortsparteileitung ein politisches Gutachten an die Front mitgeschickt. Die Kompanieführer wissen somit Bescheid über die politische Einstellung ihrer Untergebenen.

Karl Leichtfrieds Frau und sein 1943 geborener Sohn, der seinen Vater nicht mehr kennenlernen sollte, erhalten die Todesnachricht erst im August 1946. Ein Jahr lang haben sie noch auf eine glückliche Rückkehr gehofft.

Quelle:
Vorarlberger Landesarchiv, Landesschulrat, Personalakt Leichtfried.

Von der Judenfeindschaft zum Holocaust

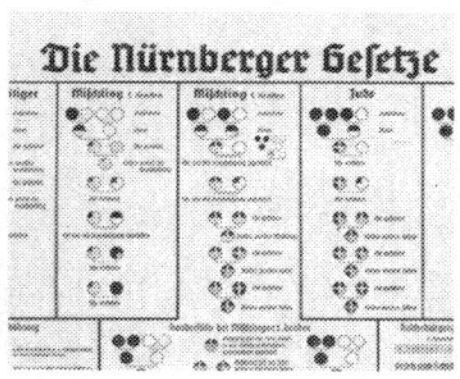

Woher kommt die Judenfeindschaft?

Der Antijudaismus, das heißt die Judenfeindschaft aus vornehmlich religiösen Gründen, ist ein alter Bestandteil der europäisch-christlichen Kultur. Die Wurzeln für diese Ablehnung reichen sehr weit zurück. Nach der Eroberung Palästinas durch die Römer im Jahre 79 v. Chr. kommt es im folgenden Jahrhundert zu jüdischen Aufständen gegen die Fremdherrschaft. Bei der Niederschlagung dieser Erhebungen werden Tausende von jüdischen EinwohnerInnen getötet, viele fliehen oder werden vertrieben. Diese Flucht und Verbreitung von Juden in verschiedene Teile Europas nennt man Diaspora.

In Vorarlberg finden sich die ersten Jüdinnen und Juden zu Beginn des 14. Jahrhunderts.[90] Die Ansiedlung hängt unmittelbar mit dem Aufkommen der Geldwirtschaft zusammen. Auch die Grafen von Montfort benötigen Geld, wenn sie sich Waren des internationalen Marktes anschaffen wollen.

Von der Judenfeindschaft zum Holocaust

Juden wenden sich sehr früh dem Geldgeschäft zu, da sie in den meisten Ländern keinen Grundbesitz erwerben und auch kein Handwerk ausüben dürfen. Zudem ist es den Christen untersagt, Wuchergeschäfte zu betreiben. Darunter versteht man Geldverleih, für den man mehr als fünf Prozent Zins verlangt. Das Geldgeschäft ist mit großen Risiken verbunden, da mächtige, aber auch kleinere Schuldner ihre Schulden oft nicht mehr zurückzahlen wollen. So werden Juden immer wieder beschuldigt, sie seien Wucherer oder sie hätten Morde aus religiösen Motiven (Ritualmorde) begangen. Bei Seuchen macht man sie verantwortlich, die Krankheit eingeschleppt oder gar die Brunnen vergiftet zu haben. Bereits im Mittelalter kommt es zu so genannten Pogromen, das heißt zu öffentlichen und politisch geduldeten Ausschreitungen gegen die jüdische Bevölkerung. Mit der Tötung der Gläubiger hat man auch seine Schulden los. Dies geschieht, obwohl die Juden überall, wo sie sich ansiedeln dürfen, „Schutzgeld" an die jeweilige Obrigkeit zahlen müssen. Neben Geldgeschäften dürfen sie nur bei den Christen verachtete oder unbeliebte Berufe wie den des Pfandleihers und des Hausier- oder Viehhändlers ausüben.

Zu dieser „praktischen" Seite der Judenfeindschaft kommt eine religiöse, die bis herauf ins 20. Jahrhundert wirksam bleibt. Die Juden werden als Christusmörder gebrandmarkt und als diejenigen, die die Heilsbotschaft Jesu verweigern. So wird im Laufe der Jahrhunderte ein Negativbild „des Juden" verfestigt, das sich aus religiösen und wirtschaftlichen Quellen speist und in Krisenzeiten Gewalt rechtfertigt. Um die Juden auch als solche erkennbar zu machen, werden ihnen bestimmte Quartiere (Ghettos) in einer Stadt zugewiesen und Kleidervorschriften gemacht. Das Vorurteil, Juden seien Wucherer, besteht über Jahrhunderte hinweg trotz der Tatsache, dass die Mehrheit der Juden und Jüdinnen arm gewesen ist.

Auch in Vorarlberg gehören Vertreibungen, Plünderungen und Morde zu den leidvollen Erfahrungen der jüdischen Bevölkerung – etwa 1647, als Hohenemser Christen die Häuser ihrer jüdischen MitbürgerInnen plündern, oder 1744, als eine Hundertschaft radikalisierter christlicher Männer die kleine jüdische Gemeinde in Sulz ausraubt und vertreibt. Um ihre Rückkehr zu verhindern, werden die Häuser der jüdischen MitbürgerInnen zerstört.[91] Zwar werden die Rädelsführer dieses Verbrechens gerichtlich verurteilt, von der Kaiserin Maria Theresia aber umgehend begnadigt. So bleibt es bis herauf ins 19. Jahrhundert: Gewalttätige Übergriffe gegen Jüdinnen und Juden sind zwar verboten, werden in der Regel aber kaum bestraft.

In den Jahrhunderten vor der französischen Revolution von 1789 hat das christliche Europa ein durchweg negatives Bild der Juden: Bevölkerung und Kirche sehen in ihnen ein „verdammtes Volk", die Verwaltung versucht sie durch eigene „Judenordnungen" zu kontrollieren und die Fürsten benutzen sie als Instrumente ihrer Finanzpolitik. So auch die Reichsgrafen von Hohenems, die seit dem frühen 17. Jahrhundert die Ansiedlung einiger jüdischer Familien zulassen. Daraus entwickelt sich in den folgenden 200 Jahren eine jüdische Gemeinde mit Synagoge, Schule, Rabbinat und eigenem Friedhof. Trotz Wohlverhaltens und hoher Steuerleistung gehören Ehebeschränkungen, wirtschaftliche Behinderungen und soziale Demütigungen bis in die zweite Hälfte des 19. Jahrhunderts zu den Alltagserfahrungen der jüdischen BürgerInnen von Hohenems.

Bringt die rechtliche Gleichstellung ein Ende der Diskriminierung?

Im Zuge der Aufklärung stellt sich in ganz Europa die neue Frage der „Emanzipation der Juden". Alle Schichten der Bevölkerung sollen nun zu nützlichen Untertanen mit gleichen Rechten und Pflichten werden. Nach einigen Fortschritten und Rückschlägen erfolgt die Gleichstellung der Juden in Österreich durch die so genannte Dezemberverfassung des Jahres 1867. Erstmals in der Geschichte Österreichs erhalten die jüdischen BürgerInnen das Recht auf uneingeschränkten Aufenthalt und auf freie Religions- und Berufsausübung zugesichert. Viele jüdische Familien nehmen nun die neuen Chancen auf Bildung und Teilhabe am bürgerlichen Leben wahr. Nachdem aber im Staatsdienst und in den halböffentlichen Bereichen jüdischen Bürgern ein Aufstieg nach wie vor weitgehend verwehrt bleibt, konzentrieren sich die jüdischen Bildungsaufsteiger auf die freien Berufe wie Arzt und Rechtsanwalt, auf den Journalismus und den Kulturbetrieb.

Noch zu Beginn des 19. Jahrhunderts hat man den Juden ihre Nichtanpassung vorgeworfen – nun neidet man den Angepassten ihren Erfolg. Der soziale Aufstieg und die Bereitschaft zur Assimilierung werden zum Anlass neuer und heftiger judenfeindlicher Vorurteile. Hatte man die Juden im Mittelalter für unehrenhafte Berufe gebraucht und zugleich dafür verachtet, so werden sie nach der Emanzipation für ihre Tüchtigkeit bewundert und zugleich neidvoll gehasst.

Die religiösen Motive des überkommenen Antijudaismus werden jetzt mit wirtschaftlichen und sozialen Argumenten ergänzt, jedoch nie vollständig verdrängt. Mit einer neuen Idee, dem „Antisemitismus", wird behauptet, das biblische Volk der Juden werde in erster Linie nicht durch die Religion, sondern vielmehr durch die angebliche Zugehörigkeit zu einer Rasse (den „Semiten") bestimmt. Damit lassen sich auch jene Menschen zu „Juden" machen, für die die Religion schon längst keine Rolle mehr spielt. So treffen sich nun die alten und die neuen Judenfeinde unter einem gemeinsamen Dach – dem des Antisemitismus.

Der Antisemitismus, gespeist aus der traditionellen religiösen Judenfeindschaft und den „Erkenntnissen" einer vermeintlich naturwissenschaftlich abgesicherten Rassenkunde, wird zu einem wesentlichen ideologischen Bestandteil der modernen bürgerlichen Parteien. Waren die Juden bisher ein Feindbild, so wird der Antisemitismus nun zu einem Weltbild ausgeweitet.[92] Bei den deutschnational-liberalen Parteien dominieren rassistische Argumente, bei den Christlichkonservativen finden sich je nach Bedarf und Publikum unterschiedliche religiöse, wirtschaftliche oder rassistische Begründungen.

Die National- und Christlichkonservativen nutzen die Tatsache, dass anerkannte jüdische Intellektuelle für moderne Kunst und Wissenschaft stehen und jüdische Politiker sowohl in liberalen als auch sozialistischen Organisationen vertreten sind, für ihre antisemitische Propaganda. Für alle Erscheinungen des modernen Lebens, die den Konservativen zuwider sind, werden die Juden verantwortlich gemacht: Für die moderne Malerei ebenso wie für aufklärende Literatur, für den Sozialismus und den Liberalismus zugleich, für das urbane Leben wie für die soziale Not in den Großstädten, für den Kapitalismus ebenso wie für die Gewerkschaften. Die Juden werden zum allumfassenden Sündenbock gemacht. Durch die ständige Wiederholung antisemitischer Vorurteile werden diese zwar nicht richtiger, setzen sich aber als giftiger Teil der Alltagskultur fest. Lange bevor die Nationalsozialisten an die Macht kommen, ist der Antisemitismus auch in Vorarlberg in den Köpfen der meisten Menschen tief verankert.

Es ist besonders das christlich-konservative „Vorarlberger Volksblatt", das den Antisemitismus seit dem Ende des 19. Jahrhunderts zu einem grobschlächtigen Instrument gegen alles Moderne macht und gegen die politischen Gegner und die Großstadt Wien aufbietet. Seinen Kampf gegen alle Erscheinungsformen des Liberalismus verbindet und begründet das „Volksblatt" zunehmend mit einem rüden Antisemitismus.[93] Ein praktischer Kampfruf der Antisemiten ist immer wieder der Appell, nicht in jüdischen Geschäften einzukaufen. In einem typischen Gedicht, das das „Vorarlberger Volksblatt" am 1. Mai 1898 veröffentlicht, hört sich das folgendermaßen an:

Wann hat dieser Trug ein Ende,
Judenschwindel, Judenschund?
Mit der Zeit wird's doch zu bunt!
Wann wird unser Volk gesund?
Wann wird es in hellen Haufen
nicht mehr zu Hebräern laufen
Sondern nur bei Christen kaufen?

Hier werden mit dem Gegensatzpaar „gesund – krank" und mit dem Boykottaufruf gegen jüdische Geschäfte wesentliche Argumente des späteren nationalsozialistischen Antisemitismus vorweggenommen. Der Wiener Bürgermeister Karl Lueger, der den Antisemitismus in seiner christlichsozialen Partei zu einem politischen Pro-

Vorarlberger Volksblatt.

Tages-Ausgabe.

Nr. 78. Bregenz, Freitag den 8. April 1898. 33. Jahrgang.

Der Flottenplan des Marine-Commandanten.

Die Juden leiten die Socialdemokratie.

Kauft nur bei Christen.

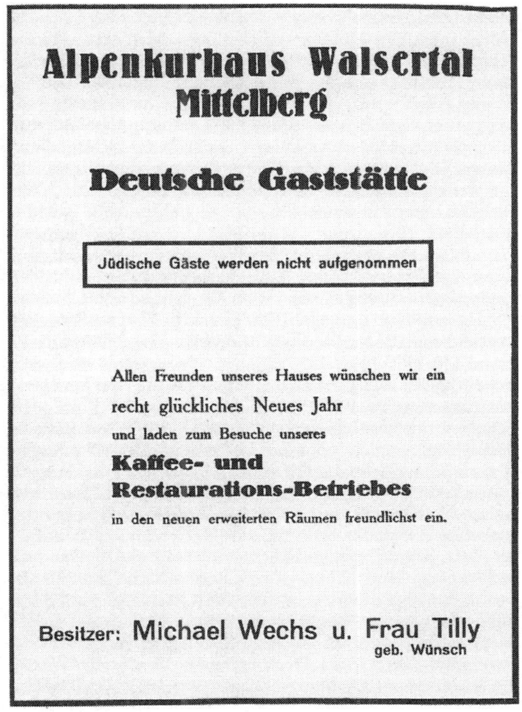

gramm macht, kann bei einer Rede in Götzis „großes Gelächter" ernten, als er in den Saal ruft: „Wir unterscheiden auf dem Viehmarkt Ochsen-Juden, Kälber-Juden und Schweine-Juden."[94] Die Verächtlichmachung der jüdischen MitbürgerInnen wird auch in den folgenden Jahrzehnten von den Antisemiten als Mittel der Demütigung eingesetzt.

Die Diskriminierungen und Diffamierungen setzen sich auch in der österreichischen Republik ab 1918, also nach dem Ende der Monarchie, fort, obwohl die neue demokratische Verfassung allen StaatsbürgerInnen die gleichen Rechte garantiert. In einer der ersten Sitzungen des Bregenzer Stadtrats nach dem Krieg bedauert der christlichsoziale Stadtrat Ölz, „dass die Sozialdemokratie in der Person des Herrn Spindler einen galizianischen Juden entsendet"[95]. Das ist für den protestantischen Sozialdemokraten Samuel Spindler ein erster Vorgeschmack auf die Behandlung, die ihm als politisch engagiertem Menschen in den folgenden Jahren widerfahren wird. Was mit der Bloßstellung jüdischer MitbürgerInnen beginnt, setzt sich in den 1930er Jahren mit ihrer genauen Registrierung durch die austrofaschistischen Behörden fort und endet in den Gaskammern der Nationalsozialisten. Der durch politische Verfolgung und rassistische Demütigungen zermürbte und krank gewordene Gewerkschaftsfunktionär Samuel Spindler entzieht sich schließlich im November 1942 der Deportation in ein Vernichtungslager durch Selbsttötung.[96]

↖ Antisemitische Kampagne: Vom 8. April bis zum 16. Juni 1898 schließt jede Titelseite des Vorarlberger Volksblatts mit einem antisemitischen Aufruf.

↑ Damit die deutschen Gäste nicht „beleidigt" werden, betreiben etliche Hotels im Kleinwalsertal bereits vor dem „Anschluss" eine „Judenpolitik" nach hitlerdeutschem Vorbild.

← Der Schuster und spätere Gewerkschaftsfunktionär Samuel Spindler ist von seinem ersten öffentlichen Auftreten als Stadtvertreter in Bregenz im Jahre 1918 bis zu seinem Tod im Jahre 1942 antisemitischer Hetze ausgesetzt. Selbst die Vormundschaft für seine Töchter Fanny und Millie wird dem Witwer nicht zugestanden.

↓ Dr. Josef Gorbach (li), Vorarlberger Caritasdirektor, und sein Förderer Bischof Sigismund Waitz, Apostolischer Administrator von Innsbruck-Feldkirch von 1921 bis 1938, sehen den Katholizismus durch den jüdischen Einfluss bedroht: Sie machen das Judentum für alle Erscheinungen der modernen Welt verantwortlich; als Beispiele nennt Waitz auf der Bischofskonferenz 1921 „Unsittlichkeit und Sport“ ebenso wie „Vergnügungssucht und Mammongeist“.

Ein letztes Zitat aus dem Jahre 1926 veranschaulicht noch einmal den katholischen Antisemitismus, der ab dieser Zeit allmählich vom „rassischen“ überholt wird. In einem gegen das „rote Wien“ und die Sozialdemokratie gerichteten Artikel meint der katholische Priester und Vorarlberger Caritasdirektor Josef Gorbach: „Kaum ein Monat vergeht, wo nicht der eine oder andere Sendling der Hölle, nämlich des Judentums, der Freimaurerei und Freidenkerei die Bahnfahrt nach Vorarlberg macht, um in unser Volk die Pestseuche des Unglaubens, der Unmoral zu tragen.“[97] Auf Grund ihrer eigenen Infizierung mit dem antisemitischen Gift wird von der katholischen Kirche kein Wort der Empörung gegen die systematische Ausgrenzung, die Vertreibung und schließlich die massenhafte Ermordung der Jüdinnen und Juden zu vernehmen sein.

Was versteht man unter Rassenwahn?

Unter Wahn versteht die Psychiatrie eine inhaltlich falsche Überzeugung, an der der Patient trotz der Unvereinbarkeit mit der objektiv nachprüfbaren Realität unbeirrt festhält. Deshalb wird die nationalsozialistische „Rassenlehre" als Rassenwahn bezeichnet, weil sie trotz wissenschaftlicher Unhaltbarkeit zur politischen Praxis gemacht worden ist. Die „Reinhaltung" des deutschen Volkes beziehungsweise der „arischen Rasse" wird zu einem Grundpfeiler nationalsozialistischer Politik. Die Begründung dafür wird von Biologen geliefert, die im Gewande einer Wissenschaft eine grausame Weltanschauung vertreten. Grundannahme dieser Rassenlehre ist, dass es unterschiedlich wertvolle Rassen gebe, wobei die „Arier", und hier die „nordische Rasse", den Höhepunkt der Schöpfung repräsentieren. Nicht den „Ariern" zugezählte Völker gelten als „Untermenschen", die nichts anderes verdient hätten, als von den „nordischen Herrenmenschen" versklavt zu werden.

Das Volk wird nun mit einem Körper verglichen, der von einer Schwächung durch fremde Einflüsse, Krankheit und „rassische Vermischung" bewahrt werden müsse. Das Begriffspaar „gesund" und „krank" wird auf alle Lebensbereiche übertragen. Was in welche Kategorie fällt, entscheiden ausschließlich die nationalsozialistischen Machthaber. Jazzmusik etwa ist nach dieser Einteilung „krank" und deshalb verboten, weil es „Negermusik" sei. Moderne Kunst wird als „entartet" verboten, weil Hitler verfügt, dass Kunstvorstellungen des 19. Jahrhunderts der deutschen Art entsprechen. Und schließlich werden auch andere Völker – oder soziale Gruppen, die zu einem Volk erklärt werden, hier besonders Jüdinnen und Juden – diesem Schema zugeordnet, indem sie als „Parasiten" beschuldigt werden, die den „gesunden" deutschen Volkskörper befallen, aussaugen und damit schwächen würden.

Eine ideologisch verbogene Naturwissenschaft rechtfertigt so das Unrecht der Aussonderung und der schließlichen Vernichtung jüdischer Menschen und all jener, die von den Nationalsozialisten zu Juden erklärt werden.

Eine wichtige Rolle im Rahmen dieser pseudowissenschaftlichen Rassenlehre spielt der Begriff der „Rassenhygiene", also der Reinhaltung der als „hochwertig" bezeichneten eigenen Rasse: Deshalb werden gesetzliche Verbote einer Ehe mit Angehörigen so genannter „minderwertiger Rassen" erlassen. Wer sich an dieses Verbot nicht hält, begeht das „Verbrechen der Rassenschande". Eine weitere Maßnahme zur „Reinhaltung" der Rasse sind Zwangssterilisierungen von Menschen, bei denen nationalsozialistische Ärzte „schlechtes Erbgut" feststellen. Der letzte Schritt ist schließlich die Vernichtung „lebensunwerten Lebens", also die Ermordung von Behinderten und Kranken. Den Maßnahmen zur „Ausmerzung" des „erbkranken" und „nicht-arischen" Nachwuchses entsprechen jene zur Förderung des „erbgesunden" Nachwuchses, etwa durch den von Heinrich Himmler gegründeten Verein „Lebensborn". Dieser soll „den Kinderreichtum der SS unterstützen und jede Mutter guten Blutes schützen und betreuen“[98].

Das Blut steht für die Rasse und der Boden für das eigene Land. Deshalb wird die nationalsozialistische Weltanschauung auch als „Blut und Boden“-Ideologie bezeichnet. Dieses Begriffspaar kennzeichnet die alles andere ausschließende Überbewertung des eigenen Landes und Volkes, bei einer gleichzeitigen Verachtung für alles Fremde. Diese Ideologie soll die mörderische Aggression der Nationalsozialisten gegen „innere und äußere Feinde“ rechtfertigen.

Bereits am 12. März 1938, dem Tag des deutschen Einmarsches in Österreich, kündigt der Bregenzer Arzt Ernst Stolz im „Vorarlberger Tagblatt“ an, was nun alles „ausgemerzt“ werden solle: „Die Vorliebe für alles Fremdrassige, Negermusik und Negertänze, das Nachahmen ausländischer Moden“ und natürlich die Juden, die „für die Verbreitung asiatischer Sitten“ sorgen, sowie „Mischehen mit fremdrassigen Ehepartnern“. Einheimische Nationalsozialisten warten nur darauf, bis sie endlich unter deutschem Schutz gegen ihre jüdischen MitbürgerInnen vorgehen können. Sie wissen, dass sie dabei mit Zustimmung aus der Bevölkerung rechnen können. Der Zeitungshetze folgen bereits am 15. März 1938 die ersten Hausdurchsuchungen „bei den belasteten Juden“. Wodurch diese Personengruppe „belastet“ sein sollte, wird von der Gendarmerie und der SS, die die Hausdurchsuchungen und Beschlagnahmen durchführen, nicht näher mitgeteilt.

Was sind die „Nürnberger Gesetze“?

Im Jahre 1935 werden vom deutschen Reichstag zwei Gesetze beschlossen, die dazu dienen, die jüdischen MitbürgerInnen rechtlos zu machen (Reichsbürgergesetz) und festzulegen, wer als „jüdisch“ zu gelten hat („Gesetz zum Schutze des deutschen Blutes und der deutschen Ehre“). Nicht die Religion ist dafür entscheidend. „Deutsch oder artverwandten Blutes“ ist, wer mindestens drei „arische“ Großeltern vorzuweisen hat. Wer heiraten will, muss nun den so genannten „Ariernachweis“ erbringen. Gleiches gilt für die Aufnahme in den öffentlichen Dienst.

Bei den Großeltern wird das Religionsbekenntnis herangezogen, um das „Jüdischsein“ festzustellen. Wenn jemand durch Taufe oder Konfessionslosigkeit aus dem jüdischen Kultus ausgetreten ist, bleibt er nach diesen Rassengesetzen trotzdem jüdisch. So werden auch Menschen zu Juden gemacht, die mit der jüdischen Religion gar nichts mehr zu tun haben.

In Österreich treten die „Nürnberger Gesetze“ im Mai 1938 in Kraft. Die Beamten des autoritären Schuschnigg-Regimes leisten den Nationalsozialisten bereits im Jahre 1936 nützliche Vorarbeit: Nicht nur die bekannten SozialdemokratInnen und KommunistInnen sind schon genau registriert, sondern auch alle jüdischen BürgerInnen, die in Vorarlberg leben. In Anlehnung an die „Nürnberger Gesetze“ werden von den Vorarlberger Behörden „alle im Lande ansässigen Juden“ erhoben, egal ob sie der jüdischen Glaubensgemeinde angehören oder nicht. Auch erste Hausdurchsuchungen finden statt. Die Liste wird der deutschnationalen Zeitung „Vorarlberger Tagblatt“ zugespielt und veröffentlicht.[99] Dieses öffentliche Erfassen und An-den-Pranger-Stellen markiert den Anfang der kommenden Verfolgung. In Bregenz wird zwei langjährigen Mitgliedern des Tennisclubs der „freiwillige“ Austritt nahegelegt. Für einen Ausschluss hat man noch keine gesetzliche Grundlage und auch nicht den Mut.

Das ändert sich nach dem „Anschluss“ im März 1938. Sofort finden „rassenkundliche“ Fortbildungsveranstaltungen für die LehrerInnen statt. In den Betrieben werden Schulungsabende „Zur Judenfrage“ abgehalten. Der dafür engagierte Redner Dr. Erich Schneider, der sich nach dem Krieg einem unverfänglichen Thema, nämlich der Vorarlberger Musikgeschichte, widmen wird, prophezeit den versammelten Textilarbeitern der Firma Schindler in Kennelbach: „Adolf Hitler hat uns vor der jüdischen Gefahr gerettet. Ganz Europa wird einmal dem Führer für diese Tat danken.“[100] Diese Ankündigung geschieht fast zwei Jahre vor dem Beschluss der „Endlösung der Judenfrage“. So umschreiben die Nationalsozialisten den Völkermord an den europäischen Juden. Sie sind – wie Schneider in Kennelbach – der Überzeugung, dass spätere Generationen für die Massenvernichtung der Juden dankbar sein werden.

Wie wird der Massenmord organisiert?[101]

Der Ausgrenzung der jüdischen Bevölkerung aus dem sozialen und wirtschaftlichen Leben durch die „Nürnberger Gesetze“ folgen erste massive Bedrohungen und Verhaftungen. Im November 1938 lässt Adolf Hitler in der so genannten „Reichskristallnacht“ den Volkszorn gegen jüdische Menschen und Einrichtungen inszenieren. In Vorarlberg bleibt es in dieser organisierten Pogromnacht ruhig, weil es kaum etwas „Jüdisches“ zu demolieren gibt. Es kommt aber bereits im selben Jahr 1938 zur Deportation von jüdischen MitbürgerInnen – so etwa des Hohenemsers Alois Weil, der im Juni 1938 ins KZ Dachau verschleppt und dort zwei Monate später zu Tode gebracht wird.[102]

Die Nationalsozialisten betreiben nach dem „Anschluss“ in erster Linie eine Politik der Vertreibung. Ihr Ziel ist es, die österreichischen Jüdinnen und Juden zur Auswanderung zu zwingen und sie vor dem Weggang ihres Besitzes zu berauben. Dafür wird 1938 die „Zentralstelle für jüdische Auswanderung“ in Wien eingerichtet. Zum Chef dieser Einrichtung wird der SS-Obersturmbannführer Adolf Eichmann bestimmt. Er

Die Vorarlberger Textilfirmen F. M. Hämmerle und F. M. Rhomberg bringen das Wiener Großkaufhaus in „deutsche Hände“. Im Zuge der so genannten „Arisierung“ wird das Unternehmen dem Besitzer Max Delfiner abgepresst und von den Dornbirner Unternehmen übernommen.

ist 1906 im rheinländischen Solingen geboren, aber schon als Kind nach Linz gekommen. Hier schließt er sich bereits 1932 der NSDAP an. Nach dem Verbot der Partei im Juni 1933 geht er zur so genannten österreichischen Legion in Deutschland und wird ab1935 in Berlin im „Referat Juden“ angestellt. Nun, nach dem „Anschluss“, organisiert er die systematische Beraubung und Vertreibung der jüdischen Bevölkerung.

Den am Leben bedrohten Menschen werden ihre Besitztümer abgepresst, zudem haben die in die Flucht Getriebenen eine „Reichsfluchtsteuer“ zu entrichten. Auch die Dornbirner Textilfirmen Franz M. Rhomberg und F. M. Hämmerle sind bereits bei den ersten „Arisierungen“ (das heißt: beim erzwungenen Verkauf jüdischen Eigentums an „Arier“) dabei. Ihnen gelingt es, das größte Wiener Kaufhaus Herzmansky mit 730 Angestellten in ihren gemeinsamen Besitz zu bringen.[103]

Doch die möglichen Aufnahmeländer halten sich angesichts des Flüchtlingsstroms aus Deutschland und dem ehemaligen Österreich mit der Vergabe von Visa und Aufenthaltsgenehmigungen immer mehr zurück. In einem Abkommen zwischen der Schweiz und Hitlerdeutschland wird im Oktober 1938 festgelegt, dass die Pässe deutscher Jüdinnen und Juden mit einem roten „J“ versehen werden. So können deutsche StaatsbürgerInnen nach wie vor ungehindert in die Schweiz einreisen, während die im Pass als „Juden“ markierten Deutschen und ÖsterreicherInnen nun ein Visum benötigen. Sie werden von der Schweiz nicht als politische Flüchtlinge anerkannt.

Trotzdem werden bis Ende 1938 an der Vorarlberger Grenze noch zahlreiche österreichische Juden und Jüdinnen, zum Teil unter tätiger Mithilfe der SS, illegal in die Schweiz gebracht. Auf Schweizer Seite erweist sich der St. Galler Polizeihauptmann Paul Grüninger als Helfer vieler bedrohter Menschen. Es sind etwa 3500 Flüchtlinge, die er durch die Umdatierung von Einreisedaten in die Schweiz einlässt. Grüninger wird 1939 entlassen und erst 1995, nach seinem Tod, rehabilitiert.[104] In der Folgezeit werden mindestens 30.000 Deutsche, die von den Nationalsozialisten als Juden abgestempelt werden, an der Schweizer Grenze abgewiesen. Die Mehrheit von ihnen endete in nazideutschen Vernichtungslagern.

Nachdem der vermögendere Teil der jüdischen Bevölkerung beraubt und vertrieben worden ist, beschließen die nationalsozialistischen Machthaber die so genannte „Endlösung". Im Sommer 1941, nachdem Hitlerdeutschland den halben Kontinent erobert hat und besetzt hält, beauftragt Reichsmarschall Hermann Göring den Chef der Sicherheitspolizei Reinhard Heydrich, die Vernichtung der europäischen Juden vorzubereiten. Auf der so genannten Wannsee-Konferenz (bezeichnet nach dem Ort der Tagung in einem Hotel am Berliner Wannsee) am 20. Jänner 1942 werden die organisatorischen Maßnahmen und Aufgaben zur „Endlösung" zwischen den betroffenen Ministerien, der Gestapo, der Polizei und der SS festgelegt. Protokollführer bei dieser Besprechung ist Adolf Eichmann. Er ist – wie erwähnt – bereits in Wien in leitender Stellung mit der Vertreibung der jüdischen BürgerInnen befasst gewesen, ihm wird bei der Realisierung des Massenmordes eine führende Rolle zukommen.

In allen Reichs- und eroberten Gebieten wird die jüdische Bevölkerung in Ghettos, Sammellager oder ausgewählte Stadtteile (in Wien in den 2. Bezirk) verbracht. Von hier aus werden die Transporte in die Vernichtungslager zusammengestellt. All diese Tötungseinrichtungen werden außerhalb des Deutschen Reiches im eroberten Polen errichtet.

Die systematische Vernichtung beginnt mit Massenerschießungen von Tausenden von Menschen, die von den Nationalsozialisten als Juden deklariert werden. Dieses Morden ist den Verantwortlichen aber nicht effizient genug. Außerdem kommt es teilweise zu Problemen mit den Erschießungskommandos, weil diese das Massenmorden psychisch nicht verkraften. Doch hat man schon 1939 mit dem Einsatz von Gas zur Tötung von „Ballastexistenzen" (so der menschenverachtende Nazijargon für arbeitsunfähige Menschen) begonnen. Nun werden in den eroberten Gebieten Tötungsversuche mit mobilen Gaskammern – das sind umgebaute LKWs, in deren geschlossene Ladeflächen die Auspuffgase eingeleitet werden – gestartet. Die Opfer sind meistens Kriegsgefangene. Ab dem Frühjahr 1942 wird dann mit der Auslöschung des europäischen Judentums in eigens dafür errichteten Vernichtungslagern begonnen.

Erstmals in der Menschheitsgeschichte wird hier nun ein Massenmord nach dem Muster der industriellen Produktion organisiert. Die „Ware Mensch" wird per Güterwaggons angeliefert und nach körperlicher Verwendbarkeit „sortiert". Kinder, Alte und Schwache kommen sofort in die Gaskammern; die Kräftigen werden gebraucht, um schwerste Zwangsarbeit zu verrichten oder um die Toten in die Krematorien zu transportieren und andere Drecksarbeiten zu erledigen, die den SS-Wachmannschaften nicht zuzumuten sind.

Im ersten Jahr, also bis Ende 1942, werden in den Tötungsanlagen Majdanek, Belzec, Sobibór und Treblinka nahezu eineinhalb Millionen Menschen umgebracht. Besonders zügig arbeitet der Kommandant von Treblinka, der Bregenzer Irmfried Eberl, der mit den höchsten Tötungszahlen aufwarten kann. Doch statt des erhofften Lobs erhält er die Kündigung, weil bei einer Inspektion Zustände sichtbar werden, die nicht ins

Von der Judenfeindschaft zum Holocaust

Bei der so genannten Wannsee-Konferenz vom 20. Jänner 1942 werden die organisatorischen Maßnahmen für die „Endlösung“ festgelegt. Reinhard Heydrich, Chef des Reichssicherheitshauptamtes, übernimmt die zentrale Planung des Massenmordes.

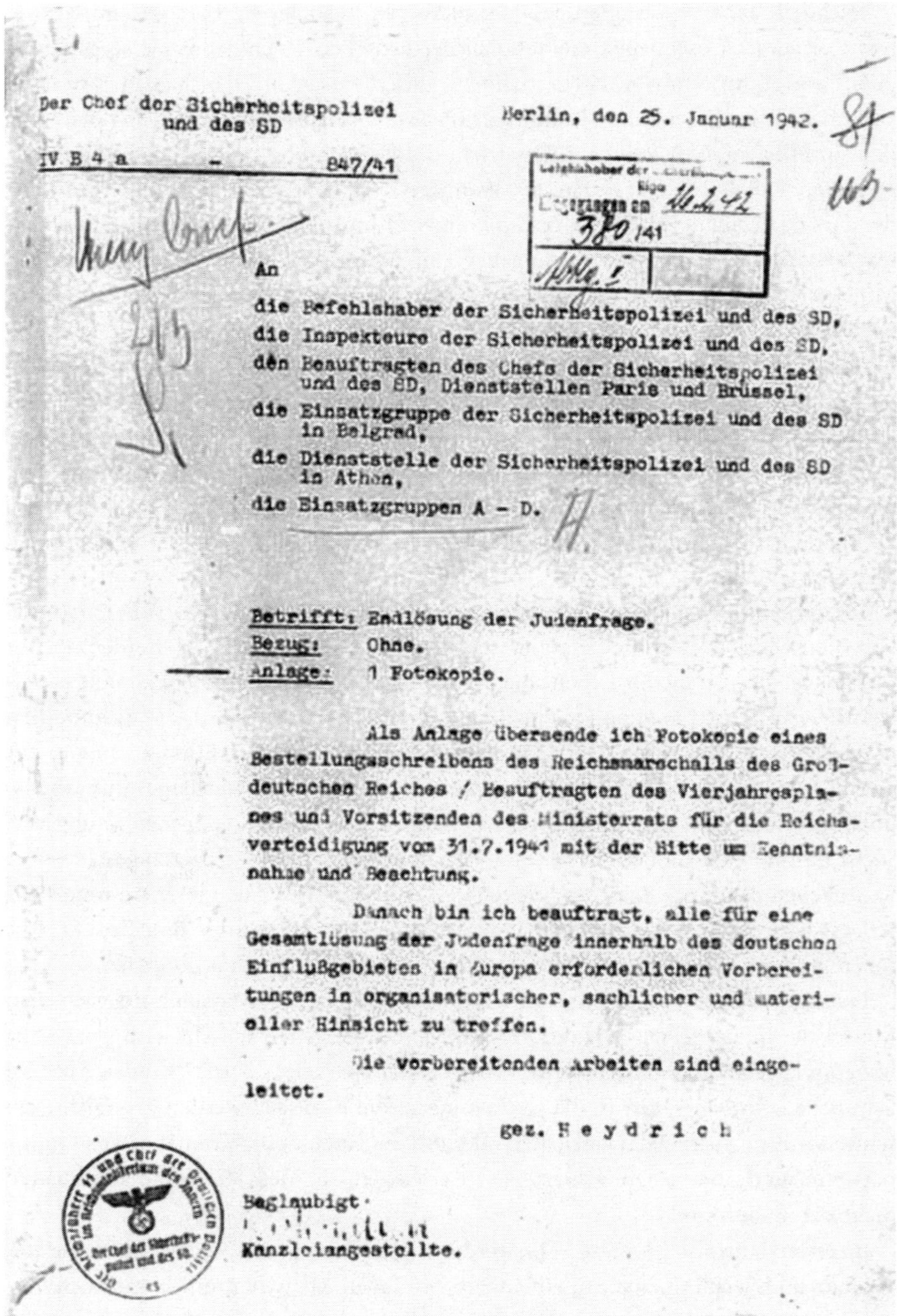

Der Chef der Sicherheitspolizei
und des SD

Berlin, den 25. Januar 1942.

IV B 4 a – 847/41

An

die Befehlshaber der Sicherheitspolizei und des SD,
die Inspekteure der Sicherheitspolizei und des SD,
den Beauftragten des Chefs der Sicherheitspolizei und des SD, Dienststellen Paris und Brüssel,
die Einsatzgruppe der Sicherheitspolizei und des SD in Belgrad,
die Dienststelle der Sicherheitspolizei und des SD in Athen,
die Einsatzgruppen A – D.

Betrifft: Endlösung der Judenfrage.
Bezug: Ohne.
Anlage: 1 Fotokopie.

Als Anlage übersende ich Fotokopie eines Bestellungsschreibens des Reichsmarschalls des Großdeutschen Reiches / Beauftragten des Vierjahresplanes und Vorsitzenden des Ministerrats für die Reichsverteidigung vom 31.7.1941 mit der Bitte um Kenntnisnahme und Beachtung.

Danach bin ich beauftragt, alle für eine Gesamtlösung der Judenfrage innerhalb des deutschen Einflußgebietes in Europa erforderlichen Vorbereitungen in organisatorischer, sachlicher und materieller Hinsicht zu treffen.

Die vorbereitenden Arbeiten sind eingeleitet.

gez. H e y d r i c h

Beglaubigt:
Kanzleiangestellte.

Ordnungsbild der SS passen. Die Arbeitssklaven kommen nämlich mit der Beseitigung der Leichen nicht nach.[105] Für die SS-Oberen ist aber das Verwischen der Mordspuren so wichtig wie das Töten selbst.

Zur größten Menschenvernichtungsfabrik wird schließlich das südpolnische Konzentrationslager Auschwitz ausgebaut. Dieses Vernichtungslager hat mehrere Gaskammern und Krematorien; in seiner Umgebung werden Industriebetriebe, landwirtschaftliche Großbetriebe und Versuchsanstalten angesiedelt. Die SS stellt diesen Betrieben Arbeitskräfte zur Verfügung und kassiert dafür Entschädigungen. Wenn die Häftlinge von Hunger und Zwangsarbeit ausgelaugt sind, werden sie ermordet.

Alle deportierten jüdischen MitbürgerInnen aus Vorarlberg werden in einem dieser Sammel- oder Vernichtungslager zu Tode gebracht. Überlebt haben nur jene, denen rechtzeitig die Flucht ins Ausland gelingt.

Die meisten Menschen in Vorarlberg haben durchaus Kenntnis von diesem Morden, wollen es aber wie die anderen BewohnerInnen Nazideutschlands nicht so genau wissen oder sie wollen das Ausmaß des Massenmordes nicht glauben. Dabei ist das, was da geschieht, kein Geheimnis. Ein Soldat aus Götzis, der miterlebt, wie die jüdische Bevölkerung in den besetzten Ostgebieten zusammengetrieben und der Vernichtung zugeführt wird, schließt seinen Neujahrsbrief an die Arbeitskollegen in der Heimat: „Wir hoffen, dass das Jahr 1942 dem Judentum ein Ende bereitet. Für dieses Gesindel ist kein Platz mehr in Europa, denn die Juden sind die Hauptschuldigen an diesem Krieg."[106] Die „rassenpolitische Aufklärung", die im Nationalsozialismus immer Teil der militärischen Ausbildung ist, zeigt hier ihre Wirkung.

Einer der aktivsten Helfer bei der Durchführung des Massenmordes an den europäischen Jüdinnen und Juden ist der Bregenzer Dr. Irmfried Eberl als Kommandant des Vernichtungslagers Treblinka. Nach seiner Festnahme im Jahre 1948 entzieht er sich durch Selbstmord dem Gerichtsverfahren.

Was geschieht mit den jüdischen MitbürgerInnen in Vorarlberg?

In Vorarlberg folgt der Hetze gegen „die Juden" im Allgemeinen, von der auch die jüdischen MitbürgerInnen im Lande nicht verschont bleiben, bald die alltägliche Diskriminierung: Berufsverbote, der Ausschluss der Kinder aus den öffentlichen Schulen, die Abgabe des Reisepasses (als Ersatz gibt es einen Ausweis mit den Zusatzvornamen „Sara" beziehungsweise „Israel"), die Verpflichtung zur Anmeldung des Vermögens, der Entzug der Führerscheine, das Verbot, ein Fahrrad zu benützen oder an Kultur- oder Sportveranstaltungen teilzunehmen, die Ablieferungspflicht für Radios und andere elektrische Geräte oder das Verbot, nach Einbruch der Dunkelheit spazieren zu gehen. Ab September 1941 müssen alle als Juden festgestellten Personen den „Judenstern" tragen. Im Feldkircher Gefängnis gibt es ab 1940 „Judenkost", was bedeutet, dass jüdische Gefangene kein Fleisch erhalten.

Tieferschüttert geben wir der Einwohnerschaft von Dornbirn und Umgebung bekannt, daß Gott der Allmächtige heute früh

Fräulein Selma Mitteldorf

Oberfürsorgerin

im 51. Lebensjahre plötzlich zu sich in ein besseres Jenseits berufen hat.

Die Beerdigung findet am Donnerstag, dem 24. März 1938, nachmittags 4 Uhr, vom Stadtspitale aus auf den städtischen Friedhof statt. Anschließend wird der Trauergottesdienst in der evangelischen Heilandskirche gehalten.

Dornbirn, Hannover, 22. März 1938.

Verein für Säuglingsfürsorge in Dornbirn

Die langjährige Leiterin der Säuglingsfürsorge von Dornbirn nimmt sich 10 Tage nach dem „Anschluss" das Leben, weil sie fürchten muss, dass sie nach den „Nürnberger Gesetzen" als Jüdin gilt und der Verfolgung ausgesetzt sein wird (Vorarlberger Tagblatt, 23. März 1938).

Geheime Staatspolizei
Staatspolizeistelle Innsbruck

II B 2165/38.
Bitte in der Antwort vorstehendes Geschäftszeichen und Datum anzugeben

Innsbruck, den 12. Mai 1939.
Wienerstraße 8
Ruf: 1250, 1251, 2107
für Ferngespräche: 2159

Sofort!

Schnellbrief

An die

L a n d r ä t e

in Innsbruck, Imst, Kitzbühel
Kufstein, Landeck, Reutte,
Schwaz, Bregenz, Bludenz
u. Feldkirch.

Nachrichtlich
an die

Geheime Staatspolizei
Grenzpolizeikommissariat

in B r e g e n z .

Betrifft : Auswanderung der Juden aus Tirol und Vorarlberg.
Bezug : Meine Schreiben vom 19.11., 23.11., 25.11.1938 und 17.1.1939.

Ich bitte bis zum 15.6.1939 um einen genauen Bericht über den Stand der im dortigen Landkreis ansässigen Juden und Mischlinge. Insbesondere bitte ich um Aufschluss über die Zahl der am 1.3.38 dort ansässig gewesenen Juden.

Der angegebene Termin muss unbedingt eingehalten werden.

Im Auftrage.

Bregenz
Eingelangt am:
13. MAI 1939
Zl. 358 Blg.

Bald nach dem „Anschluss" legen die NS-Behörden Juden-Verzeichnisse an, die laufend auf neuestem Stand gehalten werden.

Schon bald nach dem deutschen Einmarsch im März 1938 haben die Nazi-Behörden mit den ersten Verhaftungen und Deportationen begonnen.

Aus Österreich werden über 65.000 Menschen als Jüdinnen und Juden in nationalsozialistische Konzentrationslager verbracht, nur knapp 2.000 von ihnen überleben die Lagerhölle. In Vorarlberg zählen die Nazibehörden nach den Vorgaben der „Nürnberger Gesetze“ 45 Jüdinnen und Juden, rund 60 Menschen werden als „Mischlinge“ eingestuft. Etliche erkennen die Gefahr und fliehen noch in die Schweiz. Es bleiben in der Hauptsache ältere jüdische MitbürgerInnen, die sich nicht vorstellen können, dass sie als rechtschaffene Menschen verfolgt oder gar getötet werden sollen.

Wer wann in welches Lager deportiert wird, entscheiden ausschließlich Gestapo und SS. Die einheimischen Nationalsozialisten aber machen die Stimmung: In Dornbirn fordern sie den Abtransport der Familie des Ing. Edmund Turteltaub, damit die Stadt möglichst früh „judenfrei“ werde. Schon unmittelbar nach dem „Anschluss“ werfen Hitlerjungen den Turteltaubs Steine in die Fenster ihrer Wohnung und schreien antisemitische Parolen. Der NSDAP-Ortsgruppenleiter von Dornbirn-Hatlerdorf zwingt die Vermieterin, der vierköpfigen Familie die Wohnung zu kündigen. Selbst die Gestapo in Bregenz ist von so viel antisemitischem Eifer überrascht. Am 7. März 1939 wird die Familie zum Umzug nach Wien gezwungen. Das braune Dornbirn ist nun „judenfrei“.

Für die Familie Turteltaub beginnt ein langer Leidensweg. Sie versucht über Genua nach Südamerika zu gelangen, doch bevor das gelingt, werden ihre Pässe ungültig. Die Familie wird von den italienischen Behörden interniert. Nachdem Nazideutschland im Jahre 1943 die Verwaltung Italiens übernommen hat, geraten die internierten Jüdinnen

Deutsches Reich

J

Kennkarte

Ende 1939 werden allen als Juden eingestuften BürgerInnen ihre Ausweispapiere abgenommen und durch eine „J-Kennkarte“ ersetzt.

Die Kinder Walter und Hans Turteltaub aus Dornbirn kommen nach ihrer Ankunft in Auschwitz im Juni 1944 unmittelbar in die Gaskammer.
Die Eltern Edmund und Gertrude Turteltaub werden zu Tode geschunden.

und Juden unter den Zugriff deutscher Behörden – und damit in die bürokratische Maschinerie der Judenvernichtung. Die Familie Turteltaub teilt man im Juni 1944, wenige Tage bevor sie von den alliierten Streitkräften befreit worden wären, einem Bahntransport zu, der direkt nach Auschwitz führt. Bei der so genannten Selektion an der Ankunftsrampe des Zuges werden die Eltern zur Sklavenarbeit aussortiert, die Kinder Hans und Walter, 13 beziehungsweise 9 Jahre alt, kommen direkt ins Gas. Die Eltern Edmund und Gertrude Turteltaub werden in den folgenden Monaten zu Tode geschunden.[107]

Im September 1940 vermeldet das „Vorarlberger Tagblatt" mit Genugtuung, dass die letzten Juden aus Hohenems verschwunden seien. Natürlich sind sie dazu gezwungen worden. Die letzten sechs in Hohenems verbliebenen Mitglieder der jüdischen Gemeinde werden am 31. Mai 1940 in den 2. Wiener Gemeindebezirk umgesiedelt. Von hier erfolgen die Transporte in die Lager. Für Clara Heymann-Rosenthal, zu diesem Zeitpunkt bereits 74 Jahre alt, bastelt der Hohenemser Nazi-Bürgermeister ein eigenes Reisedokument, damit der Abtransport auch in bürokratischer Hinsicht nicht ins Stocken kommt. Zu diesem Transport gehören neben Frau Heymann die Familie Theodor, Helene und Dr. Hans Elkan, Gisela Figdor und Sophie Steingraber. Sie alle werden in den folgenden Monaten und Jahren in Konzentrationslager deportiert und zu Tode gebracht. Die verarmte Frieda Nagelberg, die in den 1930er Jahren zu den Siebentage-Adventisten konvertiert ist und nun für ein Gnadenbrot im Hohenemser Armenhaus als Büglerin arbeitet, ist dem Bürgermeister entgangen. Mit enormem bürokratischen Aufwand und persönlichem Einsatz gelingt es ihm gegen den Willen der Oberbehör-

Der Fotograf Markus Silberstein aus Hohenems wird als einer der ersten jüdischen Mitbürger aus Vorarlberg 1939 verhaftet, in die Konzentrationslager Dachau, dann Sachsenhausen deportiert und 1942 im KZ Groß-Rosen ermordet.

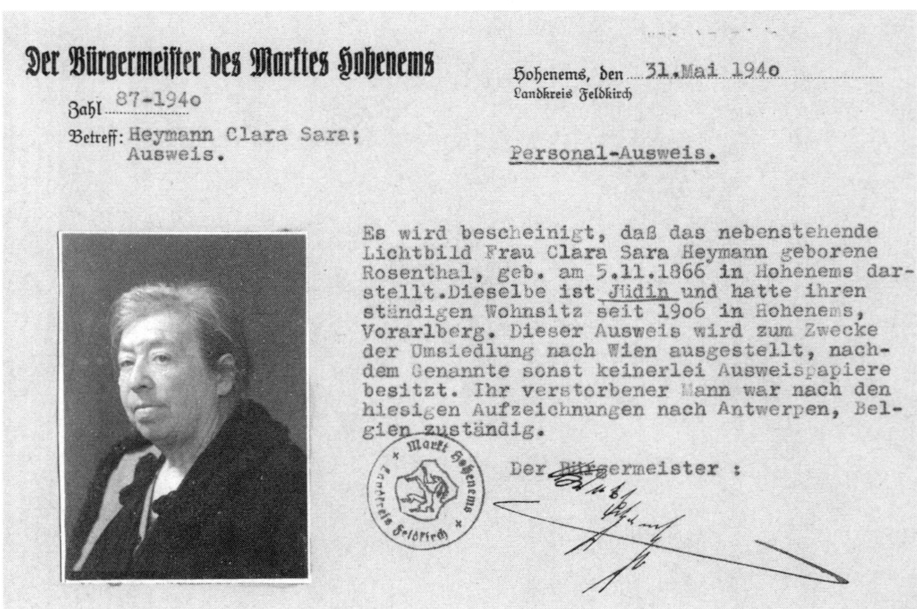

Der Bürgermeister des Marktes Hohenems

Hohenems, den 31.Mai 1940
Landkreis Feldkirch

Zahl 87-1940

Betreff: Heymann Clara Sara; Ausweis.

Personal-Ausweis.

Es wird bescheinigt, daß das nebenstehende Lichtbild Frau Clara Sara Heymann geborene Rosenthal, geb. am 5.11.1866 in Hohenems darstellt. Dieselbe ist Jüdin und hatte ihren ständigen Wohnsitz seit 1906 in Hohenems, Vorarlberg. Dieser Ausweis wird zum Zwecke der Umsiedlung nach Wien ausgestellt, nachdem Genannte sonst keinerlei Ausweispapiere besitzt. Ihr verstorbener Mann war nach den hiesigen Aufzeichnungen nach Antwerpen, Belgien zuständig.

Der Bürgermeister :

Markt Hohenems Landkreis Feldkirch

Damit Clara Heymann aus Hohenems „ordnungsgemäß" auf Abtransport geschickt werden kann, fertigt der Hohenemser Bürgermeister eigens einen Ausweis an. Über Wien wird Frau Heymann ins KZ Theresienstadt deportiert und dort zu Tode gebracht.

den, auch diese letzte Hohenemserin jüdischer Abstammung in die Vernichtung zu schicken. Es ist sein ganzer Ehrgeiz, „dass auch die letzte Jüdin das Land Vorarlberg verlässt“[108].

Der ehemalige Bregenzer Bahnhofsvorstand Julius Bachner und seine Frau Adele, beide konfessionslos, werden bereits im Februar 1939 als Juden „enttarnt“ und zur Umsiedlung nach Wien gezwungen. Ihr Leidensweg endet 1942 mit dem Tod im Ghetto Litzmannstadt, so der deutsche Name für die polnische Stadt Łódź.[109]

Auch eine Reihe jüdischer Menschen, die zeitweise in Vorarlberg gelebt haben oder hier geboren sind, wird in die Vernichtungslager deportiert. Etwa die Familie Landauer aus Hohenems, die in den 1920er Jahren nach Innsbruck übersiedelt ist. Im Mai 1942 werden Siegfried Landauer, seine Frau Laura und seine Töchter Johanna und Irma Elisabeth ins KZ Maly Trostinec verschickt und dort ermordet.[110] Nur dem Sohn Leonhard gelingt die Flucht in die Schweiz und von dort über Dänemark in die USA.[111] Die in Bregenz geborenen Brüder Josef und Martin Krebs werden von ihrem Wohnort Meran aus in deutsche Vernichtungslager verschleppt und umgebracht. In den 1920er Jahren hat ihnen der Bregenzer Stadtrat die Aufnahme in den Bregenzer Heimatverband verweigert, obwohl ihnen dieses Recht laut Friedensvertrag von St. Germain zugestanden wäre.[112]

Sophie Steingraber wird mit ihrer Cousine Clara Heymann 1940 nach Wien zwangsumgesiedelt und 1942 über Theresienstadt in das Vernichtungslager Treblinka verbracht und getötet.

Auch die Geschichte der Arztfamilie Mazer, die seit dem Ende des 19. Jahrhunderts in Bregenz lebt und ab dieser Zeit unter antisemitischen Anwürfen des unchristlichen christlichsozialen „Vorarlberger Volksblattes“ zu leiden hat, wird im Vernichtungslager zu Ende geschrieben. Dr. Ignaz Mazer stirbt im Mai 1924, seine Frau Sophie und die Tochter Elsa Bauer, verheiratet mit einem Deutschen, haben alle Stationen von der Ausgrenzung bis zur Vernichtung zu erleiden. Wenige Wochen nach dem Erlass zur Kennzeichnungspflicht der Juden im Herbst 1941 beschwert sich die Bregenzer NSDAP-Kreisleitung beim Landratsamt (Verwaltungsbehörde, die etwa der heutigen Bezirkshauptmannschaft entspricht), weil jemand die Mazers noch ohne Judenstern in Bregenz gesehen habe. „Ich wäre Ihnen dankbar, wenn Sie die äußere Kennzeichnung dieses Judenpacks veranlassen könnten,“ meint der Parteisekretär fordern zu müssen.[113] Im Mai 1942 werden die beiden Frauen – Sophie Mazer ist zu diesem Zeitpunkt 68 Jahre alt, ihre Tochter 38 – zur Übersiedlung nach Wien gezwungen. Die Mutter wird von hier ins Konzentrationslager Theresienstadt deportiert und zu Tode gebracht. Die Tochter Elsa Bauer wird bereits kurz nach ihrer Ankunft in Wien ins Lager Izbica bei Lublin/Polen verschleppt. Da es hier keine Gaskammern gibt, hat sich die SS eine noch grausamere Tötungsart ausgedacht. Die besonders ausgehungerten und entkräfteten Internierten werden in Güterwaggons gepfercht, deren Boden mit ungelöschtem Kalk bedeckt ist. Dann wird der Zug etwa 100 km vom Lager entfernt im Niemandsland abgestellt. Wenn nach Tagen kein Schrei, kein Stöhnen und kein Bewegen mehr zu vernehmen ist, werden die Leichen von noch kräftigen Häftlingen entladen und verbrannt. In kaum einem Lager werden die zur Tötung bestimmten Menschen noch im

Sterben so entmenschlicht und gequält wie in Izbica.[114] Elsa Bauer ist eines der Opfer dieser unvorstellbaren Barbarei.

Die Bregenzer Wohnung der Familie Mazer übernimmt ein aus dem „Altreich", also aus Deutschland, neu zugezogener Gestapo-Mann. Sie befindet sich direkt gegenüber dem Gestapo-Kommissariat in der Bregenzer Römerstraße. Bevor er einzieht, lässt er die Wohnung nicht nur desinfizieren, sondern auch die Griffe von Türen und Fenstern und die Armaturen in Küche und Bad auswechseln, damit er ja nicht mit „Jüdischem" in Berührung kommt.

Im Gegensatz zu Elsa Bauer werden die wenigen noch verbliebenen Jüdinnen, die mit „Ariern" verheiratet sind, vorläufig verschont. Gauleiter Hofer hat aber den Ehrgeiz – entgegen den Anordnungen aus Berlin –, dem „Führer" zu dessen Geburtstag im April 1943 einen komplett „judenfreien" Gau Tirol-Vorarlberg zu präsentieren. In einem Brief an einen ehemaligen Arbeitskollegen rechtfertigt ein Beamter im Gauamt – es ist der spätere Vorarlberger Landesamtsdirektor Dr. Elmar Grabherr – diese Maßnahme gegen die bisher geschützten Frauen mit den Bombenangriffen der Alliierten: „Es ist nicht mehr als recht, daß endlich auch mit den Juden abgefahren wird, die mit Ariern verheiratet sind, und deshalb bisher verschont wurden, denn es entspricht dem gesunden Volksempfinden, daß für die von den jüdischen Führern in Moskau, Washington und London gegen unsere Krankenhäuser und Wohnviertel begangenen Gräuel unsere Juden zur gesamten Hand haften. Daß es dabei im Einzelfall harte Szenen geben mußte, ließ sich nicht vermeiden. Wo gehobelt wird, fallen schließlich Späne. Heil Hitler! Dein E."[115]

Eine der drei betroffenen Frauen ist allerdings in Februar 1943 verstorben; die zweite liegt mit einem Herzinfarkt im Feldkircher Spital; die dritte wird nach Innsbruck ins Lager Reichenau deportiert, auf verschlungenen Wegen aber von ihrem Sohn nach Hause zurückgebracht und bis Kriegsende in der Bregenzer Wohnung versteckt. Die Bregenzer Nationalsozialisten wähnten jedenfalls ihre Stadt als von allen Juden und Jüdinnen „gesäubert".[116]

Der antisemitische Weg, auf den sich die christlichsoziale und die großdeutsche Partei seit etwa 1880 begeben haben, wird also auch in Vorarlberg von den Nationalsozialisten mit der Vernichtung der jüdischen MitbürgerInnen zu einem radikalen Ende gegangen.

Menschengeschichten

Bruno Amann: Der antisemitische Schreibtischtäter

Die Vernichtung des europäischen Judentums durch die Nationalsozialisten wäre ohne geistige Wegbereiter nicht möglich gewesen. Im Jahre 1938 setzt die österreichische Bevölkerung der Ausrottungspolitik kaum einen Widerstand entgegen. Das antisemitische Denken und Empfinden ist schon zu tief verwurzelt. Im Gegenteil: Die Zwangsmaßnahmen finden weitgehende Zustimmung. Was nach dem Abtransport mit den jüdischen MitbürgerInnen tatsächlich geschieht, will man nicht so genau wissen, oder es ist einem einfach egal.

Doktorat in Antisemitismus

Einer der radikalsten antisemitischen Stimmungsmacher ist der Vorarlberger Bruno Amann. 1913 in Hohenems geboren, besucht Amann nach der Volksschule das Bregenzer Gymnasium, wo er im Frühjahr 1933 die Reifeprüfung ablegt. Schon während der Schulzeit fällt Amann durch scharfe Diskussionsbeiträge und „mitreißende" Ansichten, die er heftig vertritt, auf. „Er war voller Pläne und duldete keine Halbheiten", schreibt ein Mitschüler später. Und: „Er war ein Feuergeist und blieb es zeitlebens."[117]

Bald nach seinem Übertritt an die Universität Wien, wo er Philosophie und daneben auch Volkswirtschaft studiert, schließt er sich dem inzwischen illegalen „Nationalsozialistischen Deutschen Studentenbund" an. Hier hält er bereits die ersten Schulungsvorträge über das Judentum. 1935 wird er wegen dieser politischen Betätigung eine Zeit lang inhaftiert. Seine Doktorarbeit schreibt er unter dem Einfluss von Othmar Spann, dem Vordenker des „Ständestaates", dessen antisemitische und antimoderne Ideen sich aber mehr mit dem Nationalsozialismus decken als mit dem Weltbild des autoritären Katholizismus. Er gehört zum Kreis der so genannten „nationalen Katholiken", die ihr politisches Ideal in einem vormodernen deutschen Großreich unter österreichischer Führung sehen, aber auch Sympathien für den nationalsozialistischen Reichsgedanken hegen. Seit 1928 ist Spann Vorstandsmitglied im „Kampfbund für deutsche Kultur". Gründer und Chef dieser nationalsozialistischen Vorfeldorganisation ist Alfred Rosenberg, Hitlers Chefideologe in Kultur- und Rassenangelegenheiten. Spanns und Rosenbergs Gedanken werden zum geistigen Fundament des Studenten Bruno Amann. Als Doktorvater fungiert Professor Hans Eibl, auch er ein nationaler Katholik, der die „deutsche Mission" des „Ständestaates" preist, daneben aber seit 1935 Mitglied der illegalen NSDAP ist.

Amanns Dissertation von 1937 mit dem Titel „Die geschichtliche Philosophie des Deutschen Idealismus" ist das ideologische Gesellenstück, auf dem das kommende „Meisterwerk" fußen wird. Im Kopf des

„Feuergeistes“ aus Hohenems schwellen der „deutsche Idealismus“ und der „jüdische Materialismus“ zu derart übermächtigen gegensätzlichen Prinzipien an, dass jeglichem vernünftigen Gedanken der Platz genommen wird.

Im Sommer 1938 stellt Amann den Antrag auf Aufnahme in die NSDAP, und kurz darauf findet er einen Verleger für sein Machwerk „Das Weltbild des Judentums. Grundlagen des rassischen Antisemitismus“. Wie schon der Schüler duldet auch der erwachsene Amann in seinem geradezu rasenden Antisemitismus „keine Halbheiten“. „Denn“, so Amann, „solange in irgendeiner Form jüdisches Denken und Empfinden im deutschen Volke vorhanden sind, ist die Judenfrage keinesfalls gelöst.“[118]

Die Vertreibung und Vernichtung der jüdischen Menschen reicht also noch nicht, auch die als „jüdisch“ erkannten Ideen müssen laut Amann ausgerottet werden. Dabei spielt es keine Rolle, dass es sich bei diesen „jüdischen Ideen“ um völlig gegensätzliche und miteinander unvereinbare Gedankenwelten handelt. Für Amann ist zum Beispiel der „demokratische Individualismus“ ebenso ein Produkt jüdischen Denkens wie der „kollektivierende Bolschewismus“. All diesen „zerstörerischen“ Weltauffassungen stellt Amann die Idee des „gerechten Reiches“ entgegen, die er ausführlich historisch herleitet und die nur in der deutschen Geschichte ihre wahre Ausformung finde: „Die nationale Geschichte in ihrer Gesamtheit ist heilig, allein schon deshalb, weil Deutsche sie gestaltet haben.“[119] Und im Umkehrschluss ist für Amann klar, dass alles Jüdische „unheilig“ ist, weil es das deutsche Weltprinzip unterlaufe und verunreinige.

Jetzt, so Amann, sei der Endkampf entbrannt „um den Sieg des Reiches über das Gegenreich, des völkischen ‚Christentums‘ über das Judentum, der nordischen, typenbildenden Wertewelt über die römisch-semitische, chaosschaffende, nivellierende und zersetzende Unterwelt; der Kampf ist entbrannt um den Sieg des aristokratischen völkischen Staatsprinzips über Bolschewismus und Demokratie.“[120] Auch die heute unverständliche Frage, warum der Nationalsozialismus für die Vernichtung des Judentums so gewaltige und schreckliche Energien aufbringe, beantwortet Amann kurz und grundsätzlich: „Die Wiedergeburt des germanischen Reiches der Deutschen steht und fällt mit der Judenfrage“.[121] Kurz: ohne Vernichtung der Juden kein neues Deutschland.

Seinen schriftstellerischen Eifer sieht er deshalb als Baustein am neuen Reichsgebäude und seinen hetzerischen Antisemitismus als Beitrag „zum nationalsozialistischen Sieg über das Weltjudentum“. In seiner Vision der neuen „ewigen Ordnung“ sind „alle Gegensätze in einer ewigen Volks- und Führerordnung aufgehoben und versöhnt“, und der „semitische Zerstörergeist ist überwunden.“[122] Selbst dem Rezensenten im nationalsozialistischen „Vorarlberger Tagblatt“ ist Amanns radikal antisemitisches Weltbild unheimlich.[123]

In seinem zweiten Buch „Der Sinn unseres Krieges“ dehnt Amann sein primitiv zweipoliges Geschichts- und Weltbild auf England und Frankreich aus. Jetzt gilt ihm Westeuropa als Gegenwelt zum Deutschtum: dort die geldgierigen calvinistischen Krämerseelen und hier die wertorientierten Idealisten. Deshalb sei der tiefere Sinn des von Hitlerdeutschland vom Zaun gebrochenen Krieges nicht die imperialistische Eroberung, sondern eine geistige Mission. Westeuropa sei vom Geist „des demokratischen Imperialismus“ beherrscht, und besonders die britische Politik sei „das Produkt weltbeherrschender Macht des beutedurstigen, semitisch gewordenen, listigen Wikingertums, vermischt mit unersättlichen Rachegefühlen asiatischer Nomaden gegen das deutsche Volk“.[124] Alle traditionellen und neu erfundenen Feindbilder des deutsch-völkischen Rassismus werden hier gebündelt und gegen den aktuellen Kriegsfeind England in Stellung gebracht.

Von der völkischen Mission zur Dornbirner Messe

Als diese zweite Propagandaschrift 1940 erscheint, ist Bruno Amann bereits deutscher Soldat und bleibt es bis zum Ende des Krieges. Kurz nach der Gefangennahme in Berlin gelingt ihm die Flucht aus einem Gefangenenlager der Alliierten, und bereits im Sommer 1945 ist er zu Hause in Hohenems – und bald wieder am Schreiben. Nachdem aber das „Dritte Reich", dem seine ganze politische Hoffnung, seine geschichtsphilosophische Mission und seine schriftstellerische Energie gehört haben, in Schutt und Asche liegt, gilt es politisch unbedenklichere Felder zu beackern. Zusammen mit dem Dornbirner Herbert Kaufmann gründet Amann im September 1945 den „Vorarlberger Volksanzeiger", ein reines Anzeigenblatt, und als freier Journalist beliefert er auch bald die neu gegründeten „Vorarlberger Nachrichten".

Und was jetzt noch kommt, kann man kaum glauben: Im Herbst 1945 wird Bruno Amann zum Öffentlichkeitsreferenten der „Österreichischen demokratischen Widerstandsbewegung" (ÖDW) und zum Mitarbeiter von deren Landessekretär Dr. Georg Blocher bestellt. Diese „Widerstandsbewegung" ist erst nach dem Krieg ins Leben gerufen worden – zur Unterstützung der französischen Verwaltung und Entnazifizierung des Landes. Beide, Amann und Blocher, haben in Wien miteinander studiert – und beide sind Parteianwärter, also Kandidaten für die Aufnahme in die NSDAP, gewesen.[125]

Zur selben Zeit wird von einigen jüngeren Vorarlbergern, die nicht schweigend und verdrängend ins neue Österreich übertreten wollen, die Zeitschrift „Homunculus" gegründet. Die Redakteure versuchen, die schreckliche Vergangenheit aufzuarbeiten, und sie nennen noch zu einem Zeitpunkt Täter beim Namen, als sich die Landespolitik und die dominierenden Medien bereits auf das Schweigen geeinigt haben. Im Jännerheft 1946 wird auf Amanns antisemitische und kriegshetzerische Bücher hingewiesen.[126] Kurz darauf wird er von der französischen Besatzungsmacht zur Verantwortung gezogen und ein halbes Jahr interniert – und zwar im Bergwerk Wirtatobel, wo auch andere schwer belastete Nationalsozialisten zu nützlicher Arbeit angehalten werden. Das Auffliegen Amanns, der an die Spitze der so genannten „Widerstandsbewegung" aufgerückt ist, führt zu einer weiteren Schwächung der Glaubwürdigkeit dieser von ehemaligen Nazis durchsetzten Organisation.

Im Lager lernt Bruno Amann jenen Mann näher kennen, der für seine kommende Karriere die entscheidenden Weichen stellen wird. Es ist dies der Dornbirner Textilunternehmer Hermann Rhomberg, ein früher und überzeugter Nationalsozialist, der während der „Dritten Reichs" hohe wirtschaftspolitische Ämter bekleidet hat.

Bevor sich aber Amann und Rhomberg im geschützten Milieu der 1949 gegründeten „Dornbirner Messe" wieder treffen, haben beide noch an der Entsorgung ihrer persönlichen NS-Verstrickung zu arbeiten. Amann beispielsweise wird 1948 vor die „Zentralkommission zur Bekämpfung der NS-Literatur" geladen. Er leistet der Vorladung nach Wien allerdings keine Folge; sein Rechtsanwalt Dr. Eduard Hammerl, auch ein ehemaliger nationalsozialistischer Funktionär, macht dafür Verfahrensmängel verantwortlich. So werden Amanns Bücher ohne Anhörung des Autors von der Kommission einstimmig auf die Liste verbotener Bücher gesetzt, „weil es sich hier eindeutig um nationalsozialistische Propaganda handelt".[127]

Hermann Rhomberg, Mitbegründer der „Dornbirner Export- und Mustermesse", wird 1949 deren erster Ausstellungsleiter und später Präsident. Hier kann man nun einen begabten Propagandisten brauchen. Rhomberg macht Dr. Bruno Amann zu seinem Pressechef und danach zum Mitglied der Geschäftsführung der Mustermesse. Unermüdlich ist Amann nun dafür unterwegs, diese Veranstaltung in und

Der antisemitische Hassprediger Dr. Bruno Amann (rechts sitzend mit Zigarette) mit seinem Förderer Hermann Rhomberg (stehend) bei einer Sitzung der Dornbirner Messe um 1950

über Österreich hinaus bekannt zu machen. Auch Reisen ins ehedem verhasste Westeuropa werden selbstverständlich.

Bruno Amann hat im Messebüro vertraute gleichgesinnte Gesellschaft. Denn Hermann Rhomberg sorgt dafür, dass auch andere ehemalige NS-SchreiberInnen eine neue berufliche Heimat finden. Die Dichterin Natalie Beer, überzeugte Nationalsozialistin bis in den Tod (1987), ist hier als Sekretärin tätig. Die ehemalige NS-Journalistin Ida Bammert Ulmer werkt als Amanns Assistentin. Und schließlich erhält auch der ehemalige NS-Landeshauptmann Anton Plankensteiner, nachdem er seine Gefängnisstrafe verbüßt hat, eine Anstellung. In der Dornbirner Messe ist man unter sich, hier muss man seine Worte und Gedanken nicht den Forderungen der „Umerziehung durch die Alliierten", so der Nazi-Jargon, anpassen.

Auch als Pressechef der Dornbirner Messe kennt Amann, wie schon zu seinen Schulzeiten, keine „Halbheiten". Er ist unermüdlich im Einsatz, reist viel, betreut und bedient die Wirtschaftsjournalisten und hat auch selbst eine gute Presse. Noch nicht 50-jährig stirbt Amann 1963 während einer Dienstreise in Wien an einem Herzinfarkt. Für die Messe hat er als Pionier viel geleistet, ob er aber – wie sein Nachrufer meint – seiner Schule, dem Gymnasium Bregenz, „Ehre gemacht" hat, darf angesichts seines politischen Irrlaufes bezweifelt werden. Ob er sein verzerrtes Weltbild des deutschen Rassen-Endkampfs gegen Juden, Engländer und Franzosen im Zuge seiner internationalen Erfahrungen als Messeherold korrigiert hat, bleibt ungewiss. Sicher ist nur eines: Sein unsägliches Buch hat ihn überlebt. Es wird heute unter Neonazis gern gehandelt und zitiert.

Hans Elkan: Talent ohne Chancen

Wie sehr der Antisemitismus auch das Leben eines unauffälligen, angepassten, umgänglichen und gescheiten Menschen bestimmen kann, zeigt sich beispielhaft an der traurigen Lebensgeschichte des Hohenemsers Dr. Hans Elkan. Geboren im Jahre 1900, bekommt er in den gut vier Jahrzehnten seines Lebens und Strebens keine Chance auf eine angemessene Anstellung, geschweige denn auf eine Anerkennung für seine Person und seine wissenschaftlichen Leistungen.

Kein Glückskind

Schon seine Geburt am 22. März 1900 ist mit einer Katastrophe verbunden: Seine Mutter Betti Menz stirbt 14 Tage nach der schweren Entbindung. Sie ist die Tochter des Michael Menz, eines angesehenen Mitglieds der jüdischen Gemeinde von Hohenems. Menz ist Generalagent der „Riunione"-Versicherung, Mitglied der Hohenemser Gemeindevertretung, Vorsteher der Israelitischen Kultusgemeinde und Mitglied des Landesmuseumsvereins. Das Museum erhält von ihm zahlreiche Schenkungen historischer Objekte. Elkans Vater Theodor stammt aus Wien, heiratet nach Hohenems und übernimmt nach dem Tod von Michael Menz dessen Versicherungsagentur. 1902 heiratet Theodor Elkan Helene Neuburger aus dem schwäbischen Bad Buchau. Sie wird den kleinen Hans an Mutters Stelle betreuen.

Seine fünf Volksschuljahre verbringt er in der inzwischen auf wenige Schülerinnen und Schüler geschrumpften Hohenemser jüdischen Schule unter deren bekanntem Lehrer Moritz Federmann. Im Schuljahr 1912/13 kommt Hans Elkan ans Staatsgymnasium Feldkirch. Obwohl er ein guter Schüler ist, wechselt er bereits im folgenden Jahr an das Gymnasium in Bregenz. Er und seine Mitschüler sind im Frühjahr 1919 die ersten Maturanten der neuen Republik. Die Stimmung der meisten Professoren, in ihrem Selbstverständnis noch immer mehr k.k. Beamte als Republikaner, ist recht gedrückt. Sie wird im Jahresbericht ernüchtert beschrieben: „Die Monarchie war zerschlagen, Südtirol verloren, das Volksvermögen verschwunden, an Stelle dessen ein Heer von Toten, Invaliden und Waisen. Wahrlich, eine traurige Bilanz für so viel Heldenmut."[128]

Von den 17 Maturanten legen fünf die Reifeprüfung mit Auszeichnung ab, Hans Elkan ist einer davon. Einer seiner Klassenkollegen, Julius Wachter, wird später Bürgermeister von Bregenz werden.

Den jungen Elkan zieht es an die Universität Freiburg, wo damals der berühmte Philosoph Edmund Husserl und dessen junger Assistent Martin Heidegger wirken. Neben philosophischen Vorlesungen belegt Elkan Musikwissenschaften und mittelalterliche Geschichte. Nach seiner Promotion zum Doktor der Philosophie im Jahre 1927 versucht Elkan offensichtlich ohne Erfolg, in Wien beruflich Fuß zu fassen. 1929 beginnt er an der Universität Innsbruck ein Lehramtsstudium, das er 1931 mit der Qualifikation für die Fächer Philosophie und Geschichte abschließt. Im folgenden Jahr legt er sein Probejahr am

Realgymnasium Innsbruck ab. In seiner dienstlichen Beurteilung werden ihm „hoher Eifer" und „außerordentliche Lehrfreudigkeit" attestiert; hervorgehoben wird außerdem sein „besonders bescheidenes und ruhiges Wesen".

Ausgrenzung trotz aller Bescheidenheit

Neben der Schultätigkeit erweitert er seine Lehrbefugnis um das Fach Geografie und macht dafür das notwendige Praktikum am Bundesgymnasium Feldkirch. Auch hier werden seine Leistungen mit „Sehr gut" beurteilt – und trotzdem verweigert man ihm eine Anstellung. In den beiden folgenden Jahren arbeitet Hans Elkan als unbezahlter Hilfslehrer an der Bundesrealschule in Dornbirn. Von seinem Wesen her zurückhaltend und bescheiden, scheint er aber hier den Schülern nicht Meister zu werden. Die offen antisemitische Stimmung in der Stadt hat seinen ohnehin unsicheren Status vermutlich völlig untergraben und ihn als Lehrer unhaltbar gemacht. Das ungehinderte antisemitische Rabaukentum der Jugendlichen lässt einem nachdenklichen, aufgeklärten Intellektuellen wie Hans Elkan keine Chance, und Unterstützung von der Schulobrigkeit hat er nicht zu erwarten.

In einem Artikel zum 175. Geburtstag von Friedrich Schiller im Jahre 1934 hebt Hans Elkan besonders dessen Humanität hervor – ein Ideal, das die Nationalsozialisten in den kommenden Jahren als Schwäche verspotten und in ihrer politischen Praxis mit Füßen treten werden.

Nach seiner gescheiterten beziehungsweise verhinderten Lehrerlaufbahn scheint sich Elkan hauptsächlich der Arbeit im häuslichen Garten und privaten Studien gewidmet zu haben. Auch wird er seinem Vater in dessen Agentur behilflich gewesen sein, so wie er ihn auch bei der Verwaltung der Israelitischen Kultusgemeinde unterstützt.

Als nach dem deutschen Einmarsch in Österreich die ersten Zwangsmaßnahmen gegen die jüdische

Dr. Hans Elkan (1900–1944) als Student

Bevölkerung gesetzt und die „Nürnberger Gesetze" eingeführt werden, fliehen die jüngeren unter den Hohenemser Jüdinnen und Juden in die Schweiz. Hans Elkan jedoch bleibt bei seinen inzwischen betagten Eltern. Der rechtschaffene, zurückgezogen lebende Vater Theodor Elkan ist bis 1940 der Meinung, dass ihm und seiner Familie nichts passieren werde.

Die Vernichtung

Am 21. Mai 1940 wird die Familie Elkan darüber informiert, dass sie mit den vier verbliebenen Hohenemser Jüdinnen nach Wien zu übersiedeln habe. Dabei sei „aller unnötige Ballast zurückzulassen", da es „nur einen Wohnraum für eine Familie" gebe. Am 1. Juni 1940 fährt die Familie Elkan mit dem Zug nach Wien und damit ihrer Vernichtung entgegen.

Dem erzwungenen Abschied ist die vollständige Ausraubung und Zwangsauflösung der jüdischen Kultusgemeinde vorausgegangen. Bereits 1938 hat der Hohenemser NS-Bürgermeister Josef Wolfgang verkündet, es sei nun an der Zeit, „Erinnerungsstätten ehemaliger jüdischer Herrschaft in Hohenems auszumerzen“[129]. Dabei geht es nicht nur um Straßennamen – die ehemalige Judengasse wird in „Friedrich-Wurnig-Straße“ umbenannt, nach jenem SS-Mann, der im Zuge des Juli-Putsches 1934 den Innsbrucker Polizeichef erschossen hat –, sondern um handfeste materielle Interessen: nämlich um Liegenschaften, Synagoge, Rabbinerhaus, Schulhaus und Friedhof. All diese Besitztümer der Israelitischen Kultusgemeinde werden um einen Spottpreis der Gemeinde Hohenems zugeschlagen. Der Vertreibung geht also die Beraubung voraus.

Mit der erzwungenen Abreise der Familie Elkan und der vier letzten jüdischen Frauen ist die 300-jährige Geschichte jüdischen Lebens in Hohenems zu einem gewaltsamen Ende gebracht.

Zwei Jahre hat Hans Elkan mit seinen Eltern in Wien noch eine elende Gnadenfrist. Es ist ein Dahinvegetieren zwischen Hoffen und Bangen. Im August 1942 werden die Elkans mit dem achten Wiener Sammeltransport ins Konzentrationslager Theresienstadt deportiert. In dieser altösterreichischen Festungsstadt, in der früher 7.000 Soldaten und ZivilistInnen untergebracht waren, werden 1942 87.000 Menschen zusammengepfercht. Der 76-jährige Theodor Elkan stirbt wenige Tage nach der Ankunft, seine Frau Helene Elkan im Februar 1944. Dr. Hans Elkan hält noch bis zum Sommer 1944 durch. Am 23. Juli 1944 ist auch seine Lebenskraft erschöpft. Wer oder was ihn schließlich umgebracht hat, wissen wir nicht.

Mit seinem Tod im Lager wird das Leben eines begabten und bescheidenen Menschen gewaltsam ausgelöscht. Dr. Hans Elkan hatte kaum Chancen, seine Talente und seinen humanen Lebensentwurf zu entfalten; durch das antisemitische Vorurteil ist er ständigen Herab- und Zurücksetzungen ausgeliefert und die Sohnestreue zu seinen Eltern erlaubt ihm keine Flucht. Die Antisemiten treiben ihn aus Beruf und Heimat und schließlich in den Tod.

Sie lassen ihm keinen Ausweg.

Quellen:
Hans Gruber, Hans Elkan – Anmerkungen zu einem beschädigten Leben, in: Thomas Albrich (Hg.), „Wir lebten wie sie ...“ Jüdische Lebensgeschichten aus Tirol und Vorarlberg, 2. Auflage, Innsbruck 2000, S. 111–122.
Werner Bundschuh, Dr. Hans Elkan (1900–1944). Ein Realschullehrer als Holocaust-Opfer, in: Bundesgymnasium Dornbirn Jahresbericht 2002/2003, S. 60–77.

Harry Weil: Unharmonische Heimatklänge

Auch nach der Vertreibung und Vernichtung des europäischen Judentums durch die Nationalsozialisten empfinden die meisten Menschen in Deutschland und Österreich keine reuige Scham. Selbst zu einer wenigstens symbolischen Wiedergutmachung sieht man keinen Grund. Die Gemeinde Hohenems, deren Grafen und BürgerInnen 200 Jahre hindurch von der überproportionalen Steuerleistung der jüdischen Gemeinde profitiert haben, zeigt sich nach 1945 gegenüber den wenigen Überlebenden nicht nur gefühlskalt, sondern ausgesprochen kaltschnäuzig. Der wehleidige Blick auf die eigene Befindlichkeit, der gierige Schutz der eigenen Interessen und ein tief verwurzelter Antisemitismus verhindern eine zumindest nachträgliche Anteilnahme am unermesslichen Leid, das jüdischen Menschen zugefügt wurde. Der Hohenemser Harry Weil ist nicht der einzige, der diese schmerzliche Erfahrung machen muss.

Ein begehrter Musikus

Der Hohenemser Synagogendiener und Kantor Jakob Weil und seine Frau Rachel haben drei Söhne und eine Tochter. Die kleine jüdische Gemeinde kann für seine Dienste wenig bezahlen, sodass Jakob Weil zum Erhalt seiner Familie auch als Schächter, Metzger und Spielwarenhändler tätig ist.

Der jüngste Sohn, Harry mit Namen und 1898 in Hohenems geboren, erbt wenig Materielles, aber die Gesangsstimme und die musikalische Begabung seines Vaters. Zudem besitzt der begehrte Musikant ein geselliges und einnehmendes Wesen und ist bei vielen Mädchen beliebter, als es den christlichen Mitbewerbern recht ist.

Wie die meisten seiner Jahrgangskollegen wird Harry Weil 1917 als Tiroler Kaiserjäger an die Südfront in den Ersten Weltkrieg befohlen. Er kehrt verletzt zurück. In den 1920er und 1930er Jahren arbeitet er als Versicherungsmakler und Lebensmittelhändler. Als Nachfolger seines Vaters versieht er den Dienst als Organist in der Synagoge und erteilt den wenigen jüdischen Jugendlichen in Hohenems Religionsunterricht.

Sein hauptsächliches Engagement gehört der weltlichen Musik. Bereits 1919 ist er Mitglied eines Schrammelquintetts. Solche Ensembles mit Wiener Musik sind bei unterschiedlichen Anlässen begehrt. Daneben spielt er in einer Bregenzer Big Band und in Theater- und Musikvereinen. Dem „Arbeitergesangsverein Nibelungenhort“ in Hohenems stellt er sein musikalisches Talent als Chorleiter zu Verfügung. Im Jahre 1932 heiratet Weil die aus Birsfelden in der Schweiz stammende katholische Angelina Tavonatti. Der Ehe entstammt Sohn Harry junior, der in Bregenz geboren und getauft wird.

Politisch wendet sich Harry Weil in den 1930er Jahren der Sozialdemokratie zu, und nach deren Verbot illegalen linken Gruppen. Für Vorarlberger Juden bleibt die Sozialdemokratie die einzige politische Option, nachdem das ehemalige liberale Lager – die einstige politische Heimat des jüdischen Bürgertums von Hohenems – immer stärker ins völkisch-antise-

Die Hohenemser Schrammelmusik zu Beginn der 1920er Jahre, in der Mitte Harry Weil an der Bassgeige

mitische abgedriftet ist. Die christlichsoziale Partei ist konfessionell an den Katholizismus gebunden und seit ihrer Gründung ebenfalls antisemitisch; auch sie will keine jüdischen ParteigängerInnen.

Für die Mitarbeit an einem antifaschistischen Flugblatt wird Harry Weil 1934 verhaftet und kurze Zeit eingesperrt. In diesem Jahr stirbt sein Vater, und so zieht die junge Familie Weil von Bregenz zurück nach Hohenems, weil die Mutter der Pflege bedarf. Ein gnädiges Schicksal lässt Rachel Weil im Jänner 1938 sterben, sodass ihr der „Anschluss" und seine Folgen erspart bleiben.

Flucht nach Übersee

Harry Weil ist nicht nur ein musikalischer, sondern auch ein politisch aufmerksamer Zeitgenosse. Er sieht, wie in Deutschland jüdische BürgerInnen seit Hitlers Machtübernahme im Jänner 1933 Schritt für Schritt entrechtet werden. Seit dem „Anschluss" weiß er, was den jüdischen Menschen jetzt auch in Österreich – von der Ausgrenzung bis zur Ausplünderung – bevorsteht. Die totale Auslöschung kann auch er sich vermutlich nicht vorstellen.

Im Sommer 1938, als ein Grenzübertritt noch einigermaßen leicht möglich ist, flieht die Familie Weil in die Schweiz. Harry Weils Bruder Julius ist bereits im Jahre 1915 nach Chicago ausgewandert, hat dort als Lebensmittelhändler begonnen und betreibt inzwischen mit seiner Frau Alice ein Modegeschäft. Mit seiner Hilfe und Bürgschaft erhalten die Weils schließlich ein Visum für die USA. Am 12. April 1939 kommen sie mit dem Passagierschiff „Ile de France" in New York an. Wie die meisten Einwanderer müssen auch sie ganz unten anfangen.

Dass die Auswanderung geboten war, zeigt sich bald am Beispiel von Harry Weils Bruder Alois. Er wird bereits am 23. Juni 1938 ins Konzentrationslager Dachau deportiert und dort kaum zwei Monate später umgebracht.

Angesichts dieser Tatsache klingt die Auskunft der Gemeinde Hohenems an Harry Weil, der 1948 um eine Entschädigung für die beschlagnahmte Wohnung, den gestohlenen Hausrat und anderes nachsucht, nicht nur unverschämt, sondern zynisch. Er sei freiwillig ausgewandert, schreibt der Bürgermeister, und habe deshalb keine Ansprüche zu stellen. Und wenn er wieder eine Wohnung wolle, möge er sich wie alle anderen auf eine Warteliste setzen lassen.[130] Das ist der offizielle Umgang der Gemeinde Hohenems mit ihrem einzigen jüdischen Mitbürger, der den Holocaust überlebt hat.

Langsame Heimkehr

Die rüde Ablehnung rechtmäßiger Ansprüche durch die Nachkriegspolitiker kennt auch Harry Weils Geschäftspartner ab dem Beginn der 1950er Jahre. Weil übernimmt nämlich die amerikanische Vertretung der Lochauer Privatkäserei Josef Rupp. Diese Firma ist von den Nationalsozialisten der genossenschaftlichen Alma zugeschlagen worden; sie wird dem Eigentümer erst nach einem mühseligen Verfahren und einem Urteil des obersten Gerichts rückerstattet.

Harry Weils Verbindung mit Vorarlberg bleibt trotz der Zurückweisung durch seinen Heimatort aufrecht. 1953 besuchen er und seine Frau Angelina erstmals wieder ihre alte Heimat. Eine jüdische Gemeinde in Hohenems finden sie nicht mehr vor. Aus der Synagoge, in der Weil gesungen und gebetet hat, haben die Gemeindepolitiker ein Feuerwehrhaus gemacht.

Immerhin hat sich auf dem Ozeanschiff, mit dem die Weils reisen, etwas verändert: Steht in der Rubrik „Nation" auf der Schiffsliste des Fluchtjahres 1939 noch „Hebrew", so wird das Ehepaar im Jahre 1953 als „American" geführt.[131] Für seine Verdienste um den Käseexport erhält Harry Weil 1965 das „Goldene Ehrenzeichen für die Verdienste um die Republik Österreich". Im Bericht der „Vorarlberger Nachrichten" vom 4. September 1965 anlässlich der Ordensverleihung wird Weil wieder zum Vorarlberger, zumindest seinen Eigenschaften nach: „Umsicht, Fleiß und saubere Geschäftsabwicklung" zeichnen den Geehrten aus, heißt es da. Das tut dem zuvor Verjagten wohl.

Seine Anhänglichkeit an den Ort, in dem er 40 Jahre seines Lebens verbracht, eine anerkannte Rolle und viel Musik gespielt hat und wo das Grab seiner Eltern ist, bewahrt er sich bis zuletzt. Es ist sein Wunsch, in Hohenems begraben zu werden. 1970 stirbt Harry Weil in Kalifornien, seine Urne wird auf dem jüdischen Friedhof in Hohenems beigesetzt.

Quellen:
Jüdisches Museum Hohenems: http://www.hohenemsgenealogie.at (eingesehen am 6.2.2012).
Bernhard Purin, „Ich habe nie aufgehört, ein Vorarlberger zu sein". Hohenemser Juden in der Fremde, in: Allmende 36/37 (1993), S. 69–84, hier S. 78–81.
Werner Dreier, „Rücksichtslos und mit aller Kraft". Antisemitismus in Vorarlberg 1880–1945, in Werner Dreier (Hg.), Antisemitismus in Vorarlberg, Bregenz 1988, S. 132–249.
Johannes Inama, Harry Weil, Reisender. Ein Emigrantenschicksal zwischen amerikanischem Traum und gescheiterter Rückkehr nach Hohenems, in: Thomas Albrich (Hg.), „Wir lebten wie sie ...", Innsbruck 1999, S. 341–354.

Herta Greif: Die lange Flucht

Viele jüdische Familien in Österreich versuchen nach dem „Anschluss", wenigstens die Kinder in Sicherheit zu bringen. Viele Ältere sind lange der Ansicht, sie seien bisher rechtschaffene und unbescholtene StaatsbürgerInnen gewesen, ihnen werde schon nichts passieren. So kommt es, dass jüngere österreichische Juden und Jüdinnen häufiger überleben als ältere – weil sie den Mut und die Energie haben, zu fliehen. Für arbeitsfähige junge Menschen ist es in der Regel auch leichter, ein Visum für ein Zuwanderungsland zu erhalten, als für alte. Die Bregenzer Familie Ernst ist ein Beispiel dafür.

Der Weg nach Westen

Gegen Ende des 19. Jahrhunderts werden in Österreich-Ungarn die ersten öffentlichen und betrieblichen Krankenkassen eingeführt. Diese Kassen beginnen, eigene Kassenärzte zu beschäftigen, weil die niedergelassenen Ärzte von den Kassen zu hohe Honorare fordern. In diesem Zusammenhang werden einige Ärzte aus dem Osten der Monarchie nach Vorarlberg geholt – darunter sind auch Juden oder solche, die aus jüdischen Familien stammen. Zur Gebietskrankenkasse Bregenz etwa kommt Dr. Ignaz Mazer, der anschließend laufenden antisemitischen Anfeindungen durch das katholische „Vorarlberger Volksblatt" ausgesetzt ist. Dr. Martin Levenhack, ein weiterer betrieblicher Kassenarzt, wird in Hard angestellt. Nach Innsbruck kommt Dr. Alois Ernst aus Mähren.

Sein Sohn Oskar übersiedelt um 1905 nach Vorarlberg, lässt sich mit seiner Frau Hermine Schulhof zuerst in Bludenz und dann in Bregenz als Textilhändler nieder. 1917 wird Oskar Ernst in die österreichische Armee einberufen. Er überlebt zwar das Kriegsende, stirbt aber am 6. Juli 1919 in Bregenz an den Folgen der Kriegsverletzungen. Hermine Ernst ist fortan eine Kriegerwitwe, die mit einer Pension von 28 Schilling im Monat ihre zwei kleinen Kinder durchbringen muss: Herta ist beim Tod des Vaters sechs und Robert drei Jahre alt.

Beide Kinder durchlaufen Bregenzer Schulen. Herta macht eine kaufmännische Ausbildung und Robert wird Textilchemiker. Herta Ernst hat schon früh, obwohl klein und zierlich von Gestalt, zu kämpfen gelernt, sei es gegenüber diskriminierenden Nachbarn oder Behörden. Im Juli 1938 heiratet sie in Wien den aus Polen stammenden Kaufmann Mendel Greif. Das junge Paar wohnt bei der Mutter in der Bregenzer Jahngasse.

Vertreibung und Flucht

Eine Woche nach dem „Anschluss" werden die Soldaten des österreichischen Bundesheeres auf den „Führer" vereidigt. Robert Ernst, zu dieser Zeit Gefreiter in der Bregenzer Kaserne, verweigert diesen Eid. Er wird von der Gestapo festgenommen und inhaftiert. Seiner mutigen Schwester Herta gelingt es, mit Verweis auf die Kriegsauszeichnungen des Vaters den Bruder frei zu bekommen – allerdings mit der

Auflage, dass er das Land innerhalb von 24 Stunden zu verlassen habe. Nach einem kurzen Aufenthalt in der Schweiz gelingt es Robert Ernst, ein Visum für die Vereinigten Staaten zu bekommen.

Im September 1938 landet er aus Antwerpen kommend in New York und begibt sich weiter nach Los Angeles. Hier baut er in den folgenden Jahren eine eigene Firma auf, die organische Chemikalien zur Oberflächenbehandlung von Textilien entwickelt und herstellt. Im Alter von 60 Jahren gibt Robert Ernst seinem Berufsleben eine völlige Wendung: Er verkauft seine Firma und beginnt ein Biologiestudium, das er mit einem Doktorat zur Physiologie von Orchideen abschließt. Mit 70 wird er Professor für Botanik an der University of Southern California. Sein ganzes Interesse bis zu seinem Tod im Jahre 2009 gehört den exotischen Blumen.

Herta und Mendel Greif bleiben in Bregenz bei der kranken Mutter. Doch am 27. Oktober 1938 verfügt das Reichsinnenministerium die sofortige Abschiebung aller „Juden polnischer Staatsangehörigkeit" aus dem Deutschen Reich. Die Gestapo wird beauftragt, diese Personengruppe „in Abschiebehaft zu nehmen und unverzüglich nach der polnischen Grenze in Sammeltransporten abzuschieben"[132].

In Bregenz ist das Ehepaar Greif von dieser Zwangsmaßnahme betroffen. Mendel Greif ist zwar in der österreichisch-ungarischen Monarchie geboren worden, sein Heimatort liegt aber inzwischen in Polen. So wird der Staatenlose von den Nationalsozialisten als „polnischer Jude" klassifiziert. Seine Gattin gilt durch die Verheiratung ebenfalls als „Polin". Einen Tag vor der Deportation flieht das junge Paar in die Schweiz und von dort weiter nach Frankreich.

Mit Kriegsbeginn tritt Mendel Greif in die französische Armee ein und gerät bei deren Niederlage in deutsche Kriegsgefangenschaft. Er weiß, was ihm bevorsteht, wenn die Deutschen ihn identifizieren, und er wagt deshalb einen Ausbruch aus dem Lager – erfolgreich. Wieder vereint, versuchen Mendel und Herta Greif, sich im französisch verwalteten Teil des von den Deutschen besetzten Frankreichs (Vichy-Frankreich) ein Auskommen zu sichern, aber noch lieber ein Visum für Amerika zu bekommen. Ab 1942 betreibt das mit Nazi-Deutschland kooperierende Vichy-Regime die Jagd auf nicht-französische Juden immer heftiger, und die Möglichkeiten, sich zu verstecken, werden immer geringer. Herta und Mendel Greif verdingen sich als Schafhirten, und was es sonst an Gelegenheitsarbeit gibt; sie schlafen in Ställen und im Freien, immer in Gefahr, entdeckt oder verraten zu werden. Sie finden auch Menschen, die ihnen für eine Weile Unterschlupf gewähren. Zeitweise sind sie interniert, es gelingt ihnen aber immer wieder die Flucht.[133] 1943 übernehmen es die Deutschen selbst, ganz Südfrankreich nach eventuell noch überlebenden Jüdinnen und Juden zu durchkämmen.

Gewaltsame Trennung

Im Juni 1944 wird Mendel Greif bei einer Razzia der Gestapo in seinem Versteck entdeckt und festgenommen. Herta Greif ist zu dieser Zeit auf der Suche nach Lebensmitteln und wird von Einwohnern vor einer Rückkehr gewarnt. Sie schafft es, sich nach der Verhaftung ihres Mannes noch fast ein Jahr unentdeckt durchzuschlagen.

Am 30. Juni 1944 wird Mendel Greif mit dem 76. Transport aus dem französischen Lager Drancy nach Auschwitz deportiert. Wie viele andere gesunde Häftlinge wird er bald darauf ins Konzentrationslager Mittelbau-Dora verbracht. Hier sollen Untertage-Werkshallen für die von den Nazis erhofften Wunderwaffen V1 und V2 aus dem Felsen geschlagen werden. Die bisherigen Montagehallen in Peenemünde an der Ostsee sind von den Engländern ausgemacht und bombardiert worden. Um die Anlagen noch vor dem Eintreffen der Alliierten fertig stellen zu können, werden Tausende von Häftlingen zu Tode

Herta Greif-Ernst, kurz vor ihrer Flucht aus Bregenz nach Frankreich

Robert Ernst aus Bregenz, hier als Professor für Biologie in seiner neuen Heimat Kalifornien

geschunden. Am 11. April 1945 wird dieses Lager im thüringischen Nordhausen von US-amerikanischen Truppen befreit. Mendel Greif ist dem Tod nahe. Seine Frau, die ihn in einem amerikanischen Spital in Frankreich wiederfindet, erkennt den zum Skelett Abgemagerten anfänglich nicht mehr.

Im Paris der Nachkriegszeit erfahren Herta und Mendel Greif allmählich, dass ihre beiden Familien von den Nationalsozialisten ausgerottet worden sind. Mendel Greif verliert alle zehn Geschwister, Herta Greif ihre Mutter aus Bregenz, die im März 1942 in Wien stirbt. Das Vernichtungslager ist ihr erspart geblieben. Der einzige nahe Verwandte, der noch lebt, ist Bruder Robert Ernst in Los Angeles. Dorthin werden nun Herta und Mendel Greif, der sich inzwischen Emile nennt, aufbrechen.

Neustart mit alter Erinnerungslast

Ab Herbst 1945 versucht das Ehepaar Greif, in der südwestfranzösischen Stadt Agen ein Modegeschäft aufzubauen. Nach Auskunft durch Robert, den Bruder Hertas, sind aber die Chancen in Amerika besser. So verlassen Mendel und Herta Greif am 1. April 1947 Europa für immer und erreichen eine Woche später auf der „Queen Elizabeth" New York.[134] Im Stadtzentrum von Los Angeles eröffnen die beiden bald nach ihrer Ankunft und mit finanzieller Unterstützung durch Robert Ernst ein Geschäft für Ledertaschen und andere Modeartikel aus Leder. 1951 und 1955 werden die Söhne Mark und Lloyd geboren. Im März 1962 stirbt Mendel (Emile) Greif. Die körperlichen und seelischen Wunden, die Auschwitz und Dora geschlagen haben, sind nicht mehr verheilt.

Herta Greif, schon ganz Amerikanerin geworden, startet wieder neu. Sie zieht mit ihren beiden Kindern nach Santa Monica, eröffnet einen Kosmetiksalon und macht in der Nacht Buchhaltungen. Als Dank an das Land, das sie aufgenommen und ihr ein zweites Leben ermöglicht hat, amtiert sie in den folgenden Jahrzehnten bei allen Wahlen als freiwillige Wahlhelferin. Beide Söhne absolvieren Universitätsstudien, die sich die Mutter vom Munde abspart.

Am 4. September 2011 endet in Los Angeles der über weite Etappen unmenschlich harte Lebensweg der Herta Greif, der am 21. Oktober 1913 in der Bregenzer Jahngasse hoffnungsvoll begonnen hat. Im Nachruf der „Los Angeles Times“ vom 7. September 2011 wird sie als „kind, generous and giving person with an incredible life force“ beschrieben. Sie habe bis ans Lebensende den Wiener Walzer geliebt, zugleich aber die Erlebnisse der Nazizeit als unvergessliche Belastung mit sich getragen. Sehnsucht nach einem Bregenz-Besuch hatte sie nicht.

Quelle:
Lloyd Greif, Herta Greif, in: Jewish Journal, 25.1.2012.

Roma und Sinti im NS-Staat

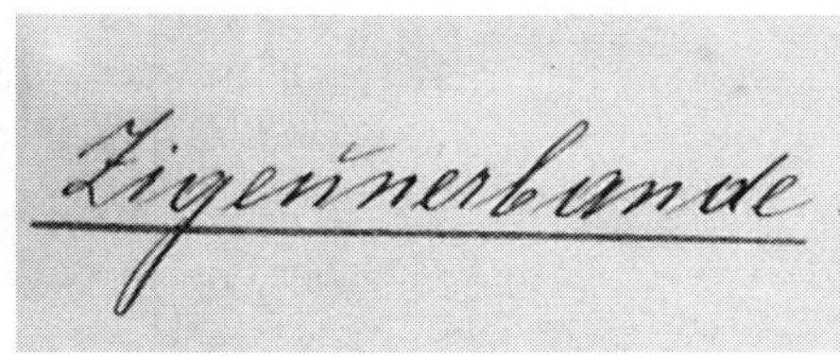

Weshalb diese traditionelle Ablehnung?

Die Roma und Sinti, volkstümlich, aber abwertend als „Zigeuner“ bezeichnet, sind im 12. Jahrhundert aus Nordindien nach Europa eingewandert. Als Spätgekommene verbleiben ihnen von Beginn an in erster Linie „fahrende Berufe“, die von der ortsfesten bäuerlichen Bevölkerung nicht gerne ergriffen, aber trotzdem benötigt werden. Solche – meist fahrende – Gewerbe sind die Messerschleiferei, das Kesselflicken und Korbflechten, der Pferdehandel, die Schaustellerei und das Musizieren. Auf Jahrmärkten verdienen „Zigeunerinnen“ auch mit Handlesen und Kartenschlagen ein Zubrot.

Im Laufe der Jahrhunderte kommt es immer wieder zu einschränkenden Vorschriften durch die Obrigkeit und zu Vertreibungen. Gestützt wird die diskriminierende Praxis durch Vorurteile der sesshaften Bevölkerung, die sich immer wieder – durch Angst vor Diebstählen – bedroht und bei Geschäften übervorteilt fühlt.

Seit etwa 1880 versuchen die Polizeibehörden der österreichisch-ungarischen Monarchie die Fahrenden in ihren Herkunftsbezirken zu halten. Es werden umfangreiche „Zigeuner-Evidenzen" angelegt, die den Behörden die Verfolgung erleichtern sollen. Die Innsbrucker Statthalterei empfiehlt 1910 den Bezirksämtern von Tirol und Vorarlberg von allen „Zigeunern daktyloskopische Aufnahmen" – also eine Kartei der Fingerabdrücke – anzulegen.[135]

Die Einschränkung der Bewegungsfreiheit geht einher mit einer sprachlichen und damit auch menschlichen Abwertung der Roma- und Sinti-Familien: Sie werden im Amtsgebrauch nur noch als „Banden" bezeichnet – auch wenn sie kein Delikt begangen und gültige Ausweispapiere haben.[136]

Die Politik der Abweisung geht auch in der Republik – also nach 1918 – weiter wie bisher. Aus Vorarlberg werden in den 1920er und 1930er Jahren immer wieder Fahrende „ausgeschafft", das heißt über die Landesgrenzen abgeschoben. Diese Zwangsmaßnahmen führen dazu, dass es zur Zeit des „Anschlusses" in Vorarlberg praktisch keine angesiedelten Roma und Sinti gibt. Erst mit der Einführung der „Nürnberger Gesetze" im Deutschen Reich im Jahre 1935 versuchen einige Familien, der dortigen Verfolgung mit einer Übersiedlung nach Österreich zu entkommen. Doch die Gendarmerie weiß vor und nach dem „Anschluss" die Ansiedlung von „Zigeunern" durch Grenzkontrollen und Abschiebungen zu verhindern. Im November 1938 werden zwei Roma-Familien, die Arbeitszuweisungen für das Montafon haben, aufgegriffen und in Richtung Tirol abgeschoben. Andere werden bereits im Klostertal an einer Weiterreise gehindert.[137]

Bereits während der österreichisch-ungarischen Monarchie werden so genannte „Zigeuner"-Familien von den Polizeibehörden ausschließlich als Banden bezeichnet und systematisch verfolgt. Hier vermeldet die Gendarmerie von Bludenz, dass sie eine in Feldkirch aufgegriffene „Zigeunerbande" von fünf Personen auftragsgemäß nach Tirol ausgeschafft habe.

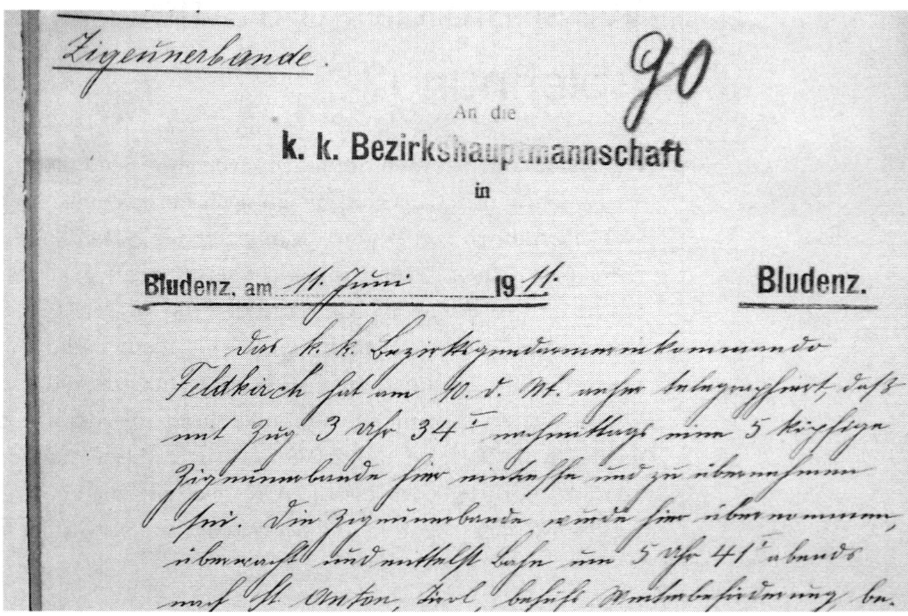

Zigeunerbande.

90

An die
k. k. Bezirkshauptmannschaft
in

Bludenz, am 11. Juni 1911. Bludenz.

Das k. k. Bezirksgendarmeriekommando Feldkirch hat am 10. d. M. anher telegraphiert, daß mit Zug 3 Uhr 34 nachmittags eine 5 köpfige Zigeunerbande hier eintreffen und zu übernehmen sei. Die Zigeunerbande wurde hier übernommen, überwacht und mittelst Bahn um 5 Uhr 41 abends nach St. Anton, Tirol, behufs Weiterbeförderung be-

Die nationalsozialistischen Zwangsmaßnahmen gegen Roma und Sinti bilden also den End- und Höhepunkt einer langen Tradition der Ablehnung und Verfolgung der „Zigeuner".

Wie gehen die Nationalsozialisten gegen die „ZigeunerInnen" vor?

Die nationalsozialistischen Behörden versuchen dieser wechselseitigen Abschiebung von „Zigeunern" durch den so genannten Festsetzungserlass zu begegnen. Zugleich soll damit verhindert werden, dass sie sich frei bewegen. Sie sollen dort, wo sie heimatberechtigt sind, bleiben müssen. Im weiteren Verlauf werden in Salzburg-Maxglan für die Alpen- und im burgenländischen Lackenbach für die Donaugaue so genannte Zigeunerlager errichtet. Wieder wird also eine sozial missliebige und rassisch abqualifizierbare Menschengruppe erfasst, zusammengetrieben und dann in die Vernichtung verschickt. Nach Himmlers so genanntem Auschwitzerlass (Ende 1942) sollen mit Ausnahme von „reinrassigen Sinti" und solchen, die in der Rüstungsindustrie notwendig oder anderweitig gut angepasst sind, alle „Roma und Mischlinge" vernichtet werden. Die Ausgenommenen sollen allerdings zwangssterilisiert werden. In Auschwitz-Birkenau wird 1943 ein eigenes „Zigeunerlager" errichtet.

In Vorarlberg werden die Brüder Engelbert und Florian Seeger aus Frastanz als „Zigeuner" klassifiziert und über Maxglan nach Auschwitz deportiert; ebenso Rosa Weinrich, die am 5. August in Bregenz festgenommen, ins Polizeigefängnis Innsbruck überstellt und von dort in ein Lager verschickt wird.[138]

Die wenigen überlebenden Roma und Sinti sind auch nach der Befreiung 1945 Schikanen durch deutsche und österreichische Behörden ausgesetzt. Die Familie Reinhardt, die im Montafon festgenommen wird und sich zuvor monatelang in Wäldern versteckt hat, wird nach dem Krieg zur Rückerstattung der Wiedergutmachung aufgefordert, da es sich – laut Einschätzung des österreichischen Innenministeriums – bei den Lagern Maxglan und Lackenbach nicht um Konzentrationslager gehandelt habe.[139] Das ist kein Einzelfall. Roma und Sinti haben noch mehr Schwierigkeiten als andere verfolgte Gruppen, Wiedergutmachungsansprüche geltend zu machen. Denn die Behördenvertreter stehen ihnen auch nach 1945 ablehnend gegenüber. Sie bestreiten, dass Roma und Sinti von den Nationalsozialisten aus rassischen Gründen verfolgt worden sind, sondern behaupten, das sei zur Bekämpfung der Kriminalität geschehen. Öffentliche Fürsprecher haben die „Zigeuner" – wie schon vor der Nazi-Zeit – auch nach dem Ende der NS-Herrschaft nicht.

Menschengeschichten

Anna Guttenberger: Erst verfolgt, dann vernichtet

Wie andere Roma-Familien auch versucht die Familie Anton und Anna Guttenberger mit ihrer Tochter Maria Adam der Verfolgung in Deutschland mit einer Niederlassung in Österreich zu entkommen. Im November 1940 gelingt es der Familie, in der Bregenzer Oberstadt ein Zimmer zu mieten. Im Bregenzer Werk der Höchster Flugzeugbaufirma Knittelberger finden alle drei Arbeit. Offensichtlich mit Verzögerung erfahren die Bregenzer Behörden aus Rosenheim, dass es sich bei Anton Guttenberger um einen „Zigeuner" und bei seiner Frau Anna, geb. Adam, um einen „Zigeunermischling" handle. Ab Dezember 1941 versucht deshalb die Bregenzer Gendarmerie, die Familie nach Rosenheim abzuschieben. Die Arbeitsstelle wird ihnen gekündigt. So versucht Anna Guttenberger durch Hausieren mit Kleinartikeln etwas Geld zu verdienen. Als Mutter und Tochter am 30. Dezember 1941 an der Haustüre eines herrschaftlichen Hauses in Hörbranz läuten, öffnet ein netter Herr mit der Frage, ob sie die Sammlerinnen des Winterhilfswerkes seien. Anna Guttenberger erkennt die günstige Gelegenheit und bejaht die Frage. Daraufhin werden ihr eine Wolldecke, ein Pullover, ein Hemd und einige Paare Socken und Strümpfe ausgehändigt. Der freundliche Herr ist aber misstrauisch, von Beruf NSDAP-Kreisleiter von Bregenz und heißt Dr. Hans Wilhelm Hammerbacher.

Bereits am nächsten Tag erkundigt er sich bei der Sammelstelle des Winterhilfswerks, ob seine gespendeten Sachen auch angekommen seien. Das ist nicht der Fall. Noch am selben Tag wird Anna Guttenberger von der Polizei ausgeforscht, verhaftet und in die Strafanstalt Feldkirch überstellt. Ein Sondergericht verurteilt sie bereits am 22. Jänner, also drei Wochen später, auf Antrag des Staatsanwaltes Dr. Herbert Möller zum Tode. Für die gut 17-jährige Tochter stellt der Staatsanwalt ebenfalls den Antrag auf die Todesstrafe, da sie „nach ihrer geistigen und sittlichen Entwicklung einer über 18 Jahre alten Person" gleichzusetzen sei.[140] Der Amtsarzt und das Gericht lehnen dieses unmenschliche und selbst für damalige Verhältnisse ungesetzliche Ansinnen allerdings ab. So wird Maria Adam zu zwei Jahren Gefängnis verurteilt, aber gleich nach Verbüßung der Strafe von der Gestapo wieder in Haft genommen.

Anton Guttenberger reicht sogleich ein Gnadengesuch für seine Gattin ein, das sowohl von der Gefängnisleitung als auch vom Gericht befürwortet wird. Auch Teile der Bevölkerung sehen in diesem Todesurteil für ein Bagatelldelikt eine grenzenlose Willkür. In einer anonymen Postkarte an das Gericht wird appelliert, „doch Mitleid mit einer armen Zigeunerin" zu haben. Diese Leute brauchen „Arbeit und Verdienst", weil sie nicht von der „Luft" leben können und ansonsten „zugreifen" müssten.[141] Der

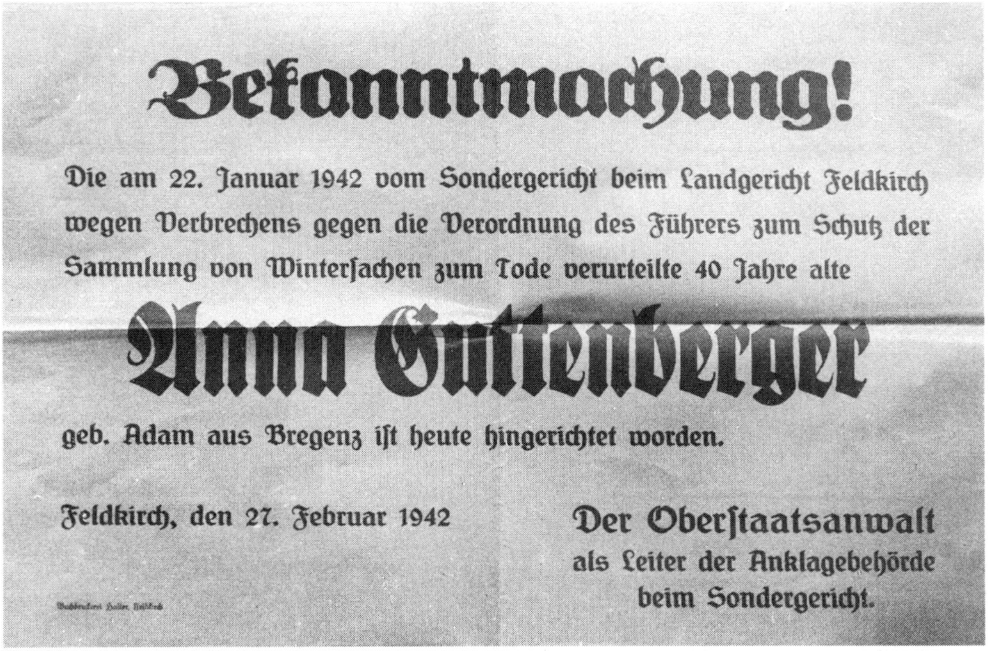

Bekanntmachung!

Die am 22. Januar 1942 vom Sondergericht beim Landgericht Feldkirch wegen Verbrechens gegen die Verordnung des Führers zum Schutz der Sammlung von Wintersachen zum Tode verurteilte 40 Jahre alte

Anna Guttenberger

geb. Adam aus Bregenz ist heute hingerichtet worden.

Feldkirch, den 27. Februar 1942

Der Oberstaatsanwalt
als Leiter der Anklagebehörde
beim Sondergericht.

Die Hinrichtung der Anna Guttenberger wird mit Plakaten der Bregenzer Bevölkerung bekanntgemacht.

Anzeiger Dr. Hammerbacher, soeben im Begriff, eine höhere Parteikarriere zu machen, unterstützt die Gnadengesuche nicht. Und Staatsanwalt Möller, vom Justizministerium zu einer Stellungnahme zum Gnadengesuch aufgefordert, kennt erst recht keine Gnade. Seine Begründung für die Aufrechterhaltung des Todesurteils gipfelt im Schluss: „Das deutsche Volk kann auch während des ihm aufgezwungenen Existenzkampfes derartige Schädlinge nicht weiter unter sich dulden.“[142] Anna Guttenberger wird daraufhin am 27. Februar 1942 in München-Stadelheim hingerichtet.

Auch Anton Guttenberger wird verhaftet und über die Polizeileitstelle Innsbruck nach Rosenheim überstellt. Von der dortigen Polizei wird er aber freigelassen und einer Baufirma als Arbeiter zugewiesen. Guttenbergers Arbeitgeber versucht, die Tochter Maria frei zu bekommen, um sie in seinem Betrieb zu beschäftigen. Auch dieses kleine menschliche Bemühen bleibt ohne Erfolg. Das weitere Schicksal des Mädchens ist unbekannt, wahrscheinlich ist sie in einem Lager umgekommen.

NS-Euthanasie: Tötung von psychisch Kranken, Behinderten und Unangepassten

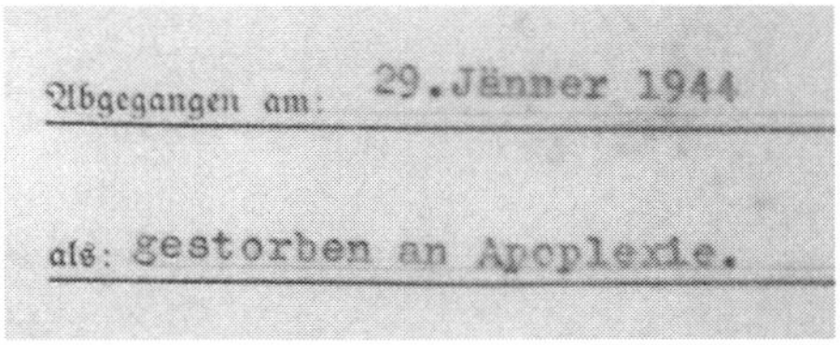

Was verstehen die Nationalsozialisten unter „Euthanasie"?

Das Wort „Euthanasie" kommt aus dem Griechischen und heißt „guter Tod". Die Nationalsozialisten übersetzen das Wort auch als „Gnadentod". Beide Ausdrücke – „Euthanasie" und „Gnadentod" – sind eine zynische Umdeutung der tatsächlichen Verhältnisse. Sie stehen in der NS-Diktatur nämlich für die Tatsache, dass der Staat bestimmt, wer lebenswürdig ist und wem aus Gründen der „Rassenhygiene" das Lebensrecht abgesprochen wird. Das sind all jene, die psychisch krank oder körperlich behindert sind und somit nicht als nützlich gelten. Die Nationalsozialisten verwenden für chronisch Kranke, Behinderte und Arbeitsunfähige auch den für ihr Denken typischen Ausdruck „Ballastexistenzen". Der damalige Volksmund kennt die herzlose Bezeichnung „unnötige Esser".

Solche Ausdrucksweisen sollen der „Volksgemeinschaft" das Recht, ja die Pflicht zusprechen, sich von solchen „Lasten" zu befreien. Auch viele Ärzte rechtfertigen mit Diagnosen wie „Debilität" oder „Schwachsinn" den gnadenlosen Umgang mit geistig oder seelisch Kranken.

Die irrige Vorstellung einer zur Wissenschaft erklärten „Rassenhygiene", man könne durch Ausmerzung des Kranken eine „gesunde Rasse" herstellen, trifft genau die Absichten der Nationalsozialisten. Und das berechnende „Ballast abwerfen" findet auch in weiten Teilen der Bevölkerung Zustimmung oder zumindest keinen Widerstand.

Die Vertreter des so genannten Sozialdarwinismus haben bereits seit dem 19. Jahrhundert einflussreiche Vorarbeit geleistet. Diese Weltanschauung überträgt die Evolutionslehre von Charles Darwin auf die menschliche Gesellschaft. Demzufolge würden sich die starken und „gesunden" Nationen im Überlebenskampf gegen die schwachen durchsetzen. So entstünden höher- und minderwertige Menschen, Rassen und Nationen. Für die Veredelung einer Rasse oder Nation müssten demnach die Menschen, die als „rassisch minderwertig", als „erbkrank" oder „asozial" – und damit nicht besserungsfähig oder heilbar – einzustufen seien, aus dem „Volkskörper" ausgeschieden werden. Die Beurteilung, wer „ausgesondert" wird, obliegt Gutachtern in Berlin, Amts- und Anstaltsärzten und vor allem den übergeordneten Gesundheitsbehörden.

An welchen Personen werden Zwangssterilisierungen vorgenommen?

Ein wesentliches Kriterium dieser Auswahl ist der Gesichtspunkt der Nützlichkeit. Menschen, bei denen zwar „schlechtes Erbgut", aber Arbeitsfähigkeit festgestellt wird, werden in der Regel zwangssterilisiert, die Arbeitsunfähigen hingegen ermordet. Mit dem „Gesetz zur Verhütung erbkranken Nachwuchses", in Deutschland bereits 1933 erlassen, können nicht nur psychisch Kranke und Süchtige, sondern auch Blinde und Taube zwangssterilisiert werden. Oft reicht dazu bereits eine Art Intelligenztest beim Amtsarzt oder das Vorkommen solcher Krankheiten in der Familie.

Zur Entscheidung über Zwangssterilisierungen werden „Erbgesundheitsgerichte" eingerichtet. In den Aufgabenbereich der Amts- und Gemeindeärzte fällt es, Menschen, die nicht in Anstalten leben und nach dem Sterilisationsgesetz trotzdem von der Fortpflanzung auszuschließen sind, anzuzeigen. Neben gesundheitlichen Aspekten führen die Vorarlberger Amtsärzte auch den Schulerfolg, das Verhalten am Arbeitsplatz oder „moralische Minderwertigkeit" ins Treffen.[143] Eine wichtige weitere Möglichkeit, an Menschen, die unter die Sterilisierungsgesetze fallen könnten („Sterilisan-

a) Sterbeort b) Sterbedatum c) Todesursache	Frühere und jetzige Krankheiten, soziales Verhalten, Begabung	Sachli[…] Unterla[…] zu erhalten[…]
10	11	12
Innsbruck, Laz 8.12.1915	soll im Lazarett Innsbruck an den Folgen von Nervenstörungen gestorben sein.	
	Von 12.3.1940 - 1941 L.A. Valduna Diagnose: Schwachsinn erheblichen Grades, depr. Phase einer Geistesgestörtheit.	
Bregenz 14.1.1939 Suizid	Wegen homosexuellen Vergehen im Gefängis in Bregenz, daselbst Selbstmord d.Erhängen.	
	aufgeregter Mensch, trinkt gern, tüchtiger Redner	

Bevor eine Frau aus Hohenems zur Sterilisierung „freigegeben" wird, untersucht die Gesundheitsbehörde den gesamten familiären Hintergrund. Eventuelle „gesundheitliche Belastungen" durch Vorfahren und Geschwister sind mitentscheidend.

den"), heranzukommen, schafft die neue Vorschrift, dass vor einer Eheschließung eine „Unbedenklichkeitsbescheinigung" beizubringen ist. Dabei wird auch die „Sippengeschichte" der zukünftigen Eheleute untersucht – also möglichen Erkrankungen in der Familie nachgeforscht.

In den meisten Fällen lassen die Ärzte die „SterilisandInnen" den Antrag auf Sterilisierung selbst mit unterschreiben, damit die Entscheidung den Anschein von Freiwilligkeit erhält. Der Zwang zur Sterilisierung kann auch mit anderen Mitteln ausgeübt werden – etwa mit der Drohung einer Einweisung in eine Anstalt, falls die Zustimmung zur Sterilisierung verweigert wird.

Auch Schwangerschaftsabbrüche werden aus „rassenhygienischen" Gründen angeordnet. Für Gesunde sind aber Abtreibung und Sterilisation unter Strafe verboten.

Wie viele Frauen und Männer aus Vorarlberg sterilisiert werden, lässt sich nicht feststellen; ebenso wenig die Zahl der zwangsweise vorgenommenen Abtreibungen und der Todesfälle bei diesen Operationen. Erst recht nicht abschätzbar ist die Zahl der Sterilisierungen und Abtreibungen an Zwangsarbeiterinnen, weil darüber keine Aufzeichnungen geführt worden sind.

Die Fälle, die bekannt sind, erweisen sich allerdings als schrecklich: Eine Mutter aus dem Bregenzerwald beantragt im Herbst 1942 die Sterilisierung ihrer tauben schwangeren Tochter. Nach dem Entscheid des „Erbgesundheitsgerichts" in Feldkirch wird die 20-jährige Frau im Stadtspital Dornbirn vom dortigen Primararzt operiert: Abtreibung und Sterilisation werden gleichzeitig vorgenommen. Derselbe Primar nimmt zwei Jahre später den gleichen Zwangseingriff an der ebenfalls im fünften Monat schwangeren 27-jährigen Anna F. aus Alberschwende vor. Sie ist vom Bregenzer Amtsarzt Dr. Theodor Leubner ans Messer geliefert worden.[144] Eine Frau aus Egg stirbt bei einer Zwangsabtreibung im Dornbirner Spital. Die „lebende Frucht" wird beseitigt.[145] Weder einer der Amtsärzte noch der Dornbirner Primar werden nach 1945 für ihre Schandtaten belangt.

Von einem Widerstand von Seiten des Personals der Krankenhäuser ist in Vorarlberg im Gegensatz zu anderen Regionen nichts bekannt. Ein Teil der Eingriffe wird allerdings in Spitälern außerhalb des Landes vorgenommen.

Von der Zwangssterilisation sind in Österreich weniger Menschen betroffen als im Deutschen Reich, weil ein Jahr nach dem „Anschluss" bereits mit der systematischen „Vernichtung unwerten Lebens" begonnen wird. Trotzdem werden alleine im Bregenzerwald zwölf Männer und elf Frauen zwangsweise unfruchtbar gemacht.

Was ist die „Aktion T4"?

Die Vernichtung „lebensunwerten Lebens" beginnt mit der Tötung von missgebildeten und geistig behinderten Kindern im Sommer 1939, als Testlauf gewissermaßen. Genau mit Kriegsbeginn am 1. September 1939 wird das Tötungsprogramm auf direkten Befehl Hitlers auch auf erwachsene Behinderte und psychisch Kranke ausgedehnt. In einem kurzen Schreiben, das allerdings nie im Reichsgesetzblatt veröffentlicht wird, heißt es: „Reichsleiter Bouhler und Dr. med. Brandt sind unter Verantwortung beauftragt, die Befugnisse namentlich zu bestimmender Ärzte so zu erweitern, dass nach menschlichem Ermessen unheilbar Kranken bei kritischster Beurteilung ihres Krankheitszustandes der Gnadentod gewährt werden kann."[146]

Dieser recht allgemein gehaltene Text lässt den Ärzten, die in der Folgezeit die Opfer auswählen, einen erheblichen Ermessensspielraum. Für die Durchführung des Auf-

Die systematische Tötung psychisch Kranker und behinderter Menschen wird propagandistisch vorbereitet und erfährt Zustimmung und Ablehnung zugleich.

trags zum Massenmord wird eine halbstaatliche Organisation gegründet, die nach ihrer Berliner Adresse Tiergartenstraße 4 „T4“ genannt wird. Von dieser Berliner Stelle werden nun Fragebögen an alle Heil- und Pflegeanstalten verschickt. Damit werden sämtliche PatientInnen mit bestimmten Krankheitsbildern erhoben. Die Fragen betreffen neben der Krankheit eine mögliche Arbeitsfähigkeit, die Dauer des Aufenthalts der PatientInnen in der Anstalt, eine eventuelle „kriminelle Vergangenheit“ und die „Ras-

NS-Euthanasie: Tötung von psychisch Kranken, Behinderten und Unangepassten

> **Aufg. 97.** Ein Geisteskranker kostet täglich etwa 4 RM, ein Krüppel 5,50 RM, ein Verbrecher 3,50 RM. In vielen Fällen hat ein Beamter täglich nur etwa 4 RM, ein Angestellter kaum 3,50 RM, ein ungelernter Arbeiter noch keine 2 RM auf den Kopf der Familie. a) Stelle diese Zahlen bildlich dar. – Nach vorsichtigen Schätzungen sind in Deutschland 300 000 Geisteskranke, Epileptiker usw. in Anstaltspflege. b) Was kosten diese jährlich insgesamt bei einem Satz von 4 RM? – c) Wieviel Ehestandsdarlehen zu je 1000 RM könnten – unter Verzicht auf spätere Rückzahlung – von diesem Geld jährlich ausgegeben werden.

Rassenkunde im Mathematikunterricht: Bereits die SchülerInnen werden auf die Tötung „unwerten Lebens“ eingestimmt.

senzugehörigkeit“. Drei Gutachter, welche die PatientInnen nie zu Gesicht bekommen, entscheiden sodann über deren Leben oder Tod.

Dass der Kriegsbeginn und der Start der „Aktion T4“ auf denselben Termin fallen, ist kein Zufall. Mit dem Leeren der Anstalten soll Raum für die zu erwartenden Verwundeten des Krieges geschaffen werden. Um die Bevölkerung auf die Ermordungen vorzubereiten, startet eine reichsweite Propaganda-Kampagne. In ihrem Zentrum stehen furchterregende Bilder von Missgebildeten und „Geisteskranken“, in Zeitungen und Schulbüchern werden Rentabilitätsrechnungen vorgeführt, um auf die Kosten der „unnützen Esser“ hinzuweisen, und immer wieder wird das „Anmutig-Gesunde“ im Gegensatz zum „Hässlich-Kranken“ betont.

In der „Ostmark“ sind an vorderster Stelle die Ärzte Dr. Rudolf Lonauer und Dr. Georg Renno mit der Abwicklung der „Aktion T4“ betraut. Ihre Zuarbeiter sind die Gaugesundheitsbehörden, die Anstaltsleiter sowie die Amts- und Gemeindeärzte. Die Vorarlberger Ärzte – überdurchschnittlich viele sind nationalsozialistische Parteigänger – sehen die „eugenischen“ Maßnahmen, also die Schritte zur Schaffung „guten Erbguts“, durchwegs positiv. Denn das Gedankengut einer notwendigen „Rassenhygiene“ geistert bereits während ihres Studiums, also bereits vor der NS-Zeit, als Lehrmeinung durch die medizinischen Hörsäle.

Wie wird die Vernichtung „unwerten Lebens“ in Vorarlberg durchgeführt?

Im Gau Tirol-Vorarlberg zeigt der Leiter des Gaugesundheitsamtes in Innsbruck Dr. Hans Czermak besonderen Eifer bei der Erfassung der möglichen Opfer. Besonderes Augenmerk legt Czermak darauf, neben den Heil- und Pflegeanstalten Hall in Tirol und Valduna in Rankweil auch die von geistlichen Ordensschwestern geführten Versorgungs- und Armenhäuser, in denen sich psychisch Kranke und Menschen mit Behinderungen befinden, in die Mordaktion miteinzubeziehen. Die Überstellung dieser Menschen in die Zwischenstation Hall in Tirol sollte ihre Deportation nach Hartheim bzw. Niedernhart in Oberösterreich erleichtern. Zugleich entspricht die Zentralisierung „Geisteskranker“ in Hall dem technokratischen Rationalisierungswillen des NS-Systems.

Die Wohltätigkeitsanstalt und die Irrenanstalt in Rankweil-Valduna werden 1938 zur „Heil- und Pflegeanstalt Valduna" zusammengelegt und dann Schritt für Schritt „geräumt".

Die Listen für Vorarlberg werden von Dr. Josef Vonbun, dem Leiter der Heil- und Pflegeanstalt Valduna, zusammengestellt. Wie bei allen Massenmorden des NS-Staates wird auch hier arbeitsteilig vorgegangen, das bedeutet, dass am Schluss niemand für die Tötungen verantwortlich ist. Sie alle, so verteidigen sich später nicht nur die „T4"-Ärzte, seien nur kleine Glieder in einer großen Befehlskette gewesen.

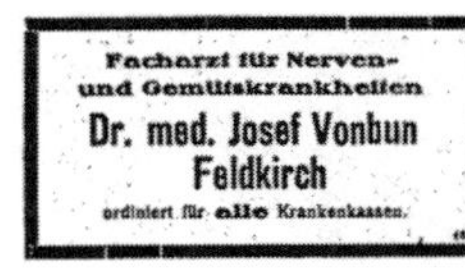
Facharzt für Nerven-
und Gemütskrankheiten
Dr. med. Josef Vonbun
Feldkirch
ordiniert für alle Krankenkassen.

Dr. Vonbun betreibt vor seiner Ernennung zum Chefarzt eine nicht besonders florierende Praxis als Psychiater in Feldkirch. Als einziger Vorarlberger Arzt inseriert er um Kundschaft.

Vor dem „Anschluss" existierten auf dem Areal des heutigen Landeskrankenhauses Rankweil (Valduna) zwei verschiedene Einrichtungen: zum einen die 1862 gegründete „Wohltätigkeitsanstalt", die „in erster Linie verwahrloste, sittlich verdorbene Personen (...) nach Kräften in sittliche, arbeitsame Menschen umschaffen" will, und die daneben auch „unheilbaren Kranken, deren Erscheinen Ekel und Schrecken erregt", Unterkunft bietet; zum anderen ab 1870 die „Landesirrenanstalt". Beide Einrichtungen werden vom neu eingesetzten Leiter Dr. Josef Vonbun im Dezember 1938 zur „Heil- und Pflegeanstalt Valduna" zusammengeschlossen. Die Übernahme der „Wohltätigkeitsanstalt", einer katholischen Stiftung mit erheblichem landwirtschaftlichen Besitz, durch die Nationalsozialisten führt zu heftigen, aber erfolglosen Protesten von kirchlicher Seite. Eine nur annähernd ähnlich starke Gegenwehr findet sich zwei Jahre später bei der „Räumung" der Valduna nicht.

Die Nationalsozialisten legen aber nicht nur die beiden Anstalten zusammen, schon ab 1939 scheint es in Innsbruck beschlossene Sache, die Valduna überhaupt aufzulassen und in ein Lazarett umzuwandeln. Die Aufgabe des Leiters Josef Vonbun besteht bald darin, die Anstalt zu leeren. Dies beginnt damit, dass die 145 PatientInnen mit Schweizer Staatsbürgerschaft an die Grenze zur Abholung überstellt werden. In der Valduna waren seit Beginn immer zahlreiche SchweizerInnen untergebracht, weil die Pflegekosten in Vorarlberg geringer waren als jenseits des Rheins.

NS-Euthanasie: Tötung von psychisch Kranken, Behinderten und Unangepassten

Eine eigens dafür gegründete Transportgesellschaft (Gekrat) besorgt den Abtransport der für die Tötung bestimmten Personen. Ärzte, Pfleger und Funktionäre kontrollieren die Transportlisten. Keines der Opfer soll übersehen werden.

Nach der Abschiebung der fremden sind die einheimischen PatientInnen an der Reihe: In zwei großen Transporten vom 10. Februar 1941 und 17. März 1941 werden 220 Personen – 125 Frauen und 95 Männer – in Busse verfrachtet und direkt ins oberösterreichische Schloss Hartheim verbracht. Hier ist eine Gaskammer samt Krematorium eingerichtet, in der im Zuge der „Euthanasie-Programme" 28.000 Menschen umgebracht werden. Auch die aus der Valduna und den Vorarlberger Pflegeheimen antransportierten Menschen werden gleich nach der Ankunft ins Gas getrieben. Mit auf die Reise und ins Gas geschickt werden auch sechs Kinder, drei davon aus dem Jesuheim Lochau.

Beim Verladen der Todgeweihten spielen sich nach Berichten von Augenzeugen erschütternde Szenen ab. Etliche, von den NS-Ärzten als schwachsinnig abqualifizierte Menschen, spüren offensichtlich, was ihnen bevorsteht. Auch aus Schloss Hartheim habe man Schreie gehört, bevor die Hilferufe im Gas erstickt werden.

Da auch in einer Mordfabrik die bürokratische Ordnung gewahrt sein will, wird in Hartheim ein eigenes Standesamt eingerichtet, das ordnungsgemäße Totenscheine mit Datum und erfundener Todesursache ausstellt. Die Hinterbliebenen erhalten diese Bestätigung mit dem Zusatz, auf die Zusendung von Urne und Hinterlassenschaft zu verzichten, da „Versendung wie Herbeiführung eines Entscheides über Zuweisung des Nachlasses mehr Zeit und Kosten verursacht, als der Nachlaß wert ist."[147]

Bis zum Frühsommer 1941 verlassen nochmals drei Transporte die Valduna. Unter den Deportierten finden sich jeweils auch geistig und/oder körperlich Behinderte aus den Armen- und Versorgungshäusern der Gemeinden, die in die Valduna geholt und dort einem Transport zugeteilt werden. Insgesamt sind das nochmals 227 Personen.

Der größere Teil von ihnen wird wiederum in Hartheim getötet, etliche aber auch in Hall und Niedernhart.

In Einzelfällen gibt es Interventionen gegen den Abtransport, und einige wenige können gerettet werden, indem ihnen von einem Arzt Arbeitsfähigkeit attestiert wird. Die Todesstatistiken der einzelnen Gemeinden zeigen deutlich, wo gnadenlose Ärzte ihre „Pflicht" besonders eifrig erfüllt haben. Die Zahlen verweisen auf durchaus vorhandene Ermessensspielräume der Amtsärzte: Jener des Landkreises Feldkirch zum Beispiel ist bei der Auslegung der „Arbeitsfähigkeit" großzügiger und gibt damit weniger Menschen zur Tötung frei als seine Kollegen in den Landkreisen Bregenz und Bludenz.[148] Auch steht außer Zweifel, dass manche Angehörige nicht unglücklich darüber sind, von einer „Last" befreit zu werden. Einige andere wiederum leiden ein Leben lang unter der Tatsache, aus Angst nicht heftig genug für ein behindertes Familienmitglied Partei ergriffen zu haben. Viele sehen und erkennen das Unrecht, fühlen sich aber ohnmächtig gegenüber dem unmenschlichen Staatsapparat. In den Familien und Schulen der 1920er und 1930er Jahre ist Zivilcourage kein Thema gewesen, Obrigkeitshörigkeit dagegen selbstverständlich. Nur einige wenige erheben ihre Stimme gegen das Unrecht. So wird etwa der Bizauer Nazi-Bürgermeister von seinen eigenen Parteigenossen abgesetzt, weil er gegen die „Euthanasie" Stellung nimmt.

Das staatliche Tötungsprogramm schont auch Kinder nicht:
Die fünfjährige Ilse Geuze aus Alberschwende wird wegen ihrer Behinderung 1941 getötet.

Je länger die Massenmorde durchgeführt werden, um so weniger können sie geheim gehalten werden. Die ablehnende Stimmung in der Bevölkerung wächst, der Einspruch der Kirche wird immer stärker. Ein Parteigenosse aus Dornbirn-Haselstauden schreibt besorgt und in schlechter Rechtschreibung im März 1941 an die Kreisleitung: „Die alten Leute haben Angst das es ihnen gleich geht wie den Narischen vom Valduna." Der Mann weiß also, was geschieht, und rät der Parteileitung, die entsprechenden Todesanzeigen nicht mehr so lange in der Kirche aushängen zu lassen.[149]

Hitler kann während der Kriegsführung keine Unruhe in der Bevölkerung brauchen: Er stellt das Mordprogramm im August 1941 ein. Zu diesem Zeitpunkt sind aber schon an die 550 wehrlose und hilfsbedürftige Menschen aus Vorarlberg deportiert und 330 von ihnen bereits getötet.

Was versteht man unter der „Wilden Euthanasie"?

Die deutlichsten und mutigsten Worte gegen die NS-Euthanasie findet der Bischof von Münster, Clemens August von Galen. Er verweist besonders auf die Tatsache, dass die Nationalsozialisten das Lebensrecht von Mitmenschen ausschließlich von ihrer Nützlichkeit abhängig machen: „Wenn einmal zugegeben wird, dass Menschen das Recht haben, unproduktive Mitmenschen zu töten, und wenn es jetzt zunächst nur arme,

NS-Euthanasie: Tötung von psychisch Kranken, Behinderten und Unangepassten

wehrlose Geisteskranke trifft, (...) dann ist der Mord an uns allen, wenn wir alt und altersschwach und damit unproduktiv werden, freigegeben."[150]

Bischof Galen spricht damit mutig aus, was viele denken, und ermutigt andere zum Widerstand. Doch die Einstellung der „Aktion T4" ist nur ein vermeintlicher Sieg der Protestierenden. Denn das Töten von geistig und körperlich behinderten und psychisch kranken Menschen geht weiter – nun nicht mehr von Berlin aus gelenkt, sondern dezentral angeordnet. Auch Menschen, die von gängigen sozialen Normen abweichen (wie Alkohol- und Suchtkranke, Vaganten oder so genannte Asoziale), werden nach wie vor verfolgt. Für die Nationalsozialisten bedeutet „Euthanasie" ein Mittel zur „Endlösung" der sozialen Frage.

Der Hörbranzer Zimmermann Franz X. Haltmeier hilft bei der Errichtung des Dachstuhls für die Bregenzer Herz Jesu Kirche. Die Angstzustände, die ihm die Arbeit in schwindliger Höhe bereitet, bringen ihn für immer aus dem psychischen Gleichgewicht. Er kommt in den 1920er Jahren in die Valduna und mit dem ersten Transport nach Hartheim. Am 19. Februar 1941 wird der fast 70-Jährige dort ermordet.

Vom Herbst 1941 bis fast zum Kriegsende töten also nun Ärzte und Pflegepersonal in verschiedenen Anstalten Kranke und Schwache eigenmächtig durch Überdosierung von Medikamenten, Todesspritzen oder durch gezieltes Verhungernlassen. Viele sterben als „Versuchskaninchen" im Rahmen medizinischer Experimente. Dass die „Euthanasie-Ärzte" auch nach der Beendigung von „T4" mit dem Morden in neuer Form weitermachen, zeigt ein Brief von Dr. Lonauer aus Niedernhart an den Innsbrucker „Gesundheitsdirektor" Dr. Czermak. Die tarnende Sprache des Briefes, die das Morden nur andeutet, lässt dennoch nichts unklar: „Mit den aus Hall nach Niedernhart übernommenen Patienten hatte ich keinerlei Schwierigkeiten und ist die Abwicklung vollkommen reibungslos verlaufen. Ich nehme auch an, dass sie in keiner Weise belästigt wurden. Ich bin dadurch zu der Überzeugung gekommen, dass diese Behandlungsmethode praktischer und reibungsloser ist als die frühere."[151]

Die Opfer stammen wiederum aus Fürsorgeeinrichtungen wie Altersheimen, Armen- und Waisenhäusern.

Auch die Vernichtungseinrichtung Hartheim bleibt weiterhin in Betrieb. Neben Behinderten werden nun in großer Zahl kranke und ausgelaugte ZwangsarbeiterInnen und Häftlinge aus dem KZ Mauthausen umgebracht.

Ab Mitte 1941 ist die Valduna nahezu geräumt und der Chefarzt Dr. Vonbun zum Militär eingerückt. Nur noch wenige arbeitsfähige InsassInnen bleiben für Arbeiten in Haus und Hof zurück – und ein Amerikaner, dessen Angehörige das Pflegegeld in guten Devisen überweisen. Das Haus wird nun der Militärverwaltung zur Errichtung eines Lazaretts übergeben.

Die Opfer, die in den Jahren 1942 bis 1944 aus Vorarlberg zur Tötung in andere Anstalten in Süddeutschland (z. B. Kaufbeuren, Schussenried, Günzburg) oder in der „Ostmark" (Hall, Niedernhart, Hartheim, Steinhof) verbracht werden, stammen ebenfalls aus Pflegeeinrichtungen oder werden direkt aus den Elternhäusern weggebracht. Das Lauteracher Kleinkind Ferdinand F. ist gerade einen Monat alt, als es am 10. September 1942 in Niedernhart umgebracht wird.[152]

Nachdem die bisherigen „Pfleglinge“ ins Gas geschickt oder auf andere Einrichtungen verteilt sind, übernimmt die Wehrmacht die Valduna als Lazarett. Einige wenige werden als Hilfspersonal in Küche und Landwirtschaft behalten.

Das Beispiel des sechsjährigen Felix B. zeigt, dass die Auswahl der Opfer nun noch willkürlicher geschieht als in den Jahren zuvor: Der Leiter der Pflegeanstalt Hall hat im Jahre 1942 für Niedernhart einen Transport mit Namen und genauer Anzahl angekündigt. Auf Wunsch der Pfleger möchte er nun aber einen Patienten ausnehmen, da dieser für Schneiderarbeiten zu gebrauchen sei. „Dafür kommt ein Jugendlicher“[153], versichert man den wartenden Mördern in Niedernhart die versprochene Stückzahl. Der „Jugendliche“ ist allerdings ein sechsjähriges Kind, das in den Jahren zuvor von seiner armen ledigen Mutter zur Großmutter in Schlins und von dieser ins Bludenzer Marienheim abgeschoben worden ist. Als dieses Heim von den Nationalsozialisten aufgehoben wird, kommt Felix – von der Mutter als „Schwächling“ bezeichnet – mit anderen Kindern in ein Heim nach Andelsbuch und von dort nach Hall. Das Kind hat also keinen familiären Rückhalt und kann auf diese Weise leicht als Lückenbüßer geopfert werden.

Die „Wilde Euthanasie“ ist also um nichts zurückhaltender als die offizielle, nur noch verschlagener. Der politische Wille zur „Reinigung“ des „gesunden Volkskörpers“ wird unbarmherzig und bis zuletzt umgesetzt.

Menschengeschichten

Josef Vonbun: Vom Psychiater zum Tötungshelfer

Der Massenmord an geistig und körperlich Behinderten und an psychisch Kranken ist nur mit vielen HelferInnen durchführbar. Den Anstoß gibt der „Führer" Adolf Hitler, der die Erlaubnis dazu erteilt. Es folgt die Berliner Zentrale für das „Aktion T4" genannte Programm. Die konkrete Durchführung wird den Gaugesundheitsämtern übertragen. Die Auswahl der PatientInnen vor Ort besorgen die Anstalts- und Amtsärzte. Die Leiter der Tötungsanstalten organisieren den Ablauf entsprechend ihren Tötungskapazitäten. Den Transport besorgt die Gekrat (Gemeinnützige Krankentransport GmbH), die ausschließlich für diesen Zweck gegründet wird.

Für den Bereich Vorarlberg wird die „Heil- und Pflegeanstalt Valduna" zum Zentrum des nationalsozialistischen „Euthanasie-Programms". Leiter der Anstalt ist seit dem 1. Dezember 1938 Dr. Josef Vonbun, Facharzt für Psychiatrie.

Der Anstaltsleiter

Dr. Vonbun wird 1902 als Sohn eines Zollbeamten in Feldkirch-Altenstadt geboren, besucht das Feldkircher Gymnasium und schließt 1926 sein Medizinstudium ab. Bis 1931 arbeitet er als Assistenzarzt am Innsbrucker Institut für Gerichtsmedizin und an der Nervenklinik. Im Sommer 1931 erhält Vonbun eine Stelle als Sekundararzt an der niederösterreichischen „Landesirrenanstalt Mauer-Öhling", wo er bis Ende 1935 bleibt. Unter den Patientinnen von Mauer-Öhling ist auch die Mutter seiner Frau Anna Stückler. Vonbun hat Anna Stückler in der Innsbrucker Klinik kennengelernt, wo sie als Pflegeschwester arbeitet. Nach seinem Abgang aus Niederösterreich eröffnet Dr. Josef Vonbun in Feldkirch eine Praxis als Facharzt für Neurologie und Psychiatrie, die aber schlecht geht. 1937 tritt er der in Österreich verbotenen NSDAP bei und wird Sturmarzt der SA. Später gibt er an, er sei bereits in Mauer-Öhling Vertrauensmann der NSDAP gewesen. Sofort nach dem „Anschluss" wird Dr. Vonbun zum Beauftragten für Rassenpolitik in der NSDAP-Kreisleitung für Bludenz-Feldkirch bestellt.

Somit erfüllt er nach dem „Anschluss" sowohl die fachlichen als auch die politischen Anforderungen für die Leitung der neu geschaffenen „Heil- und Pflegeanstalt Valduna", die durch die Zusammenlegung von zwei früher selbstständigen Einrichtungen, der „Wohltätigkeitsanstalt" und der „Landesirrenanstalt", entsteht. Die zeitgemäße Namenswahl ist Vonbuns Vorschlag. Auch sonst erweist er sich anfänglich als engagierter und reformfreudiger Psychiater. Die Ernennung zum Anstaltsleiter bedeutet einen enormen beruflichen Karrieresprung. Und das macht den Aufgestiegenen in der Folgezeit für die Ansinnen der „Gnadentöter" gefügig. Die Vorgaben seiner nationalsozialistischen Förderer sind weitreichend, sein Handlungsspielraum als Leiter ist eng.

Zum neuen Leiter der Valduna wird der illegale Nationalsozialist Dr. Josef Vonbun bestellt. Er „durchkämmt“ auch die örtlichen Armenhäuser und Versorgungsheime nach „unwertem Leben“.

Schon bei der Auswahl des Pflegepersonals muss Vonbun feststellen, dass den Nationalsozialisten politische Überzeugung wichtiger ist als fachliche Qualifikation. Denn die Valduna dient wie andere öffentliche Einrichtungen zur beruflichen Versorgung so genannter „Alter Kämpfer“. Einen davon zeigt Vonbun persönlich an, nachdem er von schweren Misshandlungen von Patienten hört. Zwei weitere der neu eingestellten Pfleger werden nach Vonbuns Abgang im Sommer 1943 wegen sexueller Nötigung von Patientinnen zu Gefängnisstrafen verurteilt.

Und der Ärger wird für den Anstaltsleiter Dr. Vonbun auch in der Folgezeit nicht weniger. Wenn er sich schon gegen die Vorarlberger Altnazis nicht durchsetzen kann, so will er doch bei der Durchführung des Tötungsprogramms im Jahre 1940 in seinem Bereich der Chef sein, das heißt der Herr über Leben und Tod „seiner“ Pfleglinge. Um seine Führungsrolle innerhalb der „Aktion T4“ auch nach außen hin zu zeigen, unternimmt er persönliche Visiten (samt Selektion) in den örtlichen Armenhäusern, instruiert die Amtsärzte und erstellt scharfe Gutachten. Für den Innsbrucker Gauamtsdirektor Dr. Hans Czermak offensichtlich zu scharfe. Jedenfalls beschwert sich Vonbun bei Dr. Rudolf Lonauer, dem Chef der Tötungsanstalt Schloss Hartheim in Oberösterreich, dass ihm Czermak bei seiner Arbeit „in den Arm gefallen“ sei. Denn dieser habe vor dem ersten Abtransport einige seiner Gutachten als nicht gesetzeskonform kritisiert und „einige Pfleglinge vom Transport zurückgestellt“.

Solche Kränkungen und die Aussicht, dass die Valduna nach der Verlagerung und Tötung der Patienten überhaupt aufgelöst werden soll, aber auch häusliche Probleme erleichtern Vonbun offensichtlich seinen Abgang. Er meldet sich als Arzt zur Luftwaffe. Vielleicht ist es auch das Bewusstsein, seine mörderische Mission an den Kranken der Valduna erfüllt, „Führer und Volk“ einen Dienst erwiesen und den „Unheilbaren zum Gnadentod“ verholfen zu haben. So sieht er im Herbst 1941 vermutlich sein Rolle als Haupttäter der „Euthanasie“ in Vorarlberg.

„Kranke Sippe“

Die privaten Verhältnisse des „Euthanasie-Arztes“ Dr. Vonbun gestalten sich noch zu seiner Zeit als Verantwortlicher für die Vernichtung „erbkranken Nachwuchses“ fatal: Ausgerechnet seine Frau bringt im April 1941 selbst ein behindertes Kind zur Welt. Die Mutter des Kindes sieht als Ursache der „Gehirnschädigung“ ein Problem bei der Geburt; der Vater, der für seine Diagnosen schon bisher gerne die „Sippengeschichte“ herangezogen hat, spricht von einer „vererbten Gehirnkrankheit und angeborener Minderwertigkeit“. Er überlässt das Kind deshalb dem öffentlichen Zugriff und damit der Ermordung. Die kleine Waltraud Vonbun stirbt einjährig im

Rahmen der „Kindereuthanasie" in einem Münchner Spital an „Lungenentzündung".

Bereits einen Monat vor der Geburt des Kindes, im März 1941, ist Vonbuns Schwiegermutter, die das Ehepaar aus der Anstalt Mauer-Öhling in die Valduna nachgeholt hat, nach Hartheim verbracht und dort getötet worden. Nach diesen Familiendramen trennt sich das Ehepaar Vonbun.

Später will sich die Frau scheiden lassen. Im Jahre 1944 bringt Vonbun eine Gegenklage gegen ihr Scheidungsbegehren ein. Darin attestiert er nach Rücksprache mit einem „erbbiologischen" Experten seiner Gattin eine Reihe psychischer Defekte: Das hätte unter den damaligen Bedingungen zu ihrer Tötung führen können. Nur das Ende der NS-Herrschaft verhindert eine solche Scheidung nach der Methode Vonbun.

Ohne Konsequenzen

Nach dem Krieg kehrt Dr. Josef Vonbun aus guten Gründen nicht mehr nach Vorarlberg zurück. Er nimmt die deutsche Staatsbürgerschaft an. Diese schützt ihn in der Folgezeit vor einer Verfolgung durch die österreichische Justiz. Vonbun lässt sich als praktischer Arzt im deutschen Stockach, in der Nähe des Bodensees, nieder. Erst als Ende der 1950er Jahre in Frankfurt ein Prozess gegen den ehemaligen „Euthanasie-Arzt" Dr. Georg Renno stattfindet, fällt wieder der Name Vonbun. Renno belastet ihn als besonders willfährigen Helfer. Daraufhin leitet die Staatsanwaltschaft in Konstanz 1961 ein Ermittlungsverfahren gegen Dr. Vonbun ein. Im Zuge der Rechtshilfe werden der Konstanzer Staatsanwaltschaft entsprechende Akten aus Vorarlberg zur Verfügung gestellt und Erhebungen gepflogen. Die am Massenmord Beteiligten – Amtsärzte, Pfleger, Bürgermeister und Heimleiter – belasten Vonbun schwer. So wird der Täter Vonbun von den Mittätern zum alleinigen Sündenbock gemacht, und sie werden damit reingewaschen.

Dies gilt in besonderem Maße für den Bregenzer Amtsarzt Dr. Theodor Leubner. Er ist im Austrofaschismus zum Vorarlberger Landessanitätsdirektor aufgestiegen und während der NS-Zeit Amtsarzt des Kreises Bregenz gewesen. Als solcher ist er an der Auswahl der Tötungsopfer beteiligt. In keinem Bezirk werden die Versorgungsheime so radikal nach möglichen Opfern durchforstet wie in Bregenz. Leubner bleibt auch nach 1945 im Amt. Er hat bei seiner Vernehmung anlässlich des Vonbun-Prozesses ein persönliches Interesse, Dr. Vonbun die alleinige Schuld für das „Auskämmen" (so seine Diktion) der Armenhäuser nach Behinderten zuzuschieben.

Den Vorarlberger Behörden wäre es anschließend durchaus möglich gewesen, sich mit dem Aktenmaterial der Konstanzer Staatsanwälte ein relativ klares Bild vom Ablauf der „Aktion T4" in Vorarlberg zu machen und Vonbuns Komplizen zur Verantwortung zu ziehen. Sie wollen aber am Geschehenen nicht mehr rütteln. Auch das Gericht in Konstanz will über Vonbun kein Urteil sprechen und stellt das Verfahren 1966 ein. Dr. Vonbun ordiniert bis zu seiner Pensionierung ungehindert weiter.

Quelle:
Gernot Egger, Ausgrenzen – Erfassen – Vernichten. Arme und „Irre" in Vorarlberg, Bregenz 1990, bes. S. 244 ff.

Katharina Lampert: Arm und krank, für die Nazis „lebensunwert"

Arme Leute hat es in Vorarlberg immer wesentlich mehr als reiche gegeben. Und Armsein bedeutet hier wie andernorts immer auch, der Willkür der Behörden verstärkt ausgeliefert zu sein. Wer Ansehen hat oder über Beziehungen verfügt, tut sich im Umgang mit den staatlichen Autoritäten leichter. Das gilt – mit Einschränkungen – auch für die Zeit des Nationalsozialismus.

Aus armer Familie

Kathi Lampert ist arm und krank, das heißt abhängig, und ab 1939 dem rassistischen Reinheitswahn der Nationalsozialisten ausgeliefert. Sie bestimmen nun, welches Leben nützlich und welches „unwert" ist. Wer zur Kriegsführung nichts beitragen kann, an der „Heimatfront" Kosten verursacht und womöglich der Obsorge bedarf, hat nach der Weltsicht der Nationalsozialisten keine Daseinsberechtigung.

Kathi Lampert gehört zu dieser Gruppe von Menschen, für die der Volksmund schon vor Hitler die Bezeichnung „unnötige Esser" bereithält. Sie wird am 5. Oktober 1913 im schweizerischen Eichwies bei Oberriet in eine Familie hineingeboren, deren Mitglieder sich seit Generationen als arme TagelöhnerInnen zu beiden Seiten des Rheins verdingen, ohne es zu einem ausreichenden wirtschaftlichen Auskommen zu bringen. Kathis Vater Karl Wilhelm Lampert ist im Appenzell geboren. Seine aus Götzis stammenden Eltern versuchen dort die Gründung einer Existenz. Ähnlich die Eltern von Hermina Ender, Kathis Mutter: Sie sind aus Mäder in das schweizerische Altstätten gezogen, denn noch blüht dort die Stickerei einigermaßen. Als die wirtschaftlichen Verhältnisse auch in der Schweiz in den 1920er Jahren angespannter werden, entlässt man zuerst die Ausländer. So kehrt die Familie Lampert mit inzwischen vier Kindern nach Götzis zurück. Der Vater findet Arbeit in Dornbirn und man erwirbt ein kleines Haus in Götzis. Im Oktober 1929 brennt das Haus ab. An einen Neubau ist nicht zu denken, die Familie Lampert ist bei der Feuerversicherung im Zahlungsrückstand, quasi unversichert. Nun wird die obdachlose Familie auseinandergerissen: Die Arbeitsfähigen finden anderswo Plätze, Mutter Hermina mit ihrer kranken Tochter Kathi erhält vorübergehend Aufnahme im „Armenhaus" von Götzis. So nennt man im Volksmund die örtlichen Versorgungsanstalten für Arme, Alte und Kranke.

Im Armenhaus

In der Folgezeit finden Mutter und Tochter Lampert Unterkunft bei einer Witwe in Sulz. Im Jahre 1932 bittet Frau Lampert in einem Brief ihre Heimatgemeinde Götzis um eine bescheidene Unterstützung, weil ihr die Kündigung drohe: „Infolge der trostlosen Verhältnisse hinsichtlich Verdienstmöglichkeit schulde ich der Gemeinde Sulz 40 Schilling und bin nicht in der Lage, diesen Betrag aufzubringen, als ich noch für meine Tochter zu sorgen habe, die ich

Kathi Lampert aus Götzis – sie leidet an Epilepsie – wird mit dem ersten Transport am 10. Februar 1940 in die Tötungsanstalt Hartheim in Oberösterreich verbracht und dort ermordet.

infolge ihres langwierigen Leidens nirgends dauernd unterbringen kann."

Zwei Jahre danach, am 6. Juli 1934, stirbt die von ihrem harten Leben gezeichnete, gerade 55 Jahre alte Hermina Lampert. Zurück bleibt ihre Tochter Kathi: völlig mittellos, unversichert, von epileptischen Anfällen geplagt, schwach und nur beschränkt arbeitsfähig. Die mittlerweile 21-Jährige wird nun ins Götzner Armenhaus eingewiesen. In den Aufnahmepapieren findet sich die Diagnose „Epileptikerin", ihr Zustand wird als „kränklich" festgehalten.

Je nach ihren körperlichen und geistigen Möglichkeiten werden die so genannten PfründnerInnen zu Arbeiten im Hause und auf dem angeschlossenen Gutshof Rheinau eingesetzt. Ein Foto aus dem Jahre 1935 zeigt Kathi Lampert mit sieben weiteren „Armenhäuslern" vor dem Hof. Kathi hat auf dem Bild eine Tabakspfeife im Mund, die vermutlich einem der Männer gehört. Entweder wird mit ihr gescherzt oder man will zeigen, dass sie zu den erwachsenen Arbeitskräften zählt.

Welche Schäden die epileptischen Anfälle verursacht haben, wird in der Krankenakte von 1940 nicht näher beschrieben; von einem „zunehmend schlechter werdenden Gesundheitszustand" ist die Rede.

Jedenfalls ist Kathi Lampert unter den Personen, die bei der teilweisen Räumung des Götzner Armenhauses am 16. Februar 1940 in die „Gau-Heil- und Pflegeanstalt Valduna" überstellt werden. Das ist bereits ein unheilvoller Vorgriff auf das Ende. Denn in der so genannten Heil- und Pflegeanstalt wird in den kommenden Jahren weder geheilt noch wirklich gepflegt; es wird nun fortlaufend entschieden, wer leben darf und wer „lebensunwert" ist.

Zur Tötung ausgewählt

Adolf Hitler persönlich hat mit Schreiben vom 1. September 1939 zwei Funktionäre damit beauftragt, alle organisatorischen Maßnahmen zu treffen, um den „unheilbar Kranken" den „Gnadentod zu gewähren". Das ist der Start für die Vernichtung von psychisch Kranken und Behinderten im Zuge der so genannten „Aktion T4".

Die dafür zuständigen Ärzte im Gau Tirol-Vorarlberg legen mit Eifer los: Erstellen Listen mit den möglichem Tötungsopfern, erfassen nicht nur die Pa-

Die InsassInnen des Versorgungsheims Götzis Mitte der 1930er Jahre bei der Heuernte. Links Kathi Lampert mit Tabakspfeife. Wer arbeitet, darf auch erwachsen sein.

tientInnen der Valduna, sondern suchen auch in den örtlichen Armenhäusern nach möglichen Opfern.

Am 10. Februar 1941 ist es soweit: Die Busse mit verdunkelten Scheiben der Gekrat (Gemeinnützige Krankentransport GmbH, die extra für die Durchführung der „Aktion T4" gegründet worden ist) holen die ersten 131 Personen aus der Valduna ab. „Grob und rücksichtslos" seien die ausgesuchten PatientInnen in die Busse verfrachtet worden, berichtet ein Zeitzeuge. Die Fahrt der Unglücklichen führt direkt zur Vernichtungsstätte Schloss Hartheim in Oberösterreich. Und dort angekommen gleich ins Gas. Davor hat Frau Elisabeth Vallaster (siehe S. 223–225) oder ein anderer Todesengel Kathi Lampert beim Ausziehen geholfen.

In Schloss Hartheim wird ein eigenes Standesamt eingerichtet, das ordnungsgemäße Totenscheine ausstellt, allerdings mit erfundenen Todesursachen. Kathi Lamperts Tod wird auf den 18. Februar 1941 datiert, die knappe Todesursache lautet „Status epilepticus", also Epilepsie. Nicht einmal die sonst übliche Lungenentzündung wird ihr angedichtet.

So erleidet Kathi Lampert das traurige Schicksal jener gut 300 VorarlbergerInnen – und vieler Tausend anderer –, deren Leben von willfährigen NS-Ärzten als „unwert" eingeschätzt wird und die damit zur Tötung freigegeben sind. Sie hat ein schweres Schicksal durchlebt, das von einem grausamen Tod beendet wird. Die Planer und Vollstrecker dieser Morde handeln aus ideologischer Borniertheit, menschlicher Kälte und willfähriger Pflichterfüllung.

Kathi Lampert hat als bisher einzige von allen „Euthanasie"-Opfern eine späte Würdigung erfahren: Die Schule für Sozialberufe in Götzis gibt sich 2007 den Namen „Kathi-Lampert-Schule" und hebt damit eine der vielen namenlosen Ermordeten ins öffentliche Bewusstsein.

Quelle:
Gerhart Hofer, Brief an Kathi Lampert, Götzis 2006. http://www.kathi-lampert-schule.at (eingesehen am 26.11.2011).

Erich Forster: Aus dem Armenhaus in die Tötungsanstalt

„Erich hat es wieder mal nicht leicht", steht handschriftlich auf der Rückseite einer kleinen alten Fotografie aus dem Dorfarchiv Thal. Sie zeigt einen untersetzten Mann, der sich etwas umständlich bemüht, seine Pfeife anzuzünden. Was hier scherzhaft gemeint ist, trifft auf das ganze Leben dieses Mannes zu, und es endet äußerst tragisch. Das nationalsozialistische Regime ermordet einen der Ärmsten, Hilflosesten des Dorfes: den taubstummen Erich Forster. Er wird im April 1941 in Schloss Hartheim bei Linz mit Gas getötet.

Mitglieder der Dorfgemeinschaft

Erich Forster wird am 26. Dezember 1885 in Unterdreienau, einer Parzelle von Thal, geboren. Er stammt aus einer großen, ehemals angesehenen Familie. Der Vater war Mitglied des Gemeindeausschusses. Das Kind Erich ist von Geburt an taubstumm. Nach den Erzählungen einer Nachbarin sei die Behinderung allerdings eine Folge von Kaltwasserbädern (zur „Abhärtung") im Kleinkindalter gewesen. Auch Erichs Bruder Albin ist geistig behindert, allerdings nicht taubstumm. Die Familie hat insgesamt elf Kinder.

Die Erinnerung an Erich und Albin Forster ist bei den älteren EinwohnerInnen von Thal noch lebendig. Erich hat sich im Dorf nützlich gemacht, indem er in der Rotach Sandstein gewinnt, diesen in einer Kaffeemühle zu Feinsand zermahlt und diesen Sand dann den Leuten im Dorf als Bodenreinigungsmittel bringt. In manchen Häusern erhält er dafür ein Essen. Man unterhält sich mit ihm „mit Händen und Füßen", und die Kinder scherzen mit dem ebenso eigenwilligen wie harmlosen Besucher.

Nach dem Tod der Eltern und der pflegenden Verwandten werden die Brüder Forster ins Armenhaus Sulzberg aufgenommen, der eine 1936, der andere 1937.

Das weitere Schicksal von Erich Forster ist mit der Valduna in Rankweil verbunden. Die Gemeinde hätte die Forster-Brüder schon vor 1938 in die Valduna einweisen können, hätte dann aber für die Pflegekosten aufkommen müssen. Billiger ist es, hilfsbedürftige MitbürgerInnen im eigenen Armenhaus zu versorgen. Hier können sie auch nützliche Arbeiten verrichten. Nach dem „Anschluss" ändert sich das. Nun können Behinderte ohne Kostenaufwand für die Gemeinde in die neue „Heil- und Pflegeanstalt" Valduna bei Rankweil eingeliefert werden. Die Kosten übernimmt hier der Staat. Aber nicht lange. Denn die Zusammenführung von Behinderten in der Valduna dient nicht ihrer besseren Versorgung, sondern dem leichteren Zugriff für die kommende Vernichtung.

Suche nach „Ballastexistenzen" bis ins hinterste Dorf

Der Sulzberger Pfarrer schreibt ins Familienbuch zum Namen Erich Forster: „Wurde nach Valduna geholt und dann nach Hartheim überführt". Er und auch der Großteil der Bevölkerung ahnen, was „man" mit Leuten wie den Brüdern Forster macht. Auch die

Erich Forster aus Thal wird im März 1941 aus dem Armenhaus in Sulzberg in die Valduna und von dort zur Tötung nach Hartheim verbracht. Sein Bruder Albin, ebenfalls zur Tötung ausgesondert, versteckt sich und wird schließlich gerettet.

beiden behinderten Männer – beide schon über 50 – müssen es gespürt haben. Jedenfalls leben sie in größter Angst. Zeitzeugen erinnern sich, wie erregt Erich Forster gewesen ist, als man ihn am 2. März 1941 auf einem offenen Lastwagen vom Armenhaus Sulzberg abholt, um ihn in die Valduna zu verbringen: Er habe außer sich und hilfeflehend den Leuten zugefuchtelt und mit der Hand, mit der er an seinem Hals hin und her fuhr, angedeutet, dass man ihn umbringen wolle. Es muss erschütternd gewesen sein.

Der um zwei Jahre jüngere Bruder Albin Forster, der ebenfalls im Armenhaus lebt und geistig beweglicher ist, muss die Panik noch stärker empfunden haben. Jedenfalls ist er, als die Männer kommen und sich ihre Opfer für den Transport nach Rankweil aussuchen, nicht auffindbar. Er sei heimlich geflohen und habe sich im Walde versteckt, in der wilden und schwer zugänglichen Eybele-Schlucht ganz in der Nähe des Armenhauses. Später, als die ganze Aktion abgeschlossen ist, sei er wieder hervorgekommen und von einer Familie, die eine große Landwirtschaft und einen Sennereibetrieb hat, beschäftigt worden. Zu seinem Glück wird das Armenhaus Sulzberg kein zweites Mal von den „Euthanasie-Handlangern“ aufgesucht. Auch der Gemeindearzt verweist offensichtlich auf die Nützlichkeit des Albin Forster: Man brauche ihn für verschiedene Arbeiten im Armenhaus.

Zwei Wochen später, am 17. März, wird Erich Forster nach Schloss Hartheim transportiert und dort laut Totenschein am 10. April 1941 umgebracht.

Forsters Leidensgenossinnen

Dem Massenmord unter der Tarnbezeichnung „Euthanasie“ sind im Deutschen Reich und in den annektierten Gebieten fast 200.000 Behinderte und psychisch Kranke zum Opfer gefallen. Erich Forster ist nicht das einzige Opfer aus der Gemeinde Sulzberg: Maria Vögel, geboren 1906, wegen ihrer Epilepsie im Armenhaus, wird am 6. April 1939 nach Rankweil gebracht. Sie kommt bereits im ersten Transport vom 10. Februar 1941 nach Hartheim, wo sie angeblich am 17. Februar nachts um 1.55

Uhr „stirbt“ und dann verbrannt wird. Am 3. März kommt die Aschenurne nach Sulzberg. Dort wird sie am 10. März kirchlich beigesetzt.

Rosa Rupp, eine Jahrgängerin von Erich Forster, lebt ebenfalls im Sulzberger Armenhaus und wird zusammen mit Erich Forster nach Rankweil verbracht. Beide werden am 17. März 1941 nach Hartheim deportiert. Den Notizen des Pfarrers zufolge ist Rosa Rupp dort am 3. April 1941 verstorben, das heißt getötet worden.

Die Ereignisse von Sulzberg zeigen, dass die Armen- und Versorgungshäuser unter zum Teil dramatischen Umständen geräumt werden. Der Bregenzer Amtsarzt hat es „Auskämmen“ genannt. Erich Forster, Maria Vögel und Rosa Rupp haben keinem Menschen je etwas angetan; sie müssen sterben, weil überzeugte Nationalsozialisten für ihre Vorstellung von „lebensunwertem Leben“ buchstäblich über Leichen gehen und weil die MitbürgerInnen in Gehorsam wegschauen.

Quelle:
Elmar Haller/Ernst Wirthensohn, Erich Forster – ein NS-Opfer aus Thal, in: Wolfgang Weber/Kurt Bereuter/Andreas Hammerer (Hg.), Nationalsozialismus im Bregenzerwald unter besonderer Berücksichtigung der NS-„Euthanasie“ im Bregenzerwald, Rankweil 2008, S. 180–183.

Franz Miller: Irre geworden an einer heillosen Welt

Zeiten und Umstände, in die Franz Miller 1886 hineingeboren wird, sind schwierig. Schon sein Vater Liborius Miller ist ein armes „lediges" Kind aus Glurns in Südtirol. Liborius Miller findet ab 1880 Beschäftigung in einer Rankweiler Stickerei und in Berta Gisinger aus Altach eine Ehefrau.

Der junge Franz Miller besucht fünf Klassen der Volksschule, arbeitet dann bei Bauern und erhält schließlich eine Lehrstelle als Schmied in der Eisenbahnwerkstätte in Feldkirch-Levis. Da er nun ein regelmäßiges Einkommen hat, heiratet Miller im Jahre 1911 die Nachstickerin Lidwina Schuchter, deren Eltern ebenfalls aus Tirol stammen. Am 28. November 1912 wird das erste Kind geboren, doch stirbt es einen Monat später. Bald folgt die Geburt des zweiten Kindes, das weitestgehend ohne Eltern aufwachsen wird.

Erstmals im Jahre 1907 und dann wieder 1910 und 1912 wird der 1,60 m große und rothaarige Franz Miller zu mehrwöchigen Waffenübungen der Kaiserschützen nach Südtirol einberufen. Bei der Mobilmachung im Sommer 1914 wird er sofort zu seinem Regiment nach Bozen eingezogen und bereits im Oktober 1914 an die russische Front beordert.

Krieg und Gefangenschaft

Mit tausenden anderen österreichischen Soldaten ist Miller von der zaristischen Armee in der Festungsstadt Przemyzl eingeschlossen. Er hungert und hofft auf Rettung – und erhält die Nachricht, dass zu Hause seine junge Frau am 16. Februar 1915 an einem Lungenleiden verstorben ist. Im Frühling 1915 wird die Festung von den Russen eingenommen. Miller und eine Unzahl von Leidensgenossen werden gefangen genommen, durch ganz Sibirien transportiert und schließlich in einem Kriegsgefangenenlager in der fernen Mandschurei interniert. Bereits wenige Tage nach der Ankunft reißt Miller mit einigen Kameraden aus. Tatsächlich gelingt der Gruppe das Unmögliche: Nach einer 16 Monate dauernden Flucht gelangen die Männer relativ unversehrt nach Europa. Im böhmischen Leitmeritz werden die Erschöpften am 28. Oktober 1916 ins dortige Militärspital aufgenommen. Franz Miller wird später diese unglaubliche Flucht durch die Tundra und übers Eismeer in einem 40-strophigen Epos zu beschreiben versuchen. Die Strophe 10 fasst die Strapazen und Gefahren, die davor im einzelnen beschrieben werden, zusammen:

> Gewandert und gefahren, bei Sturm und Wind
> wir gar vieles mussten erfahren,
> denn wir ja doch geflüchtet sind,
> betroffen von allen Gefahren.

Ohne Karte und Kompass, wie Miller festhält, hat die Gruppe Urwälder, Sümpfe, das Eismeer und Flüsse durchquert, Bären und Wölfen getrotzt und sich über weite Strecken nur von Beeren, Baumrinden und Wurzeln ernährt. Noch 14 Jahre nach der glücklichen Heimkunft sind für Franz Miller die traumatischen Fluchterlebnisse ganz lebendig, obwohl in der Zwischenzeit weitere dramatische Ereignisse den Ruhelosen in Bewegung gehalten haben. Denn das erwähnte aufwühlende Gedicht schreibt er erst im Jahre 1930 – als Insasse der „Irrenanstalt" Valduna. Hier erst wird er Zeit für solche Nachdenklichkeit haben.

Weniger Zeit lässt ihm die k.k. Armee: Bereits einen Monat nach seiner Rückkehr wird Miller einem Ersatzbataillon zugeteilt und an die Balkanfront in Marsch gesetzt. Hier wird der Eisenbahnschlosser immerhin der Heeresbahn zugeteilt. Nach Spitalsaufenthalten in Ploesti und Bukarest und kurzer Erholung in Österreich kommt Miller im Oktober 1917 wieder an die russische und ab Juni 1918 an die italienische Front. Wegen Krankheit wird er Ende August 1918 entlassen und erlebt das Kriegsende zu Hause. Der Kriegsheimkehrer ist nach allem, was er erlebt und durchlitten hat, körperlich geschwächt und psychisch angeschlagen. Seinem Kind ist er ein Fremder.

Nach seiner Rückkehr aus dem Weltkrieg im November 1918 lässt sich Franz Miller mit seinem gleichnamigen Sohn fotografieren. Millers junge Frau ist bereits 1915 verstorben; den Buben hat sie im Dezember 1914 während der Kriegsabwesenheit des Vaters zur Welt gebracht.

Neustart in Amerika

Die Arbeits- und Verdienstverhältnisse in der Feldkircher Eisenbahnwerkstätte, ja die Lebensverhältnisse insgesamt, sind in den Nachkriegsjahren elend. Eine Reihe von Eisenbahnschlossern versucht nun einen Neustart in der Neuen Welt. Wer das Glück hat, einen amerikanischen Bürgen zu finden und ein Visum zu erhalten, wandert aus. Franz Miller hat einen Verwandten in Brooklyn. Er kann nun seinen Arbeitskollegen nach Amerika folgen. Am 28. Februar 1923 verlässt er auf dem damals größten Ozeandampfer „Majestic" den französischen Hafen Cherbourg und betritt am 7. März in New York amerikanischen Boden. Wie die meisten Neuankömmlinge wird er sich hier zu niedrigsten Arbeiten verdingt haben – als Tagelöhner, wie es später in der Krankengeschichte heißen wird. Doch 1927 kehrt Miller – wie andere auch – in die alte Heimat zurück; Amerika ist und wird nicht seine Welt.

Die harten Jahre in New York haben aber zu seiner weiteren psychischen Zerrüttung beigetragen. So wie er die Kriegserlebnisse nicht loswerden kann, bringt er aus Amerika eine Art dauerhaften Jetlag mit. Er kann in der Nacht nicht mehr schlafen, geistert durch Rankweil und wird den Leuten „unheimlich". Da er keine Arbeit findet, schläft er am Tag. Zeitweise wird er im Armenhaus untergebracht. Auch erzählt er immer fantastischer werdende Geschichten – etwa über Reichtümer, die er vom amerikanischen Präsidenten zu erwarten habe. Auf Veranlassung des Armenhausverwalters wird er im August 1929 in die

Valduna eingewiesen. „Sonst war er nicht auffällig, verhielt sich immer ruhig", heißt es in der Beschreibung des Armenvaters.

Vom Armenhaus in die Valduna

So unauffällig bleibt er allerdings nicht. Zwar wird er anfangs noch als „ruhig, klar, geordnet" beurteilt, doch mit zunehmender Dauer des Aufenthalts in der Anstalt wird der Patient Franz Miller ungehaltener, „schimpft oft" und wird in den späteren Jahren manchmal auch zu Mitpfleglingen aggressiv. Eine Heilung ist also in der „Heil- und Pflegeanstalt" der 1930er Jahre nicht feststellbar. Während Miller das Jahr 1930 großteils schreibend verbringt – mit Gedichten oder Verbesserungsvorschlägen für die Anstalt –, scheint er gegen Ende der 1930er Jahre apathischer und – wie andere Hoffnungslose, die ihr politisches Heil in der Vergangenheit suchen, auch – monarchistisch geworden zu sein.

Als der bereits illegale Nationalsozialist Dr. Josef Vonbun nach dem „Anschluss" die Leitung der Anstalt übernimmt, werden sofort die Strukturen neu geordnet und die PatientInnen unter neuem Blickwinkel taxiert. Die so genannten „Unheilbaren" hat der „Führer" Adolf Hitler mit Erlass vom 1. September 1939 für den „Gnadentod" freigegeben. Die Naziärzte warten nur darauf, Herren über Leben und Tod werden zu können. Franz Miller wird von der neuen Anstaltsleitung 1940 als „negativistisch, sonst ruhig" beschrieben. Das ist sein Todesurteil.

Mit 130 weiteren PatientInnen der Valduna wird Franz Miller mit dem ersten Transport am 10. Februar 1941 nach Schloss Hartheim in Oberösterreich verbracht. Dort werden alle antransportierten VorarlbergerInnen, Erwachsene und Kinder, Männer und Frauen, unmittelbar nach der Ankunft ins Gas getrieben.

Franz Miller hat schon einmal im Jahre 1934 die Valduna als „Mörderorganisation" beschimpft. Damit hat er zwar dem damaligen Personal unrecht getan, die Verhältnisse, die den späteren Massenmord ermöglicht haben, aber dumpf vorausgeahnt. Ob er sich bis zuletzt schimpfend gewehrt oder sich in sein schreckliches Schicksal ergeben hat, wissen wir nicht.

Franz Miller aus Rankweil ist weiter in der Welt herumgekommen als die meisten seiner Zeitgenossen. Er hat schwere persönliche Schicksalsschläge hinnehmen müssen, hat den Ersten Weltkrieg dramatisch überlebt und einen Neuanfang im fernen Amerika versucht – und ist an diesen Lasten irre geworden. Eine medizinische Hilfe gibt es damals noch nicht, bloß Verwahrung. Nicht einmal die haben ihm die mitleidslosen Vollzieher des nationalsozialistischen Tötungsprogramms gewährt.

Quellen:
Norbert Schnetzer/Hans Sperandio, 600 Jahre Valduna. Der lange Weg – vom Klarissinnenkloster zum Landeskrankenhaus, Rankweil 1999, S. 110.
Gespräch mit Herbert Rauch, Rankweil, 5.4.2012.
Vorarlberger Landesarchiv, Taufbuch Rankweil; Militärkarte Miller.

Franz Josef Gstrein: Ein Kritiker wird (mund)tot gemacht

Die von Adolf Hitler persönlich initiierte „Aktion T4", das heißt die staatliche Tötung von Behinderten und psychisch Kranken, ist nicht nur auf diese Menschengruppe beschränkt. Bald werden auch so genannte „Asoziale" und sonstige Unangepasste in das Tötungsprogramm einbezogen. Auch nach der offiziellen Einstellung der „Aktion T4" wird die „Endlösung der sozialen Frage" weiter vorangetrieben. Jetzt noch verschwiegener und noch stärker medizinisch verbrämt als früher, aber ebenso gnadenlos. Das tragische Beispiel des Franz Josef Gstrein aus Hohenems macht deutlich, dass auch politische Gegner des NS-Regimes über den Umweg der Einweisung in Pflegeanstalten beseitigt werden können.

Schwierige Verhältnisse

Franz Josef Gstrein wird am 31. März 1898 in Bludenz geboren und arbeitet nach seiner Schulentlassung bei der Eisenbahn als Maschinenwärter. Im Jahre 1916 wird Gstrein zu den Kaiserschützen an die Dolomitenfront einberufen, absolviert dort Ausbildungen als Ski- und Bergführer und im Sommer 1917 einen Kaderkurs. Ende 1917 wird er wegen schwerer Erfrierungen an den Füßen entlassen. Bis Ende 1920 ist er als berufsunfähig eingestuft. Dann folgen Jahre mit und ohne Arbeit.

Später wird Gstrein erzählen, dass er Adolf Hitler persönlich kennengelernt habe, da er beim selben Truppenkörper gedient habe. Das hält aber einer näheren Überprüfung nicht stand, da Hitler immer an der Westfront, Gstrein aber an der Südfront eingesetzt gewesen ist. Fest steht aber, dass er in den 1930er Jahren seinen Unmut über den Nationalsozialismus und den „Führer" offen bekundet, und wenn er etwas zu viel getrunken hat, tut er es ohne Rücksicht.

Im Jahre 1920 heiratet Gstrein die gleichaltrige Berta Barbisch, die in den folgenden Jahren drei Kindern das Leben schenkt.

Die wirtschaftliche Situation der Familie ist mehr als schwierig. Frau Gstrein hat eine Wäschevertretung für eine Lustenauer Firma übernommen, ist jedoch immer wieder krank. Franz Josef Gstrein, der in den krisenhaften 1930er Jahren oft arbeitslos ist, übt an Stelle seiner Frau die Vertretertätigkeit aus. Nach ihrem frühen Tod am 1. Juli 1938 wird die Konzession, die auf ihren Namen ausgestellt ist, nicht mehr verlängert und eingezogen.

Franz Josef Gstrein wird nun vom Arbeitsamt auf die Kraftwerksbaustelle Latschau im Montafon dienstverpflichtet. Der erst zehnjährige Sohn erhält einen Pflegeplatz, die beiden Töchter stehen bereits in Arbeit. Alle 14 Tage kommt der Vater aus dem Montafon auf Besuch nach Hohenems. Als die Tochter Agnes, wie andere Vorarlberger Mädchen auch, in eine reichsdeutsche Rüstungsfabrik dienstverpflichtet werden soll, verschwindet sie in die Schweiz. Die ältere Emilie findet schließlich Aufnahme bei einer Dornbirner Familie.

Wütend gegen Hitler

Über das weitere Schicksal seines Vaters Franz Josef weiß der Sohn Alois Gstrein Folgendes zu berichten: „Mein Vater war ein baumlanger Kerl. Ein Hüne von 1.97 m. Er war ein Gerechtigkeitsfanatiker und manchmal sehr rabiat und aufbrausend. Das ist ihm zum Verhängnis geworden. Bevor er nach Latschau zum Kraftwerksbau bei den Illwerken 1939 dienstverpflichtet wurde, wohnten wir in Hohenems in der Kaubachstraße Nr. 5. In Latschau war er Hüttenwirt und dort passierte es: Er machte aus seiner Verachtung des NS-Regimes kein Hehl und nannte Hitler am Biertisch einen ‚Hosenscheißer'. Von seinen Zechkumpanen wurde er verpfiffen. Man benötigte mehrere Polizisten, um ihn zu verhaften. Er schlug wütend um sich und fügte einem Rippenbrüche zu. Weil er so randalierte, ist er in die Valduna eingeliefert worden." Und seine Tochter fügt hinzu, der Vater habe immer wieder über Hitler gesagt: „Ihr werdet schon sehen, es gibt noch Krieg. Das ist ein Brandstifter!"

Der Bludenzer Franz Josef Gstrein kann sich mit den Gegebenheiten der NS-Herrschaft nicht abfinden, wird für psychisch krank erklärt und in die Anstalt Hall eingeliefert. Im Rahmen der so genannten „Wilden Euthanasie" wird er in der Anstalt Linz-Niedernhart am 16. April 1943 umgebracht.

Beseitigung des Unverbesserlichen

Nach diesem Vorfall wird Franz Josef Gstrein am 8. April 1940 in die Pflegeanstalt Valduna eingeliefert. Er gilt im Jargon der Nationalsozialisten als „unverbesserlicher Meckerer" und kommt deshalb zu den so genannten Unheilbaren. Ein knappes Jahr nach seiner Internierung, am 24. März 1941, wird er im Zuge der Räumung der Valduna in die Anstalt Hall in Tirol überstellt und ein gutes Jahr später in die oberösterreichische Anstalt Niedernhart weiterverschickt. Gstrein ist eine von 60 Personen aus Hall, die am 31. August 1942, ein Jahr nach der offiziellen Einstellung der „Aktion Gnadentod", getötet werden. Bei ihrem ersten Besuch in der Haller Anstalt trifft die Tochter einen illusionslosen Vater, der genau sieht, was kommt: „Wer einmal dem Hitler unter die Hände fällt, der kommt nicht mehr aus." Ein zweiter Besuch wird ihr im Sommer 1942 vom diensthabenden Arzt verweigert, da der Vater schon für den Transport nach Niedernhart in Oberösterreich vorbereitet worden sei.

Was sie aber bald nach ihrer Heimkehr erhält, ist eine Sterbeurkunde des Standesamtes Linz vom 16. April 1943 mit der lapidaren Mitteilung, ihr Vater sei in der „Heil- und Pflegeanstalt Linz-Niedernhart" an „Paralysis progressiva" verstorben. Mit solchen und ähnlichen medizinischen Fachausdrücken soll darüber hinweg getäuscht werden, dass Franz Josef Gstrein und viele seiner LeidensgenossInnen in Wirklichkeit umgebracht wurden.

Als seine Tochter bei der Stadt Dornbirn um ein Begräbnis für ihren Vater ansucht, erhält sie vom Vizebürgermeister und SS-Sturmbannführer Alfons Mäser die schnippische Auskunft: „Um so einen Mann trauert man nicht!"

Außer seinen Kindern haben Franz Josef Gstrein in der Tat wenige nachgetrauert. Die Mehrzahl ist der Meinung, dass all denen auch in der NS-Zeit nichts passiert, die sich ordentlich aufführen. Gstrein hat sich daran nicht gehalten. Er hat seinem Ärger öffentlich Luft gemacht, und das immer wieder. Man bringt den Empörten nicht zum Schweigen, er ist „unverbesserlich". Auf seine körperliche Gegenwehr folgen Zwangsjacke und Verwahrung in der Anstalt. Und als ihm auch dort der Mund nicht gestopft werden kann, übergibt man ihn den Tötungsärzten. Eine politische „Ballastexistenz" weniger – so kalkuliert das Unrechtsystem, das alle zivilisatorischen Hemmungen abgelegt hat. Gstrein wird ein Opfer seines hartnäckigen Willens zum politischen Widerstand, den die Nationalsozialisten als unheilbare Krankheit diagnostizieren.

Quelle:
Werner Bundschuh, „Um so einen Mann trauert man nicht ... Begräbnis nicht bewilligt!" Das „Euthanasie"-Opfer Franz Josef Gstrein, in: Dornbirner Schriften. Beiträge zur Stadtkunde, Nr. 29, Dornbirn 2004, S. 85–101.

Josef Vallaster: Der Handlanger beim Töten

„Außer einer ganz ungewöhnlichen Beflissenheit, alles zu tun, was seinem Fortkommen dienlich sein konnte, hatte er überhaupt keine Motive.“ So charakterisiert die Philosophin Hannah Arendt Adolf Eichmann, den Organisator des Holocaust. Sie hat im Frühjahr 1961 in Israel dem Prozess gegen Eichmann beigewohnt und ihre Beobachtungen als „Bericht über die Banalität des Bösen“ publiziert. Aus einer ähnlichen Motivlage wie Eichmann scheinen auch zahlreiche Helfer in den unteren Etagen der Ausführung der nationalsozialistischen Massenvernichtung gehandelt zu haben.

Vom Bauarbeiter zum „Brenner“

Einer von vielen ist Josef Vallaster aus Silbertal im Montafon.

1910 geboren, fallen seine Kindheit und Jugend in die Zeit des Ersten Weltkriegs und in die Krisenzeit danach. Als Vallaster vier Jahre alt ist, wird sein Vater in den Krieg befohlen, aus dem er nicht mehr zurückkehren sollte. Er stirbt 1916 in russischer Kriegsgefangenschaft.

Nach dem Besuch der Volksschule arbeitet der junge Vallaster auf dem elterlichen Hof und zusätzlich als Knecht, Senn oder Holzarbeiter. Das sind in den Bergtälern die Möglichkeiten eines saisonalen Zuverdiensts, bevor der Tourismus neue Erwerbsquellen bieten wird.

Auch im Montafon beginnen einzelne ab etwa 1930 für den Nationalsozialismus Stimmung zu machen und sichtbare Zeichen zu setzen – besonders nach dem Verbot der NSDAP in Österreich am 19. Juni 1933. Da wird beispielsweise auf dem Kirchturm von Silbertal eine Hakenkreuzfahne gehisst, in der Nacht werden große Hakenkreuze in Felder gemäht oder es werden Höhenfeuer in Form eines Hakenkreuzes angezündet. Die Sicherheitsbehörden nehmen in diesem Zusammenhang etliche einschlägig bekannte nationalsozialistische Parteigänger fest.

Vallaster befindet sich nicht unter den Verhafteten. Dass er aber bereits 1933 zu den Montafoner Nationalsozialisten gehört, zeigt sein Beitritt zur SA im Mai 1933. Auch sein Stiefvater ist ein frühes Mitglied der NSDAP. Vallaster stammt also aus einem deutschnationalen Milieu. Doch vorerst ist er kein exponierter, kein führender Nationalsozialist, sondern ein mitlaufender. Im August 1933 entschließt er sich – wie andere auch –, sein zukünftiges Fortkommen im bewunderten Nazi-Deutschland zu suchen.

Wie alle nationalsozialistischen Aktivisten aus Österreich kommt Vallaster zur so genannten „Österreichischen Legion“ im bayerischen Bad Aibling. Dort erhalten die nach Deutschland gekommenen österreichischen Nazis eine militärische Ausbildung für den Tag X – nämlich den deutschen Angriff auf Österreich. Nachdem aber der Nazi-Putsch in Österreich im Juli 1934 scheitert, werden die „Legionäre“ vorderhand größtenteils in zivilen Berufen untergebracht. So findet Vallaster als Hilfsarbeiter Beschäftigung auf verschiedenen Großbaustellen, unter anderem bei einem Bauabschnitt der Reichsautobahn. Nach dem „Anschluss" arbeitet er in einem Berliner Wasserwerk, und ab dem Frühjahr 1940 wird er als Bauarbeiter im oberösterreichischen Schloss Hartheim tätig, das von einem Pflegeheim zu einer Tötungsanstalt für psychisch Kranke und körperlich Behinderte umgebaut wird.

Aus dem Bauarbeiter wird nach der Inbetriebnahme der Menschenvernichtungseinrichtung ein so genannter Brenner – später sogar der „Oberbrenner". Als Brenner bezeichnet man die erbarmungslosen Helfer, die jene Menschen, die von gewissenlosen NS-Ärzten als „unwertes Leben" zur Tötung bestimmt werden, ins Gas treiben und anschließend die Leichen im Krematorium beseitigen. Vallasters beruflicher Umstieg vom Bauarbeiter zum Tötungshelfer ist mit einer erheblichen Lohnsteigerung verbunden: Die Brenner erhalten eine Erschwernis-Zulage und eine Schweigeprämie; zusätzlich gibt es eine tägliche Schnapsration von einem Viertel Liter. Damit werden eventuelle Skrupel weggespült.

Als Mann der ersten Stunde hat Vallaster die Herrschaft über den Gashahn. Bis Ende 1941 werden in Hartheim Tausende von Menschen zu Tode gebracht, darunter auch etwa 300 aus Vorarlberg.

Im Herbst 1940 heiratet Vallaster in Hartheim eine deutsche Krankenpflegerin. Sie arbeitet als Transportbegleiterin und hilft den Todgeweihten beim Ausziehen, bevor sie ins Gas geschickt werden.

Aufstieg im Tötungsgeschäft

Das so genannte „Euthanasie-Programm" ist gleichsam der Versuchslauf für den industriell organisierten Massenmord an der jüdischen Bevölkerung aus fast allen Ländern Europas.

Konsequenterweise wird das erfahrene Personal aus dem „Euthanasie-Programm" in die neuen Einrichtungen zur Massenvernichtung mitgenommen. Als im März 1942 im Ort Sobibór an der polnisch-ukrainischen Grenze ein Vernichtungslager eingerichtet wird, findet sich Vallaster mit anderen „Hartheimern" hier als einer der ersten Mitarbeiter. Da die SS die Auslöschung des europäischen Judentums übertragen erhält, werden auch die Handlanger des Tötens in diese Mordbrigade aufgenommen.

Die ersten Personen, sozusagen die Testpersonen, die in Sobibór ins Gas geschickt werden, sind jene 80 jüdischen Häftlinge, die zur Errichtung des Lagers gezwungen worden sind. Bereits ab Mai 1942 werden wöchentlich über tausend Menschen getötet. Vallaster, erfahren und mit dem Kommandanten Franz Stangl aus der Hartheimer Zeit gut bekannt, erhält in Sobibór einen eigenen Aufgabenbereich. Er ist zuständig dafür, dass die Alten, Kranken und Kinder von der Eisenbahnrampe weg unmittelbar ins Gas gebracht werden. Zunehmend leitet er das Vergasen der Lebenden und das Verbrennen der Toten. Auch seine persönliche Verrohung scheint unter den Bedingungen des Lagers zugenommen zu haben. Von Zeitzeugen wird er nun als „grausam und außerordentlich brutal" beschrieben; als einer jener SS-Aufseher, die ihre Peitsche besonders schnell und häufig einsetzen.

Innerhalb weniger Jahre ist also aus dem Knecht ein Herr über Leben und Tod von Tausenden von Menschen geworden. Kein geringer Aufstieg, dem aber bald das Ende folgen sollte. Am 12. Februar 1943 erlebt Vallaster allerdings noch den Höhepunkt seiner SS-Karriere: Heinrich Himmler, der oberste Chef des Massenmordes, besucht Sobibór und lässt sich alle 20 SS-Männer des Lagers persönlich vorstellen. Diese revanchieren sich damit, dass sie extra aus dem Lager Lublin hundert Personen herbeischaffen lassen, um Himmler das Funktionieren ihrer Tötungsfabrik demonstrieren zu können. Die SS-Mannschaft des Vernichtungslagers führt ihrem Chef mit Stolz und Routine das arbeitsteilige und effiziente Morden vor. Insgesamt werden in Sobibór in etwa eineinhalb Jahren circa 200.000 Menschen umgebracht, unter ihnen der Großteil der holländischen Jüdinnen und Juden.

Hochzeit in der Mordfabrik: Der „Oberbrenner" Josef Vallaster heiratet 1940 in Hartheim die „Pflegerin" Elisabeth Gust.
Auf Schloss Hartheim wird zur Ausstellung ordnungsgemäßer Totenscheine ein eigenes Standesamt eingerichtet; ein einziges Mal wird auch eine Hochzeit von zwei Mitgliedern des Tötungspersonals verbucht.

Als im Sommer 1943 immer seltener neue Transporte ankommen, ahnen die im Lager zu Arbeitsdiensten verpflichteten Häftlinge und Kriegsgefangenen, dass die Auflassung des Lagers bevorstehe und sie liquidiert würden. So kommt es am 14. Oktober zu einem wohlvorbereiteten Aufstand, bei dem zwölf SS-Leute getötet werden – darunter auch der Scharführer Josef Vallaster: Er wird unter einem Vorwand in die Schusterwerkstatt des Lagers gelockt und dort erschlagen.

Die dramatischen Stunden dieses Aufstandes und die erfolgreiche Flucht einiger weniger werden 1987 von Jack Gold unter dem Titel *Escape from Sobibor* verfilmt.

Vallaster und die übrigen elf getöteten SS-Männer werden mit militärischen Ehren beigesetzt, die im Lager verbliebenen oder auf der Flucht aufgegriffenen Häftlinge allesamt erschossen.

Zuhause in Silbertal setzt man Vallasters Namen auf das örtliche Kriegerdenkmal. Er ist einfach einer der vielen, die nicht mehr zurückgekommen sind. Genaueres will man nicht wissen: weder über Vallaster noch über den nationalsozialistischen Massenmord.

Erst 2008 beginnen Geschichtsinteressierte in Silbertal, sich mit Vallaster auseinanderzusetzen – ein schwieriger Prozess, der den Unwillen jener hervorruft, die die Vergangenheit lieber weiterhin ruhen lassen möchten. Doch das alte Kriegerdenkmal wird beseitigt, und ein neues Denkmal erinnert nun an alle Opfer der NS-Herrschaft und des Krieges – und an das, was Josef Vallaster getan hat.

Quellen:
Thomas Blatt, Nur die Schatten bleiben. Der Aufstand im Vernichtungslager Sobibór, Berlin 2000.
Jules Schelvis, Vernichtungslager Sobibór, Hamburg 2003.
Wolfgang Weber, Von Silbertal nach Sobibór. Über Josef Vallaster und den Nationalsozialismus im Montafon, Feldkirch 2008.
Antonia Winsauer: Hartheim, Sobibór und Josef Vallaster. Die Silbertaler Kriegerdenkmaldebatte als Folge einer Konfrontation mit der nationalsozialistischen Vergangenheit, Diplomarbeit Universität Wien 2011.

Der Alltag während des Krieges

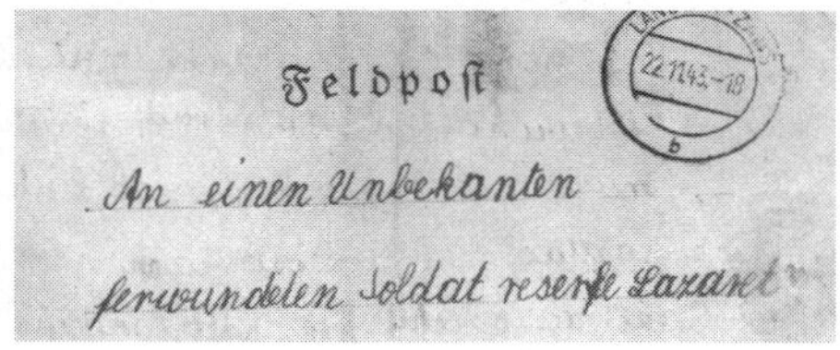

Wenn ZeitgenossInnen die Zeit der nationalsozialistischen Herrschaft meinen, sprechen sie meistens vom „Krieg". Der Kriegsalltag hat sich bei den meisten tiefer ins Gedächtnis eingegraben als das politische Zwangssystem. Tatsächlich ist der Krieg auch im Hinterland allgegenwärtig gewesen. Die Zeit in der Wehrmacht, der Verlust eines Familienmitglieds im Krieg und die Mangelwirtschaft haben sich tiefer eingeprägt als ein paar schreiende und drohende Nazifunktionäre. Nicht vom „Krieg", sondern von der „Nazizeit" sprechen hingegen eher jene, die in die Mühlen des nationalsozialistischen Verfolgungsapparates geraten sind. Diese unterschiedliche Erfahrung prägt in der Nachkriegszeit nicht nur die Sprache, sondern auch den Blick auf die NS-Zeit.[154]

Wie vollzieht sich der Wandel zur Kriegswirtschaft?

Am 4. September 1939, also unmittelbar nach Kriegsbeginn, wird die so genannte Kriegswirtschaftsverordnung (KWVO) erlassen. Mit dieser gesetzlichen Maßnahme soll die gesamte Güterproduktion von Industrie, Handwerk und Landwirtschaft nach den Bedürfnissen der Armee gelenkt werden. Die wirtschaftliche Produktion wird nun zur „Erzeugungsschlacht" an der „Heimatfront". Auch der private Konsum wird strikt reguliert, der Bezug von Lebensmitteln ist nur noch über Karten und Marken möglich. Diese Zuteilung von staatlich festgelegten Mengen an Lebensmitteln und Konsumgütern nennt man Rationierung. Die KWVO bestimmt außerdem die Einführung von Kriegssteuern, die staatliche Festsetzung der Preise und Löhne und die Streichung von Zuschlägen für Feiertags- oder Nachtarbeit. Die Begrenzung der Arbeitszeit wird aufgehoben. Die „Arbeit und Brot" versprochen haben, bringen also Arbeitspflicht und Brotmarken.

↑ Die Figur des „Kohlenklau" mahnt die Bevölkerung zu einem sparsameren Umgang mit allen Arten von Rohstoffen.

Zur Durchsetzung der KWVO werden in einer weiteren gesetzlichen Regelung „Kriegswirtschaftsverbrechen" unter schwere Strafen, auch unter Todesstrafe, gestellt. Dazu zählen etwa Schleich- und Tauschhandel, Schwarzschlachten, Lebensmittelkartenschwindel, aber auch Arbeitsbummelei und verschiedene Delikte, die unter „Sabotage" eingeordnet werden. Für die Ahndung aller Formen von „Kriegswirtschaftsverbrechen" sind Gestapo und Sondergerichte zuständig.

→ Die „Kohlenklau"-Kampagne wird auf verschiedenen Ebenen, in allen Medien und mit unterschiedlichen Schwerpunkten durchgezogen.

Auch in Vorarlberg kommt es nach der Einführung dieser Bestimmungen zu zahlreichen Verurteilungen. Besonders die Bauern, deren Ablieferungsdisziplin immer wieder kritisiert wird, stehen mit zunehmender Kriegsdauer unter strenger Beobachtung.

Zur Verringerung des Konsums werden die Menschen auf allen Ebenen zum sparsamen Umgang mit Ressourcen und zur Wiederverwertung von Rohstoffen angehalten. Für bestimmte Metalle wird die Ab-

Spenden und Sammlungen sind nicht nur Teil der nationalsozialistischen Sozialpolitik, sie werden mit fortschreitender Kriegsführung auch für die Versorgung des Militärs immer notwendiger.

← Der Geburtstag des „Führers" wird jährlich zum Anlass genommen, die Bevölkerung zu Sonderleistungen anzuspornen.

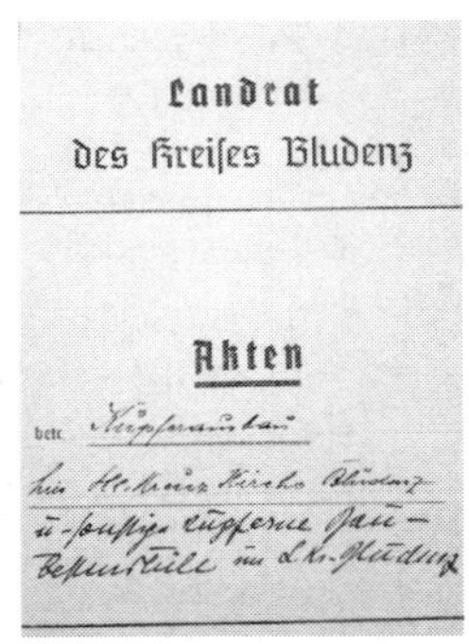

↑ Wie hier an der Hl. Kreuz-Kirche in Bludenz müssen an großen Bauwerken im Jahre 1944 alle Kupferteile ausgebaut und durch Zinkblech ersetzt werden. Hitlers Waffenschmieden brauchen alle verwendbaren Rohstoffe.

lieferungspflicht festgesetzt. Laufende Sammlungen von Altwaren sollen zur möglichst langen Nutzung von dauerhaften Konsumgütern beitragen.

Für das nationalsozialistische Großdeutschland ist auch die Ausraubung der eroberten Gebiete ein ganz wesentlicher Aspekt der kriegswirtschaftlichen Planung. Dies betrifft die Ausbeutung der Rohstoffvorräte genauso wie jene der Arbeitskräfte. Auch in der Vorarlberger Wirtschaft spielen ZwangsarbeiterInnen mit zunehmender Kriegsdauer eine immer entscheidendere Rolle.

Welche Rolle spielt die Vorarlberger Industrie innerhalb der Kriegswirtschaft?[155]

Bis zu seiner Einziehung in die Wehrmacht 1944 ist Dr. Harald Eberl der Herr über die nationalsozialistische Wirtschaftsplanung in Vorarlberg. Er entscheidet über Auftrags- und Materialzuteilungen nach willkürlichen politischen Gesichtspunkten. Auch nach dem Krieg ist der NS-Jurist als deutscher Repräsentant der Firma Hilti in München gut im Geschäft.

Die Wirtschaftspolitik des autoritären „Ständestaates" und vor allem auch die der Vorarlberger Landesregierung in den Jahren vor dem „Anschluss" ist von Sparsamkeit geprägt gewesen. Öffentliche Investitionen zur Ankurbelung der Wirtschaft, gegen Massenarmut und Arbeitslosigkeit hat es kaum gegeben. So sind Haushaltsüberschüsse von Bund und Ländern entstanden. Diese Ersparnisse bilden für Nazi-Deutschland, abseits der nationalen Propaganda, einen wesentlichen Anreiz zur Besetzung Österreichs. Ebenso attraktiv sind die Möglichkeiten der Energiegewinnung für die deutsche Rüstungsindustrie, die Chancen zur Beraubung der jüdischen ÖsterreicherInnen und die Goldvorräte der österreichischen Nationalbank.

In Vorarlberg werden deshalb nach dem „Anschluss" alle von der Landesregierung gehorteten Geldreserven sofort in den Ausbau der Wasserkraft investiert. Die Illwerke haben fertige Planungen in der Schublade: Ohne Verzögerung wird mit dem Bau des Rodundwerkes in Vandans und des Silvrettaspeichers oberhalb von Partenen begonnen. Durch diesen flotten Start fließen zusätzliche reichsdeutsche Gelder in den Ausbau der Montafoner Wasserkräfte, ihre Kapazität soll verdreifacht werden. Auch nach Kriegsbeginn schreitet der Ausbau der Illwerke fort, da die Energiegewinnnung als kriegswirtschaftliche Notwendigkeit eingestuft wird. Nicht so das ambitionierte Straßenbauprogramm am Arlberg, das nach 1939 ins Stocken gerät.

Für die dominierende Textilindustrie zeigt sich die Realität bald weniger rosa, als es die Hoffnungen vor dem „Anschluss" gewesen waren. Dr. Harald Eberl, nationalsozialistischer Landesrat für die Wirtschaft und kommissarischer Leiter der Industrie- und Handelskammer Vorarlbergs, zugleich einer der besonders machtbewussten neuen Herren der „Anschlusstage", muss im Herbst 1938 entsetzt feststellen, dass für die Vorarlberger Textilindustrie keine Kriegsaufträge vorgesehen sind. Überzählige Arbeitskräfte sollen in Rüstungsbetriebe im Großraum Berlin transferiert werden. Dagegen laufen die bisher treu nationalsozialistisch eingestellten Textilfabrikanten im Berliner Reichswirtschaftsministerium Sturm. Und sie erreichen tatsächlich die Zuteilung von Wehrmachtsaufträgen.

Doch die zunehmende Rohstoffverknappung schafft neue und bleibende Probleme. Während bekannte Wirtschaftsfunktionäre wie der Dornbirner Hermann Rhomberg die Rohstoffzuteilung und damit die Auftragslage für ihre Betriebe immer wieder positiv beeinflussen können, droht vielen Kleinbetrieben das Ende.

↖ Einige „hohe Herren“ aus dem „Altreich“ besichtigen Illwerkeanlagen in Tschagguns und die Einheimischen stehen stramm.

↑ Die Militarisierung der Arbeitswelt beginnt bereits bei den Lehrlingen. Hier ein Appell der Weberlehrlinge des NS-Musterbetriebs F. M. Rhomberg in Dornbirn.

← Flaggenhissungen sind wesentlicher Teil der neuen „Betriebskultur“. Bei der Firma Schöller in Bregenz wird die Arbeiterschaft anlässlich des Siegs über Frankreich 1940 feierlich um die Hakenkreuzfahne versammelt.

Die Rohstoffe werden nicht nur knapper, auch ihre Qualität wird zusehends schlechter. Die anstelle von Baumwolle immer häufiger verarbeitete Zellwolle führt laufend zu Schwierigkeiten in der Verarbeitung. Trotzdem kann die Vorarlberger Textilindustrie recht geräumige Nischen im Rahmen der deutschen Rüstungsindustrie besetzen: Die Firma Leopold Bischof in Bezau fabriziert Socken für die Wehrmacht, David Fussenegger in Dornbirn graublauen Köper (ein festes Gewebe, z. B. für Uniformen), Carl Ganahl in Feldkirch gebleichten Mull, Bettlaken, Kopfpolsterüberzüge und ebenfalls feldgrauen Köper, Sannwald in Hörbranz stellt Mannschafts-und Einheitsdecken her, Getzner, Mutter & Cie. in Bludenz gebleichten Mull und feldgrauen Köper, F. M. Hämmerle in Dornbirn Bettlaken, Ballonstoff, Deckenbezüge und feldgrauen Köper, Herrburger & Rhomberg in Dornbirn Deckenbezüge, Zeltbahnstoff und Rucksackaußenstoff, Johann Heuss und Josef Hubers Erben in Götzis sowie R. Kommerell & Co. und Gottfried Mathis in Hohenems Trikothemden und Unterhosen, die Firma Jenny & Schindler in Bregenz feldgrauen Köper, Christian Lorünsers Erben in Bludenz feldgraues Einheitstuch, Philipp Mäser in Dornbirn Schlupfjacken, Josef Otten in Hohenems rohgrauen Drillich, Bettdeckenbezüge und Bettlaken, F. M. Rhomberg in Dornbirn feldgrauen Köper und Fallschirmseide, die Textilwerke Schindler & Cie. in Kennelbach Köper und gebleichten Mull, und die Wollgarnspinnerei Schöller in Bregenz fertigt Anstrickwolle.

Der Einstieg ins große Rüstungsgeschäft erweist sich für die österreichischen Unternehmen insgesamt allerdings als nicht einfach: Zum einen werden die großen Brocken schon vor 1938 verteilt, zum andern sehen die hitlerdeutschen Wirtschaftsplaner in Österreich in erster Linie ein Reservoir für Rohstoffe und Arbeitskräfte – also eine Kolonie. Dagegen wehren sich, zum Teil erfolgreich, besonders diejenigen, die mit dem „Anschluss" wirtschaftliche Erwartungen verbunden und dafür politische Vorleistungen erbracht haben.

Der Einzug der Rüstungsproduktion in Vorarlberg im Rahmen der großdeutschen „Wehrwirtschaft" geschieht auf zweierlei Wegen. Die wenigen metallverarbeitenden Betriebe – wie Wilhelm Welz und Elektra in Bregenz, die Alpenländischen Metallwarenfabrik in Nenzing, die Rüsch-Werke in Dornbirn und Karl Doppelmayer in Hard werden zur Fertigung von Granaten herangezogen. In Dornbirn kommt es zur Gründung einer Liefergemeinschaft von Klein- und Kleinstbetrieben zur Herstellung von Munition. Und auch die großen Textilfirmen begeben sich zumindest mit einem Standbein in die Waffenproduktion. Dabei kommt es aber immer wieder zu Engpässen bei der Anlieferung von Rohmaterial, zu Umplanungen durch die Zentralstellen außerhalb Vorarlbergs, zu Rücknahmen der Vorhaben, weil irgendwelche Rüstungskommandos erfolgreich intervenieren, und zu bürokratischen Behinderungen. Die Fertigungsstätten in Vorarlberg gewinnen aber zunehmend an Bedeutung, weil die Zentren der Rüstungsindustrie in Deutschland von den Alliierten immer häufiger bombardiert werden. Das ist schließlich auch der Grund für eine zweite Phase der Ausweitung der Rüstungsindustrie in Vorarlberg ab 1943.

Weshalb Verlagerungen?

Ab 1943 suchen große und mittlere reichsdeutsche Rüstungsbetriebe nach Möglichkeiten, ihre bombengefährdeten Produktionsstätten in sichere Randgebiete zu verlegen. Nun erkundigen sich Firmen wie Daimler-Benz, Junkers oder Dornier in Vorarlberg nach leerstehenden Fabrikgebäuden oder bebaubaren Grundstücken. Die Vorarlberger Fabrikanten sehen diese Entwicklung als Bedrohung: Sie fürchten plötzlich um ihre Betriebe und Arbeitskräfte. Der mächtige Hermann Rhomberg, Luftwaffenbeauftragter des westlichen Wehrkreises, hält zumindest Dornbirn von der Ansiedlung großer Rüstungsproduzenten frei.

In Bregenz jedoch bringt sich die Firma Dornier aus Friedrichshafen in den Besitz der ehemaligen Schuhfabrik Krafft am Tannenbach. Die Münchner Firma „Bayerisches Leichtmetallwerk" (BLW) erwirbt bereits 1941 den Betrieb des Schweizer Staatsbürgers Friedrich Oberhänsli in Lochau. In den folgenden Jahren arbeiten hier über 500 Personen an Ventilen für die Motorenerzeuger Daimler und BMW. Mehr als die Hälfte davon sind ZwangsarbeiterInnen, Kriegsgefangene und schließlich auch KZ-Häftlinge aus Dachau, die in einem betriebseigenen Lager gehalten werden. Nach der Befreiung wird die französische Besatzungsmacht hier schwerbelastete Nationalsozialisten internieren.

Auch wieder gegen den Widerstand von Hermann Rhomberg wird in Hohenems mit der Anlegung von Stollen und Kavernen begonnen, um die Produktion der Friedrichshafner Zahnradfabrik und der Glaukonit AG unter Tag zu verlegen. Am 28. April 1944 wird Friedrichshafen so schwer bombardiert, dass ein Wiederaufbau der Zahnradfabrik nicht mehr möglich ist.

In den Jahren 1943 und 1944 werden insgesamt 24 deutsche Betriebe nach Vorarlberg verlegt. Jedes stillgelegte Betriebsareal und jeder aufgelassene Handwerksbetrieb erhalten nun deutsche Käufer oder Pächter.

↖ Die metallverarbeitenden Rüschwerke Dornbirn sind als Kriegsbetrieb interessant. Die großen Textilfirmen F. M. Hämmerle und F. M. Rhomberg erwerben den Betrieb und steigen groß ins Rüstungsgeschäft ein. Auf dem später stillgelegten Betriebsareal wird die Inatura errichtet.

↑ Zwei der mächtigsten Männer im Gau Tirol-Vorarlberg: Gauleiter und Reichsstatthalter Franz Hofer (l.) und der Wirtschaftsführer und Rüstungsbeauftragte Hermann Rhomberg bei einem Betriebsbesuch 1940 in Dornbirn.

Für die Zukunft Vorarlbergs bleibt die Errichtung von Metall- und Elektrobetrieben in den letzten Kriegsjahren nicht ohne Folgen. Zwar werden nach dem Krieg die rüstungsbedingten Kapazitäten rapide zurückgefahren, und etliche Firmen verlassen das Land wieder, aber es ist ein Grundstein für eine veränderte Wirtschaftsstruktur gelegt worden. Die Zeit der fast ausschließlichen Textilproduktion ist vorbei, ein Strukturwandel der Vorarlberger Industrie wird eingeleitet.

Was ist und wie funktioniert die Mangelwirtschaft?[156]

Da die nationalsozialistische Kriegswirtschaft alle Anstrengungen und einen Großteil der Ressourcen in die „Wehrkraft“ investiert, muss im zivilen Bereich, an der „Heimatfront“ beziehungsweise der „inneren Front“, gespart werden. In der pathetischen Sprache der Nazipropaganda heißt das: Wenn der Soldat sich selbst opfert, dann haben die Daheimgebliebenen wenigstens Opfer zu bringen.

Bereits mit Kriegsbeginn werden die Lebensmittel rationiert, die Versorgung wird mittels „Lebensmittelkarten“ geregelt. Die jeder Person zugeteilten Mengen verkleinern sich bis zum Kriegsende ständig. Gegen „Volksgenossen“, die sich auf heimlichen Wegen Fleisch und andere Mangelwaren organisieren, wird zunehmend härter eingeschritten. Wer schwarz schlachtet oder unter der Hand Lebensmittel ver- beziehungsweise einkauft, hat als „Kriegsverbrecher“ mit empfindlichen Strafen zu rechnen. Aber selbst die härtesten Abschreckungsmaßnahmen können die Schattenwirtschaft nicht beseitigen. Sogar hochrangige Parteigenossen geben sich mit dem offiziell verordneten Lebensmittelangebot nicht immer zufrieden. So wird beispielsweise der SA-Führer von Nüziders wegen des illegalen Kaufs von 15 kg Schweinefleisch von einem Sondergericht „wegen Verbrechens gegen die Kriegswirtschaftsverordnung“ zu einem Jahr Gefängnis und 500 RM Geldstrafe verurteilt.[157]

Auch das so genannte „Hamstern“ lässt sich trotz scharfer Gestapo-Drohungen nicht verhindern. Viele StädterInnen betätigen sich bei umliegenden Bauern nicht nur als ErntehelferInnen. Vielmehr entsteht durch diese Kontakte ein reger Tauschhandel, der manchen städtischen Einrichtungsgegenstand in bäuerliche Haushalte und manchen Sack Kartoffeln in die Stadtwohnungen bringt. Um das „Kirschen-Hamstern“ im Lindauer und Friedrichshafner Raum zu unterbinden, wird im Juli 1944 sogar die „Mitnahme von Fahrrädern auf Bodenseeschiffen von Bregenz aus“[158] verboten.

Doch meist ist die Bevölkerung im Organisieren erfinderischer, als es die Bürokraten mit ihren Einschränkungen sind. Als im Sommer 1943 die tägliche Zigarettenration auf vier Stück pro Mann und zwei Stück pro Frau verringert wird, kommt es zu zahlrei-

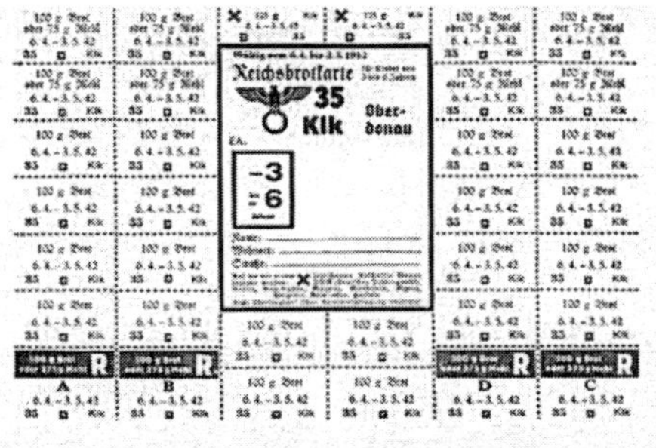

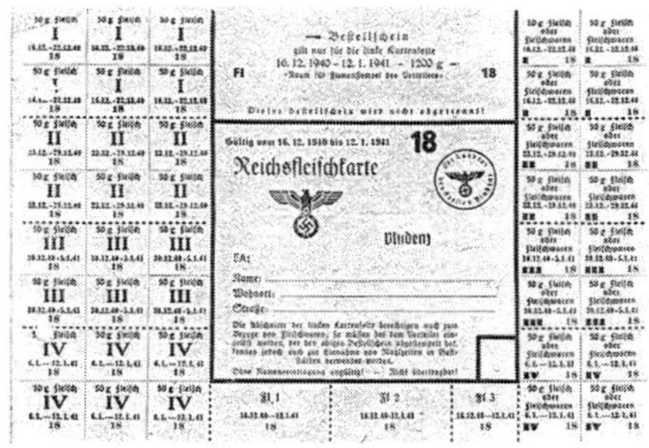

←← Die Grundnahrungsmittel werden bald nach Kriegsbeginn bewirtschaftet (rationiert). Brot ist nur noch nach Vorlage von Marken beziehbar.

← Fleisch ist noch knapper als Brot. Privates Schlachten ist den Bauern bei Strafe verboten. Jüdinnen und Juden erhalten keine Fleischmarken.

chen Tabakdiebstählen. In Dornbirn-Watzenegg wird am 27. Juli 1944 die Trafik von zwei maskierten Männern völlig ausgeraubt, ohne dass die Behörden eine Spur der Täter finden können. Der Tipp der Behörden, statt Tabak Huflattichblätter zu rauchen,[159] scheint auf wenig Gegenliebe zu stoßen.

Nicht nur bei Rauchwaren kommen zu den Mengenbeschränkungen auch Verschlechterungen der Qualität. Selbst bei den Grundnahrungsmitteln werden der Bevölkerung massive Abstriche zugemutet. So gibt es ab dem Februar 1943 nur noch Brot aus 75 % Roggen und 25 % Gerste, der Weizen wird völlig gestrichen. Bereits ab dem Neujahr 1943 kann man für eine Fleischmarkeneinheit „das Doppelte von Kopf, Lunge, Herz, Milz, Schwanz und Knochenausputz“[160] erhalten, wenn man dafür auf richtiges Fleisch verzichtet. Die Süßwarengeschäfte werden ab diesem Jahr gänzlich geschlossen. Lebensmittelmarken gibt es nur noch für unmittelbar Notwendiges.

Während der nichtbäuerlichen Bevölkerung ein steigender Konsumverzicht abverlangt wird, werden die Bauern gezwungen, immer mehr abzuliefern. Anfang 1943 erklärt der Staatssekretär im Reichsernährungsministerium den Vorarlberger Bauern anlässlich des Landesbauerntages, was von ihnen erwartet wird: „Die kommende Zeit wird noch grössere Aufgaben an die deutsche Landwirtschaft stellen als bisher, noch grössere Anforderungen an die Produktion, vor allem aber an die Ablieferung. Leistung und Haltung des Landvolkes wird sich daher noch mehr bewähren müssen.“[161]

Mit „Haltung“ ist natürlich die Ablieferungsmoral gemeint, mit der die Kriegsherren nie zufrieden sind. Zugleich wird von den Bauern der Anbau neuer Produkte verlangt, etwa von Flachs und von Maulbeersträuchern, um dem Mangel an Baum- und Zellwolle zu begegnen.

Das alles sollen die Bauern leisten, obwohl immer mehr von ihnen zur Wehrmacht eingezogen werden. Fremde ZwangsarbeiterInnen und „dienstverpflichtete Arbeitsmaiden“ müssen die fehlenden landwirtschaftlichen Arbeitskräfte ersetzen. Zudem werden sogenannte „Hofpatenschaften“ propagiert – was nichts anderes bedeutet, als dass ein Bauer den Hof eines Eingerückten mitzubearbeiten hat. Dies heißt, dass nun auch die Bauern und Bäuerinnen – so wie die IndustriearbeiterInnen – noch mehr und noch länger arbeiten müssen.

Vom Handel zum Tausch

Wo der individuelle Verbrauch an Gütern aller Art auf das Lebensnotwendigste gedrosselt und der freie Warenverkehr von Staats wegen weitestgehend reglementiert ist, erübrigen sich viele Handelsbetriebe. Wie in allen anderen Gebieten des Deutschen Reichs werden auch in Vorarlberg mit der Kriegswende von Stalingrad im Februar 1943 die Handelsgeschäfte drastisch reduziert. Diese Maßnahme setzt auch Arbeitskräfte für kriegswirtschaftlich wichtige Branchen frei.

Die Handelsbetriebe werden nach ihrer Lebensnotwendigkeit in vier Gruppen eingeteilt: Die erste Gruppe (Lebensmittel-, Kohle-, Dünger-, Futterhandel) bleibt unangetastet, während die Geschäfte der zweiten Gruppe (Haushalts-, Eisen- und Stahl-, Textil- und Papierwaren, Schuhe, Chemikalien) zu einem erheblichen Teil geschlossen werden. Von der dritten Gruppe (zum Beispiel Möbel, Farben, Musikalien, Bücher, Spiel- und Lederwaren, Blumen, Antiquitäten) soll „nur noch eine beschränkte Zahl unbedingt versorgungswichtiger Betriebe erhalten" bleiben.[162] Die vierte Gruppe bilden Handelsgeschäfte für Autos, Sportartikel, Pelzwaren, Juwelen, Gold- und Silberwaren, Teppiche und Parfümartikel. Diese Luxusläden sind nun ganz zu schließen. Welche Geschäfte wann geschlossen werden, entscheiden die Parteifunktionäre: Kaufleute, die nicht als parteifreundlich gelten, kommen zuerst an die Reihe.

Viele Geschäfte schließen. Sie haben weder Personal noch Waren.

Geöffnet bleibt hingegen das feine Hotel Bad Schachen bei Lindau. Hier verbringt Adolf Hitler im Oktober 1943 mit allen Annehmlichkeiten seinen Herbsturlaub und lädt zu einer „Befehlshaber-Besprechung". Neben Polizei- und SS-Chef Heinrich Himmler nehmen Propagandaminister Joseph Goebbels, Reichsjugendführer Arthur Axmann, der Chef des Oberkommandos der Wehrmacht Wilhelm Keitel, der Reichsminister für die besetzten Ostgebiete Alfred Rosenberg und fünf weitere NS-Größen teil. Einziges Thema ist die Stärkung des Durchhaltewillens an der äußeren und inneren Front. Zugleich stellt Himmler sein Projekt zum systematischen Raub von blonden und kräftig gebauten polnischen Kindern vor. Sie sollen von der SS-Organisation „Lebensborn" „germanisiert" und erzogen werden und den Nachschub für die Wehrmacht bilden.[163]

Doch trotz des Raubes von Rohstoffen, Lebensmitteln und Menschen in ganz Europa kann die Mangelversorgung der deutschen Bevölkerung nicht mehr verbessert werden.

Die Einschränkungen vertiefen besonders die Armut jener Bevölkerungsteile, die schon bisher wenig hatten und nun mit dem verdienten Geld praktisch nichts mehr kaufen können. Besser gestellt sind allemal diejenigen, die über Tauschbares verfügen. Der blühende Tauschhandel, der bereits vorhandene Güter in Umlauf hält, wird von den nationalsozialistischen Behörden aus praktischen Gründen stillschweigend geduldet. Es darf sogar in Zeitungen inseriert werden, obwohl solcher Tauschhandel der Kriegswirtschaftsverordnung widerspricht.

Schwieriger ist es, an Dinge heranzukommen, die aus hygienischen oder Haltbarkeitsgründen auf dem Tausch- beziehungsweise Schwarzmarkt kaum zu erhalten sind. Zwei alltägliche Beispiele: Auf Anordnung der „Reichsstelle für Kautschuk“ gibt es ab dem Februar 1943 „Flaschensauger für Kleinkinder“ nur noch gegen Abgabe der alten; für verlorene Schnuller gibt es keinen Ersatz. Ab etwa der gleichen Zeit kann man Glühbirnen nur noch im Winter und nur gegen Rückgabe des alten Birnensockels erhalten.

Lediglich an Durchhalteparolen herrscht Überfluss. Als im Frühjahr 1943 der private Postverkehr auf ein Minimum eingeschränkt wird, beginnt die Verwaltung mit der Innenrenovierung der Schalterhalle des Bregenzer Postamtes. In großen Lettern wird die Parole angebracht: „Es kann nur einer siegen und das sind wir!“[164] Ähnlich verhält es sich beim Personenverkehr. Was einst mit beschwingten „Kraft durch Freude“-Ausflügen begonnen hatte, endet als Reiseverbot: „Erst siegen, dann reisen!“ und „Räder müssen rollen für den Sieg!“ – mit solchen Spruchbändern werden am Bregenzer Bahnhof jene beschieden,[165] die immer noch eigenmächtig reisen möchten.

Tausche **Kinderwagen,** RM 40, geg. Photoapparat. Zuschr. u. 5595.

Eleg. **Damenarmbanduhr,** RM 100.—, geg. mod. Schreibtisch zu tauschen. Zuschr. unter 5622.

Tausche braunen **Sommeranzug,** Gr. 46, RM 75, geg. Uebergangsmantel, evtl. sehr gut. Gummimantel. Zuschr. unter 5686.

Dunkelblaues **Seidenkleid,** mittl Größe, RM 50, wird geg. schwarze Dirndljacke od. schwarz. Herrenrock umgetauscht. Zuschr. u. 4017 D.

Motorrad, Zündapp, 200 ccm. 3000 km, fahrbereit, RM 350, ein Kindersportwagen, gummibereift RM 50, geg. Akkordeon, 120 Bässe, zu tauschen ges. Zuschr. u. 5638.

Tausche schwarze **Pelzgarnitur,** Waschbär, RM 60, geg. gut erhalt Kleiderkasten. Zuschr. u. 3979 D.

Ein Paar **Herrenlederschuhe,** gut erh., Gr. 43, RM 18, geg. 1 Paar Damenlederpumps, Gr. 39, hoh. Abs., zu tauschen gesucht. Zuschrift. unter 5679.

Ein Paar **Mädchenhalbschuhe,** Ledersohlen, Gr. 36, RM 12, und

Tausche kompl., ganze (alte Zigeuner-)**Geige,** RM 150 geg. Akkordeon. Gleichz. wird Bandonion. 104tön., RM 80, geg. Grammophon mit Platten od. zweifl. Gasherd zu tauschen ges. Zuschr. an Gebert, Feldkirch, Kreuzgasse 20.

Gebe **Ottomane,** RM 60, u. Stubenwagen, RM 45, beid. gut erh., geg. Gasherd mit Bratrohr u. Aktentasche. Zuschr. u. 5656 A.

Tausche Heiz- u. **Kochofen,** RM 75.—, geg. Sparherd. Bludenz, Gartenstraße 7, 1. St. 1799

Biete nach Wahl braun. **Sportmantel,** RM 60, od. blaues Kostüm (42), RM 60. Suche gut erh. Kinderkorbwagen. Zuschrift. unter 1800 B.

Tausche **Kinderwagen** sowie etwas Babywäsche, gut erh., RM 50, geg. Sportwagerl. Frau Josefine Nairz, Bludenz, Mokry 5.

Tausche gute **Kommode,** RM 30, geg. Kindersportwagen. Zuschriften unter 3057 F.

Tausche **Eisstiefel,** Gr. 39, und Schlittschuhe, RM 30, geg. Schischuhe, Gr. 39—40. Zuschriften Gi-

Der Mangel an Konsumgütern lässt ab 1943 den Tauschhandel blühen, wie diese Seite aus dem „Vorarlberger Tagblatt“ zeigt.

Ruhe geben und „Maul halten!"

Fahrkarten gibt es nur noch für so genannte kriegswichtige Fahrten. Dazu zählen der Abtransport von Frontsoldaten sowie die Deportationen von RegimekritikerInnen und von zahllosen ausländischen Zwangsarbeitern, die von Vorarlberger Gendarmen per Bahn in die hiesigen Gefangenenhäuser oder in die Innsbrucker Gestapoleitstelle verbracht werden.

„Alle Räder müssen rollen für den Sieg" ist die umfangreichste Propagandakampagne zur Einschränkung des privaten Reisens. Trotz der logistischen Engpässe der Reichsbahn werden die Deportationen der europäischen Jüdinnen und Juden uneingeschränkt fortgesetzt.

Nur der Papierverbrauch der Bürokratie wird trotz der Verfügungen der Kriegswirtschaft nicht weniger. Von der Bevölkerung werden Verzicht, äußerste Schonung des Vorhandenen und Sparsamkeit bei allem Verbrauch gefordert. Wenn die Propaganda nicht die gewünschte Wirkung erzielt, folgt die Drohung. So kommentiert die Parteizeitung „Vorarlberger Tagblatt" das Ende einer erfolglosen Werbekampagne zum Energiesparen beleidigt: „Wer den Zwang will, kann ihn haben."[166]

Das ist die Kampfansage an die Bevölkerung, die Eröffnung der „inneren Front". Der Terror an der Heimatfront verschärft sich mit jedem Kriegsjahr. Je verfahrener und aussichtsloser die Lage, desto nervöser und gnadenloser reagieren die Parteifanatiker und ihre amtlichen Helfer. Die verbissenen Durchhalter wittern überall „Zersetzung der Wehrkraft", ein Tatbestand, der jede abweichende Äußerung höchst strafbar macht. Eine Frau aus Dornbirn, die einen Brief an ihren an der Ostfront eingesetzten Sohn mit den Worten geschlossen hat: „Möge doch der Herrgott diesen Krieg beenden", wird im Oktober 1944 von der Gestapo in eine psychiatrische Anstalt zwangseingewiesen.[167] Nur einen Monat später wird die 60-jährige Karoline Redler aus Bregenz hingerichtet, weil sie in einem privaten Gespräch im Wartezimmer eines Arztes die Fliegerangriffe der Alliierten als Reaktion auf den deutschen Angriffskrieg bezeichnet hat.

Mit solch brutalen Maßnahmen soll wenigstens die „innere Front" gehalten werden, wenn schon die militärische ins Wanken geraten ist. Wo man früher noch zu überzeugen vorgegeben hat, regiert jetzt der Kasernenton. Der von Joseph Goebbels ausgerufene „totale Krieg" beherrscht nun auch den Ton des „Vorarlberger Tagblattes". Die Selbstbejubelung ist der Militärschnauze gewichen: „Disziplin halten ist gleichbedeutend mit Maul halten."[168] Mit diesem „Tagesbefehl" soll jeglicher Diskussion über die täglich verheerender werdenden Zustände ein Ende gesetzt werden. Es soll verboten sein, darüber zu sprechen, dass der NS-Staat sich mit der Schließung von Theatern, Musikschulen und Akademien der letzten Reste eines bescheidenen Kulturlebens entledigt hat, dass die deutschen Truppen an allen Frontabschnitten auf dem Rückzug sind, dass alliierte Flugzeuge nun des Öfteren Vorarlberg überqueren und Propagandamaterial abwerfen, kurz: dass das Ende naht und von einer solidarischen „Volksgemeinschaft" keine Rede mehr sein kann. Nur gegen starken Widerwillen von Seiten der Bevölkerung und mit scharfen Drohungen können Quartiere für die „Ausgebombten" aus dem „Altreich" aufgetrieben werden. Eine Frau aus dem Bregenzerwald, die sich gegen die Aufnahme von Flüchtlingen ausspricht, wird wegen „staatsfeindlicher Äusserungen“ mehrere Wochen in Gestapo-Haft genommen.[169] Ruhe und Solidarität müssen mit Gewalt erpresst werden.

Wie nimmt die Bevölkerung das Kriegsgeschehen wahr?

Der von Adolf Hitler mit dem Angriff auf Polen am 1. September 1939 losgetretene Krieg findet am Beginn Zustimmung aus weiten Bevölkerungskreisen. Erst einmal verläuft der Krieg siegreich: Der von einer massiven deutschvölkischen Propaganda seit Jahrzehnten verbreitete Ruf nach „Lebensraum im Osten“ wird nun eingelöst. Die weiteren Siege der hitlerdeutschen Wehrmacht in den so genannten Blitzkriegen gegen Dänemark, Norwegen, Belgien, Holland und Frankreich lösen eine allgemeine natio-

← Gauleiter Franz Hofer ist für den Landsturm zuständig. Dieses Aufgebot aus bisher nicht Wehrpflichtigen soll als letzte Reserve in die Schlacht geworfen werden. Auf den örtlichen Schießständen werden die dafür notwendigen Schießfähigkeiten ausgebildet oder auf Stand gehalten. Zur Eröffnung des neuen Hohenemser Schießstandes erscheint der Gauleiter persönlich.

Verpflichtung zum Ortsschießen der Jahrgänge 1901 – 1912

Bregenz, 21. Sept. 1939

Auf Anordnung des Landeshauptmannes verpflichte ich Sie zur Teilnahme an dem am Sonntag, dem 24. September 1939, stattfindenden Ortsschießen in Bregenz.

Sammelplatz: Gymnasium - Hof Gallusstrasse

Zeitpunkt: 6 ½ Uhr früh

Bekleidung: Sportkleidung

Nähere Weisungen erhalten Sie am Sammelplatz.

Heil Hitler!

Bürgermeister

Diese Anordnung gilt nicht für die Angehörigen der Formationen SA, SS, NSKK, NSFK und PL.

←← Verpflichtung zum Schießtraining für die kommenden Soldatenjahrgänge.

← Militärische Übungen wie hier 1939 in Schröcken bilden besonders für die Dorfjugend eine große Attraktion; bald wird aus der Übung blutiger Ernst.

nale Euphorie und gerade auch bei vielen jungen Menschen eine Begeisterung für das Militär aus. Kleinere Opfer, materieller Verzicht und die Einschränkung persönlicher Freiheiten werden für das erfolgreich scheinende großdeutsche Projekt in Kauf genommen. Die warnenden Stimmen werden überhört und von den Machthabern rigoros unterdrückt.

Der Dornbirner Elektriker Otto Wohlgenannt zum Beispiel warnt nach dem Angriff auf Polen die Feiernden in einem Dornbirner Gasthaus mit der vorausblickenden Feststellung: „Es wird ein Krieg kommen, wie ihn die Welt noch nie gesehen hat. Wenn England richtig beginnt, ist Deutschland bald erledigt.“ Solche Ansichten stören die staatlich entfachte Kriegsbegeisterung. Wohlgenannt wird verhaftet, im März 1941 ins Konzentrationslager Flossenbürg deportiert und dort am 10. April 1942 hingerichtet.[170] Das ist eine klare Kampfansage an die „Feinde an der inneren Front“.

Die Soldaten

Es sind die zunehmenden Kriegsopfer, die viele Menschen am Sinn und an der Notwendigkeit dieses sich immer mehr ausweitenden Krieges zweifeln lassen. Die Soldaten auf Heimaturlaub berichten von den Strapazen und Gefahren, von den Schikanen durch die Vorgesetzten, von Zwängen und Gewissensbissen und von den Zuständen in den eroberten Gebieten. Vieles spricht sich herum. Deshalb fordert die Militärpropaganda von den Soldaten immer wieder Härte gegen sich und andere, Mut und Männlichkeit, Gehorsam und Kameradschaftsgeist. Nachdenklichkeit gilt als Schwäche, Vorsicht als Feigheit und persönliche Verantwortung als Ausrede. Andererseits machen der „Zauber der Montur“ und die öffentliche Anerkennung für die Frontsoldaten viele auch stolz. Teil einer erfolgreichen Armee zu sein, bringt Anerkennung, und der mili-

↓ Die traditionellen Jung-Männer-Rituale anlässlich der Musterung werden von der Militärdiktatur gefördert. Die Wehrmacht braucht begeisterte Soldaten.

↘ Abschied am Bregenzer Bahnhof. Ob der junge Vater je zurückgekehrt ist?

tärische Erfolg macht heimische Knechte zu Herren in den besetzten Gebieten. Erlebnishungrige junge Burschen aus oft engen Verhältnissen sehnen sich nach Bewährung und Abenteuer. Unmenschlichkeiten können als Tapferkeit verkauft und Ängste mit Maulheldentum verdeckt werden. Die Menschen in den besiegten Gebieten erscheinen als Feinde, die keine Schonung verdienen. Die rassistische Erziehung der Vorkriegsjahrzehnte zeigt nun ihre Wirkung. Nur sie macht das Wüten von SS, Wehrmacht und Feldgendarmerie vor allem gegen die Zivilbevölkerung in Osteuropa erklärbar. Der Vorarlberger Historiker Benedikt Bilgeri, der das NS-Regime als Zeitgenosse erlebt hat, beschreibt später, was damals jede/r hören oder sehen kann:

„Mit dem Sieg 1938 gab es für die niederen, durch Verhetzung gesteigerten Instinkte keine Hemmung mehr, die schwersten Verbrechen im Dienste Hitlers waren ja straflos, im Gegenteil, sie hatten Aussicht auf Belohnung. Da rühmte sich der eine, sonst ein guter Musikant, kleine Judenkinder vom ersten Stock auf die Straße geworfen zu haben, der andere, wackerer Motorsportler hatte mit Freude bei der Erschießung nach Russland geflohener und nun gefangener österreichischer Schutzbündler an der finnischen Front mitgewirkt, ein dritter hatte das Überfahren russischer Zivilisten mit Panzern geübt; das Prügeln von Fremdarbeitern konnte man selbst des öftern miterleben.“[171]

Viele Soldaten werden geprägt von der Befehlssprache ihrer Vorgesetzten und dem verrohenden Kriegsdienst. Ein junger Götzner schreibt 1942 aus Russland ans Werkblatt seines ehemaligen Arbeitgebers: „Neben meiner Tätigkeit als Peilfunker muss ich noch an der Bekämpfung der Banden teilnehmen, die hier sehr lästig sind. Aber die deutsche Waffe sorgt dafür, dass auch dieses Ungeziefer aus der Welt geschafft wird.“[172] Mit dem „Ungeziefer“ ist die russische Zivilbevölkerung gemeint.

Rudolf Seewald, 1916 in Lustenau geboren, hält seine Kriegserfahrungen in Russland in einem Tagebuch fest. Die Aufzeichnungen des katholischen Studenten zeigen auf der

Der junge Kriegsfreiwillige Paul Achberger aus Hörbranz stirbt als einer der ersten der nahezu 8.000 gefallenen oder vermissten Vorarlberger.

Die Stärkung des Wehrwillens geschieht auch an den Wänden des Bregenzer Rathauses, an die Zeichnungen mit Kampfmotiven aufgetragen werden.

einen Seite die Distanz zur herrschenden Unmenschlichkeit, auf der anderen aber das Hineinwachsen in den militärischen Alltag. Das Bild, das er zeichnet, hat wenig gemein mit der Legende von der „sauberen Wehrmacht", die nach 1945 gestrickt wird. Seewald erlebt und beschreibt die Brutalität, mit der zuerst der deutsche Vormarsch und dann der Rückzug in Russland verbunden sind:[173]

„Ein verwundeter Russe wurde heute von einigen unserer Leute mit der Pistole niedergeschossen. (...) Ob das wohl Helden sind? (...) Unteroffizier Rongen schoß heute auch wieder einen Russen nieder. Das ist scheinbar so die deutsche Ritterlichkeit?" (S. 43) „Es ist grauenhaft, was man bei solch einem Krieg an Zerstörungen vorfindet. (...) Was muß doch die Bevölkerung hier in Wjasma mitmachen und wie mitleidlos ist das Leben!" (S. 85) „Die zurückbleibenden ermatteten Gefangenen werden neben irgendeinem Graben einfach niedergeknallt. Ist das völkerrechtlich erlaubt und menschlich human?" (S. 95) „An den Straßen liegen überall Tote, teils erfroren, teils erschossen. Jeder Russe ist vogelfrei." (S. 107) „Am Morgen sah ich dann, wie ein ‚Partisan' erschossen wurde. Der ihn ‚bestrafende' Soldat erklärte voller Stolz, das sei sein Dreiundfünfzigster! Es ist unglaublich, zu welcher Verrohung dieser Krieg führt." (S. 109)

Wie hat der junge Dornbirner W. A., Rottenführer der SS-Totenkopfdivision, 1944 in Russland den Tod gefunden? Als Mitglied einer mordenden Sondereinheit, als Aufseher oder in einer Kampfabteilung?

Ein anderer Vorarlberger Soldat, Georg Mohr aus Wolfurt, kann dieses Elend nicht mitansehen und wird bestraft, weil er Mitleid mit Gefangenen zeigt: „Die halb verhungerten russischen Gefangenen mussten barfuß in Holzschuhen Schnee schaufeln. Da habe ich ihnen Brotreste gegeben – das wurde mir vorgehalten. Ich kam vors Kriegsgericht, wurde degradiert und an die vorderste Front geschickt."[174]

Angesichts des Drucks, den die nationalsozialistische Militärmaschinerie auf die Soldaten ausübt, sind es nur wenige Widerstandsfähige, die sich nicht abstumpfen lassen. Doch mit abnehmendem Kriegsglück ahnen immer mehr, dass die Blutspur, die das hitlerdeutsche Militär durch Europa gezogen hat, nicht ohne Konsequenzen bleiben wird.

Eigene Medien wie die Zeitschrift „Die Wehrmacht" zeugen von der Heldenhaftigkeit des deutschen Soldaten und verkaufen den Krieg als individuellen Existenzkampf.

In Feldpostbriefen finden sich immer wieder Schilderungen von Heimweh, Entbehrungen, Leid und Tod oder von Schikanen durch herzlose Vorgesetzte. Trotzdem desertieren nur wenige, weil ein anerzogenes Pflichtbewusstsein und die Androhung massiver Strafen die meisten davon abhalten.

Jene, die der Hitlerarmee den Gehorsam aufkündigen, sind überwiegend – auch in Vorarlberg – junge Männer aus Berggebieten. Dort sind sie arm, aber relativ selbstbestimmt und mit Argwohn gegenüber jeglicher Obrigkeit aufgewachsen. Sie haben auch bessere Möglichkeiten sich zu verstecken, wenn sie sich zum Beispiel nach einem Fronturlaub entscheiden, nicht wieder in den Krieg zu ziehen.

Die nationalsozialistischen Behörden reagieren auf solche Absentierungen mit Sippenhaft und anderen Schikanen gegen die Familien der Deserteure. Im Großen Walsertal werden ganze Familien von Deserteuren eingesperrt. Gauleiter Hofer empfiehlt, die Häuser der Angehörigen von Fahnenflüchtigen anzuzünden.

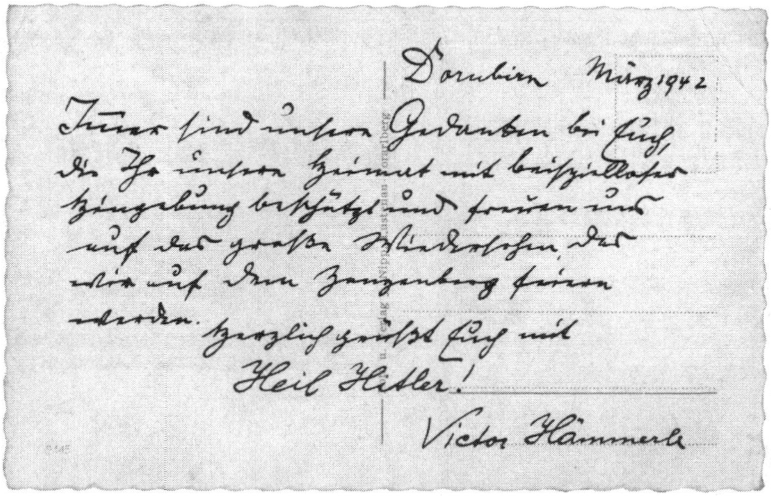

Dornbirn März 1942

Immer sind unsere Gedanken bei Euch, die Ihr unsere Heimat mit beispielloser Hingebung beschützt und freuen uns auf das große Wiedersehen, das wir auf dem Zanzenberg feiern werden. Herzlich grüßt Euch mit Heil Hitler!

Victor Hämmerle

← Neben Wollsocken und anderen „Liebesgaben“ gibt es für die Frontsoldaten auch aufmunternde Worte des Arbeitgebers. Victor Hämmerle, der Seniorchef von F. M. Hämmerle in Dornbirn, schickt „seinen“ Soldaten jährlich Weihnachtspost. (Text: „Immer sind unsere Gedanken bei Euch, die Ihr unsere Heimat mit beispielloser Hingebung beschützt und freuen uns auf das große Wiedersehen das wir auf dem Zanzenberg feiern werden. Herzlich grüßt Euch mit Heil Hitler! Victor Hämmerle)

↓ Auch Kinder werden angehalten, ihren Teil zur Aufmunterung der verwundeten Soldaten in den Lazaretten beizutragen. Diesen Brief schickt ein junges Mädchen aus Landeck an einen Soldaten im Lazarett der Kaserne Lochau.

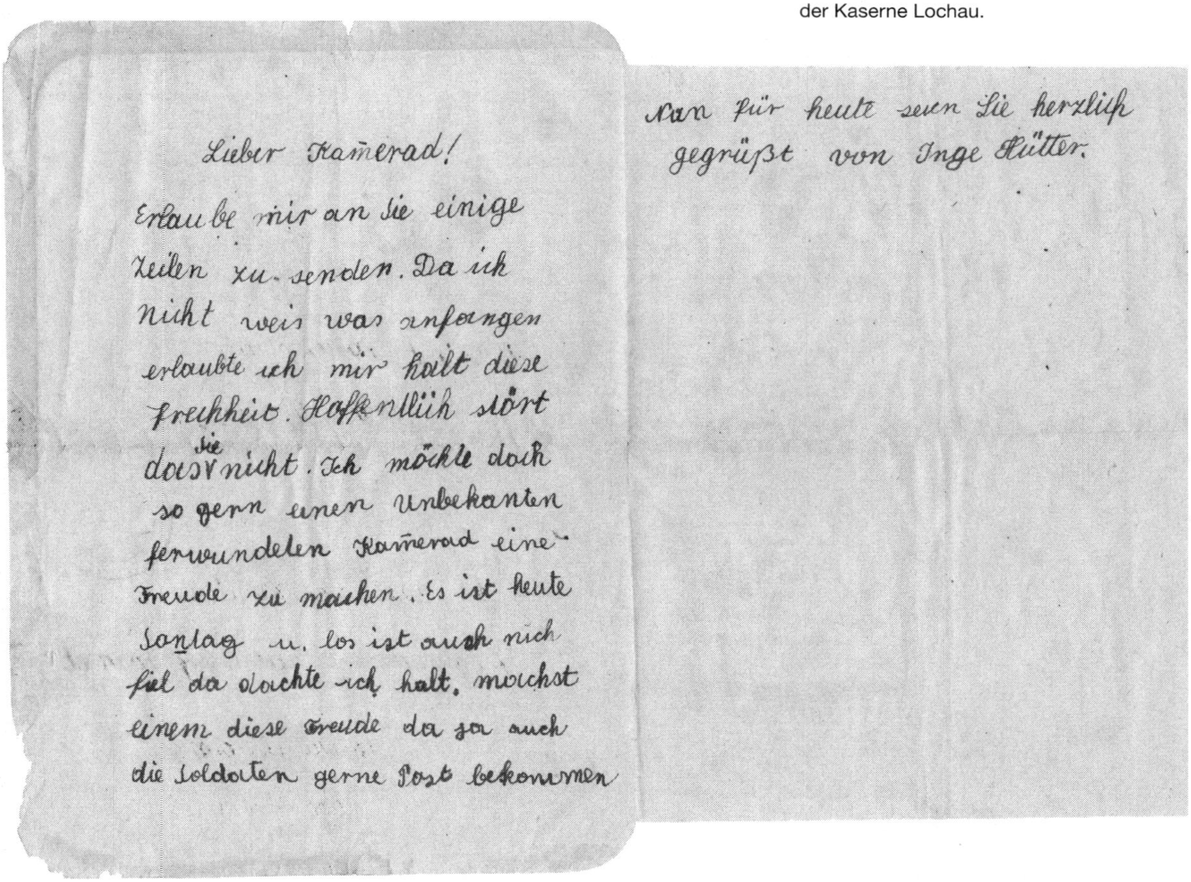

Lieber Kamerad!

Erlaube mir an Sie einige Zeilen zu senden. Da ich nicht weis was anfangen erlaubte ich mir halt diese Freikheit. Hoffentlich stört Sie das nicht. Ich möchte doch so gern einen Unbekanten ferwundeten Kamerad eine Freude zu machen. Es ist heute Sontag u. los ist auch nich fiel da dachte ich halt, machst einem diese Freude da ja auch die Soldaten gerne Post bekommen

Nun für heute seien Sie herzlich gegrüßt von Inge Hütter.

Der Alltag während des Krieges

Bereits im zweiten Kriegsjahr 1940 ist das „Vorarlberger Tagblatt“ voller Todesanzeigen für gefallene Soldaten.

Seite 8 — Samstag, 29. Juni 1940 | Vorarlberger Tagblatt

Todesanzeige

Heute entschlief mein lieber Gatte, unser lieber Vater, Großvater, Schwiegervater, Bruder und Schwager

Herr Franz Josef Ellensohn, Gärtner

im Alter von 74 Jahren. Die Beerdigung findet am 30. Juni, vormittags um 7¼ Uhr, vom Trauerhause (Kirchweg 232) aus statt. Wir bitten, dem lieben Verstorbenen ein gutes Andenken zu bewahren.

Götzis, am 28. Juni 1940.

Therese Ellensohn, geb. Rhomer, als Gattin **Klara Ellensohn,** geb. Ehe **Franz Künz Helena Ellensohn,** geb. Berkmann **Pia Ellensohn,** geb. Baumgartner **Josef Ellensohn Kreszenz Künz,** geb. Ellensohn **Ehrefried** und **Alois Ellensohn**

In vorbildlicher Treue und Pflichterfüllung für Führer, Volk und Heimat fiel in den Kämpfen in Norwegen am 1. Mai 1940 unser lieber Sohn, Bruder, Onkel und Pate

SS-Mann Josef Büsel

Obergefreiter in einem Gebirgsjägerregiment

im Blütenalter von 24 Jahren. — Er gab sein junges Leben in freudigem Einsatz für seinen geliebten Führer.

Götzis, Nüziders, Nenzing, Chur, den 29. Juni 1940.

In tiefer Trauer:

Familie Josef Büsel

sowie im Namen aller Verwandten.

Strandbad Lindau

Herrlich gelegenes Bad am Bodensee

Gelegenheit zu Wassersport aller Art –
Ausgedehnter Badestrand
Volkstümliche Eintrittspreise
Ständige Omnibus-Verbindung

Hohnerziehharmonika
großes Lager / Katalog gratis
Teilzahlung
Musikhaus Bruno Feurstein, Dornbirn, Marktstraße 35.

Versicherungsgesellschaft sucht haupt- und nebenberufliche

Vertreter

gegen Provision und Reisespesen. Zuschriften und kurze Lebensbeschreib. unter „12772“ an die Verw. d. Bl. 12772

Hörst du schlecht?
hast Ohrensausen, Ohrenfluß? Verlange unentgeltlichen Prospekt über neueste Erfindung von künstlichen Trommelfellen „Eufonja“, Krakau, Nowowiejska Orlana 20. 12758

Johannisbeeren
frisch gepflückt, zu verkaufen. Bestellungen an Tanzschule Hofer, Lustenau, Telephon 61. 12759

Sie kaufen
Zimmer- und Küchenstühle
sehr preiswert im Kaufhaus Sagmeister, Bregenz. 12760

Denke an Deine Zukunft! Denke an Deine Familie!

Werde sofort Mitglied beim **Jupiter** Versicherungsverein auf Gegenseitigkeit Wien
Landesstelle für Tirol-Vorarlberg in Bregenz, Landwehrstraße 2/I, Fernruf 662/8
Er- und Ablebensversicherung! Sterbeversicherung!
Seit 70 Jahren der Begriff für unbedingte Sicherheit u. sofortige, kulante Auszahlung! Auskünfte kostenlos bei der Landesstelle und allen Zahlstellen.

Schwefelbad Hard

ist **Freitag, Samstag, Sonntag** und **Montag** zur gefälligen Benützung offen.
Zu zahlreichem Besuche laden freundlichst ein
Wilh. Dörlers Erben.

Buchhalter
bilanzsicher, übernimmt nebenberuflich Buchhaltung von 2 bis 3 kleinen bzw. mittleren Betrieben. Interessenten melden sich bei der Verw. d. Bl. unter „Bodensee“. 12761

Kaufmann

eventuell kautionsfähig, sucht Dauerstellung. Zuschriften erbeten unter „Strebsam Nr. 500“ an die Verwaltung des Blattes. 12779

Vollwaise, kath., 24 J., 168 groß, blond, schlank, Facharbeiter in sicherer Stellung in einem Friedrichshafener Großbetrieb, mit gutem Einkommen, ist nüchtern und Nichtraucher, möchte mit einem Mädchen bis zu 25 Jahren
Zwecks baldiger Heirat
bekannt werden. Nur ernstgem. Zuschriften mit Bild erbeten unter „Nr. 400“ an die Verwaltung d. Bl. 12753

Alte Dachziegel

zu verkaufen
Umbau Schuhfabrik Gebrüder Kraft, Bregenz

Gerüststangen
Staketen, Pfähle
Heinzen u. Betonstützen
empfiehlt jedes Quantum
Johann Greif
Lauterach

Unser lieber Arbeitskamerad, Soldat

Benno Helbok

ist am 14. Juni 1940 beim Sturm auf die Maginotlinie für Führer, Volk und Vaterland gefallen.

Wir verlieren in ihm einen treuen und aufrechten Kameraden. Sein Opfer ist uns Verpflichtung.

Betriebsführung und Gefolgschaft
der
Creditanstalt-Bankverein Filiale Feldkirch

Im Einsatz für Führer und Vaterland fanden in Frankreich den Heldentod unsere Arbeitskameraden

Ludwig Böckle
gef. 28. 5. 1940

Ernst Bröll
gef. 14. 6. 1940

Ihre letzte Pflichterfüllung sichert ihnen das Fortleben in unserer Gemeinschaft.

Dornbirn, im Juni 1940

Betriebsführer und Gefolgschaft
F. M. Hämmerle, Dornbirn

Allen Verwandten und Bekannten, sowie dem Turnverein Dornbirn sei herzlichst gedankt für die Anteilnahme beim schweren Verluste unseres lieben

Ludwig

der bei Thaumont für sein Vaterland sein Leben ließ.

Die Trauerfamilie **Eduard Böckle**

Dornbirn, Fischbachgasse 11

Hausgrundstücke
aller Art zu verkaufen und suche laufend solche für gute Käufer, wenn auch nicht beziehbar.
Harder, Immobilien
seit 1910, Konstanz, Bahnhofhofstr. 5, Ruf 787.

Am 16. Juni fiel für Führer und Großdeutschland beim Durchbruch der Maginotlinie der Angehörige eines Geb.-Jäg.-Reg.

SA-Sturmmann Anton Felder

Sturm 19/OJ 3 (Au)

Er soll für uns leuchtendes Vorbild treuester Pflichterfüllung sein.

Der Führer der Gebirgsjägerstandarte 3
Kölbl, Obersturmbannführer

Leset und verbreitet überall das Vorarlberger Tagblatt!

WELT-LICHTSPIELE
Tel. 412 **DORNBIRN** Tel. 412
Vorstellungen: Wochentags 8¼ Uhr; Sonn- und Feiertags 2¼, ½5, ½7 und 9 Uhr.
Samstag, 29. Juni, bis Montag, 1. Juli

Gustav Fröhlich-Julia Freybe in dem Terra-Film:
Alarm auf Station III
mit Kirsten Heilberg, Hermann Speelmanns, Walter Franck, Karl Dannemann, Rolf Weih u. a. Spielltg: Philipp Lothar Mayring. Musik: Franz Grothe.
Tobis-Woche mit den neuesten Frontberichten! — Jugendliche nicht zugelassen!
Samstag, 29., nachm. 5 und abends 7 Uhr:
Sondervorstellungen der Wochenschau zu stark verbilligten Eintrittspreisen. Jugendl. zugelassen!

Im Großen Walsertal wird Jakob Domig von der Gendarmerie bei einer Razzia nach versteckten Soldaten erschossen. Wilhelm Burtscher und Martin Lorenz werden in der Großwalsertaler Parzelle Küngswald gefasst, vom Reichskriegsgericht zum Tode verurteilt und im Juli 1944 in Graz hingerichtet. Der junge Lustenauer Josef Hofer befindet sich im Mai 1944 auf Heimaturlaub, als die Vermisstenanzeige für seinen Bruder eintrifft. Das bestärkt seinen Entschluss zur Flucht in die Schweiz. Durch einen Rohrkanal am Alten Rhein versucht er dorthin zu gelangen. Ein eifriger Grenzwächter, zugleich ein entfernter Verwandter des Flüchtenden, schießt eine ganze Gewehrsalve in das Rohr. Der angeschossene Hofer kann sich noch auf Schweizer Gebiet retten, stirbt aber am folgenden Tag.

Der Bäcker Josef Kirschner aus Bregenz wird an der Westfront schwer verwundet. In seinem Genesungsurlaub versucht er einem Kameraden dieses Schicksal zu ersparen und ihm zur Flucht in die Schweiz zu verhelfen. Das Vorhaben wird entdeckt, Kirschner im Jänner 1944 festgenommen und bis Kriegsende in verschiedenen Wehrmachtsgefängnissen eingesperrt. Er stirbt 1950, gerade 30 Jahre alt, an den Folgen der Kriegsverletzung und der Gefängnishaft.[175]

Neben den geschilderten Fällen finden sich auch geglückte Fluchten. Einzelne Soldaten schaffen es, sich – oft mit Hilfe aus der Bevölkerung – bis Kriegsende zu verstecken. Partei, Gestapo und Justiz wachen zusammen mit „gläubigen" Nationalsozialisten darüber, dass keine militärkritische Stimmung aufkommt oder die Kriegsmüdigkeit öffentlich kundgetan wird. Jede Äußerung in diese Richtung kann als „Zersetzung der Wehrkraft" mit schweren Strafen geahndet werden. Als ein Dornbirner Soldat in einer Drogerie ein Mittel gegen seine Magenprobleme kaufen will, rät ihm der Exsoldat Ernst Kandler, er möge einfach die Uniform ausziehen, dann werde er gesund. Die Drogistin erstattet Anzeige beim Ortsgruppenleiter, und Kandler wird zu zwei Jahren Haft verurteilt.[176] Verurteilungen wegen „Wehrkraftzersetzung" sind ab 1943 beim Landgericht Feldkirch an der Tagesordnung.

Am spürbarsten sind die Folgen des Krieges für jene zahlreichen Familien, die einen Angehörigen „auf dem Felde der Ehre" verlieren. Der Tod eines Soldaten wird – selbst wenn er in der Ukraine oder in Nordnorwegen gefallen ist – als heldenhafter Akt zur Verteidigung der Heimat gepriesen. Gemessen an der historischen Mission, die das Deutsche Reich auszuführen habe, sei der Tod eines Einzelnen bedauerlich, aber nicht bedeutsam – so sehen es die Machthaber.

Aus Vorarlberg werden etwa 35.000 Männer und Burschen zur hitlerdeutschen Armee eingezogen. Zuerst sind es nur die Angehörigen der jüngeren Geburtsjahrgänge sowie Freiwillige. Im Verlauf des Krieges und nach immer höheren Verlusten wird dann die Wehrpflicht immer weiter ausgedehnt. Zu Beginn des Jahres 1945 wird sie auf die Jahrgänge 1884 bis 1928 erstreckt, das heißt auf alle männliche „Volksgenossen" im Alter zwischen 16 und 60 Jahren. Natürlich gibt es Ausnahmen, da die Kreisleitungen der NSDAP mitentscheiden, wer wann einzurücken hat. Manchen großen politischen

Maulhelden drängt es gar nicht an die Front, während Oppositionelle bevorzugt in den Krieg beordert werden. Zu Hause bleiben nur jene Männer, die an der Heimatfront „unabkömmlich" (uk) sind, das heißt, kriegswirtschaftlich notwendige Berufe ausüben – oder eben politische Protektion genießen. Denn auch über die uk-Stellungen entscheidet die Partei und verfügt damit über ein wirksames politisches Druckmittel.

An die 8.000 Soldaten aus Vorarlberg kehren aus dem Krieg nicht mehr zurück. Das sind ungefähr fünf Prozent der Gesamtbevölkerung des Jahres 1939.[177] Für den Großteil der überlebenden Soldaten bedeutet das Kriegsende noch keineswegs die ersehnte Heimkehr; viele müssen noch Monate, zum Teil Jahre in der Kriegsgefangenschaft verbringen. Etwa 3.500 Männer kommen als Invalide aus dem Krieg zurück. Die psychischen Beschädigungen vieler Heimkehrer sind massiv und anhaltend. Sie werden aber von den Invalidenämtern weder registriert noch wird ihnen eine Behandlung ermöglicht. Mit ihren traumatischen Erlebnissen bleiben die meisten allein.

Frauen im Krieg

Entgegen dem nationalsozialistischen Ideal, wonach der Platz der Frau im Haus sei, benötigt man – da immer mehr Männer in den Krieg ziehen müssen – die Frauen in allen Bereichen der Berufswelt. Nur öffentliche und Parteiämter (außer der „NS-Frauenschaft") bleiben den Frauen versagt. Die NS-Propagandisten müssen immer neue Argumente erfinden, um die Arbeitsverpflichtung der Frauen zu rechtfertigen. Für den Gau Tirol-Vorarlberg ist die „Gauabteilungsleiterin für Presse und Propaganda bei der NS-Frauenschaft", die Bregenzerwälder Dichterin Natalie Beer, für die Erklärung der veränderten Frauenrolle zuständig. Aufgabe der NS-Frauenschaft ist es nun auch, Kinderkrippen, Mittagstische und Familienpatinnen für die Kinder der berufstätigen Frauen zu organisieren.

Der staatliche Zugriff auf die weiblichen Arbeitskräfte beginnt mit dem 18. Lebensjahr mit einem sechsmonatigen „Reichsarbeitsdienst". Ab 1941 kommt ein weiteres halbes Jahr „Kriegshilfsdienst" hinzu. Diese Dienste können in Lazaretten, Kindergärten, Haushalten und in der Landwirtschaft abgeleistet werden. Viele junge Frauen aus Vorarlberg werden im Rahmen dieser „Dienstpflicht" in deutsche Rüstungsbetriebe verschickt. Dabei kommt es zu zahlreichen Verweigerungen und zu spürbaren Unruhen in der Bevölkerung. Damit die Gerichte die wachsende Zahl an Verweigerungsfällen bewältigen können, wird das „vereinfachte und beschleunigte Verfahren" eingeführt. Damit werden die letzten Arbeitnehmerrechte der Wehrwirtschaft geopfert.

Auch die Verpflichtung von über 50-jährigen Frauen in die heimischen Fabriken lässt sich in vielen Fällen nur mit Hilfe polizeilicher Maßnahmen durchsetzen. Deshalb sind die Arbeitsämter angehalten, überall dort nachsichtiger zu agieren, wo nachhaltiger Schaden für die allgemeine Stimmung entstehen könnte. Auch die schrittweise

↖ Ausbildung junger Frauen als Feuerwehrleute in Rankweil. Arbeiten und Funktionen, die bisher ausschließlich den Männern vorbehalten waren, haben nun Frauen wahrzunehmen.

↑ Im Rahmen der freiwilligen Dienste kommt der NS-Frauenschaft eine wichtige Rolle als Antreiberin zu. Politische Funktionen dürfen Frauen nicht einnehmen, in dienender Rolle sind sie aber überall gefragt.

Erhöhung der Arbeitszeit für Frauen bis zu 55 Wochenstunden (Männer müssen gegen Kriegsende über 60 Stunden arbeiten) wird von propagandistischer Verklärung des Arbeitswillens und gesetzlichen Drohungen zu seiner Durchsetzung begleitet. Hilfsmaßnahmen der „Nationalsozialistischen Volkswohlfahrt“ (NSV) sollen die für die Frauen entstehenden Erschwernisse abfedern.

Damit die Stellung des Mannes als Familienoberhaupt durch die berufstätigen Frauen nicht untergraben wird, werden die Löhne der Frauen bewusst niedriger als die der Männer angesetzt.[178] Die Verschlechterung der Lebens- und Arbeitsverhältnisse wird auch den Frauen gegenüber mit den Kriegsnotwendigkeiten begründet. Ihre Arbeit erhält den Rang einer militärischen Aktion. In einer großen Schlagzeile titelt das „Vorarlberger Tagblatt“ am 26. Februar 1943: „Frauenaufmarsch für die Kriegsarbeit“, um dann gleich in kleineren Lettern beschwichtigend hinzuzufügen, dass die Frauen „überwiegend für leichte Arbeit im Fabriksaal“ herangezogen würden, denn „Gesundheit und Lebenskraft“ seien „soweit irgendmöglich zu schützen“. Dabei hat Hitler in einer programmatischen Rede im Jahre 1935 den Frauen statt der Fabrikshallen einen ganz anderen Kriegsschauplatz angekündigt: „Auch die deutsche Frau hat ihr Schlachtfeld: Mit jedem Kinde, das sie der Nation zur Welt bringt, kämpft sie ihren Kampf für die Nation.[179]

Im Jahre 1945 arbeiten in den Vorarlberger Betrieben fast 5.000 Arbeiterinnen mehr als 1939, das entspricht einer Steigerung von über 40 Prozent. Noch deutlicher ist der prozentuelle Anstieg bei den einheimischen weiblichen Angestellten. Aber, so verweist der „Völkische Beobachter“ bereits am 2. August 1940 auf die Zeiten nach dem „Endsieg“: „Die Frau will nicht den Arbeiter von seinem Platz verdrängen; wenn er zurückkommt, tritt sie wieder beiseite und kehrt zu ihrer eigentlichen Bestimmung zurück; sie wird nurmehr Hausfrau und Mutter sein.“[180] Dieses Frauenbild entspricht durchaus auch dem der konservativen Traditionsbewahrer, die nach dem Mai 1945 wieder das politische Sagen haben werden. Die Frauen werden nach dem Krieg großteils wieder nach Hause geschickt und die Kinderbetreuungseinrichtungen aufgelassen.

Nach den Materialsammlungen erfolgt 1944 der Aufruf zu freiwilligen Diensten. „Der Bereitschaft sind keine Alters- oder sonstigen Grenzen gesetzt."

Auszug aus dem

Aufruf zum freiwilligen Ehrendienst in der deutschen Kriegswirtschaft

Das deutsche Volk kämpft auf der Grundlage der nationalsozialistischen Lebens-, Not- und Schicksalsgemeinschaft den gewaltigsten Kampf der Völkergeschichte dieser Erde um sein Dasein, um Ehre, Freiheit und Brot gegen die beabsichtigte totale Vernichtung. Millionen deutscher Soldaten ringen an allen Fronten um den Endsieg. Millionen deutscher Arbeiter, Männer und Frauen, Millionen deutscher Bauern verbürgen durch ihren Fleiß die Produktion der lebensnotwendigen Güter und kriegsentscheidenden Waffen.

Deutsche Volksgenossen und Volksgenossinnen, helft darum auch alle noch mehr als bisher mit, Deutschlands Leistung auf allen Gebieten des Lebens, die für die Kriegsführung wichtig sind, zu steigern! Dadurch helft ihr mit, den Tag des Endsieges näherzurücken!

Alle deutschen Volksgenossen und Volksgenossinnen, die auf Grund der Für- und Vorsorge des Führers keiner gesetzlichen Arbeitspflicht unterliegen, die sich aber selbst noch fähig und gesund fühlen, ihrem Volk in dieser gewaltigen und großen Zeit einen Dienst zu leisten, **werden hiermit aufgerufen, sich in diesem Jahre größter Entscheidungen in einem freiwilligen Ehrendienst zur Verfügung zu stellen.** Dem guten Willen und der Bereitschaft sind keine Alters- und sonstigen Grenzen gesetzt.

Auf persönliche Wünsche wird bei diesem freiwilligen Einsatz soweit wie möglich Rücksicht genommen. Das gilt insbesondere auch dann, wenn nur halbtags- und stundenweiser Einsatz in Frage kommt, sowie für den Einsatz in Heimarbeit und am Wohnort.

Auch die Haushaltungen werden aufgerufen, alle nicht ganz unentbehrlichen hauswirtschaftlichen Kräfte ganz oder teilweise zur Verfügung zu stellen.

Es ist selbstverständlich, daß für eine freiwillige Verpflichtung nur die Kriegszeit in Frage kommt. Auf die Ausstellung eines Arbeitsbuches wird in diesem Falle verzichtet.

Männer und Frauen, meldet euch daher sofort bei dem für euren Wohnort zuständigen Arbeitsamt! Die Dienststellen der NS.-Frauenschaft werden den Frauen dabei beratend und helfend zur Seite stehen.

Der Generalbevollmächtigte
für den Arbeitseinsatz:
Fritz Sauckel

Die Front rückt näher

↑ Zum Kriegsalltag gehört die tägliche Verdunkelung; feindliche Flieger sollen keine Orientierungshilfen oder gar Ziele erhalten.

Auch das unmittelbare Kriegsgeschehen erreicht schließlich Vorarlberg – durch den Luftkrieg der Alliierten. Dabei ist es am Anfang gerade das deutsche Militär gewesen, das die Luftwaffe zu einem „Glanzstück" seiner Kriegsführung gemacht hat. Von Beginn an haben die NS-Strategen den Krieg von der militärischen Front weiter ins zivile Hinterland getragen. Leidvolle Erfahrungen, die die Menschen in den von Großdeutschland eroberten Gebieten gemacht haben, werden in der zweiten Kriegshälfte nun umgekehrt für Deutschland zur ständigen Bedrohung.

Fliegeralarme gehören ab 1943 zum Alltag der Menschen, auch in Vorarlberg. Dem Luftschutz wird deshalb ab 1942 besonderes Augenmerk gewidmet. Eigene Luftschutzwarte kontrollieren die Verdunkelungseinrichtungen der jeweiligen Wohnquartiere, man entwirft Notfallpläne und baut schließlich in allen Orten Luftschutzkeller oder -stollen. Es folgen nächtliche Fahr- und Ausgehverbote. Auch die vielen so genannten Ausgebombten aus dem „Altreich", die in Vorarlberg untergebracht werden müssen, sind durch ihre Anwesenheit ein Zeugnis des näherrückenden Bombenkriegs und vermitteln durch ihre Schilderungen eine Vorstellung des damit verbundenen Elends.

Mit der wiederholten Bombardierung der Rüstungsbetriebe in Friedrichshafen kommt auch für die Vorarlberger Bevölkerung der Krieg in Sichtweite. Am 1. Oktober 1943 bombardiert ein amerikanisches Geschwader den Feldkircher Stadtteil Tisis und trifft ein Lazarett sowie das Mädchenheim der Lehrerbildungsanstalt. 41 Studentinnen und drei Lehrerinnen kommen dabei ums Leben. Insgesamt sind 200 Tote (nach ande-

↓ Mit zunehmenden Fliegerangriffen wird der Ausbau von Luftschutzkellern und -stollen notwendig. In Bregenz befindet sich eine Stollenanlage unter der Herz Jesu Kirche, eine andere hinter dem Kloster Marienberg.

← Am 1. Oktober 1943 ist der Krieg auch in Vorarlberg angekommen: Das Mädchenheim der Lehrerbildungsanstalt Feldkirch (vorne) und das Antoniushaus (Lazarett) werden von Bomben getroffen. Mindestens 200 Tote sind zu beklagen.

Während über den Fliegerangriff und die mangelnde Abwehr recht kleinlaut berichtet wird, findet die groß inszenierte Trauerfeier im Zentrum von Feldkirch im „Vorarlberger Tagblatt“ eine breite Berichterstattung. Die Bombenopfer werden als Helden begraben.

ren Quellen 211) zu beklagen. Über die Gründe, warum gerade in Feldkirch Bomben abgeworfen werden, gibt es unterschiedliche Mutmaßungen.[181] Das nationalsozialistische „Vorarlberger Tagblatt“ geißelt den Fliegerangriff als unmenschlichen „Terrorakt“; so werden alle Bombardierungen auf Einrichtungen im Hinterland bezeichnet. Umgekehrt hat die nationalsozialistische Propaganda die hitlerdeutschen Angriffe auf zivile Ziele vom ersten Kriegstag an als reguläre Kampfhandlungen dargestellt.

In den ersten Maitagen des Jahres 1945 wird Vorarlberg dann endgültig zum Kriegsschauplatz. Die zurückweichenden deutschen Wehrmachtssoldaten und SS-Verbände räumen das Land nur etappenweise. Durch Panzersperren in Lochau, am Kummenberg, in Feldkirch und vor Bludenz versuchen sie den Vormarsch der französischen Befreiungstruppen zu verlangsamen.

Die Rückzügler möchten noch über den Arlberg nach Tirol entkommen, weil sie sich von der dortigen amerikanischen Besatzungsarmee eine bessere Behandlung und ausgiebigere Kost erwarten. Sie fürchten französische Rachemaßnahmen, weil sie nur zu gut wissen, wie die deutsche Besatzung in den Jahren zuvor mit der französischen Bevölkerung umgegangen ist. Die Spuren der Gewalt, die Wehrmacht und SS bei ihrem Rückzug hinterlassen, vermitteln eine Ahnung von ihren Gräueltaten an den ausländischen Kriegsschauplätzen in den Jahren zuvor.

Menschengeschichten

Valentin Feurstein: Ein soldatischer Pflichterfüller

In der zweiten Hälfte des 19. und in der ersten Hälfte des 20. Jahrhunderts spielen Tugenden wie Gottesfurcht, Gehorsam und Pflichterfüllung eine zentrale Rolle in der Erziehung junger Menschen. Während bei den Mädchen der Gehorsam gegenüber der Familie und später dem Ehemann sowie die Pflichterfüllung als Mutter im Mittelpunkt stehen, sind die beiden Begriffe Pflichterfüllung und Gehorsam für die jungen Männer immer auch militärisch besetzt.

Tausende von Beschuldigten und Angeklagten, die die nationalsozialistische Vernichtungspolitik mitbetrieben haben, rechtfertigen sich nach 1945 damit, nur ihre Pflicht erfüllt und militärischen Gehorsam geleistet zu haben. Gehorsam und Pflichterfüllung sind also nicht nur zur Aufrechterhaltung der militärischen Disziplin, ja des Systems einer Armee überhaupt, notwendig, sie scheinen auch den einzelnen Soldaten von seiner persönlichen Verantwortung zu entbinden.

Während sich der kleine, in der Befehlskette ganz unten stehende Soldat auf den Zwang zum Gehorsam berufen kann, verweisen die Oberen, die Offiziere, nach einer Katastrophe gerne darauf, dass sie nur ihre Pflicht erfüllt hätten. So auch der aus Bregenz stammende General Valentin Feurstein, der Hitlers Krieg nicht nur mitgemacht, sondern an entscheidenden Stellen mitgetragen hat.

Geborener Soldat

Dass Valentin Feurstein Berufssoldat wird, ist ihm praktisch und im wahrsten Sinne des Wortes in die Wiege gelegt: Er kommt am 18. Jänner 1885 in der Bregenzer Landesschützenkaserne zur Welt. Sein Vater, aus Bizau im Bregenzerwald stammend, ist dort Unteroffizier in der Schreibstube. Und in der Kaserne wächst der junge Feurstein auch auf. Ab 1896 besucht der Soldatensohn die Militärrealschule in St. Pölten und erhält danach seine Offiziersausbildung an der Theresianischen Militärakademie in Wiener Neustadt. Im Ersten Weltkrieg ist der junge Offizier sowohl im Generalstab als auch an der Dolomitenfront eingesetzt. Dem verlorenen Krieg folgen zwei Jahre in Zivil und die Hochzeit in Dresden. Im Jahre 1920 wird Feurstein im Range eines Hauptmanns in das neugegründete Bundesheer der Republik Österreich aufgenommen, wieder im Generalstab und zeitweise bei der Truppe im Burgenland. 1937 wird der inzwischen zum Generalleutnant aufgestiegene Feurstein von der Regierung Schuschnigg zum Divisionskommandanten in St. Pölten eingesetzt. Dort, wo er seine militärische Laufbahn begonnen hat, möchte er sie auch beenden.

Nachdem sich Feurstein immer als „unpolitischen“ Offizier empfunden hat, ist ihm die Zerschlagung der Demokratie durch Bundeskanzler Engelbert Dollfuss in den Jahren 1933/34 kein Problem. Und die Stimmung in der St. Pöltner Garnison bei Hitlers Überfall auf Österreich im März 1938 beschreibt der bis dahin treue Staatsdiener so: „Trotzdem empfanden wir alle eine Erleichterung, dass ein Bruderkrieg durch den Regierungswechsel vermieden worden war."[182]

Wenn für Feurstein die Auslöschung Österreichs nur einen „Regierungswechsel" dargestellt hat, ist es konsequent, dass der Offizier auch der neuen Regierung zur Verfügung steht. Bereits am 14. März werden die österreichischen Truppen auf Hitler vereidigt. Der „Führer" schaut auf seiner Fahrt nach Wien persönlich in der St. Pöltner Kaserne vorbei, begrüßt Feurstein und seine Soldaten. Das war, schreibt Feurstein später, „von starkem Eindruck".[183]

General Valentin Feurstein (1885–1970)

Wieder Ernstfall

Nach der Neuordnung des Heerwesens im nunmehr annektierten Österreich wird Valentin Feurstein nach Innsbruck versetzt und dort zum Kommandeur der 2. Gebirgsdivision bestellt. Diese nimmt am Überfall auf Polen ebenso teil wie an jenem auf Norwegen.

Feurstein wird später versuchen, die beiden Feldzüge und die Rolle „seiner" Gebirgsjäger eher als sportliche Auseinandersetzung nach militärischen Regeln denn als grausamen Krieg darzustellen. In seinem 1953 erschienenen Buch „Irrwege der Pflicht" spricht er die Unrechtmäßigkeit der deutschen Eroberungskriege nicht an. Wohl aber redet er dem Mythos von der sauberen Wehrmacht ständig und ohne Spur eines Zweifels das Wort. Dabei haben die beiden Gebirgsdivisionen gerade in Norwegen lange Zeit besatzungspolitische Aufgaben: Das heißt, sie müssen helfen, den norwegischen Widerstand zu unterdrücken und die Macht der NS-freundlichen norwegischen Marionettenregierung unter Vidkun Quisling durchzusetzen. Von den deutschen Besatzern werden an die 10.000 norwegische Bürgerinnen und Bürger zu Tode gebracht – nicht wenige davon von der Wehrmacht.

Bis 1943 gehört General Feurstein in Norwegen zu den obersten Chefs der Besatzungsmacht. Wie sehr diese Besatzung der einheimischen Bevölkerung verhasst ist, erfährt er am eigenen Leibe: Ein Mädchen zeigt ihm auf offener Straße die Zunge – und er lässt es verhaften. Von Übergriffen gegen die Bevölkerung oder gar von einem Vernichtungskrieg, wie jenem gegen die Sowjetunion, will er nichts gewusst haben.

Auch nach der hitlerdeutschen Niederlage bei Stalingrad glaubt er an eine erfolgreiche Weiterführung des Krieges: „An den unaufhaltsamen Abstieg des Reiches konnte und durfte ich nicht glauben; und die Gerüchte über Grausamkeiten und Rassenterror in den Konzentrationslagern hielt ich, überzeugt, für die schon im ersten Weltkrieg erprobte Feindpropaganda."[184] Hier wie auch später sieht Feurstein aller Vernunft zum Trotz immer noch keinen „Irrweg". Die Verblendung durch die Brille des Berufssoldaten hält an.

Anerkennungsurkunde für Soldaten, die sich beim Überfall auf Norwegen in der „Gruppe Feurstein" bewährt haben

Im Sommer 1943 lässt sich Feurstein nach Innsbruck versetzen, mit dem Argument, er könne hier der Heimat durch seine Ortskenntnisse aus dem Ersten Weltkrieg besser dienen. Hitler selbst teilt nun Feurstein jenem schnell zusammengestellten Heer zu, das unter Feldmarschall Erwin Rommel Norditalien unter deutsche Herrschaft bringen soll. Dem zusammenbrechenden italienischen Bündnispartner wird nicht mehr vertraut. Im Kriegsjahr 1944 ist General Feurstein, inzwischen hochdekoriert, in Italien im Einsatz. Die deutschen Truppen versuchen, die anmarschierenden US-Amerikaner aufzuhalten und den italienischen Widerstand zu vernichten. Dies geschieht unter anderem mit schrecklichen Massakern an der Zivilbevölkerung, die für so genannte Partisanenangriffe als Geisel genommen wird. Auch in Feursteins Befehlsabschnitt werden italienische Zivilisten zur Vergeltung erschossen.

Anfang März 1945 wird Valentin Feurstein nach Innsbruck zurückbeordert und zum „Inspekteur der Tiroler Standschützen" ernannt. Diese – auch Volkssturm genannte – Einheit besteht aus bisher untauglichen, so genannten unabkömmlichen und über 60-jährigen Männern, die als letzte militärische Reserve die „Alpenfestung" verteidigen sollen. Der Tiroler Gauleiter Franz Hofer hat Hitler empfohlen, sich mit seinem Stab nach Tirol zurückzuziehen, denn Tirol lasse sich als Festung ausbauen und verteidigen. Hitler lehnt zwar ab, aber das Gerücht von einer angeblichen Alpenfestung hält sich über das Ende des Dritten Reiches hinaus.

Wie überall im zusammenbrechenden Hitlerreich überschlagen sich auch in Innsbruck die Ereignisse. Befehlsstrukturen ändern sich von Tag zu Tag, fanatische Durchhalter kämpfen gegen Kriegsmüde, und ein uneinsichtiger Gauleiter hofft bis zuletzt, die eigene Position retten zu können. Nach Anrufen aus Bregenz erklärt General Feurstein die Städte Bregenz und Feldkirch zu „offenen Städten", das heißt, sie werden vor den anrückenden Franzosen nicht mehr verteidigt, weil sie als Lazarettstädte voller Kriegsverletzter sind. Feuersteins Anordnung wird allerdings von einer höheren Stelle der zerfallenden Wehrmacht widerrufen oder einfach von den zurückflutenden Wehrmachtsverbänden und SS-Leuten nicht beachtet. Jedenfalls wird Bregenz an der Lochauer Klause verteidigt und deshalb schließlich von den französischen Truppen am 1. Mai 1945 bombardiert.

Wenig Einsicht

Die Ankunft der US-amerikanischen Truppen erwartet der „gestrandete Landsknecht" – so bezeichnet sich Feurstein selbst – in seiner Innsbrucker Wohnung. Die Aufforderung der Widerstandsbewegung, die Stadt mit weißen und rot-weiß-roten Fahnen zu beflaggen, „fand bei mir keine Zustimmung trotz der Erlösung von dem furchtbaren Alpdruck des Krieges".[185] Einen Beitrag der Widerstandsbewegung zur „Befreiung" Tirols (von Feurstein in Anführungszeichen gesetzt) kann er nicht sehen, wohl aber gesteht er dem Widerstand als Leistung zu, „die russischen Zwangsarbeiter vor Plünderungen oder Racheakten" zurückgehalten zu haben.

„Als Soldat von Kind an"[186] ist er auch nach Kriegsende, als das Ausmaß des nationalsozialistischen Desasters sichtbar wird, der Ansicht, nur seine Pflicht erfüllt und die abendländische Kultur gegen den Bolschewismus verteidigt zu haben. In seinem verschobenen Geschichtsbild werden neben der Person Hitlers immer wieder die Alliierten zu Schuldigen erklärt: „1914 begann die Zertrümmerung Europas, 1939 wurde durch Hitler die 2. Katastrophe ausgelöst und 1944/45 in Yalta und Potsdam vollendet."[187] In Jalta und Potsdam haben jene Konferenzen der Alliierten stattgefunden, auf denen die Nachkriegsordnung für Europa festgelegt wird. Diese Besprechungen mit Hitlers Angriffskrieg gleichzusetzen, ist ein beredtes Zeugnis völliger Uneinsichtigkeit.

Wie empört wird der „ritterliche Krieger" – wieder eine Eigenbezeichnung – erst gewesen sein, als er am 22. November 1947 auf Anordnung des Chefs der französischen Besatzungsmacht verhaftet und im Jänner 1948 nach Wien und an die Engländer überstellt wird. Das deshalb, weil bekannt geworden ist, dass im September 1943 in Feursteins Befehlsgebiet in der Nähe der italienischen Stadt Ponzano und am Passo di Cisa jeweils zwei englische Fallschirmspringer nicht in Gefangenschaft genommen, sondern auf der Stelle erschossen worden sind. Im August 1948 wird Feurstein schließlich in Hamburg wegen Kriegsverbrechens vor ein Gericht gestellt. Das Verfahren endet auf Grund einer Erklärung des Vatikans mit einem Freispruch. Wie anderen Angeklagten in solchen Prozessen auch hat der Papst dem deutschen General bestätigt, dass er sich als Befehlshaber in der Bischofsstadt korrekt verhalten habe. Außerdem wird im Verfahren klar, dass der Erschießungsbefehl nicht von Feurstein persönlich ausgegangen ist.

So wird der General am 28. August 1948 entlassen. Einsicht haben ihm die Einvernahmen und die im Prozess erörterten Grausamkeiten nicht vermittelt. 1953 publiziert er das Buch „Irrwege der Pflicht". Was der Titel ankündigt, wird vom Inhalt widerlegt: Die Irrwege haben andere begangen, Feurstein hat nur die Pflicht, die soldatische, erfüllt – in seinen Augen ein absoluter Wert, der nicht hinterfragt zu werden braucht. Strapazen und Leid, die den jungen Soldaten zugemutet werden, der Umgang mit Leben und Gut der Bevölkerung in den eroberten Gebieten oder gar das millionenfache Sterben im Krieg sind für Feurstein nicht der Rede wert – und keinerlei Grund, am Sinn seiner Pflicht zu zweifeln.

Quelle:
Valentin Feurstein, Irrwege der Pflicht 1938–45, Wels 1953.

Hermann Rhomberg: Der Profiteur

Einige Vorarlberger Industrieunternehmer stellen sich früh und vorbehaltlos in den Dienst des NS-Staates und profitieren von dessen Eingriffen in das Wirtschaftsleben: bei so genannten Arisierungen – also der Enteignung jener, die die NS-Machthaber als Juden klassifiziert haben – ebenso wie bei der Umstellung auf die Kriegswirtschaft. Trotzdem bleibt die Wirtschaftselite nach dem Zusammenbruch der NS-Herrschaft weitestgehend unangetastet. Man braucht die Wirtschaftskapitäne für den Wiederaufbau. Hermann Rhomberg, geschäftsführender Teilhaber der ehemaligen Textilfirma „Franz M. Rhomberg" in Dornbirn, ist das Beispiel einer solchen ungebrochenen Karriere – trotz der politischen Brüche seiner Zeit.[188]

Aus gutem Hause

Hermann Rhomberg wird am 1. August 1900 in ein deutschnationales Dornbirner Elternhaus geboren. Sein Vater ist Teilhaber der zweitgrößten Dornbirner Textilfabrik „Franz M. Rhomberg". Hermanns Besuch der Oberrealschule fällt in die Zeit des Ersten Weltkriegs. Für seinen Jahrgang wird die Matura auf den März 1918 vorverlegt, und die Maturanten werden noch als 17-Jährige in die Schlacht geworfen. In den letzten Kriegstagen verschwindet Rhomberg über das Timmelsjoch vom Südtiroler Kriegsschauplatz in Richtung Heimat und erspart sich so die Gefangenschaft. Nach der Rückkehr aus dem Krieg beginnt er ein Studium an der Handelshochschule in Nürnberg, das er 1924 mit dem akademischen Grad eines Diplomkaufmanns abschließt. Sowohl in der Realschule als auch an der Hochschule schließt er sich deutsch-völkischen Studentenverbindungen an. 1927 übernimmt er die kaufmännische Leitung des väterlichen Betriebs. Hermann Rhomberg erweist sich bald als tüchtiger Unternehmer und wird zum unumstrittenen Geschäftsführer eines Betriebes, in dem auch andere Familienmitglieder in leitenden Funktionen tätig sind.

Frühes öffentliches Engagement

Im Jahre 1929 kandidiert Rhomberg auf der Liste der Großdeutschen Volkspartei für die Stadtvertretung von Dornbirn. Er wird gewählt und ist bald als recht scharfzüngiger Redner bekannt. Hier – wie ab 1937 auch als Vertreter der Industrie im ständestaatlichen Landtag – vertritt er nachdrücklich die Interessen der Fabrikanten. In den Landtag wird er von der austrofaschistischen Landesregierung bestellt, obwohl er spätestens seit 1934 als ausgewiesener Nationalsozialist gilt. Zu einem wirtschaftlichen Aufschwung des Landes trägt er mit seiner Firma genau so wenig bei wie die meisten anderen Vorarlberger Nazifabrikanten. Denn Rhomberg rationalisiert nach Kräften und verstärkt dadurch die Arbeitslosigkeit. Doch nach dem „Anschluss" werden bei „Franz M. Rhomberg" zu den bisherigen 680 Arbeitsplätzen schlagartig 320 neue geschaffen. Die Aussichten auf dem großdeutschen Markt lassen die bisherige Zurückhaltung schwinden.

Auch in Zukunft wird Hermann Rhomberg seine wirtschaftlichen Interessen mit öffentlichen Engagements absichern. Als strammer Nationalsozialist kümmert er sich neben seiner ökonomischen um seine militärische Laufbahn: Bereits im Frühjahr 1939 absolviert er im rheinland-pfälzischen Luftwaffenstützpunkt Lachen-Speyerdorf einen Offizierskurs. Von hier aus teilt er seiner „Gefolgschaft" die neue „Betriebsordnung" mit, von der er hofft, „dass der Geist einer überlebten Klassenkampfideologie nie mehr wieder in meinem Betrieb Fuß fassen kann"[189].

Am Angriff auf Polen im September 1939 nimmt Hermann Rhomberg als Wehrmachtsoffizier teil, den Rest des Krieges ist er als Wirtschaftsführer „uk" (unabkömmlich) gestellt.

Zeit der Raubzüge

Die ganz großen Brocken werden aber nicht in Vorarlberg verteilt. Deshalb begibt sich Rhomberg auf Beutezug nach Wien. Mit seinen Beziehungen aus der „illegalen Zeit" und seinem Dornbirner Konkurrenten F. M. Hämmerle als Partner gelingt ihm hier eine Geschäftsvergrößerung ungeahnten Ausmaßes. Im Zuge der „Arisierung" – der Wiener Gauleiter Josef Bürckel nennt diesen Raub jüdischen Eigentums „Entjudung" – bringt sich eine neu geschaffene Gesellschaft, deren Geschäftsführer Hermann Rhomberg ist, in den Besitz eines der europaweit größten Modekaufhäuser: Herzmansky in der Mariahilferstraße. Die Kaufsumme von 600.000 Reichsmark (RM) ist weniger als der Gewinn, den das Haus im Jahr zuvor gemacht hat. Das zur Firma gehörende Wohnhaus des jüdischen Besitzers Max Delfiner wird, gleichsam als Morgengabe für zukünftige gute Beziehungen, dem neuen Wiener Gestapo-Chef Ernst Kaltenbrunner als Residenz überlassen. In der Abmachung mit der nationalsozialistischen „Vermögensverkehrsstelle" macht Rhomberg die zynische Feststellung, man habe großes „Interesse an dem Weiterbestand des Betriebes, dem auch durch die kurze Zeit des Besitzes Max Delfiner nicht der Charakter eines Wahrzeichens der Stadt Wien genommen werden konnte"[190].

Nach einer Verdoppelung des Umsatzes im Euphoriejahr 1938 merkt die SS mit einjähriger Verspätung, dass Rhombergs „Kaufpreis" viel zu niedrig gewesen und sie deshalb auch um einen Beuteanteil gebracht worden ist. Das neuerliche Erhebungsverfahren zur Feststellung des Kaufpreises verliert sich mit Kriegsbeginn in der Bürokratie. Vielleicht hat der inzwischen auf „ostmärkischer" Ebene einflussreiche Rhomberg etwas nachgeholfen.

Ende 1938 wird Hermann Rhomberg zum Verwaltungsrat der Creditanstalt (CA) bestellt. Hier sitzt er in einem exklusiven Kreis hochrangiger nationalsozialistischer Wirtschaftsführer. Diese Beziehungen ermöglichen ihm auch den nächsten Raubzug: Nach der Aneignung der Herrenwäschefirma Sternberg und Co. bringen sich Rhomberg und Hämmerle, nun auch noch mit dem dritten großen Dornbirner Unternehmen Herrburger & Rhomberg, in den Besitz der Aktienmehrheit der arisierten „Zellwolle Lenzing AG".[191] Nach Kriegsbeginn wird Baumwolle zunehmend knapper und Zellwolle deshalb immer gefragter.

Als mit Dauer des Krieges Rüstungsgüter weit wichtiger werden als Textilien, drängen Hämmerle und Rhomberg auch in diesen Sektor. Der bedeutendste metallverarbeitende Betrieb Dornbirns sind die Rüschwerke, seit 1928 im Besitz von Max Wehinger. In den 1930er-Krisenjahren läuft die Firma schlecht, doch mit Kriegsbeginn erhofft sich der Besitzer Rüstungsaufträge. Die kommen aber nur spärlich. Und das hat eine Ursache. Denn im Hintergrund und mit guten Beziehungen empfehlen sich Hermann Rhomberg und Franz Hämmerle bei den auftragsvergebenden Wehrmachtstellen für eine Übernahme und Modernisierung dieses Metallbetriebes. Obwohl er sich anfangs wehrt,

Bald nach Kriegsende ist Hermann Rhomberg (rechts) wieder gut im Geschäft; alte Beziehungen wie zum Studienkollegen Ludwig Erhard, bundesdeutscher Wirtschaftsminister und Bundeskanzler, sind dabei nützlich.

verkauft Max Wehinger Ende 1941 seinen Betrieb an Rhomberg und Hämmerle. Deren Interessen werden vom vormaligen NS-Landesrat und Präsidenten der Wirtschaftskammer Dr. Harald Eberl wahrgenommen. Und siehe da: Sofort nach der unfreundlichen Übernahme gehen laufend Aufträge der Luftwaffe ein – und zwar so viele, dass beide Partner auch in ihren jeweiligen Textilbetrieben „wehrwirtschaftliche Abteilungen" einrichten.

Das Geschäft mit der Luftwaffe blüht nicht von ungefähr: Seit 1942 bekleidet Hermann Rhomberg das Amt des „Luftwaffenbeauftragten für den Wehrkreis XVIII". Dieser umfasst die Gaue Tirol-Vorarlberg, Salzburg, Kärnten, Steiermark und das nördliche Jugoslawien. Zugleich ist er nach der Zusammenlegung der Wirtschaftskammern von Tirol und Vorarlberg stellvertretender Leiter der neu geschaffenen Gauwirtschaftskammer geworden. Rhomberg ist damit einer der mächtigsten „Wirtschaftsführer" in den „Alpengauen". Dadurch gelingt es ihm, die Verlagerung großer reichsdeutscher Rüstungsbetriebe nach Vorarlberg zu verhindern. Denn zum einen wären ihm Betriebshallen und Arbeitskräfte von den neuen Betrieben weggenommen worden, zum anderen hätte die Gefahr bestanden, dass die Textilverarbeitung überhaupt eingestellt und die Maschinen demontiert werden.

Rhomberg argumentiert seine Verhinderungsstrategie damit, dass eine Verlegung wichtiger Rüstungsbetriebe in die Nähe der Schweizer Grenze einer möglichen Spionage Tür und Tor öffnen würde. Nach dem Krieg wird diese durchaus eigennützige Aktion von Rhombergs Haushistoriker Hans Nägele als vorbildliche Gemeinnützigkeit verklärt: Rhomberg habe verhindern wollen, dass Vorarlberg zum Ziel von Bombenangriffen werde. Die also den Krieg miteingebrockt haben, werden so als Retter vor den Kriegsschäden gefeiert. Nägele hat schon 1942 für Rhomberg schreiben dürfen – zum Beispiel das: „Noch alles, was der Führer in seine gesegneten Hände genommen hat, ist wunderbar geglückt."[192]

Auch von einem weiteren hitlerdeutschen Raubzug profitiert Rhombergs „NS-Musterbetrieb", nämlich von der zwangsweisen Verschleppung junger Menschen aus den eroberten Gebieten als Arbeitssklaven für die deutsche Industrie. Sie werden bei elenden Essensrationen in einem eingezäunten Lager in der Nähe des Betriebes menschenunwürdig untergebracht und mit der Drohung, bei Widersetzlichkeiten ins KZ zu kommen, zur Arbeit angehalten.

1952 wird Hermann Rhomberg sich als Gründungsmitglied des Rotary Clubs Vorarlberg zur „Anerkennung hoher ethischer Grundsätze im Privat- und Berufsleben“ verpflichten – für die Opfer seiner Aktivitäten leider zu spät. Zu keiner Zeit aber hat Rhomberg seine nationalsozialistische Mittäterschaft bedauert oder gar bereut.

Zügiger Neustart

Nach der Befreiung findet sich Hermann Rhomberg mit etlichen seiner Parteigenossen und Fabrikantenkollegen im Lager Brederis wieder. Das Selbstmitleid der Internierten verhindert allerdings eine Einsicht in Ursachen und Ausmaß der politischen und zivilisatorischen Katastrophe, und vor allem den eigenen Anteil daran. Ende 1945 wird Rhomberg ins Lager Lochau und zum Arbeitseinsatz im Kohlebergwerk Wirtatobel verlegt. Der christlichsoziale Obmann der Dornbirner Widerstandsbewegung Herbert Stohs, der den französischen Besatzungsbehörden Gutachten zu den Internierten abzugeben hat, verweist später auf die Milde, die man habe walten lassen. „Nur bei Hermann Rhomberg, der ein bekanntermaßen fanatischer Anhänger des Nationalsozialismus gewesen war“, so Stohs, „haben wir dann schon schärfer schreiben müssen.“[193]

1947 kehrt Rhomberg in Amt und Würden zurück, bekleidet bald wieder öffentliche Ämter und wird zum Schutzherrn all derer, die auch nach dem Zusammenbruch der NS-Herrschaft nicht zu Kreuze, sprich zur ÖVP, kriechen. Durch seine ungebrochene wirtschaftliche Macht, sein selbstbewusstes Auftreten, seinen gesellschaftlichen Status und unpolitische, aber wirksame Initiativen für Dornbirn bringt er es zu Ehre und Ansehen wie kaum ein anderer Vorarlberger Unternehmer der Nachkriegszeit. An seinem 60. Geburtstag wird der Gründer der Dornbirner Messe, der Mitinitiator der Karrenseilbahn und der Miterbauer des Parkhotels mit Ehrungen geradezu überschüttet. Die Stadt Dornbirn ernennt ihn zu ihrem fünften Ehrenbürger, und er erhält neben anderen Anerkennungen das „Große Goldene Ehrenzeichen für Verdienste um die Republik Österreich“; also um jenen Staat, den er vorher als illegaler und dann als hochoffizieller Nationalsozialist heftig bekämpft hat. Überreicht wird ihm diese höchste Auszeichnung von Minister Dr. Fritz Bock – einem ehemaligen Häftling des Konzentrationslagers Dachau. Das ist österreichische Nachkriegsgeschichte.

Dipl.-Kfm. Hermann Rhomberg ist der letzte Textilfabrikant alten Stils: Patriarch und Patron, Weltmann und Dornbirner, politisch nationalkonservativ, aber ökonomisch vorausblickend, ein Mann mit starkem Willen und schwachen Skrupeln.

Was die Rhomberg-Werkzeitung über den 1942 verstorbenen Dr. Viktor Rhomberg geschrieben hat, gilt auch für dessen Neffen Hermann Rhomberg: „Er war ein echter Dornbirner, als Industrieller ein würdiger Nachfahr Franz Martin Rhombergs, ein durch und durch deutschgesinnter Mann und nicht zuletzt ein überzeugter Nationalsozialist, der in dem Kreise, in dem er gewirkt hat, unvergessen bleiben wird.“[194] Unvergessen ist auch Hermann Rhomberg geblieben – im Kreise, in dem er gewirkt hat, und bei denen, die bei diesem Wirken unter die Räder gekommen sind.

Familie Streng: Opfer des „totalen Kriegs“

Konrad Streng aus Kennelbach, der einzige Überlebende der Familie Streng.

Nicht wenige Vorarlberger Familien sind durch den Zweiten Weltkrieg, der von Hitler und seinen Gefolgsleuten vom Zaun gebrochen wird, schwer geschädigt, zum Teil geradezu ausgelöscht worden. Das Ehepaar Streng aus Kennelbach und seine Söhne sind eine solche schwer betroffene Familie. Seit dem Angriff der deutschen Wehrmacht auf Polen am 1. September 1939 benötigt die Kriegsmaschinerie des NS-Staates immer mehr Soldaten. Der Verschleiß an jungen Menschen ist enorm. Nach der Niederlage von Stalingrad wird von Propagandaminister Joseph Goebbels am 18. Februar 1943 der „totale Krieg“ ausgerufen. Das heißt, die noch vorhandenen personellen und materiellen Ressourcen sind ab nun ausschließlich für den „Endsieg“ einzusetzen. Alle Männer zwischen 16 und 65 sowie Frauen zwischen 17 und 45 Jahren können zur Reichsverteidigung herangezogen werden.

1944 umfasst die Wehrmacht etwa vier Millionen Soldaten im Feld, ein Ersatzheer aus Kommando- und Verwaltungsbehörden sowie Schul-, Ersatz- und Wachtruppen von etwa zweieinhalb Millionen; zirka eine Million Männer dienen in der Luftwaffe und etwa 700.000 in der Marine. Dazu kommen noch 900.000 Soldaten der Waffen-SS, die nicht der Wehrmacht, sondern dem Reichsführer SS unterstellt sind. Die Leiden der Bevölkerung interessieren die Herren des „totalen Krieges“ nicht mehr.

Fast unbeschwerte Zeiten

Die Eheleute Konrad (geb. 1873) und Anna (geb. 1891) Streng aus Kennelbach bewirtschaften den Bauernhof der Industriellenfamilie Schindler. In den 1920er Jahren werden ihnen vier gesunde Söhne geboren, die auf dem Hof aufwachsen: Martin (1922), Johann (1924), Konrad (1926) und Stefan (1926). Alle arbeiten sie später in den Textilwerken Schindler. Die Streng-Burschen sind im Ort als äußerst gesellig bekannt, singen und tanzen gerne, sind gesund und kräftig. Konrad lernt das Zitherspiel und wird Mitglied einer Trachtengruppe. Doch es bleibt ihnen nicht viel Zeit, ihre jugendliche Unbekümmertheit auszuleben. Sie sind militärtauglich.

Kriegsopfer

Als erster wird Martin, der älteste der Streng-Brüder, in den Krieg befohlen. Als er im Frühjahr 1942 einrücken muss, hat er eben geheiratet. Seine junge Frau ist schwanger. Sie bringt 1943 den Sohn Werner zur Welt, der seinen Vater nie sehen wird. Martin Streng wird nach kurzer militärischer Ausbildung an die Ostfront beordert und fällt am 3. September 1942 südlich des russischen Ladogasees.

Bald nach dem Eintreffen der Todesnachricht kommt für den zweiten Sohn die Einberufung in die

Martin Streng, gefallen 1942
in Russland

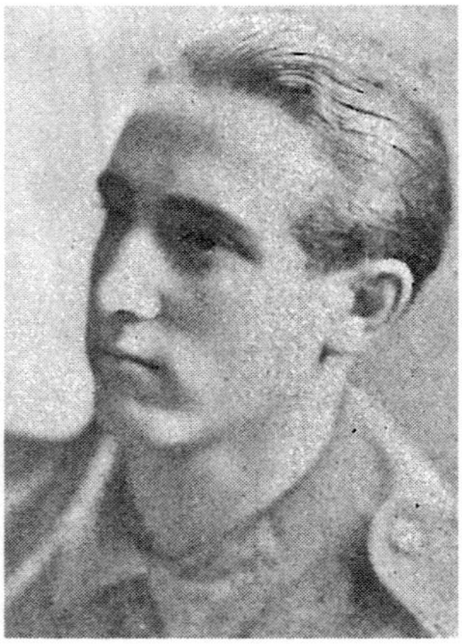

Johann Streng, gefallen 1944
in der Ukraine

Wehrmacht. Im Sommer 1943 stirbt Anna Streng. Sie kann den Tod ihres ältesten Sohnes nicht verwinden und weiß um die Gefährdung der jüngeren. Ihre Ängste bestätigen sich bald. Johann Streng wird im Oktober 1942 zu den Gebirgsjägern nach Landeck eingezogen und im November 1943 einem Ersatzregiment zugeteilt, das an die Ostfront abgeht. Am 25. Jänner 1944 stirbt er nahe der ukrainischen Stadt Dnjeprowka, noch nicht 20 Jahre alt. Trotzdem müssen nun auch die beiden jüngsten Streng-Söhne einrücken. Konrad Streng wird im Februar 1944 zur Panzerjägerausbildung ins slowenische Cilli (Celje) einberufen, kommt dann aber zur Wachmannschaft eines Kriegsgefangenlagers in Deutschland und überlebt den Krieg. Der Vater Konrad Streng jedoch stirbt noch vor dem Kriegsende im Frühjahr 1945. Vom jungen Stefan Streng wird man nie mehr hören. Er wird als 17-Jähriger in die Schlacht geworfen und bleibt seit Jänner 1945 in Kroatien vermisst.

Niemand da

Als der junge Konrad Streng im Mai 1945 nach dem Ende des Krieges als Überlebender ins heimische Kennelbach zurückkehrt, ist seine Familie ausgestorben. Weder die Eltern noch einer der Brüder erwarten den Heimkehrer. Er muss sich mit der niederschmetternden Tatsache abfinden, dass seine beiden Eltern auf dem örtlichen Friedhof und seine drei Brüder in unbekannten Soldatengräbern liegen. Seine Liebe zur Musik und eine liebenswürdige junge Frau, die ihm sechs Kinder schenken wird, helfen ihm, die Tragödie seiner Familie zu verdrängen. Vergessen wird er sie nie.

Quellen:
Mitteilungen von Sybille Tribel, geb. Streng, Bregenz 3.10.2011.
Auskunft der Deutschen Dienststelle für die Benachrichtigung der nächsten Angehörigen von Gefallenen der ehemaligen deutschen Wehrmacht (WASt), Berlin, 24.1.2012.

Delphina Burtscher: Terror im hintersten Tal

Ein Frauenleben auf einem Bergbauernhof ist bis vor wenigen Jahrzehnten in der Regel von harter Arbeit, materieller Armut und steter Sorge um Kinder und Haus gekennzeichnet gewesen. Der Nationalsozialismus bricht mit zusätzlichen Zwängen und Beschwernissen in diese karge Lebenswelt ein. Er verspricht Entschuldung und holt statt dessen die Söhne für den Krieg. Viele Frauen haben das so verursachte Leid schwer mitzutragen. Delphina Burtscher ist eine davon.

In der Abgeschiedenheit

Der Küngswald ist eine Parzelle im hinteren Großen Walsertal und liegt auf etwa 1.100 Metern Seehöhe. Er ist heute nicht mehr ganzjährig besiedelt, da er schwer zugänglich ist und wenig Sonnenschein abbekommt. Bis in die 1950er Jahre wird der einzige kleine Hof von der Familie Burtscher bewohnt und bewirtschaftet. Zwischen 1909 und 1929 bringt Frau Paula Burtscher in dieser Abgeschiedenheit elf Kinder zur Welt. Die am 13. Juli 1926 geborene Delphina ist das zehnte. Sie ist ein schwächliches Kind, wird aber eine starke Frau werden. Sie wächst in der Großfamilie auf, erlernt und macht in Haus, Hof und Alpe alle Arbeiten, die man von einem Kind und einer Heranwachsenden erwartet. Der bäuerliche Jahresablauf bestimmt das Familienleben. In der Familie Burtscher wird viel gesungen und in der kargen Freizeit auch gespielt. Der Alltag verläuft in geregelten Bahnen, „bis die schlechten Jahre kamen“[195].

Terror im Tal

Mit Kriegsbeginn werden alle vier Brüder der Delphina Burtscher in die Wehrmacht eingezogen: zuerst Franz, dann Leonhard, Karl und schließlich Wilhelm. Im Sommer 1943 stirbt die Mutter, und Delphina ist nun zusammen mit ihrem Vater und dem erst 13-jährigen Bruder Ignaz für Haus und Hof verantwortlich. Bald nach dem Tod der Mutter lernt Delphina in Schnifis Martin Lorenz kennen, der sich eben auf Heimaturlaub befindet. Er kommt zu Burtschers auf Besuch nach Küngswald und lernt hier Delphinas Bruder Leonhard kennen, der ebenfalls auf Fronturlaub weilt.

Bruder Willi ist nach der Beerdigung der Mutter nicht mehr zu seiner Einheit zurückgekehrt und hält sich bereits seit einigen Wochen versteckt. Martin Lorenz, in den sich Delphina verliebt, beschließt mit Leonhard, auch nicht mehr an die Front einzurücken. Beide lassen sich am Bahnhof ihre Abreise bestätigen, verlassen aber bei erster Gelegenheit den Zug und kehren ins Große Walsertal zurück. Nun beginnt für die ganze Familie eine Zeit größter Unsicherheit. Selbst den Nachbarn kann man nicht mehr trauen. Immer mehr Leute im Tal vermuten die Deserteure zu Hause – werden sie schweigen? Wenn die Gendarmerie wieder einmal im Anmarsch ist, werden die Burtschers von einem Verwandten über das Telefon der Materialseilbahn gewarnt. Die Gesuchten finden bei Freunden, bei ihren jeweiligen Verlobten, vor allem

Ein Bild der Familie Burtscher aus besseren Tagen: (v. l.) Ignaz, als 14-Jähriger drei Monate eingesperrt; Willi, 1944 hingerichtet; Paula; Franz wird bereits 1939 zum Militär eingezogen und nach der Desertion der Brüder verhaftet; Vater Franz Xaver, ebenfalls drei Monate in Haft; Mutter Paula stirbt 1943; Leonhard desertiert und kann sich zwei Jahre versteckt halten; Hilda, Karl und Delphina, ein Jahr wegen Beihilfe zur Fahnenflucht inhaftiert.

aber im Burtscher-Haus Unterschlupf. Dazwischen versteckten sie sich im Wald, in Felshöhlen und in unbewohnten Alphütten. Sie helfen bekannten Bauern beim Schwarzschlachten: So kommen sie zu Lebensmitteln, und die Bauern, die sich dadurch selbst strafbar gemacht haben, zeigen die Deserteure auch nicht an.

Bei einem Besuch im Hause eines alten Freundes erzählt Willi Burtscher beiläufig, dass sie – die Versteckten – am Samstagabend immer zu Hause seien. Das hört auch die Frau dieses Freundes und teilt es der Gendarmerie mit. Am 9. Juli 1944, einem Sonntagmorgen um 4 Uhr früh, umstellen 21 Gendarmen und Gestapoleute das Bauernhaus im Küngswald. Delphina Burtscher hat die Verhaftungsszene auch 50 Jahre später genau in Erinnerung:

„Zwei Polizisten standen vor mir und riefen: ‚Hände hoch!' Ich war so erschrocken, dass ich die Türschnalle nicht los lassen konnte. Sie stießen mich zur Seite und riefen: ‚Wo sind die Anderen?' Ich sagte, dass Vater in der hintersten Kammer sei. Ich ging zu ihm hinein, wusste aber nicht, was sie mit ihm gemacht hatten. Ich sah nur, dass er mit nacktem Oberkörper auf dem Bett saß und Polizisten ihm die Arme festhielten. Er wollte etwas zu mir sagen, da schlug man ihm schon mit einem Gegenstand ins Gesicht, dass das Blut herunterrann. Ich ging dann in die Stube hinaus, da gab es so viele Uniformierte, dass die Stube fast gefüllt war. In diesem Augenblick kamen schon Gestapoleute mit Willi und Martin herunter, beide mit Handschellen gefesselt. (...) Keiner durfte mit dem anderen sprechen. Bevor die Verhafteten abgeführt wurden, umarmte Martin mich trotz der Handschellen und sagte: ‚Wir kommen bald wieder.' Doch sofort wurden wir auseinander gerissen."[196]

Bruder Leonhard gelingt auf irgendeine Art die Flucht. Er schafft es als einziger, bis Kriegsende unentdeckt zu bleiben. Auch als eine zweite Großwalsertaler Gruppe von Deserteuren auffliegt, ist er nicht dabei. Tobias Studer und Jakob Domig halten sich mit Leonhard Burtscher bis April 1945 versteckt, bis sie vom eifrigen Gendarmeriekommandanten – der ebenfalls Burtscher heißt – aufgespürt werden. Dabei wird Jakob Domig erschossen, Tobias Studer gelingt die Flucht.

Nach der Verhaftung von Martin Lorenz und Wilhelm Burtscher gehen die nationalsozialistischen Behörden rücksichtslos gegen das gesamte Umfeld vor: Delphina Burtscher, ihr Vater und der junge Bruder Ignaz werden verhaftet und zu Haftstrafen verurteilt; ebenso Leonhard Burtschers Verlobte Hermine Gassner. Die gesamte Verwandtschaft wird verhört und bedroht. Sippenhaftung ist ein häufig gebrauchtes Druckmittel der NS-Diktatur.

Delphina Burtscher ist zu diesem Zeitpunkt hochschwanger und wird zur Geburt ihrer Tochter im August 1944 kurzfristig aus dem Feldkircher Gefängnis entlassen. Im Oktober 1944 reist sie mit ihrer Schwester zum Kriegsgerichtsprozess gegen ihren Bruder und ihren Verlobten nach Salzburg. „Im Gerichtsaal war es grausam", wird sie in ihren Erinnerungen festhalten.[197] Martin Lorenz und Wilhelm Burtscher werden zum Tod verurteilt, beim Verlassen des Gerichtssaals kann Delphina dem verurteilten Vater noch dessen Kind zeigen, das sie zur Verhandlung mitgenommen hat. Die Begnadigungsgesuche werden abgelehnt und die beiden Verweigerer am 8. Dezember 1944 in Graz hingerichtet.

Delphina Burtscher muss wieder ins Gefängnis, diesmal nach Rothenfeld in Bayern. Dort bleibt sie bis Juli 1945 inhaftiert. Erst mit Verspätung öffnen die amerikanischen Befreier dieses Frauengefängnis.

„Der Humor ist mir trotzdem geblieben."

Das Leben im Großen Walsertal geht weiter. Delphina Burtscher entwickelt neuen Lebensmut, sammelt all ihre Kräfte und beginnt eine weiterhin anstrengende, aber schließlich erfüllte Existenz. Sie heiratet den Kriegsheimkehrer Pirmin Burtscher und schenkt weiteren sieben Kindern das Leben. Und sie überlebt unter den Trümmern ihres Hauses mit allen Kindern die Lawinenkatastrophe von 1954. Im Rückblick schreibt sie: „Das Gute hat man genossen und das Schlechte überwunden. Von der vielen Arbeit wurde überhaupt nicht gesprochen und der Humor ist mir trotzdem geblieben."[198]

Quellen:
Delphina Burtscher, Meine Lebensgeschichte (Nenzing-Schriftenreihe 3), 3. Auflage, Götzis 2011 (mit vertiefenden Aufsätzen von Markus Barnay, Thomas Gamon und Franz Nachbaur).
Maria Fritsche, Die wagemutige Flucht des Tobias Studer. Deserteure im Vorarlberger Großwalsertal, in: Thomas Geldmacher u. a. (Hg.), „Da machen wir nicht mehr mit ..." Österreichische Soldaten und Zivilisten vor Gerichten der Wehrmacht, Wien 2010, S. 146–154.
Meinrad Pichler, Widerstand und Widersetzlichkeit in der Wehrmacht. In: Von Herren und Menschen, Bregenz 1985, S. 143–152.

August Weiß: Ein Friedfertiger in Kriegszeiten

August Weiß (1921–2008) im Jahre 1946, nachdem er KZ und Strafkompanie lebend überstanden hat

Auch in Zeiten der allgemeinen Kriegsbegeisterung und der Militarisierung aller Lebensbereiche finden sich Menschen, die an ihrer Friedfertigkeit festhalten und den Krieg als Mittel zur Lösung politischer Konflikte ablehnen. Die nationalsozialistische Diktatur verschreibt sich aber dem „totalen Krieg" und lässt deshalb keine Zwischenrufe zu, die Frieden fordern. Eine konsequente Haltung, die sich dem Kriegsrausch insgesamt verweigert, erklärt sie zum „Verbrechen an Volk, Partei und Staat". Trotzdem haben einzelne auf ihrer Friedensliebe beharrt und dem NS-Regime als Soldaten den bedingungslosen Gehorsam verweigert. August Weiß ist einer davon. Er muss für seine Haltung schwer bezahlen – über die Zeit der NS-Herrschaft hinaus.

Aus „schwarzem" Elternhaus

August Weiß wird am 21. September 1921 als Sohn eines Kaminkehrers und einer tief katholischen Mutter in Dornbirn geboren. Er ist in allen sechs Schuljahren ein ausgezeichneter Schüler. Doch die finanziellen Verhältnisse der Familie lassen eine weitere schulische Ausbildung nicht zu. Dennoch: August Weiß ist ein Lesender geworden und wird es sein Leben lang bleiben.

Es gelingt ihm, sich um die Teilnahme an der Hitlerjugend zu drücken. Uniformen und Kriegsspiele lehnt er seit seiner Kindheit ab. Schon als Jugendlicher vertritt er im Gegensatz zum Zeitgeist pazifistische Ideen.

1936 beginnt er – wie viele andere junge DornbirnerInnen auch – als Hilfsarbeiter bei der Textilfirma F. M. Hämmerle. Im Oktober 1939 wird Weiß von der Firma entlassen und vom Arbeitsamt auf die Vermunt-Baustelle der Illwerke im Montafon dienstverpflichtet. Hier muss der schmächtige und relativ kleine Bursche beim Staudammbau Schwerarbeit leisten. Und er muss auch zusehen, wie menschenverachtend hier mit den polnischen Kriegsgefangenen umgegangen wird.

Als Pazifist beim Militär

Im Oktober 1940 wird August Weiß zum Reichsarbeitsdienst eingezogen. Hier macht er erste Erfahrungen mit militärischem Drill, mit Uniform und Kasernenton. In einem Brief aus dem RAD-Lager an einen Freund wird seine Haltung bereits deutlich: „Arbeiten müssen wir hier nicht, aber dafür exerzieren. Mir wäre es umgekehrt lieber."[199] Im Februar 1941 erhält er die Einberufung zu den Gebirgsjägern nach Salzburg. Nach wenigen Tagen aber sieht er, dass hier für ihn kein Bleiben ist, dass er für Hitler weder schießen will noch kann. Bevor es zur Vereidigung der Rekruten auf den „Führer" kommt, verschwindet Weiß in Richtung Jugoslawien. In Kärnten erfährt er jedoch, dass ein Angriff der deutschen Wehrmacht auf Jugoslawien unmittelbar bevorstehe. Ohne Papiere und deshalb unter großer Gefahr erreicht er schließlich Dornbirn und teilt seiner überraschten Mutter mit, dass er nicht mehr in die Hitlerarmee einrücke, sondern in die Schweiz zu fliehen versuche.

Sein Plan ist es, durch das Saminatal nach Liechtenstein zu gelangen. Aber bereits in Frastanz wird er festgenommen und zurück nach Salzburg überstellt. Am 27. März wird Weiß wegen „Fahnenflucht" vom Divisionsgericht zu sechs Jahren Zuchthaus verurteilt und für „wehrunwürdig" erklärt. Im Salzburger Militärgefängnis lernt er den Bregenzer Ernst Volkmann kennen, der den Eid auf den „Führer" verweigert hat und von Salzburg aus nach Berlin verbracht und zum Tode verurteilt wird.

Moorsoldat Nr. 503/41

Statt in ein Gefängnis wird August Weiß Ende April 1941 ins Soldaten-KZ Aschendorfer Moor deportiert. Hier im Emsland, an der Grenze zu Holland, haben die Nationalsozialisten seit 1933 eine Reihe von Lagern errichtet, in denen die Häftlinge Torf stechen müssen. Zur Einsparung von Kohle wird im Laufe des Krieges verstärkt auf diesen Heizstoff zurückgegriffen. In diesen Moorlagern rund um die Stadt Papenburg ist das berührende Lied „Wir sind die Moorsoldaten" entstanden.

Später wird die unvergessliche Erinnerung an die 15 Monate Lagerhaft für August Weiß von Hunger, Schlägen, Schwerstarbeit und Gemeinheiten geprägt sein. Die Willkür gegenüber den Gefangenen ist grenzenlos, ein Menschenleben zählt nichts. Es sind die wenigen erfreulichen Erlebnisse, an die er sich klammert, und es ist seine Fähigkeit zum positiven Denken, die ihn am Leben erhält. Es wird später Jahrzehnte brauchen, bis August Weiß imstande ist, von dieser KZ-Hölle zu erzählen. Wie andere KZ-Überlebende auch, findet er für das unsagbare Leid, das hier den Menschen angetan wird, kaum angemessene Worte.

Vom KZ in den Krieg

Als dem „Führer" die Soldaten auszugehen beginnen, wird auch auf „Wehrunwürdige" zurückgegriffen. August Weiß wird Ende 1942 mit einer Gruppe weiterer Häftlinge ins Wehrmachtsgefängnis Torgau an der Elbe überstellt, für „bedingt wehrwürdig" erklärt und dem berüchtigten Bewährungsbataillon 500 im hessischen Fulda zugeteilt. Hier gibt es wenigstens zu essen und keine Schläge, dafür aber tagelanges Strafexerzieren. Dieses so genannte Bewährungsbataillon ist nichts anderes als eine Strafdivision. Von der Militärjustiz Verurteilte werden diesem Bataillon zugewiesen, es wird besonders streng exerziert, und die Soldaten werden für besonders gefährliche Aufgaben eingesetzt.

Im Mai 1943 wird die Strafkompanie, der Weiß zugeteilt ist, an die Ostfront beordert: zuerst bei der Belagerung von Leningrad, dann in Rückzugsgefechten. Vier Mal wird August Weiß verwundet, aber er überlebt. Im schlesischen Oppeln wird er schließlich von der Roten Armee gefangen genommen und in ein Kriegsgefangenenlager bei Kursk in der Sowjetunion verbracht. Am 17. Oktober 1946 wird er krankheitshalber entlassen und kommt Ende des Jahres heim nach Dornbirn.

Lange zum Schweigen verurteilt

Eine traditionelle Ablehnung der Fahnenflucht und die nationalsozialistische Hetze gegen Deserteure wirken mächtig nach. August Weiß muss nach der Heimkehr über sein Schicksal schweigen, will er nicht Zorn und Anfeindungen auf sich ziehen. Als er sich bei seinem ehemaligen Arbeitgeber meldet, wird ihm beschieden, dass man keine Vorbestraften einstelle. Die Verurteilung durch die NS-Militärrichter zählt auch in der Republik Österreich.

So beginnt Weiß wieder dort, wo ihn bereits die Nationalsozialisten hinbeordert haben: auf dem Bau. Erst nach einigen Jahren gelingt ihm der Wechsel zur Firma Zumtobel Leuchten. Um auch seine Kinder keinen Anfeindungen auszusetzen, schweigt er in der Öffentlichkeit weiter zu seinen einschneidenden Erlebnissen und vertritt seine pazifistische Haltung nur vorsichtig. Aber er findet Literatur, in der Ansichten wie die seine gewürdigt werden, und vertieft sich immer mehr in wissenschaftliche Arbeiten, die den Aufstieg und das Funktionieren der NS-Herrschaft sozialpsychologisch analysieren. Aus Erfahrung und durch die Lektüre wird für ihn der Humor zum wesentlichsten Unterscheidungsmerkmal zwischen Menschen und Unmenschen.

Erst als in den 1980er Jahren der Widerstand gegen den Nationalsozialismus – und auch die Desertion – neu bewertet und auch in Vorarlberg erforscht wird, meldet sich August Weiß zu Wort: in Veranstaltungen und schließlich als Zeitzeuge in Schulen. Erstaunlich an seinen Ausführungen ist dabei stets, dass er nicht beschönigend, aber ohne Bitterkeit, ja manchmal sogar mit Humor zurückschaut. Er möchte den jungen ZuhörerInnen die Zuversicht vermitteln, dass eine bessere und friedlichere Gesellschaft möglich ist. August Weiß hat den Glauben an die Menschheit nicht verloren, obwohl er in tiefste Abgründe geblickt hat. Er hat den Zivilisationsbruch, den Konzentrationslager und Krieg bedeuten, am eigenen Leib erlebt und trotzdem die Hoffnung auf die Lernfähigkeit des Menschen nicht aufgegeben.

Quellen:

Werner Bundschuh, August Weiß (1921–2008), Moorsoldat Nr. 503/41, in: Hanno Platzgummer u.a. (Hg.), „Ich kann einem Staat nicht dienen, der schuldig ist ...“, Dornbirn 2011, S. 37–50.

Zahlreiche persönliche Gespräche mit August Weiß zwischen 1980 und 2000.

Meinrad Pichler, Widerstand und Widersetzlichkeit in der Wehrmacht, in: Von Herren und Menschen, Bregenz 1985, S. 143–152.

Hoffnung Schweiz: Die Grenze

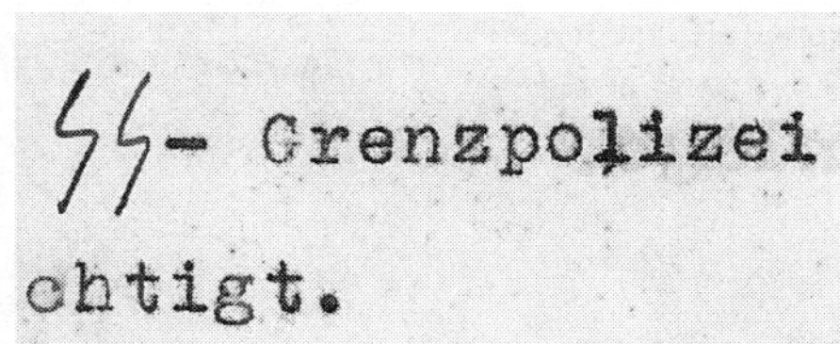

SS- Grenzpolizei

chtigt.

Die Staatsgrenzen zur Schweiz und zu Liechtenstein haben im Laufe der Geschichte immer eine wichtige Rolle gespielt: als Hindernis, aber auch als Tor in eine politisch freiere und wirtschaftlich zeitweise attraktivere Welt. Aus den wirtschaftlichen Differenzen hat sich das Schmuggelwesen entwickelt, das je nach Preisunterschieden, Angeboten und Bedarf mehr oder weniger Konjunktur hat. Während der Zeit der nationalsozialistischen Herrschaft in Österreich zwischen 1938 und 1945 kommt diesem Grenzabschnitt jedoch eine enorme politische Bedeutung zu. Seit der Eroberung Frankreichs im Jahre 1940 bilden die Schweiz und Liechtenstein die einzigen Fluchtorte für Menschen, die in Deutschland von den nationalsozialistischen Machthabern bedrängt und verfolgt werden. Der gut 140 km langen Grenze zwischen Bodensee und Silvretta wird deshalb, neben dem deutsch-schweizerischen Grenzabschnitt zwischen Konstanz und Basel, ein besonderes polizeiliches Augenmerk geschenkt. Und dies vom ersten bis zum letzten Tag der NS-Herrschaft. Je mehr Menschen von den Versprechungen der Nationalsozialisten enttäuscht sind und je mehr Menschengruppen verfolgt werden, desto schärfer wird die Bewachung der Grenzen. Gleichzeitig verstärkt auch die Schweiz ihre Abschottung gegenüber dem Deutschen Reich. Das Boot sei voll, heißt es dort.

Auf gute Zusammenarbeit: Schweizer und österreichische Zöllner, deutsche Schutzpolizisten, Wehrmachtsangehörige und ein SS-Mann treffen sich nach dem „Anschluss" am Grenzübergang Tisis.

Wie und durch wen wird die Grenze bewacht?

Der österreichische Schriftsteller Jura Soyfer wird einen Tag nach dem „Anschluss" bei seiner versuchten Flucht oberhalb von Gargellen festgenommen. Er stirbt am 19. Februar 1939 im KZ Buchenwald.

Bereits am Morgen des 12. März 1938, noch bevor die deutschen Truppen in Bregenz einmarschiert sind, übernehmen einheimische Nationalsozialisten die Grenzsicherung. Es soll Stärke gezeigt, vor allem aber soll die Kapitalflucht verhindert werden. Die Nazis wittern in diesen Tagen in jedem Bahnreisenden in Richtung Schweiz einen „Devisenschieber" oder einen anderen Feind des Nationalsozialismus, der statt der Schweizer Freiheit ein deutsches Gefängnis verdiene.

Unmittelbar nach den Einmarschtruppen der Wehrmacht folgt eine Abteilung der Münchner Schutzpolizei, die sofort an die Schweizer Grenze beordert wird. Bald werden die selbsternannten Grenzwächter nach Hause geschickt. Die neuen Machthaber übernehmen zusammen mit den ehemals österreichischen Zöllnern die Grenzkontrolle. Die Ausraubung all derer, die das Land noch verlassen dürfen, geschieht nun von Staats wegen.

In Feldkirch und Dornbirn werden Hauptzollämter eingerichtet, von denen aus die Grenzkontrollen gesteuert werden. Für die Behandlung von Festgenommenen ist grundsätzlich die Gestapo zuständig. Die Bedeutung dieser Grenze wird dadurch dokumentiert, dass die Vorarlberger Gestapozentrale in Bregenz „Grenzpolizeikommissariat" heißt. „Fluchtsachen" gehören zu den Hauptaufgaben der Gestapostellen in Vorarlberg, neben der Verfolgung der NS-GegnerInnen im Land und später der Disziplinierung der ZwangsarbeiterInnen. Allein im Abschnitt zwischen Meiningen und

← Posten im Montafoner Hochgebirge, niemand darf entkommen.

↓ Der Wiener Max Hoffenberg wird im Montafon festgenommen. Sein gefälschter Alpenvereinsausweis hilft ihm nicht in die Schweizer Freiheit.

dem Bodensee werden pro Dienst 500 Zollbeamte und „Hilfsgrenzangestellte" (Higa) für die Grenzwache aufgeboten. In Jahre 1942 umfasst der gesamte Personalstand an der Grenze zwischen Vorarlberg und der Schweiz knapp 4.000 Grenzwächter.[200]

Zusätzlich werden „Sperrmannschaften" zusammengestellt, die mit Beginn des Jahres 1939 an bestimmten Grenzabschnitten Stacheldrahtzäune mit Stolperdrähten, Barrikaden, Hoch- und Maschinengewehr-Stände errichten, Abholzungen vornehmen und Gräben ziehen. Die bis dahin recht offene Grenze zu Liechtenstein wird nach dem Kriegsbeginn 1939 mit dichten Hindernissen verstellt.[201]

Das Verhalten der Grenzwächter ist in der Regel unbarmherzig, weil sie alle selbst Angst vor Bestrafung haben und weil ihnen in ihren Schulungen die Flüchtenden als Verbrecher dargestellt werden. Auf solche schießt es sich leichter als auf harmlose Menschen. Oft machen die Zöllner von ihren Schusswaffen Gebrauch.

Aber es gibt auch solche, die Flüchtenden helfen. So unterstützen der Lustenauer Grenzschützer Ferdinand Neher und seine Gattin die Flucht eines deutschen Deserteurs und seiner Freundin. Sie werden denunziert und von April 1944 bis Kriegsende in einem Gefängnis beziehungsweise einem Konzentrationslager eingesperrt. Wie in der Gestapoleitstelle Innsbruck mit unzuverlässigen Grenzwächtern umgegangen wird, zeigt das Beispiel des Ernst Emhofer. Er verhilft einem bedrängten Lustenauer Stickereifabrikanten zur Flucht in die Schweiz. Zwei Tage lang versuchen mehrere Ge-

Die Bewachung der Grenze wird immer dichter: Allein der Wachposten Feldkirch Tosters wird auf eine Personalstärke von über 50 Mann aufgestockt.

stapo-Beamte aus Emhofer ein Geständnis herauszuprügeln. Die angewendeten Foltermethoden sind unvorstellbar. Danach wird der Zöllner ohne Geständnis von einem Schnellgericht zum Tode verurteilt. Das Kriegsende verhindert die Vollstreckung des Urteils. Im Jahre 1946 kommt es zu einem Prozess gegen die Folterknechte. Sie werden von der demokratischen österreichischen Justiz allerdings schonender behandelt und nur zu geringen Strafen verurteilt.[202]

Wie verhält sich die Schweiz gegenüber den Flüchtlingen?

Der Flüchtlingsstrom erreicht im Sommer 1938 seinen Höhepunkt. Es sind in der Hauptsache ÖsterreicherInnen, die als Juden aus dem Land getrieben werden. Die nationalsozialistische „Judenpolitik" in der angeschlossenen „Ostmark" zielt von Beginn an darauf ab, die jüdischen MitbürgerInnen ihres Besitzes zu berauben und sie mit Drohungen zur Auswanderung zu bewegen. Die Wiener „Zentralstelle für jüdische Auswanderung" unter der Leitung von Adolf Eichmann lädt die jüdischen StaatsbürgerInnen vor, zwingt sie zur Aufgabe ihres Besitzes – Geld, Schmuck, Kunstgegenstände, Immobilien – und verweist sie dann ihrer Heimat.

Schon seit der Machtübernahme der Nationalsozialisten in Deutschland im Jänner 1933 sieht sich die Schweiz nicht als Einwanderungs-, sondern lediglich als Transitland

Die Streifengänge entlang der Schweizer Grenze werden mit scharfen Hunden durchgeführt.

für jüdische Flüchtlinge. Rechtsstehende Parteien haben auch hier seit Jahren die Angst vor Überfremdung geschürt, und auch in der Schweiz ist ein erheblicher Teil der Bevölkerung mehr oder weniger vom Antisemitismus vergiftet. In amtlichen Schriftstücken ist immer wieder von der Gefahr einer „Verjudung" der Schweiz zu lesen, und selbst die rassistische Sprache der Nationalsozialisten findet Eingang in den Schweizer Amtsgebrauch. So werden jüdische Flüchtlinge erst ab Mai 1945 von „Elementen" wieder zu „Menschen".

Nachdem bereits unmittelbar nach dem „Anschluss" etwa 3.000 jüdische ÖsterreicherInnen in die Schweiz geflohen sind, führt die Schweiz im April 1938 für alle BürgerInnen des ehemaligen Österreich die Visumspflicht ein. Mit und ohne Visum gelangen im Sommer weitere Tausende von Flüchtlingen in die Schweiz. Dies auch deshalb, weil die Tschechoslowakei und Ungarn bei der Aufnahme österreichischer Flüchtlinge restriktiver sind. Gleichzeitig gehen die nationalsozialistischen Machthaber in Wien mit ihren Schikanen immer radikaler gegen die jüdischen BürgerInnen vor.

Der Alte Rhein bei Hohenems bildet, weil er meist leicht zu durchqueren ist, die wichtigste Schneise für einen illegalen Grenzübertritt. Die nationalsozialistischen Behörden in Vorarlberg unterstützen die Flüchtenden, wenn diese eine „Steuerunbedenklichkeitsbescheinigung" besitzen, das heißt, ihr Vermögen abgeliefert haben. Mit Datum vom 19. August 1938 sperrt jedoch die Schweiz die Grenze für einreisewillige ÖsterreicherInnen. Die erzwungene Flucht geht aber trotzdem weiter. Die Situation der Flüchtlinge an der Grenze wird zunehmend dramatischer, weil die Schweizer Grenzorgane die Menschen zurückweisen. Dabei wissen auch Schweizer Behördenvertreter mittlerweile, dass den Jüdinnen und Juden, die nicht fliehen können, die Vernichtung droht.

Der St. Galler Polizeikommandant Paul Grüninger sieht und kennt die Not der jüdischen Flüchtlinge, die den Schweizer Boden erreicht haben, nun aber zurückgestellt werden sollen. Er ist einer der ganz wenigen, der systematisch hilft. „Wer wie ich wiederholt Gelegenheit hatte," erinnert sich Grüninger, „die traurigen, herzzerbrechenden Auftritte, das Zusammenbrechen der Betroffenen, das Jammern und Schreien von Müttern und Kindern, die Selbstmordandrohungen und Versuche dazu, mitanzusehen, der konnte schließlich einfach nicht mehr mitmachen."[203] Er und einige seiner Leute datieren nun in den Aufnahmepapieren die Ankunft von Hunderten von Flüchtlingen, die erst nach dem allgemeinen Einreiseverbot in die Schweiz gekommen sind, vor den Stichtag 19. August. Anfang 1939 wird Polizeihauptmann Grüninger deswegen entlassen und 1940 wegen „Amtspflichtverletzung" zu einer hohen Geldstrafe verurteilt.[204]

Da die Schweiz mit gutem Grund annimmt, dass die österreichischen Pässe bald eingezogen und durch deutsche ersetzt würden, sucht sie nach Lösungen, wie die Einreisesperre für österreichische Jüdinnen und Juden aufrecht erhalten werden kann, ohne dass eine allgemeine Visumspflicht für alle Deutschen eingeführt werden muss. Einen Tipp zur Lösung dieses Problems gibt das deutsche Außenministerium – und die Schweiz ersucht nach anfänglichem Zögern tatsächlich um die angeratene Maßnahme: Alle von Nazideutschland als jüdisch eingestuften deutschen StaatsbürgerInnen erhalten ein „J" in ihren Pass gestempelt. Ein deutsch-schweizerische Abkommen vom 29. September 1938 schreibt das fest. Um Asyl bittende Menschen mit einem „J"-Pass werden ab nun von der Schweiz abgewiesen. Wenn jemandem die Flucht in die Schweiz trotz des deutschen Ausreise- und des schweizerischen Einreiseverbots gelingt, wird er/sie in der Regel an die Grenze zurückgestellt und den deutschen Verfolgungsbehörden übergeben.

Erst ab 1944 wächst die Nachsicht die Schweizer Behörden: Zum einen gibt es nur noch vereinzelte Flüchtige, die sich von der Schweiz Rettung erhoffen; zum anderen wird absehbar, wohin sich das Kriegsglück wendet. So zum Beispiel zeigt sich die Schweiz hilfsbereit, als die SS 1944 mit der Jewish Agency über die Freilassung von ungarischen jüdischen Häftlingen aus dem KZ Bergen-Belsen verhandelt. Die SS verlangt 1.000 Dollar für jede freigelassene Person. Der erste Austausch erfolgt in Bregenz. Adolf Eichmann lässt als erste „Lieferung" 318 Häftlinge in einem geschlossenen Eisenbahnwaggon nach Bregenz bringen. Hier werden sie am 20. August 1944 von den jüdisch-schweizerischen Hilfsorganisationen übernommen und in die Schweiz gebracht. Am 6. Dezember 1944 kommt ein zweiter Zug zur Weiterfahrt in die Schweiz nach Bregenz, diesmal mit 1.368 ungarischen Jüdinnen und Juden aus dem Lager Bergen-Belsen. Danach stellt die SS den Menschenhandel ein.[205]

Neben den jüdischen Flüchtlingen sind es hauptsächlich deutsche Deserteure, die die wachsamen Schweizer Einwanderungs- und Militärbehörden beschäftigen. Flie-

← Etliche Schweizer Landwirte haben Grundbesitz im Vorarlberger Rheintal. Bei geringstem Verdacht heißt es abladen, im Heu könnte jemand oder etwas versteckt sein.

↙ Auch die Bodenseefischer werden laufend kontrolliert, sie könnten einen Flüchtling an Land gezogen haben.

↓ Hochstände für die Menschenjagd an der Grenze gegen Liechtenstein

Der ebene Grenzabschnitt zwischen Bangs und Schaanwald wird mit einem Stacheldrahtzaun gesperrt. Davor werden noch Stolperdrähte gespannt.

henden „Militärpersonen" wird grundsätzlich Asyl gewährt. Aber bei Kriegsfangenen und ZwangsarbeiterInnen werden bald Unterschiede gemacht.[206] Denn sowjetische und polnische Flüchtlinge werden, nachdem sie anfangs aufgenommen worden sind, später immer öfter abgewiesen.

Alle in der Schweiz aufgenommenen Flüchtlinge werden in Internierungslager verbracht und dort in der Regel zu landwirtschaftlichen oder Bauarbeiten angehalten. Jüdische Asylsuchende, für deren Unterhalt eine schweizerische oder internationale Hilfsorganisation aufkommt, werden nach der Erstaufnahme in einem Lager meist in eine eingeschränkte Freiheit entlassen.

Was ist über Schicksale von Flüchtlingen bekannt?

Mit dem „Anschluss" Österreichs an das Dritte Reich kommt es in Wien und anderen Städten zu schweren Ausschreitungen von NS-Anhängern gegen die jüdische Bevölkerung. Diese gewalttätigen Übergriffe werden anfänglich von den Behörden geduldet, dann aber kehrt bürokratische Ordnung ein. Denn in Österreich wird der Probelauf für die totale Entrechtung, Beraubung und schließliche Vernichtung der jüdischen Bevölkerung im deutschen Machtbereich gestartet. Bis Mitte 1939 versuchen die Nationalsozialisten die österreichischen Jüdinnen und Juden zu vertreiben. Doch die Schweiz und die übrigen westlichen Länder sind immer weniger bereit, eine wachsende Zahl

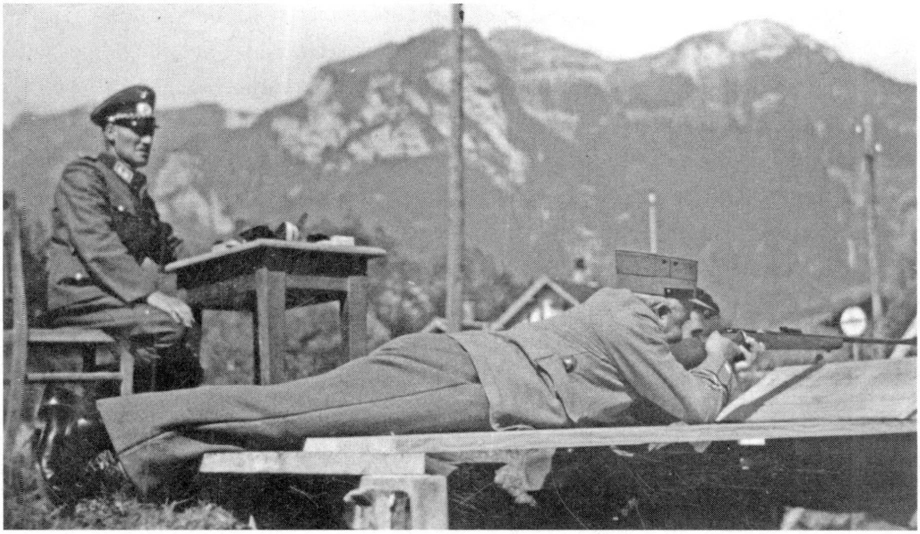

Noch im Jahre 1942 veranstalten Schweizer und deutsche Grenzwächter gemeinsame Schießübungen.

von Flüchtlingen aufzunehmen. Besonders an der Vorarlberger Grenze zur Schweiz, hauptsächlich zwischen Hohenems und Diepoldsau, spielen sich infolge der Schweizer Abweisungspolitik unfassbare Tragödien ab. Menschen, die schon das Schweizer Ufer erreicht haben, werden von Schweizer Grenzwächtern zurückgetragen, weil sie sich weigern, freiwillig dorthin zurückzugehen, wo Elend oder Tod auf sie warten. In den Nächten sind an der Grenze immer wieder Schreie und Schüsse zu hören.

Etwa 65.000 jüdische ÖsterreicherInnen werden von den Nationalsozialisten getötet. Wie viele davon zuvor an die Schweizer Grenze gekommen sind, aber keinen Einlass finden, ist nicht bekannt. Wie sehr sich die Fliehenden, zumal nach dem Beginn des Krieges im September 1939, darüber im Klaren sind, was sie nach einer gescheiterten Flucht oder nach einer Rückweisung erwartet, zeigt das Beispiel zweier Wiener Frauen: Sie erhängen sich nach ihrer Festnahme im Gemeindekotter von St. Gallenkirch.[207]

Glück im Unglück hat der junge Wiener Ernst Eisenmayer. Er gelangt im September 1938 mit seinem Cousin nach einem anstrengenden und gefährlichen Aufstieg über die Sulzfluh in die Schweiz. Hier werden die beiden festgenommen, von Landquart aus an die Grenze bei Feldkirch zurückgebracht und den deutschen Grenzbehörden übergeben. Ein gnädiger Grenzkommissar lässt die beiden laufen und befiehlt ihnen, mit dem nächsten Zug nach Wien zurückzufahren. Dort kommen sie zwar unbehelligt an, Eisenmayer wird aber kurze Zeit später verhaftet und ins Konzentrationslager Dachau deportiert. Da seine Verwandten ihm ein Visum für England auftreiben, wird er 1940 freigelassen und kann ausreisen.[208]

Besonders tragisch gestaltet sich das Schicksal der Familie Bertold Berger aus Wien. Dem Zahntechniker, seiner Frau Trude und den Kindern Heinz und Fredi gelingt im Herbst 1938 die Flucht in die Schweiz. In einem Auffanglager warten sie auf ein Visum für Uruguay. Doch die Familie wird nach etlichen Monaten aus der Schweiz „ausgeschafft" – nur wenige Tage danach trifft das Visum ein. Die ganze Familie Berger wird in ein Vernichtungslager im besetzten Polen deportiert und umgebracht.[209]

Kurz nach Neujahr 1943 nehmen die Grenzwächter am Feldkircher Bahnhof 16 Personen aus der Slowakei fest, die sich in Kohlenwaggons versteckt haben. Die einzige Frau darunter habe, so der Bericht des Feldkircher Gerichts, bei der Verhaftung gefragt: „Was geschieht mit uns?" Diese bange Frage werden sich wohl alle an der Grenze Festgenommenen gestellt haben. Die slowakischen Flüchtlinge jedenfalls werden von Vorarlberg aus an die deutschen Besatzungsbehörden in der Slowakei zurückgestellt.[210] Ihr weiteres Schicksal lässt sich unschwer erahnen.

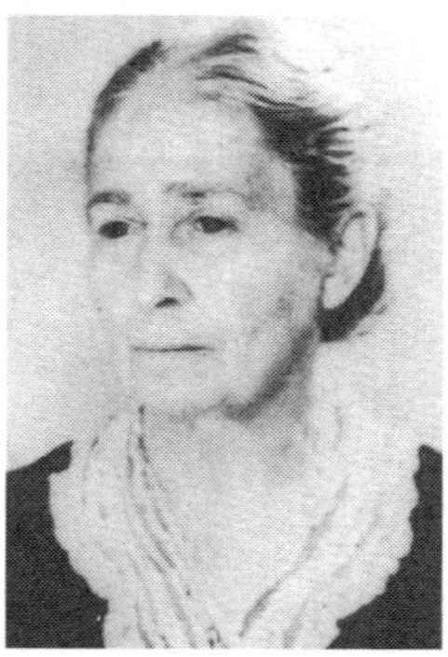

Knapp vor dem rettenden Ufer wird die Berliner Kunsthistorikerin Dr. Gertrud Kantorowicz an der Grenze bei Hohenems festgenommen und in das Konzentrationslager Theresienstadt deportiert. Dort stirbt sie kurz vor der Befreiung im April 1945.

Sehr oft spielen Fluchthelfer eine entscheidende Rolle. Dem Berliner Erich Hammerschlag gelingt noch 1938 die Flucht in die Schweiz. 1942, als in Berlin die systematischen Deportationen beginnen, versucht er seine 70-jährige Mutter Paula Hammerschlag in die Schweiz zu bringen und engagiert dazu zwei Fluchthelfer aus Diepoldsau. Einer davon ist Jakob Spirig, der als besonders zuverlässig gilt und schon mehr als hundert Personen über die Grenze gebracht hat. Als die beiden Schweizer zum vereinbarten Zeitpunkt nach Hohenems kommen, warten neben Frau Hammerschlag vier weitere alte Damen aus Berlin auf einen Transfer; zwei von ihnen sind gebrechlich. Die Fluchthelfer verstecken diese beiden in einem Gebüsch und versprechen, sie später nachzuholen. Als die Helfer und die anderen drei Frauen den Schweizer Boden fast erreicht haben, werden sie von hellem Scheinwerferlicht angestrahlt. Schüsse fallen. Den Schweizern und einer der Frauen gelingt es zu entkommen. Die beiden anderen und die Wartenden werden von deutschen Grenzpolizisten festgenommen. Paula Hammerschlag nimmt in der Wachstube der Hohenemser Gendarmerie Gift zu sich und stirbt zwei Tage später im Hohenemser Spital. Die anderen Frauen werden über Bregenz nach Berlin zurücktransportiert und von dort aus in Vernichtungslager verbracht. Unter den Festgenommenen befindet sich auch die bekannte Kunsthistorikerin Gertrud Kantorowicz – sie hat die gefährliche Anreise von Berlin nach Bregenz organisiert und die Gruppe bis zuletzt zusammengehalten.[211] Die beiden Fluchthelfer werden in der Schweiz festgenommen und zu Militärstrafen verurteilt.[212]

Besonders Soldaten, die der Wehrmacht durch Flucht in die Schweiz zu entkommen hoffen, wissen, was ihnen im Falle einer Festnahme bevorsteht. So ereignen sich bei Aufgriffen immer wieder schreckliche Tragödien: Der Soldat Albert Odermatt aus Göppingen erschießt sich im Warteraum des Bregenzer Bahnhofs während seiner Festnahme. Der an der Lustenauer Grenze aufgegriffene Soldat Heinrich Krauss erhängt sich am 1. April 1943 im Gefängnis Bregenz-Oberstadt. Der Deserteur Eduard Roth versucht mit seiner jüdischen Freundin die Flucht in die Schweiz, beide werden in Feldkirch verhaftet. Nach mehrfachen vergeblichen Bitten, ihn doch wieder frei zu lassen, zieht er im Wachzimmer der Feldkircher Grenzpolizei seine Dienstpistole, feuert auf seine Freundin und erschießt sich dann selbst. Die junge Frau überlebt die schwere Verletzung, nicht aber das Konzentrationslager, in welches sie anschließend deportiert wird.[213]

Auch der Soldat Heinrich Heinen hofft, mit seiner jüdischen Braut Edith Meyer in der Schweiz ein Leben ohne Verfolgung führen zu können. Die beiden werden bei Feldkirch festgenommen; ein Schnellgericht verurteilt Heinen wegen „Wehrdienstentziehung und Rassenschande" zu fünf Jahren Haft. Mit weiteren Häftlingen, großteils ebenfalls an der Grenze Verhafteten, gelingt es ihm, aus dem Gefangenenhaus Feldkirch auszubrechen. Er sucht in der Frauenabteilung des Gefängnisses seine Braut, die aber kurz zuvor deportiert wurde. Zusammen mit einem Hohenemser flieht er. Die beiden werden gestellt und in Hohenems-Oberklien von Gendarmen erschossen.[214]

Edith Meyer aus dem Rheinland wird mit ihrem Verlobten beim Fluchtversuch in die Schweiz 1942 bei Feldkirch festgenommen, von hier ins KZ Auschwitz verbracht und getötet.

Wie in Feldkirch bilden auch im Gefängnis von Bregenz die Schweiz-Flüchtlinge nach den ZwangsarbeiterInnen die größte Gruppe der Inhaftierten. Dies auch deshalb, weil der NS-Staat mit Kriegsbeginn eine Grenzzonenverordnung erlassen hat, die es Wehrmachtsangehörigen und AusländerInnen verbietet, sich ohne schriftliche Genehmigung in den Grenzgemeinden aufzuhalten. So können Personenkontrollen bereits auf Bodenseeschiffen und an den Bahnhöfen vorgenommen werden. In den Hotels und Gasthöfen von Feldkirch und Bregenz finden immer wieder Razzien statt.

Bei einer solchen Durchsuchung wird der kroatische Beauftragte der „Deutschen Arbeitsfront" festgenommen, der seine Landsleute, die bei der Firma Doppelmayer Zwangsarbeit leisten, mit Zigaretten überraschen will. Wie verdächtig den hiesigen Behörden jegliche AusländerInnen sind, zeigen zwei weitere Beispiele: Ein dänischer Kameramann, der für eine Wiener Firma einen Werbefilm über den Bregenzerwald drehen soll, wird aus dem „Bähnle" heraus verhaftet. Nicht besser ergeht es einer serbischen Arbeiterin, die von ihrem Chef, dem Inhaber eines Rüstungsbetriebs in Tettnang, auf ein Wochenende nach Bregenz eingeladen wird. Die beiden werden aus dem Bett heraus festgenommen.[215]

Die Polizeibehörden betreiben die Bewachung der Grenze und des Grenzvorfeldes mit riesigem Aufwand. Besonders seit Kriegsbeginn im September 1939 darf niemand das nationalsozialistische „Paradies", das inzwischen zum Kerker geworden ist, verlassen.

Glücklicherweise gibt es neben den vielen gescheiterten Fluchtversuchen immer wieder gelungene. Vor allem 1938 und 1939 wird die Schweiz trotz ihrer abweisenden Haltung einigen tausend Verfolgten zu einer rettenden Insel.

Was geschieht an der Grenze bei Kriegsende?

Früh erkennt die Schweizer Politik, dass ihr mit Ende der NS-Herrschaft eine wichtige Vermittlerrolle zufällt. Der Schweiz bietet sich die Chance, sich wieder als offenes und humanitäres Land zu präsentieren.

Zum einen ist es eine Reihe von Geheimverhandlungen, die hohe Vertreter des NS-Regimes mit Vertretern jüdischer Organisationen auf Schweizer Boden oder über Schweizer Vermittlung führen. Dabei geht es um die Rettung jüdischer Lagerhäftlinge, mit der sich hochrangige Nationalsozialisten ein Alibi für die Nachkriegszeit verschaffen wollen. Heinrich Himmler selbst weilt an den Osterfeiertagen des Jahres 1945 in Bregenz, um die Lage zu sondieren. Neben dem Phantasie-Projekt einer „Alpenfestung", in welche sich die NS-Herrscher gerne zurückziehen würden, geht es in diesen letzten Wochen den NS-Größen bei allen Verhandlungen auch um die persönliche Möglichkeit eines Absprungs.

Ein ganzer Strom von Parteibonzen und hochrangigen Mittätern aus Wehrmacht und SS durchzieht in den letzten Tagen der NS-Herrschaft Vorarlberg und strebt der Schweizer Grenze zu. Der Einlass wird auch jetzt nur Auserwählten gewährt. Besonders Belastete will die Schweiz nicht haben. Marschall Philippe Pétain, der Chef der nazifreundlichen französischen Kollaborationsregierung, flieht nun vor den französischen Truppen des Generals de Gaulle, darf bei Höchst die Grenze in die Schweiz passieren und wird in einem Schlosshotel untergebracht, bis er sich selbst den Behörden des neuen Frankreich stellt. Nicht aufgenommen wird dagegen sein ehemaliger Ministerpräsident Pierre Laval, dem aber mit Hilfe eines zwielichtigen Liechtensteiner Kunsthändlers die Flucht nach Spanien gelingt. Auch der dortige Staatschef Franco, früher ein Verbündeter Hitlers, will den Verräter nicht und übergibt ihn den US-Amerikanern, die ihn an Frankreich ausliefern. Laval wird zum Tode verurteilt und hingerichtet.

Immer schon haben sich während des Krieges Geheimdienste für die Vorgänge an der Grenze interessiert. Jetzt, am Ende, kommt ihre große Zeit. Besonders die Schweizer Nachrichtendienste, aber auch das amerikanische Secret Service wollen die Verhältnisse im zerfallenden Deutschen Reich erkunden und kümmern sich um nützliche Kontakte. Die ergeben sich oft wie von selbst: Der Feldkircher Gestapo-Chef Karl Kriener zum Beispiel ist schon im Jänner 1945 auf beiden Seiten tätig, um sich so für die Zeit nach Hitler abzusichern.[216]

Auf beiden Seiten des Rheins wird die Bevölkerung in den letzten Kriegstagen noch einmal ganz nah mit den Verbrechen des Nationalsozialismus konfrontiert. Auf der Schweizer Seite sehen die Menschen ausgehungerte und sterbenskranke KZ-Überlebende. Jetzt werden sie alle aufgenommen – viele nur noch zum Sterben.

In den letzten Apriltagen 1945 verhandelt Carl Bitz, der Schweizer Konsul in Vorarlberg, immer wieder mit den Schweizer Grenzbehörden über den Einlass von Flüchtlingen.

Auf der Vorarlberger Seite des Rheins versammeln sich etwa 10.000 ZwangsarbeiterInnen und Kriegsgefangene. Sie können in den letzten April- und ersten Maitagen des Jahres 1945, also unmittelbar vor und nach der Befreiung von der NS-Herrschaft, in die Schweiz abgeschoben werden. Viele VorarlbergerInnen fühlen sich dadurch äußerst erleichtert, haben sie doch Ausschreitungen und Plünderungen der bisher als Arbeitssklaven gehaltenen Menschen befürchtet. Für die Organisation der klaglosen Abschiebung sorgt der Schweizer Konsul Carl Bitz. Er hilft tatkräftig bei der Entfernung dieser jetzt gefürchteten und zuvor verachteten Masse von Menschen – und damit bei der Entsorgung eines von vielen bald vergessenen Stücks NS-Vergangenheit.

Menschengeschichten

Meinrad Juen: Der Schmuggler als Fluchthelfer

Sowohl im Montafon als auch im Rheintal, also in den Vorarlberger Gegenden, die an die Schweiz grenzen, gibt es eine Jahrhunderte alte Tradition des Schmuggelwesens. Im 20. Jahrhundert, als die Schweiz von beiden Weltkriegen verschont und eine Insel der Freiheit bleibt, wird der Menschenschmuggel ein neues Phänomen.

Vom Waren- zum Menschenschmuggel

Bereits im Ersten Weltkrieg fliehen nicht wenige Vorarlberger über die Berge oder den Rhein in die Schweiz, um dem Frontdienst in der österreichisch-ungarischen Armee zu entkommen. Meist haben sie dabei Fluchthelfer, die über besondere Geländekenntnisse, zum Teil über Beziehungen zu Grenzwächtern und immer über eine besondere Risikobereitschaft verfügen. Wenn es sich nicht um die Hilfe für Bekannte oder Verwandte handelt, haben die Fluchtwilligen für die Hilfsdienste zu bezahlen.

1936 beginnt in Spanien der Krieg der von General Franco geführten Faschisten gegen die republikanische Regierung. Nun versuchen zahlreiche junge Männer aus Österreich, aus der Tschechoslowakei oder aus Ungarn, über Vorarlberg in die Schweiz zu gelangen. Dort gibt es Hilfseinrichtungen, die die Freiwilligen nach Paris bringen, wo sie für einen Einsatz bei den Internationalen Brigaden, also auf Seiten der Republikaner, im Spanischen Bürgerkrieg vorbereitet werden. Österreich und die Schweiz geben sich in diesem innerspanischen Konflikt zwischen der gewählten Regierung und dem aufständischen faschistischen Militär unter General Franco offiziell neutral. Die Sympathien gehören aber eindeutig dem Putschgeneral, und so gestalten die beiden Staaten auch ihre reale Politik. Besonders gegen die Freiwilligen, die eben durch Österreich und die Schweiz nach Spanien gelangen wollen, um dort gegen den Faschismus zu kämpfen, gehen sie mit großem polizeilichen Aufwand und gegenseitiger Hilfe vor.

So wird die vorarlbergisch-schweizerische Grenze zu einer Hürde, die sich von den fremden Spanienfreiwilligen nur mit den Kenntnissen ortskundiger Helfer überwinden lässt. Zu den professionellen Fluchthelfern gesellen sich nun auch solche Frauen und Männer, die sich aus politischer Überzeugung engagieren. Und ab 1938 kommen dazu noch jene, die aus Menschlichkeit gegenüber den am Leben bedrohten Flüchtlingen handeln.

Immer selbstbestimmt

Bei Meinrad Juen aus St. Gallenkirch im Montafon scheinen alle drei Motive zusammengespielt zu haben. Er ist in den 1920er und 1930er Jahren einer der bekanntesten Schmuggler des Montafons, nach dem „Anschluss“ einer der professionellsten und erfolgreichsten Fluchthelfer und nach seiner Verhaftung

Der Montafoner Fluchthelfer und Deserteur Meinrad Juen um 1940

und Flucht wahrscheinlich jener Vorarlberger, der am längsten im Untergrund gelebt hat.

Meinrad Juen wird 1886 in kleinbäuerlich ärmliche Verhältnisse geboren. Bald nach seiner Schulentlassung stellt er sich auf eigene wirtschaftliche Beine: als Schmuggler, als Händler und als Metzger. Letzteres ist besonders in den beiden Kriegszeiten ein gefährliches, aber auch einträgliches Geschäft, da für die Tiere Ablieferungspflicht besteht und das so genannte Schwarzschlachten unter strengster Strafandrohung verboten ist. Das Schlachten hat Juen in der Kaserne in Trient gelernt, wohin er zu Beginn des Ersten Weltkriegs als Rekrut eingezogen wird. Als er die ersten verwundeten und verstümmelten Soldaten, die von der Front zurückgebracht werden, sieht, beschließt er, im Hinterland zu bleiben und nicht für den Kaiser seinen Kopf hinzuhalten. Mit Schläue, Frechheit und unkonventionellen Dienstleistungen für die Offiziere schafft er es wirklich, in allen vier Kriegsjahren nie an die Front abkommandiert zu werden.

In den Nachkriegsjahren geht Juen keiner geregelten Arbeit nach, hat durch seine „Geschäfte" aber immer genug Essen und gutes Geld. Er bewegt sich ständig am Rande der Legalität, ist im Dorf schräg angesehen und beneidet zugleich – und viele brauchen seine Dienste und Waren.

Als Hitler im April 1938 den zuvor vollzogenen „Anschluss" durch eine Volksabstimmung legitimieren lässt, gibt es in den Vorarlberger Gemeinden 98-100 % Zustimmung. Einschüchterungen in unterschiedlicher Form machen auch diejenigen gefügig, die von den angekündigten Segnungen des Dritten Reiches nicht überzeugt sind. In St. Gallenkirch finden sich zwei Nein-Stimmen in der Wahlurne: eine vom Pfarrer und die zweite von Meinrad Juen. Juen ist also ein Nazigegner der ersten Stunde, obwohl später auch Parteifunktionäre zu seinen illegalen Fleischkäufern zählen.

Als nach dem „Anschluss" vom 12. März 1938 die Ausreise österreichischer Staatsbürger in die Schweiz immer schwieriger wird und die Schweizer Behörden vor allem jüdische Flüchtlinge zunehmend abweisen, versuchen verzweifelte jüdische ÖsterreicherInnen häufig über die Berge in die Schweiz zu gelangen. Diese Notlage wird für manche Montafoner Schmuggler ein einträglicheres Geschäft, als Zucker oder Felle über die Pässe zu schleppen. Nicht nur einer ist der Versuchung erlegen, den Verfolgten ihr letztes Geld und Gut abzunehmen und sie dann trotzdem den NS-Behörden ans Messer zu liefern, statt sie in die Schweizer Freiheit zu bringen.

Meinrad Juen dagegen ist eine seriöse Adresse – das wissen all diejenigen, die direkt nach ihm fragen. Bis zu seiner Festnahme 1942 soll er mindestens 40 Personen über die Schweizer Grenze geführt haben, einige mit Hilfe seines Bruders. Dass auch Juen den mühsamen und gefahrvollen Weg über das Schlappiner Joch nicht gratis macht, scheint plausibel. Aber er hält die verabredeten Bedingungen ein, und seine Preise sind offensichtlich sozial gestaffelt.

Schließlich wird ihm seine Zuverlässigkeit zum Verhängnis: In einem Brief aus der Schweiz schreibt ein Geretteter an seine Wiener Familie, man möge sich für eine Flucht über die Vorarlberger Berge an Meinrad Juen wenden. Nachdem die Bregenzer Gestapo vom Inhalt dieses Briefes informiert worden ist, trägt sie der Gendarmerie in St. Gallenkirch auf, Juen umgehend zu verhaften. Der ahnungslose Fluchthelfer wird tatsächlich im September 1942 festgenommen. Bevor er vom Gendarmen, den er seit seiner Jugend kennt, ins Gemeindegefängnis gebracht wird, bittet Juen, von zu Hause noch ein paar Sachen mitnehmen zu dürfen. Im Hause angekommen, verschwindet er durch die Hintertür und ward nie mehr gesehen. Zumindest nicht von den staatlichen Verfolgungsbehörden.

Im Montafon wird später gemunkelt, der Gendarm habe Juen laufen lassen, da er auch zu dessen Kundschaft gehört habe. Wenn sich dieses Gerücht tatsächlich hätte bestätigen lassen, wäre es auch der Gestapo zu Ohren gekommen, und der Gendarm wäre auf der Stelle zur Rechenschaft gezogen worden. Juen scheint den Gendarmen schlichtweg übertölpelt zu haben.

Die folgenden mehr als zweieinhalb Jahre wird Meinrad Juen im Wald, in Unterschlüpfen, auf Alphütten, in verschiedenen Häusern verbringen. Seinen Lebensunterhalt wird er vor allem mit Schwarzschlachten verdienen. Das schafft Komplizen, die ihn nicht anzeigen können, und nur so kommt er auch zu Verpflegung, da er ja keine Lebensmittelkarten beziehen kann.

In den letzten Kriegstagen schließt sich Juen jenen Widerstandkämpfern an, die Wahnsinnstaten der zurückweichenden nationalsozialistischen Truppen – wie etwa die Sprengung des Silvretta-Staumauer – verhindern.

1949, nur vier Jahre nach Kriegsende, stirbt Meinrad Juen. Die neue öffentliche Ordnung hat für Typen wie ihn kaum mehr Bedarf und vor allem keinen Platz. Das Schmuggeln rentiert sich nicht mehr, geschlachtet wird wieder offiziell, Flüchtlinge gibt es glücklicherweise auch nicht mehr, und zum Handeln braucht man nun auch im Montafon einen Gewerbeschein. Mit Meinrad Juen ist einer jener mutigen Unangepassten dahingegangen, die in abgelegenen Bergregionen immer wieder anzutreffen gewesen sind: ein Mann, der in schwierigsten Zeiten das Gesetz des Handelns (bisweilen auch die eigenwillige Auslegung der Gesetze selbst) an sich genommen hat, der staatlichen Gesetzen und Obrigkeiten nur ungern gehorcht, der eigenbrötlerisch lebt und doch für die Gemeinschaft da ist; der seine Existenz so autonom gestaltet, wie es innerhalb der engen sozialen Verhältnisse möglich ist. Dazu hat er immer wieder Grenzen überschritten. Viele verfolgte Menschen verdanken seinem Mut ihr Leben.

Quelle:
Edith Hessenberger, Menschen – Schmuggler – Schlepper. Eine Annäherung an das Geschäft mit der Grenze am Beispiel der Biographie Meinrad Juens. In: Edith Hessenberger (Hg), Grenzüberschreitungen: von Schmugglern, Schleppern, Flüchtlingen. Aspekte einer Grenze am Beispiel Montafon-Prättigau (= Sonderband zur Montafoner Schriftenreihe 5), Schruns 2008, S. 147–176.

Hilar Huber: Die Fluchten eines Grenzgängers

Trotz schärfster Kontrollen auf beiden Seiten des Rheins gelingt es vor allem Ortskundigen immer wieder, in die Schweiz zu kommen. Dort allerdings werden die Flüchtlinge, denen der Übertritt geglückt ist, interniert – wenn nicht überhaupt zurückgeschickt. Hilar Huber aus Höchst dürfte allerdings einer der ganz wenigen sein, der die Schweizer Grenze während des Krieges mehrfach illegal passiert hat.

Von Griechenland nach St. Gallen

Hilar Huber wird 1920 als siebtes von neun Kindern in arme Verhältnisse und schwierige Zeiten geboren. Als er 1935 ausgeschult wird, hat er weder die Chance auf eine Lehrstelle noch auf einen Arbeitsplatz. Als Handlanger auf verschiedenen Baustellen schlägt er sich mehr schlecht als recht durch. Im Oktober 1940 wird er in die deutsche Wehrmacht eingezogen. Vier seiner Brüder haben sich im Polenfeldzug bereits Ritterkreuze, Auszeichnungen und Beförderungen erworben. Hilar, der Jüngste, hat weniger militärischen Ehrgeiz. Während seiner Ausbildung in Tirol wird er dreimal wegen zu späten Einrückens bestraft, sonst aber als „ruhig, willig, anständig und verträglich"[217] beschrieben.

Im Frühjahr 1941 kommt Huber mit seinem Innsbrucker Gebirgsjägerbataillon an die Balkanfront. Und hier, in Mittelgriechenland, beginnt die dramatische Odyssee des Hilar Huber.

Am 21. Mai 1941 wird Huber auf dem Stützpunkt seiner Kompanie im Ort Atalanti einem Kommando zugeteilt, das die Pferde der griechischen Bauern für die deutsche Besatzungsarmee beschlagnahmen soll. Während einer Rast verschwindet Huber und meldet sich am nächsten Tag wieder bei seiner Einheit mit der Entschuldigung, er habe sich verlaufen. Das Kriegsgericht hat ihm abgenommen, dass er sich nicht absichtlich von der Truppe entfernt habe.[218] Später, bei einer Einvernahme durch die Schweizer Polizeibehörden, argumentiert Huber allerdings recht glaubhaft anders. An den Tagen zuvor, gibt er in der Schweiz zu Protokoll, seien andere Kommandos, die ebenfalls in umliegenden Städten und Dörfern bei der griechischen Zivilbevölkerung Pferde beschlagnahmen sollten, schwer dezimiert zurückgekehrt. Etliche deutsche Soldaten seien bei den Versuchen, Pferde abzuführen, erschossen worden. „Ich weigerte mich daher, offen in den Tod zu rennen", deshalb sei er bei der Rast verschwunden.[219]

Als ihm der Kolonnenführer nach einer ausführlichen Einvernahme ein Verfahren vor dem Kriegsgericht androht, ist Hubers Zeit als Soldat der deutschen Wehrmacht in der Nacht vom 28. auf den 29. Mai 1941 zu Ende. Er schleicht davon, verschafft sich bei einem griechischen Bauern eine alte Hose und gelangt entlang der Eisenbahnschienen zu Fuß in die 150 km nördlich gelegene Stadt Larisa. Hier mietet er sich in einem Hotel ein, rasiert sich und kauft einen Anzug. In langen Nachtmärschen, immer an den nach Norden führenden Eisenbahnschienen sich orientierend, erreicht er die mazedonische Hauptstadt Skopje. Dort erwirbt er ein Fahrrad.

Damit fährt er durch ganz Serbien und Kroatien über Slowenien nach Villach. Hier gibt er am Bahnhof sein Fahrrad auf und erreicht per Bahn am 24. Juni 1941 Hohenems.[220]

Noch am Abend trifft Huber im Elternhaus in Höchst ein, nachdem er eine abenteuerliche Reise von mehr als 2000 Kilometern zu Fuß, auf dem Fahrrad und per Bahn zurückgelegt hat. Sein Kalkül und seine Hoffnung, warum er diese Strapazen und Gefahren auf sich genommen hat, besteht darin, zu Hause von einem Gericht eine mildere Bestrafung zu erhalten als von der Militärjustiz. So macht er aus seiner Rückkehr kein Geheimnis – er meldet sich beim Höchster Gemeindeamt als Wehrmachtsurlauber, dem die Freistellungspapiere erst nachgeschickt würden, und tags darauf beim Bregenzer Arbeitsamt. Sofort wird ihm eine Beschäftigung bei einem Maurermeister in Höchst zugewiesen.

Wieder auf und davon

Es dauert nun genau einen Monat, bis die militärischen Ermittler der lokalen Gendarmerie die Ausforschung und Verhaftung des Deserteurs auftragen. Am 25. Juli 1941 wird Huber an seinem Arbeitsplatz verhaftet und ins Gefangenenhaus in der Bregenzer Oberstadt überstellt. Hier wartet er bis zum 22. August, ehe der Heeresrichter aus Innsbruck zur Vernehmung anreist. Als Huber nach diesem Verhör klar geworden ist, dass seine Überstellung in ein Militärgefängnis unmittelbar bevorsteht und seine Hoffnung auf eine zivilgerichtliche Aburteilung sich als unrealistisch herausgestellt hat, tut er das, was auch in Zukunft sein Leben nicht einfacher machen, letztendlich aber retten wird: Er bricht aus. „Am 26.8.1941 benützte Huber die Gelegenheit des Spazierganges der Häftlinge im Hofe des Amtsgerichtsgefängnisses Bregenz, um plötzlich auf den Mauersockel unter einem Fenster und von dort auf den Fenstersims zu springen, dann an dessen Eisengitter in die Höhe zu klettern, sich am Stacheldraht hochzuziehen, sich durch eine Öffnung des Drahtverhaues auf die Einfriedungsmauer zu schwingen und sich dann an dessen Außenseite an den Schlinggewächsen herabzulassen und so ins Freie zu gelangen."[221]

Auch wenn die hier zitierte Darstellung durch das Gerichtsprotokoll das Spektakuläre und Aufsehenerregende dieser Flucht nur andeutungsweise vermittelt, handelt es sich um einen unglaublich kühnen und erfolgreichen Akt. Auch die Tatsache, dass das unmittelbar einberufene Großaufgebot an Polizeikräften keine Spur des Ausbrechers findet, zeugt von der Durchdachtheit des Vorhabens. Am Abend dieses aufregenden Tages stiehlt Huber im Bregenzer Vorkloster ein Fahrrad und fährt damit nach Gaißau, wo er den Alten Rhein durchschwimmt und glücklich bei Rheineck das rettende Schweizer Ufer erreicht.

Nach einigen Tagen der Freiheit trifft er am Nachmittag des 1. September 1941 bei seinem Onkel in Wittenbach im Kanton St. Gallen ein. Dessen Freude über den unvermuteten Gast hält sich in Grenzen. Zum einen kann er als ausgesprochener Nationalsozialist nicht verstehen, warum und dass sein Neffe aus der Wehrmacht desertiert ist, zum anderen will er mit den Schweizer Behörden nicht in Konflikt geraten. Denn um einer Ausweisung aus der Schweiz zuvorzukommen, hat er Ende 1940 der politischen Polizei gelobt, in der Schweiz nicht mehr politisch aufzufallen und seinen Sohn, der als „Standortführer der St. Galler Hitlerjugend" aufgeflogen ist, an die politische Kandare zu nehmen.[222] Jedenfalls greift der Onkel sofort zum Telefon und meldet die Ankunft seines österreichischen Neffen dem Gemeindeamt von Wittenbach. Zwei Wochen dauert es nun, bis die Zahnräder von Armee und Fremdenpolizei ineinander greifen und die Inhaftierung des Flüchtlings im Polizeigefängnis St. Gallen angeordnet wird.

Hier wird Huber ausführlich von der Heerespolizei verhört. Die militärischen Vernehmer interessieren sich hauptsächlich für die Aufstellung der

Wehrmacht in Vorarlberg. Generell erhoffen sich die Militärs von den Deserteuren Informationen über Truppenbewegungen und Kriegsgeräte[223]. Nach mehreren Einvernahmen kommen Armee und Polizei überein, Huber in der bernischen Strafanstalt Witzwil zu verwahren.

Bereits nach dem ersten Monat berichtet die Gefängnisleitung, dass Huber „gut und fleißig“[224] arbeite. Im folgenden Monat kommt noch ein „zuverlässig“ hinzu. Trotz dieser günstigen Beschreibungen und einer Empfehlung der Gefängnisdirektion lehnt die Polizeiabteilung Hubers Ansuchen um eine Woche Urlaub, damit er das Neujahrsfest bei seinen Verwandten verbringen kann, ab. Auch ein weiteres Ansuchen um Versetzung als Arbeitskraft zu einem Bauern wird mit dem Hinweis, diese Vergünstigung sei für Militärflüchtlinge nicht vorgesehen, abschlägig beantwortet. Immerhin wird Huber nun ins etwas freizügigere Internierungslager Murimoos im Kanton Aargau überstellt. Erstmals zum Nationalfeiertag am 1. August 1942 bekommt er für zwei Tage Ausgang.

Im Lager Murimoos werden die Internierten zur Torfgewinnung eingesetzt. Bei dieser Arbeit muss Hilar Huber miterleben, wie sein Lustenauer Kamerad Engelbert Bösch – ebenfalls ein Wehrmachtsdeserteur – unter einen voll beladenen Rollwagen gerät und an den Verletzungen stirbt.

Dieses Ereignis, die Behandlung und die Arbeit im Lager sowie die Sehnsucht nach einer Frau, die er bei Außenarbeiten in Witzwil kennengelernt hat und die bei La Chaux-de-Fonds wohnt, lassen in Huber den Entschluss reifen, aus dem Lager zu fliehen. Am 22. November 1942, einem Sonntag, nimmt er zusammen mit einem Kollegen Reißaus. Zuvor schon hat Huber zwei Fluchtfahrräder „besorgt“. Als die beiden am folgenden Tag Biel durchqueren, werden sie von einem Polizisten angehalten und wegen fehlender Papiere arretiert. Beim Abführen aber gelingt es Huber, sich aufs Fahrrad zu schwingen und zu entfliehen. Bei Kälte, Nacht und Nebel

Der Deserteur Hilar Huber aus Höchst hat die Schweizer Grenze zwischen 1940 und 1945 auf seinen Fluchten mehrmals passiert.

durchquert er in nur zwei Tagen die ganze Schweiz. Im rheintalischen Au schleicht sich der Erschöpfte in ein Bauernhaus, schläft dort, stiehlt Lebensmittel und Winterkleidung.

Nachdem er zwei Wochen mehr oder weniger ziellos durchs untere Rheintal geirrt ist, entschließt er sich vor Weihnachten, den Rhein in Richtung Heimat zu überqueren. Nun ist er aber nicht nur ein gesuchter Deserteur, sondern auch ein zur Verhaftung ausgeschriebener Einbrecher. Die Schweizer Polizei informiert deshalb die Bregenzer Gestapo, dass sich Huber nach der Flucht aus dem Internierungslager in den Grenzorten befunden habe und nun wahrscheinlich zu Hause sei. Daraufhin wird am 5. Jänner 1943 Hubers Elternhaus in Höchst von der Gendarmerie umstellt und der Gesuchte, der sich im Dachboden unter einem Bett versteckt hält, verhaftet. Nach ausführlicher Verhandlung am Sitz des Gebirgsjägerregiments 85 in Innsbruck wird Hilar Huber wegen Fahnenflucht mit „Feldurteil“ vom 3. März 1943 zum Tode verurteilt.

Da dem „Führer“ im Jahre 1943 die Soldaten schon sichtlich knapp werden und Huber bis zu seiner Flucht unbescholten und als Soldat gut beschrieben ist, entscheidet der oberste Militärverantwortliche am 13. März 1943, das Todesurteil in eine 15-jährige Gefängnisstrafe umzuwandeln.[225] Nach den üblichen bürokratischen Abklärungen wird Huber Anfang April nach Lingen im Emsland (Niedersachsen) verbracht. Lingen war eines von mehreren Konzentrationslagern im Moor bei Meppen. Neben holländischen und belgischen Widerstandkämpfern werden hier seit Ende 1942 hauptsächlich Wehrmachtsangehörige interniert. Auch der aus Dornbirn stammende Wehrmachtsflüchtling August Weiß wird hier gefangen gehalten, ehe er das Angebot zur „Frontbewährung" den unmenschlichen Verhältnissen im Moorlager vorzieht.[226]

Gleich nach seiner Ankunft in diesem Lager steht für Huber fest, dass er hier weder bleiben will noch kann. Mit Hilfe einer selbst gefertigten Leiter gelingt ihm bereits am dritten Tag die Flucht. Wieder entwendet er als erstes ein Fahrrad und Zivilkleider und gelangt ohne allzu große Schwierigkeiten bis ins bayerische Kaufbeuren. Hier wird er von einer Streife in einem Zug festgenommen und in ein Abteil gesperrt, weil die Polizisten noch den Rest des Zuges durchsuchen. Das ist Hubers Chance. Er klettert durchs Abteilfenster und lässt sich, als der Zug an einem Signal sein Tempo verlangsamt, fallen. Das geschieht um etwa 23 Uhr. Erst in der morgendlichen Helle erwacht der Flüchtige aus seiner Bewusstlosigkeit, untersucht seinen zerschundenen Körper und schleppt sich in Richtung Kempten, als ihm ein Landgendarm in die Quere kommt. Todesmutig überwältigt er diesen, entreißt ihm Dienstwaffe und Fahrrad. Über das Lechtal gelangt er schließlich in den Bregenzerwald, wo er in Reuthe im Heustock des Bauern A. M., eines ehemaligen Mitgefangenen, kurzzeitig Unterschlupf findet. Ihn hat Huber im Innsbrucker Gefängnis kennengelernt, wo jener wegen illegalen Käseverkaufs eingesessen hat. Von hier aus flüchtet Huber über die Berge ins Ebnit und von dort über Götzis nach Altach. Hier bekommt er von einem Bauern ausreichend zu essen, kann sich nach langer Zeit erstmals waschen, ja insgesamt etwas zivilisieren.

Diese Tage der Erholung sind aber zugleich Zeiten der Vorbereitung. Es gelingt ihm, Kontakt mit einem seiner Brüder aufzunehmen, der inzwischen als HIGA (Hilfsgrenzwächter) in Dienst steht. Von ihm erfährt er den üblichen Ablauf der Kontrollgänge an der Grenze, und das erweist sich für seine neuerliche Flucht in die Schweiz als hilfreich.

In Kriessern und Umgebung verbringt Huber einige Nächte in einer Riedhütte und begeht auf der Suche nach Essbarem wieder Einschleichdiebstähle. Von Buchs aus wandert er schließlich über das Toggenburg nach Wil und fährt mit der Bahn weiter nach Winterthur. Sein unrealistischer Plan ist es, von hier aus irgendwie nach Portugal und von dort aus per Schiff nach England zu gelangen. Doch so weit kommt es nicht. Bald nach seiner Ankunft in Winterthur wird Huber in einem Gasthaus verhaftet. Nach einer kurzen Einvernahme ist der Polizei klar, wem sie die Diebstähle im Rheintal zuzuordnen hat, und sie überstellt Huber nach St. Gallen.

Am 16. Juni 1943 wird er vom Bezirksgericht Oberrheintal in Altstätten wegen „fortgesetzten Diebstahls im Rückfall und der Übertretung fremdenpolizeilicher Vorschriften"[227] zu 15 Monaten Gefängnis verurteilt. Dem deutschen Reichskriminalpolizeiamt in Berlin, das mit Schreiben vom 28. August 1943 die Auslieferung des Deserteurs in Bern beantragt hat, wird beschieden, dass dieser bis zum 16. September 1944 die Schweizer Strafe zu verbüßen habe und erst danach eine eventuelle Auslieferung spruchreif sei.

Offensichtlich ahnt oder weiß auch der Verurteilte, dass seine weitere Sicherheit in der Schweiz gefährdet ist. Und was tut er? Er bricht am 19. Jänner 1944 aus, diesmal aus dem kantonalen Gefängnis St. Jakob in St. Gallen. In Gossau stiehlt er wieder Kleidung, Fahrrad, Geld und Esswaren. Übers Appenzell will er sich nun nach Süden, wenn möglich nach Italien, durchschlagen, doch die Landjäger von Glarus setzen der Freiheit wieder ein jähes Ende. Am 20. April 1944 wird Hilar Huber vom Bezirksgericht Gossau „wegen wiederholtem einfachem Diebstahl im Rückfall und wiederholter Sachentziehung“ zu acht Monaten Gefängnis verurteilt. Das war seine letzte Verurteilung, und was folgt, ist sein letztes Jahr in einem Gefängnis.

In die Gegenrichtung

Im Mai 1945 lässt man Huber ohne viel Aufhebens laufen. Während in diesen letzten Kriegstagen Kolonnen von Zwangsarbeitern aus Vorarlberg in die Schweiz transferiert werden und ein Treck von deutschen Flüchtlingen den anrückenden französischen Truppen am Grenzübergang Höchst Richtung Schweiz entfliehen will, geht ein erlöster Hilar Huber in die Gegenrichtung: diesmal aufrecht und über die Brücke zwischen St. Margrethen und Höchst.

Doch seine heimlichen Rheinüberquerungen sollten in der Folgezeit noch nicht gänzlich der Geschichte angehören. Als nämlich die Schweizer Grenzorgane im August 1946 den österreichischen Schmuggler Albert Huber verhaften und anschließend vernehmen, interessieren sie sich hauptsächlich für dessen amtsbekannten Bruder Hilar, der 1945 entlassen worden ist, und zwar – wie die Fremdenpolizei sich mokiert – „ohne dass uns Abmeldung gemacht wurde“.[228] Im gleichen Schreiben hält die Fremdenpolizei fest, dass Huber jetzt in Lustenau verheiratet sei, und: „Hilarius Huber scheint zur Zeit ein berüchtigter Schmuggler zu sein.“

Es bleibt bei dieser Vermutung, erwischt wird er jedenfalls nie. Nur noch einmal werden sich die Schweizer mit Huber befassen: als er nämlich im Jahre 1963 ein Ansuchen um eine Arbeitsbewilligung in der Schweiz stellt. Dieses wird abgelehnt. Man will ihn nie mehr in der Schweiz sehen, zu sehr hat er die begrenzte Toleranz der Schweizer Behörden strapaziert. Aber trotz Internierung, Inhaftierung und Verurteilungen ist für Huber die Schweiz zum lebensrettenden Zufluchtsort geworden.

Hilar Huber ist – wie die meisten anderen Wehrmachtssoldaten auch – nach diesen fünf turbulenten Jahren mit lebensbedrohlichen, aufwühlenden und erschütternden, aber auch spannenden Erfahrungen und unvorstellbaren körperlichen Strapazen still, und ohne ein Aufheben daraus zu machen, ins zivile Leben zurückgekehrt. Er arbeitet wieder auf dem Bau, bleibt unauffällig und führt eine recht einfache, aber eigenwillige Existenz. Zu Beginn der 1980er Jahre erwirbt er im Lustenauer Ried eine Hütte, in die er sich komplett zurückzieht.

Hilar Huber hat fünf Jahre seines jungen Lebens auf der Flucht und in Gefängnissen verbracht, ist immer dann verschwunden, wenn seine lebhafte Vorahnung es ihm geraten hat; er hat Gefängnismauern und Stacheldrahtzähne überwunden, hat seine Häscher raffiniert abgehängt, um ihnen kurz darauf wieder unbedacht in die Hände zu fallen; er hat auf seinen Fluchten mehrere tausend Kilometer zu Fuß, auf entwendeten Fahrrädern und in Zügen zurückgelegt und ist meist am angesteuerten Ziel angekommen, obwohl er nie eine Landkarte und überhaupt keine Reiseerfahrungen besessen hat.

Der unbedingte Wille, in bedrängter Zeit zu überleben, hat bei ihm Kräfte und Fähigkeiten freigesetzt, die er im zivilen Leben weder abrufen konnte noch wollte. Nach 1945 beobachtet er das Treiben der Welt mit Interesse, aber aus sicherer Distanz und ohne Engagement. Er will nur noch Ruhe – und in Ruhe gelassen werden.

Quelle:
Meinrad Pichler, Grenz-Erfahrungen. Die Fluchten des Hilar Huber (1920–2001) aus Höchst, in: Meinrad Pichler, Quergänge, Hohenems 2007, S. 300–314.

Samson Schönhaus: Vom Glück im Unglück

Die meisten misslungenen Fluchten sind durch Eintragungen in den Gefangenenbüchern von Bludenz, Feldkirch und Bregenz aktenkundig geworden. Über gelungene Fluchten hingegen wissen die österreichischen Quellen wenig zu berichten. Und noch weniger über deren dramatischen Verlauf. Die spärlichen biografischen Zeugnisse bilden deshalb die wichtigste Erinnerungshilfe. Der Berliner Samson (Cioma) Schönhaus hat die „unglaubliche Geschichte" seiner geglückten Flucht in die Schweiz in einem Buch aufgeschrieben: „Der Passfälscher. Die unglaubliche Geschichte eines jungen Grafikers, der im Untergrund gegen die Nazis kämpfte".

Im Berlin der Zwischenkriegszeit

Wie viele andere Jüdinnen und Juden versuchen Boris und Fanja Schönhaus nach dem Ersten Weltkrieg in Berlin ein neues gemeinsames Leben aufzubauen. Sie sind aus Weißrussland geflohen. Dort herrscht neben Hunger und Bürgerkrieg eine anhaltende antisemitische Pogromstimmung. Doch im Nachkriegsdeutschland der frühen 1920er Jahre ist es selbst für anpassungswillige russische Flüchtlinge schwierig, gesellschaftlich und wirtschaftlich Fuß zu fassen.

Das Schicksal des jungen Paares ist beispielhaft für jüdisch-deutsches Leben in der ersten Hälfte des 20. Jahrhunderts.

Der Start in Deutschland ist mühsam. 1922 kommt Samson (genannt Cioma), das erste und einzige Kind zur Welt. Mitte der 1920er Jahre begeistert sich der Vater Boris Schönhaus für die zionistische Idee einer Ausreise nach Palästina. Die Familie lässt sich bei Jaffa nieder. Doch die klimatischen Bedingungen und die dürftigen Lebensumstände veranlassen die junge Familie zur Rückkehr nach Deutschland. Schönhaus findet schließlich ein solides Auskommen mit der Gründung einer Mineralwasserfabrik.

Mit Hitlers Machtergreifung ändert sich das Leben der jüdischen Familie Schritt für Schritt. An eine tödliche Bedrohung glauben Boris und Fanja Schönhaus lange nicht, eine Auswanderung ziehen sie nach den Erfahrungen in Palästina nicht in Betracht. Der möglichen „Evakuierung" in den Osten – so nennen die Nationalsozialisten die Deportationen – sehen sie angstvoll, aber gefasst entgegen. 1941 wird Boris Schönhaus erstmals verhaftet. Im gleichen Jahr wird die Auswanderung verboten. Etwa 5.000 Jüdinnen und Juden versuchen in Berlin irgendwie im Untergrund zu überleben. Durch DenunziantInnen aus der Bevölkerung und durch bezahlte „Judengreifer" werden täglich Verstecke ausfindig gemacht. Es finden sich aber auch HelferInnen für die bedrohten Menschen. Einer davon ist Dr. Franz Kaufmann, der wegen seiner jüdischen Herkunft vom Regierungsrat zum Hilfsarbeiter „umgeschult" wird. Er organisiert Ausweise und Unterkunftsmöglichkeiten für Ver-

Der Berliner Cioma Schönhaus unternimmt in Feldkirch einen Fluchtversuch und scheitert. Erfolgreicher ist er schließlich bei Schaffhausen.

folgte, die ihm von Mitgliedern der „bekennenden Kirche" – das ist eine Oppositionsbewegung evangelischer Christinnen und Christen gegen den Nationalsozialismus – zugespielt werden.

Der Passfälscher

Cioma Schönhaus muss 1936 das öffentliche Gymnasium verlassen, macht einen Abschluss in einer jüdischen Schule und besucht 1939/40 eine private Kunstgewerbeschule. Sein Zeichentalent ist offensichtlich. Er ist ein lebensfroher junger Mann, möchte lieber deutsch als jüdisch sein und betreibt verschiedene Sportarten. Ab 1940 wird er in unterschiedliche Betriebe dienstverpflichtet. Seine Eltern werden im Sommer 1942 deportiert und im Vernichtungslager Majdanek ermordet. Nun ist es auch für den 20-jährigen Cioma höchste Zeit, in den Untergrund zu flüchten.

Hier lernt er die Ausweisfälscher kennen, die im Auftrag des Dr. Kaufmann tätig sind, und erweist sich bald als Experte für das Nachzeichnen von Stempeln. Etliche Untergetauchte können mit solchen gefälschten Ausweisen Berlin verlassen und in der so genannten Pfarrhauskette neuen Unterschlupf finden. Diese Kette bilden über ganz Deutschland verstreute evangelische Pfarrer, die miteinander Kontakt haben. Im Sommer 1943 wird ein Fälscherkollege von Schönhaus verhaftet – unter der Folter verrät er den Namen Franz Kaufmann. Dieser wird festgenommen und im Februar 1944 im Konzentrationslager Sachsenhausen erschossen.

Nun gibt es auch für Cioma Schönhaus kein Bleiben in Berlin. Akribisch bereitet er seine Flucht vor. Ein Freund erzählt ihm von drei Möglichkeiten, in die Schweiz zu gelangen: durch den Bodensee schwimmen oder in Feldkirch auf einen Kohlenwaggon aufspringen, der bereits für die Schweiz zollabgefertigt ist, oder in Öhningen, gegenüber von Stein am Rhein, über die grüne Grenze gehen.

Flucht mit Überlegung, Mut und Glück

Mit einem gefälschten Wehrpass auf den Namen Hans Brück und einem ebenso selbstgefertigten Urlaubsschein der Firma AEG verlässt Cioma Schönhaus am 6. September 1943 mit dem Fahrrad Berlin. Hier wird er mittlerweile steckbrieflich gesucht. Die erste ausführliche Station ist Stuttgart, wo er von einem Pfarrer der Pfarrhauskette aufgenommen und um die Herstellung einiger dringend benötigter Ausweise gebeten wird. Nach verschiedenen Hindernissen und dichter werdenden Kontrollen kommt Schönhaus Ende September 1943 in Feldkirch an.

Er mietet im Hotel „Löwen" ein Zimmer und inspiziert am darauffolgenden Tag die Bahnhofsgegend. Den ganzen Tag sitzt er oberhalb der Gleisanlagen im Wald und beobachtet die Zusammenstellung der

Kohlenwaggons, die in die Schweiz abgehen sollen. Als es gegen Abend ernst wird, läuft er zum Zug. Der ist aber bereits so schnell, dass ein Aufspringen unmöglich ist. Schönhaus will sein Glück aber nochmals versuchen. Am folgenden Tag hat er es nicht eilig, weil er nach seinen Beobachtungen nicht vor Abend am Bahnhof sein muss. Während des Mittagessens herrscht Fliegeralarm, der ihn als Berliner jedoch nicht sehr ängstigt. Aber er hört Einschläge, und bald darauf herrscht in der ganzen Stadt hektische Aufregung. Es ist der 1. Oktober 1943, und der Bombenabwurf kostet 200 Menschen das Leben.

Als Schönhaus sich im Laufe des Nachmittags dem Bahnhof nähert, wird er von einem italienischen Arbeiter angesprochen: „Ich sie gestern gesehen. Ganzen Tag am Bahndamm. Und deutsche Soldaten sie auch gesehen. Und abends gesucht." (Schönhaus 2004, S. 198) Schönhaus schwingt sich augenblicklich auf sein Fahrrad und fährt am selben Tag noch bis Friedrichshafen.

Das Bodenseewasser ist schon recht kühl. So entschließt er sich zur dritten Variante seiner Flucht. Mit dem Mute der Verzweiflung, aber trotzdem sehr überlegt, gelingt ihm in Öhningen der ersehnte Grenzübertritt. In einem fast ausgetrockneten Bachbett robbt er sich betend in die Schweiz hinein; mit dem festen Vorsatz, sich lieber erschießen als festnehmen zu lassen. Er erreicht die Schweiz und wird von einem Kantonspolizisten aufgegriffen. Der gibt ihm zu essen und ein Bett. Am nächsten Tag bringt er ihn nach Schaffhausen. Beim Verhör droht einer der beiden Polizisten mit der sofortigen Rückstellung, der andere weist ihn an, ruhig und höflicher zu sein.

Doch da der Basler Theologe Karl Barth die Bürgschaft übernimmt, ist Cioma Schönhaus nach langer und abenteuerlicher Fahrt endgültig in der Schweiz angekommen. Barth verschafft ihm ein Stipendium für ein Grafikstudium in Basel. 1950 kehrt Cioma Schönhaus nach Berlin zurück: Seine Eltern und Verwandten sind in den Gaskammern und die meisten seiner Freunde in den Kellern der Gestapo ermordet worden.

Quelle:
Cioma Schönhaus, Der Passfälscher. Die unglaubliche Geschichte eines jungen Grafikers, der im Untergrund gegen die Nazis kämpfte, Frankfurt am Main 2004.
Interview mit Cioma Schönhaus, Feldkirch, 3.2.2005.

Hilde Meisel (Monte-Olday): Ein Leben für eine bessere Welt

Der deutsche Autor Richard David Precht hat seiner Reise durch die Geschichte der Philosophie den Titel „Wer bin ich – und wenn ja wie viele?“ gegeben. Die zeitlich kurze, aber geografisch weite Lebensreise der Hilde Meisel, alias Elizabeth Olday, Helen Harriman, Hilde Bachmann und Hilda Monte, könnte treffender nicht beschrieben werden. Sie stirbt unter dem Namen Eva Schneider am 17. April 1945 in Feldkirch-Tisis als Opfer des Nationalsozialismus, als Kämpferin für eine gerechtere Welt und als Agentin des britischen Geheimdienstes. Damit sind aber die Rollen, die sie gespielt und gelebt hat, noch nicht zur Gänze beschrieben.

Frühe Politisierung

Hilde Meisel wird 1914 als Kind einer jüdisch-preußischen Mutter und eines jüdischen Kaufmanns aus dem slowakischen Kaschau (Košice) in Wien geboren. Bereits 1915 übersiedelt die bürgerlich-aufgeklärte Familie nach Berlin. Hilde ist ein kränkliches, aber sehr begabtes Kind, absolviert ein Lyzeum und beginnt sich wie ihre ältere Schwester früh politisch zu engagieren. Bereits als Schülerin schließt sie sich dem „Internationalen Sozialistischen Kampfbund“ (ISK) an. Auch im Exil wird diese sozialistische Organisation – von einer kurzen Unterbrechung abgesehen – ihre politische Heimat bleiben. Die Sozialdemokraten sehen im ISK eine Art Sekte, da die Gruppe nicht nur die Welt verbessern, sondern die neue Moral auch vorleben möchte. Es ist ein ethischer Sozialismus, den die Mitglieder praktizieren: Sie rauchen nicht und trinken keinen Alkohol; sie essen vegetarisch und wollen an ihrer humanitären Haltung erkennbar sein. Bei Hitlers Machtübernahme 1933 weilt Hilde Meisel zu einem Studienaufenthalt an der „London School of Economics“ in England. Dort wird sie in den folgenden Jahren auch leben.

Im Exil

Noch sind auch für jemanden wie Hilde Meisel Besuche in Deutschland möglich. Für den ISK arbeitet und schreibt sie unter dem Decknamen Hilda Monte. Noch vor dessen Verbot hat sie in der Zeitung des ISK „Der Funke“ Wirtschaftsreportagen über die Verhältnisse in Frankreich und Spanien verfasst. Die Reisen ins nationalsozialistische Deutschland dienen neben dem Besuch ihrer Familie dem politischen Informationsaustausch, der Organisation von Ausreisen von politisch Verfolgten und dem Einschmuggeln von Propagandamaterial.

Als in England die Bewegungsfreiheit und die Arbeitsmöglichkeiten für die deutschen ExilantInnen immer stärkeren Beschränkungen unterliegen, geht Hilde Meisel eine Scheinehe mit dem homosexuellen Schriftsteller John Olday ein. Sie erhält damit die englische Staatsbürgerschaft und wird fortan als Mrs. Elizabeth Olday geführt.

Während des Krieges arbeitet sie für deutschsprachige englische Sender, schreibt Bücher und Gedichte und diskutiert in verschiedenen linken Zirkeln die Möglichkeiten, wie sich der Widerstand gegen das Hitlerregime wirkungsvoll organisieren ließe. Ihrer in Deutschland lebenden Schwester verhilft sie zur Ausreise nach Palästina, den Eltern besorgt sie ein Visum für Ägypten. Auf Grund ihrer verwandtschaftlichen und politischen Kontakte nach Deutschland weiß sie – und ruft es über ihren Sender nach Deutschland hinein –, wie und gegen wen der Vernichtungskrieg im Inneren des „Dritten Reichs" geführt wird: „Was heute in Polen geschieht: die kaltblütige Ausrottung des jüdischen Volkes, das geschieht in Ihrem Namen, im Namen des deutschen Volkes. (...) Beweisen Sie diesen Menschen Ihre Solidarität, auch wenn es Mut kostet – gerade wenn es Mut kostet."[229]

Ab 1942 gehört ihr Hauptinteresse der Frage, wie Deutschland nach einer Niederlage des Nationalsozialismus human und gerecht wiedererrichtet werden könnte. So beteiligt sie sich am Aufbau der deutsch-englischen Organisation „German Educational Reconstruction", die ein Erziehungswesen für ein neues Deutschland entwirft, und veröffentlicht 1943 das Buch „The Unity of Europe", in dem sie hoffnungsvoll und weitsichtig ein Nachkriegseuropa als Friedensraum entwirft.

Im Dienste Seiner Majestät

Der britische Geheimdienst „Office for Strategic Services" (OSS) entschließt sich ab Beginn des Jahres 1944 – und besonders, nachdem Hitler am 20. Juli 1944 das Attentat der Militärs um Stauffenberg überlebt hat – zu einer neuen Strategie. Neben der militärischen Front soll im Kampf gegen das Naziregime nun auch eine deutsche „Heimatfront" eröffnet werden: durch Sabotage, Propaganda und Unterstützung des innerdeutschen Widerstands. Dazu sollen mutige Leute, denen der britische Geheimdienst vertrauen kann, eingeschleust werden. Nach längerer Beobachtung scheinen den Briten die ISK-ExilantInnen

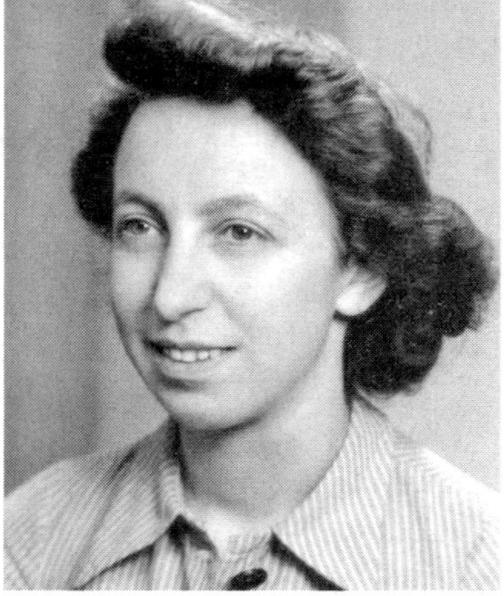

Hilde Meisel (alias Hilda Monte) wird 1945 an der Grenze bei Feldkirch von einem Grenzwächter erschossen.

besonders geeignet. Etliche von ihnen werden nun für einen Einsatz in Deutschland ausgebildet – darunter auch zwei Frauen, die die Geheimdienstleute wegen deren moralischer Ernsthaftigkeit, ihrer strengen und anspruchslosen Kleidung und ihrer festen politischen Prinzipien leicht abschätzig und zugleich bewundernd als „politische Nonnen" bezeichnen. Eine davon ist Hilde Meisel. Sie soll die Kontakte zu österreichischen Widerstandsgruppen herstellen. Mit einer britischen Militärmaschine wird sie auf französischem Gebiet in der Nähe von Genf abgesetzt und von Kontaktleuten in die Schweiz gebracht. Nach weiteren Vorbereitungen im Tessin betritt Hilde Meisel als Eva Schneider vermutlich im Februar 1945 österreichischen Boden. Sie gelangt offensichtlich unbehelligt nach Wien und versucht hier Kontakte zur Widerstandsgruppe O5 zu knüpfen, diese über die Vorhaben der Alliierten zu informieren und der Opposition Mut zu machen.

Endstation Feldkirch

Nach dem Abschluss ihrer Wiener Mission versucht Hilde Meisel am frühen Morgen des 17. April 1945 oberhalb von Tisis nach Liechtenstein zu gelangen.

Sie wird dabei von zwei Grenzwächtern beobachtet und festgenommen. Einer der beiden soll sie abführen und auf die Wache bringen. Da ergreift sie die Flucht. Und obwohl sich das Ende der NS-Herrschaft in diesen Tagen schon überdeutlich abzeichnet, greift der Zollwachmann zur Waffe und schießt auf die Flüchtende, die bereits die „Reichsgrenze" erreicht hat. Ein Schuss in den rechten Oberschenkel streckt die vergeblich um ihr Leben Laufende nieder. Kurze Zeit danach stirbt sie – einer Meldung der Feldkircher Gestapo zufolge wegen starken Blutverlustes. Die englischen Quellen vermelden dagegen, dass die Agentin auf ihre Zyankalikapsel gebissen und ihrem Leben selbst ein würdiges Ende gesetzt habe.

Mit dem Geldbetrag, den sie bei sich trägt, bezahlt das Feldkircher Landratsamt die Bestattungskosten auf dem evangelischen Friedhof der Stadt. Wohin der Rest der gut 2.000 Reichsmark fließt, bleibt das Geheimnis der Gestapo.

Wer die auf der Letze erschossene Eva Schneider wirklich ist, interessiert am Kriegsende niemanden; das schnelle Wegräumen der Leiche und Beseitigen der Spuren ist wichtiger. Erst der aus England zurückgekehrte ISK-Chef Willi Eichler, der in der Gründungsphase der SPD eine prominente Rolle spielt, weist den Vorarlberger Arbeiterkammerpräsidenten Anton Linder 1947 auf die wahre Identität der Toten hin. Doch was war die Identität der mutigen Frau? War sie eine engagierte deutsche Jüdin oder internationalistische Sozialistin, eine mutige britische Agentin oder doch eher eine sensible Schriftstellerin? Sie war vieles: von Geburt aus und aus freier Entscheidung. Die dramatischen Zeitläufe und die Ernsthaftigkeit ihrer politischen Berufung haben sie zu äußerlichen Identitäts- und Namenswechseln gezwungen. In sich ist sie gefestigt und entschieden geblieben.

Außergewöhnliche Menschen wie Hilde Meisel – intellektuell, sozialistisch, kämpferisch und jüdisch – werden von den gleichschaltenden nationalsozialistischen Machthabern gehasst und zu Freiwild erklärt; ein willfähriger Grenzjäger bringt sie zur Strecke.

Ein Grabmal in Feldkirch und ein Stolperstein in Berlin erinnern an die mutige und engagierte Frau.

Quellen:
Angelika Rosina Kuntner, Ein Tod bei Feldkirch. Leben und Werk der Widerstandskämpferin Hilde Monte-Olday (1914–1945) (http://tiny.cc/2m17cw [http://www.malingesellschaft.at]).
P. Steiner, Der tragische Tod der Hilde Monte, in: Neue Vorarlberger Tageszeitung, 19.4.1975.
Sabine Lemke-Müller: Ethik des Widerstands. Der Kampf des Internationalen Sozialistischen Kampfbundes (ISK) gegen den Nationalsozialismus, Bonn 1996.
Werner Röder, Die deutschen sozialistischen Exilgruppen in Großbritannien 1940–1945. Ein Beitrag zur Geschichte des Widerstandes gegen den Nationalsozialismus, Bonn 1973.
Joseph E. Persico, Geheime Reichssache. Der Kampf der CIA gegen die deutsche Abwehr, Wien/Zürich/München 1980.

Zwangsarbeit

Das Deutsche Reich organisiert zwischen 1939 und 1945 den umfassendsten Einsatz fremder Arbeitskräfte in der ganzen Geschichte. Ende 1944 arbeiten 7,5 Millionen Fremde in Hitlerdeutschland, ein Drittel davon sind Frauen. Auch auf dem Gebiet des heutigen Österreich sind eine Million Menschen im Zwangseinsatz; diesen stehen im Herbst 1944 lediglich 1,7 Millionen einheimische Arbeitskräfte gegenüber. Auch die Industrie, Bau- und Landwirtschaft Vorarlbergs funktionieren nur noch durch den Einsatz von etwa 15.000 ausländischen Arbeitskräften. Und dies, obwohl in den Kriegsjahren das Arbeitstempo laufend gesteigert, die Arbeitszeit verlängert und die Frauen in die Erwerbsarbeit verpflichtet worden sind. Allerdings befindet sich ein großer Teil der erwerbsfähigen einheimischen Männer im Krieg.

In der Hörbranzer Wolldecken Fabrik Sannwald dürfen 1940 die tschechischen und französischen Zivilarbeiter noch mit auf das Bild von „Betriebsführung und Gefolgschaft". Die OstarbeiterInnen werden nicht mehr zusammen mit einheimischen Arbeiter-Innen fotografiert.

Wer sind die ZwangsarbeiterInnen?

Noch vor Kriegsbeginn schließt Deutschland mit Italien ein Abkommen zur Beschäftigung italienischer Landarbeiter im Deutschen Reich; danach werden Arbeiter aus der eroberten Tschechoslowakei, aus Kroatien und Serbien rekrutiert. Ihnen werden verlockende Angebote und falsche Versprechungen bezüglich der Verdienst- und Lebensverhältnisse in Deutschland gemacht. Mit fortschreitendem Kriegsverlauf ab Herbst 1939 verfügt die deutsche Regierung über große Kontingente von polnischen, ab Sommer 1940 von französischen und ab Herbst 1941 von russischen Kriegsgefangenen, die – entgegen den internationalen Abmachungen über Kriegsgefangene – sofort zur Zwangsarbeit herangezogen werden. Parallel zu den Kriegsgefangenen werden ZivilarbeiterInnen – so der offizielle Ausdruck der Nationalsozialisten für alle fremden zivilen Arbeitskräfte – aus praktisch allen eroberten Ländern eingesetzt. Die so genannten Zivil- oder FremdarbeiterInnen sind ursprünglich mehr oder minder freiwillig nach Deutschland gekommen, weil hier Arbeit angeboten wird. Im Laufe des Krieges werden sie aber immer strikter zur Arbeit gezwungen und einer Sonderbehandlung unterworfen. Ihre Entscheidungs- und Bewegungsfreiheit wird zunehmend eingeschränkt.

Spätestens ab dem 7. Mai 1942, als die zwangsweise Rekrutierung ausländischer ArbeiterInnen angeordnet wird, ist auch der Einsatz der ZivilarbeiterInnen nicht mehr freiwillig. Der überwiegende Teil dieser dienstverpflichteten ZwangsarbeiterInnen

Im Dezember 1939 kommen die ersten polnischen Kriegsgefangenen als Arbeitskräfte auf die Illwerke-Baustellen im Montafon.

stammt aus Polen und den eroberten Gebieten der Sowjetunion. Den Schwerpunkt bei der Auswahl legen die Rekrutierungsbeamten im Osten auf junge gesunde Frauen und Männer. Die Verteilung der aus ihrer jeweiligen Heimat verschleppten Arbeitskräfte auf die einzelnen Betriebe besorgen die Arbeitsämter. Sie bilden für die Arbeitgeber auch die erste Instanz bei der Bestrafung von Fällen von „Ungehorsam" oder Arbeitsverweigerung. Da in Vorarlberg die Nachfrage nach Arbeitskräften sowohl seitens der voll ausgelasteten Rüstungsbetriebe als auch der Großbaustellen der Illwerke und der Landwirtschaft erheblich ist, spielen die Arbeitsämter eine wichtige Rolle bei der Verwaltung und der Disziplinierung der hierher verschleppten Menschen.[230]

Wer profitiert von dem Zwangssystem?

Das System der Zwangsarbeit nützt nicht nur den öffentlichen, sondern auch den privaten Arbeitgebern. Die Löhne der „OstarbeiterInnen" – also vor allem der Frauen und Männer aus Polen und der Ukraine – sind wesentlich geringer als die der einheimischen ArbeitnehmerInnen. Die Frauen wiederum werden noch schlechter entlohnt als die Männer. Für die mangelhafte Verpflegung und die schlechte Unterkunft zahlen die AusländerInnen in der Regel überhöhte Preise. In den Genuss der Sozialleistungen, die

Merkblatt

für das Verhalten der Bevölkerung gegenüber

Kriegsgefangenen und Fremdarbeitern

Der Mangel an Arbeitskräften zwingt dazu, Kriegsgefangene und Fremdarbeiter zum Arbeitseinsatz heranzuziehen. Sie werden gerecht behandelt, nach bestimmten Sätzen bezahlt und ausreichend verpflegt.

Im Verkehr mit Kriegsgefangenen ist zu beachten:

Strafbar macht sich

nach den reichsgesetzlichen Bestimmungen:

1. Wer Kriegsgefangenen Lebensmittel, Rauchwaren zusteckt, verkauft oder im Tauschwege verschafft; er schädigt dadurch die deutsche Wirtschaft.
2. Wer Kriegsgefangenen Waffen, Zivilkleider, Landkarten, Kompasse usw. gibt und damit fahrlässig Fluchtmöglichkeiten verschafft!
3. Wer von Kriegsgefangenen Wertgegenstände ankauft oder als Geschenk annimmt; unter dieses Verbot fallen auch sogenannte Erinnerungsstücke, Lichtbilder usw.
4. Wer mit Kriegsgefangenen in freundschaftlichen Verkehr tritt und mehr mit ihnen spricht, als zu Arbeitszwecken unbedingt nötig ist. Insbesondere sind in Anwesenheit von Kriegsgefangenen Gespräche militärischen, politischen oder wirtschaftlichen Inhalts zu unterlassen. Vertrauensseligkeit ihnen gegenüber öffnet Spionage und Sabotage Tür und Tor.

Als Landesverräter gilt

und wird schwer bestraft, unter Umständen sogar mit dem Tode:

1. Wer Beihilfe zu heimlicher Nachrichtenübermittlung leistet durch Annahme oder Weiterbeförderung ungeprüfter Kriegsgefangenenpost oder durch Hergabe einer Deckanschrift. Die gesamte Kriegsgefangenenpost muß durch die Prüfstelle der Kriegsgefangenenlager gehen.
2. Wer Kriegsgefangene zum Fernsprech- oder Telegraphenverkehr zuläßt.
3. Wer das unbeaufsichtigte Abhören des Rundfunks oder gar feindlicher Sender gestattet.
4. Wer vorsätzliche Beihilfe zur Flucht leistet.

Pflicht jedes deutschen Volksgenossen ist:

1. Jede Wahrnehmung staatsfeindlicher Gespräche, bzw. Taten sofort dem Arbeitskommandoführer oder der Gendarmerie zu melden.
2. Den deutschen Behörden zur Wiederergreifung entflohener Kriegsgefangener jede mögliche Beihilfe zu leisten und ihnen jeden Verdacht auf Spionage oder Sabotage sofort zu melden.

Deutsche Frauen und Mädchen! Deutsche Männer!

Wahret eure Würde gegenüber allen Fremdarbeitern, sei es, daß sie als Freunde oder Feinde in unserem Lande weilen. Die Zurückhaltung gegenüber den Fremdartigen ist keine Beleidigung.

Der Fremdarbeiter befreundeter Nation wird deinen Stolz achten, denn auch er weiß, daß er sein Volk nur erhalten kann, wenn er sein Blut nicht mit dem eines anderen Volkes vermischt.

Tiroler und Vorarlberger!

Unsere schöne Heimat braucht deutsche Kinder!
Ihr werdet nicht wollen, daß einst die Kinder fremder Völker in eurem Land leben.

Denn dann wäre unser Kampf umsonst!

Gaudruck Tirol 1990 41

Die rassistische Trennwand zwischen einheimischer Bevölkerung und den ausländischen ZwangsarbeiterInnen und Kriegsgefangenen wird systematisch errichtet und durch Warnungen und Strafen laufend verstärkt.

sie mit ihren Beiträgen mitfinanzieren, kommen nur die Einheimischen. Medizinische Versorgung gibt es nur, soweit diese zur Wiederherstellung der Arbeitskraft vonnöten ist.

Für weibliche „sowjetische Arbeitskräfte“ in der Landwirtschaft empfiehlt der Kreisbauernführer im Sommer 1942 folgende „Lohngestaltung“: Monatsbruttolohn RM 76,– (für Männer 6 RM mehr), davon sind für Unterkunft und Verpflegung RM 45,– einzubehalten und für die Krankenkasse RM 4,–. Daraus ergibt sich ein Wochenlohn von RM 6,30, von dem RM 4,70 an Lohnsteuer abzuführen ist. Somit bleibt ein Nettowochenlohn von RM 1,60.[231] Etliche bei Bauern beschäftigte ZwangsarbeiterInnen erhalten gar kein Geld: Sie werden mit ein paar zusätzlichen Kartoffeln abgespeist oder auf die Nachkriegszeit vertröstet. Insgesamt gesehen geht es aber den ZwangsarbeiterInnen in der Landwirtschaft weniger schlecht als jenen auf den Baustellen und in der Industrie. Die leiden durchgehend an Hunger. Die Verpflegung in den Fabriken und in den Unterkunftslagern wird im Laufe des Krieges immer dürftiger. Zum ständigen Hunger kommt für viele der noch jugendlichen „OstarbeiterInnen“ starkes Heimweh.

Neben den privaten Unternehmern, die sich mit Hilfe der ZwangsarbeiterInnen an lukrativen Rüstungsaufträgen beteiligen können, profitieren auch öffentliche Stellen ganz erheblich. Zum einen sind das die Gemeinden, in denen Straßen gebaut und die Infrastruktur verbessert wird; zum anderen aber vor allem die Vorarlberger Illwerke, die als Stromlieferanten für die deutsche Rüstungsindustrie einen noch nie dagewesenen Investitionsschub erhalten. Zeitweise sind allein im Montafon 5.000 Zwangsarbeiter beschäftigt, die überwiegende Mehrheit davon auf den Baustellen der Illwerke. Neben einigen großen Baufirmen aus dem „Altreich“ sind es zahlreiche Vorarlberger Unternehmen, die den ganzen Krieg hindurch mit Aufträgen an den Kraftwerksbauten ausgelastet sind. Der heutige Wert der Illwerke ist von den damaligen Zwangsarbeitern in erheblichem Maße mitgeschaffenen worden.

Wie werden die ZwangsarbeiterInnen behandelt?

Der Nationalsozialismus baut bei der Behandlung der fremden Arbeitskräfte auf das rassistische Alltagsverhalten breiter Bevölkerungsteile. Je „minderwertiger“ die rassische Herkunft, desto schlechter der Lohn und die Behandlung. Menschen aus Polen und der Sowjetunion werden nach dieser Skala des gängigen Vorurteils am menschenunwürdigsten gehalten, am schlechtesten untergebracht und verpflegt und noch extra mit einem sichtbaren „P“ oder „OST“ an ihrer Brust für alle gebrandmarkt.

Zwangsarbeit

→ Die jungen Leute aus Polen und den eroberten Teilen der Sowjetunion werden als so genannte OstarbeiterInnen eingestuft, müssen ein Kennzeichen „P" beziehungsweise „OST" tragen und werden im Alltag am rechtlosesten gehalten.

→→ Vor allem die bäuerlichen Haushalte werden immer wieder aufgefordert, den OstarbeiterInnen keinen Familienanschluss zu gewähren. Sie müssen mit den Familienmitgliedern arbeiten, dürfen aber nicht am gemeinsamen Familientisch essen.

Merkblatt.

Für Arbeitskräfte aus den besetzten altsowjetrussischen Gebieten gelten folgende Vorschriften:

1. **Den Anordnungen der Aufsichtspersonen ist jederzeit Folge zu leisten.**
2. **Das Lager oder die Wohnung darf nur in Begleitung einer Aufsichtsperson verlassen werden.**
3. **Jeder Geschlechtsverkehr mit Personen deutscher Staatsangehörigkeit und mit anderen ausländischen Zivilarbeitern oder Kriegsgefangenen ist bei Todesstrafe verboten. Frauen werden in ein Konzentrationslager eingewiesen.**
4. **Wer die Arbeit niederlegt, andere Arbeiter aufhetzt, die Arbeitsstelle eigenmächtig verläßt oder reichsfeindliche Bestrebungen unterstützt, wird zur Zwangsarbeit in ein Konzentrationslager eingewiesen. In schweren Fällen wird er mit dem Tode bestraft.**
5. **Das vorgeschriebene Kennzeichen mit der Aufschrift „Ost" ist auf der rechten Brustseite der jeweiligen Oberkleidung zu tragen.**

Wer sich disziplinvoll verhält und gute Arbeit leistet, wird anständig behandelt.

An den
Herrn Landrat
in Bregenz

123/1o/2

rifft: Einsatz polnischer Zivilarbeiter.

zug: Jhre Verfügung v.3o.5.41.

Da es in der Gemeinde Hittisau, nach Rücksprache mit dem Pfarrer, nicht möglich ist für die Polen einen eignenen Gottesdienst abzuhalten, ersuche ich um die Bewilligung dass die Polen dem örtlichen Gottesdienst beiwohnen dürfen. Es wird in der letzten Bank in der Kirche für dieses Platz geschafft und kommen sie daher mit der einheimischen Bevölkerung nicht in Verbindung.

Gemeinde Hittisau Landkreis Bregenz

Bürgermeister

Das Ansuchen des Hittisauer Bürgermeisters nach einem gemeinsamen, aber „rassengetrennten" Sonntagsgottesdienst wird von der Bregenzer Kreisleitung abgelehnt. Polnische ArbeiterInnen dürfen die Kirche nicht zusammen mit Einheimischen betreten.

Die überwiegende Mehrheit der zivilen ZwangsarbeiterInnen – die Kriegsgefangenen sowieso –, die auf Baustellen oder in der Industrie arbeiten, wird in Barackenlagern untergebracht. Den Weg zur Arbeit müssen sie gemeinsam und unter Überwachung zurücklegen. Die Lagerinsassen haben – außer am Sonntagnachmittag – keinen freien Ausgang. Der Besuch von Lokalen und Veranstaltungen, die Benutzung von öffentlichen Verkehrsmitteln und Fahrrädern und vor allem die Aufnahme von Kontakten mit der einheimischen Bevölkerung sind ihnen verboten. Eine junge Bregenzerin, die einer russischen Arbeitskollegin ihr Fahrrad leiht, damit diese eine Verwandte in Hard besuchen kann, wird zu mehreren Wochen Gefängnis verurteilt. Die zahlreichen fremden Arbeitskräfte werden mit aller Gewalt in Schach gehalten.

Zusätzlich zu den genannten Einschränkungen gibt es eine Reihe weiterer Zwangsmaßnahmen, um die Arbeits- und Lagerdisziplin aufrecht zu erhalten. Die Arbeitgeber dürfen Willkürmaßnahmen nach Gutdünken ergreifen: vom Lohnabzug bis zur körperlichen Züchtigung. Der Chef eines Rüstungsbetriebs in Hard teilt persönlich Schläge aus. Selbst das Arbeitsamt Bregenz ist über die andauernden Beschwerden empört. Bisweilen sind es sogar die Arbeitsämter selbst, die Erbarmen mit ZwangsarbeiterInnen haben und ihnen neue Arbeitsplätze zuteilen.

Wenn die jungen Menschen aus Osteuropa die geforderte Arbeitsleistung nicht erbringen, „frech" sind oder eine der diskriminierenden Vorschriften übertreten, wird die Gestapo eingeschaltet. Sie ist grundsätzlich für die Bestrafung der ZwangsarbeiterInnen zuständig. Die Bregenzer Gestapozentrale verhaftet und vernimmt zwischen Herbst 1939 und Frühjahr 1945 etwa 2.300 FremdarbeiterInnen. Im besten Fall werden die Angezeigten nach einiger Zeit, meist weil ihre Arbeitskraft gebraucht wird, wieder enthaftet. In etwa 1.500 Fällen hält die Gestapo allerdings die Einweisung, oft ganzer Gruppen, in die „Arbeitserziehungslager" Reichenau in Innsbruck (für Männer) und Jenbach (für Frauen) oder direkt in ein Konzentrationslager für angebracht.

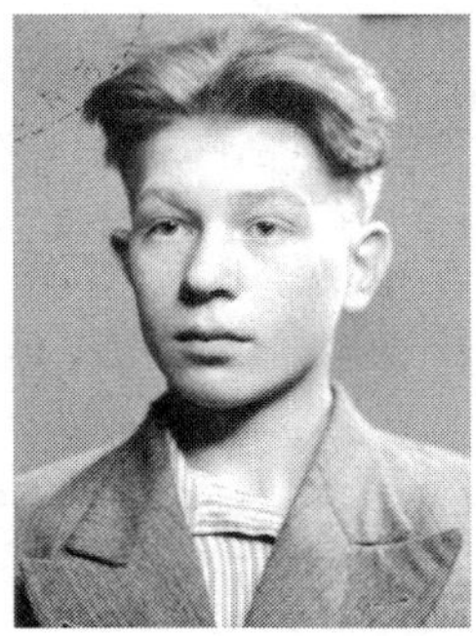

Wasili Sujanow, geboren in Woroschilowgrad/Ukraine, kommt an seinem 16. Geburtstag im Herbst 1942 auf der Illwerke-Baustelle Rodund an. Er wird der Bregenzer Baufirma Gebhard Hinteregger für Tiefbauarbeiten zugeteilt. Im September 1944 verschwindet er aus dem Register des Arbeitsamtes; vermutlich landet er in den Händen der Gestapo.

Am schwierigsten sind die Arbeitsverhältnisse auf den Hochgebirgsbaustellen der Illwerke: Neben der harten, zehnstündigen Arbeit und der brutalen Behandlung durch die Vorarbeiter machen die Kälte, die teilweise katastrophalen hygienischen Verhältnisse in den Unterkünften (Läuse, Wanzen) und die mangelhafte Bekleidung den Zwangsarbeitern und Kriegsgefangenen zu schaffen. Zugleich sind die Aufseher peinlichst darauf bedacht, es ja nicht zu Gruppenbildungen oder solidarischen Aktionen unter den Fremdarbeitern kommen zu lassen. Auch die Arbeitsverpflichteten aus Vorarlberg unterliegen auf diesen Großbaustellen einer schärferen Kontrolle als in anderen Betrieben.

Die Behandlung der „Ostarbeiter" bei Vergehen ist brutal. So sind zur Abschreckung junge Männer aus Osteuropa an Ort und Stelle hingerichtet worden, wenn ihnen ein Verhältnis zu einer einheimischen Frau zur Last gelegt wird. Besonders scharf reagieren die Verfolgungsbehörden auch bei Fluchtversuchen: Die polnischen Zwangsarbeiter Florian Mazur, Mieczylaus Kubisz und Alois Nowakowski entfernen sich im Sommer 1942 von ihrem Arbeitsplatz in einem deutschen Rüstungsbetrieb, und es gelingt

→ Die Barackenlager für die Zwangsarbeiter an den Montafoner Illwerke-Baustellen sind großteils von Stacheldrahtzäunen eingefasst. Die Bewegungsfreiheit ist total eingeschränkt; das Leben der Bausklaven besteht aus Arbeiten und Schlafen.

→→ Die Hochgebirgsbaustellen der Illwerke werden militärisch bewacht: vor Störungen von außen. In der Hauptsache hat das Militär aber Fluchtversuche der Zwangsarbeiter und Kriegsgefangenen zu verhindern.

ihnen die Flucht nach Liechtenstein. Von dort werden sie zurückgestellt und von einem Sondergericht in Feldkirch zum Tode verurteilt.[232]

Wie verhält sich die Bevölkerung?

Behörden und Parteifunktionäre fordern die Bevölkerung mit Merkblättern, mittels Belehrungen und durch die Zeitungen auf, die ausländischen Arbeitskräfte, wo immer es geht, zu diskriminieren. So schreibt die in Lindau erscheinende auch im Raum Bregenz verbreitete „Schwäbische Zeitung" vom 19. Mai 1943, nachdem Einheimische ins Lager beim ehemaligen Grenzübergang Oberhochsteg auf Besuch gekommen sind: „Wir haben mit den Ostarbeitern nichts gemeinsam, und Gefühlsduselei würde als Unsicherheit und Schwäche ausgelegt. Das schwerste Vergehen aber, das es als Sünde wider das Blut geben kann, ist der Verkehr zwischen Deutschen und Ostarbeitern. Die Treue zum Blut ist das Mark unserer Ehre: Wer das deutsche Blut besudelt, schaltet sich selbst aus der Volksgemeinschaft aus."

Und ähnlich die Betriebszeitung der Firma F.M. Hämmerle in Dornbirn: „Wir müssen uns darüber klar sein, daß wir es hier mit primitiven Menschen aus dem Osten zu tun haben. (...) Es gibt Deutsche, in denen das anfänglich armselige Äußere dieser Menschen aus dem Osten ein tiefes Mitgefühl hervorgebracht hat. Sie möchten daher die Ostarbeiterinnen ganz besonders in ihre Obhut nehmen, ja vor lauter Gefühlsduselei diesen Lebensmittel und sonstiges, das sie sich von ihrem eigenen Munde absparen, zustecken. Das ist vollkommen falsch."[233]

Das ist die durchgängige Strategie: Mitgefühl wird als Schwäche und Zuneigung als „Rassenschande“ diffamiert. Der Rassismus wird staatlich verordnet. So gelingt es, dass sich ein großer Teil der Bevölkerung gegenüber den ZwangsarbeiterInnen ablehnend oder gleichgültig verhält.

Es sind in der Hauptsache einheimische Frauen, denen die Nationalsozialisten trotz aller Belehrungen und Drohungen die „Gefühlsduselei“ nicht ganz austreiben können. Eine Reihe von ihnen wird wegen kleiner Gefälligkeiten und Gesten der Menschlichkeit zu Haftstrafen verurteilt. Mindestens acht Vorarlbergerinnen werden „wegen verbotenem Umgang mit Fremdarbeitern“ in Konzentrationslager eingeliefert.[234] Dafür braucht es keinen intimen Umgang: So wird eine Kellnerin aus Bludenz ins KZ Ravensbrück deportiert, weil sie an Fremdarbeiter Getränke ausschenkt.

Am schwersten lässt sich die „Rassentrennung“ in der Landwirtschaft durchsetzen. Zwar gibt es immer wieder Kontrollen, ob die den Bauern zugeteilten OstarbeiterInnen nicht am Familientisch essen oder ja nicht zu komfortabel wohnen. Aber die gemeinsame Arbeit schafft mehr Vertraulichkeit, als den Nationalsozialisten recht ist. Doch auch Landwirte traktieren OstarbeiterInnen mit Schlägen oder leisten sich sexuelle Übergriffe. In Hohenweiler erhängt sich der junge russische Zwangsarbeiter Boris Sedlacek im November 1944 in der Tenne „seines“ Bauern.[235]

Alles, was das harte Los der ZwangsarbeiterInnen angenehmer machen könnte, ist strafbar. Eine Frau aus Bludenz wird zu einer mehrmonatigen Haftstrafe verurteilt, weil sie den russischen Bahnarbeitern aus dem Zug ein paar Äpfel zuwirft. Ein junger Mann aus Kennelbach wird auf der Stelle zum Militär eingezogen, weil er einem polnischen Arbeitskollegen Zigaretten schenkt. In Egg im Bregenzerwald lässt die Gestapo eine ganze Familie verhaften, weil diese an einem Sonntagnachmittag

In der Hutfabrik Egg werden ab 1943 elektrische Schalter für Heeresgeräte hergestellt; in der Hauptsache von ukrainischen Zwangsarbeiterinnen, die im Vinzenzheim untergebracht sind.

Eine russische Zwangsarbeiterin in einem Vorarlberger Rüstungsbetrieb im Jahre 1944. Die Kennzeichnung muss auch während der Arbeit sichtbar getragen werden.

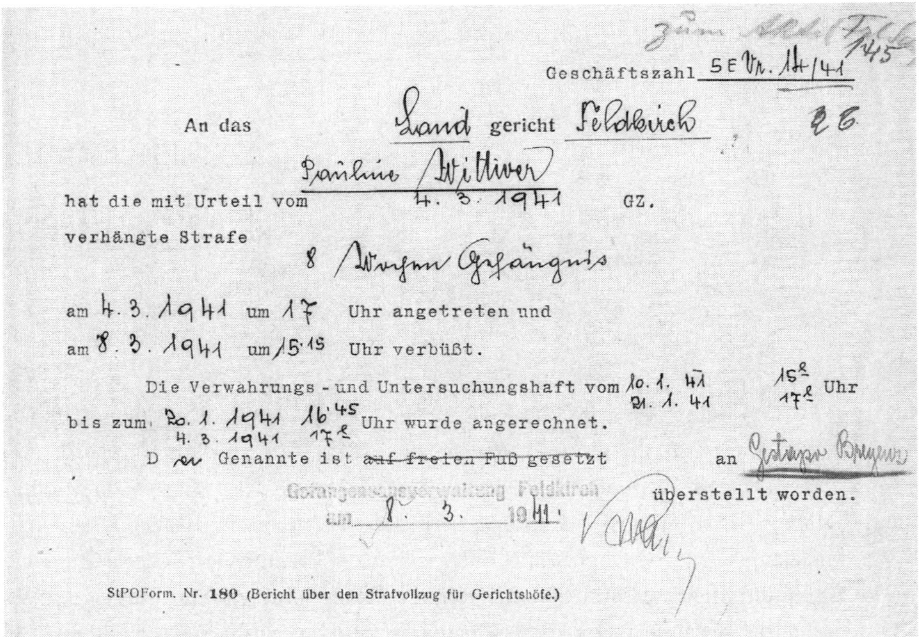

Geschäftszahl 5 E Vr. 14/41

An das Land gericht Feldkirch

Pauline Wittwer

hat die mit Urteil vom 4. 3. 1941 GZ.

verhängte Strafe

8 Wochen Gefängnis

am 4. 3. 1941 um 17 Uhr angetreten und

am 8. 3. 1941 um 15.15 Uhr verbüßt.

Die Verwahrungs - und Untersuchungshaft vom 10. 1. 41 15 Uhr / 21. 1. 41 17 Uhr

bis zum 20. 1. 1941 16.45 / 4. 3. 1941 17 Uhr wurde angerechnet.

D er Genannte ist ~~auf freien Fuß gesetzt~~ an Gestapo Bregenz überstellt worden.

Gefangenenhausverwaltung Feldkirch

am 8. 3. 1941

StPOForm. Nr. 180 (Bericht über den Strafvollzug für Gerichtshöfe.)

Weil die Feldkircher Krankenpflegerin Pauline Wittwer für Kriegsgefangene Kleidung sammelt, lässt die Gestapo sie in das KZ Ravensbrück deportieren.

mit französischen Kriegsgefangenen Lieder singt.[236] Die Beispiele könnten fortgesetzt werden. Es gibt Menschen, die sich ihre Menschlichkeit nicht verbieten lassen. Die Mehrheit aber schaut weg, will das elende Leben und die ungerechte Behandlung der ZwangsarbeiterInnen und Kriegsgefangenen nicht wahrnehmen. Die Behörden, viele Betriebsleiter und ein harter Kern von gläubigen NationalsozialistInnen und überzeugten RassistInnen sorgen aktiv für die Aufrechterhaltung des Zwangssystems. Ein Montafoner Gendarm berichtet nach der Befreiung im Mai 1945 an die französische Besatzungsmacht, es habe „allgemeine Empörung über den Umgang mit Zwangsarbeitern geherrscht, vor allem wenn diese von den Betriebsführern geschlagen wurden“[237]. Das ist, zumindest was die „allgemeine Empörung“ betrifft, eine Schutzbehauptung. Denn Tatsache ist vielmehr, dass die Einheimischen Angst vor der immer größer werdenden Zahl von FremdarbeiterInnen haben. In den Stimmungsberichten der Gendarmerieposten wird davon immer wieder berichtet. Die örtlichen Sicherheitskräfte haben deshalb jede kleinste Unregelmäßigkeit dem Sicherheitsdienst und den Landratsämtern zu melden. Speziell in den Jahren 1943 und 1944 gelten die ZwangsarbeiterInnen für Bevölkerung und Behörden als das größte Sicherheitsproblem. Am 22. Mai 1943 berichtet der Hörbranzer Postenkommandant nach Bregenz: „Das Verhalten der ausländischen Arbeitskräfte ist allgemein etwas frech und bedürfen diese Leute einer intensiven Überwachung.“ Und am 23. November 1944: „Unter den fremdländischen Arbeitskräften sind die Ostarbeiter(innen) die anspruchslosesten und in der Arbeitsleistung die Besten.“[238] Zugleich warnt er aber vor einer

Wegen „Nichterfüllens der Arbeitspflicht“ können die ausländischen Arbeitskräfte auf Veranlassung der lokalen Gestapo in das „Arbeitserziehungslager“ Reichenau in Innsbruck eingewiesen werden. Das von der SS geführte Lager dient zur Abschreckung und Disziplinierung der Zwangsarbeiter.

weiteren Aufstockung der fremden Arbeiterschaft; und damit scheint die allgemeine Stimmung ziemlich treffend beschrieben.

Die junge Ukrainerin Nadja Revjenko wird 1943 zu F. M. Hämmerle zwangsverpflichtet. In einem späteren Brief an eine Dornbirner Arbeitskollegin erinnert sie sich daran, „wie wir gemeinsam über die Hitler-Idioten geschimpft“ haben.

Wehren sich die ZwangsarbeiterInnen und Kriegsgefangenen?

Von organisierter Gegenwehr gegen die rücksichtslose Behandlung ist wenig bekannt. Mehrfach verweigern aber ganze Gruppen von französischen und italienischen Arbeitern die Weiterführung der Arbeit, weil Versprechungen hinsichtlich Bezahlung und Verpflegung nicht eingehalten werden. Auch ihnen gegenüber, die in der Regel weniger schlecht behandelt werden als die OstarbeiterInnen, wird ab 1943 – nach der Wende des Krieges durch die deutsche Niederlage bei Stalingrad – der Ton weiter verschärft.

Im Laufe der Jahre finden sich unterschiedliche Formen von Widersetzlichkeiten gegen schlechte Behandlung, hohen Arbeitsdruck und das Eingesperrtsein. Bei den einheimischen ArbeiterInnen sehen die OstarbeiterInnen, wie man mit verlängerten Klopausen und anderen Unterbrechungen den langen Arbeitstag entschärfen kann. Etliche ZwangsarbeiterInnen werden dem Arbeitsamt oder gleich der Gestapo gemeldet, weil sie „frech“ seien, den Anordnungen der Meister nur ungenügend nachkommen oder das vorgeschriebene Arbeitstempo nicht einhalten. Nicht wenige verlassen ihren Arbeitsplatz und suchen sich eigenständig einen besseren. Dagegen wehren sich die Arbeitgeber besonders heftig, die Arbeitsämter jedoch weniger. Sie können durch Neuzuweisungen ihre Macht gegenüber den Unternehmern demonstrieren.

Neben individuellen Widersetzlichkeiten kommt es in einigen Fällen auch zu organisierten Aktionen. Mehrmals werden ganze Gruppen von ZwangsarbeiterInnen aus einem Betrieb oder einem Lager in Gestapohaft genommen – wegen gemeinsamer Fluchtversuche, wegen Bedrohung eines schikanösen Meisters oder Diebstahls von Lebensmitteln.[239]

In verschiedenen Betrieben kommt es auch zu Sabotagehandlungen. Der Leiter einer Illwerke-Baustelle in Tschagguns beklagt sich bei Gericht über laufende „Betriebsstörungen", indem beispielsweise Schmiermittel mit Sand durchsetzt würden.[240]

Gegen Kriegsende scheint in Bregenz eine organisierte Widerstandsgruppe von russischen ZwangsarbeiterInnen zu existieren, die schließlich auch bei der Rückführung in die Heimat mitwirkt. Die Möglichkeiten eines wirklichen Widerstands sind allerdings sehr beschränkt, da die Behörden jedes Aufbegehren bis zuletzt rücksichtslos verfolgen.

Als es in den ersten Maitagen des Jahres 1945 – die Nationalsozialisten sind schon größtenteils macht- und kopflos und die französischen Behörden noch nicht etabliert – in Bregenz zu Plünderungen kommt, will man im Nachhinein die Zwangsarbeiter und Kriegsgefangenen dafür verantwortlich machen. Doch Einheimische sind in weit größerem Stil – nämlich mit Pferd und Wagen – an der Ausräumung von Geschäften und Magazinen beteiligt. Der einzige Plünderer, der erschossen wird, ist ein Wehrmachtssoldat aus Hamburg, der kurz zuvor einem Bregenzer Lazarett in Zivilkleidern entflohen ist.[241]

Die der NS-Herrschaft entledigten VorarlbergerInnen sind sich in diesen Tagen jedenfalls einig, dass die sofortige Fortschaffung von etwa 10.000 ZwangsarbeiterInnen und Kriegsgefangenen dringlich ist. Der Schweizer Konsul in Bregenz erfährt in den Nachkriegsjahren höchste Anerkennung, weil er zusammen mit der französischen Besatzung die Ausschleusung der nun als Bedrohung empfundenen FremdarbeiterInnen über die Schweizer Grenze organisiert. Mit dieser Abschiebungsaktion verschwindet nicht nur eine als bedrohlich empfundene Masse fremder Arbeiterinnen und Arbeiter, sondern weitestgehend auch die Erinnerung an dieses dunkle Kapitel neuzeitlicher Sklavenhaltung.

Menschengeschichten

Nadeshda Iwanowna: Zwangsarbeiterin in Dornbirn

Das vorrangige Kriegsziel des nationalsozialistischen Regimes in Osteuropa war die der Eroberung folgende wirtschaftliche Ausbeutung. Der Ukraine ist die Rolle einer Kolonie zur Lieferung von Lebensmitteln und Arbeitskräften zugedacht. Der „Generalplan Ost“ sieht eine allgemeine Arbeitspflicht für alle arbeitsfähigen Menschen der besetzten Länder vor, bei gleichzeitigem Ausschluss von allen Bildungsmöglichkeiten. Die Abwertung ganzer Völker zu Arbeitskräften für Deutschland wird rassistisch begründet. Die „höherwertige Rasse“ habe das Recht, sich die „minderwertigen“ Völker dienstbar zu machen.

Auf der praktischen Ebene geht es darum, die Ernährung für die riesige deutsche Wehrmacht sicherzustellen. Deshalb soll die landwirtschaftliche Produktion gesteigert werden und in erster Linie die Bedürfnisse der Besatzer abdecken. Die Bevölkerung der besetzten sowjetischen Gebiete wird rücksichtslos dem Hunger preisgegeben. Vor allem die „Ernährungs-Zuschussgebiete“, so nennt die Nazibürokratie die größeren Städte und Industrieregionen, sollen ausgehungert werden. Der Landbevölkerung wird eine minimale Selbstversorgung zugestanden. Allein in Charkiw, der zweitgrößten Stadt der Ukraine, fordert der Hungerwinter 1941/42 Zehntausende von Opfern. Den Hungertod von Millionen Menschen nehmen die Strategen des Vernichtungskrieges bewusst in Kauf. Die ausgehungerten StadtbewohnerInnen versuchen auf dem Land zu Nahrungsmitteln zu kommen. Für Frauen mit Kindern und ältere Menschen sind diese oft weiten „Hamstergänge“ zumal im Winter unsäglich beschwerlich. Viele erfrieren auf dem Weg in die Dörfer. Aber auch dort gibt es aufgrund der vorausgegangenen Ablieferungspflicht der Stalin-Diktatur wenig zu holen.

Vom Hunger getrieben

Die von den Besatzungsbehörden angebotene „Erntearbeit“ für einen Sommer in Deutschland erscheint deshalb dem hungernden Teil der ukrainischen Bevölkerung durchaus attraktiv.

Auch die 14-jährige Nadeshda Iwanowna aus Rowenki in der Ostukraine lässt sich anwerben und „freiwillig“ dienstverpflichten. Die deutschen Anwerber versprechen dem Mädchen eine deutlich bessere Verpflegung als in ihrer Heimat und zudem eine ordentliche Versorgung der zurückbleibenden Angehörigen. Wie viele andere lässt auch sie sich vom leeren Magen und von jugendlicher Neugier leiten – und von der nationalsozialistischen Propaganda blenden, die ein völlig verzerrtes Bild der Arbeits- und Lebensbedingungen der „OstarbeiterInnen“ in Deutschland zeichnet. Die Zahl dieser „Freiwilligen“ für den Reichseinsatz nimmt allerdings rasch ab, als sich herausstellt, dass die Versprechen der deutschen

Anwerber nicht eingehalten werden, weder gegenüber den Angehörigen und schon gar nicht gegenüber den Verpflichteten.

Nachrichten über die katastrophalen Lebensbedingungen der OstarbeiterInnen im Deutschen Reich verbreiteten sich schnell unter der Bevölkerung in den besetzten Gebieten. Bereits im April 1942 berichtet die „Wirtschaftsinspektion Süd", dass Arbeitskräfte für das Reich fast nur noch mit Hilfe der lokalen Polizei, also zwangsweise, rekrutiert werden können.

Auch Nadeshda Iwanownas Erwartungen werden bitter enttäuscht. Doch über ihre Erfahrungen als Zwangsarbeiterin im „Feindesland" kann Nadeshda Iwanowna nach ihrer Rückkehr nach 1945 nur im engsten Familienkreis sprechen: Denn ehemalige ZwangsarbeiterInnen, die in ihre Heimat zurückgekehrt sind, haben unter ihrer Verschleppung ins „Dritte Reich" ein Leben lang zu leiden. Sie werden in der Sowjetunion als Menschen zweiter Klasse behandelt, weil die Behörden ihnen vorwerfen, für die Feinde der Sowjetunion gearbeitet zu haben. Dass dies unter Zwang geschehen ist, spielt dabei keine Rolle.

Fabrikarbeit statt Ernteeinsatz

Nach einer strapaziösen und langen Zugfahrt kommt die Gruppe ukrainischer Frauen und Mädchen, unter denen sich Nadeshda Iwanowna befindet, im Frühsommer 1942 in Dornbirn an. Zwar erhalten sie bei der Ankunft eine Mahlzeit, doch das, was danach folgt, hat mit den Versprechungen und Erwartungen nichts mehr gemeinsam. Vom Zug weg werden sie sofort – statt zu den erwarteten Bauern – in ein Lager verbracht, das umzäunt ist und von Hunden bewacht wird. Am darauf folgenden Tag werden sie in die Fabrikarbeit eingewiesen. Nadeshda Iwanowna landet in der Textilfabrik „Herrburger & Rhomberg". Verglichen mit der Armut und dem Hunger zu Hause lassen sich die ersten Wochen gar nicht so schlecht an.

Nadeshda Iwanowna, verheiratete Schuralewa, Rowenki 2008.

Doch sehr bald herrscht reiner Zwang, geprägt von harter Fabrikarbeit, durchgehendem Freiheitsentzug, beengtem Lagerleben und knappen Essensrationen. Aus dem abgemachten dreimonatigen Ernteeinsatz werden drei Jahre Fabrikarbeit und ein Leben hinter Stacheldraht.

Weil sie „spurt", bleibt ihr das Schicksal mancher ihrer Arbeitskolleginnen erspart. Denn Ostarbeiterinnen, die das erwartete Arbeitspensum nicht erfüllen, den zugewiesenen Arbeitsplatz verlassen oder gegen eines der Sklavengesetze verstoßen, werden ins „Reichsarbeitserziehungslager" Jenbach oder direkt in ein Konzentrationslager deportiert.

Die Erinnerungen von Nadeshda Iwanowna an ihre Dornbirner Zeit kreisen auch viel später immer noch um den Hunger, der ein ständiger Begleiter der jungen Menschen ist. Einmal habe ihnen der Bruder des Chefs mit Erschießen gedroht, da sie nach der Arbeit auf dem firmeneigenen Kartoffelfeld einen Eimer mit Kartoffeln mit ins Lager genommen hätten. Erst als der Chef seinem Bruder erklärt habe, das sei von ihm erlaubt worden, habe sich der Aufgebrachte beruhigt.

Ab und zu hätten ihnen einheimische Frauen beim Schichtwechsel ein Stück Brot an einer Maschine zurückgelassen. An den einzelnen Maschinen arbeiten abwechselnd eine einheimische Arbeiterin und eine aus dem Osten. So können die Qualität und das Arbeitstempo besser vorgegeben und kontrolliert werden.

Späte Anerkennung

Dass die Republik Österreich – spät aber doch – im Jahre 2000 das Gesetz über die Errichtung des „Fonds für Versöhnung, Frieden und Zusammenarbeit" beschlossen hat, bedeutet für Nadeshda Iwanowna und ihre LeidensgenossInnen aus der Zeit der Zwangsarbeit eine späte Genugtuung und eine kleine finanzielle Entschädigung. Einer Einladung nach Dornbirn, arrangiert vom Projekt „Brücken schlagen", kann sie aus gesundheitlichen Gründen nicht mehr nachkommen. Ihr Wunsch, Dornbirn unter erfreulicheren Umständen noch einmal zu sehen, geht nicht mehr in Erfüllung.

Quellen:
Werner Bundschuh, „Ich möchte Dornbirn noch einmal sehen". Wunsch der ukrainischen Zwangsarbeiterin Nadeshda Schuralewa/Iwanowna, in: Dornbirner Schriften 27 (2000), S. 10–112.
Werner Bundschuh/Margarethe Ruff: Projekt „Brücken schlagen – ehemalige Zwangsarbeiter und Zwangsarbeiterinnen aus der Ukraine zwischen Rückkehr und neuer Heimat." Unveröffentlichter Forschungsbericht für den Zukunftsfonds der Republik Österreich (2008).

Nikolaus Telischko: Zwangsarbeit ohne Pensionsanspruch

Im Rahmen des nationalsozialistischen „Ausländereinsatzes" werden mehr als 12 Millionen Menschen aus den von Hitlerdeutschland eroberten Gebieten als Arbeitskräfte nach Deutschland gelockt oder deportiert. Das ist in der Geschichte der größte und in dieser Form einmalige Einsatz von Menschen zur Zwangsarbeit. Die rassische Einstufung durch die Sklavenhalter bestimmt den Grad der Unterdrückung. Menschen aus Polen und der Sowjetunion rangieren dabei an letzter Stelle und werden an der Kleidung mit P oder OST gekennzeichnet.

In Vorarlberg arbeiten nahezu 15.000 meist junge Menschen aus den eroberten Gebieten – die Hälfte davon auf den Montafoner Großbaustellen der Illwerke.

Aus der Schule geholt

Einer davon ist Nikolaus Telischko. Geboren am 22. Dezember 1925 in der zentralukrainischen Kleinstadt Horodyska, erlebt er als Kind die Hungersnot, die mit der stalinistischen Kollektivierung der Landwirtschaft verbunden ist. Ein Jahr vor seinem Schulabschluss gerät der einzige Sohn der Familie Telischko in die Maschinerie der deutschen Rekrutierung von Arbeitskräften. Schulbildung ist für slawische Menschen nach der deutschen Besetzung der Ukraine nicht mehr vorgesehen. Alle über 14-Jährigen haben sich bei den sofort eingerichteten Arbeitsämtern zu melden. Wer schon eine Arbeit hat, erhält ein grüne Karte, wer keine hat, eine rote. Am 6. Mai 1942 müssen sich jene, die eine rote Karte haben, am Bahnhof einfinden. Der Transport, mit dem nun Nikolaus Telischko ins Deutsche Reich verbracht wird, umfasst 140 Jugendliche, darunter vier Mädchen. Dreizehn Tage sind die jungen Leute in einen Waggon eingesperrt, ehe sie in Wörgl/Tirol entladen und entlaust werden. Dann geht es weiter ins Montafon. Als die Gruppe in Silbertal ankommt, ist das für sie vorgesehene Lager noch nicht fertiggestellt. Einen Monat lang werden die jungen Ukrainer in einem Stall untergebracht, ehe sie das Lager beziehen können. Hier sind nun 270 Zwangsverpflichtete einquartiert. Einige von ihnen sind erst 14 Jahre alt, weinen viel, weil sie Heimweh haben und die herzlose Behandlung durch die Lagerleitung nicht verstehen können.

„Aufbaulager" Silbertal

Nikolaus Telischko wird auf verschiedenen Baustellen eingesetzt, hauptsächlich beim Bau von Güterwegen. Es ist verboten, das Lager zu verlassen und mit Einheimischen Kontakt aufzunehmen. Der junge Bauarbeiter ist öfters krank; er hat Abszesse, die immer wieder aufbrechen. Alle im Lager leiden ständig an Hunger. Wer Glück hat, kann hin und wieder bei Bauern arbeiten und dort zusätzliche Lebensmittel erhalten. Die tägliche Essensration besteht in der Regel aus einer braunen Flüssigkeit, die als Kaffee bezeichnet wird, einem Wecken Brot für vier Personen, mittags Kraut, später nur noch Futterrüben. Ab und

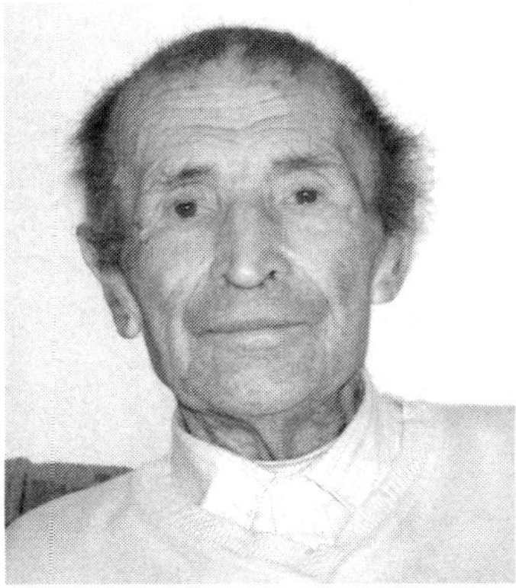

Nikolaus Telischko, Silbertal 2011

zu schickt die Mutter etwas Tabak, dafür lässt sich Brot eintauschen.

Nach den leidvollen Erfahrungen der ersten Monate im Lager versucht eine erste Gruppe zu flüchten. Sie wollen heim, ohne eine Vorstellung davon zu haben, wie weit sie von ihrer ukrainischen Heimat entfernt sind. Einer stürzt bereits am Kristberg in ein Tobel und ist tot, die anderen werden bald festgenommen und ins „Arbeitserziehungslager Reichenau" in Innsbruck eingeliefert. Hier soll die SS den Ostarbeitern „deutsche Disziplin" beibringen, und sie tut das mit der Grausamkeit der KZ-Wächter. Einem jungen Ukrainer wird eine sexuelle Annäherung an die Bäuerin, bei der er arbeitet, unterstellt. Er wird dafür in Dachau umgebracht. Eigentlich wollen ihn die nationalsozialistischen Behörden im Montafon öffentlich hängen, aber der Silbertaler Bürgermeister wehrt sich dagegen, weil er einen Aufstand der zahlreichen Zwangsarbeiter fürchtet.

Einer von Telischkos Freunden im Lager ist Petrow Palamartschk. Er wird eines Tages aus dem Lager geholt und schließlich im KZ Auschwitz zu Tode gebracht.

Neben dem ständigen Hunger ist das Hauptproblem der Zwangsarbeiter die ungenügende Bekleidung im Winter. Viele tragen Erfrierungen davon, an deren Folgen sie ein Leben lang leiden.

Neues Leben im alten Dorf

Als in den ersten Tagen nach der Befreiung im Mai 1945 die Zwangsarbeiter versammelt und möglichst schnell zwecks Rückführung in die Sowjetunion in die Schweiz gebracht werden, liegt Nikolaus Telischko mit einer schweren Mittelohrentzündung im Spital. Und er hat keine Eile, das Spital zu verlassen. Der neue Silbertaler Bürgermeister, bei dem er ab und zu gearbeitet hat, rät ihm, nicht in die Ukraine zurückzukehren. So bleibt Telischko im Dorf. Er heiratet hier und wird 1957 österreichischer Staatsbürger. Besonders in den ersten Jahren begegnet er noch vielfacher Ablehnung. Auch seinen Sohn lässt man das spüren: Der Volksschullehrer lässt „den Russen" beim Fußball nicht mitspielen, er darf nur Ballholer sein.

Eine Demütigung der besonderen Art, die jedoch für den staatlichen Umgang mit Zwangsarbeitern typisch ist, muss Nikolaus Telischko im Jahre 1985 erfahren. Als er um seine Rente ansucht, werden ihm die Jahre der erzwungenen Arbeit nicht angerechnet, obwohl er ein Arbeitsbuch vorlegen kann. Alle Österreicher seiner Generation erhalten natürlich die Soldatenjahre angerechnet, selbst der Einsatz als Mitglied der SS zählt. Als Nikolaus Telischko im Mai 2010 als Zeitzeuge im Vorarlberger Landtag zu Gast ist, betont er, dass diese offizielle Zurücksetzung für ihn eine bleibende Wunde sei.

In den vergangenen Jahren hat Nikolaus Telischko seinen ukrainischen Herkunftsort mehrfach besucht und dort immer wieder ehemalige „Silbertaler" getroffen.

Quellen:
Margarethe Ruff, Um ihre Jugend betrogen. Ukrainische Zwangsarbeiter/innen in Vorarlberg 1942–1945, Bregenz 1996.
Interview von Margarethe Ruff und Werner Bundschuh mit Nikolaus Telischko, Silbertal, 7.10.2011.

Josef Anton King: Geist gegen den Ungeist

Die gesetzlich verordnete Diskriminierung der OstarbeiterInnen können human gebliebene Menschen schwer mit ansehen. Ihnen wirklich zu helfen, trauen sich nur wenige. Der Maturant Josef Anton King aus Hörbranz engagiert sich mit seinen besonderen sprachlichen Fähigkeiten für die als ArbeitssklavInnen verschleppten und gehaltenen jungen Menschen aus Osteuropa.

Eine auffällige Begabung

Josef Anton King wird 1922 in eine Bauernfamilie in Hörbranz geboren. Der Vater ist erst 1920 aus der russischen Kriegsgefangenschaft zurückgekehrt und hat neben durchaus dankbaren Erinnerungen einige Brocken Russisch mitgebracht. Die schnappt der interessierte Bub so begierig auf wie alles andere, was es um ihn herum zu erfahren oder zu lesen gibt. Im Dorf wird der gescheite, schmächtige und kurzsichtige Bub bald „Professarle" genannt. Auf Empfehlung des Pfarrers kommt er ins bischöfliche Gymnasium Paulinum in Schwaz/Tirol. Zwar werden seine außergewöhnlichen Geistesgaben auch dort schnell erkannt, unter den Gleichaltrigen zählen aber andere Qualitäten mehr. King ist als Lernhelfer mehr gefragt denn als Freund. Während die meisten anderen ums schulische Fortkommen und sportliche Erfolge kämpfen, beschäftigt sich King mit Radiotechnik und Fremdsprachen.

Nach der Besetzung Österreichs im März 1938 werden die konfessionellen Schulen – auch das Paulinum – aufgelöst. So kommt King mit einigen anderen Vorarlbergern an das Bregenzer Gymnasium. Ergänzend zu den Noten gibt es in der nationalsozialistischen Oberschule „eine allgemeine Beurteilung des körperlichen, charakterlichen und geistigen Strebens und Gesamterfolges". Bei Josef A. King lautet dieses Urteil nach dem ersten Jahr in Bregenz: „Körperlich recht ausdauernd; aufrichtig und pflichtbewusst; sehr begabt und vielseitig interessiert."[242] Damit sind seine wesentlichen Eigenschaften und Fähigkeiten zwar unzureichend, aber treffend beschrieben.

Auch im Bregenzer Gymnasium ist King eher ein Außenseiter: heimlich bewundert zwar für seine geistigen Fähigkeiten, aber eben doch anders als seine städtischen Klassenkollegen, die aus feinen Häusern und zum Teil aus großdeutschen Familien stammen. King dagegen ist religiös, schüchtern und irgendwie auch deshalb nicht dazugehörig, weil ihm im wahrsten Sinne des Wortes der Stallgeruch der häuslichen Landwirtschaft anhaftet.

Im Dorf allerdings ist Josef King bestens integriert: Er nimmt am Vereinsleben teil, macht für viele Familien Eingaben und Schriftsätze, wird bei feierlichen Anlässen als Redner engagiert und tritt als gefragter Zitherspieler auf.

Als seine Klasse im März 1941 maturiert, sind neun von vormals 22 Schülern bereits als Soldaten an der Front; ihnen wird im Dezember 1940 anstelle der Reifeprüfung die so genannte Reifeklausel erteilt. King ist Klassenbester und hält bei der schulischen Verabschiedung eine lateinische Rede. Nebenher hat er durch Radiohören auch Italienisch und Neugriechisch gelernt.

Josef Anton King (1922–1945)

Sprecher der Entrechteten

Im Sommer 1941 wird auch Josef Anton King in die Wehrmacht eingezogen. Eine Augenentzündung verstärkt aber seine Kurzsichtigkeit. Und sein älterer Bruder fällt als Soldat an der Ostfront. So wird er aus dem Militärdienst entlassen und für die elterliche Landwirtschaft „uk“ (unabkömmlich) gestellt.

Ab Mai 1942 werden junge Menschen vor allem aus den eroberten Ostgebieten zur Deckung des Arbeitskräftebedarfs in Deutschland zwangsrekrutiert. Auch in Vorarlberg werden in Industrie, Baugewerbe und Landwirtschaft zunehmend so genannte OstarbeiterInnen eingesetzt. Dazu werden Lager angelegt, in denen die meist jungen ZwangsarbeiterInnen wie Gefangene untergebracht sind.

Der einheimischen Bevölkerung wird befohlen, sich gegenüber den Menschen aus den Ostgebieten abweisend und diskriminierend zu verhalten. Wer mit OstarbeiterInnen freundschaftlich verkehrt und mehr, als zu Arbeitszwecken nötig ist, spricht, macht sich strafbar. Aber nicht alle VorarlbergerInnen lassen sich ihren anerzogenen Anstand und ihre Menschlichkeit verbieten.

Noch schärfer verfährt der staatliche Verfolgungsapparat mit den FremdarbeiterInnen selbst. Sie werden für kleinste Übertretungen der diskriminierenden Vorschriften oder nicht entsprechende Arbeitsleistung hart bestraft.

Für die Polizei bedeutet die Durchsetzung der Arbeitsdisziplin einen immensen Aufwand. Die Gestapo Bregenz ist für die zahlreichen Verhöre der slawisch sprechenden Menschen personell nicht vorbereitet. In dieser „Not“ erfährt die Gestapo vom örtlichen Gendarmen, der King dann und wann als Übersetzungshilfe ruft, von dem sprachbegabten Maturanten. Auf Kings Sterbebildchen vermerken die Eltern, er sei „neunsprachiger Dolmetscher“ gewesen. Gelernt hat er die Sprachen durch den „verbotenen Umgang“ mit den ZwangsarbeiterInnen, die etlichen Hörbranzer Bauern als Arbeitskräfte zugewiesen sind. King interessiert sich für deren Leben und Sprache.

Im Innern des Terrorapparats

So kommt es, dass Josef Anton King im Jahre 1943 zur Bregenzer Gestapo als halbtags arbeitender Dolmetscher und Briefzensor dienstverpflichtet wird. Die Tätigkeit bereitet ihm schwerste Gewissenskonflikte. Während er in seiner offiziellen Funktion immer häufiger an Vernehmungen teilzunehmen hat, wird er privat immer vertrauter mit den jungen Menschen aus Osteuropa. Viele Sonntagnachmittage verbringt er im Ostarbeiterlager der Firma Dornier in Lindau-Rickenbach. Zugang verschafft er sich, indem er sich einen so genannten Ostarbeiterstern auf seinen Mantel näht. Im Lager erfährt er Wertschätzung und wird gebraucht. Am meisten interessieren sich die Weggesperrten für Nachrichten von Auslandssendern. King, der Radioexperte, findet alle Sender, hört und versteht sie.

Lange Zeit ahnt die Gestapo nicht, dass sie einen politisch Oppositionellen und Freund der diskriminierten FremdarbeiterInnen als Dolmetscher im Hause hat, der die Aussagen der Verhafteten zu ihren Gunsten „verbessert".

Bei seinen Lagerbesuchen kommt er ganz offensichtlich auch mit einer russischen Widerstandsgruppe in Verbindung. Wahrscheinlich mit Kings Hilfe werden Flugblätter hergestellt, in denen die aus der Sowjetunion stammenden ArbeiterInnen über die militärische Wende informiert und zu Sabotageakten ermutigt werden. Die in Bregenz in einem Haushalt beschäftigte Ukrainerin Sina S. legt ein solches Flugblatt, das sie von King erhalten hat, einem Brief an eine Landsfrau in Bayern bei. Der dicke Brief fällt auf, wird von der Münchner Zensurstelle geöffnet und die Absenderin kurz darauf in Bregenz verhaftet. Unter schwerer Folter werden ihr offensichtlich Informationen über die Herkunft des Flugblatts abgepresst. Danach wird sie in ein KZ deportiert.

Beseitigung eines Zeugen

Am 6. Juni 1944 wird Josef King in seinem Elternhaus in Hörbranz verhaftet. Die Bregenzer Gestapo überstellt ihn nach Lindau, wo er mit einem Sprung in den See einen dramatischen, aber erfolglosen Fluchtversuch unternimmt. Er weiß nur zu gut, welche Torturen ihm bevorstehen. Von Lindau wird King am 22. Juni 1944 an die Gestapoleitstelle Innsbruck abgegeben. In den monatlichen Briefen, die er von dort an seine Familie schicken darf, sendet er nicht nur beschwichtigende Nachrichten, sondern auch Vorschläge für die Steuererklärung, für die Milchabrechnung und andere betriebliche Notwendigkeiten.

Am 19. Jänner 1945 lässt die Gestapo den „Schutzhäftling" King ins Konzentrationslager Mauthausen deportieren. Nach dem demütigenden und schikanösen Eingangsritual, bestehend aus nacktem Strammstehen auf dem berüchtigten Appellplatz, Ganzkörperrasur, Desinfektion und Eintätowierung der Häftlingsnummer 116189, wird er für die nächsten drei Monate im Block 9 einquartiert. An dieser Österreicher-Baracke ist auf der Außenwand eine große Tafel angebracht. Die Aufschrift preist jene Tugenden, die im Deutschland des 19. Jahrhunderts besonders kultiviert worden sind und die der Nationalsozialismus durch seine Praxis in den Konzentrationslagern in zynischer Weise pervertiert hat: „Es gibt einen Weg in die Freiheit. Seine Meilensteine heißen Gehorsam, Fleiß, Ordnung, Sauberkeit, Ehrlichkeit, Opfermut und Liebe zum Vaterland."

Am 18. April 1945 wird Josef Anton King mit „unbekanntem Bestimmungsort" verlegt. Das heißt, er wird über Auftrag der einweisenden Gestapostelle in den Lagerarrest überstellt. Damit gehört er zu einer Gruppe von 300 bis 400 österreichischen Häftlingen, die angesichts der näher rückenden Alliierten über Auftrag der Gestapo liquidiert werden, da sie entweder als „aufbauwillige Kräfte oder Geheimnisträger" gelten. Zweifellos hätte King nach dem Ende der nationalsozialistischen Herrschaft einiges über die Praktiken der Gestapo und der SS zu berichten gewusst.

Nach der Befreiung im Mai 1945 ist es den Eltern nicht möglich, Auskunft über das Schicksal ihres Sohnes zu erhalten. Sein Tod ist weder in den Lagerakten noch im Standesamt von Mauthausen verzeichnet. Der Vater begibt sich deshalb unter schwierigsten Umständen im Sommer 1945 persönlich nach Mauthausen. Dort erfährt er vom amerikanischen Lagerkommandanten, dass „der politische Häftling Josef Anton King" am 24. April 1945, also wenige Tage vor dem Eintreffen der Befreier, hingerichtet und seine Leiche verbrannt worden sei.

King hat der Barbarei tätige Menschlichkeit entgegenzusetzen versucht. Das ist im Verständnis der nationalsozialistischen Staatsterroristen ein Verbrechen gewesen – und ein besonderes noch dazu, weil er seine Sprachbegabung und seine Zuwendung den Hilflosesten, den als ArbeitssklavInnen Gehaltenen und Diskriminierten, angedeihen hat lassen.

Josef Anton King hat das Risiko seines Engagements gekannt, und er ist es eingegangen, weil er dort hilfsbedürftige Menschen sieht, wo die meisten anderen wegschauen. Er macht mit seinen außergewöhnlichen Fähigkeiten nicht Karriere, sondern setzt sie dort ein, wo keine öffentliche Anerkennung zu erwarten ist. Er wagt Menschlichkeit in der Barbarei. Erst viel später, in den 1980er Jahren, wird die selbstlose Größe des Bescheidenen offenkundig.

Quelle:
Meinrad Pichler, Der Vorzugsschüler im Widerstand. Gelebte Humanität, praktiziertes Christentum: Josef Anton King (1922–1945) aus Hörbranz, in: Meinrad Pichler, Quergänge, Hohenems 2007, S. 238–251.

Widerstand und Widersetzlichkeit

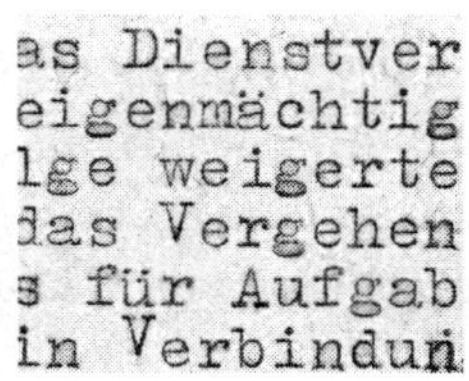

Was ist und wer leistet Widerstand?

Eine Beschreibung des Widerstandes gegen das NS-Regime ist aus mehreren Gründen problematisch. Auf der einen Seite sind in erster Linie nur jene Widerstandshandlungen aktenkundig, die von der Gestapo aufgedeckt worden sind. Erfolgreiche Aktionen, die kein Aufsehen erregen, bleiben meist unbekannt. Auf der anderen Seite bedeutet nicht jeder oppositionelle Akt Widerstand.

Hier soll der Begriff Widerstand all jene Handlungen umfassen, die aus politischer Absicht gesetzt werden und das Ziel verfolgen, einzelne Vertreter des NS-Systems, Teilbereiche oder das System als Ganzes zu schwächen, zu schädigen oder gar zu beseitigen.

Widerstand und Widersetzlichkeit

Alle anderen Fälle, die von der Gestapo, also der politischen Polizei, verfolgt werden, zählen als Widersetzlichkeit (Resistenz). Sie verstoßen gegen Anordnungen, Forderungen, Gesetze, Zumutungen oder gegen Befehle und Maßnahmen einzelner Vertreter des NS-Systems. Da auch Widersetzlichkeiten Sand ins Getriebe der nationalsozialistischen Zwangsherrschaft bringen, darf ihre Wirkung nicht unterschätzt werden. Die Nationalsozialisten wissen das und gehen deshalb mit abschreckender Härte gegen jegliches oppositionelle Verhalten vor.

Die Gestapo (Geheime Staatspolizei) bildet die zentrale Verfolgungsbehörde für alle Delikte, die „gegen Staat, Partei oder Volk" gerichtet sein könnten. Ihr steht eine ganze Bandbreite an Verfolgungs- und Unterdrückungsmaßnahmen zur Verfügung. Sie reichen von der Verwarnung bis zur „Sonderbehandlung" – das ist die Tarnbezeichnung für Mord.

Die Richter bekommen drei weit auslegbare Paragrafen an die Hand, mit denen sie resistentes Verhalten unterschiedlich scharf verurteilen können: „Heimtücke", „Zersetzung der Wehrkraft" und „Vorbereitung zum Hochverrat". Mit Kriegsbeginn werden diese Möglichkeiten einer politisch dienstbaren „Rechtsprechung" noch um die so genannte Kriegssonderstrafrechtsverordnung erweitert, die das Zivil- und Militärrecht weiter radikalisiert.

Diese Bedrohung durch den Staat zeigt durchaus Wirkung. Sie führt bei vielen Oppositionellen zu einer Abwendung von der Öffentlichkeit, zum Verstummen, zur totalen Vorsicht. Man nennt diese schweigende, äußerlich angepasste, aber im gesicherten privaten Kreis gegnerische Haltung auch innere Emigration.

Doch trotz aller Unterdrückungsmaßnahmen finden sich Menschen, die den Mund nicht halten, wenn sie schreiendes Unrecht erleben; die nicht wegschauen, wo andere in Not oder bedroht sind, oder die sich verweigern, wo die Grenzen ihrer politischen Moral oder ihres Gewissens überfordert werden. Allein die Bregenzer Gestapo dürfte in den sieben Jahren ihrer nahezu unumschränkten Herrschaft an die 10.000 Menschen verhört haben, gut 6.000 lässt sie einsperren. Im Feldkircher Gefängnis sind „gelegentlich bis zu 400 Personen in Haft", obwohl dort regulär nur für insgesamt 141 Häftlinge Platz ist. Zellen, die eigentlich nur für sechs Personen vorgesehen sind, seien zeitweilig mit bis zu 20 Personen belegt, gibt der Gefängnisdirektor 1946 zu Protokoll.[243]

Von den von der Gestapo Verhörten und Inhaftierten bilden die Schweizflüchtlinge und die ZwangsarbeiterInnen zwar die überwiegende Mehrheit, es bleiben aber etwa zweitausend Einheimische, die in unliebsamen Kontakt mit der Gestapo kommen.

Vier Gruppen können festgestellt werden, die sich dem nationalsozialistischen Unrechtsstaat am häufigsten widersetzen: zum einen religiöse Menschen, die ihrem Gewissen und den Grundsätzen ihrer Religion folgen – dazu zählen überzeugte KatholikInnen ebenso wie etwa die Zeugen Jehovas; zweitens Personen mit einer gefestigten

1X

Geschäftszahl 5 E Vr 408/40

Deutschen Volkes !

Im Namen des ~~Bundesstaates Österreich~~!

Der Einzelrichter des Land gerichtes Feldkirch hat

im vereinfachten Verfahren über den vom Ankläger gestellten Antrag auf

Bestrafung de s Josef R h o m b e r g, Sohn des Karl und der Maria geb. Dietrich, geboren am 24.6.1909 in Dornbirn, Landkreis Feldkirch, Reichsangehöriger, kath., verh., Maurer in Altenstadt, Rebberggasse 4,

wegen Vergehens gegen die Verordnung zur Sicherstellung des Kräftebedarfs für Aufgaben von besonderer staatspol. Bedeutung
nach der am 22. 10. 1940

in Anwesenheit des Staatsanwaltes Heim

des Privatbeteiligten =

de s Angeklagten
Josef R h o m b e r g

und des Verteidigers =

durchgeführten Hauptverhandlung

am 22. 10. 1940 zu Recht erkannt:

Der Angeklagte ist schuldig, ~~er~~ habe, obwohl auf Grund der Verordnung zur Sicherstellung des Kräftebedarfs für Aufgaben von bes. staatspolitischer Bedeutung vom 13.2.1939, RGBl. I, S. 206 durch das Arbeitsamt Bregenz am 15.4.1940 in einem besonders kriegswichtigen Betrieb in Varel bei Wilhelmshaven dienstverpflichtet, im Juli 1940 das Dienstverhältnis ohne Zustimmung des Arbeitsamtes gelöst, indem er eigenmächtig von Varel nach Altenstadt zurückkehrte und sich in der Folge weigerte, die Arbeit in Varel wieder aufzunehmen. Er hat hiedurch das Vergehen gegen § 2, Zl. 5 der VO. zur Sicherstellung des Kräftebedarfs für Aufgaben von bes. staatspolit. Bedeutung vom 13.2.1940, RGBl. I, S. 206 in Verbindung ~~Er hat hiedurch das~~ mit der 2. VO. zur Durchführung des Vierjahresplanes vom 5.11.1936, RGBl. I, S. 936, begangen
~~nach §~~ be~~gangen~~ und

wird nach Art. II, Zl. 1 ~~unter Anwendung~~ der letzgenannten Gesetzesstelle

zur Strafe des Gefängnis ~~Kerkers - strengen Arrestes~~ - in der Dauer von
4 1/2 Monaten

gemäß § 369 StPO. ~~zur~~ Zahlung von an

und gemäß § 389 StPO. zum Ersatze der Kosten des Strafverfahrens verurteilt. Auf die Strafe ist nach § 55 a StG. die Verwahrungs- und Untersuchungshaft vom Uhr mittag bis zum

Uhr mittag anzurechnen. Gemäss § 266a StG wird die U.H. vom 27/9 1940, 19.15 Uhr bis 22/10 1940, 10.15 Uhr in die Strafe eingerechnet.

Die Dienstverpflichtungen in norddeutsche Rüstungsbetriebe führen zu zahlreichen Widersetzlichkeiten und Verurteilungen. Mit Kriegsbeginn wird auch bei Gericht gespart: Die österreichischen Drucksorten finden wieder Verwendung.

linken politischen Einstellung; drittens solche, die aus einer tiefen humanitären Haltung für geschundene Mitmenschen eintreten; und schließlich noch die kleine Gruppe von Monarchisten und Konservativen, die trotz großdeutscher Allmacht unbeirrt an Österreich festhalten. Natürlich kann man diese Motivlagen nicht immer voneinander trennen, aber es sind die Richtungen.

In die Verhörräume der Gestapo kommen auch Personen, die mit den kriegswirtschaftlichen Verordnungen in Konflikt geraten: wegen Schwarzschlachtens, Schleichhandels, Devisenvergehen oder Verstößen gegen die Verdunkelungsverordnung. Auch in diesem Bereich gibt es Vergehen, die rein private, aber ebenso politische Ursachen haben können. Dies betrifft beispielsweise die Zwänge in der Arbeitswelt: Fernbleiben vom Arbeitsplatz – ein häufiges Delikt – kann aus privater Unlust resultieren, aber auch eine Form des Protestes sein – etwa wenn jemand einen Rüstungsbetrieb nicht mit seiner Arbeit unterstützen möchte oder wenn jemand gegen die laufende Verschlechterung der Arbeitsbedingungen ankämpft. Auch dem häufig bestraften Abhören von Auslandssendern können unterschiedliche Motive zugrunde liegen.

In vielen Fällen sind die Übergänge zwischen beabsichtigtem politischen Widerstand, Widersetzlichkeit gegen einzelne Maßnahmen des Systems und privater Unzufriedenheit fließend. Auch der Gestapo bleiben die wirklichen Motive trotz Drohungen und Schlägen oft verborgen.

Das katholische Lager

Eine der mutigsten Frauen aus Vorarlberg ist Maria Stromberger (1898–1957): Sie leistet als Krankenschwester in Auschwitz Widerstand und rettet Menschenleben.

Durch die Verfolgungsmaßnahmen der ersten Tage und Wochen nach dem „Anschluss“ gelingt es den Nationalsozialisten, das vordem dominierende katholisch-konservative Lager, vor allem die christlichsoziale politische Elite, nachhaltig einzuschüchtern. Der schweigenden Mehrheit der katholischen Laien fällt das Gehorchen leichter als das Aufbegehren, die „feierliche Erklärung“ ihrer Bischöfe irritiert aber viele.

Etliche engagierte Priester wagen es, zusammen mit Gemeindemitgliedern geheime Pfarrrunden zu organisieren, die der gegenseitigen Ermutigung und dem Zusammenhalt dienen. Nicht Widerstand im engeren Sinne wird dabei geleistet, sondern Bestärkung in Idealen, die zum Nationalsozialismus im Gegensatz stehen, es wird immunisiert gegen die braune Propaganda. Es sind vor allem Jugendliche, die nach einer humanen Alternative verlangen und die politischen Phrasen der ParteigenossInnen durchschauen. Manche werden dadurch später in der Wehrmacht bestärkt, bestimmte Grenzen zum Inhumanen nicht zu überschreiten.

Es sind in der Hauptsache Einzelne, die sich zu ihren christlichen Idealen bekennen und auch in schwierigen Situationen entsprechend handeln – in der Mehrzahl Frauen. Sie sind es, die hungernden FremdarbeiterInnen Essbares zustecken oder Parteifunktionäre zur Rede stellen, deren Handeln sie als ungerecht empfinden. Engagierte

ChristInnen sind es, die hin und wieder mit störenden Bemerkungen die verordnete Einheitsmeinung in Frage stellen: etwa der Bregenzer Gymnasialprofessor Dr. Anton Methlagl, der unter Protest einen Lehrerappell verlässt und die Saaltüre hinter sich zuschlägt.[244] Es sind konservative widerborstige Väter und Mütter, die die Verschickung ihrer Töchter in reichsdeutsche Rüstungsbetriebe verhindern; und es finden sich Menschen, die lieber auf einen beruflichen Aufstieg verzichten als der Partei beizutreten oder die sich von kirchlichen Aktivitäten nicht abhalten lassen, obwohl ihnen mit Nachteilen und Sanktionen gedroht wird.

Dr. Carl Lampert (1894–1944) verteidigt die Kirche gegen die totalen Ansprüche des Gauleiters und wird deshalb hingerichtet.

Wo mutige Priester wirken, ist in der Regel auch das Kirchenvolk weniger eingeschüchtert. Wenn an anderer Stelle festgestellt worden ist, die Leitung der katholischen Kirche Österreichs habe ihr Heil in weitgehender Anpassung gesucht, so trifft das nicht auf Dr. Carl Lampert zu. Geboren 1894 in Göfis, steigt er nach Studien in Brixen und Rom in der kirchlichen Hierarchie 1939 zum Provikar (Stellvertreter) des Innsbrucker Bischofs auf. Damit sind Konflikte mit dem besonders religionsfeindlichen Gauleiter Franz Hofer vorprogrammiert. Lampert protestiert mehrmals gegen Maßnahmen des Tiroler NS-Fürsten oder ignoriert dessen schikanöse Anordnungen. Da es Hofer nicht wagt, den Unbequemen ganz zu beseitigen, wird Lampert 1940 für ein Jahr in den Konzentrationslagern Dachau und Sachsenhausen interniert und nach der Freilassung des Gaues verwiesen. Doch die 1.000 km Entfernung zwischen Stettin, dem neuen Wirkungsort des Provikars, und Innsbruck reichen dem nachtragenden Gauleiter nicht. Er lässt einen Spitzel auf Dr. Lampert ansetzen, der sich in dessen Vertrauen einschleicht und anschließend der Gestapo angeblich belastendes Material liefert. Nach einem Schauprozess wird Dr. Carl Lampert als einziger hochrangiger Priester der katholischen Kirche Österreichs am 13. November 1944 in Halle an der Saale hingerichtet. Bis in den Tod bleibt er in seiner aufrechten christlichen Haltung unbeugsam. 2011 wird er als Glaubenszeuge selig gesprochen.[245]

Der Finanzbeamte Hugo Paterno (1896–1944) wird wegen seiner kritischen „Äußerungen gegen Führer und Staat“ zum Tode verurteilt und 1944 in München-Stadelheim hingerichtet.

KommunistInnen und als „KommunistInnen“ Verfolgte

Die zweite größere Gruppe, auf die sich die Verfolgung durch die NS-Behörden richtet, ist die sozialistische und die kommunistische Linke – wobei die Gestapo alle ehemaligen oder immer noch aktiven Linken pauschal „kommunistischer Umtriebe“ verdächtigt. In den Berichten der Ortsgruppenleiter an die jeweiligen Kreisleitungen ist meist von „den Kommunisten“ die Rede, auch wenn etwa oppositionelle Sozialdemokraten gemeint sind. So meldet etwa der Harder Ortsgruppenleiter im April 1943, „dass die Kommunisten seit dem Fall von Stalingrad unglaublich frech“[246] seien, und erhofft sich Gestapo-Maßnahmen gegen alle Linken.

Die letzten Reste an kommunistischer Parteistruktur, die den austrofaschistischen Verfolgungsbehörden entgangen sind, werden gleich nach dem „Anschluss“ von den Nationalsozialisten zerschlagen. Einige bekannte Kommunisten werden bald nach der

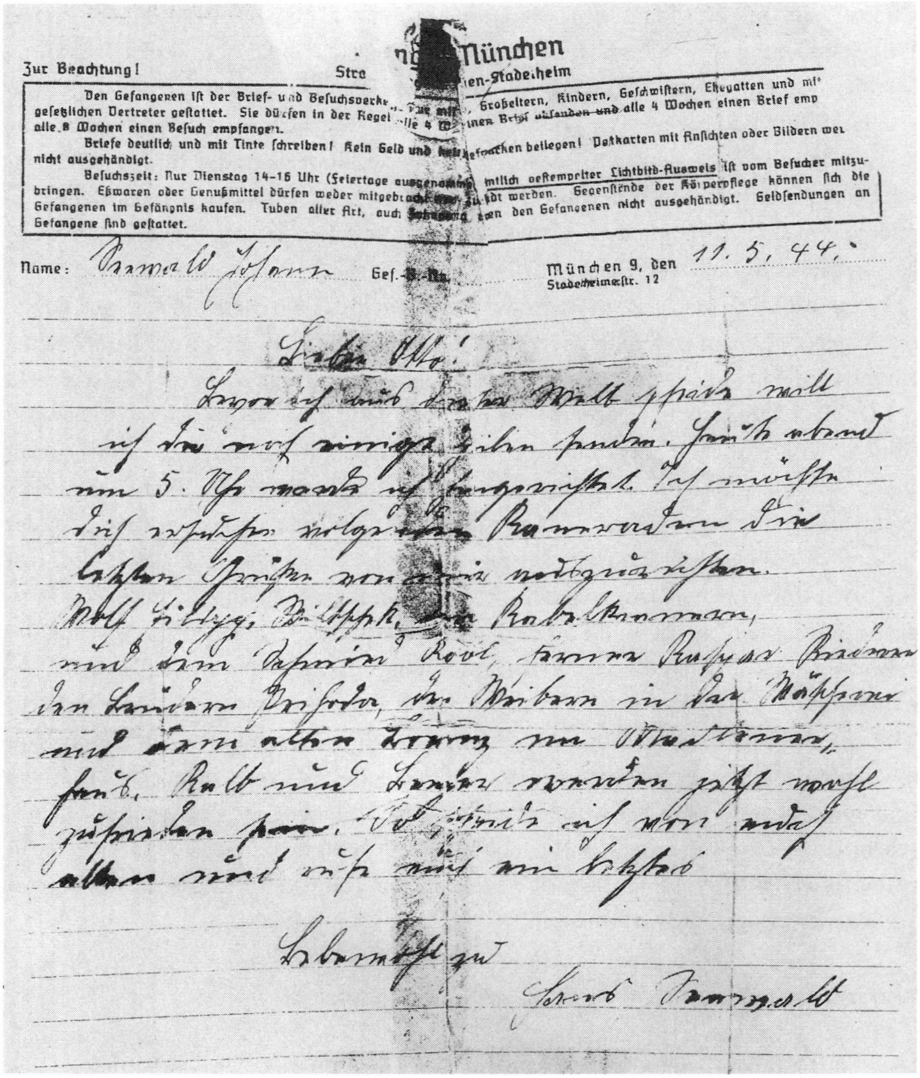

Zur Beachtung!   Stra[...] München
[...]ien-Stadelheim

Den Gefangenen ist der Brief- und Besuchsverkehr [...] mit [...] Großeltern, Kindern, Geschwistern, Ehegatten und mit gesetzlichen Vertreter gestattet. Sie dürfen in der Regel alle 4 Wochen einen Brief absenden und alle 4 Wochen einen Brief emp[fangen] alle 8 Wochen einen Besuch empfangen.

Briefe deutlich und mit Tinte schreiben! Kein Geld und [...] sachen beilegen! Postkarten mit Ansichten oder Bildern werden nicht ausgehändigt.

Besuchszeit: Nur Dienstag 14–16 Uhr (Feiertage ausgenommen) [...] amtlich abgestempelter Lichtbild-Ausweis ist vom Besucher mitzubringen. Eßwaren oder Genußmittel dürfen weder mitgebracht [...] sandt werden. Gegenstände der Körperpflege können sich die Gefangenen im Gefängnis kaufen. Tuben aller Art, auch [...] werden den Gefangenen nicht ausgehändigt. Geldsendungen an Gefangene sind gestattet.

Name: Seewald Johann   Gef.-B.-Nr.   München 9, den 11. 5. 44.
Stadelheimerstr. 12

Abschiedsbrief des Hohenemser Arbeiters Hans Seewald (1894–1944), der wegen „staatsfeindlicher Äußerungen und Verbreitung von Lügennachrichten feindlicher Sender" hingerichtet wird: „So scheide ich von euch allen und rufe euch ein letztes Lebewohl zu." Im zweitletzten Satz gedenkt er seiner Denunzianten auf der Baustelle Obervermunt.

Machtergreifung festgenommen. So etwa der Harder Anton Häfele, der 1943 im KZ Dachau ums Leben kommt. Die Nationalsozialisten finden in den Büroräumen der „Vaterländischen Front" Listen mit „des Kommunismus verdächtigter Personen". Bei ihnen erfolgen daraufhin einschüchternde Hausdurchsuchungen; etliche werden auf die Hochgebirgsbaustellen der Illwerke dienstverpflichtet und so aus ihrem Umfeld herausgerissen.

Die nicht wenigen Personen, die zwischen 1939 und 1945 wegen „kommunistischer Betätigung" oder „kommunistischer Mundpropaganda" verhaftet und verurteilt werden, handeln überwiegend auf eigene Faust und Verantwortung. Sie verhehlen ihre

Der ehemalige Spanienkämpfer Engelbert Böhler (ganz rechts) aus Bregenz muss als Häftling im KZ Dachau bei der Beseitigung der Leichen helfen.

oppositionelle Einstellung nicht, beispielsweise indem sie der NS-Propaganda widersprechen.

Einige versuchen, wenigstens private Kontakte zur gegenseitigen Ermunterung aufrecht zu erhalten. Aber auch das ist gefährlich. So lässt die Gestapo am 27. März 1941 eine ganze Gruppe von Personen aus Dornbirn und Umgebung festnehmen, die sie „kommunistischer Umtriebe" verdächtigt. Einigen von ihnen wird vom Sondergericht Wien am 19. Jänner 1942 der Prozess gemacht. Karl Schoch aus Dornbirn und Karl Kobras aus Hittisau – beide sind bereits 1936 wegen ihrer kommunistischen Gesinnung zu Gefängnisstrafen verurteilt worden – erhalten Strafen von sechs beziehungsweise zwei Jahren Zuchthaus. Schoch wird vom Gericht als Wortführer einer Tischrunde im Gasthaus Kehlerhof in Dornbirn betrachtet, die sich vom Herbst 1938 bis zum Sommer 1939 regelmäßig getroffen hat und die aus Sympathisanten der ehemaligen Kommunistischen Partei (KP) bestanden hat. Zudem wird ihm vorgeworfen, Propaganda und Mitgliederwerbung für die KP betrieben zu haben. Karl Moser und Josef Muik, die von Schoch Broschüren erhalten und das nicht angezeigt haben, werden zu jeweils fünf Monaten Gefängnis verurteilt.

Karl Kobras wird der kommunistischen Mundpropaganda bezichtigt. Auch hat er im Sommer 1940 Briefe an Schoch geschrieben, die das Gericht auf persönliche und politische Beziehungen schließen lassen. Karl Schoch wird im Februar 1942 in das Straflager Rodgau-Dieburg überstellt, Karl Kobras in das Gefangenenlager Zweibrücken. Kurz nach seiner Entlassung wird Karl Kobras im Zusammenhang mit dem Attentat vom 20. Juli 1944 erneut verhaftet. Jetzt wird er ins Konzentrationslager Dachau eingewiesen, wo er bis zur Befreiung durch US-amerikanische Truppen gefangen gehalten wird. Franz Josef Winkel aus Reuthe bei Bezau, ebenfalls bereits 1936 als Kommunist verfolgt, zieht Anfang 1942 den Freitod der drohenden Verhaftung vor.[247]

Mindestens ein Dutzend weiterer VorarlbergerInnen wird von den nationalsozialistischen Verfolgungsbehörden „kommunistischer Betätigung" bezichtigt und zu längeren Gefängnis- oder Lagerstrafen verurteilt.

Der Feldkircher Malermeister Heinrich Reisecker gehört ebenfalls einem kommunistischen Zirkel an, aus dem etliche Mitglieder verhaftet werden, dem es aber Ende 1944 gelingt, mit dem britischen Geheimdienst „Office for Strategic Services" (OSS) in Verbindung zu treten. Zusammen mit konservativen und sozialdemokratischen Aktivisten wird die Gruppe um Reisecker am Kriegsende eine wichtige Rolle spielen.[248]

Gibt es auch Widerstandsgruppen?

Arthur Sohm (1908–1944), Mitglied der Dornbirner Widerstandsgruppe „Aktionistische Kampforganisation", wird in Gusen, einem Außenlager des KZ Mauthausen, zu Tode geschunden.

Neben Menschen, die individuell Widerstand leisten oder widersetzlich sind, lassen sich in Vorarlberg zwei Widerstandsgruppen feststellen. Den NS-Behörden erscheinen sie offenbar sehr gefährlich. Nur so lässt sich ihr unerbittliches Vorgehen gegen alle, die sie im Umkreis dieser Gruppen vermuten, erklären.

Der Dornbirner Schlosser Wilhelm Himmer ist schon in den 1930er Jahren mehrfach mit den Behörden in Konflikt gekommen. Er ist rebellisch und eigensinnig. Seine Frau stammt aus St. Margrethen in der Schweiz. Deshalb erhält das Ehepaar auch nach dem „Anschluss" eine Grenzkarte, die Besuche bei der Schweizer Familie erlaubt. 1939 lernt Himmer in der Schweiz einen Deutschen kennen, der ihn zum Aufbau einer Widerstandsgruppe anregt. Ähnliche Gruppen, so erzählt der Deutsche, gebe es auch andernorts. Himmer wirbt nun etliche Mitglieder für diese Gruppe, die sich „Aktionistische Kampforganisation" (AKO) nennt, an und gibt Richtlinien aus: Jedes Mitglied soll dem Naziregime größtmöglichen Schaden zufügen (von Gegenpropaganda bis zu Anschlägen), Vorhaben der Behörden ausspionieren und eventuelle Gegenmaßnahmen mit der Zentrale koordinieren. Die Mitglieder haben sich gegenseitig zu decken, und Neuaufnahmen sind gründlichst zu überprüfen. Auch die konspirative Vorsicht wird zur Pflicht erhoben – und trotzdem werden diese Anweisungen zu Papier gebracht.

Auch Himmer selbst ist unvorsichtig und hat bei einer Leibesvisitation an der Grenze verschiedene Zettel in seinen Taschen. Doch wird er nach einem Verhör wieder auf freien Fuß gesetzt. Und er macht das, was sich die Gestapo erwartet: Er besucht zwei Kollegen, um sie zu warnen. Am nächsten Tag wird Himmer wieder festgenommen, und die beiden Besuchten ebenfalls. Zwei Jahre dauern nun die Erhebungen der Gendarmerie, die Verhöre, die weiteren Festnahmen durch die Gestapo und die Vorberei-

Überlebende Häftlinge von Konzentrationslagern und Zuchthäusern aus Dornbirn treffen sich im Herbst 1945: 3. von links sitzend Josef Wieland, der als einziger der Dornbirner Gruppe das KZ Mauthausen überlebt hat. Links von ihm Johann Gutensohn, bis Kriegsende im Zuchthaus Amberg. Ganz rechts Resi Sohm, Witwe nach Arthur Sohm.

tung eines Schauprozesses vor dem Volksgerichtshof in Innsbruck. Was die einzelnen Mitglieder bereits an Aktionen durchgeführt haben oder was Himmer seinen Schweizer Interessenten an nachrichtendienstlichen Informationen hat zukommen lassen, kann der Prozess nicht klären. Selbst durch schwerste Verhöre kommt wenig ans Licht. So lebt der Prozess mehr von der Empörung der Richter als von Fakten.

Am 20. März 1942 werden die Urteile gegen Himmer und weitere Angeklagte gefällt: Wilhelm Himmer wird zum Tod verurteilt und am 8. Juli 1942 in Berlin-Plötzensee hingerichtet. Der Dornbirner Chauffeur Arthur Sohm wird zu lebenslanger Zuchthaushaft, Ehefrau Elsa Himmer zu zwölf, der Heizer Josef Wieland zu sieben und der Arbeiter Johann Gutensohn zu fünf Jahren verurteilt.

Verhöre, Hausdurchsuchungen und Misshandlungen durch die Gestapo erschüttern die ebenfalls zum Kreis um Himmer gehörende Musiklehrerin Maria Wieland nervlich derart, dass sie im Herbst 1944 an die Innsbrucker Nervenklinik „abgegeben werden musste". In der Innsbrucker Nervenklinik verschlechtert sich ihr Zustand angeblich so rapide, dass sie im Dezember 1944 stirbt. Es ist anzunehmen, dass sie mit Medikamenten getötet worden ist.

In einem zweiten Prozess in Feldkirch wird ein erweiterter Kreis von Personen, die mit Himmer irgendwann oder irgendwie in Kontakt gestanden sind, verurteilt. Sechs

Männer werden wegen „Nichtanzeigens hochverräterischer Umtriebe“ zu Haftstrafen zwischen einem halben und eineinhalb Jahren verurteilt. Josef Höfel, Eugen Bohle und Hilar Paterno werden der „Vorbereitung des Hochverrats“ für schuldig erkannt und erhalten zwei, drei und 15 Jahre Gefängnis beziehungsweise Zuchthaus. Hilar Paterno wird zudem der „Verbreitung von Lügennachrichten ausländischer Sender“ bezichtigt; auch wird ihm die aktivste Werbetätigkeit für die AKO unterstellt. Arthur Sohm, Hilar Paterno und Josef Wieland werden auf Anordnung der Gestapo anfangs 1944 aus dem Gefängnis Kaisheim ins KZ Mauthausen deportiert. Nur Wieland überlebt die Lagerqual. Josef Höfel wird nach einem Ausbruch aus dem Feldkircher Gefängnis erschossen.[249]

Malermeister Heinrich Reisecker (1891–1983), 1919, 1934, 1935 und 1942 wegen Aktivitäten für die KPÖ inhaftiert; er ist eine der führenden Personen der Feldkircher Widerstandsbewegung.

Die Brutalität, mit der gegen diese Dornbirner Gruppe vorgegangen wird, bleibt für die ganze Zeit des nationalsozialistischen Terrors in Vorarlberg beispiellos. Auch der Hass und die Verachtung, die die Dornbirner Nazis gegenüber den Verurteilten und ihren Angehörigen aufbringen, sind kaum zu beschreiben. Die Dornbirner Hitlerjugend wird nach Appellen mehrmals zum Hause Sohm geführt, um es mit Steinen zu bewerfen. Johann Gutensohn wird noch im Herbst 1945 am Dornbirner Bahnhof von einem Unbekannten angespuckt.[250]

Die zweite nennenswerte Gruppe bildet sich in Feldkirch um den Geologen und Privatgelehrten Johann August Malin. Ihm gelingt es, eine Zusammenarbeit zwischen konservativen und linken Nazigegnern herzustellen – eine Verbindung, die die Nationalsozialisten am meisten fürchten. Zum Kern der Gruppe zählen neben Malin der christlichsoziale Rauchfangkehrermeister Philipp Allgäuer, der Geistliche Rudolf Melk und der Kommunist Heinrich Reisecker. Sie bemühen sich nicht nur um Kontakte zu ausländischen Geheimdiensten, sondern besonders um Leute, die von den Behörden verfolgt werden, um Soldaten, die nicht mehr in den Krieg wollen, und um den Aufbau eines Informationssystems. Malin als der Aktivste kommt 1942 ins Radar der Gestapo. Mit Hilfe einer gedungenen Frau, die sich zu Hilfeleistungen anbietet, wird gegen ihn Belastungsmaterial gesammelt. Außer ihm werden nur wenige verhaftet, und auch im Laufe der Verhöre erfährt die Gestapo von Malin nicht viel. Er selbst wird aber zum Tode verurteilt und am 9. November 1942 in München-Stadelheim hingerichtet. Rudolf Melk kann sich durch einen Selbstmordversuch im Feldkircher Gefängnis einer Deportation entziehen.[251]

Kommt es auch zu Widerstand in der Wehrmacht?

Aus Erzählungen von Zeitzeugen wissen wir, dass viele Soldaten, besonders nach der Kriegswende von 1943, in einer inneren Zerrissenheit leben: Einerseits sehen sie die Inhumanität des Krieges, die sinnlosen Opfer und den Größenwahn ihres obersten Feldherrn, andererseits sind sie gefesselt durch Loyalität gegenüber Kameraden, Gehorsam, Strafandrohungen und kriegerisches Freund-Feind-Denken. Es sind nur wenige, die diesem inneren Zwiespalt ein Ende setzen, indem sie den Kriegsdienst verweigern oder desertieren. Denn mit einer solchen Weigerung sind nicht nur schwere militärische, sondern auch gesellschaftliche Sanktionen verbunden. Die Militärs verfügen über ein erprobtes System zur Verhinderung eigenständiger Entscheidungen von Soldaten: Demütigung vor den Kameraden, Verächtlichmachung als Feigling, harte Bestrafung. Im zivilen Leben folgen Benachteiligungen und nicht zuletzt die Ächtung der Angehörigen. Die Nationalsozialisten erweitern diese Disziplinierungsmethoden noch um die Sippenhaftung.

Rudolf Bodemann aus Dornbirn wird 1942 wegen „Zersetzung der Wehrkraft" im finnischen Parkkina von einem Militärgericht zum Tode verurteilt und standrechtlich erschossen.

Trotz alledem finden sich junge Männer, die dem Militär des NS-Staates den Gehorsam aufkündigen oder von vornherein verweigern. Ernst Volkmann aus Bregenz ist einer jener wenigen, der sich nicht in die Uniform der Hitlerarmee pressen lässt, der lieber stirbt, als andere umbringt, der auf seine innere Stimme und nicht auf die lauten Befehle von außen hört.

Etliche kehren nach Urlauben nicht mehr in die Wehrmacht zurück, weil sie sich mit den Kriegszielen und der Kriegsführung nicht mehr identifizieren können, weil die Kriegswirklichkeit völlig anders aussieht als die Propaganda oder weil sie einfach Angst haben, ihr junges Leben zu verlieren. Besonders in den Vorarlberger Berggebieten gibt es eigensinnige junge Männer, die sich von der Obrigkeit nicht gern herumkommandieren lassen und die die Möglichkeiten haben, sich zu verstecken. Die gefasst werden, haben mit dem Schlimmsten zu rechnen: Tod oder „Frontbewährung" in einer Strafkompanie.

Der Bregenzer Leutnant Dr. Hermann Sinz prangert das sinnlose Opfern von Menschen an der Ostfront an. Er wird vom Feldkriegsgericht „wegen fortgesetzter Zersetzung der Wehrkraft" zum Tode verurteilt. Generaloberst Georg-Hans Reinhardt lehnt das Gnadengesuch mit dem Vermerk „Die Todesstrafe ist geboten" ab. Reinhardt wird 1948 als Kriegsverbrecher zu 15 Jahren Haft verurteilt, aber bereits 1952 frei gelassen.

Ihre vernünftige Haltung wird auch von der Nachkriegsgesellschaft nicht als solche akzeptiert werden. Der militärische Standpunkt, wonach Desertion in jedem Fall ein Verbrechen sei, behält lange Zeit Geltung: Der Dornbirner August Weiß zum Beispiel, der eine Teilnahme am Krieg nicht mit seinem Gewissen vereinbaren kann und deshalb desertiert, wird von den Nazis mit KZ-Haft bestraft und erhält nach dem Krieg gerade deshalb keine Arbeit – „vorbestraft", heißt es in seinem Leumundszeugnis aus dem Jahre 1946.[252] Erwin Müller aus Hohenweiler hält sich zwei Jahre hindurch auf dem Pfänderstock versteckt. Nach Kriegsende wird er im Dorf derart gemobbt, dass er ins Burgenland auswandert.[253] Otto Nöckel aus Doren läuft in aussichtsloser Situation

Martin Lorenz aus Schnifis desertiert aus der Wehrmacht, hält sich mit anderen im Großwalsertal versteckt. Nach seiner Verhaftung wird er zusammen mit Wilhelm Burtscher 1944 in Graz zum Tode verurteilt und hingerichtet.

zu den Russen über und ermutigt per Lautsprecher seine Kameraden, es ihm gleich zu tun; auch er ist nach der Rückkehr ständigen Anfeindungen ausgesetzt.[254] Von ähnlichen Erfahrungen berichtet der Großwalsertaler Deserteur Tobias Studer.[255]

Erst im Jahre 2005 werden die Urteile der NS-Militärjustiz in Österreich per Gesetz aufgehoben und die Deserteure zumindest offiziell rehabilitiert.

Wie sieht die Bilanz der Verfolgung für Vorarlberg aus?[256]

Rund 2.000 VorarlbergerInnen werden zwischen 1938 und 1945 von Gestapo und Justiz wegen politischer Opposition und anderer Formen der Widersetzlichkeit ihrer Freiheit beraubt.

Der größere Teil von ihnen wird nach ausführlichen und bedrohlichen Verhören nach etwa ein bis drei Wochen „Einschüchterungshaft“ wieder entlassen; vielen werden beträchtliche Geldsummen zur Aufbesserung der Sammelbilanz fürs „Winterhilfswerk“ abgepresst; für zahlreiche andere aber ist das Gefängnis in der Bregenzer Oberstadt oder jenes an der Ill in Feldkirch die erste Station eines jahrelangen Leidensweges. Allein das damalige Landgericht Feldkirch verurteilt wegen politischer Delikte im engeren Sinne – besonders nach dem „Heimtückegesetz“ – über 200 Personen. Dazu kommen die Prozesse wegen „Hochverrat“, die in Innsbruck, Wien, München, Berlin und Leipzig stattfinden.

Nachweislich 120 Personen aus Vorarlberg werden in ein Konzentrationslager eingewiesen. Etwa 40 finden dort den Tod, zehn weitere mit hoher Wahrscheinlichkeit.

Insgesamt sind 80 Personen nachgewiesen, die aus politischen Gründen entweder von Gerichten zum Tode verurteilt und hingerichtet, in Konzentrationslagern zu Tode gebracht, im Widerstand und auf der Flucht getötet werden oder sich der KZ- beziehungsweise Gefängniseinlieferung durch Freitod entziehen.

Rund 400 VorarlbergerInnen und Vorarlberger werden Opfer des nationalsozialistischen „Euthanasie-Programms“.

Mehrere tausend ZwangsarbeiterInnen und Schweizflüchtlinge werden von Vorarlberg aus in „Arbeitserziehungslager“, an Militär- oder Sondergerichte oder in Konzentrationslager geliefert.

Die jüdische Gemeinde Hohenems wird ausgelöscht.

Nie vorher ist das Land von einem ähnlichen dichten Netz von Verfolgung und Terror überzogen worden, nie ist ein Menschenleben weniger wert als in den sieben Jahren nationalsozialistischer Herrschaft.

Das Konzentrationslager Dachau bei München kurz nach der Befreiung durch US-amerikanische Truppen im April 1945. Etwa 50 Vorarlberger wurden hier gefangen gehalten, einige von 1938 bis 1945.

Welche politische Bedeutung hat der Widerstand?

Mit der Moskauer Deklaration formulieren die Alliierten im November 1943 erstmals ihre Vorstellungen über die kommende Zusammenarbeit in Europa. Sie kündigen an, den „Anschluss" Österreichs an Deutschland nach dem Krieg rückgängig zu machen und Österreich als souveränes Land wieder herzustellen. Aber, so schränken die Außenminister der USA, der Sowjetunion und Großbritanniens ein: „Österreich wird (...) auch daran erinnert, dass es für die Teilnahme am Kriege an der Seite Hitler-Deutschlands eine Verantwortung trägt, der es nicht entrinnen kann, und dass anlässlich der endgültigen Abrechnung Bedachtnahme darauf, wie viel es selbst zu seiner Befreiung beigetragen haben wird, unvermeidlich sein wird."[257]

Alle jene ÖsterreicherInnen, die sich den inhumanen Forderungen und Gesetzen des Nationalsozialismus in irgendeiner Form widersetzen, sei es aus politischer Absicht oder mitmenschlichem Antrieb, haben mitgeholfen, das Bild eines humanen Österreich zu retten.

Alle Widerstandshandlungen, die auf österreichischem Territorium stattfinden, und die antifaschistischen Handlungen der ExilantInnen tragen dazu bei, die Dauer der Hitlerregimes zu verkürzen, dem Terror am Ende des Krieges die Spitze zu brechen und Menschenleben zu retten; und sie stärken direkt die österreichische Position in den Verhandlungen der Nachkriegszeit.

Widerstand und Widersetzlichkeit

Unmittelbar nach Kriegsende ist den österreichischen Politikern diese Tatsache durchaus bewusst. Man startet deshalb ein bundesweites Projekt unter dem Titel „Rot-Weiß-Rot-Buch", das die österreichischen Widerstandsleistungen zusammenfassend dokumentieren will. Das soll in den Verhandlungen mit den Besatzungsmächten als aussagekräftiger Beleg für Österreichs Verdienst im Kampf gegen den Nationalsozialismus dienen. Auch für Vorarlberg werden Fakten zusammengetragen, die das Land als Opfer des Nationalsozialismus ausweisen, aber auch den aktiven Widerstand zeigen.[258]

Später als in anderen Gegenden wird auch in Vorarlberg in den letzten Wochen der NS-Herrschaft eine lose Widerstandsbewegung gegründet, die dann nach Kriegsende als „Österreichische Demokratische Widerstandsbewegung" (ÖDW) Name und Struktur erhält. Sie wird von den französischen Befreiern als Gesprächs- und Verhandlungspartner anerkannt und eine Zeit lang gefördert. Die französische Militärverwaltung ist auf die Kenntnis der lokalen Verhältnisse durch heimische HelferInnen angewiesen – sei es bei der Suche nach versteckten Nazifunktionären in den Bergen oder wenn es um die Absetzung oder Festnahme nationalsozialistischer Amtsträger geht. Auch bei der Einsetzung unbelasteter Bürgermeister hören die französischen Militärbehörden auf die Vorschläge der ÖDW. Doch nicht allzu lange. Denn nach der Etablierung einer neuen Landesregierung (unter der Bezeichnung „Landesausschuss") und den Landtags- und Nationalratswahlen vom 25. November 1945 nimmt der Einfluss der Demokratischen Widerstandsbewegung ständig ab. Das hängt mit mehreren Faktoren zusammen, lokalen und großräumigen: Zum einen untergräbt die ÖDW ihr Ansehen selbst, indem sie Leute in Funktionen hebt, die eben noch begeisterte Nationalsozialisten gewesen sind; zum anderen unternimmt die Landesregierung alles, um diese aus Katholisch-Konservativen, Sozialisten und Kommunisten bestehende „Nebenregierung" zu schwächen. Die französischen Offiziere, von ihrer Herkunft meist konservative Adelige oder Großbürger, unterstützen seit dem Sommer 1945 lieber den von christlichsozialen Politikern dominierten Landesausschuss als die ÖDW, in deren Reihen sich auch Kommunisten befinden.[259]

Schließlich führt die weltpolitische Lage dazu, dass sich die Siegermächte nicht um eine grundlegende Entnazifizierung, sondern in erster Linie um die Sicherung ihrer jeweiligen Einflusssphären kümmern. Dabei sind ihnen kenntnis- und einflussreiche Ex-Nationalsozialisten nützlicher als aufrechte, aber im sozialen Leben oft unbedeutende Nazigegner. Auch für das „Rot-Weiß-Rot-Buch" interessieren sich ab Ende 1946 weder die Bundesregierung noch die alliierten Besatzer. Im so genannten Kalten Krieg, dem tiefgreifenden politischen und ideologischen Wettstreit zwischen der demokratisch-kapitalistischen westlichen Welt und dem kommunistischen sowjetisch-dominierten Osteruopa, werden die Kampflinien neu gezogen. Die ehemaligen NationalsozialistInnen finden beiderseits des Eisernen Vorhangs wieder Verwendung: als WählerInnen ebenso wie als Fachleute.

Im Jahre 1947 ist in Vorarlberg, in Österreich und in Westdeutschland nahezu die gesamte ehemalige Funktionselite in Verwaltung, Justiz, Bildung und Wirtschaft wieder in Amt und Würden. Von den Geschichten und Leistungen der WiderständlerInnen wollen die meisten nichts mehr hören; und auch nichts mehr von der Barbarei gegenüber den Verfolgten. Die Erfolgreichen schauen nach vorne, die Jungen nach Amerika und viele bald nur noch in die Schaufenster.

Menschengeschichten

Karoline Redler: „Ihr braucht euch meiner nicht zu schämen“

Nach dem gescheiterten Offiziers-Attentat vom 20. Juli 1944 auf Adolf Hitler starten die Nationalsozialisten eine reichsweite Verfolgungswelle, die jeden aufkommenden Widerstand im Keim ersticken und alle Oppositionellen einschüchtern soll. Ziel dieser neuen Unterdrückungsmaßnahmen sind nun besonders Leute, die sich bisher zwar ruhig verhalten haben, aber für ihre ablehnende Haltung gegenüber dem Regime bekannt sind. Karoline Redler aus Bregenz ist eine solche Bekanntheit, sowohl was ihr lokales Ansehen als auch ihre feste christlichsoziale Haltung anlangt.

Fest verankert

Geboren wird Karoline Schwärzler am 16. Februar 1883 in Bregenz als Tochter einer angesehenen Kaufmannsfamilie. Sie erhält die Ausbildung einer „höheren Tochter“ und heiratet 1905 den Kaufmann und Schneidermeister Richard Redler. Zusammen betreiben sie ein Kleiderhaus in der Bregenzer Kaiserstraße.

Früh engagiert sich Frau Redler über Haus und Familie hinaus; nicht politisch, das ist im christlichsozialen Verständnis für Frauen nicht vorgesehen. Doch mit Gleichgesinnten gründet sie den Verband katholischer Frauen und Mädchen, die sogenannte „Guta“, benannt nach der sagenhaften Retterin von Bregenz in den Appenzellerkriegen. Durch zwei Jahrzehnte hindurch waltet Karoline Redler als Obfrau des Bregenzer Frauenvereins, nimmt Funktionen im Landesverband ein und leitet in diesem Rahmen zahlreiche soziale und kulturelle Initiativen. Sie ist gute Seele und anerkannte Autorität zugleich. Ein besonderes Anliegen ist ihr das Theater. Im Nachhinein beschreibt sie diese Jahre als „von Liebe umsorgt und hochgeachtet“[260].

Mit dem „Anschluss“ beginnt sich das Leben der Familie Redler Schritt für Schritt zu verändern. Ihr ältester Sohn Richard, Sekretär im Wiener Pressebüro der „Vaterländischen Front“, wird gleich nach der Machtergreifung durch die Nationalsozialisten festgenommen. Mit Glück gelingt ihm nach der Freilassung die Flucht nach Kanada. Im Jahre 1943 fällt ihr jüngerer Sohn Kurt als Wehrmachtsoldat auf der Krim. Trost sind die Enkel der einzigen Tochter Marianne, die der Mutter nun in den kommenden schweren Monaten beisteht.

Ein „Bauernopfer“

Eine Kontroverse mit zwei fanatischen Parteigängerinnen aus Lustenau im Wartezimmer eines Hohenemser Heilpraktikers liefert den Vorwand, einen Schlag gegen das „schwarze Bürgertum“ von Bregenz zu führen. Die beiden Frauen empören sich laut und heftig über den alliierten „Luftterror“ gegenüber der deutschen Bevölkerung. Frau Redler versucht sie

Karoline Redler am 25. August 1944 vor dem Sondersenat des Volksgerichtshofes in Wien.

daran zu erinnern, wer diesen Krieg begonnen hat. Das führt zu einer Auseinandersetzung zwischen den Frauen, in der Redler sich nicht scheut, die Propagandaphrasen des Regimes als solche zu bezeichnen. Die NS-Parteigängerinnen möchten eine solche Widerrede ein für allemal unterbinden und zeigen Redler bei der Gestapo an. Sie wird unverzüglich festgenommen.

Gut zwei Monate nach ihrer Verhaftung am 5. Oktober 1943 wird Frau Redler auf Antrag des Feldkircher Gefangenenhausarztes wegen ihrer angegriffenen Gesundheit in häusliche Pflege entlassen. Damit scheint der Fall vorläufig ausgestanden, bleibt aber bei Gericht anhängig.

Im Sommer 1944, kurz nach dem missglückten Attentat auf Adolf Hitler am 20. Juli 1944, wird Karoline Redler neuerlich verhaftet, nach Wien verbracht und vor dem dortigen Sondergericht angeklagt. Wegen „Wehrkraftzersetzung und Feindbegünstigung“ wird sie zum Tode verurteilt. Die Verhandlung vor dem Volksgerichtshof am 25. August 1944 dauert nur wenige Minuten. Das nennen die Nationalsozialisten einen kurzen Prozess – in Wirklichkeit sind es Terrormaßnahmen, bei denen nicht einmal mehr der Schein eines gerichtlichen Verfahrens gewahrt wird. Teile der Bevölkerung finden das damals wie heute ganz in Ordnung.

Bis zu ihrer Hinrichtung am 4. November 1944 lebt Frau Redler zwischen Hoffen und Bangen. Sie erlebt etliche Fliegerangriffe und schließlich die Ablehnung der Gnadengesuche. Der Henker leistet an diesem trüben Samstagvormittag Schwerarbeit: Vor und nach Karoline Redler werden Friedrich Zach, Lukas Haslauer, Dioniz Kwistkowsky, Wasilio Fedkow, Johann Gärtner, Wilhelm Fritsch, Franz Hartl, Franz Dürauer, Rudolf Kozian, Roman Vodinsky, Theodor Ungar, Johann Pegrisch und Maria Kolar mit dem Fallbeil enthauptet. Weil das anatomische Institut so viele Leichen nicht gleichzeitig „verwerten“ kann, werden sie in der „gesperrten Abteilung“ des Zentralfriedhofs verscharrt.[261]

Alle diese Menschen haben sich in unterschiedlichen Formen dem NS-System widersetzt. Alle werden sie vom nationalsozialistischen Justizsystem als Verbrecher behandelt. Nur zu viele Menschen sind bereit, das auch so zu sehen: Wer so hart bestraft werde, habe sicher etwas „ausgefressen“ – ein Stigma, unter dem auch die Angehörigen von Verurteilten zu leiden haben. Das bereitet Karoline Redler, die ein Leben lang nichts anderes als rechtschaffen gewesen ist, besonderen Kummer. In ihrem Abschiedsbrief betont sie deshalb: „Ihr braucht euch meiner nicht zu schämen, ich sterbe für meine Überzeugung.“[262]

Quellen:
Hedwig Reckefuß-Kleiner, „Selig, die Verfolgung leiden ...“, in: Vorarlberger Volkskalender 1976, S. 77–85.
Meinrad Pichler, Individuelle Opposition, in: Von Herren und Menschen, Bregenz 1985, S. 129–142.

Johann August Malin: Der Nothelfer im Widerstand

Nach dem „Anschluss" stehen viele skeptische ÖsterreicherInnen – besonders jene, die vom vorangehenden austrofaschistischen Regime verfolgt oder benachteiligt worden waren – vor der Frage, ob sie sich mit dem Nationalsozialismus einlassen oder gleich auf Distanz gehen sollen. Der Versuch eines Stücks gemeinsamen Weges erweist sich bald als Irrtum, da der Nationalsozialismus totale Unterordnung fordert. Die einen gewinnen diese Erkenntnis früher, die anderen erst nach der Katastrophe des Krieges und der Massenvernichtung oder gar nie.

Bildung als Auftrag

Johann August Malin, 1902 als Sohn einer kleinbäuerlichen Stickerfamilie in Satteins geboren, muss wie die meisten Kinder aus diesem Milieu früh zum Familienunterhalt beitragen. Seine Jugend fällt in die Zeit des Ersten Weltkriegs. Er strebt eine höhere Bildung an, doch die bleibt ihm versagt. Ab 1919 arbeitet Malin auf der Baustelle des Spullerseekraftwerks, der damals größten des Landes. Mit dem dort erzeugten Strom soll die Arlbergbahn elektrifiziert werden.

Die Arbeit auf der abgeschiedenen Großbaustelle ist hart. Doch die Arbeiter organisieren sich – unter der Führung durch die sozialdemokratischen Freien Gewerkschaften. Auch Malin fühlt sich von den Ideen der organisierten Arbeiterbewegung zur Lösung der politischen und sozialen Probleme angezogen. Die wenigen sozialdemokratischen Mitstreiter von Satteins wählen ihn später zu ihrem Ortsobmann.

Malin folgt nun politisch und privat dem Ideal der österreichischen Sozialdemokratie, dass der Weg zur Befreiung und Gleichberechtigung des Proletariats nur über die Bildung führe. Er liest viel und bildet sich autodidaktisch zum Geologen aus. „Bildung für alle" lautet das Programm des Volksbildungsvereins „Urania", dessen Vorarlberger Obmann J. A. Malin Ende der 1920er Jahre wird. Er gibt auch selbst Kurse und veranstaltet viel besuchte und spannend gestaltete geologische Exkursionen. Öffentliche Aufträge für geologische Gutachten erhält er nicht. Seine politische Einstellung und die fehlende akademische Ausbildung disqualifizieren ihn in den Augen der Landesbehörden.

Für sehr wohl qualifiziert halten ihn aber viele kleine Leute aus dem Großraum Feldkirch, die sich in Rechtsfragen keinen Anwalt leisten können und in Alltagsproblemen einen Ratgeber suchen. In einer Art Rechenschaftsbericht, den er vor seiner Hinrichtung verfasst, hält Johann August Malin fest, dass er für andere etwa 4.000 Eingaben und Ansuchen bei verschiedenen Ämtern gemacht habe.[263] Er ist also eine Art Armenanwalt, eine Ansprechperson und ein Ratgeber für Hunderte von Menschen, die sonst nirgends Hilfe finden und sich einen professionellen Rechtsbeistand nicht leisten können.

Versuch und Irrtum

Den „Anschluss" erlebt Malin mit Bangen. Er ahnt die Absichten der Nationalsozialisten, hofft aber

Johann August Malin um 1940 auf der Veranda seiner Wohnung in der Mutterstraße in Feldkirch

auch, dass nun die drückende Alleinherrschaft der „Schwarzen" gebrochen wird. Der anerkannte, dem Nationalsozialismus zugeneigte Geologe Stefan Müller empfiehlt Malin, um Aufnahme in die NSDAP anzusuchen. Nur so könne er endlich öffentliche Aufträge als Geologe erhalten. Malins halbherziges Ansuchen wird abgelehnt, die NSDAP will Überzeugte.

Seit dem Beginn der 1940er Jahre sammelt Malin eine Gruppe von Gleichgesinnten um sich, die mit verschiedenen Aktionen und vor allem durch laufenden Informationsaustausch ihre Absicht bekunden, dem NS-Staat so gut wie möglich entgegenzuarbeiten. Die wesentlichen Aktivitäten gehen von Johann August Malin selbst aus.

Ungewöhnlich an dieser Gruppe ist die Tatsache, dass die Mitglieder aus unterschiedlichen weltanschaulichen Lagern kommen. Es finden sich hier Kommunisten, Christlichsoziale und Sozialisten zusammen. Auch ein katholischer Priester nimmt an Besprechungen teil.

In einem möglichen Zusammenschluss der unterschiedlichen gegnerischen Lager sehen die NS-Behörden eine besondere Gefahr. Der Chef des Sicherheitsdienstes (SD) in Innsbruck schickt 1941 folgende Einschätzung der Lage in Tirol und Vorarlberg an das Reichssicherheitshauptamt in Berlin: „Es gibt derzeit in sicherheitspolitischer Hinsicht keinen Grund zu besonderer Besorgnis. Dieser Fall würde erst dann eintreten, wenn die marxistischen und kommunistischen Kreise mit der in Opposition stehenden streng katholischen Bevölkerung sich im Kampf gegen die NSDAP vereinen würden."[264]

Eine solche Vereinigung hat Johann August Malin zum Ziel, und er kommt auf diesem Weg ein gutes Stück voran. Die Haupttätigkeit der Gruppe besteht darin, Informationen über die Vorhaben der Behörden auszutauschen und Gegenmaßnahmen zu treffen, gefährdete Leute zu warnen, Nachrichten der Auslandssender weiterzugeben, an überregionalen Verbindungen zu arbeiten und Bedrängten zu helfen. Malin, das halböffentliche Auskunftsbüro, agiert nicht besonders vorsichtig und tritt für „seine" Leute auch bei Behörden auf. Um Belastungsmaterial in die Hand zu bekommen, setzt die Gestapo auf Malin einen weiblichen Spitzel an. Die gedungene Frau gibt sich interessiert, hilfsbereit und als Gegnerin des Nationalsozialismus. In den inneren Zirkel der Gruppe dringt sie aber nicht vor.

Den Kopf abschlagen

Im Mai des Jahres 1942 werden Johann August Malin und seine Frau Melanie verhaftet. Während sie nach mehrwöchiger Haft frei kommt, wird ihm der Prozess gemacht. Die Spitzeldienste waren offensichtlich ergiebig. Bei der Hausdurchsuchung findet die Gestapo zusätzliches Belastungsmaterial. Malin hat seinem Schwager und vermutlich auch anderen Soldaten, die nach einem Heimaturlaub wieder an die Ostfront einrücken müssen, hektografierte Zettel mitgegeben, die diese im Falle einer Feindberührung verwenden sollten. Auf diesen Blättern steht auf Deutsch und Russisch: „Hallo, hier Österreicher, bitte nicht schießen, ich laufe über".[265]

Bei Gericht tritt auch noch eine besonders niederträchtige Sennerin aus dem Großen Walsertal auf, die Malin von seinen Exkursionen her kennt. Sie ist eines Tages mit ihrem Geliebten in Feldkirch aufgetaucht und hat Malin gebeten, etwas für diesen Mann zu tun, der nun wieder an die Ostfront einrücken müsse. Malin gibt verschiedene Hinweise und erwähnt dabei auch die Möglichkeit einer Flucht in die Schweiz.

Diese Fakten genügen dem Sondergericht des Volksgerichtshofs, Johann August Malin wegen „Hochverrats" zum Tode zu verurteilen. An ihm wird ein Exempel statuiert, um eine nennenswerte Opposition in Feldkirch ja nicht aufkommen zu lassen.

In den langen Monaten der Inhaftierung und der Verhöre, sowohl in Feldkirch als auch später in München, erfahren die Verfolger nichts über die Widerstandsgruppe. Einige wenige, die mehrmals mit ihm gesehen worden sind und auch mit ihm „Feindsender" gehört haben, werden verhaftet, aber nach wenigen Wochen wieder freigelassen.

Johann August Malin, der Nothelfer der kleinen Leute, der Überbrücker der Lagergräben und der zum ernsthaften Nazigegner Gewachsene, der weichherzige Mann, dessen Interesse dem harten Gestein seiner Heimat gilt, wird am 10. November 1942 in München-Stadelheim hingerichtet. Dem Feldkircher Widerstand wird im grausamsten Sinne des Wortes der Kopf abgeschlagen.

Quellen:
Meinrad Pichler, Widerstandsgruppen, in: Von Herren und Menschen, Bregenz 1985, S. 85–102.
j. a. malin im widerstand – widerstand gegen j. a. malin, Bregenz 1983 (= sperrung, mitteilungen der johann-august-malin-gesellschaft 1/1983).
Klaus Fessler, Ein „steiniger" Weg. Das geologische Schaffen Johann August Malins (1902–1942), Bregenz 1986 (= sperrung, mitteilungen der johann-august-malin-gesellschaft 3/1986).

Ernst Volkmann: Kriegsdienstverweigerer aus Gewissensgründen

Nur wenige wagen, sich der nationalsozialistischen Wehrmacht, den Zumutungen eines Eroberungskrieges und dem Treueid auf den obersten Kriegsherrn Adolf Hitler aus politischen und/oder religiösen Gründen zu verweigern. Der überwiegenden Zahl der ZeitgenossInnen scheint eine solche Haltung unverständlich, den NationalsozialistInnen gänzlich verabscheuungswürdig. Und obwohl die Geschichte den Unbeugsamen im Nachhinein Recht gegeben hat, ist die Nachkriegsgesellschaft nicht bereit, Wehrdienstverweigerung als politischen Widerstand oder Gewissensleistung anzuerkennen. Diese Haltung hat mit traditionellen Gehorsamsprägungen zu tun. Und sie rührt auch aus der – besonders von den soldatischen Traditionsverbänden geschürten – Angst, eine moralische Aufwertung der Verweigerung könnte die allzeit gehorsamen Wehrmachtsangehörigen um ihre Ehre bringen.

„Nicht für Hitler“

Die Wenigen, die ihr Leben opfern, weil sie dem Unrechtsregime nicht dienen können und wollen, gelten als fanatisch, verblendet und als verantwortungslos gegenüber ihren Angehörigen. Nur die verweigernden Zeugen Jehovas können zumindest bei ihren GlaubensgenossInnen mit Respekt rechnen. Doch nicht die Protestanten, und auch nicht die Katholiken: Die katholischen Kriegsdienstverweigerer unter Adolf Hitler, urteilt der päpstliche Nuntius Cesare Orsenigo, seien „Märtyrer ihrer eigenen Dummheit“. Kein einziger kirchlicher Würdenträger hat ein Gnadengesuch für einen Wehrdienstverweigerer unterschrieben. So bleiben es schließlich ganz Vereinzelte, die nur der Stimme ihres Gewissens – und nicht der als gesetz- und gottlos erkannten Obrigkeit und auch nicht ihren kirchlichen Ratgebern – gehorchen. Alle diese Männer sind zum Zeitpunkt ihrer existenziellen Entscheidung zwischen 35 und 40 Jahre alt, und allen sind eine sehr ernste Frömmigkeit und ein ausgeprägter Gerechtigkeitssinn eigen. Zwei davon haben einen engen Bezug zu Vorarlberg: Der Ordensgeistliche Franz Reinisch, Sohn eines Eisenbahners, ist 1903 in Feldkirch-Levis geboren, hat aber seine Jugend und die Studienzeit in Innsbruck verbracht, ehe er 1928 in Untermerzbach bei Bamberg in den Pallottinerorden (SAC) eintritt. Nach demonstrativer Verweigerung des Militärdienstes und des Fahneneids wird der junge Priester am 21. August 1942 in Berlin-Brandenburg hingerichtet.

Existenzgründung in Bregenz

Der andere ist Ernst Volkmann, geboren am 3. März 1902 im egerländischen Schönbach (heute: Luby/Tschechien). Die böhmische Kleinstadt ist in den 1920er Jahren das Zentrum des europäischen Musikinstrumentenbaus, und so lernt auch Ernst Volkmann den Beruf eines Instrumentenmachers. Nach abgeschlossener Lehre und Gesellenzeit kommt er 1924 nach Bregenz, lässt sich hier nieder und erlangt 1927 die Gewerbeberechtigung. Im Jänner 1929 heiratet er die Bregenzerin Maria Handle, die in den Jahren 1931 bis 1934 drei Kinder zur Welt bringt.

Nach anfänglich ordentlichem Geschäftsgang trifft die Wirtschaftskrise das Instrumentengeschäft hart. Die Menschen können sich die lebensnotwendigen Dinge kaum leisten. Und ein gerissener Geschäftsmann ist Volkmann auch nicht. Jedenfalls wird er von einem anderen Musikalienhändler angeschwärzt, er verkaufe entweder „aus Dummheit" oder weil er die „Konkurrenz schädigen wolle" zu billig. Die notwendigen Mittel zum angestrebten Erwerb der österreichischen Staatsbürgerschaft kann Volkmann nie aufbringen. Später, in einem Brief vom 17. Oktober 1946 an Frau Volkmann, schildert der Gefängnisgeistliche Jochmann diesen Ernst Volkmann als „bescheiden und still, aber unerschütterlich in seiner Überzeugung". So scheint er auch in seinen Bregenzer Jahren gelebt zu haben.

Ein Bild aus glücklichen Tagen: 1929 heiratet Ernst Volkmann die Bregenzerin Maria Handle.

Verweigerung

Hitlers Machtübernahme in Österreich im März 1938 stellt für Volkmann allerdings eine derartige Herausforderung dar, dass er dazu nicht mehr schweigen kann. Als die Politiker, die bisher den Ton angegeben haben, kleinlaut werden, beginnt der Leise seine Stimme zu erheben, nennt das Unrecht öffentlich beim Namen und Adolf Hitler einen Mörder. Damit beginnt zugleich sein Leidensweg, der ihn durch alle Stationen eines Martyriums führen wird.

Als er die erste Stellungsaufforderung zu Ende des Jahres 1939 ignoriert, begegnen ihm die Militärbehörden noch mit einer drohenden Ermahnung. Bei der zweiten Weigerung folgt die Verhaftung. Geistliche, Ehefrau und Verwandte versuchen nun den in Feldkirch Inhaftierten umzustimmen. Die Staatsanwaltschaft lässt ihn psychiatrieren und ordnet anschließend seine Freilassung an, weil er „abnormal, aber nicht geisteskrank" sei. Die Gestapo betreibt in der Zwischenzeit den „Entzug des Gewerbes, um Volkmann die Möglichkeit zu nehmen, mit seinen verbohrten Ansichten an die Öffentlichkeit zu treten".

Als Ernst Volkmann am 19. Oktober 1940 aus dem Landesgefängnis entlassen wird, ist er nicht nur arbeitslos, sondern auch von seiner Familie verlassen. Einerseits ist für die Mutter von drei kleinen Kindern die kompromisslose Haltung des Familienerhalters kaum nachvollziehbar, andererseits will auch Volkmann selbst Frau und Kinder aus seinem persönlichen Kampf auf Leben und Tod heraushalten.

Seine wirtschaftliche und soziale Existenz ist also bereits zerstört, als er im Februar 1941 neuerlich verhaftet und in die Kaserne Lienz zum Antritt des Militärdienstes zwangsüberstellt wird. Aber auch hier teilt er standhaft mit, „er könne einem Mann wie Hitler nach allem, was dieser der Kirche und Österreich angetan habe, nicht den Eid der Treue leisten". Nach Gefängnisaufenthalten in Graz und Salzburg, wo Volkmann in ausführlichen Verhören seine Verweigerung bekräftigt, wird er schließlich ans Reichskriegsgericht in Berlin verbracht.

Ernst Volkmann: der Instrumentenmacher an der Gitarre

Als Teil der deutschen Kriegsvorbereitungen ist im Frühjahr 1938 die so genannte Kriegssonderstrafrechtsverordnung (KSSVO) erlassen worden. Mit dem § 5 dieser Verordnung wird der neue Tatbestand „Zersetzung der Wehrkraft" eingeführt. Damit wird den Militärrichtern ein allumfassender Generaltatbestand zur Hand gegeben, mit dem alle Formen des militärischen Ungehorsams mit dem Tode bestraft werden können.

Mit diesem Unrechtsinstrument wird Ernst Volkmann am 7. Juli 1941 zum Tode durch das Fallbeil verurteilt. Um die Todeskandidaten auch noch der Folter des ungewissen Wartens auszusetzen, wird mit der Hinrichtung eine unbestimmte Zeit zugewartet.

Bis zur letzten Konsequenz

Ernst Volkmann wird schließlich am 9. August 1941 in Brandenburg an der Havel hingerichtet. Nach Auskunft des Gefängnisgeistlichen hat er seinen letzten Gang ruhig, aber entschlossen angetreten.

Seine aufrechte Haltung ist von der Nachkriegsgesellschaft nicht honoriert worden. Die Deutungshoheit über die Wehrmacht und ihre Justiz übernimmt bald nach Kriegsende der Kameradschaftsbund, der die Pflichterfüllung zur allgemeinen Leitlinie erhebt und sich mit abweichendem Verhalten nicht auseinandersetzen will. Und was die Nationalsozialisten mit Drohungen, Existenzvernichtung, Haft und Hinrichtung nicht geschafft haben, nämlich aus Ernst Volkmann einen deutschen Soldaten zu machen, das schaffen nach dessen Tod die soldatischen Traditionsverwalter: Volkmann steht bis zum heutigen Tag auf dem Bregenzer Kriegerdenkmal unter den gefallenen Soldaten des Kriegsjahres 1941.

Auch nach dem Ende des grausamen Weltkriegs wird Kriegsdienstverweigerung weitgehend als unehrenhaft angesehen. Frau Volkmann muss deshalb noch manche Schmähung und Zurücksetzung über sich ergehen lassen. Erst seit den 1980er Jahren wird Verweigerung zumindest in Teilen der Öffentlichkeit als eine zivile Tugend anerkannt.

Ernst Volkmann hat unter Einsatz seines Lebens das zurückgewiesen, was er als Unrecht erkannt hat, er ist seinem Gewissen gefolgt, obwohl ihm seine gesamte Umwelt zum Gehorsam geraten hat. So wird Ernst Volkmann ein Opfer der nationalsozialistischen Gewaltherrschaft, für die Nachwelt aber ist er ein außergewöhnliches Beispiel religiöser Aufrichtigkeit, politischer Prinzipientreue und moralischer Integrität. Erst seit dem Jahre 2010 erinnert ein Mahnmal bei der Bregenzer Pfarrkirche St. Gallus an den einsamen Kampf des Ernst Volkmann.

Quelle:
Meinrad Pichler, „Nicht für Hitler". Der katholische Kriegsdienstverweigerer Ernst Volkmann, in: Mahnwache, Feldkirch 2005, S. 10–15.
Andreas Eder, Ernst Volkmann (1902–1941). Katholischer Kriegsdienstverweigerer aus Gewissensgründen: „Ich gehe einen geraden, eindeutigen Weg", in: Hanno Platzgummer/Karin Bitschnau/Werner Bundschuh (Hg.), „Ich kann einem Staat nicht dienen, der schuldig ist…" Vorarlberger vor den Gerichten der Wehrmacht, Dornbirn 2011, S. 25–36.

Anna Hölzlsauer: „Wenn ich zornig bin ...“

Viele Menschen, die sich gegen die nationalsozialistische Herrschaft auflehnen, entstammen weder der wohlerzogenen Mittel- noch der wohlhabenden Oberschicht. Es sind oft solche, die nichts zu verlieren und ihren Zorn nicht zu zügeln gelernt haben. Ihr Verhalten ist in den Augen der Angepassten zwar ehrlich, aber unklug. Sie sagen laut, was andere insgeheim denken. Und sie sprechen Wahrheiten aus, die die Parteigläubigen empören. Das Leben der Anna Hölzlsauer (geb. Dorrer) ist ein einziger Kampf gegen harte Behörden und herzlose DienstgeberInnen, ein Überlebenskampf. Das Aufbegehren rettet ein bisschen ihrer Selbstachtung.

Elende Verhältnisse

Anna Dorrer wird 1902 in Graz geboren. Ihre Mutter, eine Kellnerin, ist ledig und bringt vier uneheliche Kinder zur Welt. Wie ihre Geschwister wächst Anna bis zu ihrem 10. Lebensjahr in einem Waisenhaus auf. Dann wird sie an eine Bauernfamilie bei Kapfenberg abgegeben: Sie soll sich ihr Brot selbst verdienen. Als sie mit vierzehn ausgeschult wird, kann sie kaum lesen und schreiben. Ihre Mutter ist im slowenischen Laibach geboren und wird deshalb nach dem Zusammenbruch der österreichisch-ungarischen Monarchie jugoslawische Staatsbürgerin, ebenso deren unmündige Kinder.

In den folgenden Jahren schlägt sich Anna Dorrer als Küchenhilfe durch mehrere österreichische Bundesländer, ehe sie schließlich um 1935 in Vorarlberg landet.

Im Jahre 1938 lernt sie in Kennelbach den Witwer Josef Hölzlsauer kennen, heiratet den 20 Jahre älteren Mann und wird damit deutsche Staatsbürgerin.

Frau Dorrer, jetzt Hölzlsauer, gehört nie einer politischen Gruppierung an, kennt aber die Ungerechtigkeiten, die die Unterprivilegierten zu ertragen haben, aus eigener Erfahrung. Als Putzfrau am Bregenzer Bahnhof kommt sie 1941 mit einer Gruppe kommunistischer Eisenbahner in Gesprächskontakt. Hier werden die politischen und sozialen Verhältnisse in Hitlerdeutschland mit denen in der Sowjetunion verglichen, und hier kann gefahrlos über den „Führer“ geschimpft werden. Für sie ist jedenfalls klar, dass sich die wirtschaftliche Lage der Arbeiterschaft durch den Nationalsozialismus nicht gebessert hat. In ihrem eigenen Umfeld sieht sie nur Verschlechterungen: Die Söhne ihres Mannes stehen an der Front, in den Bregenzer Michelwerken, wohin sie dienstverpflichtet wurde, wird mehrfach die Arbeitszeit verlängert, der Betriebsleiter handelt willkürlich und die Lebensmittelrationen werden geringer. Wegen dieses Mangels hält sie Hasen und ein paar Ziegen. Gegen die anderen Missstände bleibt ihr nur das Schimpfen, das sich bei ihr zu heftigen Tiraden auswachsen kann. Sie nimmt sich kein Blatt vor den Mund, ob beim Anstehen im leeren Lebensmittelgeschäft, bei der Arbeit in der verhassten Rüstungsfabrik oder in Gesprächen mit mehr oder weniger guten Bekannten.

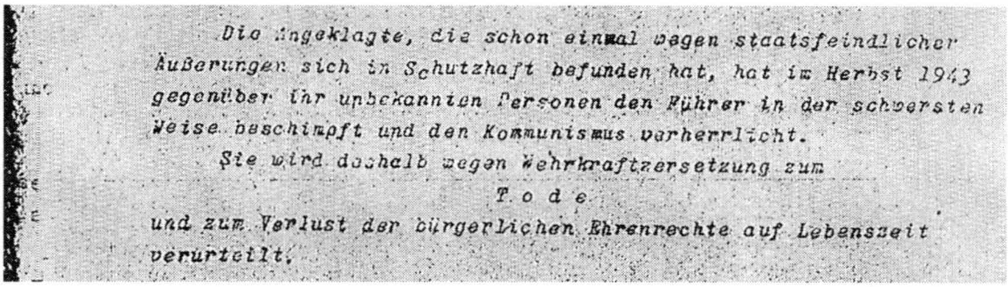

Die Angeklagte, die schon einmal wegen staatsfeindlicher Äußerungen sich in Schutzhaft befunden hat, hat im Herbst 1943 gegenüber ihr unbekannten Personen den Führer in der schwersten Weise beschimpft und den Kommunismus verherrlicht.

Sie wird deshalb wegen Wehrkraftzersetzung zum

T o d e

und zum Verlust der bürgerlichen Ehrenrechte auf Lebenszeit verurteilt.

Todesurteil gegen Anna Hölzlsauer aus Kennelbach

In den Mühlen des NS-Verfolgungsapparats

Im September 1941 wird sie erstmals „wegen kommunistischer Äußerungen" von der Bregenzer Gestapo für 14 Tage in „Schutzhaft" genommen. Im darauf folgenden Jahr scheint sich Anna Hölzlsauer ein wenig zu beruhigen; sie hat wenig Außenkontakte und ist neben der Arbeit in Fabrik und Haushalt ganz mit dem Aufbau ihrer Kaninchenzucht beschäftigt.

Im Jänner 1943 wird sie wieder angezeigt und für drei Wochen inhaftiert, weil sie im Wartezimmer des Kennelbacher Gemeindearztes einer begeisterten Nationalsozialistin übers Maul gefahren ist. Da aber die Rüstungsbetriebe Arbeitskräfte benötigen, wird sie von der Gestapo nur verwarnt und dem Arbeitsamt zur Dienstverpflichtung zugewiesen. Sie kommt in die Bregenzer Michelwerke, einen ausgelagerten Betrieb des gleichnamigen Unternehmens für Mess- und Regeltechnik aus Augsburg. Hier werden unter anderem Steuerungsteile für Militärflugzeuge hergestellt.

Es dauert ein gutes halbes Jahr, bis ihr an der neuen Arbeitsstelle der Kragen platzt. Bei einem Betriebsappell verweigert sie den Hitlergruß. Als der Betriebsleiter sie zur Rede stellt, entgegnet sie ihm: „Du Sauhund, Du gehörst schon lange an die Front, statt im Hinterland die Leute zu schikanieren." Der solcherart Beschimpfte meldet den Vorfall an die Kreisleitung der NSDAP und Hölzlsauer wird dorthin zitiert. Am Tag danach, am frühen Morgen des 11. Oktober 1943, wird sie am Riedener Bahnhof von zwei Frauen, die sie vom Sehen kennt, angesprochen und gefragt, wie es ihr auf der Kreisleitung ergangen sei. Da lässt sie ihrem Zorn freien Lauf. Dass die beiden umgehend Anzeige erstatten könnten, ahnt die Empörte nicht. Frau Hölzlsauer bezeichnet die dortigen Funktionäre als „Saubagage" und Hitler selbst als „den größten Lump" und einen „schönen Führer, der die Leute in den Krieg hetzt und erschießen lässt". Es folgen abschätzige Bemerkungen über die deutsche Kriegsführung in Russland und die Feststellung, dass der Sieg der Roten Armee bevorstehe. Obwohl ihr die Geschichte später recht geben sollte, geschehen diese Aussagen zu einer Zeit, in der das Regime und die Hitler-Gläubigen solche Wahrheiten nicht hören und schon gar nicht in der Öffentlichkeit zulassen wollen.

Am 9. November 1943 wird Anna Hölzlsauer festgenommen. Den Ernst ihrer Lage scheint sie aber noch nicht zu begreifen. Im Gestapo-Verhör bestreitet sie die ihr vorgeworfenen Ausfälle gegen Partei und „Führer" kaum. Sie relativiert sie nur dahingehend, dass sie zornig gewesen sei, weil sie schon wieder so früh in die Fabrik habe gehen müssen und dort so schlecht verdiene.

Den Vorwurf, dass sie den Kommunismus nicht so schlecht finde, wie ihn die Nazi-Propaganda schildert, bestreitet sie, nicht aber die Aussage, dass die „braunen Schweinehunde an den Bäumen aufgehängt [werden sollten] und dass die dickbauchigen großen Nazi alles wegfressen". Und schließlich räumt sie ein, über die Gestapoleute gesagt zu haben, „dass diese sonst nichts zu tun hätten, als die Leute auszuschnüf-

Frau Hölzlsauer wird am 19. Mai 1944 in Berlin Plötzensee mit dem Fallbeil hingerichtet. Sie ist eines von 2.891 Opfern, die von den Nationalsozialisten in dieser Strafanstalt hingerichtet werden.

feln und hineinzulegen und dass sie am ersten Baum aufgehängt werden sollten". Auch ihre Feststellung, „der Führer zieht uns ins Elend hinein", entkräftet sie nicht.

„Ich war und bin und bleibe Österreicherin. Ich kann mich eben an die neue Zeit nicht gewöhnen", sagt sie dem verhörenden „Kriminalsekretär und SS-Sturmscharführer" Forstner von der Bregenzer Gestapo. Dieser berichtet dann an seine Vorgesetzten in Innsbruck, dass Hölzlsauer abgesehen von „einigen Abschwächungs- und Beschönigungsversuchen" alle Anschuldigungen zugegeben habe. Zugleich mahnt er ein, dass Frau Hölzlsauer nach Verbüßung einer eventuellen Haft zur „Verfügung" der Gestapo zu bleiben habe. Das heißt nichts anderes, als dass sie in ein Konzentrationslager eingewiesen werden soll.

Dazu wird es nicht kommen. Die 3. Kammer des Sondergerichts Berlin wird ihres grausamen Amtes walten. An diesem Gerichtshof wird in den Jahren 1943 und 1944 jede/r sechste Angeklagte zum Tode verurteilt.[266] Gnadengesuche werden in der Regel abgelehnt. Von diesem Gericht wird Anna Hölzlsauer am 1. April 1944 nach dem Kriegssonderstrafrecht zum Tode verurteilt. Sie habe, so heißt es in mühsamem Juristen-Deutsch in der Urteilsbegründung, „im Oktober 1943 in Rieden aus ihrer kommunistischen Einstellung heraus durch Verunglimpfung des Führers, durch hetzerische Äußerungen über die Partei und Verherrlichung des Kommunismus zwei deutsche Frauen in ihrem Glauben an die Führung irre zu machen und gegen diese aufzuwiegeln versucht, somit die Wehrkraft des deutschen Volkes öffentlich zu zersetzen gesucht und die Feinde des Reiches begünstigt zu haben".

Anna Hölzlsauer selbst, die Leiterin des Berliner Frauengefängnisses und eine Rechtsanwältin reichen Gnadengesuche ein. Allesamt werden vom Oberreichsanwalt abgelehnt. Anna Hölzlsauer wird am 19. Mai 1944 in Berlin hingerichtet.

Der Scharfrichter verrechnet für sich und seinen Gehilfen 158 RM an „Vergütungskosten". In Nazi-Deutschland hat alles seine Ordnung. Der Richter Dr. Bruno Makart wird 1947 zum Verwaltungsgerichtsdirektor in Köln befördert.

Quelle:
Gedenkstätte Deutscher Widerstand in Berlin, Verhandlungsakt Sondergericht Berlin 4 J 506/44.

Franziska Vobr: Heimliche Fluchthelferin und offene Kriegsgegnerin

Die politischen Verhältnisse im Vorarlberg der ersten Hälfte des 20. Jahrhunderts sind eng: Weder neue Ideen noch fremde Menschen sind sehr willkommen. Der Schuster Samuel Spindler aus dem österreichischen Galizien findet auf seiner Handwerkerwanderung in der Bregenzer Schuhfabrik Arbeit und in der Sozialdemokratischen Partei eine politische Heimat. Das soziale Heimischwerden wird ihm allerdings schwer gemacht: Er ist fremd, jüdisch und sozialistisch – schlechte Voraussetzungen für ein Leben in diesem Land. Seine Tochter will gegen die Diskriminierungen ankämpfen und gerät an noch weit schlimmere Gegner.

Sozialdemokratie als (verbotene) Heimat

Fanny Spindler, geboren 1910 in Bregenz, ist schon in der Schulzeit ein kritisches, selbstbewusst-aufmüpfiges Mädchen. Für Reisen zu sozialdemokratischen Jugendveranstaltungen beantragt sie, gerade 18 geworden, einen eigenen Reisepass. Doch auf der Bregenzer Bezirkshauptmannschaft erfährt sie, dass sie amtlich nicht Fanny Spindler, sondern Franziska Vobr heiße. Ihr Vater Samuel Spindler hat ihr die Geschichte seiner leidvollen Erfahrungen, die die Ursache für diese Überraschung sind, ersparen wollen. Denn seine Ehe mit Maria Vobr im Jahre 1909 wird von den Vorarlberger Behörden nicht anerkannt, weil das Paar keine amtliche Eheerlaubnis erhalten hat. Spindler und Vobr sind arm, sozialdemokratisch und er noch dazu ungeklärter Herkunft. Solche Menschen sollen sich im damaligen Amtsverständnis weder verheiraten noch vermehren.

Franziska Vobr wächst ganz im sozialdemokratischen Milieu auf. Nach dem frühen Tod der Mutter spielen die sozialdemokratischen Vorfeldorganisationen wie Kinder- und Naturfreunde, die Sozialistische Arbeiter-Jugend (SAJ) und Vereine wie der Arbeiter-Abstinentenbund die wichtigste Rolle als soziale Heimat und als Orte politischen Engagements. Einige Jahre hindurch ist sie Landesleiterin der Mädchengruppe der SAJ. Zum frühest möglichen Zeitpunkt wird sie Mitglied der Sozialdemokratischen Partei. Franziska Vobr ist also früh und fest in die Arbeiterbewegung eingebunden. Nicht nur sozial und ideologisch ist sie hier verwurzelt. Nach ihrer Ausschulung im Jahre 1924 bekommt sie eine Anstellung im Dornbirner Parteisekretariat. In berufsbegleitenden Kursen lernt sie Maschinschreiben und Stenografie und erweist sich bald als tüchtige Bürokraft, die zudem belesen, politisch interessiert und engagiert ist. Die Eigenschaften tüchtig, intelligent und engagiert dürften sie am besten beschreiben.

Nach dem Verbot der Sozialdemokratischen Partei im Februar 1934 durch die Dollfuß-Diktatur verlieren sowohl Samuel Spindler, der Gewerkschaftssekretär, als auch seine Tochter ihre Anstellung. Die

Diktatur braucht treue Gefolgschaft und verzichtet auf Kompetenz.

Der Vater, von jahrelangen Auseinandersetzungen und Zurücksetzungen zermürbt, schickt sich ins anscheinend Unvermeidliche, die Tochter Fanny dagegen will kämpfen. Mit einigen mutigen GenossInnen gründet sie eine illegale Gruppe der „Revolutionären Sozialisten". So nennen sich österreichweit die jungen SozialdemokratInnen, die dem Faschismus aktiv entgegentreten wollen.

Neben ideologischen Diskussionen, die der Selbstbestärkung dienen, besteht der „revolutionäre Kampf" in der Hauptsache im Schmuggel, Transport und Verteilen „illegaler" Schriften.

Mit dem Ausbruch des Spanischen Bürgerkriegs im Jahre 1936 eröffnet sich den Vorarlberger Antifaschisten ein wirkliches Aktionsfeld, das eine internationale Perspektive bietet. Es gilt, Freiwillige aus Osteuropa über die Schweizer Grenze zu bringen. Die Schweiz und Österreich stehen der innerspanischen Auseinandersetzung offiziell zwar neutral gegenüber, trotzdem versuchen sie gemeinsam, den Nachschub an freiwilligen Kämpfern für die republikanische Seite zu verhindern.

Franziska Vobr ist bald die Vorarlberger Schaltstelle zum Transfer von Spanienfreiwilligen in die Schweiz. Nach zahlreichen gelungenen Grenzübertritten fliegt die Organisation Ende August 1937 auf. Bis zum Jänner 1938 wird Vobr ohne Anklage in Feldkirch in Untersuchungshaft gehalten.

So hat ihr die austrofaschistische Diktatur die materielle Existenz vernichtet, die politische Betätigung verboten und sie schließlich auch ihrer Freiheit beraubt.

Offener Widerstand

Nach dem „Anschluss" erhält Franziska Vobr einen Arbeitsplatz in der Verwaltung einer Lochauer Fabrik, wird aber bald einer kriegswichtigeren Baufirma zugeteilt. Ihr Engagement als Fluchthelferin für politische und jetzt auch jüdische Flüchtlinge nimmt sie wieder auf – nun hauptsächlich zusammen mit kommunistischen Aktivisten. Mit der völligen Sperre der Grenze zur Schweiz im Jahre 1939 geht aber nichts mehr.

Franziska Vobr setzt ihren politischen Kampf gegen den Nationalsozialismus nun privat in Wort und Tat fort. Gerade als weite Teile der Bevölkerung von den Erfolgen des so genannten „Blitzkrieges" ge- und verblendet werden, bleibt sie eine kritische und furchtlose Mahnerin. Bis zu ihrer Verhaftung am 24. Oktober 1941 lässt sie kaum eine Gelegenheit aus, den Krieg als ungerecht und Hitler als Kriegstreiber zu brandmarken. Einen Wochenschaubericht über das erfolgreiche Vordringen der deutschen Wehrmacht in die Sowjetunion bezeichnet sie gegenüber einer Reihe von ArbeitskollegInnen als Fotomontage. Im März 1941 verweigert sie die Teilnahme an einem „Gemeinschaftsempfang der Führerrede anlässlich der Eröffnung des Winterhilfswerkes" – also an einem durch Radio übertragenen Lautsprecherappell – mit der Begründung, „sie könne den Führer nicht hören". Womit Vobr aber die NS-Parteigänger am meisten reizt, sind ihre pointierten und spöttischen Kommentare in Situationen allgemeiner oder verordneter Begeisterung: Eine per Lautsprecher durchgegebene Sondermeldung über Erfolge der deutschen U-Boot-Flotte kommentierte sie, für das ganze Büro gut hörbar, mit: „Was hoch kommt, fällt tief!" Zur enthusiastischen Demonstration des Betriebszellenführers, der an einer Landkarte den deutschen Vormarsch in Russland gestenreich und mit Steckfähnchen nachvollzieht, bemerkt sie: „Und diesen ganzen Weg müssen sie wieder zurück." Das ist den Nazi-Funktionären zu viel, auch wenn der Betrieb nur ungern auf die tüchtige Bürokraft verzichtet.

Nach fast zweimonatiger Gestapo-Haft in der Bregenzer Oberstadt wird Franziska Vobr am 12. Dezember 1941 ins Gefangenenhaus Feldkirch

Franziska Vobr (li)
mit Schwester Emilie und
Schwager Ernst Pruner

überstellt. Es wird bis zum 22. Mai 1943 dauern, bis das Gericht eine Anklage nach dem Heimtückegesetz erstellt hat. Nach „kurzem Prozess“ wird Franziska Vobr zu einer fünfjährigen Zuchthausstrafe verurteilt. Bei aller unangemessenen Härte dieser Strafe hat sie das Glück, nicht der Gestapo überstellt, sondern ins Zuchthaus Waldheim in Sachsen verbracht zu werden. Das ist eine Art Sondergefängnis für KommunistInnen. Neben den Schikanen des Gefängnisbetriebes und der ständig drohenden Gefahr, in ein KZ deportiert zu werden, sind es in Waldheim besonders die klimatischen und hygienischen Missstände, die die Gefangenen oft die Gesundheit und nicht selten das Leben kosten. Auch Franziska Vobr erkrankt an einer schweren Augen-Tbc, die ihr die Sehkraft auf Dauer mindert.

Informationen über die militärische Lage, zumal ab dem Jahre 1943, sind für die Gefangenen ein täglicher Quell der Hoffnung und eine Motivation durchzuhalten. Die hier im Gefängnis erfahrene Solidarität und die zahlreichen kommunistischen Frauen, die sie unter schlimmsten Bedingungen als hilfreich und aufrecht kennengelernt hat, führen sie zu dem Entschluss, auch nach der Befreiung in Dresden zu bleiben.

Neue Hoffnung, neue Heimat DDR

Nachdem die politischen Häftlinge von Waldheim am Nachmittag des 7. Mai 1945 zusammen mit den russischen Befreiern in der Anstaltskapelle die „Internationale“ gesungen haben, verlassen sie – ausgestattet mit Empfehlungsschreiben des „Revolutionären Gefangenen-Komitees“ – gruppenweise den Ort ihres Leidens. Die nunmehrige Kommunistin Franziska Vobr stellt sich ganz in den Dienst der Sozialistischen Einheitspartei (SED), die aus dem Zusammenschluss der sozialdemokratischen SPD und der kommunistischen KPD im sowjetisch besetzten Teil Deutschlands im April 1946 geschaffen wird.

Einer unbestätigten Erzählung zufolge reist Franziska Vobr im Sommer 1945 zu einem Besuch nach Hause – doch nur bis Lindau. Denn als sie erfährt, dass Ulrich Ilg der neue Landeshauptmann sei, habe sie sich für die sofortige Rückreise nach Dresden entschieden. Unter einer christlichsozialen Regierung, die schon einmal ihrer Familie die Existenzgrundlage und die politischen Hoffnungen geraubt hat, will sie nicht mehr leben.

Auch in den folgenden 40 Jahren ihres Lebens besucht sie ihre alte Heimat nie mehr. Sie hat hier hauptsächlich Ausgrenzung und Verfolgung erfahren.

Von nun an geht die einst idealistische Kommunistin, die für lebenswerte Verhältnisse, für politische Freiheit und Gerechtigkeit gegen den Faschismus gekämpft hat, den immer enger werdenden Weg des „realen Sozialismus". Mit ganzer Kraft dient sie nun einem Staat, der seine hohen Ansprüche zu keiner Zeit einlösen kann. Verordnete Parteidisziplin beginnt die persönliche Kritikfähigkeit zu ersetzen, gefördertes Misstrauen gegenüber den „Klassenfeinden" die menschlichen Beziehungen zu zerfressen und die ideologische Dauerbeschallung das Gehör für Zwischentöne zu trüben. Aus der mutigen Kämpferin wird unter den Bedingungen des „real existierenden Sozialismus" eine Parteisoldatin.

Am 5. Juli 1987 stirbt Franziska Vobr in Ostberlin. Ihre Ersparnisse vermacht sie zur einen Hälfte ihrer Schwester in Bregenz und zur anderen der „Freien Deutschen Gewerkschaft" für „Werke der Solidarität". So gedenkt sie beider so verschiedenen Abschnitte ihres Lebens: der ersten 32 Jahre in Bregenz und der zweiten 44 Jahre in der DDR, der Familie und „ihres" Sozialismus, ihrer Bregenzer Herkunft und ihrer ideologische Heimat Ostberlin.

Quelle:
Meinrad Pichler, Bregenz – Berlin, Ortswechsel für den Standpunkt: Franziska Vobr (1910–1987), in: Meinrad Pichler, Quergänge, Hohenems 2007, S. 216–237.

Ende und Neustart

Wie gestaltet sich die Situation der Bevölkerung in den letzten Tagen der NS-Herrschaft?

Das Ende gleicht in mancher Hinsicht dem Anfang. Viele NS-Parteigenossen bleiben sich durchaus treu: Mit großsprecherischen Durchhalteparolen appellieren sie an die kriegsmüde Bevölkerung und drohen, soweit sie noch können. Doch gleichzeitig ergreifen sie Vorbereitungen, um sich abzusetzen, verbreiten Panik bezüglich der anrückenden Befreiungstruppen, missbrauchen Jugendliche als Soldaten der letzten Stunde und terrorisieren jene, die das nahende Ende der NS-Herrschaft unblutig zu beschleunigen versuchen.[267]

Ende und Neustart

In den letzten Kriegstagen erweist sich, dass die Gestapo von allen Dienststellen am besten über die Vorgänge im Ausland und an den Fronten informiert ist: Etwa seit dem 25. April – als Chefredakteur Hans Nägele im „Vorarlberger Tagblatt" noch mit einer Serie über die Vorarlberger Helden in den Franzosenkriegen von 1809 zum Abwehrkampf motivieren will und rücksichtslose Kreisleiter noch Jugendliche für den „Führer" rekrutieren – beginnt man im Grenzpolizeikommissariat in der Bregenzer Römerstraße die Blutspuren zu verwischen. Als die Gestapo-Beamten am 28. April Bregenz in Richtung Arlberg verlassen, haben sie sämtliche Dokumente ihrer siebenjährigen Terrortätigkeit verbrannt.

Zwischen Lindau, Bregenz und der Schweizer Grenze bewegen sich in den letzten Apriltagen des Jahres 1945 Ströme von Flüchtlingen. Die einen suchen Einlass in die Schweiz, andere erhoffen sich Rettung in der „Alpenfestung". Die Idee eines solchen gesicherten und verteidigbaren Rückzuggebietes in den österreichischen Alpen hat Gauleiter Hofer dem „Führer" empfohlen und in der Bevölkerung propagiert. Diese „Alpenfestung" erweist sich aber nicht einmal als Strohhalm, sie ist eine Seifenblase wie viele andere nationalsozialistische Verheißungen auch. In Bregenz landet eine Anzahl politischer Leiter aus dem ganzen Reichsgebiet, die sich hier „zum Einsatz" melden, in Wirklichkeit aber ein Versteck suchen. Der Volkssturm – also das letzte Aufgebot von ganz Jungen und Alten – und die letzten noch nicht zum Militär eingezogenen Männer werden zum Ausbau von Stellungen und Barrikaden bei Bregenz, Dornbirn, Götzis, Feldkirch und Nüziders befohlen. Der Bregenzer Bürgermeister Carl Solhardt verkündet noch im April, er werde Deutschland selbst auf den Trümmern der Stadt verteidigen, und verzieht sich daraufhin in die Berge. Die Übergabe der Stadt überlässt er dem Vizebürgermeister.

Die Hektik und Kopflosigkeit unter den Funktionären ist beachtlich. In ihrer Panik vor dem Untergang drohen sie überall, wo sie Widerstand wittern, mit dem Erschießen. Sie heben noch in den letzten Wochen ihrer fatalen Herrschaft Geiseln aus, um deren ganze Verwandtschaft zum Gehorsam zu zwingen. Die Bevölkerung fürchtet sich vor der Unberechenbarkeit dieser letzten Fanatiker und vor einer ungewissen Zukunft. Denn die Propaganda der Nationalsozialisten zielt in den letzten Monaten ihrer Herrschaft ganz darauf ab, die anmarschierenden alliierten Truppen als barbarische Rächer darzustellen.

In fast allen Städten und Dörfern finden sich jetzt aber BürgerInnen, die das Gesetz des Handelns an sich reißen, Zerstörungstaten der zurückweichenden Wehrmachts- und SS-Verbände – vor allem die Sprengung von Brücken – verhindern, gefährdete MitbürgerInnen schützen und Kontakte zu den herannahenden französischen Truppen aufnehmen. In intensiven Verhandlungen und über Vermittlung des Internationalen Roten Kreuzes versuchen sie, besonders Bregenz und Feldkirch zu „offenen Städten" erklären zu lassen, die kampflos an die französische Armee übergeben werden sollen. Begründet wird diese Öffnung mit den zahlreichen Verletzten, die in den

In etlichen Dörfern werden beim Einmarsch der französischen Einheiten die Kinder vorausgeschickt, um die neue Lage zu sondieren und die kommenden Besatzer gütig zu stimmen.

Lazaretten liegen, welche in öffentlichen Gebäuden, Schulen und Klöstern eingerichtet worden sind.

Wie gehen der Rückzug und der Einmarsch vor sich?

Teile der 1. Französischen Armee unter dem Oberkommando von General Jean de Lattre de Tassigny tauchen am Abend des 29. April 1945 an den ehemaligen Grenzstationen bei Hohenweiler-Gmünd und Hörbranz-Unterhochsteg auf und überschreiten am folgenden Tag an beiden Stellen die Leiblach. Nun gibt es für die nach Vorarlberg hereingeströmten Reste der deutschen Wehrmacht und die SS-Verbände nur ein Ziel: so rasch und sicher wie möglich über den Arlberg und damit in US-amerikanische Gefangenschaft zu kommen. Gerade die Militärs wissen am besten, wie sich die deutsche Besatzung in Frankreich aufgeführt hat, und fürchten nun Revanche. Mit der Aussicht auf eine bessere Behandlung und Versorgung durch die US-Amerikaner werden auch die Soldaten zum Weiterkämpfen motiviert.[268]

Im allgemeinen Kompetenzgewirr nach dem Zusammenbruch der Kommunikationssysteme reißt General Hans Schmidt in Vorarlberg die Befehlsgewalt an sich. Er

→ Durch das ganze Land bewegen sich mehr oder weniger organisierte deutsche Truppenverbände in Richtung Arlberg. Sie flüchten vor den französischen Truppen und möchten sich in US-amerikanische Gefangenschaft retten.

→→ Eine Vorhut kündigt bei Lochau den französischen Soldaten an, dass sie hier „Freundesland" betreten und sich entsprechend zu verhalten haben.

ist der Chef des Armeeoberkommandos (AOK) 24, das kurzfristig zur Bewachung der Schweizer Grenze am unteren See gebildet worden ist. Am 26. April setzt sich Schmidt mit seinen letzten Verbänden über den Bodensee nach Bregenz ab und ist hier nun der höchstrangige Militär. Die Verhandlungen über „offene Städte" interessieren ihn so wenig wie die Erhaltung der Vorarlberger Infrastruktur. Ihm geht es ausschließlich darum, den Vormarsch der Franzosen so lange zu verzögern, bis er und die ihm folgenden Truppenverbände sich zu den US-Amerikanern durchgeschlagen haben. Die Vorarlberger Bevölkerung erhält nun noch für einige Tage einen Eindruck davon, mit welcher Brutalität und Respektlosigkeit gegenüber Menschenleben die deutsche Soldateska ihre Interessen durchsetzt.

Das erste Hindernis wird den Franzosen mit der Sperre der Bregenzer Klause in den Weg gelegt. Mehrere Ultimaten des französischen Oberkommandos, die Stadt zu öffnen, bleiben erfolglos. So kommt es am Morgen des 1. Mai 1945 zuerst zu einer Artilleriebeschießung von Bregenz und, als sich danach immer noch niemand zur Übergabe der Stadt an der Klause bereit findet, ab ca. 10 Uhr vormittags zum Bombardement der Stadt. Was dann die französischen Befreier dazu veranlasst hat, die Bombardierung relativ schnell wieder einzustellen, ist schwer zu klären. Jedenfalls sind mutige Einzelaktionen von Professor Paul Pirker und Ingenieur Walter Kareis von Bedeutung. Sie wagen sich zur Rettung der Stadt aus dem Luftschutzstollen: Der eine führt am späten Vormittag des 1. Mai 1945 einen französischen Trupp über Haggen-Altreute in die Stadt. Der andere hisst – obwohl noch deutsches Militär präsent ist – auf dem Rathaus und auf den von Lindau her gut sichtbaren Gebäuden der Post und der Gewerbeschule weiße Fahnen.

Trotzdem ist Bregenz, als gegen 13 Uhr die Vorhut der 1. Französischen Armee einfährt, eine besonders im Zentrum verheerte Stadt: 72 Häuser sind total zerstört, zahlreiche weitere mehr oder weniger beschädigt. Und während die einen im allgemeinen Chaos als Feuerwehrleute und freiwillige HelferInnen zu retten versuchen, was noch zu retten ist, beginnen andere zu plündern. Besonders das städtische Lagerhaus in Bre-

Nachdem die zurückweichenden deutschen Truppen Bregenz an der Lochauer Klause verteidigen, wird Bregenz am späten Vormittag des 1. Mai 1945 bombardiert.

←← Durch die französischen Fliegerangriffe werden in Bregenz insgesamt 72 Häuser zerstört.

← Am frühen Nachmittag des 1. Mai 1945 fahren die französischen Befreiungstruppen ins brennende Bregenz ein.

←← Tatkräftige Männer und Frauen versuchen die Brände zu löschen und die zahlreichen Plünderer in Schach zu halten.

← Mit weißen Taschentüchern werden die französischen Soldaten in der Bregenzer Arlbergstraße von der einheimischen Bevölkerung begrüßt.

Der Bregenzer Leutnant Anton Renz versucht die Sprengung der Lauteracher Brücke zu verhindern. Er wird von einer rückflutenden SS-Einheit verhaftet und in Lauterach erschossen.

genz und die Molkerei in Dornbirn mit ihren gehorteten Beständen an Lebensmitteln sind Objekte der Begierde.

Natürlich trübt die brennende Stadt die Freude über die Befreiung von der siebenjährigen Gewaltherrschaft, aber auch diese letzte Verwüstung hat die Bregenzer Bevölkerung den Nationalsozialisten zu verdanken. Ebenso die Zerstörung der wichtigsten Brücken über die Bregenzerach. Zwei junge Offiziere, Anton Renz aus Bregenz und Helmut Falch aus Mötz in Tirol, die die Sprengung der Lauteracher Brücke verhindern wollen, werden von der SS in ein Lauteracher Gasthaus verschleppt, misshandelt und dann erschossen. Die Leichen werfen die Mörder in eine Jauchegrube.[269]

Die Sprengung der Achbrücken blockiert den Vormarsch der Franzosen um nahezu einen Tag. Erst am Nachmittag des 2. Mai erreichen sie Dornbirn. Hier treffen die französischen Einheiten auf keinen Widerstand.

Doch bereits am Kummenberg liefern die Truppen General Schmidts ein weiteres Rückzuggefecht, ehe sie sich in der Nacht vom 3. auf den 4. Mai in Richtung Walgau zurückziehen. Wie Bregenz hat auch die Gemeinde Götzis den Preis zu bezahlen: Zehn Häuser sind zerstört, 200 weitere mehr und weniger beschädigt. Hinter dem Felsabhang bei der Ruine Montfort findet man die Leichen der beiden Brüder Otto und Josef Morscher aus Klaus, die die „Verteidiger" noch kurz vor dem Eintreffen der Franzosen ermordet haben. So wie andere Volkssturmangehörige sind auch sie in den letzten Kriegstagen des April 1945 nach Hause gegangen. Hinter ihrem Haus verschießt einer der beiden unvorsichtigerweise die letzten Patronen aus seinem Gewehr. Ein SS-Mann fühlt sich dadurch bedroht. „Die beiden Brüder wurden in die Gemeindekanzlei geholt, dort blutig geschlagen – Blutspuren waren nachher noch an den Wänden sichtbar! – in den Gemeindearrest gesperrt und zum Tode durch Erhängen verurteilt. (...) Dann wurden sie von der SS gebunden und zur Schlossruine Montfort geschleppt, mit Gewehrkolben misshandelt, durch Genickschuss getötet und über den Felsen hinunter geworfen"[270], berichtet der Priester Georg Schelling in seiner Chronik des Kriegsendes. Niemand im Dorf hat sich für die sozialdemokratischen Außenseiter eingesetzt.

Die Brüder Josef (oben) und Otto (unten) Morscher aus Klaus werden von einer SS-Einheit blutig geschlagen und dann erschossen.

Die Stadt Feldkirch ist das Vorarlberger Zentrum von unterschiedlichen Strömungen des Widerstandes gegen die nationalsozialistische Herrschaft. Hier stehen Vertreter der einzelnen politischen Lager miteinander in Kontakt. Die Führungsrolle übernimmt nun der spätere Bürgermeister Lorenz Tiefenthaler, der als ehemaliger Wehrmachtsoffizier die Rückzugstrategie genau kennt. Trotz Erfolgen und Entwaffnungen gelingt es der Gruppe nicht, die Felsenau-Brücke zu retten. Deren Sprengung ist den Rückzüglern zu wichtig.

Wegen dieses neuerlichen Stopps in Feldkirch erreichen die französischen Befreiungstruppen Bludenz erst am 4. Mai 1945. Die Bludenzer Widerstandsbewegung weiß von den verheerenden Auswirkungen der deutschen Rückzugtaktik am Bregenzer Beispiel. Um einer eventuellen Verteidigung von Bludenz durch deutsche Militärs zuvorzukommen, versucht eine etwa vierzigköpfige Gruppe von Mutigen, in der Nacht

Die gesprengte Brücke über die Bregenzerach hemmt den Vormarsch der französischen Truppen um einen Tag. Diese längste Achbrücke kann erst im Herbst 1945 behelfsmäßig wiederhergestellt werden.

Nach der Überwindung etlicher Sperren im Rheintal, in Feldkirch und im Walgau erreichen die Befreiungstruppen am 4. Mai 1945 Bludenz.

Ortskundige Mitglieder der Widerstandsbewegung führen eine französische Gebirgseinheit vom Kleinwalsertal Richtung Arlberg. Die Einheit besteht überwiegend aus marokkanischen Soldaten.

Am 5. Mai 1945 wird Klösterle von zwei Personen, die sich aus der Deckung trauen, dem französischen Militär übergeben.

Zwei Tage vor der Befreiung versucht die Widerstandsbewegung die NSDAP-Kreisleitung zu sprengen und die letzten fanatischen Nationalsozialisten zu vertreiben. SS-Leute kommen dem Kreisleiter zu Hilfe und nehmen Alois Jeller fest. Er wird schwer misshandelt und dann erschossen.

vom 3. auf den 4. Mai die NS-Kreisleitung, den Sammelpunkt der letzten Fanatiker, zu besetzen und damit weitere zerstörerische Befehle zu verhindern. Da sich in der Kreisleitung aber auch bewaffnete SS-Männer befinden, scheitert dieser Versuch. Dabei gerät der Eisenbahner Alois Jeller in die Hände des fanatischen Kreisamtsleiters Hans Piazzi. Unter der Mithilfe von SS-Männern wird Jeller verhört und dann mit einem Gewehrkolben erschlagen. Dem bereits Getöteten wird „sicherheitshalber" noch ein Genickschuss verpasst.[271]

Erfolgreicher bei der Ausschaltung und Festnahme von nationalsozialistischen Endkämpfern ist die Widerstandsgruppe im hinteren Montafon. Ihr gelingt es in mutigen und wohl durchdachten Aktionen, sämtliche Illwerkeanlagen zu retten. Nach dem Motto, was wir gebaut haben, sollen andere nicht nutzen, wollen die zurückweichenden Nationalsozialisten noch Staudämme und Kraftwerksanlagen sprengen.

In Langenegg im Bregenzerwald versuchen etliche Männer, den Krieg aus ihrer Gemeinde fernzuhalten. Deshalb sperren sie den NS-Ortsgruppenleiter und einige seiner Getreuen im örtlichen Sennereigebäude ein. Irgend jemand ruft aber eine Einheit der sich versprengt aus dem Allgäu zurückziehenden SS-Verbände zu Hilfe, welche die eingesperrten Nazianhänger freischießen. Dabei werden die Widerstandskämpfer Innozenz und Robert Bader, Otto Bechter, Martin Gmeiner, Josef Nußbaumer und Adolf Schwärzler getötet. In Krumbach organisiert der Deserteur Max Ibele aus Bregenz den Widerstand. Beim Versuch, die Sprengung einer Brücke zu verhindern, wird auch er erschossen.[272]

Nach der Überwindung einer letzten Sperre bei Dalaas erreichen die französischen Truppen am Nachmittag des 6. Mai das Westportal des Arlbergtunnels. Dieser ist

← Bei Langen staut sich der Rückzug, der Arlberg ist unpassierbar. Viele deutsche Soldaten versuchen zu Fuß in Richtung Tirol zu fliehen, weil sie sich von den US-Amerikanern bessere Behandlung und Verpflegung erwarten.

↙ Auch die Züge fahren nicht mehr, nachdem eine Gruppe von „Heimatschützern" in St. Anton den Tunnel unpassierbar gemacht hat. Sie wollen das Vordringen der französischen Truppen stoppen und hoffen ebenfalls auf die US-Amerikaner.

↓ Etliche NS-Funktionäre fliehen in die Vorarlberger Berge. Wilhelm Murr, der Gauleiter von Württemberg, wird im Bregenzerwald festgenommen. Im Egger Gemeindekotter nimmt er sich das Leben.

allerdings nicht mehr passierbar, da eine Gruppe von Einwohnern von St. Anton in der Nacht zuvor im Tunnel eine Sprengladung gezündet hat, um die Franzosen am Vormarsch zu hindern. Auch sie wollen zur US-amerikanischen Zone gehören. Umso überraschter sind diese „Heimatschützer" dann, als am Vormittag des 6. Mai aus dem Kleinen Walsertal kommende französische Gebirgstruppen das Dorf besetzen.

General Schmidt und seinen letzten verbliebenen Haufen gelingt es tatsächlich, bei Landeck in US-amerikanische Gefangenschaft zu kommen.[273] Zuvor hat er sich ganz Vorarlberg zur Erreichung dieses Zieles als Faustpfand genommen.

Im Sommer 1945 paradieren die Befreiungstruppen vor dem französischen Hochkommissär für Tirol und Vorarlberg Émile Antoine Béthouart in der Bregenzer Seestraße. Rechts der neue Landeshauptmann Ulrich Ilg und der Schweizer Konsul Carl Bitz.

Wie schaut der Neustart aus?

Am 8. Mai 1945 gibt der Oberbefehlshaber der 1. Französischen Armee, General Jean de Lattre de Tassigny, in Lindau das Ende des Krieges bekannt. Die in Bregenz stationierten französischen Truppen feiern den ersehnten Anlass mit einem Feuerwerk, im ganzen Land läuten die wenigen Kirchenglocken, die von der Ablieferung an die deutschen Kriegsherren verschont geblieben sind. Als sich Ende Mai der französische Militärgouverneur in einem Festakt die Schlüssel der Stadt Bregenz übergeben lässt, um sie dann an den neu ernannten Bürgermeister Dr. Stephan Kohler weiterzureichen, ist der Schutt bereits weitgehend weggeräumt und hat der Wiederaufbau begonnen. Die Beseitigung der mentalen Flurschäden, die der Nationalsozialismus hinterlässt, wird länger dauern.

Mit großteils guter Disziplin der eigenen Soldaten, stellenweise mit Strenge, aber auch mit verbindlicher Freundlichkeit versuchen die französischen Militärbehörden in den schwierigen ersten Besatzungswochen, das Land zu befrieden und zivile Strukturen aufzubauen. Indem der französische Oberbefehlshaber für Vorarlberg eine eigene Militärregierung einsetzt, ist der Status des Landes wieder hergestellt. Vorarlberg heißt wieder so, wie es vor der Zusammenlegung mit dem Gau Tirol geheißen hat.

Bei der Einrichtung einer ersten Vorarlberger Verwaltung, dem so genannten Landesausschuss, vertraut die Besatzungsmacht in erster Linie auf einheimische Politiker, die bereits vor 1938 aktiv gewesen sind. Die Leitung dieses Gremiums wird dem

Alle Reichsdeutschen müssen Österreich verlassen. Vom Bregenzer Bahnhof aus begeben sich Hunderte mit Sack und Pack auf die Heimreise.

← Unmittelbar nach der Befreiung beginnt der Wiederaufbau. Der spätere Bregenzer Bürgermeister Dr. Karl Tizian packt kräftig mit an.

↑ Alle öffentlichen Einrichtungen müssen neu gegründet oder wieder hergestellt werden: Der ehemalige Jugendsekretär der „Vaterländischen Front" Eugen Leissing ist in der unmittelbaren Nachkriegszeit einer der Aktivsten: als Landesrat, als Vorsitzender der Rundfunkkommission, als Mitbegründer der Bregenzer Festspiele und mehrerer Vereine.

Dornbirner Landwirt Ulrich Ilg übertragen, der schon unter Kanzler Dollfuß im Jahre 1933 kurzzeitig als Staatssekretär amtiert hat. Für diesen Landesausschuss gilt es nun, Regierungs- und Verwaltungsstrukturen aufzubauen und das bundesstaatliche Verhältnis zur österreichischen Bundesregierung, die sich in Wien gebildet hat, zu klären. Nach den Landtagswahlen vom 25. November 1945 wird die aus der ehemaligen christlichsozialen Partei hervorgegangene Österreichische Volkspartei (ÖVP) mit 70 % der Stimmen zur stärksten Partei gewählt. Ulrich Ilg wird Landeshauptmann. Im Laufe der Jahre bis hin zum Staatsvertrag und der österreichischen Unabhängigkeit im Jah-

Am Nachmittag des 24. Mai 1945 tritt der Landesausschuss unter Leitung von Ulrich Ilg in Feldkirch zusammen (v.r.n.l.): Emil Nesler, Hans Mayer, Jakob Bertsch, Ulrich Ilg, Karl Zerlauth, Adolf Vögel, Eugen Leissing, Eduard Ulmer; Schriftführer Dr. Elmar Grabherr.

Sultan Mohamed V. von Marokko nimmt am 21. Juni 1945 in Bregenz eine Truppenparade ab. Danach wird die Stärke der Besatzungsmacht laufend abgebaut.

re 1955 übergibt die französische Besatzungsmacht immer mehr Kompetenzen an die verschiedenen Vorarlberger Gebietskörperschaften.

Die vordringlichsten Probleme nach dem Sturz der NS-Herrschaft sind die Versorgung der Bevölkerung mit Lebensmitteln und die Umstellung der Wirtschaft auf zivile Produktion. Zu den Herausforderungen in den Nachkriegsmonaten zählt auch die Rückführung der zahlreichen Reichsdeutschen, die als so genannte Ausgebombte aus dem „Altreich“ nach Vorarlberg in Sicherheit gebracht worden sind.

Wie wird die nationalsozialistische Herrschaft aufgearbeitet?

Für die meisten Menschen bedeutet das Kriegsende ein Aufatmen. Es ist das Ende von vielerlei Zwängen und Ängsten. In vielen Köpfen bleiben aber die Folgen der nationalsozialistischen Gehirnwäsche und die Vorurteile, die schon in den Jahrzehnten zuvor geistiges Gemeingut geworden sind, wirksam. Für ein grundsätzliches Umdenken fehlen Zeit und Notwendigkeit, der Alltag geht weiter. In politischer Hinsicht wird den offensichtlichsten Auswüchsen des Nationalsozialismus abgeschworen und mit einem österreichischen Patriotismus Distanz zu Deutschland hergestellt. Eine breite öffentliche Diskussion über den Nationalsozialismus findet nicht statt. Einige der heimischen Täter, Parteigänger, Funktionäre und DenunziantInnen werden zwar noch eine Zeit lang geächtet; bald wird aber über die heimische Mittäterschaft weitgehend geschwiegen. Auch diejenigen, die keine aktiven AnhängerInnen der NSDAP, ja sogar Gegner gewesen sind, sprechen nicht gerne über eine Zeit, die geprägt gewesen ist von Hilflosigkeit, Unterwerfung, einem Leben in Angst und von Opportunismus. Unter diesem Mantel des Schweigens bleibt aber auf lokaler und familiärer Ebene vieles lebendig. Dort hält sich das Wissen darüber, wer sich unter den Bedingungen der Diktatur menschlich oder niederträchtig verhalten und wer wann sein weltanschauliches Fähnlein wie ausgerichtet hat.

Der Zwiespalt zwischen altem Bewusstsein und den Forderungen der veränderten Verhältnisse zeigt sich an den durchaus kriegsmüden Soldaten. Sie müssen nach ihrer Heimkehr aus Krieg und Gefangenschaft zur Kenntnis nehmen, dass die übermenschlichen Anstrengungen und Opfer eines jeden Einzelnen nicht nur vergeblich gewesen sind, sondern einer ungerechten Sache gedient haben. Viele wollen das nicht wahrhaben und lassen sich deshalb später von Unbelehrbaren missbrauchen: in der soldatischen Traditionspflege ebenso wie in der trotzigen Beurteilung der angeblich korrekten Rolle der deutschen Wehrmacht. Gerade die Sicht auf den Nationalsozialismus aus der Perspektive des „bloß pflichterfüllenden" Soldaten erschwert eine vorbehaltlose Aufarbeitung dieser unmenschlichsten Epoche deutscher und österreichischer Geschichte.

In der Auseinandersetzung mit dem Gewesenen gibt es unterschiedliche Formen der Abwehr: die eigene Rolle und das Ausmaß der nationalsozialistischen Verbrechen herunterspielen, dem „Führer" die Gesamtschuld zuschieben, die NS-Verbrechen gegen das Verhalten der Alliierten aufrechnen, den Verfolgten die Schuld an der Verfolgung zuschreiben; und vor allem in Selbstmitleid zerfließen. Die Krankenschwester Maria Stromberger, die Auschwitz erlebt und 1945 irrtümlich mit den Schwerbelasteten im Lager Brederis inhaftiert ist, hält diese wehleidige Verweigerung in einem Brief fest: „Ich bin mitten unter Nazis, SS und Gestapo! Ich als ihr größter Feind! Und muss

1946 besucht Bundespräsident Karl Renner Vorarlberg. Das westlichste Bundesland ist wieder föderaler Bestandteil der Republik Österreich.

ihre Redensarten täglich anhören über die ‚Ungerechtigkeit', höre Klagen, was die Menschen jetzt mit ihnen tun."[274] Diese Abwehrhaltungen verhindern weitgehend Einsicht oder gar Reue.

Die Frage, wie mit den nationalsozialistischen AktivistInnen, Funktionären und DenunziantInnen verfahren werden soll, spaltet die politisch Verantwortlichen und die Bevölkerung mit zunehmender Entfernung von der Katastrophe. Die einen treten für eine schnelle Integration möglichst aller ehemaligen Nazis ein, andere versuchen, bloße MitläuferInnen und ernsthaft Belastete unterschiedlich zur Verantwortung zu ziehen, und eine immer kleiner werdende Gruppe verlangt eine systematische Aufarbeitung des politischen und gesellschaftlichen Irrlaufs, Bestrafung der Täter und Wiedergutmachung für die Opfer. Doch die Feststellung, wie schwer eine Mittäterschaft wiegt, erweist sich als schwierig. Eine Verurteilung nur auf Grund einer bestimmten Funktion wird dem jeweiligen Schuldanteil oft nicht gerecht.

Anton Plankensteiner, der Anführer der Vorarlberger Nationalsozialisten, flieht vor den Franzosen in den Bregenzerwald, wird am 9. Mai 1945 festgenommen und interniert. Vom Innsbrucker Volksgericht wird er zu elf Jahren Haft verurteilt und vom Bundespräsidenten im Februar 1950 begnadigt.

So oder so ähnlich verläuft die Entnazifizierung. Das Gros der verantwortlichen NationalsozialistInnen geht nicht in Haft, und 1947 dürfen fast alle wieder wählen. Das ist einer der Gründe, warum die Großparteien recht nachsichtig sind, denn man will ihre Stimmen. Der „Verband der Unabhängigen" (VdU), das Sammelbecken aller ehemaligen NationalsozialistInnen und die Vorgängerorganisation der FPÖ, erzielt bei seinem ersten Antreten bei der Nationalratswahl 1949 in Vorarlberg 22 % der Stimmen – mehr als in jedem anderen Bundesland.

Gnade mit den Tätern hätte man dann besser verstehen können, wenn man auch gegenüber den Opfern großzügig gehandelt hätte. Das allerdings ist in den meisten Fällen nicht geschehen. Dr. Max Riccabona, der Obmann der Vorarlberger Sektion der Österreichischen Demokratischen Widerstandsbewegung, der vier Jahre im Konzentrationslager Dachau gelitten hat und psychisch ruiniert wird, muss jahrelang demütigende Bittgänge machen und ärztliche Gutachten beibringen, um schließlich eine beschämend kleine Rente zu bekommen. Die Nazi-Schriftstellerin Natalie Beer hingegen erhält eine solche ohne Not und Bitten.

So entwickeln sich die Verhältnisse in den 1950er und 1960er Jahren. Erst eine neue Generation weist auf den schäbigen Umgang mit den Opfern hin und fordert – für viele zu spät – Anerkennung und Entschädigung für die Leistungen der Resistenten und für das Leid der Verfolgten. Aber auch davon wollen viele nichts mehr hören, weil ihre Empathie für die Opfer schwach, ihre Selbstbezogenheit aber mächtig wirkt.

Menschengeschichten

Max Riccabona: Leben am Abgrund

Viele Menschen, die ein Konzentrationslager überleben, können nicht mehr ohne Weiteres in eine bürgerliche Existenz zurückkehren. Die demütigende Behandlung, das Leid, das sie durchgemacht und gesehen haben, die Schläge und Schikanen, Hunger und Kälte und die ständige Todesgefahr hinterlassen tiefe Spuren. Wer Menschen als Bestien erlebt hat, sieht die Menschheit fortan mit anderen Augen. Die Überlebenden werden meist in eine existenzielle Einsamkeit entlassen. Sie sind nun allein mit Erlebnissen, für die die Vorstellungskraft fehlt und für die es darum keine Sprache gibt.

Der junge Feldkircher Max Riccabona wird über vier Jahre im Konzentrationslager Dachau geschunden und tut sich danach schwer, wieder in ein normales Berufs- und Privatleben einzusteigen. Er kann nicht so tun, als ob nichts gewesen wäre.

Aus guter Familie

Max Riccabona wird 1915 in ein vornehmes Feldkircher Bürgerhaus geboren. Sein Vater Dr. Gottfried Riccabona führt eine angesehene Anwaltskanzlei und ist zudem Präsident der Vorarlberger Rechtsanwaltskammer. Die Mutter Anna Perlhefter stammt aus einer liberalen Kaufmannsfamilie, die von den Nationalsozialisten als jüdisch eingestuft wird. Die Familie Riccabona ist wohlhabend und steht in hohem gesellschaftlichen Ansehen. Die beiden Kinder Max und Dora wachsen wohlbehütet und in anregender Umgebung auf. „mein leben verlief damals so, wie dasjenige eines sohnes aus guter und wohlhabender familie in so einem milieu normaler weise verläuft,“[275] wird Max Riccabona 60 Jahre später über seine Kindheit und Jugend schreiben.

Nach der Matura studiert Riccabona in Wien Jus und wird 1937 an der Wiener Konsularakademie aufgenommen. An dieser Schule für zukünftige Diplomaten studieren zahlreiche ehemalige Adelige, denn das Außenministerium ist selbst in der Republik eine Domäne des Adels. Auch Riccabona ist stolz auf den Adelstitel, den seine Familie in der Monarchie geführt hat. So schließt er sich hier in Wien einem Kreis junger Monarchisten an. Sie sind der Ansicht, dass nur eine Rückkehr von Otto von Habsburg, dem im Exil lebenden Sohn des letzten österreichischen Kaisers, einen deutschen Einmarsch verhindern, die österreichische Bevölkerung aussöhnen und die staatliche Selbstständigkeit retten könnte. Zu einem Praktikum weilt Riccabona zur Zeit des „Anschlusses“ an der österreichischen Botschaft in Paris.

1940 nimmt er als Soldat der deutschen Wehrmacht am Frankreichfeldzug teil, wird aber gegen Ende dieses Jahres als „Halbjude“ für „wehrunwürdig“ erklärt und aus der Wehrmacht entlassen. Er versucht in Wien sein Studium wieder aufzunehmen.

Dr. Max Riccabona
(1915–1997)

Als Kurier des Kaisers

Am 28. Mai 1941 wird Max Riccabona in Wien verhaftet und dann ins Polizeigefängnis Salzburg überstellt. In Paris hatte man Papiere des österreichischen monarchistischen Freiheitskomitees unter Dr. Martin Fuchs gefunden, die Riccabona belasten. Er habe Kurierdienste für diese Organisation geleistet, lautet der Gestapo-Vorwurf. Nach einer anderen Version fällt Riccabonas Name beim Verhör eines anderen Gruppenmitglieds. Am 16. Jänner 1942 wird der 25-Jährige ins Konzentrationslager Dachau deportiert und verbleibt hier bis zur Befreiung des Lagers durch US-amerikanische Truppen.

Als die Amerikaner kommen, liegt der Häftling Nummer 29067 mit Flecktyphus im Krankenrevier und kann erst am 19. Juni 1945, immer noch krank, die Heimreise nach Feldkirch antreten. Das Konzentrationslager hat er nur überlebt, weil sein Vater einem korrupten SS-Arzt, der im Lager grausamste Menschenversuche an Häftlingen macht, laufend Geld überweist. Dieser Schutz rettet Riccabona vor dem Abtransport in ein „Judenlager" und damit vor dem sicheren Tod, liefert ihn und seine ganze Familie aber der Willkür und den Forderungen des KZ-Arztes aus. Alles, was der Häftling Max Riccabona hier an menschlichen Abgründen gesehen und überlebt hat, was er mitmachen muss, um zu überleben, übersteigt die Vorstellungsgabe der Menschen außerhalb des Lagers. Es ist auch vom späteren Schriftsteller Riccabona nicht beschreibbar.

Sich neu erfinden

Nach seiner Rückkehr und Gesundung beendet Max Riccabona in aller Eile sein Studium, und die Vorarlberger Sektion der Österreichischen Demokratischen Widerstandsbewegung (ÖDW) wählt den parteiunabhängigen Neodoktor zu ihrem Vorsitzenden. Die Stimmungen des KZ-Rückkehrers sind sehr schwankend, ganz aktiven Phasen folgen lethargische. Auch die ÖDW-Arbeit empfindet er mehr als Belastung denn als Beitrag zur Wiederherstellung antifaschistischer Verhältnisse: „Sie beschwätzten mich solange, bis ich, um meine Ruhe zu haben, zusagte."[276] Hier wird bereits deutlich, dass Riccabona seine eigene Situation und die Welt als ganze nur mehr sarkastisch und nicht mehr mit dem üblichen Ernst sieht. Die Kluft zwischen den Ansprüchen, die an ihn gestellt werden, und seinen Absichten und Möglichkeiten, diese zu erfüllen, wächst. Ende 1946 bringt er noch die gesamtösterreichische Tagung der Demokratischen Widerstandsbewegung nach Feldkirch und leistet damit einen frühen und wichtigen Beitrag für die Integration Vorarlbergs in das neue Österreich. Dann erlahmt er. Der Jahre lang über den Appellplatz des Lagers gehetzt wurde, verweigert nun das gesteigerte Tempo der Nachkriegszeit.

Bis zum Tode seines Vaters im Jahre 1964 lebt er noch mit und von dessen Anwaltskanzlei, dann sind die Mittel aufgebraucht. Er stellt an sich selbst einen „geradezu unglaublichen Mangel an Lebensernst"[277] fest – eine Folge des brutalen Überlebenskampfes im KZ. Den als lästig empfundenen Berufspflichten eines Rechtsanwalts versucht er mit beißender Spottlust beizukommen. 1968 muss der ehemalige politische Häftling einer neuerlichen Internierung zustimmen. Diesmal allerdings bei mehr und weniger gütigen Schwestern des Lochauer Jesuheims, die ihrem ungewöhnlichen Gast eine ordnende Umgebung schaffen und Freiheit lassen. Nach mehrfachen Eingaben und der Vorlage psychiatrischer Gutachten erhält Max Riccabona eine bescheidene Opferrente.

Daneben aber profiliert sich der zum Außenseiter Gewordene als experimenteller Autor und schrulliger Erzähler. Junge Autoren bewundern den radikalen Herrn, der die Pflichten bürgerlichen Wohlverhaltens gegen eine künstlerisch freie Existenz eingetauscht hat. Vielleicht ist die clowneske Verstellung eine Möglichkeit, die Erinnerung an die geschauten Abgründe zu verscheuchen oder die Geister unerträglicher lebensgeschichtlicher Zumutungen auszutreiben. Schreiben kann er über Dachau nur in sarkastischen Bruchstücken. Sein „erinnerungsinfarkt"[278] verwehrt ihm eine Darstellung des Unsagbaren.

Quellen:
Werner Dreier, Max Riccabona im KZ Dachau – Worüber er nicht schreiben konnte, in: Johann Holzner/Barbara Hoiß (Hg.), Max Riccabona. Bohemien – Schriftsteller – Zeitzeuge, Innsbruck 2006, S. 41–50.
Meinrad Pichler, Vom angehenden Diplomaten zum ausschweifenden Literaten, in: Johann Holzner/Barbara Hoiß (Hg.), Max Riccabona. Bohemien – Schriftsteller – Zeitzeuge, Innsbruck 2006, S. 31–40.
Jürgen Thaler, Antipoetika. Max Riccabonas KZ-Erinnerungen, in: Johann Holzner/Barbara Hoiß (Hg.), Max Riccabona. Bohemien – Schriftsteller – Zeitzeuge, Innsbruck 2006, S. 85–92.

Josef Huber: Flucht als Karriereende

Prof. Josef Huber (1885–1961)

Die wiedererstandene demokratische Republik Österreich verhält sich nach 1945 recht nachsichtig. Vielen Nationalsozialisten gelingt deshalb der berufliche und gesellschaftliche Wiedereinstieg in die Nachkriegsgesellschaft ohne besondere Probleme. Viele ehemalige NS-Parteigenossen erhalten zu ihrer Entnazifizierung positive Gutachten von Unbelasteten, oder es gelingt ihnen, ihr NS-Engagement herunterzuspielen oder gar zu verheimlichen. Andere verfügen über nützliche Fähigkeiten und Kenntnisse und werden somit beim Wiederaufbau gebraucht. Wieder andere haben gute Beziehungen zu einflussreichen Personen, oder sie tauchen zum richtigen Zeitpunkt gerade wieder am richtigen Ort auf.

Steter Aufstieg

Auf den einst angesehenen Universitätsprofessor Dr. Josef Huber trifft nichts von alledem zu. Seine Karriere endet mit der Hitlerdiktatur und kommt danach nicht mehr in Schwung. Er bringt in den Nachkriegsjahren keinen Fuß mehr auf den akademischen Boden, obwohl er weit weniger belastet ist als viele seiner universitären Kollegen. Er ist eher Mitläufer als Aktivist gewesen.

Geboren wird Josef Huber 1884 in Bregenz-Rieden. Sein Vater ist Bäckermeister, zugewandert aus Wangen im Allgäu. Die Familie ist – wie ein großer Teil der damaligen Bregenzer Bevölkerung – in politischer Hinsicht liberal-großdeutsch orientiert. Als im Jahre 1895 in Bregenz ein Gymnasium, mit einer ersten Klasse beginnend, eröffnet wird, ist der talentierte Bäckerssohn einer der 25 Neugymnasiasten. Bis zur Matura im Jahre 1903 werden davon nur noch drei übrig bleiben. Josef Huber, acht Jahre lang Vorzugsschüler, ist einer davon. Sein anschließendes Studium der romanischen Sprachen schließt Josef Huber 1908 an der Universität Innsbruck mit dem Doktorat ab. Damit ist er der erste Doktor, den das neue Bregenzer Gymnasium hervorgebracht hat, und dafür wird er vom Bürgermeister der Stadt Bregenz geehrt und mit einigen Golddukaten beschenkt.

Während seiner Innsbrucker Studienzeit tritt er dem deutschnationalen „Akademischen Gesangsverein" bei, der sich 1906 zur schlagenden Burschenschaft „Universitätssängerschaft Skalden" wandelt. Hubers politische Grundeinstellung ist also ohne Zweifel großdeutsch, sie dürfte aber doch durch seine Begeisterung für das Romanische relativiert und nie fanatisch gewesen sein.

Wissenschaftlich, so heißt es in einem Nachruf, hätten die Innsbrucker Romanistik-Professoren „Hubers Arbeit in die rechten Bahnen gelenkt". Vielleicht wären die „richtigen Bahnen" für den Studenten günstiger und für den Leser weniger zweideutig gewesen.

Nach einigen Jahren als Realschullehrer in Innsbruck und Wien und einem kurzen militärischen Einsatz im Ersten Weltkrieg wird Huber an die Wiener Hochschule für Welthandel berufen. Hier wirkt er als Professor für romanische Sprachen und schreibt unter anderem ein Lehrbuch für Portugiesisch.

Nach dem „Anschluss" sieht Huber seine große Chance gekommen, eine Professur an der Universität Wien zu erlangen und damit in die oberste Etage der österreichischen Romanistik aufzusteigen. Die Gelegenheit ist günstig, nachdem die nationalsozialistischen Machthaber alle drei bisherigen LehrstuhlinhaberInnen entlassen oder in Pension geschickt haben. Die jüdische Professorin Elise Richter darf das Universitätsgebäude nicht einmal mehr zur Abgabe ihrer entliehenen Bücher betreten. Ihr wird ein Ausweis zugeschickt, mit dem sie einmalig bis zur Portierloge kommen darf, wo ihr die Bücher abgenommen werden. Zwei Jahre später wird Frau Prof. Richter im KZ Theresienstadt zu Tode gebracht. Das ist der Ungeist, der an dieser höchsten Bildungseinrichtung herrscht, als Dr. Josef Huber im Frühjahr 1939 zum ordentlichen Professor für romanische Sprachwissenschaft, zum Leiter des romanischen Seminars und der Institutsbibliothek ernannt wird. Um diesen beruflichen Aufstieg zu ermöglichen, hat Huber bereits am 1. Juli 1938 um Aufnahme in die NSDAP angesucht und in seinem Wiener Wohnbezirk die Stelle eines Blockleiters angenommen.

In den folgenden Jahren hat Huber stets dem Fachlichen höheres Interesse gewidmet als dem Politischen. Nur ein einziges Aufwallen politischer Leidenschaft ist aktenkundig geworden: Als Italien im Herbst 1943 einen Waffenstillstand mit den Alliierten schließt, sagt Huber eine Vorlesung über italienische Literatur aus „Empörung über das verräterische Italien" ab.

Ein „französischer" Abgang

Als im Frühjahr 1945 die Bombardierungen Wiens immer heftiger werden und im April die sowjetische Armee bereits vor der Stadt steht, erinnert sich Huber seiner alten Heimat und flieht mit Frau und Tochter nach Bregenz.
Natürlich ist ihm zu diesem Zeitpunkt klar, dass er sich mit den französischen Befreiern/Besatzern leichter tun würde als mit den russischen. Hier allerdings eine Wohnung zu finden, ist angesichts der vielen so genannten Ausgebombten aus Deutschland nicht eben einfach. Die Familie Huber findet schließlich ein Zimmer in der Bregenzer Quellenstraße und etliche Monate später ein zweites in der Gallusstraße. An dieser Wohnsituation wird sich bis 1948 nichts ändern, denn Huber sitzt nach eigenen Worten insgesamt „zwischen zwei Stühlen".

Zum einen schieben die Entnazifizierungsbehörden sein Ansuchen um „Entregistrierung" (Herausnahme aus der Gruppe der NS-Belasteten) zwischen Wien und Bregenz hin und her; zum anderen hat Dr. Huber bei der „Registrierung" angegeben, er sei nur „Parteianwärter" und nicht Mitglied gewesen. Eine Nachfrage im Parteiarchiv der NSDAP, das von den US-amerikanischen Besatzungsbehörden beschlagnahmt worden ist, ergibt aber, dass Huber im April 1940 mit der Mitgliedsnummer 7.975.828 in die NSDAP aufgenommen worden ist. Nun versucht er in einer eindringlichen Stellungnahme, die Bregenzer Bezirkshauptmannschaft davon zu überzeugen, dass er von seiner endgültigen Aufnahme nie erfahren habe, gibt aber zu, Mitgliedsbeiträge gezahlt zu haben. Damit aber hat er bei der Behörde viel von seiner Glaubwürdigkeit eingebüßt. Über Beziehungen und einflussreiche Helfer verfügt er nicht, da er schon 30 Jahre in Wien gelebt hat. Obwohl eindeutig „minderbelastet", zieht sich seine endgültige Entnazifizierung noch das ganze Jahr 1948 hin.

Auch beruflich sitzt Huber nicht nur zwischen den Stühlen, er gerät ins totale Abseits. Er hat mit Förderung durch die Nationalsozialisten Karriere gemacht und findet nun von Bregenz aus niemanden, der sich in Wien für ihn engagieren will. Huber ist nicht vor Ort, als die Pfründe an der Universität neu verteilt werden.

Im Abseits

Als Dr. Huber 1947 um Wiedereinsetzung in sein Professorenamt nachsucht, ist längst nichts mehr zu vergeben. Seine Berufung auf seine fachlichen Leistungen und sein Hinweis, dass er die Seminarbibliothek vor den Bomben gerettet habe, verhallen im fernen Wien ohne stellenschaffendes Echo – und das, obwohl der noch vor kurzem bedeutende Professor den Wiener Dekan in einem Bittbrief geradezu anfleht. Immerhin erhält er ab 1948 eine staatliche Pension und eine geringfügige Beschäftigung als Kursleiter an der Bregenzer Volkshochschule.

Im Verhältnis zu anderen, wesentlich belasteteren nationalsozialistischen Parteigängern mag das Nachkriegsschicksal des Dr. Josef Huber hart, ja ungerecht, erscheinen. Angesichts dessen aber, was gerade an den österreichischen Universitäten Hunderten von unschuldigen Menschen von der NSDAP an Leid und Unrecht zugefügt wurde – unter anderen Hubers Vorgängerin am romanischen Seminar –, nimmt sich Hubers Los wie ein zwar ungewollter, aber sanfter Abschied aus einem Amte aus. Wie die meisten Nationalsozialisten ergeht sich auch Huber in Selbstmitleid; ein bereuendes Wort gegenüber den Opfern des Nationalsozialismus findet sich in seinen Schriftsätzen nicht. Zumindest darin unterscheidet er sich nicht von den meisten seiner ehemaligen Parteigenossen.

Quellen:

Vorarlberger Landesarchiv, Entnazifizierungsakt Huber, BH Br Sch 213, Zl. 1402-H 190/1948.

Robert Tanzmeister, Die Wiener Romanistik im Nationalsozialismus, in: Mitchell G. Ash/Wolfram Nieß/Ramon Pils (Hg.), Geisteswissenschaften im Nationalsozialismus. Das Beispiel der Universität Wien, Wien 2010, S. 487–521.

Eberhard Tiefenthaler, Joseph Huber (Nachruf), in: ORBIS. Bulletin internat. de Documentation linguistique, Bd. X, Nr. 1, 1961, S. 258 f.

Elmar Grabherr: Vom Arier zum Alemannen

„Stunde Null"?

Das Kriegsende in den ersten Maitagen des Jahres 1945 und die Wiedererrichtung einer Vorarlberger Landesregierung – damals Landesausschuss genannt – sind oft als „Stunde Null" bezeichnet worden. Man meint also, dass im Mai 1945 die Geschichte neu angefangen habe. Menschen, Gesellschaft und Institutionen seien nicht nur von der NS-Herrschaft befreit, sondern auch von der NS-Ideologie einigermaßen gereinigt worden. So grundsätzlich aber ist der Bruch nicht vollzogen worden. Denn die Menschen sind aus der Katastrophe nur teilweise geläutert hervorgegangen, weil vieles vom Gedankengut, das den Nationalsozialismus ermöglicht hat, allgegenwärtig ist und weil man irgendwie auf den vorhandenen Scherben aufbauen muss.

Personell schließt man an die Zeit von vor 1938 an. Alle Mitglieder des neu gebildeten Landesausschusses sind vor 1934 beziehungsweise 1938 in einer Funktion bei der christlichsozialen oder der sozialdemokratischen Partei aktiv gewesen – der neue Landeshauptmann Ulrich Ilg sogar als Staatssekretär während der Dollfuß-Diktatur. Und als Sekretär für die neue Regierung engagiert Ilg den damals 34-jährigen Juristen Dr. Elmar Grabherr. Dieser hat seit 1935 im Landesdienst gearbeitet und ist nach dem „Anschluss" in die Gauverwaltung nach Innsbruck gewechselt. Nach dem Zusammenbruch der Mussolini-Diktatur wirkt er als Personalchef der Zivilverwaltung in der so genannten Operationszone Alpenvorland in Bozen – also im nominell italienischen Südtirol. Er ist somit bis zuletzt ein enger Gefolgsmann im Apparat von Gauleiter Franz Hofer. Grabherr gilt als fleißiger und kenntnisreicher Verwaltungsmann.

Von Großdeutschland zu Klein-Vorarlberg

In den letzten Kriegstagen verlässt er rechtzeitig seine hohe Stelle in Bozen, schließt sich dem Widerstand in seiner Heimatstadt Feldkirch an und bringt sich dadurch in eine günstige Startposition für die Nachkriegszeit. Für den neuen Landeshauptmann, den Bauern Ulrich Ilg, wird der juristische Fachmann, der sowohl die ehemalige österreichische als auch die NS-Gauverwaltung kennt, der Französisch spricht und einer katholischen Studentenverbindung angehört, schnell zum wichtigsten Mitarbeiter. Dass Grabherr im Jahre 1939 der NSDAP beigetreten ist und sein Fachwissen für den Erhalt des NS-Systems in Südtirol mit Hingabe und Überzeugung eingesetzt hat, dürfte Ilg anfänglich nicht gewusst haben. Später will er es nicht mehr wissen, obwohl sogar Bundeskanzler Leopold Figl gegen den Nachkriegsaufstieg dieses NS-Karrieristen interveniert.

Grabherr versteht es in den Folgejahren, sich wichtig und unentbehrlich zu machen: als Jurist, als Organisator beim Wiederaufbau der Landesverwaltung, durch großzügige Nachsicht bei der Entnazifizierung und durch Kleinlichkeit bei der Entschädigung der NS-Opfer, vor allem aber bei der Entwicklung einer ausgeprägten Vorarlberg-Ideologie. Diese besteht

Dr. Elmar Grabherr (1911–1987) als Sekretär des Landesausschusses ab 24. Mai 1945 (ganz links)

hauptsächlich darin, dass das großdeutsche Getöse der Nazis nun durch den Ruf nach einem kleinräumigen Alemannismus ersetzt wird. Vorarlberg wird zum Zentrum alles Positiven erklärt, angeschlossen an einen Staat, der dem Musterländle übel will. Da sich die ehemalige Ideologie einer „deutschen Herrenrasse", die wertvoller als die Menschen anderer Länder sei, nicht mehr vertreten lässt, pflegt Grabherr nun die kleinere Variante seiner rassistischen Weltsicht: Die Vorarlberger Alemannen, so wird er nicht müde zu predigen, seien tüchtiger, natürlicher, spar- und arbeitsamer als die übrigen ÖsterreicherInnen, vor allem als die „slawisch durchsetzten Wiener", die zudem noch der Sozialdemokratie zugeneigt sind.

Den Bregenzer Festspielen gegenüber verhält er sich – aus der Perspektive seines Alemannen-Bildes – skeptisch bis ablehnend. Denn durch sie sieht er eine schleichende „Verösterreicherung" in die Wege geleitet. Das Wiener „Rassengemisch" ist ihm ein Horror. Mit diesen Argumenten zimmert er erfolgreich am Feindbild für die Vorarlberger Politik der 1950er bis 1970er Jahre. An allem, was nach seiner Meinung in Österreich nicht funktioniert, sind nun „die Wiener" schuld; am Vorarlberger Wesen soll Österreich genesen.

Das Bedürfnis nach nationaler Abgrenzung, ein Merkmal völkischer Politik, bleibt für Grabherr auch nach 1945 Eckpunkt seines Denkens und Handelns. Nach dem Scheitern der großdeutschen Führerdiktatur preist er das patriarchal-demokratische Kleinmodell des schweizerischen Appenzell; hier braucht es keine geheimen Abstimmungen und gibt es keine wahlberechtigten Frauen und schon gar keine AusländerInnen – kurzum: keine Moderne.

Eine eigene Geschichte

Mit dieser Verkleinerungsform der ehemaligen großdeutsch-völkischen Idee hat Grabherr einen bestimmenden Teil seines NS-Gedankenguts in die Zweite Republik herübergerettet und salonfähig gemacht. Die populistischen Ausbrüche eines erheblichen Teils der Vorarlberger Bevölkerung gegen die österreichische Bundesregierung, allen voran die verhinderte Schiffstaufe in Fußach im Jahre 1964 und die „Initiative Pro Vorarlberg" 1979, basieren mehr oder weniger auf Grabherrs langjähriger Propagandaarbeit, für die er in Dr. Franz Ortner, dem langjährigen Chefredakteur der „Vorarlberger Nachrichten", ein gleichtönendes Sprachrohr findet.

Nachdem Elmar Grabherr 1955 zum Landesamtsdirektor und damit zum Herrn über die Landesverwaltung ernannt worden ist, kann er amtsintern, vor allem bei der Personalpolitik, seine Ablehnung alles Nichtvorarlbergischen – zudem seine Abneigung gegen alles Linke und gegen Frauen – durchsetzen. Ideologisch gestützt wird dieser Vorarlberg-Zentrismus durch eine von Grabherr mit öffentlichen Mitteln geförderte Geschichtsschreibung. Sie soll unter Verbiegung historischer Tatsachen Vorarlberg als die Wiege der Demokratie, als den Hort der Volksrechte und als Ort sozialer Ausgewogenheit darstellen.

Konsequenterweise gibt es auf Grund der persönlichen Verstrickung Grabherrs und innerhalb dieses engen politischen Horizonts wenig Raum für die Auseinandersetzung mit der NS-Zeit. Diese wird als Fremdherrschaft dargestellt, für die Opfer fühlt man sich nicht verantwortlich. Die kleinliche Praxis der Vorarlberger Landesregierung bei der Behandlung der Anträge auf Opferfürsorge zeigt das deutlich. Auch seinen Antisemitismus hat Grabherr nur verdeckt und nie bereut. Noch im Frühjahr 1943 hatte er erklärt: „Es ist auch nicht mehr als recht, dass endlich auch mit den Juden abgefahren wird, die mit Ariern verheiratet sind, und deshalb bisher geschont wurden, denn es entspricht dem gesunden Volksempfinden, daß für die von den jüdischen Führern in Moskau, London und Washington gegen unsere Krankenhäuser und Wohnviertel begangenen Gräuel unsere Juden zur gemeinsamen Hand haften."[279] Was Grabherr hier als „nicht mehr als recht" bezeichnet, ist eine unmenschliche Fleißaufgabe der Parteifunktionäre und der Gestapo des Gaus Tirol-Vorarlberg: Sie wollen die paar wenigen jüdischen Frauen, die mit nichtjüdischen Männern in so genannter geschützter Ehe leben, in die Vernichtungslager deportieren. Das wird von Berlin aus gestoppt.

Mit dem „gesunden Volksempfinden" rechtfertigt Grabherr auch später einschränkende und diskriminierende Maßnahmen – etwa gegen Zuwanderer.

Das ist also das Weltbild, das der oberste Vorarlberger Beamte in die neue Zeit einbringt. Seine Zugehörigkeit zur NSDAP hat er nach dem Krieg übrigens stets bestritten – obwohl er doch damals immer so pünktlich seinen Mitgliedsbeitrag entrichtet hat.

Quellen:
Leo Haffner, Ein besessener Vorarlberger. Elmar Grabherr und die Ablehnung der Aufklärung, Hohenems 2009.
Leo Haffner, Kultur und Religion als Machtfaktor, in: Franz Mathis/Wolfgang Weber, Vorarlberg: zwischen Fußach und Flint, Alemannentum und Weltoffenheit, Wien 200, S. 346–408, hier 373–377.
Kurt Greussing/Meinrad Pichler, Politische Kultur 1986: Vom Arier zum Alemannen, in: Kultur, November 1886, S. 4 ff.

Anhang

Sach- und Personenlexikon

(erstellt in Zusammenarbeit mit Horst Schreiber)

Aktion Reinhard: Deckname für die Ermordung der jüdischen Bevölkerung im „Generalgouvernement“ (siehe dort) in Polen. Die Aktion stand unter der Leitung des SS- und Polizeiführers des Distrikts Lublin, Odilo Globocnik. Globocnik und viele seiner engsten Mitarbeiter waren Österreicher. Bis zum Sommer 1942 wurden im „Generalgouvernement“ drei Vernichtungslager mit Gaskammern gebaut: Belzec, Sobibór und Treblinka. Auch unter den Kommandanten von Sobibór und Treblinka befanden sich Österreicher. Bis Oktober 1943 ermordeten die Nazis im Rahmen dieser Vernichtungsaktion rund 1.750.000 Jüdinnen und Juden sowie ca. 50.000 Roma und Sinti. Der Name für die Massenmordaktion wurde in Anlehnung an den Vornamen von Reinhard Heydrich, dem Chef des Reichssicherheitshauptamtes, gewählt.

Alliierte: Großbritannien, USA, Sowjetunion und Frankreich. Sie bekämpften im Zweiten Weltkrieg die Achsenmächte: Deutschland, Italien und Japan.

Alpenfestung: Ein vom Tiroler Gauleiter Franz Hofer unterstütztes Gerücht um eine gigantische Verteidigungsanlage in den Alpen, in der nach einer Kriegsniederlage Deutschlands bestens ausgerüstete deutsche Elitetruppen noch einen unerbittlichen Kampf gegen die Alliierten führen würden. Hierher sollten sich die NS-Größen samt ihrem angehäuften Besitz zurückziehen können. Tatsächlich gab es diese Alpenfestung gar nicht.

„Altreich“: So bezeichneten die deutschen Behörden ab März 1938 das deutsche Staatsgebiet, wie es vor dem „Anschluss“ Österreichs an das Deutsche Reich bestanden hatte. Das Reich unter Einschluss der annektierten deutschsprachigen Gebiete (Österreich, Sudetenland, Elsass-Lothringen) nannten sie Großdeutschland.

Annektieren, Annexion: gewaltsame Aneignung eines Staatsgebietes.

„Anschluss“: Bezeichnung für die Machtübernahme der NSDAP (Nationalsozialistische Deutsche Arbeiterpartei) in Österreich, die Besetzung Österreichs durch deutsche Truppen und die Auslöschung der Eigenständigkeit Österreichs durch seine Vereinigung mit dem Deutschen Reich nach dem März 1938.

Antijudaismus: Religiös begründete Judenfeindschaft. Die Hauptvorwürfe gegenüber Jüdinnen und Juden waren der Gottesmord an Jesus und ihre Weigerung, Jesus als Messias (Gott) anzuerkennen. Die christlichen Theologen zeichneten das Bild des für die Wahrheit blinden und teuflischen Juden. Weitere typische Vorwürfe betrafen den „Ritualmord“, die „Hostienschändung“ und die „Brunnenvergiftung“. Auf diesem jahrhundertealten christlichen Antijudaismus konnte die rassistisch begründete Judenfeindschaft (Antisemitismus) des 19. und 20. Jahrhunderts aufbauen.

Antisemitismus: Rassistisch, also nicht mehr vorwiegend religiös, motivierter Judenhass. Im letzten Drittel des 19. Jahrhunderts setzte sich der Begriff „Antisemitismus“ in Europa durch. Die Antisemiten lasteten die negativen Erscheinungen der großen Umbrüche der Gesellschaft im Zuge der Industrialisierung (sozialer Abstieg, Armut, Arbeitslosigkeit, wachsende Ängste etc.) der jüdischen Bevölkerung an. Sie galt als minderwertige „Rasse", die zu viel Einfluss habe und deshalb vertrieben werden müsse. Nach dem Ersten Weltkrieg verschärfte sich der Antisemitismus, weil der jüdischen Bevölkerung die Schuld für die Niederlage Deutschlands und des Habsburgerreiches in die Schuhe geschoben wurde. Die christlich-konservative und die extreme Rechte verbanden ihre Judenfeindschaft mit der Ablehnung der parlamentarischen Demokratie, die sie als „Judenrepublik" beschimpften. Die NSDAP radikalisierte den Antisemitismus, indem sie die „Juden" als mächtige Gegenrasse zu den „arischen Germanen" setzte und eine Weltverschwörung des „internationalen Judentums" behauptete. Der Völkermord an Jüdinnen und Juden lag in der Logik dieses rassistischen Antisemitismus, der von einem unausweichlichen Kampf der Rassen ausging und die Unmöglichkeit eines friedlichen deutsch-jüdischen Zusammenlebens betonte. Der Antisemitismus hatte zudem für den Nationalsozialismus handfeste Vorteile: Das Feindbild festigte das Wir-Gefühl, der jüdischen Bevölkerung konnte als Sündenbock die Schuld an allen Problemen gegeben werden, und ihre Beraubung ermöglichte dem Staat sowie Privatleuten Bereicherung im großen Stil.

Arier, arisch: Altiranisches Wort für gut, rein, edelmütig. Der (veraltete) Fachausdruck aus der Sprachwissenschaft versteht unter Ariern Völker, die der indoeuropäischen Sprachfamilie angehören. Arier dürfte auch die Selbstbezeichnung von Völkern gewesen sein, die vor 4.000 Jahren ins iranische Hochland eingewandert sind und später weite Teile Indiens erobert haben. Wissenschaftlich völlig unhaltbar deuteten die Nazis die Arier in eine germanische Herrenrasse um, die frei von fremdem Blut sei und alle nicht-arischen Völker unterwerfen oder vernichten müsse. Die jüdische Bevölkerung sowie die „Zigeuner" und die slawischen Völker wurden (mit Ausnahmen) willkürlich von der nationalsozialistischen Rassenideologie als nicht-arisch, folglich fremdrassig und damit minderwertig bestimmt.

Ariernachweis: Alle deutschen StaatsbürgerInnen mussten ab 1935 die Herkunft der Eltern und Großeltern dokumentieren, um zu beweisen, dass sie „deutscher oder artverwandter Abstammung" waren. Der Ariernachweis entschied über die Rechte und die sozialen Lebensbedingungen, ja über Leben und Tod, wenn die Verwandten jüdischer Herkunft oder Roma und Sinti waren. Mitglieder der NSDAP mussten ihre Abstammung zurück bis zum Jahr 1800 nachweisen, jene der SS sogar bis 1750.

Auschwitz: Das ab Mai 1940 in einem Vorort der Stadt Auschwitz im ehemaligen Polen errichtete KZ wurde zum größten nationalsozialistischen Konzentrations- und Vernichtungslager ausgebaut. Auschwitz bestand aus vielen Lagern und wuchs mit der Zeit mit dem drei Kilometer entfernten Ort Birkenau zusammen. Opfer des Terrors waren Jüdinnen und Juden, politische GegnerInnen, Roma und Sinti, sowjetische Kriegsgefangene, Geistliche, Zeugen Jehovas, Homosexuelle und gewöhnliche Straftäter. Ab 1942 waren große Gaskammern in Betrieb, in denen die Häftlinge mit dem Insektenvernichtungsmittel Zyklon B ermordet wurden. Auschwitz war der zentrale Ort des Massenmordes an den europäischen Jüdinnen und Juden. 90 % der rund 1.100.000 Menschen, die in Auschwitz-Birkenau durch Gas, Giftinjektionen, Erschießungen, Schwerarbeit, Krankheit und Verhungern ums Leben kamen, waren jüdischer Herkunft.
Auschwitz stellte auch einen gewaltigen Wirtschaftskomplex dar, in dem die Häftlinge Zwangsarbeit verrichteten. Nach der Ankunft der Deportierten in

Auschwitz erfolgte die „Selektion“. Alle Menschen, die als nicht arbeitsfähig eingestuft wurden, kamen sofort ins Gas, die anderen wurden als SklavenarbeiterInnen verwendet („Vernichtung durch Arbeit“). Im Oktober 1944 kam es zu einem Aufstand der Häftlinge, bei dem sie eine Gaskammer sprengten. Anfang 1945 schickte die SS die rund 56.000 noch im Lager befindlichen Gefangenen zu Fuß in Richtung Westen. Tausende kamen bei diesen Todesmärschen ums Leben. Am 27. Jänner 1945 befreite die sowjetische Armee die 7.500 in Auschwitz verbliebenen, durchweg kranken Häftlinge.

Austrofaschismus („Ständestaat“): Das als Austrofaschismus bezeichnete Herrschaftssystem in Österreich zwischen 1934 und 1938 wurde von Ehemaligen der Christlichsozialen Partei und den Heimwehren unter Führung der Bundeskanzler Engelbert Dollfuß und Kurt Schuschnigg getragen. Es war undemokratisch und autoritär. Parlament, Parteien und Gewerkschaften wurden abgeschafft, die Arbeiterbewegung unterdrückt, politische GegnerInnen in Haft genommen und die Todesstrafe wieder eingeführt.

BDM: siehe Bund Deutscher Mädel.

Bolschewismus, Bolschewisten: Bolschewisten (Bolschewiki) war seit 1903 die Bezeichnung für die russischen Kommunisten. Unter der Führung von Wladimir Iljitsch Lenin siegte 1917 in Russland die „Oktoberrevolution“. Nach einem vierjährigen Bürgerkrieg in allen Teilen des ehemaligen (All-) Russischen Kaiserreichs begründeten die Bolschewiki 1922 die Sowjetunion („Union der Sozialistischen Sowjetrepubliken“ – 1991 wieder aufgelöst). Unter Bolschewismus versteht man den von Lenin begründeten Kommunismus in Praxis und Theorie. Dabei beriefen sich Lenin und später Stalin auf die Lehre von Karl Marx und Friedrich Engels, veränderten sie aber sehr stark. Lenin schuf eine straff organisierte kommunistische Partei von BerufsrevolutionärInnen, die bereit waren, mit allen Mitteln, auch dem der Diktatur, eine kommunistische Gesellschaft zu errichten. Die nationalsozialistische Propaganda verband mit dem Begriff „Bolschewismus“ die in Europa angstbesetzte Vorstellung „asiatischer Horden“. Damit wurde „Bolschewismus“ für die Nationalsozialisten zu einem Propagandaschlagwort, das den deutschen Angriff auf die Sowjetunion und später die Fortführung des Krieges trotz der absehbaren Niederlage rechtfertigen sollte.

Buchenwald, KZ: Buchenwald bei Weimar war eines der größten Konzentrationslager Deutschlands und wurde 1937 eröffnet. Waren zunächst Gefangene aus Deutschland in der Überzahl, so änderte sich dies im Verlauf des Krieges. Die Gefangenen arbeiteten anfangs im Steinbruch, dann in Betrieben und Fabriken der Rüstungsindustrie. Besonders die kommunistischen Häftlinge sorgten dafür, dass der Widerstand in Buchenwald erfolgreicher war als in jedem anderen KZ. Dennoch kamen von den schätzungsweise 240.000 Häftlingen mindestens 50.000 durch medizinische Versuche, Giftinjektionen, Erschießungen, Folter, Nahrungsmangel, Seuchen, Erschöpfung und Deportationen in die Vernichtungslager ums Leben.

Bund Deutscher Mädel (BDM): Nationalsozialistische Einheitsorganisation für die weibliche Jugend zwischen 10 und 18 Jahren. Seit 1936 bestand eine Pflichtmitgliedschaft für alle weiblichen Jugendlichen, soweit sie die rassistischen Vorgaben des NS-Staates erfüllten. Als Teil der Hitlerjugend unterstand der BDM dem „Reichsjugendführer“.

Burschenschaft(er): Deutschnational orientierte Studentenverbindungen, die bereits vor der NS-Machtübernahme streng antisemitisch ausgerichtet waren. Aus ihren Reihen kamen besonders viele fanatische Nationalsozialisten sowie Massenmörder in Konzentrationslagern.

Cartellverband (CV): Dachorganisation der katholischen Studentenverbindungen. Diese waren christlichsozial eingestellt und führend am Aufbau des autoritären „Ständestaats“ beteiligt.

Chełmno (Kulmhof): Erstes NS-Vernichtungslager. Es wurde im November 1941 70 Kilometer von der polnischen Stadt Łódź (NS-deutsch: Litzmannstadt) entfernt errichtet. Mindestens 152.000 Jüdinnen und Juden sowie über 5.000 österreichische Roma und Sinti fanden in Chełmno einen gewaltsamen Tod durch Giftgas.

Dachau, KZ: Erstes Konzentrationslager Deutschlands. Es wurde Ende März 1933 nahe der Kleinstadt Dachau bei München eingerichtet. Von insgesamt über 200.000 Inhaftierten kamen in Dachau mindestens 30.000 ums Leben.

DAF: siehe Deutsche Arbeitsfront.

Darwin, Charles (1809–1882): Britischer Naturforscher und Begründer der modernen Evolutionstheorie. Er entwickelte die Theorie der natürlichen Selektion (Auswahl), die in einem lange andauernden Prozess zur Entstehung und Veränderung aller Lebensformen durch Anpassung (Evolution) führt. Indem seine Lehre der „natürlichen Selektion“ auf die menschliche Gesellschaft übertragen wurde, fanden Rassisten eine wissenschaftlich klingende Rechtfertigung für ihre Unterscheidung von minder- und höherwertigen Menschen bzw. „Rassen“. Diese Umdeutung der Darwin'schen Lehre wird als Sozialdarwinismus bezeichnet.

Deutsche Arbeitsfront (DAF): Nach dem Verbot der deutschen Gewerkschaften im Mai 1933 gründeten die Nationalsozialisten einen Einheitsverband für ArbeitnehmerInnen und Arbeitgeber. Das Vermögen der Gewerkschaften wurde der Einheitsorganisation zugeschlagen. Innerhalb dieser Organisation sollte der Interessenausgleich zwischen Arbeitnehmern und Arbeitgebern stattfinden. Die „Arbeitsfront“ war nach dem Führerprinzip aufgebaut. Das Streikrecht wurde abgeschafft. Die DAF verfügte über eine Reihe von Unterorganisationen wie etwa die Freizeitorganisation „Kraft durch Freude“.

Deutsches Reich: Darunter versteht man jenen Staat, der sich nach dem Ersten Weltkrieg und der Auflösung des Deutschen Kaiserreichs 1918/1919 auf den Grundlagen des Friedensvertrags von Versailles gebildet hat. Adolf Hitler wurde 1933 Reichskanzler des Deutschen Reichs. Er machte es durch die Annexion Österreichs, des Sudetenlandes und deutschsprachiger Gebiete Polens zum so genannten Großdeutschen Reich. Die Nationalsozialisten verwendeten für den von Hitler geschaffenen Staat auch den Ausdruck Großdeutschland.

Dienstverpflichtung: Unter der nationalsozialistischen Herrschaft konnte das Arbeitsamt Frauen, Männer und Jugendliche mit Hilfe der Dienstverpflichtung gegen ihren Willen zwingen, befristet dort zu arbeiten, wo dies aus staatspolitischen Gründen wichtig erschien. Während des Krieges wurde die unbefristete Dienstverpflichtung eingeführt.

Eichmann, Adolf (1906–1962): Der in Linz aufgewachsene SS-Obersturmbannführer Eichmann hatte keine abgeschlossene Berufsausbildung. Ab 1938 war er als Leiter der „Zentralstelle für jüdische Auswanderung“ in Wien für die Beraubung, Vertreibung und Vernichtung der jüdischen Bevölkerung Österreichs zuständig. Mit Kriegsbeginn organisierte er die Deportationen von über vier Millionen Jüdinnen und Juden in die Konzentrations- und Vernichtungslager in Osteuropa. 1945–1950 lebte er mit falschen Papieren in Deutschland. Dann floh er nach Buenos Aires, Argentinien, wo er bei Daimler-Benz arbeitete. Im Mai 1960 wurde Eichmann vom israelischen Geheimdienst nach Israel entführt. Nach einem langen Prozess erfolgte am 1. Juni 1962 die Vollstreckung des Todesurteils.

Einsatzgruppen: Mobile Einheiten der Sicherheitspolizei und des Sicherheitsdienstes der SS, die mit ihren Untergliederungen (Einsatzkommandos, Sonderkommandos) in enger Zusammenarbeit mit der Wehrmacht speziell in Osteuropa hunderttausende Jüdinnen und Juden, aber auch Roma und Sinti, geistig Behinderte, Kriegsgefangene und ZivilistInnen durch Massenerschießungen ermordeten.

Ender, Otto Dr. (1875–1960): Christlichsozialer Politiker, Vorarlberger Landeshauptmann von 1918 bis 1930, von 4. Dezember 1930 bis 20. Juni 1931 österreichischer Bundeskanzler, dann wieder Landeshauptmann. Ab Sommer 1933 Bundesminister für Verfassungs- und Verwaltungsreform. Als solcher entwarf er die Verfassung für den autoritären „Ständestaat". Das Recht geht in diesem Grundgesetz nicht mehr „vom Volke" aus, sondern: „Im Namen Gottes, des Allmächtigen, von dem alles Recht ausgeht, erhält das österreichische Volk für seinen christlichen, deutschen Bundesstaat auf ständischer Grundlage diese Verfassung." Damit schuf er die Rechtsgrundlage für die austrofaschistische Diktatur. Von 1934 bis 1938 amtierte Ender als Präsident des Rechnungshofs in Wien. Als namhafter Vertreter des autoritären „Ständestaates" wurde Ender im März 1938 verhaftet und nach der Freilassung im Sommer 1938 mit „Gauverbot" belegt. Nach 1945 war Ender politisch nicht mehr aktiv.

Euthanasie: Unter dem aus dem Altgriechischen stammenden Begriff ist ein guter, schneller, schmerzloser Tod ohne fremde Einwirkung zu verstehen. In späteren Jahrhunderten bezeichnete das Wort die Sterbehilfe für unheilbar Kranke oder Schwerstverletzte zur Erlösung von unerträglichem Leiden. Im Nationalsozialismus umschrieb der Begriff Euthanasie ein Tötungsprogramm, dem psychisch Kranke und geistig Behinderte, die als „lebensunwertes Leben" bezeichnet wurden, aber auch sozial Unangepasste zum Opfer fielen.

Faschismus: Unter Faschismus versteht man zunächst die Eigenbezeichnung der politischen Bewegung Benito Mussolinis, der 1922 in Italien eine Diktatur errichtete. Faschismus wird aber auch als Oberbegriff für Herrschaftssysteme verwendet, die wie der Nationalsozialismus in Deutschland oder die Diktaturen in Italien, Spanien, Portugal und Österreich bestimmte Ähnlichkeiten aufweisen. Faschistische Herrschaftssysteme sind antidemokratisch, antiparlamentarisch, antisozialistisch, antikommunistisch, nationalistisch, militaristisch und rassistisch. Ein wichtiges Merkmal ist die Herrschaft eines Führers bzw. einer einzigen Partei auf allen Ebenen der Gesellschaft. Zur Durchsetzung der Ziele werden Gewalt und Terror eingesetzt.

Figl, Leopold (1902–1965): 1934–1938 Direktor des niederösterreichischen Bauernbundes, 1938–1945 im KZ Dachau und Mauthausen inhaftiert; 1945 Mitbegründer der ÖVP, 1945–1953 Bundeskanzler und 1953–1959 Außenminister Österreichs, 1962–1965 Landeshauptmann von Niederösterreich.

Flak: Fliegerabwehrkanone bzw. Geschütz zur Bekämpfung von Kampfflugzeugen.

Flossenbürg, KZ: Von 1938 bis 1945 waren in dem in der nördlichen Oberpfalz in Bayern gelegenen

Konzentrationslager und seinen über 100 Außenlagern rund 100.000 Menschen inhaftiert. Mindestens 30.000 überlebten den Terror nicht.

Franco, Francisco (1892–1975): General Franco, der Oberbefehlshaber der spanischen Armee, rief 1936 zum Sturz der demokratisch gewählten Linksregierung aus Sozialisten, Kommunisten und liberalen Bürgerlichen auf. Damit löste er den äußerst brutal geführten Spanischen Bürgerkrieg von 1936 bis 1939 aus. 35.000 linksgerichtete Freiwillige (Internationale Brigaden) aus ganz Europa versuchten vergeblich, die Errichtung des Faschismus in Spanien zu verhindern. Die Unterstützung Francos durch das faschistische Italien und das nationalsozialistische Deutschland, dessen Luftwaffe (Legion Condor) spanische Städte bombardierte, gab den Ausschlag für Francos Sieg 1939. 1975 übernahm der von Franco als Nachfolger bestimmte König Juan Carlos die Regierungsgeschäfte. Er schaffte den unblutigen Übergang zur Wiedereinführung der Demokratie in einer konstitutionellen (parlamentarischen) Monarchie.

Freisler, Roland (1893–1945): Staatssekretär im Justizministerium und ab August 1942 Präsident des Volksgerichtshofes. Er sah diese Einrichtung, in der Verfahren wegen „Hochverrat“ und „Landesverrat“ – also gegen GegnerInnen des NS-Systems – durchgeführt wurden, als politisches Gericht an, das so entscheiden sollte, wie „der Führer den Fall selbst entscheiden würde“. Während der Verhandlungen schrie er die Angeklagten an, machte sie lächerlich und hinderte sie an ihrer Verteidigung. Unter seiner Führung stiegen die Todesurteile sprunghaft an: 1943 und 1944 waren es 1.600. Dies brachte ihm den Ruf eines „Blutrichters“ ein. Er kam am 3. Februar 1945 in Berlin bei einem Luftangriff ums Leben.

„Frontmiliz“: siehe Heimwehr.

Funktionshäftling: In den Konzentrationslagern schuf die SS eine Häftlingsselbstverwaltung, um Bewachungspersonal zu sparen und ihren Einfluss auf die Häftlinge zu vergrößern. Die Häftlinge wurden entsprechend der NS-Rassenlehre hierarchisch eingeteilt und gegeneinander ausgespielt. Mit einer Funktion als „Lager- und Blockältester“, Arzt, Schreiber, Kapo eines Arbeitskommandos usw. betraute die SS vor allem Deutsche und besonders gerne Kriminelle, aber auch politische Häftlinge. Funktionshäftlinge konnten ihre einflussreiche Stellung zum Wohl der Häftlingsgemeinschaft und zum Widerstand nutzen – oder zum eigenen Vorteil gegen ihre Mitgefangenen.

Gauleiter: Die österreichischen Bundesländer – mit Ausnahme des Burgenlandes und Vorarlbergs – wurden nach der Eingliederung ins Deutsche Reich 1938 als Gaue bezeichnet. An der Spitze stand jeweils ein Gauleiter, der die regionale NSDAP und die Landeshauptmannschaft leitete. Ab 1940 wurden die Landeshauptmannschaften in Reichsstatthaltereien umorganisiert. Sie unterstanden den Gauleitern in deren Funktion als Reichsstatthalter. Vorarlberg wurde dem Gau Tirol unter Reichsstatthalter Franz Hofer zugeschlagen.

Geheime Staatspolizei (Gestapo): Die Gestapo war für die Bekämpfung von GegnerInnen und Menschen, die vom NS-Regime als Feinde eingestuft wurden, zuständig. Sie konnte willkürlich Verhaftungen und Einweisungen in Konzentrationslager vornehmen. Kommandos der Gestapo verschleppten die jüdische Bevölkerung Europas in die Vernichtungslager des Nationalsozialismus.

Generalgouvernement: Bezeichnung für das von Deutschland besetzte, aber nicht ins Deutsche Reich eingegliederte Gebiet Polens, das die Bezirke Warschau, Krakau, Radom, Lublin und das Gebiet um Lemberg umfasste. Das Generalgouvernement war das Abschiebegebiet für die polnische bzw. jüdische Bevölkerung, die aus den in das Deutsche Reich eingegliederten Gebieten Polens vertrieben wurde. Ende 1941 begann mit der Errichtung der Vernichtungslager die systematische Tötung der jüdischen Bevölkerung des Generalgouvernements.

Genfer Konvention: Völkerrechtlich verbindliche Abkommen, in denen sich Staaten verpflichten, bestimmte Grundsätze der Menschlichkeit bei der Behandlung von Verwundeten und Zivilpersonen in Kriegszeiten sowie von Kriegsgefangenen und Flüchtlingen anzuwenden. Die Genfer Konvention wurde seit 1864 und besonders nach 1945 ständig erweitert.

Gerechte unter den Völkern: Bezeichnung für nichtjüdische Personen, die während des Nationalsozialismus Jüdinnen und Juden gerettet haben. Sie werden in der israelischen Holocaust-Gedenkstätte Yad Vashem in Jerusalem durch die Eintragung ihres Namens in die Ehrenwand im Garten der Gerechten geehrt.

Gestapo: siehe Geheime Staatspolizei.

Goebbels, Joseph (1897–1945): Goebbels hatte ein Doktorat in Germanistik, seine Versuche als Schriftsteller blieben erfolglos. Als Reichsminister für Volksaufklärung und Propaganda sowie Präsident der Reichskulturkammer lenkte er die öffentliche Meinung im nationalsozialistischen Deutschland und entschied in allen Belangen der Kunst und Kultur. Er kontrollierte Presse, Film und Rundfunk, die er zu Propagandainstrumenten des NS-Regimes machte. Goebbels organisierte Bücherverbrennungen missliebiger AutorInnen und unterdrückte alle modernen Kunstströmungen als „entartete Kunst". Er war führend an der Judenverfolgung beteiligt. Als Generalbevollmächtigter für den totalen Kriegseinsatz beschwor er den Kriegswillen der Bevölkerung. Am 1. Mai 1945 nahm er sich mit seiner Frau und seinen sechs Kindern das Leben.

Göring, Hermann (1893–1946): Offizier, Jagdflieger und Kriegsheld im Ersten Weltkrieg; Reichstagspräsident ab 1932, preußischer Ministerpräsident ab 1933, Hauptgründer der Gestapo, Oberbefehlshaber der Deutschen Luftwaffe, Generalfeldmarschall und Reichsmarschall. Göring war treibende Kraft beim „Anschluss" Österreichs an Deutschland 1938 und Mitorganisator der Judenverfolgung und des Holocaust. Als Beauftragter des Vierjahresplans übte er zeitweise die oberste Kontrolle über die deutsche Industrie aus. Er gründete unter anderem die Hermann-Göring-Werke in Linz, den größten Stahlkonzern Österreichs, und war als Nachfolger Hitlers nach dessen Tod vorgesehen. Göring war der ranghöchste angeklagte Nationalsozialist vor dem Internationalen Militärgerichtshof in Nürnberg (Nürnberger Hauptkriegsverbrecherprozess). Er entzog sich dem Todesurteil am 15. Oktober 1946 durch Selbstmord mit Gift.

Großdeutsches Reich, Großdeutschland: siehe Deutsches Reich.

Habsburg, Otto (1912–2011): Ältester Sohn des letzten österreichischen Kaisers Karl I. Im Februar 1938 ersuchte er Bundeskanzler Kurt Schuschnigg um die Übergabe der Regierungsverantwortung. Er wollte einen Widerstand gegen den Nationalsozialismus organisieren. Die Nationalsozialisten nannten deshalb die Vorbereitung und Durchführung des Einmarsches in Österreich „Unternehmen Otto". Erst 1961 verzichtete er auf die Herrschaftsansprüche seiner Familie. 1979–1999 war Otto Habsburg Abgeordneter der bayrischen CSU (Christlichsozialen Union) im Europäischen Parlament.

Heimwehr: Aus Angst vor sozialistischen Veränderungen oder kommunistischen Umsturzversuchen gründeten konservative und nationale Bürger seit dem Beginn der 1920er Jahre so genannte Selbstschutzverbände. Diese wurden in den einzelnen Bundesländern zu Heimwehren, in Vorarlberg „Heimatwehr“, zusammengefasst. Ab Ende der 1920er Jahre nahm der antidemokratische Einfluss der Heimwehr auf die Politik der christlichsozialen Partei und Regierung immer mehr zu. Im so genannten Korneuburger Eid forderten die österreichischen Heimwehren einen austrofaschistischen Staat. Der Bundesführer der Heimwehr, Rüdiger von Starhemberg, der 1923 am Hitler-Putsch in München teilgenommen hatte, näherte sich und seine paramilitärische Organisation ab 1932 ganz an Bundeskanzler Engelbert Dollfuß an und unterstützte dessen österreichische – gegen die Ansprüche der Nationalsozialisten gerichtete – Form eines faschistischen Weges. Zum Teil übernahm die Heimwehr auch staatliche Ordnungsaufgaben bei der Bekämpfung der „illegalen“ Nationalsozialisten, vor allem aber bei der gewaltsamen Ausschaltung der Sozialdemokratie im Februar 1934. Mit dem Sturz Starhembergs im Oktober 1936 wurde die Heimwehr aufgelöst; ihre Wehrverbände wurden als „Frontmiliz“ in die „Vaterländische Front“ eingegliedert.

Heydrich, Reinhard (1904–1942): Marineleutnant; Leiter des SS-Reichssicherheitshauptamtes, der Terrorzentrale des Nationalsozialismus, und einer der Hauptverantwortlichen für den Holocaust. Am 4. Juni 1942 erlag er einem Attentat tschechischer Widerstandskämpfer in Prag. Die SS tötete daraufhin aus Rache alle männlichen Einwohner des nahe Prag gelegenen Dorfes Lidice und verschleppte die Frauen und Kinder in Konzentrationslager.

Himmler, Heinrich (1900–1945): Der gelernte Landwirt war als Reichsführer-SS und Chef der deutschen Polizei Leiter des gesamten NS-Terrors. Seine Macht steigerte er durch die Schaffung eines Wirtschaftskonzerns der SS, der sich auf die Ausbeutung der Arbeitskraft von KZ-Häftlingen stützte. Als Reichskommissar für die Festigung des deutschen Volkstums war Himmler für die Umsiedlungs- und Germanisierungspolitik verantwortlich, so auch für die Umsiedlung der SüdtirolerInnen. Nur eine Minderheit der OsteuropäerInnen galt für ihn als „eindeutschungsfähig“. Tausende als „rassisch wertvoll“ bezeichnete Kinder wurden ihren Eltern weggenommen und nach Deutschland verschleppt. Himmler befahl die Vertreibung und Ermordung von Millionen BewohnerInnen Osteuropas und siedelte an ihrer Stelle Deutsche bzw. „Volksdeutsche“ (aus deutschsprachigen Gebieten außerhalb des „Großdeutschen Reiches“) an. Er war hauptverantwortlich für die von der SS begangenen Verbrechen, speziell für den Holocaust. Nach Kriegsende geriet Himmler in Verkleidung in britische Gefangenschaft und beging am 23. Mai 1945 nach Entdeckung seiner wahren Identität Selbstmord durch die Einnahme von Gift. Mehrfach wurde bei ihm – meist erfolglos – für verhaftete VorarlbergerInnen interveniert, weil seine Großmutter aus Bregenz stammte und er hier Verwandte hatte.

Hitler, Adolf (1889–1945): Hitler wurde in der oberösterreichischen Grenzstadt Braunau am Inn geboren. Ohne Schulabschluss kam er zu Beginn des 20. Jahrhunderts nach Wien. Der Antisemitismus von Bürgermeister Lueger und ein völkisch bestimmter Hass auf die Wiener Moderne wurden für ihn prägend. Während des Ersten Weltkriegs diente er in einem bayerischen Regiment hinter der Front. Nach dem Krieg brachte er es innerhalb der rechtsradikalen Szene Münchens bald zu einer gewissen Bekanntheit als hemmungsloser Redner und Chef einer kleinen Splitterpartei, die sich Nationalsozialistische Deutsche Arbeiterpartei (NSDAP) nannte.

Nach seinem gescheiterten Umsturzversuch im November 1923 wurde er zu fünf Jahren Haft verurteilt, aber bereits im Dezember 1924 vorzeitig entlassen und gleich wieder aktiv. Nach Ausbruch der Weltwirtschaftskrise feierte die NSDAP erste Wahlerfolge, nachdem sie zuvor in erster Linie durch die Aufmärsche ihrer Wehrformation („Sturmabteilung" – SA), durch aggressiv-provokantes Auftreten und Saalschlägereien bei politischen Veranstaltungen von Kommunisten und Sozialdemokraten aufgefallen war. Im Juli 1932 stieg die Hitler-Partei mit 37,4 % der Stimmen zur stärksten politischen Kraft Deutschlands auf. Bei den Neuwahlen vier Monate später blieb die NSDAP stärkste Partei, erreichte aber nur mehr 33 %. Am 30. Jänner 1933 gelang es Hitler durch Intrigen und mit Unterstützung konservativer Kreise sowie der Groß- und Finanzwirtschaft, vom Reichspräsidenten Hindenburg zum Reichskanzler einer Koalition mit Deutschnationalen und Parteilosen ernannt zu werden. Durch Terror und durch Gesetzesänderungen, die die demokratischen Rechte massiv einschränkten, höhlte die NSDAP die Demokratie immer mehr aus. Im Sommer 1934 wurden die Linksparteien verboten, die anderen Parteien zur Selbstauflösung gezwungen und die Einparteien-Diktatur der NSDAP mit Hitler als „Führer" errichtet. Er ließ die innerparteiliche Konkurrenz ermorden, politische GegnerInnen in Konzentrationslager bringen und startete die Judenverfolgungen. Gemeinsam mit der Militärführung und Teilen der Großwirtschaft wurden eine riesige militärische Aufrüstung Deutschlands und die Planung der Eroberungskriege in die Wege geleitet. 1938 übernahm er den Oberbefehl über die Deutsche Wehrmacht. Im März desselben Jahres erfolgte der „Anschluss" Österreichs ans Deutsche Reich, ein Jahr später die Eingliederung von Böhmen und Mähren. Am 1. September 1939 begann durch den Befehl Hitlers, Polen zu überfallen, der Zweite Weltkrieg. Dieser wurde im Osten auch als Vernichtungskrieg gegen die Zivilbevölkerung geführt. Daneben ordnete Hitler die Auslöschung des europäischen Judentums und die Ermordung von weiteren Millionen Menschen an, die aus den verschiedensten Gründen als „minderwertig" bezeichnet wurden (Roma und Sinti, Behinderte, „Asoziale", Homosexuelle). Der Massenmord an Jüdinnen und Juden wird seit den 1970er Jahren als „Holocaust" bezeichnet (wörtlich: Feuertod vieler Menschen; im übertragenen Sinn systematischer Massenmord an einem ganzen Volk). Als spätestens im Frühjahr 1943 sichtbar wurde, dass der Krieg verloren war, verweigerte Hitler jede Initiative zu dessen Beendigung. Er ließ den Krieg bis zum totalen Untergang Deutschlands weiterführen. Am 19. März 1945 gab er sogar den Befehl, die gesamte Infrastruktur Deutschlands und damit alle Lebensgrundlagen der deutschen Bevölkerung zu vernichten. Für den Feind sollte nur „verbrannte Erde" übrig bleiben. Am 30. April 1945 beging Hitler Selbstmord.

Hitlerjugend (HJ): Die HJ war zuerst die Jugend- und Nachwuchsorganisation der NSDAP, ab 1933 der einzig zugelassene staatliche Jugendverband. „Die HJ umfasst die Gesamtheit der Jugend wie auch den gesamten Lebensbereich des jungen Deutschen," hieß der staatliche Auftrag. Seit 1939 bestand eine gesetzlich geregelte „Jugenddienstpflicht" für alle 10- bis 18-Jährigen. Sie musste innerhalb der HJ beziehungsweise des BDM abgeleistet werden. Sie bestand aus körperlicher Ertüchtigung und weltanschaulicher Schulung. Die Untergliederung für die Kinder zwischen 10 und 14 Jahren hieß „Jungvolk" (Pimpfe) beziehungsweise „Jungmädelbund". Die eigentliche Hitlerjugend bildeten die 14- bis 18-Jährigen.

Hitler-Putsch: Am 8./9. November 1923 versuchte Adolf Hitler mit Hilfe der SA und mit anderen republikfeindlichen Organisationen in München, die

Macht an sich zu reißen. An der Feldherrnhalle kam es zu Gefechten mit der Polizei. 15 Aufrührer, vier Polizisten und ein Unbeteiligter wurden getötet. Während seiner über einjährigen Haft verfasste er das Buch „Mein Kampf", in dem er seine rassistischen Ideen und menschenverachtenden Ziele darlegte.

HJ: siehe Hitlerjugend.

Holocaust: Ein aus dem Griechischen stammender Begriff, der übersetzt „Brandopfer" oder „ganz verbrannt" bedeutet. Er wird wie der hebräische Begriff Shoa (großes Unglück, Katastrophe) für den nationalsozialistischen Völkermord an rund sechs Millionen Jüdinnen und Juden verwendet.

Ilg Ulrich (1905–1986): Landwirt und katholisch-konservativer Politiker aus Dornbirn. Wurde bereits 1927 zum Obmann des Vorarlberger Bauernbundes gewählt. Nach der endgültigen Beseitigung der parlamentarischen Demokratie und des Mehrparteienstaates im Februar 1934 zog Ilg als Abgeordneter in den Vorarlberger Landtag ein. Im Sommer 1934 war er auf Bundesebene kurzfristig Staatssekretär für Land- und Forstwirtschaft. Bis zur Machtübernahme durch die Nationalsozialisten im März 1938 war Ulrich Ilg Vorarlberger Landesbauernführer. Die Teilnahme an der Volksabstimmung für den „Anschluss" hat Ilg verweigert, ohne dass ihm daraus politische Konsequenzen entstanden sind. Im Mai 1945 beauftragte die französische Besatzungsmacht in Vorarlberg Ilg mit der Bildung eines Landesausschusses (Landesregierung). Nach der Landtagswahl vom November 1945 wurde die Österreichische Volkspartei (ÖVP) als Nachfolgerin der früheren Christlichsozialen Partei stimmenstärkste Partei und Ilg Landeshauptmann. 1964 trat Ilg als Landeshauptmann zurück, blieb aber bis 1969 Landesrat für Finanzen.

Jiddisch: Jiddisch ist die zwischen dem 9. und 12. Jahrhundert im Südwesten Deutschlands entstandene Volkssprache der in Ost- und Westeuropa beheimateten oder von dort stammenden Jüdinnen und Juden. Jiddisch gehört zur Familie der germanischen Sprachen und wird traditionell mit hebräischen Buchstaben von rechts nach links, gelegentlich aber auch mit lateinischen, geschrieben. Der Wortschatz ist zum größten Teil deutschen und zu einem kleineren Teil hebräischen Ursprungs. Zahlreich sind auch die Übernahmen aus dem Polnischen, Russischen, Rumänischen, Ukrainischen, Slowenischen und seit Ende des 19. Jahrhunderts aus dem Englischen. Anfang des 20. Jahrhunderts wurde Jiddisch von elf Millionen Menschen hauptsächlich in Osteuropa und in den USA gesprochen, heute nur mehr von etwa vier bis fünf Millionen.

Jugend-Konzentrationslager: Rund 2.000 Kinder und Jugendliche wurden in so genannte polizeiliche Jugendschutzlager in Uckermark bei Berlin (Mädchen) und Moringen bei Göttingen (Burschen) eingeliefert. Dort mussten sie Zwangsarbeit leisten. Wer sozial unangepasst war, straffällig wurde, als „arbeitsscheu", „sexuell verwahrlost" und „erbbiologisch minderwertig" galt oder sich antinationalsozialistisch verhielt, konnte ab dem 15. Lebensjahr in eines dieser beiden Jugend-KZ eingeliefert werden. Mindestens 89 Kinder und Jugendliche wurden allein in Moringen ermordet.

Jugoslawien: Nach dem Ersten Weltkrieg entstand das Königreich der Serben, Kroaten und Slowenen, das ab 1929 Jugoslawien hieß. 1941 wurde der Staat zwischen Italien und Hitler-Deutschland aufgeteilt. Kroatien wurde ein von Deutschland abhängiger, eigener faschistischer Staat. Unter der Führung von Marschall Tito gelang es den PartisanInnen, das Land zu befreien. Unabhängig von der UdSSR entwickelte Tito in Jugoslawien einen eigenständigen Kommunismus. Wenige Jahre nach seinem Tod zerfiel der Staat Jugoslawien in den Bürgerkriegen von 1991 bis 1999.

Kinderlandverschickung: Bezeichnung für die von der Nationalsozialistischen Volkswohlfahrt (NSV) organisierten Ferienreisen zur gesundheitlichen Erholung von Stadtkindern. Nach den Bombenangriffen auf deutsche und österreichische Städte bedeutete „Kinderlandverschickung" die Verlegung von Schulkindern aus bombengefährdeten Städten aufs Land. Fern von den Eltern konnten die Kinder auch stärker politisch beeinflusst werden.

Kommunismus: Gesellschaftsmodell mit dem Ziel, den Kapitalismus und die Herrschaft des Bürgertums bzw. der Besitzenden zu überwinden. Dies soll vom Proletariat, der Klasse der Besitzlosen und im Mangel lebenden Menschen, bewerkstelligt werden. Das Privateigentum an Produktionsmitteln soll abgeschafft und in Gemeineigentum überführt werden. Ziel ist eine klassenlose Gesellschaft, in der die sozialen Unterschiede zwischen Reich und Arm aufgehoben sind und alle Menschen die gleichen Lebensbedingungen vorfinden. Die Hauptvertreter dieser Lehre waren im 19. Jahrhundert Karl Marx und Friedrich Engels. Ab Anfang des 20. Jahrhunderts entwickelten Wladimir Iljitsch Lenin und andere eine Theorie und Praxis des Übergangs zum Kommunismus, die auf der uneingeschränkten Herrschaft einer einzigen Partei und auf der Verwaltung der gesamten Wirtschaft durch den Staat beruhte (siehe Bolschewismus).

Konkordat: Vertragliche Übereinkunft zwischen Kirche und Staat, in der das gegenseitige Verhältnis und die Rechte der Kirche geregelt werden.

Konzentrationslager (KZ): 1933 errichtete die in Deutschland an die Macht gekommene NS-Regierung Konzentrationslager, um dort politische GegnerInnen festzuhalten. Der Kreis der KZ-Gefangenen wurde immer mehr ausgeweitet auf Jüdinnen und Juden, Roma und Sinti, Geistliche, Zeugen Jehovas, so genannte „Asoziale", Homosexuelle, Kriminelle und „feindliche" AusländerInnen. Selbst wenn die Opfer der Vernichtungslager nicht mitgezählt werden, waren es mehrere Millionen Menschen, die in Konzentrationslager eingeliefert wurden. Misshandlungen, Folter, medizinische Experimente, Hinrichtungen, Seuchen aufgrund der schrecklichen hygienischen Verhältnisse, Hunger, Entkräftung und Kälte forderten zahllose Tote. Zu Kriegsende wurden viele Konzentrationslager geräumt; die überlebenden Inhaftierten sollten an andere Orte verlegt werden. Auf diesen später so bezeichneten Todesmärschen kamen noch Tausende ums Leben.

Kreisleitung: Die NSDAP war streng hierarchisch in 18 Reichs-, 40 Gau- und 813 Kreisleitungen gegliedert. Den Kreisleitungen wiederum unterstanden die Ortsgruppenleitungen der nationalsozialistischen Einheitspartei. Partei und staatliche Verwaltung konkurrierten auf allen Ebenen, auch auf der des Kreises. Vorarlberg war in drei NSDAP-Kreise eingeteilt: Bregenz, Dornbirn und Feldkirch. Die Kreisleiter waren die höchsten Parteifunktionäre in ihrem Kreis und erhielten ihre Befehle vom Gauleiter in Innsbruck. Neben der politischen Oberaufsicht unterstanden ihnen alle Parteiformationen und deren Untergliederungen.

Kruckenkreuz: Kreuz mit Querbalken an den vier Enden; Zeichen der Kreuzfahrer; Symbol der „Vaterländischen Front" und der Staatsflagge des autoritären „Ständestaates".

KZ: siehe Konzentrationslager

Lackenbach, KZ: Gemeinde im Burgenland, in dem sich von 1940 bis 1945 das größte „Zigeunerlager" Österreichs befand. Vor allem burgenländische Roma, aber auch Sinti und Jenische mussten dort Zwangsarbeit leisten. Im Oktober 1941 lebten im Lager Lackenbach 2.335 Menschen unter katastrophalen Bedingungen. Einer Typhusepidemie fielen 250 bis 300 Menschen zum Opfer. 35 bis 40 Kinder wurden mit vergifteter Milch getötet. Im Herbst 1941 erfolgte der Abtransport von 2.000 Menschen ins Ghetto Łódź. Niemand überlebte. 1943 begannen die Deportationen vom Lager Lackenbach ins Vernichtungslager Auschwitz.

Lebensraum im Osten: Das Konzept des „Lebensraumes" war für die NS-Außenpolitik zentral. In Anlehnung an ältere Überlegungen bezeichnete Adolf Hitler Deutschland als „Volk ohne Raum". Im Überlebenskampf der Völker müsse die überlegene germanische Rasse Polen und die Sowjetunion bis zum Ural erobern, um dort ihren Geburtenüberschuss ansiedeln und sich wirtschaftlich vom Ausland unabhängig versorgen zu können. Das Hauptinteresse des NS-Regimes galt dem Zugriff auf die riesigen Rohstoffvorkommen Osteuropas. Die als „minderwertig" bezeichnete slawische Bevölkerung sollte teils vertrieben und getötet, teils eingedeutscht oder als ArbeitssklavInnen ausgebeutet werden.

Łódź (Litzmannstadt): Stadt in Polen. Nach dem deutschen Überfall auf Polen im September 1939 wurde die jüdische Bevölkerung von Łódź in wenigen Stadtvierteln in einem „Ghetto" zusammengefasst. In diesem vollständig abgesperrten Gebiet standen den etwa 164.000 jüdischen BewohnerInnen, die Zwangsarbeit leisteten, ca. 48.000 Räume zur Verfügung. Ein Viertel der Ghetto-BewohnerInnen starb an Hunger und Krankheiten sowie an den Folgen der Zwangsarbeit. 1941/42 wurden 38.000 Jüdinnen und Juden aus Österreich, Deutschland, Polen, Böhmen und Luxemburg eingeliefert. Im November 1941 erfolgte die Errichtung eines eigenen, vom übrigen Ghetto isolierten „Zigeunerlagers", in das auch über 5.000 österreichische Roma und Sinti eingeliefert wurden. Ab 1942 wurden Zehntausende aus dem Ghetto in das 60 Kilometer entfernte Vernichtungslager Chełmno deportiert und ermordet, ab 1944 nach Auschwitz. Am 19. Januar 1945 befreite die sowjetische Armee Łódź. Von den insgesamt rund 205.000 ins Ghetto Łódź verschleppten Menschen überlebten lediglich 5.000 bis 6.000.

Maly Trostinec: Vernichtungslager in der Nähe des Dorfes Maly Trostinec bei Minsk, Weißrussland. Die Tötungen erfolgten durch Massenerschießungen, aber auch durch Gaswagen. Insgesamt wurden Zehntausende Jüdinnen und Juden ermordet, besonders aus Minsk und Umgebung, aber auch aus Westeuropa, speziell Deutschland, Österreich und der Tschechoslowakei. Von den rund 9.000 nach Maly Trostinec deportierten österreichischen Jüdinnen und Juden haben nur 17 Menschen überlebt. Darüber hinaus wurden in Maly Trostinec auch weißrussische ZivilistInnen, PartisanInnen und vor allem Kriegsgefangene ermordet. Schätzungen nennen 206.000 Opfer. Am 28. Juni 1944 schloss die SS alle noch lebenden Gefangenen in den Baracken ein und setzte diese in Brand. Nur 20 Juden konnten fliehen. Am selben Tag wurden alle noch lebenden 6.500 Gefangenen des Gefängnisses in Minsk nach Maly Trostinec gebracht, dort eingesperrt, erschossen und anschließend verbrannt. Am 4. Juli 1944 erreichten sowjetische Truppen das völlig niedergebrannte Vernichtungslager.

Mauthausen, KZ: Die Errichtung des KZ Mauthausen begann im August 1938 als Außenstelle des KZ Dachau. Ab März 1939 wurde es zu einem selbstständigen Lager mit zahlreichen Nebenlagern erweitert. Mauthausen, das mit dem wenige Kilometer entfernten KZ Gusen eine Art Doppellager bildete, gehörte zu den brutalsten Konzentrationslagern des Deutschen Reiches. Die Häftlinge waren als Arbeitskräfte für den Abbau der Granitsteinbrüche und für die Rüstungsindustrie von großer wirtschaftlicher Bedeutung. „Vernichtung durch Arbeit" spielte daher eine große Rolle. 5.500 bis 5.900 Gefangene wurden in der NS-Euthanasie-Tötungsanstalt Schloss Hartheim bei Linz mit Giftgas ermordet. In der Nacht zum 2. Februar 1945 flohen rund 500 sowjetische Kriegsgefangene, meist Offiziere. Unter Mithilfe von Teilen der Bevölkerung wurde eine regelrechte Treibjagd veranstaltet, die so genannte „Mühlviertler Hasenjagd". Bis auf knapp 20 Offiziere, die sich in den Wäldern oder bei Bauern verstecken konnten, wurden alle Geflohenen von der SS und ihren Hilfskräften getötet. Bis 1945 waren im KZ Mauthausen und seinen Nebenlagern etwa 200.000 Personen inhaftiert. Mehr als 100.000 kamen infolge brutaler Behandlung, Hungers, Seuchen und härtester Zwangsarbeit ums Leben.

Maxglan: Stadtteil von Salzburg, in dem sich von 1939 bis 1943 ein „Zigeunerlager" mit 300 Zwangsarbeit leistenden Roma, Sinti und Jenischen befand. 1943 wurden die meisten ins Vernichtungslager Auschwitz deportiert. Einige wenige kamen ins „Zigeunerlager" Lackenbach.

Monarchie: Staats- und Regierungsform, in der eine adelige Schicht mit einem Kaiser oder König an der Spitze herrscht. In einer konstitutionellen (verfassungsgebundenen) Monarchie wird die Macht zwischen einem gewählten Parlament und einem Monarchen (z.B. König) mit Sonderbefugnissen geteilt. In den europäischen Monarchien der Gegenwart bestimmt das Parlament Politik und Gesetze. Die Monarchinnen und Monarchen haben fast nur mehr symbolische Aufgaben.

Mussolini, Benito (1883–1945): Faschistischer Diktator in Italien, der sich „Duce" (Führer) nannte. Er unterstützte den österreichischen Faschismus der Heimwehren und drängte auf die Einführung einer Diktatur in Österreich. Bis 1936 galt Italien als Schutzmacht eines eigenständigen Österreich. Dann wurde Mussolini Bündnispartner Hitlerdeutschlands. 1936 befahl Mussolini den Einmarsch italienischer Truppen in Abessinien (heute Äthiopien), 1939 in Albanien und 1940 in Griechenland; 1941 griff er Ägypten an. Nur mit deutscher Hilfe konnte Italien eine militärische Katastrophe verhindern. Nach der Landung der Alliierten in Sizilien wurde Mussolini im Juli 1943 vom „Faschistischen Großrat" und dem König abgesetzt und verhaftet. Italien wechselte die Seiten und verbündete sich mit den Alliierten. Daraufhin ließ Hitler Mussolini befreien. Mit der Hilfe Deutschlands bildete er eine faschistische Gegenregierung in Salò am Gardasee. Am 27. April 1945 wurde Mussolini von italienischen Widerstandskämpfern am Comer See gefangen und am nächsten Tag mit seiner Geliebten erschossen. Die Leichen wurden öffentlich aufgehängt.

Nationalsozialismus, Nationalsozialistische Deutsche Arbeiterpartei (NSDAP): Die NSDAP war eine von mehreren kleinen rechtsradikalen Parteien, die in München nach dem Ersten Weltkrieg gegründet wurden. 1921 übernahm Adolf Hitler ihren Vorsitz. Die von Beginn an nationalistische und antisemitische Partei lehnte Demokratie und Marxismus strikt ab. Sie nannte sich „Bewegung", um sich von den parlamentarischen Parteien zu distanzieren, und setzte auf die Straße als ihr Propaganda- und Agitationsfeld. Der „Sozialismus", den sie vertrat, sollte sich nur auf die eigene „Volksgemeinschaft" beziehen. Die Wirtschaftsführer sollten sich der Interessen der „Volksgenossen" verantwortungsvoll annehmen. Der propagierte Antikapitalismus diente hauptsächlich der Diffamierung jüdischer Bankiers und Industrieller und als politisches Angebot für die Arbeiterschaft. Die NSDAP versprach, den „kleinen Mann" vor Übergriffen der Geldhaie, der Juden, der Kommunisten und vor ausländischen Mächten zu schützen. Ab dem Ende der 1920er Jahre gelang es der NSDAP, auch in großbürgerlich konservativen und liberalen Kreisen salonfähig zu werden. Damit floss viel Geld in die Wahlkampfkasse der Partei. Nach der Ernennung Hitlers zum Reichskanzler im Jänner 1933 begann die NSDAP die demokratischen Parteien auszuschalten und zu verbieten.

Mit dem „Gesetz zur Sicherung der Einheit von Partei und Staat" vom 1. Dezember 1933 wurde die NSDAP zu einer Körperschaft öffentlichen Rechts mit eigener Gerichtsbarkeit über ihre Mitglieder. Das Symbol der Einheitspartei, das Hakenkreuz, wurde 1935 Hoheitszeichen des Deutschen Reiches. Der „Führer" war ab nun Staatsoberhaupt und Parteichef zugleich. Die Partei schuf eine Reihe von Untergliederungen, die alle Lebensbereiche der Bevölkerung abdecken sollten. Der NSDAP konnte man nicht einfach beitreten, man musste aufgenommen werden. Nach der Machtübernahme empfanden sich die Parteimitglieder als Elite des neuen Staates; sie wurden im öffentlichen Dienst und in halbstaatlichen Einrichtungen bevorzugt. Parteimitglieder wurden als „Parteigenossen" (PG), gewöhnliche BürgerInnen nur als „Volksgenossen" (VG) angesprochen.

Nach dem Zusammenbruch der NS-Herrschaft wurde die NSDAP zur „verbrecherischen Organisation" erklärt. Eine politische Wiederbetätigung im Sinne der nationalsozialistischen Deutschen Arbeiterpartei und die Verwendung ihrer Symbole sind in Österreich per „Verbotsgesetz" untersagt.

Niedernhart: Heil- und Pflegeanstalt in Linz. Sie diente im Rahmen des NS-Euthanasieprogramms als Zwischenaufenthalt für psychisch Kranke und geistig Behinderte vor deren Überstellung in die Tötungsanstalt Hartheim. Ein Teil der betroffenen Menschen wurde bereits in Niedernhart ermordet.

Novemberpogrom: siehe „Reichskristallnacht".

NS: Abkürzung von „Nationalsozialismus", „nationalsozialistisch".

NSDAP: siehe Nationalsozialistische Deutsche Arbeiterpartei.

O5: 1944 gegründete österreichische Widerstandsgruppe. Die Abkürzung steht für Österreich. O und der fünfte Buchstabe des Alphabets ergeben „Oe".

Österreichisch-ungarische Monarchie (Doppelmonarchie, Donaumonarchie): Bezeichnung für den von den Habsburgern regierten Vielvölkerstaat, der 1867 aus dem Kaiserreich Österreich entstanden war. Die beiden Teile der Doppelmonarchie waren gleichberechtigt und hatten eine eigene Verfassung, ein eigenes Parlament und eine eigene Regierung. Gemeinsam wurden die Außen- und Finanzpolitik sowie das Heerwesen betrieben. Die beiden Teilstaaten der Monarchie waren durch die Person des österreichischen Kaisers, der zugleich König von Ungarn war, verbunden.

Opferfürsorge(gesetz): Ziel des 1947 beschlossenen Opferfürsorgegesetzes war die soziale Unterstützung der Opfer des Nationalsozialismus durch Rentenleistungen, geringe Steuerfreibeträge oder Hilfen bei Existenzgründungen und der Krankenversicherung. Zunächst konnten nur WiderstandskämpferInnen Ansprüche stellen, erst ab 1949 auch Opfer der rassistischen Verfolgung, also vor allem Jüdinnen und Juden, und die, die vom NS-Regime auf diese Weise klassifiziert worden waren. Ab 1952 wurde auch eine Haftentschädigung gezahlt, die aber vergleichsweise gering war. 1961 wurden die Leistungen und die Höhe der Zahlungen verbessert, doch noch immer blieben viele Opfergruppen ausgeschlossen. Roma und Sinti fanden erst 1988 Berücksichtigung, psychisch Kranke und Behinderte 1995, die anderen Opfergruppen wie Homosexuelle, als „asozial" verfolgte Menschen, Opfer von Zwangssterilisierungen und der Militärjustiz 2005. ÖsterreicherInnen, die in der NS-Zeit vertrieben worden waren und in der neuen Heimat eine neue Staatsbürgerschaft angenommen hatten, konnten erst ab 2001 volle Ansprüche nach dem Opferfürsorgegesetz stellen.

„Optant": 1939 einigten sich die Diktatoren Mussolini und Hitler über Südtirol. Die nicht-italienischsprachigen BewohnerInnen von Südtirol mussten sich demnach für das Deutsche Reich oder für Italien entscheiden. Die sich für Deutschland entschieden, nennt man „Optanten". Aber nicht alle, die für das Deutsche Reich „optierten", sind dann tatsächlich auch ausgewandert.

Ostmark, Ostmarkgesetz: Durch ein Gesetz vom 14. April 1939 wurden die österreichische Regierung und die Bundesländer aufgelöst und durch die sieben Reichsgaue Wien, Niederdonau, Oberdonau (Donaugaue), Steiermark, Kärnten, Salzburg, Tirol-Vorarlberg (Alpengaue) ersetzt. Sie wurden von einem Reichsstatthalter verwaltet, der gleichzeitig als Gauleiter Führer der jeweiligen regionalen NSDAP war. Die Reichsgaue unterstanden direkt der Reichsregierung in Berlin. Als Gesamtbezeichnung für das ehemalige Österreich diente der Begriff „Ostmark".

Parteianwärter: Wer Mitglied der NSDAP werden wollte, musste einen Antrag stellen. Da sich die NSDAP als Elitepartei verstand, aber nach der Machtergreifung in Deutschland bzw. dem „Anschluss" Österreichs sich viele von einer Parteimitgliedschaft Vorteile erhofften, wurde die Mitgliederaufnahme beschränkt. Wer nicht sofort abgelehnt wurde, galt während der Wartezeit bis zur Entscheidung über den Aufnahmeantrag als Parteianwärter.

Partisan: PartisanInnen sind militärische Widerstands- bzw. UntergrundkämpferInnen, die das eigene Land von den eingedrungenen fremden Truppen befreien wollen. Unter Partisanenbekämpfung verstand die deutsche Besatzung in der Sowjetunion und auf dem Balkan aber nicht nur die Bekämpfung dieses Widerstandes, sondern auch die massenweise Ermordung von Jüdinnen, Juden, KommunistInnen, Roma und Sinti. Ab 1942 gingen SS, Polizei und Wehrmacht dazu über, unter dem Vorwand der Partisanenbekämpfung ganze Landstriche zu verwüsten. Dörfer wurden niedergebrannt, tausende Menschen getötet oder zur Zwangsarbeit verschleppt.

Pflichtjahr: Frauen zwischen 18 und 25 Jahren waren während des Krieges verpflichtet, ein Jahr lang in der Landwirtschaft oder in einem Haushalt Dienst zu tun. Verheiratete Frauen mit Kindern sowie Frauen, die bereits in der Land- und Hauswirtschaft arbeiteten, waren ausgenommen. Das Pflichtjahr sollte auf die Rolle als Hausfrau und Mutter vorbereiten, den Mangel an Arbeitskräften in der Landwirtschaft mildern und eine Beeinflussung im Sinne des Nationalsozialismus ermöglichen.

Plankensteiner, Anton (1890–1969): Offizier im Ersten Weltkrieg, dann Bankbeamter in Dornbirn. Engagierte sich in der Heimwehr, trat aber 1930 der NSDAP und der SA bei und wurde bald zu einer führenden Figur der Vorarlberger Nationalsozialisten. Nach einer Reihe von Attentaten durch die inzwischen illegale NSDAP wurde Plankensteiner von Jänner bis Juli 1934 im Anhaltelager Wöllersdorf interniert. Am 11. März 1938, am Vorabend

des „Anschlusses“, wurde er von den Nationalsozialisten zum kommissarischen Landeshauptmann bestellt und setzte den bisherigen Landeshauptmann Ernst Winsauer, seinen ehemaligen Klassenkollegen aus der Dornbirner Realschule, ab. Im Dezember 1939 wurde die Vorarlberger Landeshauptmannschaft aufgelöst und das ehemalige Bundesland ganz in den Gau Tirol eingegliedert. Bis 1942 fungierte Plankensteiner nun als Kreisleiter der NSDAP Dornbirn. Nach Querelen mit Gauleiter Hofer verschaffte ihm Josef Bürckel die Stelle eines Kreisleiters im pfälzischen Neustadt an der Weinstraße. Von 1938 bis 1945 war Plankensteiner auch Abgeordneter zum Deutschen Reichstag. In den letzten Kriegstagen kehrte er aus Deutschland zurück und übernahm das Kommando „zur Verteidigung der Kreisstadt Dornbirn“.
Am 9. Mai 1945 wurde er im Bregenzerwald festgenommen und 1948 in Innsbruck wegen seiner NS-Täterschaft zu elf Jahren Haft verurteilt. Zu Beginn des Jahres 1950 vom Bundespräsidenten begnadigt, fand er Arbeit bei der Dornbirner Messe und später als kaufmännischer Angestellter.

Pogrom: Begriff aus dem Russischen für mit Mord und Plünderungen verbundene Ausschreitungen gegen die jüdische Bevölkerung. Heute werden allgemein Gewaltaktionen gegen Minderheiten als Pogrome bezeichnet.

Provikar: Kirchlicher Titel für einen katholischen Priester, der den Rang eines Stellvertreters des Bischofs einnimmt.

Provisorische Nationalversammlung: Am 21. Oktober 1918 versammelten sich die deutschsprachigen Abgeordneten des 1911 gewählten Abgeordnetenhauses der österreichischen Monarchie in Wien. Sie erklärten sich zur „Provisorischen Nationalversammlung von Deutschösterreich“. Diese Versammlung rief am 12. November 1918 in Wien die Republik Deutschösterreich aus. Nach den Wahlen vom 16. Februar 1919 wurde sie von der „Konstituierenden Nationalversammlung“ abgelöst. Diese erste gewählte Volksvertretung der später so genannten Ersten Republik (Österreichs) hatte vor allem die Aufgabe, eine republikanische Verfassung auszuarbeiten. Als Zweite Republik wird der österreichische Staat nach der Befreiung im Jahr 1945 bezeichnet.

Raab, Julius (1891–1964): niederösterreichischer Heimwehrführer; 1945 Mitbegründer der ÖVP, 1953–1961 Bundeskanzler Österreichs.

Rasse: Ab dem 17. Jahrhundert gibt es Überlegungen, denen zufolge sich die Menschen entsprechend ihrem Aussehen, ihrer geografischen Herkunft und ihren wirklichen oder vermeintlichen Erbanlagen („Blut“) in Rassen einteilen lassen. Gleichzeitig wurden Verhalten und Eigenschaften mit so genannten rassischen Merkmalen in Verbindung gebracht. Sehr bald erfolgte für politische Zwecke eine Einteilung in „höher- und minderwertige“ Rassen. Das nennt man Rassismus. So begründeten die europäischen Nationalstaaten im 19. Jahrhundert die koloniale Unterwerfung von Völkern Afrikas und Asiens mit ihrer angeblichen rassischen Überlegenheit. Die Nationalsozialisten gingen einen Schritt weiter, indem sie den Kreis überlegener Rassen noch stärker einengten und die Deutschen (Germanen, „Arier“) als die wertvollste Rasse bezeichneten. Millionen Menschen stuften sie als „Minderwertige“ ein, die der germanischen Herrenrasse als ArbeitssklavInnen dienen oder zur Eroberung von Lebensraum getötet werden sollten. Eine politisch motivierte Naturwissenschaft ging ab dem ausgehenden 19. Jahrhundert davon aus, dass man die Rassen durch Vermischung schwäche, deshalb sollten sie „rein“ gehalten werden. Die Nationalsozialisten erhoben diese „Rassenhygiene“ mit einer

„bevölkerungsbiologischen Forschungsstelle“ in den Stand einer Wissenschaft.
Die Einteilung von Menschen in Rassen ist wissenschaftlich längst unhaltbar geworden, da das Erbgut der Menschen nur in ganz geringem Maß Unterschiede aufweist.

Ravensbrück, KZ: Das KZ Ravensbrück, das 1939 eingerichtet wurde, lag in Brandenburg, 90 Kilometer nördlich von Berlin. Es war das größte Frauen-KZ Deutschlands, mit einem angegliederten Männerlager. Ab Sommer 1942 stand in unmittelbarer Nähe das Jugend-KZ Uckermark. Zwischen 1939 und 1945 wurden aus über 40 Nationen 132.000 Frauen und Kinder, 20.000 Männer sowie 1.000 weibliche Jugendliche (im „Jugendschutzlager Uckermark“) als Häftlinge registriert. Es ist davon auszugehen, dass 28.000 Menschen im KZ Ravensbrück sterben mussten.

Reichsarbeitsdienst (RAD): Der halbjährige Arbeitsdienst war für männliche Jugendliche zwischen 18 und 25 Jahren Pflicht, für weibliche zuerst freiwillig und ab September 1939 ebenfalls zwingend. Die Männer legten Moore trocken, gewannen neues Ackerland oder halfen beim Bau der Autobahnen und der militärischen Verteidigungsanlagen in Form von über 18.000 Bunkern, Stollen, Gräben und Panzersperren an der Westgrenze Deutschlands (Westwall). Frauen arbeiteten in der Landwirtschaft und bei kinderreichen Familien. Männer und Frauen waren voneinander getrennt in Lagern untergebracht. Dort wurden sie im nationalsozialistischen Sinn indoktriniert, die Männer wurden zusätzlich militärisch ausgebildet. Die Bezahlung war äußerst gering, da es sich offiziell um einen „Ehrendienst am deutschen Volke“ handelte.

„Reichskristallnacht“: Verharmlosender Ausdruck für das Novemberpogrom 1938 – das waren die antijüdischen Ausschreitungen und die Ermordungen von Jüdinnen und Juden im gesamten Deutschen Reich in der Nacht vom 9. auf den 10. November. Der Begriff „Reichskristallnacht“ ist eine Anspielung auf die vielen Glasscheiben, die bei diesen Ausschreitungen eingeschlagen wurden. In Vorarlberg blieb es in dieser Nacht ruhig, wahrscheinlich weil die entsprechenden Befehle an SA und SS zu spät aus Wien eingetroffen waren.

Reichsnährstand: Alle mit der Erzeugung und dem Verkauf landwirtschaftlicher Produkte beteiligten Personen (Bauernschaft, LandarbeiterInnen etc.) waren Zwangsmitglieder des „Reichsnährstandes“. Der Reichsnährstand lenkte die landwirtschaftliche Produktion und den Vertrieb, setzte die Preise fest und betreute seine Mitglieder. Der Reichsbauernführer war gleichzeitig Landwirtschaftsminister des Deutschen Reiches.

Reichssicherheitshauptamt: Im Reichssicherheitshauptamt, das 1939 gegründet wurde und der SS unterstand, war der gesamte Terrorapparat des NS-Regimes vereinigt: Sicherheitspolizei (Gestapo, Grenz- und Kriminalpolizei) und Sicherheitsdienst der SS. Das Reichssicherheitshauptamt, in dessen Einflussbereich sich die Konzentrationslager befanden, organisierte auch die Verbrechen der Einsatzkommandos der SS. Es unterstand direkt dem Reichsführer-SS Heinrich Himmler und wurde bis 1942 von Reinhard Heydrich geleitet. Dann übernahm der Österreicher Ernst Kaltenbrunner die Führung. Er wurde am 15. Oktober 1946 im Nürnberger Hauptkriegsverbrecherprozess zum Tode verurteilt und hingerichtet.

Reichsstatthalter: Das war sowohl der Amtstitel des Vertreters der Reichsregierung in den gleichgeschalteten deutschen Ländern als auch eine Behörde, die in den Gauen die Kompetenzen des Reiches wahrzunehmen hatte. Fast alle Gauleiter amtierten zugleich als Reichsstatthalter.

Renno, Georg (1907–1997): Stellvertreter von Rudolf Lonauer, dem Leiter der Tötungsanstalt Schloss Hartheim. Renno fällte gemeinsam mit Lonauer die Letztentscheidung über die Tötung psychisch Kranker und Behinderter. Teilweise regelte er die Gaszufuhr in die Gaskammer sogar eigenhändig. Renno wählte als Gutachter in über 50 österreichischen Anstalten PatientInnen aus, um sie im Rahmen der NS-Euthanasie ermorden zu lassen. Unter seiner Leitung wurden in Hartheim tausende Häftlinge der Konzentrationslager Dachau und Mauthausen samt Nebenlagern vergast. Renno wurde 1961 verhaftet und 1967 angeklagt. Das Verfahren endete ohne Urteil. Es wurde 1970 wegen Rennos angeblicher Verhandlungsunfähigkeit vorläufig und 1975 endgültig eingestellt. Kurz vor seinem Tod 1997 stellte Georg Renno fest: „Ich selbst habe ein ruhiges Gewissen. Ich fühle mich nicht schuldig."

Revolutionäre Sozialisten (RS): Die Organisation entstand nach dem Bürgerkrieg im Februar 1934 und dem Verbot der Sozialdemokratischen Arbeiterpartei. Diese in die Illegalität gedrängten Sozialisten versuchten, im Untergrund sozialistische Kleingruppen am Leben zu erhalten und durch die Verteilung von Flugzetteln und Zeitungen gegen den „Ständestaat" Widerstand zu leisten. Die Mitglieder waren meist jüngere Angehörigen der ehemaligen Sozialdemokratischen Partei. Sie wurden im autoritären „Ständestaat" polizeilich und gerichtlich verfolgt. Das entsprechende Aktenmaterial haben nach dem März 1938 dann die nationalsozialistischen Verfolgungsbehörden genutzt.

SA: siehe Sturmabteilung.

Schirach, Baldur von (1905–1974): Als Reichsjugendführer stand er bis 1940 an der Spitze aller NS-Jugendorganisationen, speziell der Hitlerjugend. 1940–1945 war Schirach Gauleiter und Reichsstatthalter von Wien, wo er die Judendeportationen mitorganisierte. 1946 wurde er im Nürnberger Hauptkriegsverbrecherprozess zu 20 Jahren Haft verurteilt.

Schuschnigg, Kurt (1897–1977): Maturierte am Jesuitengymnasium „Stella Matutina" in Feldkirch, studierte Jus in Innsbruck und wurde 1927 als jüngster Abgeordneter in den Nationalrat gewählt. Als konservative Gegenkraft zu den Heimwehren gründete er 1930 die betont katholischen und antisemitischen „Ostmärkischen Sturmscharen". 1932 wurde Schuschnigg erstmals Minister. Auf seinen Antrag hin wurde die Todesstrafe (militärisches Standrecht) wieder eingeführt. Nach dem tödlichen Attentat auf Bundeskanzler Engelbert Dollfuß folgte er als diktatorisch regierender Bundeskanzler. Er versuchte Österreich als einen christlichen deutschen Staat an der Seite des faschistischen Italien zu positionieren. Seinem Wahlspruch „Rotweißrot bis in den Tod" stand in der politischen Praxis ein laufendes Zurückweichen gegenüber italienischen und hitlerdeutschen Ansprüchen gegenüber. Mit einer kurzfristig angesetzten Volksabstimmung über die Selbstständigkeit Österreichs wollte er sich die Zustimmung der Bevölkerung für sein Regime holen. Dem kamen die Nationalsozialisten zuvor. Am Abend des 11. März 1938 kapitulierte Schuschnigg in einer Rundfunkrede („Ich weiche der Gewalt"). Von 1938 bis April 1945 war Schuschnigg in den Konzentrationslagern Dachau und Flossenbürg, ab 1941 in Sachsenhausen als so genannter Ehrenhäftling (mit Sonderstatus) interniert. Nach dem „Endsieg" hätten ihm die Nationalsozialisten den Prozess machen wollen. Von 1948 bis 1968 lebte

Kurt Schuschnigg als Rechtsprofessor in den USA, bevor er wieder nach Österreich zurückkehrte.

„Schutzhaft“: Die Gestapo konnte ohne Gerichtsverfahren und Berufungsmöglichkeit Menschen wegen „volks- und staatsfeindlicher Bestrebungen“ willkürlich verhaften und die Haftdauer selbst bestimmen. Die „Schutzhaft“, die meist in einem KZ verbüßt wurde, war das am häufigsten angewendete Mittel, um GegnerInnen des Nationalsozialismus aus dem öffentlichen Leben zu entfernen. Während des Krieges erfolgten Entlassungen aus der „Schutzhaft“ nur noch in Einzelfällen.

Schutzstaffel (SS): Die SS war eine militärisch aufgebaute Organisation innerhalb der NSDAP und galt als Elitetruppe, die jeden Befehl Hitlers und der NS-Führung bedingungslos durchführte. Ihr Leitspruch lautete „Meine Ehre heißt Treue“. Die höheren Gestapo-Leute waren in der Regel auch SS-Angehörige. Die SS hatte einen eigenen Geheimdienst (SD), eigene Forschungsinstitute und eigene Wirtschaftsunternehmen, die mit KZ-SklavenarbeiterInnen hohe Profite erzielten. Sie trug die unmittelbare Verantwortung für die Massenmorde in den Konzentrations- und Vernichtungslagern. Die SS verfügte sogar über eigene bewaffnete Truppen – die Waffen-SS, die nicht nur an der Front kämpfte, sondern auch Kriegsgefangene und ZivilistInnen ermordete und die Bevölkerung ganzer Dörfer und Städte vernichtete. In den von der Deutschen Wehrmacht besetzten Gebieten töteten SS-Einsatzgruppen Hunderttausende. Der Beitritt in die SS war freiwillig und streng geregelt. Gegen Kriegsende wurden Rekruten auch zwangsweise in die Waffen-SS überstellt.

SD: siehe Sicherheitsdienst.

Seyß-Inquart, Arthur (1892–1946): Rechtsanwalt; Ernennung zum österreichischen Innenminister im Februar 1938. Er löste Kurt Schuschnigg als Bundeskanzler in der Nacht des 11. März 1938 ab. Bis zum 30. April stand er an der Spitze einer nationalsozialistischen Regierung mit eingeschränkten Machtbefugnissen. Von 1940 bis 1945 war Seyß-Inquart Reichskommissar in den von der Deutschen Wehrmacht besetzten Niederlanden und für eine Reihe von Kriegsverbrechen maßgeblich mitverantwortlich. So organisierte er etwa die Deportation der jüdischen Bevölkerung der Niederlande in die Vernichtungslager. Im Oktober 1946 wurde er im Hauptkriegsverbrecherprozess in Nürnberg zum Tode verurteilt und hingerichtet.

Sicherheitsdienst (SD): Der Sicherheitsdienst wurde 1931 als Nachrichtendienst der SS gegründet, ab 1933 war er ein eigenes Zentralamt. Er hatte die Aufgabe, speziell GegnerInnen und Parteimitglieder sowie generell die gesamte Bevölkerung politisch zu überwachen und so genannte Stimmungsberichte zu liefern. 1939 erfolgte der Zusammenschluss von Sicherheitspolizei und Sicherheitsdienst im Reichssicherheitshauptamt. Der SD spielte eine entscheidende Rolle bei der Planung und Durchführung des Holocaust.

Sicherheitspolizei (Sipo): Bis 1936 wurden Gestapo und Kriminalpolizei im Hauptamt Sicherheitspolizei vereinigt. Nach der Schaffung des Reichssicherheitshauptamtes 1939 wurde das Amt der Sipo mit dem Sicherheitsdienst der SS zusammengelegt.

Sozialismus, Sozialdemokratie: Eine internationale politische Bewegung zur Lösung der sozialen Probleme der Arbeiterschaft (bzw. des „Proletariats“). Während die Kommunisten einen revolutionären Umsturz angestrebt haben, um die Lage des Proletariats von Grund auf zu verbessern, setzen die Sozialdemokraten auf demokratische Reformen.

Dieser demokratische Sozialismus vertritt ein humanistisches Menschenbild und will eine solidarische Gesellschaft durch die rechtliche und soziale Gleichstellung der Arbeiterschaft mittels einer parlamentarischen Demokratie erreichen. Der Gründer der österreichischen Sozialdemokratischen Arbeiterpartei war der Wiener Arzt Victor Adler (1888). Bis zu ihrem Verbot im Jahre 1934 durch das austrofaschistische Regime trug die Partei diesen Namen. Nach ihrer Neugründung im Jahre 1945 hieß sie Sozialistische Partei Österreichs (SPÖ), seit 1991 nennt sie sich Sozialdemokratische Partei Österreichs (SPÖ).

Sowjetunion (offizielle Bezeichnung: UdSSR – Union der Sozialistischen Sowjetrepubliken): Gründung im Dezember 1922 nach der erfolgreichen Oktoberrevolution von 1917, aufgelöst im Dezember 1991. Die auf dem Gebiet des russischen Zarenreichs entstandene UdSSR war der erste kommunistisch regierte Staat der Welt. Er erstreckte sich nach dem Zweiten Weltkrieg unter Einschluss ehemals finnischer und polnischer Gebiete von Ostpreußen und den baltischen Staaten über fast 10.000 Kilometer bis Nord- und Mittelasien. Im direkten sowjetischen Machtbereich standen seit Kriegsende auch die Staaten des so genannten Ostblocks. Dazu zählten Polen, die Deutsche Demokratische Republik (DDR), die Tschechoslowakei, Ungarn, Rumänien und Bulgarien. Nach der Auflösung der UdSSR im Dezember 1991 machten sich ehemalige Teilrepubliken (Ukraine, Weißrussland, Georgien, Moldawien, Armenien, Aserbaidschan, Kasachstan, Turkmenistan, Usbekistan usw.) selbstständig. Die ehemalige Russische Sowjetrepublik trat als Russische Föderation („Russland“) die gesetzliche Nachfolge der UdSSR an.

SS: siehe Schutzstaffel.

Stalin, Josif (1879–1953): Ihm gelang es in der Mitte der 1920er Jahre, sich an die Spitze der herrschenden Kommunistischen Partei der Sowjetunion zu setzen. Seine Macht und seine Absicht, aus dem agrarischen Sowjetstaat einen modernen Industriestaat zu machen, beeindruckten die Kommunisten weltweit, waren aber im Inneren des Staates mit diktatorischem Zwang, Terror und politischer Willkür verbunden. Stalin ließ alle tatsächlichen oder auch nur vermuteten GegnerInnen innerhalb und außerhalb seiner Kommunistischen Partei ermorden und ein riesiges Lagersystem (Gulag), in dem Millionen Menschen ums Leben kamen, errichten. Diese Form umfassender diktatorischer Kontrolle nennt man auch Stalinismus. Stalins Sieg gegen Nazideutschland brachte Osteuropa unter die Vorherrschaft der Sowjetunion, die dadurch zur zweiten Supermacht der Welt neben den USA aufstieg.

Stalingrad: Russische Stadt an der Wolga, heute Wolgograd. Die vernichtende Niederlage der 6. Armee der Deutschen Wehrmacht in Stalingrad am 31. Jänner 1943 markierte den Wendepunkt des Krieges an der Ostfront. 150.000 deutsche Soldaten, darunter viele Österreicher, kamen nicht zuletzt aufgrund der Anweisung Hitlers, einen Rückzug auf keinen Fall zuzulassen, ums Leben. Von 91.0000 deutschen Kriegsgefangenen kehrten nur 6.000 aus der Sowjetunion zurück. Auf russischer Seite starben in der Schlacht um Stalingrad mehr als eine halbe Million Soldaten und eine unbekannte Zahl von BewohnerInnen der Stadt.

„Ständestaat“: siehe Austrofaschismus.

Starhemberg, Ernst Rüdiger (1899–1956): Starhemberg war 1923 Teilnehmer am Hitlerputsch. Von 1930 bis 1936 stand er an der Spitze aller österreichischen Heimatschutzverbände, die im Dachverband der Heimwehren zusammengefasst waren. Starhemberg war einer der Hauptverfechter der Ausschaltung der Sozialdemokratie und der Einführung des Faschismus in Österreich. 1934–1936 übte er das Amt des Vizekanzlers und Bundesführers der „Vaterländischen Front“, der Einheitspartei des autoritären „Ständestaates“, aus. 1936 wurde er von Bundeskanzler Kurt Schuschnigg entmachtet. Nach seiner Rückkehr aus dem Exil starb er 1956 in Schruns.

Sturmabteilung (SA): Auf Adolf Hitler eingeschworener Wehrverband der NSDAP, der durch seine unzähligen Terror- und Gewaltaktionen gegen politische GegnerInnen sowie gegen jüdische BürgerInnen am Aufstieg des Nationalsozialismus maßgeblich beteiligt war. Die SA stellte durch große Aufmärsche und in Straßenkämpfen gegen die Linken die Stärke der NS-Bewegung zur Schau. Dies wirkte auf zahlreiche (junge) Männer sehr anziehend. Mit Jahresbeginn 1933 hatte die SA 400.000 Mitglieder, nach der Machtübernahme Hitlers am 31. Jänner desselben Jahres stieg die Zahl in wenigen Monaten auf vier Millionen an. Im Zusammenhang mit dem so genannten Röhm-Putsch im Juni 1934 wurde die SA zugunsten der SS weitgehend entmachtet.

Synagoge: Jüdisches Gebets- und Versammlungshaus. Die Synagoge ist ein Haus des Gebetes, in dem der Gottesdienst stattfindet, ein Haus des religiösen Lernens für Kinder und Erwachsene und ein Haus der Versammlung, in dem gesellige Zusammenkünfte in religiöser Atmosphäre organisiert werden.

Tausend-Mark-Sperre: Um wirtschaftlichen Druck auf Österreich auszuüben, führte die deutsche Regierung am 1. Juni 1933 ein Gesetz ein, das deutsche StaatsbürgerInnen vor einer Reise nach Österreich zur Zahlung von 1.000 Reichsmark zwang. Wegen des hohen Anteils deutscher TouristInnen am österreichischen Fremdenverkehr schädigte dieses bis 1936 gültige Gesetz die heimische Wirtschaft erheblich. Es war jedoch nicht die Hauptursache für die damals herrschende Wirtschaftskrise. Diese wurde in erster Linie durch die Sparpolitik des „Ständestaates“, die die Nachfrage nach Produkten der heimischen Wirtschaft drosselte, verursacht.

Theresienstadt: In Theresienstadt (Terezín) in Nordböhmen (heute Tschechische Republik) bestand ab November 1941 ein ghettoähnliches Lager, in dem zunächst alle tschechischen und dann vor allem österreichische Jüdinnen und Juden festgehalten wurden. Ihnen wurde vorgetäuscht, dass sie dort einen angenehmen Lebensabend verbringen könnten. Die nichtjüdische Bevölkerung von Theresienstadt musste die Stadt verlassen. Theresienstadt, in der Monarchie als Festungsstadt gebaut, war ein „Vorzeigeghetto“, weil viele KünstlerInnen, SchriftstellerInnen und WissenschaftlerInnen dorthin deportiert wurden. Sie veranstalteten Lesungen, Konzerte und Theateraufführungen. Ein deutscher Propagandafilm mit dem Titel „Der Führer schenkt den Juden eine Stadt“ sollte der Öffentlichkeit weismachen, wie komfortabel die Deportierten dort lebten. In Wirklichkeit waren die Lebensbedingungen katastrophal. Rund 33.500 Menschen starben in Theresienstadt, das ab 1942 eine Durchgangsstation für Transporte in die Vernichtungslager im Osten, vor allem nach Auschwitz, darstellte. Alle drei Lagerkommandanten von Theresienstadt waren Österreicher.

„Totaler Krieg“: Nach der verheerenden Niederlage in Stalingrad forderte Hitler im Februar 1943 die „totale Mobilisierung“ aller Kräfte für den so genannten „Endsieg“. Propagandaminister Joseph Goebbels schwor in einer berühmt-berüchtigten Rede eine fanatisierte Masse im Berliner Sportpalast in Berlin auf diesen totalen Krieg ein. Entsprechende Maßnahmen waren erhöhte Arbeitspflicht,

Intensivierung der Zwangsarbeit, Einziehung von Minderjährigen und älteren Männern zum Militär (Volkssturm), Aufruf zum Kampf „bis zum letzten Mann", die Einführung von Standgerichten, die Deserteure ohne Gerichtsurteil hinrichteten, usw.

Tschann, Franz (1872–1956): Weihbischof und Generalvikar in Feldkirch, ein eher stiller und besonnener Kirchenmann, der die Vorarlberger Kirche ohne zu große Konflikte durch die NS-Zeit zu bringen versuchte. Bischof Tschann hat sich sehr um die verfolgten Priester gekümmert. Nach 1945 versuchte er wie Bischof Paulus Rusch in Innsbruck einen Schlussstrich unter die NS-Zeit zu ziehen. Beide haben weder im Prozess gegen Gauleiter Franz Hofer noch in dem gegen Landeshauptmann Anton Plankensteiner zu den Verfolgungen der Kirche ausgesagt.

UdSSR: siehe Sowjetunion.

uk: unabkömmlich; Menschen, deren Tätigkeiten die NS-Behörden als kriegswichtig einstuften, wurden „unabkömmlich gestellt" und mussten nicht zum Militär einrücken.

„Umsiedlung Südtirol": bezeichnet allgemein alle Maßnahmen und Ämter zur Abwicklung der „Option" von 1939. Im Rahmen der „Umsiedlung Südtirol" wurden im Gau Tirol-Vorarlberg und auch in Berlin und Bozen zahlreiche Einrichtungen geschaffen, die eine möglichst vollständige Überführung der SüdtirolerInnen in ein geschlossenes Siedlungsgebiet garantieren sollten. Hier sind besonders das SS-Ahnenerbe, die Dienststelle „Umsiedlung Südtirol" in Innsbruck sowie die reichsdeutschen Behörden in Bozen zu nennen.

„Vaterländische Front" (VF): 1933 von Kanzler Engelbert Dollfuß gegründete Einheitspartei nach dem Vorbild faschistischer Nachbarstaaten. In ihr sollten sich alle „Träger des österreichischen Staatsgedankens" zusammenfinden, die sich für ein „christliches, deutsches und ständisch aufgebautes Österreich" einsetzten. Die Organisation war also nach außen gegen die großdeutschen Ansprüche gerichtet und sollte im Inneren die Basis für den Umbau des Staates zu einem autoritären „Ständestaat" bilden. Nach dem Verbot der demokratischen Parteien und der Selbstauflösung der Christlichsozialen Partei und damit der Errichtung der ständestaatlichen Diktatur war die VF die einzige zugelassene politische Organisation. Eine Massenbewegung wurde sie nie.

Vernichtungskrieg: Deutschland führte in (Süd-) Osteuropa einen Rassen- und Vernichtungskrieg. Die Kriegsführung zielte in Polen, der Sowjetunion und auf dem Balkan darauf ab, ganze Bevölkerungsgruppen auszurotten, die als Angehörige einer „minderwertigen" Rasse oder als GegnerInnen angesehen wurden, um Deutsche in diesen Gebieten ansiedeln zu können.

Volksdeutsche: Amtliche Bezeichnung während der NS-Zeit für deutschsprechende Gruppen, deren Mitglieder nicht deutsche, österreichische oder Schweizer StaatsbürgerInnen waren. Die Volksdeutschen lebten vor allem in Sprachinseln oder Streusiedlungen Ost- und Südosteuropas (Jugoslawien, Rumänien, Bulgarien, Baltikum, Sowjetunion). Auch SüdtirolerInnen galten als Volksdeutsche.

Waitz, Sigismund (1864–1941): Waitz entstammt einer Brixener Kaufmannsfamilie. 1913–1921 Weihbischof von Brixen und Generalvikar für Vorarlberg in Feldkirch, 1921–1938 Apostolischer Administrator von Innsbruck-Feldkirch, 1934–1941 Fürsterzbischof von Salzburg. Er gilt als einer der geistigen Väter des „christlichen Ständestaates". Waitz war ausgesprochen antisemitisch eingestellt, gleichzeitig zeichnete er sich durch soziales Engagement aus.

Winterhilfswerk: Die Nationalsozialistische Volkswohlfahrt (NSV) gründete zur Unterstützung Bedürftiger diese Organisation, die am Arbeitsplatz sowie bei Haus- und Straßensammlungen Spenden einhob. Es gab auch automatische Lohnabzüge zugunsten des Winterhilfswerks.

Wunderwaffen: auch Geheimwaffen oder V-Waffen (V = Vergeltung) genannt. Um den Durchhaltewillen der Bevölkerung zu stärken, verbreitete die NS-Propaganda das Gerücht, Hitler bereite den Einsatz von Wunderwaffen vor, die Deutschland den Sieg bescheren würden. Die neuartigen Flugzeuge (Düsenjäger) und Raketen waren aber technisch noch zu wenig ausgereift und für den Ausgang des Krieges völlig bedeutungslos.

20. Juli 1944: An diesem Tag versuchte eine Gruppe um Oberst Claus Schenk Graf von Stauffenberg, Adolf Hitler in seinem Hauptquartier in Ostpreußen („Wolfsschanze") mit einer Sprengladung zu töten. Das Attentat – ein Anschlag aus politischen Motiven – scheiterte. Hitler wurde nur leicht verletzt. Der von Stauffenberg und einigen hohen Offizieren der Deutschen Wehrmacht geplante Sturz des nationalsozialistischen Regimes misslang. Die Widerständler wurden festgenommen und hingerichtet. In der Folge kam es zu Massenverhaftungen politischer GegnerInnen.

Anmerkungen

1 Werner Dreier/Meinrad Pichler, Vergebliches Werben. Misslungene Vorarlberger Anschlussversuche an die Schweiz und an Schwaben (1918–1920), Bregenz 1989.
2 Werner Dreier, Zwischen Kaiser und ‚Führer'. Vorarlberg im Umbruch 1918–1938, Bregenz 1986.
3 Harald Walser, Die illegale NSDAP in Tirol und Vorarlberg 1933–1938, Wien 1983, S. 80–104.
4 Harald Walser, Die Hintermänner. Vorarlberger Industrielle und die NSDAP 1933–34, in: Meinrad Pichler (Hg.), Nachträge zur neueren Vorarlberger Landesgeschichte, Bregenz 1982, S. 96–106; VLA Bregenz, BH Br D III–609/1935.
5 Dirk Hänisch, Die österreichischen NSDAP-Wähler: eine empirische Analyse ihrer politischen Herkunft und ihres Sozialprofils, Wien/Köln 1998, S. 388 f.
6 Meinrad Pichler, Von der braunen Macht ergriffen. Vorarlberg im März und April 1938, in: Pichler/Walser, Die Wacht am Rhein, Bregenz 1988, S. 15–38; Meinrad Pichler, Verfolgungen der ersten Tage, in: Von Herren und Menschen, Bregenz 1985, S. 71–84.
7 Vorarlberger Landesarchiv, Präsidium 364/38.
8 Vorarlberger Tagblatt, 17.3.1938.
9 Landesgericht Innsbruck, 10 Vr 3303/47
10 Vorarlberger Tagblatt, 16.3.1938.
11 Interview mit Toni Winkler, Neue Vorarlberger Tageszeitung, 13.3.1979.
12 Otto Scheyer, Der Sieg des Nationalsozialismus aus NS-Sicht, in: Vorarlberger Oberland, 1988/Heft 1–2, S. 31–41, hier S. 37.
13 Harald Walser, Der Stoff, aus dem Profite wurden. Das Textilland Vorarlberg nach dem „Anschluss", in: Pichler/Walser, Die Wacht am Rhein, Bregenz 1988, S. 32–58, hier S. 37.
14 Ulrich Nachbaur, Österreich als Opfer Hitlerdeutschlands, Regensburg 2009, S. 232.
15 Vorarlberger Landesarchiv, Bezirksgericht Bezau lv 134/38.
16 Horst Schreiber, Das Verhalten der LehrerInnen im Gau Tirol-Vorarlberg und die Anziehungskraft des Nationalsozialismus (www.erinnern.at, eingesehen am 10.9.2011).
17 Vorarlberger Tagblatt, 27.3.1938.
18 Ebenda, 31.3.1938.
19 Ebenda, 6.4.1938.
20 Ebenda, 7.4.1938.
21 Wolfgang Weber, NS-Herrschaft am Land. Die Jahre 1938–1945 in den Selbstdarstellungen der Vorarlberger Gemeinden des Bezirks Bregenz, Regensburg 1999, S. 92.
22 Vorarlberger Tagblatt, 11.4.1938.
23 Laut Gefängnisbuch Bludenz von Mai bis Ende Juli 1934 (Vorarlberger Landesarchiv).
24 Oliver Seifert, Roma und Sinti im Gau Tirol-Vorarlberg. Die „Zigeunerpolitik" von 1938 bis 1945, Innsbruck 2005 (Tiroler Studien zu Geschichte und Politik), S. 123–127 und 179 f.
25 Vorarlberger Tagblatt, 7.7.1939.
26 Zit. nach Rainer Sieb, Der Zugriff der NSDAP auf die Musik. Zum Aufbau von Organisationsstrukturen für die Musikarbeit in den Gliederungen der Partei, Diss. Osnabrück 2007, S. 132 f.
27 Siehe Architekturmuseum TU Berlin, Inventarnr. HH 0391,002.
28 Stefanie von Schnurbein, Religion als Kulturkritik. Neugermanisches Heidentum im 20. Jahrhundert, Heidelberg 1992, S. 27 ff.
29 Zitiert nach Jakob Fussenegger, KZ Lagerdekan Georg Schelling, Dornbirn 1991, S. 55 f.
30 Ebenda, S. 106.
31 Georg Schelling, Festung Vorarlberg, 1. Aufl. Bregenz 1947, 3. Aufl. ergänzt und erweitert von Meinrad Pichler, Bregenz 1987.
32 Zitiert nach Martin Achrainer, „Standgerichte der Heimatfront": Die Sondergerichte in Tirol und Vorarlberg, in: Rolf Steininger/Sabine Pitscheider (Hg.), Tirol und Vorarlberg in der NS-Zeit, Innsbruck 2002, S. 111–130, hier S. 116.
33 Von Herren und Menschen. Verfolgung und Widerstand in Vorarlberg 1933–1945, Bregenz 1985, S. 129 f.
34 Landesgericht Feldkirch, 1 Js 113/42.
35 Alfons Dür, Unerhörter Mut. Eine Liebe in der Zeit des Rassenwahns, Innsbruck 2012, S. 108.
36 Alfred Schweder, Politische Polizei. Wesen und Begriff der politischen Polizei im Metternichschen System, in der Weimarer Republik und im nationalsozialistischen Staat, 1937, zitiert nach Davy Ulrike, Die Geheime Staatspolizei in Österreich, Wien 1990, S. 32.
37 Von Herren und Menschen. Verfolgung und Widerstand in Vorarlberg 1933–1945, Bregenz 1985, S. 71 f.
38 Zitiert nach Wolfgang Weber, Von Silbertal nach Sobibor: über Josef Vallaster und den Nationalsozialismus im Montafon, Feldkirch 2008, S. 64.
39 Von Herren und Menschen. Verfolgung und Widerstand in Vorarlberg 1933–1945, Bregenz 1985, S. 133.
40 Ebenda, S. 190 f.
41 Hanno Platzgummer, Albert Heinzle (*1920). „Wir gewinnen den Krieg doch nicht", in: Hanno Platzgummer/Karin Bitschnau/Werner Bundschuh (Hg.), „Ich kann einem Staat nicht dienen, der schuldig ist". Vorarlberger vor den Gerichten der Wehrmacht, Dornbirn 2011, S. 63–66, hier S. 63.
42 Alfons Dür, Unerhörter Mut. Eine Liebe in der Zeit des Rassenwahns, Innsbruck 2012, S. 66.
43 Landesgericht Innsbruck, 10 Vr 1443/48.
44 Zitiert nach Harald Walser, Der Tod eines Staatsdieners. Hugo Lunardon und der Nationalsozialismus in Dornbirn, in: Werner Bundschuh/Harald Walser (Hg.), Dornbirner Statt-Geschichten. Kritische Anmerkungen zu 100 Jahren politischer und gesellschaftlicher Entwicklung, Bregenz 1987, S. 210–242, hier S. 228.
45 Plankensteiner auf einer Großkundgebung in Bregenz am 27.3.1938; siehe Vorarlberger Tagblatt, 28.3.1938.

46 Thomas Breuer, Die Haltung der katholischen Kirche zur Judenverfolgung im Dritten Reich. http://www.zum.de/psm/ns/kirche.php (eingesehen am 10.11.2011).

47 Michaela Sohn-Kronthaler, Pastorale, soziale und kirchenpolitische Aktivitäten von Sigismund Waitz innerhalb der österreichischen Bischofskonferenz, in: Helmut Alexander (Hg.), Sigismund Waitz. Seelsorger, Theologe und Kirchenfürst, Innsbruck 2010, S. 331–362, hier S. 337.

48 Friedrich Heer, Eine Notiz zum Buche von Gerhard Wanner: Kirche und Nationalsozialismus in Vorarlberg, Beilage zu Gerhard Wanner, Kirche und Nationalsozialismus in Vorarlberg, Dornbirn 1972.

49 Emmerich Gmeiner, „Ich habe mich über die vandalischen Verwüstungen empört“ – Klosteraufhebungen der Nationalsozialisten 1941 am Beispiel des St. Gallus-Stiftes in Bregenz. In: JBVLMV 139 (1995), S. 211–219.

50 Harald Walser, Anpassung und Widerstand: Vorarlbergs Kirche im NS-Staat, in: Von Herren und Menschen. Verfolgung und Widerstand in Vorarlberg 1933–1945, Bregenz 1985, S. 110–126, hier S. 118–126.

51 Gaudentius Walser, Dreimal zum Tode verurteilt: Dr. Carl Lampert, ein Glaubenszeuge für Christus, Stein am Rhein 1985; Richard Gohm, Selig die um meinetwillen verfolgt werden: Carl Lampert, ein Opfer der Nazi-Willkür 1894–1944, Innsbruck 2008.

52 Landgericht Feldkirch, 5 EVr 14/41.

53 Zitiert nach Günther Schüly, Pater Alois Grimm. Kolleg Brief Weihnachten 1956, St. Blasien 1956, S. 42.

54 Zitiert nach Anna Rösch-Wehinger, Die Zeit des Nationalsozialismus, in: Meiningen. Eine Dorfgeschichte, Meiningen 2010, S. 185–220, hier S. 206.

55 Alois Knecht, Heimatliebe, Friedensliebe und ein „allmächtiger“ Staat. Erlebnisse aus zwei Weltkriegen, Feldkirch 1988, S. 120.

56 Jean Améry: Jenseits von Schuld und Sühne. Bewältigungsversuche eines Überwältigten, Stuttgart 1980, S. 73.

57 Ingrid Böhler, Alte Kämpfer und neue Häuser. Dornbirn als Fallbeispiel einer Klein- und Mittelstadt im Nationalsozialismus, in: Dornbirner Schriften 34/2008, S. 93–121, hier S. 103.

58 Gerhard Wanner, Geschichte der Stadt Feldkirch 1914–1955, Feldkirch 2000, S. 144.

59 Aussage des Bürgermeisters Otto Nagel von Rheinau 1945, zitiert nach Wolfgang Weber, NS-Herrschaft am Land, Regensburg 1999, S. 160.

60 Stadtarchiv Bregenz, Berichte an die Kreisleitung Nr. 16.

61 Peter Melichar, Durch die Krisenzeiten. Die Hypothekenbank zwischen 1918 und 1945, in: 111 Hypo Vorarlberg. Ein historischer Kassasturz, Bregenz 2008, S. 70–103, hier S. 92.

62 Harald Walser, Bombengeschäfte. Vorarlbergs Wirtschaft in der NS-Zeit, Bregenz 1989, S. 127 ff.

63 Peter Melichar, Verdrängung und Expansion, Wien 2004, S. 76–81.

64 Zitiert nach Franz Danimann, Flüsterwitze und Spottgedichte unterm Hakenkreuz, Wien 1983, S. 153.

65 Feldkircher Anzeiger, 1.6.1938.

66 Harald Walser, „Arbeit für den Endsieg“. Arbeiteralltag im „Nationalen Sozialismus“, in: Pichler/Walser, Die Wacht am Rhein, Bregenz 1988, S. 73–108, hier S. 80.

67 Vorwärts – Aufwärts. Betriebszeitung der Textilwerke Schindler & Cie., Bregenz-Kennelbach 2/1940, S. 8.

68 Dreihammer. Werkzeitschrift der Betriebsgemeinschaft F.M. Hämmerle, Dornbirn – Feldkirch, 6/1939, S. 49.

69 Meinrad Pichler, Arbeiteropposition gegen den Nationalsozialismus in Vorarlberg, in: Rudolf G. Ardelt/Hans Hautmann (Hg.), Arbeiterschaft und Nationalsozialismus in Österreich, Wien/Zürich 1990, S. 611–626, hier S. 615.

70 Theodor Bühler, Deutsche Sozialwirtschaft. Ein Überblick über die sozialen Aufgaben der Volkswirtschaft, Stuttgart 1940, S. 5.

71 Alois Tschabrun, Widerstand und Nazi-Orden, Dornbirn 1986, bes. S. 42–81. Siehe auch: Meinrad Pichler, Bauen um jeden Preis. Dipl.-Ing. Alois Tschabrun (1900–1994) aus Nenzing und die Selbsthilfe, in: Meinrad Pichler, Quergänge. Vorarlberger Geschichte in Lebensläufen, Hohenems 2008, S. 264–283.

72 Gebhard Greber, Heiligenbilder statt Führerbilder. Zur Ansiedlung Südtiroler Optanten in Dornbirn, in: Dornbirner Schriften IX (1990), S. 108–122.

73 Vorarlberger Landesarchiv, ZG 28/040 (NSDAP Dornbirn, Rundschreiben 2/1942).

74 VLA, Dokumentensammlung der Malingesellschaft, Schreiben der Landeshauptmannschaft Vorarlberg Zl. 370/2.

75 Herwig Winkel, Die Volks- und Hauptschulen Vorarlbergs in der Zeit des Nationalsozialismus, Dornbirn 1988, S. 27.

76 Adolf Hitler, Mein Kampf, Ausgabe München 1940, S. 452.

77 Zit. nach Benno Hafeneger /Michael Fritz, Sie starben für Führer, Volk und Vaterland. Die Hitlerjungen, Frankfurt 1993, S. 58.

78 Hermann Rauschning, Gespräche mit Hitler, Wien 1947, S. 46 f.

79 Horst Schreiber, Schule in Tirol und Vorarlberg 1938–1948, Innsbruck-Wien 1996, S. 123 f.

80 Ebenda, S. 53 ff.

81 Stadtarchiv Bregenz, Polizeiberichte 1942.

82 Informationen und Zitate in diesem und dem nächsten Kapitel nach Meinrad Pichler, „Wer auf die Fahne des Führers schwört, hat nichts mehr, was ihm selbst gehört.“ Vorarlbergs Jugend unter der NS-Herrschaft, in: Pichler/Walser: Die Wacht am Rhein, Bregenz 1988, S. 109–125, hier S. 119. Weiters siehe Horst Schreiber, Schule in Tirol und Vorarlberg 1938–1948, Innsbruck-Wien 1996; Maritta Horwath/Horst Schreiber, Von der Schulbank ans Geschütz. Die Luftwaffenhelfer in Tirol und Vorarlberg 1943–1945, Innsbruck-Wien 1996.

83 Vorarlberger Landesarchiv, Präs. 485/1938.

84 Reichsjugendführer Arthur Axmann, zit. n. Vorarlberger Tagblatt, 26.3.1943.

85 Zitiert nach Karl Stadler, Österreich 1938–1945 im Spiegel des NS-Akten, Wien 1966, S. 167.

86 Natalie Beer, Die Kindergruppen der NS-Frauenschaft im Gau Tirol-Vorarlberg, in: Bergland, Mai/Juni 1941, S. 8 f.

87 Zitiert nach Detlef Peukert, Die Edelweißpiraten, Köln 1983, S. 156.

88 Georg Schelling, Festung Vorarlberg, Bregenz 1987, S. 108.

89 Dokumentationsarchiv des österreichischen Widerstands, Wien, Nr. 6746/3.

90 Karl-Heinz Burmeister, Die Juden in Vorarlberg im Mittelalter, in: Schriften des Vereins für die Geschichte des Bodensees und seiner Umgebung, 94. Heft, 1976, S. 1–18, hier S. 2.

91 Bernhard Purin, Die Juden von Sulz. Eine jüdische Landgemeinde in Vorarlberg 1676–1744, Bregenz 1991, S. 31 f.

92 Kurt Greussing, Die Erzeugung des Antisemitismus in Vorarlberg um 1900. Bregenz 1992, S. 134–140.

93 Hans Gruber, Vom Agrarantisemitismus zum katholischen Antisemitismus im Vorarlberg des 19. Jahrhunderts, in: Olaf Blaschke/Aram Mattioli (Hg.), Katholischer Antisemitismus im 19. Jahrhundert. Ursachen und Traditionen im internationalen Vergleich, Zürich 2000, S. 317–336, hier S. 327.

94 Vorarlberger Volksblatt, 14.8.1896.

95 Vorarlberger Volksblatt, 1.1.1919.

96 Von Herren und Menschen. Verfolgung und Widerstand in Vorarlberg 1933–1945, Bregenz 1985, S. 198.

97 Zitiert nach Leo Haffner, Ein besessener Vorarlberger. Elmar Grabherr und die Ablehnung der Aufklärung, Hohenems 2009, S. 79 f.

98 Georg Lilienthal, Der „Lebensborn e.V." Ein Instrument nationalsozialistischer Rassenpolitik, Frankfurt 1985, S. 74.

99 Werner Dreier, „Rücksichtslos und mit aller Kraft". Antisemitismus in Vorarlberg 1880–1945, in: ders. (Hg.), Antisemitismus in Vorarlberg. Regionalstudie zur Geschichte einer Weltanschauung, Bregenz 1988, S. 132–249, hier S. 189.

100 Ebenda, S. 201.

101 Siehe zu diesem Kapitel Raul Hilberg, Die Vernichtung der europäischen Juden, Berlin 1982.

102 Von Herren und Menschen, Bregenz 1985, S. 366.

103 Harald Walser, Bombengeschäfte. Vorarlbergs Wirtschaft im NS-Staat, Bregenz 1989, S. 35 ff.

104 Stefan Keller, Grüningers Fall. Geschichten von Flucht und Hilfe, Zürich 1993.

105 Michael Grabher, Irmfried Eberl. „Euthanasie"-Arzt und Kommandant von Treblinka, Frankfurt a. M. 2006.

106 Zitiert nach Elmar Mayer, Heimat unter Hitlerfahnen, Götzis 1988, S. 186.

107 Martin Achreiner/Niko Hofinger: Die Turteltaubs: Eine Großfamilie zwischen jüdischer Tradition und österreichischem Alltag, in: Thomas Albrich (Hg.), „Wir lebten wie sie ..." Jüdische Lebensgeschichten aus Tirol und Vorarlberg, Innsbruck 1999, S. 147–164.

108 Werner Matt, „Lege größten Wert darauf, dass auch die letzte Jüdin das Land Vorarlberg verläßt" – Frieda Nagelberg, in: Thomas Albrich (Hg.), „Wir lebten wie sie ..." Jüdische Lebensgeschichten aus Tirol und Vorarlberg, Innsbruck 1999, S. 271–288.

109 Von Herren und Menschen. Verfolgung und Widerstand in Vorarlberg 1933–1945, Bregenz 1985, S. 198.

110 http://novemberpogrom1938.at/d/Salurnerstrasse.html (eingesehen 21.11.2011).

111 National Archives Washington D.C., Passengerlists New York: Ankunft in New York von Göteborg am 29.1.1940.

112 Stadtarchiv Bregenz, Stadtrat, Mappe Krebs.

113 Vorarlberger Landesarchiv Bregenz, Landratsamt 123/1/1.

114 Jan Kozielewski, Augenzeugenbericht: Das Vernichtungslager Izbica Lubelska (http://www.tierärztliches-institut.de/2011/Augenzeugenbericht.html).

115 Zitiert nach Leo Haffner, Ein besessener Vorarlberger. Elmar Grabherr und die Ablehnung der Aufklärung, Hohenems 2009, S. 213.

116 Meinrad Pichler, „... weil wir der Ansicht sind, dass auch ein getaufter Jude nach wie vor ein Jude bleibt". Regina Guggenheim (1875–1956) aus Bregenz: Stationen eines Kreuzwegs, in: Meinrad Pichler, Quergänge. Vorarlberger Geschichte in Lebensläufen, Hohenems 2007, S. 202–215.

117 Armin Wirthensohn, In Memoriam Bruno Amann, in : Jahresbericht des Bundesgymnasium Bregenz 1963/64, S. 68f.

118 Bruno Amann: Das Weltbild des Judentums. Grundlagen des völkischen Antisemitismus, Wien/Leipzig 1939, S. 41.

119 Ebenda, S. 319.

120 Ebenda, S. 311.

121 Ebenda, S. 347.

122 Ebenda, S. 351.

123 Vorarlberger Tagblatt, 3.11.1939.

124 Bruno Amann: Der Sinn unseres Krieges, Wien/Leipzig 1940, S. 122.

125 Bericht über die Tätigkeit der Österreichischen demokratischen Widerstandsbewegung (wahrscheinlich verfasst von Theodor Veiter), Manuskript im Vorarlberger Landesarchiv.

126 Homunculus, Zeitschrift für Menschen, Nr. 8, 2. Jännerheft 1946.

127 Claudia Wagner, Die Zentralkommission zur Bekämpfung der NS-Literatur. Literaturreinigung auf österreichisch, Diplomarbeit Uni Wien, Wien 2005, S. 32.

128 Anton Vonach, Das Bregenzer Gymnasium. Werdegang und Entwicklung 1895–1949, Bregenz 1950, S. 77 f.

129 Zit. nach Werner Dreier: „Rücksichtslos und mit aller Kraft." Antisemitismus in Vorarlberg 1880–1945, in: Werner Dreier. (Hg.), Antisemitismus in Vorarlberg. Regionalstudie zur Geschichte einer Weltanschauung, Bregenz 1988, S. 132–249, hier S. 208.

130 Werner Dreier, „Rücksichtslos und mit aller Kraft". Antisemitismus in Vorarlberg 1880–1945, in Werner Dreier (Hg.), Antisemitismus in Vorarlberg, Bregenz 1988, S. 132–249, hier S. 230.

131 National Archives Washington D.C., Passengerlists of the Port of New York 1939, 1953.

132 Zitiert nach Werner Dreier, Die Geschichte von der kleinen Hanna, der Hitler mehr stahl als das rosarote Kaninchen, in: Kultur 1988, Nr. 9, S. 12–13.

133 United States Holocaust Memorial Museum, Selected Records of the Departmental Archives of L'Ain, Record Group: RG-43.094M.

134 National Archives Washington, Passenger Lists, New York 7.4.1947.

135 Vorarlberger Landesarchiv, BH Bludenz, Sch. 256, XIII-31.

136 Siehe ebenda.

137 Gernot Egger, Zigeuner/Roma, in: Von Herren und Menschen. Verfolgung und Widerstand in Vorarlberg 1933–1945, Bregenz 1985, S. 200–203.

138 Ebenda, S. 201.

139 Ebenda, S. 202.

140 Oliver Seifert, Roma und Sinti im Gau Tirol-Vorarlberg. Die „Zigeunerpolitik“ von 1938 bis 1945, Innsbruck 2005, S. 124 f.

141 Ebenda.

142 Ebenda.

143 Gernot Egger, Ausgrenzen – Erfassen – Vernichten. Arme und „Irre“ in Vorarlberg, Bregenz 1990, S. 226 f.

144 Wolfgang Weber, Ärzte im Nationalsozialismus in Vorarlberg und im Bregenzerwald, in: Wolfgang Weber/Kurt Bereuter/Andreas Hammerer (Hg.): Nationalsozialismus im Bregenzerwald unter besonderer Berücksichtigung der NS-„Euthanasie“ im Bregenzerwald, Rankweil 2008., S. 154–176, hier S. 175.

145 Thomas Rüscher, NS-„Euthanasie“ im Bregenzerwald, in: Weber/Bereuter/Hammerer (wie Anm. 144), S. 142–153, hier S. 152.

146 Zitiert nach: http://sites.google.com/site/euthanasiestiftung/-euthanasie--aktion-t4 (eingesehen am 1.12.2011

147 Dokumentationsarchiv des Österreichischen Widerstands, Akt Nr. 11 425.

148 Egger (wie Anm. 143), S. 210 f.

149 Ingrid Böhler, Dornbirn 1914–1945, in: Hubert Weitensfelder/Ingrid Böhler/Werner Matt, Geschichte der Stadt Dornbirn. Von der Frühindustrialisierung bis zur Jahrtausendwende, Dornbirn 2002, S. 131–245, hier S. 219.

150 Zitiert nach: http://www.uibk.ac.at/theol/leseraum/texte/599.html (eingesehen am 29.11.2011).

151 http://tiny.cc/9z37cw (eingesehen am 2.12.2011).

152 Waltraud Häupl, Der organisierte Massenmord an Kindern und Jugendlichen 1940–1945. Gedenkdokumentation für die Opfer der NS-Euthanasie, Wien/Köln/Weimar 2008, S. 205.

153 Rüscher (wie Anm. 145), S. 145.

154 Kurt Greussing, Träge Mentalitäten? Über die Produktion von öffentlicher Meinung zu NS-Regime und 2. Weltkrieg, in: KULTUR, 15. Jg., November 2000, S. 18–21.

155 Zu diesem Kapitel: Harald Walser, Bombengeschäfte. Vorarlbergs Wirtschaft in der NS-Zeit, Bregenz 1989; und Harald Walser, Der Stoff, aus dem Profite wurden. Das Textilland Vorarlberg nach dem „Anschluss“, in: Pichler/Walser, Die Wacht am Rhein, Bregenz 1988, S. 32–58.

156 Meinrad Pichler, Leben im Krieg: Die „innere Front“, in: Pichler/Walser, Die Wacht am Rhein, Bregenz 1988, S. 126–144.

157 Landgericht Feldkirch, 1Js 96/42.

158 Vorarlberger Tagblatt, 27.7.1944.

159 Ebenda, 29.10.1943.

160 Ebenda, 7.1.1943.

161 Ebenda, 4.2.1943.

162 Ebenda, 5.3.1943.

163 „Entweder wir gewinnen das gute Blut, das wir verwerten können, und ordnen es bei uns ein oder wir vernichten dieses Blut.“ Rede von Heinrich Himmler, Bad Schachen 14. Oktober 1943, zitiert nach Isabel Heinemann, „Rasse, Siedlung, deutsches Blut“: das Rasse- und Siedlungshauptamt der SS und die rassenpolitische Neuordnung Europas, Göttingen 2003, S. 524.

164 Vorarlberger Tagblatt, 12.1.1943.

165 Rene Schindler, Ein Schweizer erlebt das geheime Deutschland. Tatsachenbericht, Zürich 1945, S. 7.

166 Vorarlberger Tagblatt, 20.3.1943.

167 DÖW 9193.

168 Vorarlberger Tagblatt, 23.10.1943.

169 DÖW 10.093.

170 DÖW 15.062.

171 Benedikt Bilgeri, Geschichte Vorarlbergs, Band V, Kanton oder Bundesland: Untergang und Wiederkehr, Wien/Köln/Graz 1987, S. 180.

172 Zitiert nach Elmar Mayer, Heimat unter Hitlerfahnen, Götzis 1988, S. 187.

173 Rudolf Seewald: Der endlose Weg. Kriegstagebuch eines Gefreiten. Rußland 1941–1943, Hard 1999.

174 Interview Georg Mohr (2008), http://tiny.cc/wb47cw (eingesehen am 25.1.2012).

175 Zu all diesen Fällen siehe: Lexikon Verfolgung und Widerstand, in: Von Herren und Menschen, Bregenz 1985; und Platzgummer/Bitschnau/Bundschuh, „Ich kann einem Staat nicht dienen, der schuldig ist ...“ Vorarlberger vor den Gerichten der Wehrmacht, Dornbirn 2011.

176 Ela Hornung, Denunziation als soziale Praxis: Fälle aus der NS-Militärjustiz, Wien/Köln/Weimar 2010, S. 150.

177 Vorarlberger Wirtschafts- und Sozialstatistik 1956, 12. Jg., S. 333 f.

178 Horst Schreiber, Nationalsozialismus und Faschismus in Tirol und Südtirol. Opfer – Täter – Gegner, Innsbruck 2008, S. 153–156.

179 Zitiert nach Werner Klose, Generation im Gleichschritt. Die Hitlerjugend. Ein Dokumentarbericht, München 1982, S. 177.

180 Zitiert nach Harald Walser, Im Gleichschritt in die Emanzipation? Vorarlbergs Frauen im NS-Staat, in: Pichler/Walser, Die Wacht am Rhein, Bregenz 1988, S. 59–72, hier S. 68.

181 Thomas Albrich/Arno Gisinger, Im Bombenkrieg. Tirol und Vorarlberg 1943–1945, S. 120–130.

182 Valentin Feurstein, Irrwege der Pflicht 1938–45, Wels 1953, S. 13.

183 Ebenda S. 17.

184 Ebenda S. 160.

185 Ebenda S. 314.

186 Ebenda S. 313.

187 Ebenda S. 315.

188 Quellen soweit nicht extra angegeben: Harald Walser, Bombengeschäfte, Bregenz 1990, S. 38–41; Hans Nägele, Hermann Rhomberg. Ein Leben im Dienste der Wirtschaft und der Heimat, Wien 1962.

189 Werkblatt der Betriebsgemeinschaft der Firma Franz M. Rhomberg Dornbirn-Rankweil-Wien, April 1939.

190 Andrea Hurton, „Der Jude ist in der Modeindustrie durchaus ersetzbar.“ Zur Strategie und Praxis von „Ariseuren“ in der Wiener Bekleidungsbranche, in: Dokumentationsarchiv des österreichischen Widerstandes, Jahrbuch 2009, S. 278–294, hier S. 293.

191 Peter Melichar, Verdrängung und Expansion. Enteignungen und Rückstellungen in Vorarlberg, Wien/München 2004, S. 107 f.

192 Werkblatt der Betriebsgemeinschaft der Firma Franz M. Rhomberg Dornbirn-Rankweil-Wien, Juli-August 1942, S. 24.

193 Werner Matt, Zuerst das Notwendige, dann das Nützliche und dann erst das Angenehme – Dornbirn von 1945 bis 2000, in: Geschichte der Stadt Dornbirn. Von der Frühindustrialisierung bis zur Jahrtausendwende, Dornbirn 2002, S. 247–366, hier S. 261 f.

194 Werkblatt der Betriebsgemeinschaft der Firma Franz M. Rhomberg Dornbirn-Rankweil-Wien, Juli-August 1942, S. 2.

195 Delphina Burtscher, Meine Lebensgeschichte , 3. Auflage, Götzis 2011, S. 29.

196 Ebenda, S. 33.

197 Ebenda, S. 37.

198 Ebenda, S. 44.

199 Zitiert nach Werner Bundschuh, August Weiß (1921–2008), Moorsoldat Nr. 503/41, in: Hanno Platzgummer u.a. (Hg.), „Ich kann einem Staat nicht dienen, der schuldig ist ...", Dornbirn 2011, S. 37–50, hier S. 38.

200 Gernot Egger, Ins Freie? Die vorarlbergisch-schweizerische Grenze 1933–45, in: Von Herren und Menschen, Bregenz 1985, S. 234–257, S. 242.

201 Gerhard Wanner, Flüchtlinge und Grenzverhältnisse in Vorarlberg 1938–1944. Einreise- und Transitland Schweiz, in: Rheticus. Vierteljahresschrift der Rheticus-Gesellschaft 1998, Heft 3/4, S. 227–271, hier S. 240 f.

202 Meinrad Pichler, Humanitäre Hilfe, in: Von Herren und Menschen, Bregenz 1985, S. 186–194, hier S. 192–194.

203 Zitiert nach Jörg Krummenacher, Flüchtiges Glück, Zürich 2005, S. 116.

204 Stefan Keller, Grüningers Fall. Geschichten von Flucht und Hilfe. Zürich 1993.

205 Eberhard Kolb, Bergen-Belsen. Geschichte des „Aufenthaltlagers" 1943–1945, Berlin 2011 (Nachdruck von 1962), S. 98 f.

206 Magnus Koch, „Land des Lichts"? Die neutrale Schweiz als Fluchtziel für Deserteure der Wehrmacht, in: Thomas Geldmacher u. a. (Hg.), „Das machen wir nicht mehr mit ..." Österreichische Soldaten und Zivilisten vor Gerichten der Wehrmacht, Wien 2010, S. 138–145, hier 139 f.

207 Edith Hessenberger, Gescheiterte Grenzüberschreitungen. Geschichten, die man nicht vergisst, in: Edith Hessenberger (Hg.), Grenzüberschreitungen. Von Schmugglern, Schleppern, Flüchtlingen, Schruns 2008, S. 177–191, hier S. 188–191.

208 Den Montafoner Grenzübertritt schildert Ernst Eisenmayer in seiner Biografie „A Strange Haircut", Amsterdam 2008; übersetzt wiedergegeben bei Edith Hessenberger, Grenzüberschreitungen, Schruns 2008, S. 137–146.

209 Jörg Krummenacher, Flüchtiges Glück, Zürich 2005, S. 225–228.

210 Gernot Egger, Ins Freie? in: Von Herren und Menschen, Bregenz 1985, S. 250.

211 Rammstedt Angela, Flucht vor der „Evakuierung": Das Scheitern der Damen Kantorowicz, Hammerschlag und Winter, in: Petra Zudrell (Hg.), Der abgerissene Dialog. Die intellektuelle Beziehung zwischen Gertrud Kantorowicz und Margarete Susman oder die Schweizer Grenze bei Hohenems als Endpunkt eines Fluchtversuchs, Innsbruck 1999, S. 11–70, hier S. 50–59.

212 Schlussbericht der Unabhängigen Expertenkommission Schweiz – Zweiter Weltkrieg, Zürich 2002, S. 118 f.

213 Meinrad Pichler, Widerstand und Widersetzlichkeit in der Wehrmacht. In: Von Herren und Menschen, Bregenz 1985, S. 143–152, hier S. 148; Alfons Dür, „Ich hatte den Roth gerne wie noch nie einen Mann." In: Montfort 2011/2, S. 127–132.

214 Alfons Dür, Unerhörter Mut. Eine Liebe in der Zeit des Rassenwahns, Innsbruck 2012.

215 Vorarlberger Landesarchiv, Landratsamt Bregenz PV 123/10.

216 Joseph E. Persico, Geheime Reichssache. Der Kampf der CIA gegen die deutsche Abwehr, Wien/Zürich/München 1980, S. 188 f.

217 Feldurteil des Gerichts der Division 188, Innsbruck 3.3.1943. Kopie im Dokumentationsarchiv des österreichischen Widerstands (DÖW) in Wien, Akt DÖW 6309.

218 Ebenda.

219 Bundesarchiv Bern (BAR), E 4320 (B) 1993/214: Bd. 16, Dossier C.29/A116-43-039.

220 Alle diese Angaben stammen aus dem Gerichtsprotokoll (DÖW 6309). Deckungsgleich sind die Angaben, die Hilar Huber in einem Interview mit dem Autor am 4.1.1984 gemacht hat. Alle weiteren Angaben bis 1943 stammen aus diesen beiden Quellen, sofern nicht andere zitiert werden.

221 DÖW 6309.

222 Bundesarchiv Bern (BAR), E 4320 (B) 1993/214: Bd. 16, Dossier C.29/A116-43-039. Hilar Huber erklärte bei seiner Vernehmung, dass der Onkel inzwischen bekehrt sei, da er eingesehen habe, dass man die Österreicher nur als Kanonenfutter brauche (ebd.).

223 Ebenda, S. 56.

224 Bundesarchiv Bern (BAR), E 4264 185/196: Bd. 98, Dossier N 2786.

225 Die Begnadigung hat General Friedrich Fromm eigenhändig über das Todesurteil geschrieben – jener General, der später wegen seiner zaudernden Haltung für den Misserfolg des Attentats auf Hitler am 20. Juli 1944 mitverantwortlich war. Huber gehörte damit zu jenen etwa 7.000 begnadigten von insgesamt 30.000 zum Tode verurteilten Deserteuren. Vgl. Thomas Geldmacher: „Auf Nimmerwiedersehen!" Fahnenflucht, unerlaubte Entfernung und das Problem, die Tatbestände auseinander zu halten. In: Walter Manoschek (Hg.): Opfer der NS-Militärjustiz, Wien 2003, S. 133–196, hier S. 135–136.

226 Vgl. Meinrad Pichler: Widerstand und Widersetzlichkeit in der Wehrmacht. In: Von Herren und Menschen. Verfolgung und Widerstand in Vorarlberg 1933–1945, Bregenz 1985, S. 143–152, hier S. 147.

227 Bundesarchiv Bern (BAR), E 4264 185/196: Bd. 98, Dossier N 2786.

228 Ebenda.

229 Zitiert nach Angelika Rosina Kuntner, Ein Tod bei Feldkirch. Leben und Werk der Widerstandskämpferin Hilde Monte-Olday (1914–1945), (http://tiny.cc/2m17cw [http://www.malingesellschaft.at])

230 Margarethe Ruff, Um ihre Jugend betrogen. Ukrainische Zwangsarbeiter/innen in Vorarlberg 1942–1945, Bregenz 1996, S. 24–29.

231 Zitiert nach Margarethe Ruff, Um ihre Jugend betrogen. Bregenz 1996, S. 84.
232 Hermann Brändle/Gernot Egger, Rohstoff Mensch: Fremdarbeiter und Kriegsgefangene in Vorarlberg, in: Kurt Greussing (Hg.), Im Prinzip: Hoffnung, Bregenz 1984, S. 299–307, hier S. 302.
233 Zitiert nach Meinrad Pichler, „Deutsches Leben heißt Arbeit". Arbeiteropposition in Vorarlberg während der NS-Zeit, in: Kurt Greussing (Hg.), Im Prinzip: Hoffnung, Bregenz 1984, S. 281–298, hier S. 296.
234 Hermann Brändle/Kurt Greussing, Fremdarbeiter und Kriegsgefangene, in: Von Herren und Menschen, Bregenz 1985, S. 161–185, hier S. 179.
235 Vorarlberger Landesarchiv, Landrat Bregenz, PV 051/10/2.
236 Hermann Brändle/Kurt Greussing, Fremdarbeiter und Kriegsgefangene, in: Von Herren und Menschen, Bregenz 1985, S. 161–185, hier S. 178.
237 Zitiert nach Wolfgang Weber, NS-Herrschaft am Land, Regensburg 1999, S. 78.
238 Vorarlberger Landesarchiv, Landrat Bregenz, PV 051/10/2.
239 Hermann Brändle/Kurt Greussing, Fremdarbeiter und Kriegsgefangene, in: Von Herren und Menschen, Bregenz 1985, S. 161–185, hier S. 169 f.
240 Hermann Brändle/Gernot Egger, Rohstoff Mensch: Fremdarbeiter und Kriegsgefangene in Vorarlberg, in: Kurt Greussing (Hg.), Im Prinzip: Hoffnung, Bregenz 1984, S. 299–307, hier S. 304.
241 Georg Schelling, Festung Vorarlberg, Bregenz, 3. Aufl. 1987, S. 77 f.
242 Auszug aus dem Maturakatalog des Gymnasiums Bregenz, Archiv des BG Bregenz Blumenstraße.
243 VLA, Landesgericht Feldkirch, Schachtel 315, Vr 672/46, Zeugenaussage Rudolf Krähan.
244 Anton Methlagl, Die Zufälle meines Lebens, Hard 2008, S. 120.
245 Richard Gohm, Selig die um meinetwillen verfolgt werden: Carl Lampert, ein Opfer der Nazi-Willkür 1894–1944, Innsbruck 2008.
246 Zitiert nach Neue Vorarlberger Tageszeitung, 3.3.1979.
247 Gernot Egger, Kommunisten und wegen „kommunistischer Betätigung" Verfolgte 1938–1945, in: Von Herren und Menschen, Bregenz 1985, S. 103–109, hier S.105–107.
248 Georg Schelling, Festung Vorarlberg, Bregenz 1987, S. 146 ff.
249 Meinrad Pichler, Widerstandsgruppen, in: Von Herren und Menschen, Bregenz 1985, S. 85–102, hier S. 85–93.
250 Ebenda, S. 92.
251 Ebenda, S. 93–98.
252 Werner Bundschuh, August Weiß (1921–2008). Moorsoldat Nr. 503/41: „Es soll keiner mehr das erleben, was ich erlebt habe", in: Platzgummer/Bitschnau/Bundschuh (Hg.), „Ich kann einem Staat nicht dienen, der schuldig ist ...", Dornbirn 2011, S. 37–50.
253 Josef Berkmann, Stehengeblieben!, in: Vorarlberger Volkskalender 1985, S. 85–89, hier S. 87; Mitteilung von Dr. Johannes Greissing, Bregenz, 18.1.2012.
254 Mitteilung von Kurt Bereuter, Alberschwende, 7.12.2011.
255 Maria Fritsche, Die wagemutige Flucht des Tobias Studer, in: Thomas Geldmacher u. a. (Hg.), „Da machen wir nicht mehr mit...", Wien 2010, S. 146–154, hier S. 153.
256 Meinrad Pichler, Verfolgung und Widerstand. Eine Bilanz, in: Von Herren und Menschen, Bregenz 1985, S. 264 f.
257 Wortlaut der Erklärung siehe: http://www.ibiblio.org/pha/policy/1943/431000a.html (eingesehen am 20.1.2012).
258 Ulrich Nachbaur, Österreich als Opfer Hitlerdeutschlands. Das Rot-Weiß-Rot-Buch 1946 und die unveröffentlichten Vorarlberger Beiträge, Regensburg 2009.
259 Vorarlberger Landesarchiv, Manuskript „Die französische Okkupation" (Autor vermutlich Theodor Veiter).
260 Brief von Karoline Redler aus der Todeszelle im Gefängnis des Wiener Landesgerichts vom 22.10.1944, im Besitz von Frau Dr. Eva Binder, Bregenz.
261 Willi Weinert, „Mich könnt ihr löschen, aber nicht das Feuer". Ein Führer durch den Ehrenhain der Gruppe 40 am Wiener Zentralfriedhof für die hingerichteten WiderstandskämpferInnen, Wien 2005, S. 80 f.
262 Abschiedsbrief von Karoline Redler aus der Todeszelle im Gefängnis des Wiener Landesgerichts vom 8.11.1944, im Besitz von Frau Dr. Eva Binder, Bregenz.
263 Schreiben Malin in seinem Nachlass, VLA, Dokumentensammlung der Malin-Gesellschaft.
264 Dokumentationsarchiv des österreichischen Widerstands, Nr. 1448.
265 Ebenda, Nr. 4043.
266 Alfons Schwarz, Rechtsprechung durch Sondergerichte. Zur Theorie und Praxis im Nationalsozialismus am Beispiel des Sondergerichts Berlin, Diss. Augsburg 1992, S. 140.
267 Soweit nicht anders ausgewiesen stützt sich die Darstellung auf: Georg Schelling, Festung Vorarlberg, Bregenz 1987; Dietlinde Löffler-Bolka, Vorarlberg 1945, Bregenz 1975; Harald Walser, Die letzten Tage des Krieges, in: Von Herren und Menschen, Bregenz 1985, S. 214–235; Meinrad Pichler, Am Ende eines Irrwegs, in: Bundschuh/Pichler/Walser, Wieder Österreich, Bregenz 1995, S. 13–38.
268 Dietlinde Löffler-Bolka, Vorarlberg 1945 (wie Anm. 267), S. 107.
269 Harald Walser, Die letzten Tage des Krieges (wie Anm. 267), S. 201.
270 Georg Schelling, Festung Vorarlberg (wie Anm. 267), S. 123.
271 Harald Walser, Die letzten Tage des Krieges (wie Anm. 267), S. 228 f.
272 Georg Schelling, Festung Vorarlberg (wie Anm. 267), S. 219 ff.
273 Manfried Rauchensteiner, Krieg in Österreich 1945, Wien 1970, S. 270 ff.
274 Zitiert nach Harald Walser, „Der Engel von Auschwitz", in: Montfort 1/1988, S. 70–78, hier S. 76.
275 Max Riccabona, Auf dem Nebengeleise. Erinnerungen und Ausflüchte, hg. von Ulrike Längle, Innsbruck 1995, S. 84.
276 Max Riccabona an Nico Rost, Feldkirch 1947. Nachlass Riccabona im Brenner-Archiv Innsbruck.
277 Riccabona, Auf dem Nebengeleise (wie Anm. 275), S. 5.
278 Ebenda, S. 47.
279 Leo Haffner, Ein besessener Vorarlberger. Elmar Grabherr und die Ablehnung der Aufklärung, Hohenems 2009, S. 213.

Personenregister

Ortsregister Vorarlberg

Ausgewählte Literatur

Albrich Thomas (Hg.): „Wir lebten wie sie ..." Jüdische Lebensgeschichten aus Tirol und Vorarlberg, Innsbruck 1999.

Albrich Thomas/Arno Gisinger: Im Bombenkrieg. Tirol und Vorarlberg 1943–1945, Innsbruck 1992 (= Innsbrucker Forschungen zur Zeitgeschichte 8).

Barnay Markus: Vorarlberg. Vom Ersten Weltkrieg bis zur Gegenwart, Innsbruck 2011.

Bischof Günter/Fritz Plasser/Barbara Stelzl-Marx (Hg.): New perspectives on Austrians and World War II. New Brunswick 2009 (= Contemporary Austrian Studies. Bd. 17).

Blatt Thomas: Nur die Schatten bleiben. Der Aufstand im Vernichtungslager Sobibór, Berlin 2000.

Böhler Ingrid: Dornbirn 1914–1945. In: Hubert Weitensfelder/Ingrid Böhler/Werner Matt: Geschichte der Stadt Dornbirn. Von der Frühindustrialisierung bis zur Jahrtausendwende, Dornbirn 2002, S. 131–245.

Böhler Ingrid: Dornbirn in Kriegen und Krisen 1914–1945, Innsbruck 2005 (= Innsbrucker Forschungen zur Zeitgeschichte 23)

Böhler Ingrid: Alte Kämpfer und neue Häuser. Dornbirn als Beispiel einer österreichischen Klein- und Mittelstadt im Nationalsozialismus, in: Dornbirner Schriften 34 (2008), S. 93–121.

Bundschuh Werner: Bestandsaufnahme: Heimat Dornbirn 1850–1950, Bregenz 1990 (= Studien zur Geschichte u. Gesellschaft Vorarlbergs 8).

Bundschuh Werner: Das „Kartell des Schweigens" bekommt Risse. In: Hanno Loewy/Peter Niedermair (Hg.): Hier. Gedächtnisorte in Vorarlberg 38–45, Hohenems 2008, S. 126–147.

Bundschuh Werner/Meinrad Pichler/Harald Walser: Wieder Österreich! Befreiung und Wiederaufbau – Vorarlberg 1945, Bregenz 1995.

Burmeister Karl-Heinz: Die Juden in Vorarlberg im Mittelalter. In: Schriften des Vereins für die Geschichte des Bodensees und seiner Umgebung, 94. Heft 1976, S. 1–18.

Dreier Werner: Zwischen Kaiser und Führer. Vorarlberg im Umbruch 1918–1938, Bregenz 1986 (= Beiträge zu Geschichte und Gesellschaft Vorarlbergs 6)

Dreier Werner (Hg.): Antisemitismus in Vorarlberg. Regionalstudie zur Geschichte einer Weltanschauung, Bregenz 1988 (= Studien zur Geschichte und Gesellschaft Vorarlbergs 4)

Dreier Werner: Vom Bürger zum Objekt der Verwaltung. Antisemitismus und Nationalsozialismus in Vorarlberg. In: Eine ganz kleine jüdische Gemeinde, die nur von den Erinnerungen lebt. Juden in Hohenems, Katalog des Jüdischen Museums, Hohenems 1996. S. 98–117.

Dreier Werner: Max Riccabona im KZ Dachau – Worüber er nicht schreiben konnte, in: Johann Holzner/Barbara Hoiß (Hg.): Max Riccabona. Bohemien – Schriftsteller – Zeitzeuge, Innsbruck 2006, S. 41–50.

Dür Alfons: Unerhörter Mut. Eine Liebe in der Zeit des Rassenwahns, Innsbruck 2012.

Eisterer Klaus: Französische Besatzungspolitik: Tirol und Vorarlberg 1945/46, Innsbruck 1992 (= Innsbrucker Forschungen zur Zeitgeschichte 9).

Egger Gernot: Ausgrenzen – Erfassen – Vernichten. Arme und „Irre" in Vorarlberg, Bregenz 1990 (= Studien zur Geschichte und Gesellschaft Vorarlbergs 7).

Egger Gernot: „Ach, der Stiefel glich dem Stiefel immer ..." Verfolgung oppositioneller Arbeiter im Austrofaschismus und im Nationalsozialismus, in: Werner Bundschuh/Harald Walser (Hg.): Dornbirner Statt-Geschichten. Kritische Anmerkungen zu 100 Jahren politischer und gesellschaftlicher Entwicklung, Dornbirn 1987 (= Studien zur Geschichte und Gesellschaft Vorarlbergs 1), S. 200–209.

Emerich Susanne (Hg.): „Hätte ich nicht eine innere Kraft ..." Leben und Zeugnis des Carl Lampert, Innsbruck 2011.

Fessler Klaus: Ein „steiniger" Weg. Das geologische Schaffen Johann August Malins (1902–1942), Bregenz 1986 (= sperrung 3).

Feurstein Valentin: Irrwege der Pflicht 1938–45. Wels 1953.

Fröwis Franz J.: Das Kriegsende in Bludenz 1945. Bludenz 1995 (= Bludenzer Geschichtsblätter 27).

Fussenegger Jakob: KZ Lagerdekan Georg Schelling. 200 Briefe aus dem KZ, Dornbirn 1991.

Geldmacher Thomas u. a. (Hg.): „Da machen wir nicht mehr mit ..." Österreichische Soldaten und Zivilisten vor Gerichten der Wehrmacht, Wien 2010.

Gmeiner Emmerich: „Ich habe mich über die vandalischen Verwüstungen empört" – Klosteraufhebungen der Nationalsozialisten 1941 am Beispiel des St. Gallus-Stiftes in Bregenz. In: Jahrbuch des Vorarlberger Landesmuseumsvereins 139 (1995), S. 211–219.

Gohm Richard: Selig, die um meinetwillen verfolgt werden: Carl Lampert, ein Opfer der Nazi-Willkür 1894–1944, Innsbruck 2008.

Grabher Michael: Irmfried Eberl. „Euthanasie"-Arzt und Kommandant von Treblinka, Frankfurt a. M. 2006.

Greber Gebhard: Die Südtiroler Umsiedler in Vorarlberg. Ihre Integration in Bevölkerung, Siedlung und Wirtschaft, in: Montfort 31 (1979), S. 259–294.

Greussing Kurt: Die Erzeugung des Antisemitismus in Vorarlberg um 1900. Bregenz 1992 (= Studien zur Geschichte und Gesellschaft Vorarlbergs 10).

Greussing Kurt: Zwang und Verdrängung. Fremdarbeiter/innen und Kriegsgefangene in Vorarlberg 1939–1945, in: Rudolf G. Ardelt/Hans Hautmann (Hg.): Arbeiterschaft und Nationalsozialismus in Österreich, Wien/Zürich 1990, S. 513–530.

Greussing Kurt/Meinrad Pichler: Politische Kultur 1986: Vom Arier zum Alemannen, in: Kultur, November 1886, S. 4 ff.

Gruber Hans: Vom Agrarantisemitismus zum katholischen Antisemitismus im Vorarlberg des 19. Jahrhunderts, in: Olaf Blaschke/Aram Mattioli (Hg.): Katholischer Antisemitismus im 19. Jahrhundert: Ur-

sachen und Traditionen im internationalen Vergleich, Zürich 2000, S. 317–335.
Hafeneger Benno/Fritz Michael: Sie starben für Führer, Volk und Vaterland. Die Hitlerjugend, Frankfurt/M. 1993 (= Lesebuch zur Kriegsbegeisterung junger Männer Bd. 2)
Haffner Leo: Ein besessener Vorarlberger. Elmar Grabherr und die Ablehnung der Aufklärung, Hohenems 2009.
Haffner Leo: Kultur und Religion als Machtfaktor. In: Franz Mathis/Wolfgang Weber, Vorarlberg: zwischen Fußach und Flint, Alemannnentum und Weltoffenheit, Wien 2000, S. 346–408.
Häupl Waltraud: Der organisierte Massenmord an Kindern und Jugendlichen 1940–1945. Gedenkdokumentation für die Opfer der NS-Euthanasie, Wien/Köln/Weimar 2008.
Hessenberger Edith (Hg.): Grenzüberschreitungen. Von Schmugglern, Schleppern, Flüchtlingen, Schruns 2008.
Horwath Maritta/Horst Schreiber: Von der Schulbank ans Geschütz. Die Luftwaffenhelfer in Tirol und Vorarlberg 1943–1945, Innsbruck/Wien 1996.
Johann-August-Malin-Gesellschaft (Hg.): Von Herren und Menschen. Verfolgung und Widerstand in Vorarlberg 1933–1945, Bregenz 1985 (= Beiträge zu Geschichte und Gesellschaft Vorarlbergs 5).
Keller Stefan: Grüningers Fall. Geschichten von Flucht und Hilfe, Zürich 1993.
Knecht Alois: Heimatliebe, Friedensliebe und ein „allmächtiger“ Staat. Erinnerungen aus zwei Weltkriegen, Feldkirch 1988.
Koch Magnus: „Land des Lichts“? Die neutrale Schweiz als Fluchtziel für Deserteure der Wehrmacht, in: Thomas Geldmacher u. a. (Hg.): „Da machen wir nicht mehr mit ...“ Österreichische Soldaten und Zivilisten vor Gerichten der Wehrmacht, Wien 2010, S. 138–145.
Krummenacher-Schöll Jörg: Flüchtiges Glück. Die Flüchtlinge im Grenzkanton St. Gallen zur Zeit des Nationalsozialismus, Zürich 2005.
Küng Heribert: Die Rheingrenze 1945. St. Gallen, Liechtenstein und Vorarlberg am Ende des Zweiten Weltkrieges, Buchs 1989.
Loewy Hanno (Hg.): Heimat Diaspora. Das Jüdische Museum Hohenems, Hohenems 2008.
Loewy Hanno/Peter Niedermair (Hg.): Hier. Gedächtnisorte in Vorarlberg 38–45, Hohenems 2008.
Löffler-Bolka Dietlinde: Vorarlberg 1945. Das Kriegsende und der Wiederaufbau demokratischer Verhältnisse in Vorarlberg im Jahre 1945, Bregenz 1975.
Matt Werner: 50 Jahre Kriegsende: Dornbirn zur Zeit der Befreiung – eine Zeitskizze mit persönlichen Erinnerungen, in: Dornbirner Schriften 25 (1999), S. 151–195.
Matt Werner: Zuerst das Notwendige, dann das Nützliche und dann erst das Angenehme – Dornbirn von 1945 bis 2000. In: Hubert Weitensfelder/Ingrid Böhler/Werner Matt: Geschichte der Stadt Dornbirn. Von der Frühindustrialisierung bis zur Jahrtausendwende, Dornbirn 2002, S. 247–366.
Matt Werner: Klara Heymann-Rosenthal: eine vornehme kleine Dame – eine furchtbar verängstigte Frau; zum Leben von Klara Heymann-Rosenthal, in: Johannes Inama (Hg): Rosenthals. Collage einer Familiengeschichte, Hohenems 2004, S. 31–40.
Mayer Elmar: Heimat unter Hitlerfahnen. Eindrücke und Erlebnisse aus der Nazizeit, Götzis 1988.
Melichar Peter: Verdrängung und Expansion. Enteignungen und Rückstellungen in Vorarlberg, Wien/München 2004 (= Veröffentlichungen der Österreichischen Historikerkommission).
Melichar Peter: Durch die Krisenzeiten. Die Hypothekenbank zwischen 1918 und 1945, in: 111 Hypo Vorarlberg. Ein historischer Kassasturz 1897–2008, Bregenz 2008, S. 70–101.
Nachbaur Ulrich (Hg.): Der Wiederaufbau der Vorarlberger Landesverwaltung 1945 bis 1947. Bregenz 2007 (= Kleine Schriften des Vorarlberger Landesarchivs 3).
Nachbaur Ulrich: Österreich als Opfer Hitlerdeutschlands. Das Rot-Weiß-Rot Buch 1946 und die unveröffentlichten Vorarlberger Beiträge, Regensburg 2009 (= Quellen zur Geschichte Vorarlbergs, Band 11 N.F.).
Nachbaur Ulrich/Alois Niederstätter: Aufbruch in eine neue Zeit. Vorarlberger Almanach zum Jubiläumsjahr 2005, Bregenz 2006.
Niederstätter Alois: Das Vorarlberger Landesarchiv 1938–1945. In: Österreichs Archive unter dem Hakenkreuz, Innsbruck 2010 (= Mitteilungen des Österreichischen Staatsarchivs 54), S. 623–644.
Pichler Meinrad (Hg.): Nachträge. Zur Vorarlberger Landesgeschichte von ca. 1870 bis 1945, Bregenz 1982 (= Beiträge zu Geschichte und Gesellschaft Vorarlbergs 1).
Pichler Meinrad: Quergänge. Vorarlberger Geschichte in Lebensläufen, Hohenems 2007.
Pichler Meinrad: Vom angehenden Diplomaten zum ausschweifenden Literaten. In: Johann Holzner/Barbara Hoiß (Hg.): Max Riccabona. Bohemien – Schriftsteller – Zeitzeuge, Innsbruck 2006, S. 31–40.
Pichler Meinrad: Arbeiteropposition gegen den Nationalsozialismus in Vorarlberg. In: Rudolf G. Ardelt/Hans Hautmann (Hg.): Arbeiterschaft und Nationalsozialismus in Österreich, Wien/Zürich 1990, S. 611–626.
Pichler Meinrad: NS-Herrschaft in Vorarlberg 1938–1945. In: Hanno Loewy/Peter Niedermair (Hg.): Hier. Gedächtnisorte in Vorarlberg 38–45, Hohenems 2008, S. 112–125.
Pichler Meinrad/Harald Walser: Die Wacht am Rhein. Alltag in Vorarlberg während der NS-Zeit, Bregenz 1988 (= Studien zur Geschichte und Gesellschaft Vorarlbergs 2).
Platzgummer Hanno/Karin Bitschnau/Werner Bundschuh (Hg.): „Ich kann einem Staat nicht dienen, der schuldig ist“. Vorarlberger vor den Gerichten der Wehrmacht, Dornbirn 2011.
Purin Bernhard: Die Juden von Sulz. Eine jüdische Landgemeinde in Vorarlberg 1676–1744, Bregenz 1991 (= Studien zur Geschichte und Gesellschaft Vorarlbergs 9).
Rammstedt Angela: Flucht vor der „Evakuierung“: Das Scheitern der Damen Kantorowicz, Hammerschlag und Winter, in: Petra Zudrell (Hg.): Der abgerissene Dialog. Die intellektuelle Beziehung zwischen Gertrud Kantorowicz und Margarete Susman oder die Schweizer Grenze bei Hohenems als Endpunkt eines Fluchtversuchs, Innsbruck 1999, S.11–70.
Reckefuß-Kleiner Hedwig: „Selig, die Verfolgung leiden ...“. In: Vorarlberger Volkskalender 1976, S. 77–85.

Ruff Margarethe: Um ihre Jugend betrogen. Ukrainische Zwangsarbeiter/innen in Vorarlberg 1942–1945, Bregenz 1996 (= Studien zur Geschichte und Gesellschaft Vorarlbergs 13).

Schafranek Hans: Unternehmen „Nordpol". Das „Englandspiel" der deutschen militärischen Abwehr in den Jahren 1942–1944, in: Hans Schafranek/Johannes Tuchel (Hg.): Krieg im Äther. Widerstand und Spionage im Zweiten Weltkrieg, Wien 2004, S. 247–291.

Schelling Georg: Festung Vorarlberg. Ein Bericht über das Kriegsgeschehen 1945 in Vorarlberg, 3. Aufl., bearbeitet von Meinrad Pichler unter Mitarbeit von Emmerich Gmeiner, Bregenz 1987.

Scheyer Otto: Der Sieg des Nationalsozialismus in Feldkirch aus NS-Sicht. In: Vorarlberger Oberland 1988, Heft 1–2, S. 31–41.

Schnetzer Norbert/Hans Sperandio: 600 Jahre Valduna. Der lange Weg – vom Klarissinnenkloster zum Landeskrankenhaus, Rankweil 1999.

Schönhaus Cioma: Der Passfälscher. Die unglaubliche Geschichte eines jungen Grafikers, der im Untergrund gegen die Nazis kämpfte, Frankfurt/Main 2004.

Schönherr Margit: Vorarlberg 1938. Die Eingliederung Vorarlbergs in das Deutsche Reich 1938/39. Dornbirn 1981 (= Forschungen zur Geschichte Vorarlbergs 3).

Schreiber Horst: Schule in Tirol und Vorarlberg 1938–1948, Innsbruck-Wien 1996.

Schreiber Horst: Nationalsozialismus und Faschismus in Tirol und Südtirol. Opfer – Täter – Gegner, Innsbruck 2008.

Seifert Oliver: Roma und Sinti im Gau Tirol-Vorarlberg: die „Zigeunerpolitik" von 1938 bis 1945. Innsbruck 2005.

Steininger Rolf/Sabine Pitscheider (Hg.): Tirol und Vorarlberg in der NS-Zeit, Innsbruck 2002 (= Innsbrucker Forschungen zur Zeitgeschichte Band 19).

Thaler Jürgen: Antipoetika. Max Riccabonas KZ-Erinnerungen, in: Johann Holzner/Barbara Hoiß (Hg.): Max Riccabona. Bohemien – Schriftsteller – Zeitzeuge, Innsbruck 2006, S. 85–92.

Thöni Christof/Karin Bitschnau (Hg.): „NS-Herrschaft am Land". Beispiel Klostertal. Bludenz 2003 (= Schriften des Museumsvereins Klostertal 2).

Unabhängige Expertenkommission – Zweiter Weltkrieg (Hg.): Die Schweiz und die Flüchtlinge zur Zeit des Nationalsozialismus, Bern 1999 (= Bergier Bericht).

Walser Gaudentius: Carl Lampert – Ein Leben für Christus und die Kirche 1894–1944, Dornbirn 1964.

Walser Harald: Bombengeschäfte. Vorarlbergs Wirtschaft in der NS-Zeit, Bregenz 1989 (= Studien zur Geschichte und Gesellschaft Vorarlbergs 6).

Walser Harald: Die illegale NSDAP in Tirol und Vorarlberg 1933–1938. Wien 1983 (= Materialien zur Arbeiterbewegung 28).

Walser Harald: Der Tod eines Staatsdieners. Hugo Lunardon und der Nationalsozialismus in Dornbirn, in: Werner Bundschuh/Harald Walser (Hg.): Dornbirner Statt-Geschichten. Kritische Anmerkungen zu 100 Jahren politischer und gesellschaftlicher Entwicklung, Dornbirn 1987 (= Studien zur Geschichte und Gesellschaft Vorarlbergs 1), S. 210–240.

Walser Harald: „Der Engel von Auschwitz". Zum Wirken der Krankenschwester Maria Stromberger, in: Montfort, Jg. 40, 1988, Heft 1, S. 70–78.

Walser Harald: „Treue dem wahren Nationalsozialismus!" Arbeiter in der Vorarlberger NSDAP, in: Rudolf G. Ardelt/Hans Hautmann (Hg.): Arbeiterschaft und Nationalsozialismus in Österreich, Wien/Zürich 1990, S. 317–334.

Wanner Gerhard: Flüchtlinge und Grenzverhältnisse in Vorarlberg 1938–1944. Einreise- und Transitland Schweiz, in: Rheticus. Vierteljahresschrift der Rheticus-Gesellschaft 1998, Heft 3/4, S. 227–271.

Wanner Gerhard: Kirche und Nationalsozialismus in Vorarlberg. Dornbirn 1972 (=Schriften zur Vorarlberger Landeskunde Band 9).

Wanner Gerhard (Hg.): Vorarlberg 1938. Bregenz 1988 (= Vorarlberger Landesmuseum, Katalog zur Ausstellung Nr. 142).

Weber Wolfgang: Die Nazi in der Landeshauptstadt. Zum Alters- und Sozialprofil der Mitglieder von NS-Organisationen in Bregenz, in: Montfort 55 (2003), S. 247–266.

Weber Wolfgang: Nationalsozialismus und Kriegsende 1945 in den Vorarlberger Gemeinden des Bezirks Bludenz, Regensburg 2001 (= Quellen zur Geschichte Vorarlbergs, Band 2, N.F.).

Weber Wolfgang: NS-Herrschaft am Land. Die Jahre 1938–1945 in den Selbstdarstellungen der Vorarlberger Gemeinden des Bezirks Bregenz, Regensburg 1999 (= Quellen zur Geschichte Vorarlbergs, Band 1, N.F.).

Weber Wolfgang: Von Silbertal nach Sobibor: über Josef Vallaster und den Nationalsozialismus im Montafon, Feldkirch 2008.

Weber Wolfgang/Kurt Bereuter/Andreas Hammerer (Hg.): Nationalsozialismus im Bregenzerwald unter besonderer Berücksichtigung der NS-„Euthanasie" im Bregenzerwald, Rankweil 2008.

Winkel Herwig: Die Volks- und Hauptschulen Vorarlbergs in der Zeit des Nationalsozialismus. Dornbirn 1988.

Winsauer Antonia: Hartheim, Sobibór und Josef Vallaster. Die Silbertaler Kriegerdenkmaldebatte als Folge einer Konfrontation mit der nationalsozialistischen Vergangenheit, Diplomarbeit Universität Wien 2011.

Alle von der Johann-August-Malin-Gesellschaft herausgegebenen Arbeiten sind digital abrufbar, besonders das „Lexikon zu Widerstand und Verfolgung" (http://www.malingesellschaft.at).

Auch etliche Veröffentlichungen des Vorarlberger Landesarchivs sind online (http://www.vorarlberg.gv.at/).

Bildnachweise

Albrecht Herbert, Wolfurt: S. 148
Bereuter Kurt, Alberschwende: S. 104 (o.l.), S. 205
Bildsammlung der Johann-August-Malin-Gesellschaft (im Stadtarchiv Dornbirn): S. 30, 37 (u.r.), 39 (u.), 49, 52, 54, 59, 78 (u.l.), 84, 113, 115, 140 (o.r.), 143, 163 (r.), 171, 195, 203, 231 (u.), 233 (o.r.), 235, 238, 248, 249 (r.o.), 269 (l.), 273 (o. und u.l.), 297, 298, 300 (o.), 303 (u.), 305, 322–325, 335, 352 (m. und u.), 354 (l.)
Bohle Albert, Dornbirn: S. 150
Brenner Literaturarchiv, Innsbruck: S. 363
Bundschuh Werner, Dornbirn: S. 264
Burtscher Delphina (†), Nenzing: S. 328
Burtscher Leonhard jun., Sulz: S. 262
Concin Adolf, Nüziders: S. 105 (l.), 106 (u.), 107 (o.), 138
Creativ Commons: S. 81
Dorner Adolf (aus: Mathematikbuch für die Quarta, Braunschweig 1936, S. 47): S. 202
DÖW, Wien: S. 268 (u.), 269 (r.)
Diözesanarchiv Feldkirch: S. 94, 164 (u.)
Familienarchiv Meisel, Berlin: S. 292
Forster Luise, Lochau: S. 125
Fotocollectie Anefo, Den Haag: S. 91
Fussenegger Jakob (†), Dornbirn: S. 72
Gedenkbuch Dornbirn: S. 242 (o.), 327 (o.)
Gedenkstätte Deutscher Widerstand, Berlin: S. 341, 342
Gemeindearchiv Lech: S. 65
Gemeindearchiv Lustenau: S. 321 (u.)
Greif Lloyd, Los Angeles: S. 189
Gstrein Alois, Hohenems: S. 221
Heimatbuch Egg: S. 303 (o.)
Holzner Paul, Lochau: S. 124
IMAGNO Brandstätter Verlag, Wien: S. 168
Inatura Dornbirn: S. 233 (o.l.)
Jüdisches Museum Hohenems: S. 173 (u.), 174, 175, 182, 185, 276
Kathi-Lampert-Schule, Götzis: S. 212, 213
Katholische Kirche Vorarlberg (Pressefoto): S. 97, 321 (o.)
Kiermayer Gernot, Bregenz: S. 209
Knecht Alois (aus: Heimatliebe, Friedensliebe und ein „allmächtiger" Staat. Erlebnisse aus zwei Weltkriegen, Feldkirch 1988, S. 8): S. 100
KPÖ Oberösterreich, Linz: S. 326
Landesgericht Feldkirch: S. 37 (o.), 53, 78 (o.), 82, 116, 304, 319
Lern- und Gedenkort Schloss Hartheim: S. 204
Lingenhöle Albert, Bregenz: S. 154
Messe Dornbirn, Mitteilungen: S. 180, 257
Militaria Sammlung privat: S. 242 (u.)
Mittelberger Christoph (†), Bregenz: S. 37 (u.l.)
Montafon Museum, Schruns: S. 61, 104 (o.r.), 281
National Archives, Washington: S. 329
Orbis 1/1961: S. 365
Pichler Meinrad, Bregenz: S. 25 (l.), 28, 36, 41 (o.), 43, 129, 130 (o.), 131 (l.), 173 (o.), 201, 206, 229 (o.), 241 (o.), 253, 285, 313
Pruner Herbert, Bregenz: S. 164 (o.), 345
Rauch Herbert, Rankweil: S. 218
Ruff Wernfried, Hohenems: S. 308, 311
Rupp Willi, Hörbranz: S. 31, 58 (o.r. und u.l.), 104 (m.l.), 107 (u.), 110, 111, 132 (u.r.), 135, 136, 137 (o.l. und u.), 139, 140 (o.l. und u.), 207, 231 (o.l.), 239 (u.l.), 243, 250, 268 (o.), 270, 271, 273 (u.r.), 274, 275, 296, 302
Sammlung Günter Schmitz: S. 277
Sammlung Kommunalarchiv Laer: S. 108
Schaffer Gottfried, Hörbranz: S. 78 (u.r.)
Schönhaus Cioma, Berlin: S. 289
Staatsarchiv Riga (Signatur LVVA Riga, P1026, opis 1, B 3, Bl. 163): S. 170
Stadtarchiv Bregenz: Cover, S. 26 (l.), 27 (l.), 41 (u.), 46, 47, 80, 96 (r.), 109 (u.), 130 (u.), 131 (r.), 132 (o.l. und r. und u.l.), 134 (r.), 230, 236, 239 (u.r.), 240 (u.r.), 241 (u.), 247, 249 (r.), 252, 279, 320, 327 (u.), 333, 338, 339, 348, 349, 350–352 (o.), 353, 354 (o.), 355–358, 360
Stadtarchiv Dornbirn: S. 26 (r.), 27 (r.), 39 (o.), 48, 50, 51, 58 (o.l.), 68, 69, 96 (l.), 104 (u.), 106 (o.), 109 (o.), 133, 134 (l.), 137 (o.r.), 231 (o.r.), 240 (u.l.)
Stadtarchiv Feldkirch: S. 229 (u.), 249 (l.)
Stadtarchiv Hohenems: S. 239 (o.)
Tribel Sybille, Bregenz: S. 259, 260
Tschabrun Alois (†): S. 119
Vorarlberg Chronik: S. 40
Vorarlberger Landesarchiv Bregenz: S. 60, 121, 156, 157, 172, 192, 199, 229 (u.r.), 300 (u.), 301, 368, 369
Vorarlberger Landesbibliothek Bregenz: S. 163 (l.), 228, 237, 244
Vorarlberger Medienhaus: S. 225
Wagner Heinz, Bregenz: S. 35
Walser Harald, Altach: S. 87
Wikimedia Commons/Stamp gallery 1938: S. 57, 105 (u.r.)
Wirtensohn Ernst, Thal: S. 215
zeichen-der-erinnerung.org: S. 355 (u.r.)

Verlag und Autor haben sich bemüht, alle RechteinhaberInnen ausfindig zu machen. In einzelnen Fällen war dies nicht möglich. Wir bitten Sie daher, dem Verlag gegenüber bestehende Ansprüche geltend zu machen.